传统中国的财政体制与国家治理

Financial System and National Governance
in Traditional China

黄纯艳　主编

陈　锋　倪玉平　魏文享　执行主编

中国社会科学出版社

图书在版编目（CIP）数据

传统中国的财政体制与国家治理／黄纯艳主编 . —北京：中国社会科学
出版社，2023.11
ISBN 978 - 7 - 5227 - 2681 - 6

Ⅰ.①传…　Ⅱ.①黄…　Ⅲ.①财政史—中国—文集②税收管理—
经济史—中国—文集　Ⅳ.①F812.9 - 53

中国国家版本馆 CIP 数据核字（2023）第 200508 号

出　版　人　赵剑英
选题策划　宋燕鹏
责任编辑　金　燕
责任校对　李　硕
责任印制　李寡寡

出　　　版　中国社会科学出版社
社　　　址　北京鼓楼西大街甲 158 号
邮　　　编　100720
网　　　址　http://www.csspw.cn
发 行 部　010 - 84083685
门 市 部　010 - 84029450
经　　　销　新华书店及其他书店

印　　　刷　北京明恒达印务有限公司
装　　　订　廊坊市广阳区广增装订厂
版　　　次　2023 年 11 月第 1 版
印　　　次　2023 年 11 月第 1 次印刷

开　　　本　710 × 1000　1/16
印　　　张　48
插　　　页　2
字　　　数　715 千字
定　　　价　268.00 元

目　　录

中古佛教传播与赋税制度之变迁 ················· 周建波　姜政希（1）

唐代盐利虚估和两税虚估新探 ················· 原　康　张剑光（19）

论唐宋国家治理"盗耕种"与私有

　　土地产权及财政考虑 ··········· 陈明光　毛　蕾　靳小龙（35）

宋朝乡役制度变迁再识

　　——以"富民"为中心的考察 ················· 田晓忠（54）

制度如何成为手段：吴潜在庆元府治理中对

　　财政制度的运用 ························· 黄纯艳（86）

元代国家资产管理与王朝兴衰 ················· 张国旺（103）

明代中叶以降赋役核算技术的演变趋势 ················· 申　斌（151）

明代朝觐经费的地方财政化 ················· 黄阿明（208）

明代财政货币化下的马政制度变迁 ················· 佟远鹏（216）

明代云南卫所经费收支中的折肥与折银

　　——兼论屯粮折银与云南贝币流通的衰微 ················· 王雪莹（230）

"士绅化"与明代后期的江南役制变革

　　——以华亭县等地的士绅应役当差为例 ················· 李　园（246）

明中后期兵部的白银财政及与京师各部的财政关系 ··· 李义琼（271）

清初江南均田均役改革再研究 ················· 赵思渊（304）

清代食盐运销的成本、利润及相关问题 ················· 陈　锋（325）

1

交易成本与课入量：清代盐课基本原理研究

（1644—1850） ·············· 黄国信（363）

禁而未止：清代酒税征收与京城私酒市场 ·········· 高福美（396）

晚清杂税杂捐征收总量的变化 ·············· 王 燕（412）

清末民初县官俸禄演变述略 ·············· 岁有生（456）

统治心态、制度导向与清代吏治困局

——财政视阈下"因循疲玩"政风成因浅析 ········ 洪 均（470）

16—19 世纪中日货币流通制度演进路径的

分流 ·············· 仲伟民 邱永志（491）

子口税与铁路货捐合征的流产

——清末山东筹议内地捐的纠葛 ············· 马陵合（525）

雷以諴与厘金创设源流考 ············· 任智勇（545）

英德续借款偿付与清廷财政运筹 ············· 陈 勇（584）

"大分流"视野下清朝财政治理能力再思考 ········· 倪玉平（613）

清末西式财税理论的中土调适 ············· 马金华（627）

国家治理视角下传统中国货币与财政关系的

几个问题 ············· 何 平（667）

新行业与新税源：近代交易所税及交易税的兴设 ····· 魏文享（673）

库政革新：国民政府国库署研究（1940—1949） ····· 张 超（709）

南京国民政府国营金融邮电事业人员收入与

城市社会分层与流动 ············· 何家伟（739）

后 记 ············· （766）

中古佛教传播与赋税制度之变迁

周建波　姜政希

（北京大学　经济学院）

中古时期是经济、政治、文化的大变革时期，也是财税制度的大变革时期。以曹操《收田租令》为其端，拉开了人头税向资产税转变的序幕。自两汉之际就来到中国的佛教在此时异军突起，发挥着凝聚各民族、种族、阶级的民族大融合的作用。佛教以其超血缘的博爱理念，以物质施舍为主的外在修行方式，引导财富分配，事实上发挥了资产税的作用，从而与中古各王朝正在进行着的财税改革共同作用，推动了生产力的发展和社会的进步，为隋唐大一统的繁荣局面奠定基础。随着社会日趋安定，佛教以物质施舍为主的外在修行方式的弱点逐渐暴露：过于重视流通，有走向平均主义、不利于生产发展之嫌，由此和国家、社会产生了矛盾。唐中叶后，在政府通过"以资产为宗，不以丁身为本"的两税法，完成了从人头税向资产税的转变的同时，佛教界也在社会的推动和自身的努力下，通过惠能为代表的南宗禅，完成了从以物质施舍为主的外在修行方式到内在修行方式的转变，从此佛教与中国社会水乳交融，成为中华文化不可分割的一部分。

一　庄园经济的发展与秦汉赋税制度之难以为继

秦汉时期的赋税制度，表现在商业上是征收"关市之税"和

1

"山泽之税"，表现在农业上，除了按土地亩产征收的田租之外，还有一个很重要的方面是被称为"口赋""算赋"的人头税，但这是建立在土地、劳动力不会流动的基础上的。随着西汉中叶后土地兼并和流民出现的加速进行，这一税收制度越来越难以正常运转，严重影响到了国家安内攘外功能的开展。

学术界公认，春秋后期社会生产力的发展，使得田制经历了从集体所有的公有制到个体家庭所有的私有制的转变。个体家庭的特点是规模小，管理成本低，优点是民众的劳动积极性高，"夜寝蚤起，父子兄弟不忘其功，为而不倦，民不惮劳苦"①，弱点是对抗天灾人祸的能力弱，很容易破产而走上流离失所的道路，这预示着小农家庭分化和土地买卖的必然性。这就是《汉书·食货志》中所讲的"除井田，民得买卖"②。西汉中叶以后，土地交易、兼并愈发活跃，及至西汉末年，竟和流民一道成为社会难以解决的两大痼症。为解决这两大问题，汉代形成了以贵义贱利、重本抑末、黜奢崇俭为特征的经济思想，表现出重生产、轻流通的特点。赵靖先生称之为"三大教条"。③

但是，正如笔者在《对资本特性和行为规律的初步认识——基于经济思想史的考察》一文中所指出的，第一，重农抑商解决的是产业均衡问题，随着农业的稳定发展，社会剩余产品的逐渐增多，商品经济一定会发展起来，从而由产品的流动走向包括土地、劳动力、资金在内的生产要素的流动，这是生产力发展的必然规律，是任何行政手段都无法阻止的。而两汉大帝国四百多年的安定进一步促进了社会生产力和商品经济的发展。这意味着，越是实行重农抑商，农业的发展就越充分，就越是要求商业的发展。西汉末年无法解决的两大痼症——土地兼并和奴婢问题，就是社会生产力发展、商品经济进步所带来的包括土地、劳动力在内的生产要素的流动的反映。第二，黜奢

---

① 房玄龄注，刘绩补注：《管子》，上海古籍出版社2015年版，第27页。
② 班固：《汉书》，中华书局1962年版，第1137页。
③ 赵靖：《中国经济思想史述要》（上册），北京大学出版社1998年版，第273页。

崇俭解决的是消费问题。随着生产力的发展,人民生活水平的提高,必定提出追求生活质量和精神生活的要求,这也是任何的行政手段和舆论宣传都无法解决的。而两汉大帝国四百多年的安定所推动的社会生产力和商品经济的不断发展,进一步推动人们追求更高的物质生活和精神生活。在这种情况下,强行推行黜奢崇俭,一定会带来全社会虚伪风气的形成。① 东汉末年的"举秀才,不知书;察孝廉,父别居"②,就是这种虚伪社会风气的反映。

两汉数百年安定局面下的生产力和商品经济的发展不可遏止,导致劳动力、土地、资金等生产要素的流动加速进行,而儒家重血缘,主张有差别的爱(爱有差等)的观念使得其根本无法解决流民问题,于是大量的土地以及无以为生的破产小农流入豪强地主之家,由此形成农林牧副渔全面经营的豪强地主庄园。而这些流入豪强地主之家的破产农民也从此脱离国家户籍,成为豪强地主的依附民,双方由此结成一方提供公共产品与另一方出让劳动的契约关系。豪强负责维护领地内社会秩序,保护依附民人身安全;依附民租种豪强的土地,除了上缴"见税什五"(对半分成)的地租外,还要承担维持治安、修建交通、水利工程等劳役,无人身流动的自由,"客皆注家籍"。③

然而,庄园作为有效率的规模化组织,吸纳劳动力的能力终究有限,这样离开土地又无法被庄园主所吸纳的部分流动人口就转化成流民,成为严重扰乱社会安定的异己力量。更重要的是,豪强地主庄园的繁荣使得大量的流民脱离国家户籍,还造成了严重依赖编户数量的政府税收的大幅度减少,使得国家能力严重衰弱,无力安内攘外。184 年黄巾大暴动爆发,从此中国社会进入了长达四百年战乱的三国两晋南北朝时期。

为了结束动乱,三国西晋时期产生的新道家——玄学主张道法自

---

① 参见周建波、陈洲扬《对资本特性和行为规律的认识——基于经济思想史的考察》,《广东社会科学》2022 年第 6 期。

② 葛洪:《抱朴子·审举》,上海古籍出版社 1990 年版,第 205 页。

③ 魏征:《隋书》卷二四《食货志》,中华书局 1973 年版,第 674 页。

然，顺应庄园经济的发展趋势，建立一个君道无为臣道有为，使士大夫"适性逍遥"的政府，但这造成了国家能力更加衰弱，最终引致五胡乱华，"神州陆沉，百年丘墟"①的局面。从两汉之际即进入中国但一直默默无闻的佛教，正是在这种本土的文化思想体系无法有效应对经济、社会的变化的情况下，被视为"可以解释遭殃的社会的病症并为未来提供希望的信仰"②而异军突起。芮沃寿指出，"汉代体系的最后瓦解以及未能为新秩序寻找一个可接受的基础，精英阶层中的新道家也找不到一个良好社会的积极办法，这提供了种种条件让一个外来宗教有望找到追随者"③。"正是这种急切的对生命和思想的新基础的追求，为佛教在精英阶层的传播创造出了有利的空气。"④

面对庄园经济的发展使得建立在土地、人口不会流动基础上的计亩征收的田租，尤其"口赋""算赋"等人头税无法正常征收的窘境，一切不甘心灭亡的统治者不得不进行改革，由此开启了人头税向资产税转化的道路，说明社会经济结构的变化一定会促进作为上层建筑重要组成部分的税收制度的变化。汉末曹操在《收田租令》中写道："有国有家者，不患寡而患不均，不患贫而患不安。袁氏之治也，使豪强擅恣，亲戚兼并；下民贫弱，代出租赋，衒鬻家财，不足应命……其收田租亩四升，户出绢二匹、绵二斤而已，他不得擅兴发。郡国守相明检察之，无令强民有所隐藏，而弱民兼赋也。"⑤为此曹操罢止各类杂税，废除了两汉时期按人头征收的税收，改为户税，使贫民负担有所减轻，并规定豪强地主与普通百姓一样都需按田亩数缴纳田租。这一税制被称为"租调制"，它以定额田租代替汉代的定率田租，以户税代替汉代的人头税，一定程度上体现出计资征税的色彩。由于租调制的田租租额较低，而且租额固定，增产不增租；户调

---

① 刘义庆著，里望译注：《世说新语·轻诋》，山西古籍出版社 2004 年版；房玄龄：《晋书·桓温传》，中华书局 1974 年版，第 2572 页。

② 芮沃寿：《中国历史中的佛教》，北京大学出版社 2009 年版，第 43 页。

③ 参见芮沃寿《中国历史中的佛教》，北京大学出版社 2009 年版，第 21 页。

④ 芮沃寿：《中国历史中的佛教》，北京大学出版社 2009 年版，第 27 页。

⑤ 陈寿：《三国志》，《魏书·武帝纪》，中华书局 1959 年版，第 26 页。

以户为单位，增人不增调，同时免去以物易钱交税的中间损失，既方便税收征收，又体现了税负的公平，有利于生产力的发展。实行租调制后，许多小农返回故里，积极务农，精耕细作，使中原地区的农业生产有所恢复。北魏以后，租调制与均田制相结合，对促使占有土地、耕畜、劳动力较多的地主多纳赋税起到了重要作用，体现了生产的效率与税负的公平相结合的思想，是唐代租庸调制的前身。

同时，曹操又认可庄园经济发展的事实，并借鉴世族庄园的方式，利用战乱之际国家掌握的大量荒地和其他资源，招抚流亡人口，直接将他们变成国家控制的依附民，由此形成国家庄园经济，这就是曹魏屯田制的由来。唐长孺指出，屯田制"是对当时通行的封建大土地经营方式的模拟"①。因此，庄园经济的主体，不限于豪强地主、世家地主、门阀等微观个体，政府主导的屯田制、均田制，也采取了庄园经济的形式。② 屯田户、均田户作为政府的依附民，没有对土地的处置权，更不允许离开土地。其作为国家的佃客，和士族的依附民在性质上是一样的，"它们的出现以民间依附关系高度发展为前提"③。所不同者，屯田制对依附民流动的限制远不及既有授田也有还田，同时有基层组织——三长制作配合的均田制。正是有了均田制以及与之相配套的租调制，使得封建国家的税收能力和安内攘外能力大为提高，为统一北方最终统一全国奠定了基础。钱穆指出，均田制是中古社会改变的关键。"从此漫漫长夜，开始有一线曙光在北方透露，到隋唐更见朝旭耀天。"④

均田制严格限制土地和人口的流动，即使随着人口增加，从狭乡前往宽乡，也必须在国家的严格指导下进行，无疑这为实行土地和人口紧密结合的租调制（唐时演化成为租庸调制）创造了条件。所以，

---

① 唐长孺：《魏晋南北朝隋唐史三论》，武汉大学出版社 1993 年版，第 34—35 页。
② 周建波、陈洲扬：《也谈历史概念和经济史研究中的量化——对周奇论文的回应》，《中国社会经济史研究》2022 年第 6 期。
③ 田余庆：《秦汉魏晋史探微》，中华书局 2004 年版，第 88—89 页。
④ 钱穆：《国史大纲》上册，商务印书馆 1996 年版，第 295 页。

均田制和租庸调制的精神是"有田则有租，有家则有调，有身则有庸"①。从形式上讲，这又回到了土地和人口紧密结合的西汉中叶前的局面，但和秦汉税制在田亩以外计丁征税不同，中古租调制则在田亩以外按户征税，一定程度上体现出计资征税的特点。而且在租调制外，中古税制还有专门按资产征收的税收。例如，北魏献文帝时，已有按九等户别征税的办法，后废。北齐时再施行，民户分九等，对六等以上富户，调令出钱，贫户则出劳役。此后按户等高低分别征税制度趋于成熟。及至唐朝，在租庸调制外，还有作为资产税范畴的户税和地税，成为与租庸调并行的另外两种国家税收。而随着长期社会安定所造成的人口数量的急剧增加，按丁授田的均田制和租庸调制越来越无法维持，户税和地税的地位大为提高，并在实行过程中不断完善，玄宗后逐渐成为替代租庸调的主要财政收入。

780 年，杨炎实行两税法："户无主客，以见居为簿；人无丁中，以贫富为差。不居处而行商者，在所州县税三十之一，度所取与居者均，使无侥利。……自是人不土断而地著，赋不加敛而增入，版籍不造而得其虚实，吏不诚而奸无所取，轻重之权始归朝廷矣。"② 从此不再区分土户、客户，只要在当地有资产、土地，就算当地人，上籍征税，并以居户的户等及其占有的土地和财产多少为依据。

两税法的精神是"惟以资产为宗不以丁身为本"③，它从唐中叶实行，直到明中叶被一条鞭法取代，存在了 800 余年。及至宋代，户等在两税征收中不具有实际意义，田产成为唯一的征税依据，只征田赋，不征资产税。商税和其他工商税的地位提高，逐渐成为与两税并驾齐驱的重要财政依据。

综上，中古时期包括私人庄园主和政府庄园主、寺院庄园主在内的庄园经济的大发展，对土地流动、人口流动的严格限制，使得对土地和人丁征税的租调制成为可能。然而，国家从租调制中得来的收入

---

① 欧阳修、宋祁：《新唐书》卷五二，中华书局 1975 年版，第 1354 页。
② 欧阳修、宋祁：《新唐书》卷五二，中华书局 1975 年版，第 1354 页。
③ 欧阳修、宋祁：《新唐书》卷五二，中华书局 1975 年版，第 1354 页。

总是有限的，远不能满足国家对外征战和改善民生的需要，而在战乱时期，政府更多的财政收入要投入战争上面，在民生改善方面则无暇顾及，而没有民生的改善，社会就不安定，政权就不稳固，对外扩张也无法实现，由此使得这一时期的税收制度在租调制之外，还表现出比较浓厚的资产税的特点。只是在五胡十六国南北朝时期，对资产税的"征收"主要由外来的佛教或受到佛教影响的民间主持，还属于非正式制度的范畴。外来的佛教秉持超血缘的博爱和业报轮回观念，高举"众生平等"的旗帜，使社会财富源源不断地从大族流向细民，事实上发挥了资产税的作用。隋唐大一统国家建立后，随着佛教提倡的众生平等（包括经济平等和政治平等）的宗教信仰，诸如救治贫病众生、推动士庶平等、民族平等、解放奴婢等，进一步从非正式制度上升为国家层面自觉的法律意志，那些受佛教影响而自发进行的民间慈善事业也逐渐纳入国家社会管理轨道。如此便使得租庸调制发挥作用的同时，作为资产税的户税、地税也在并行地发挥作用，而随着租庸调制的难以实行，户税、地税的地位越来越高，最终替代租庸调制成为此后中国社会的主要税制，由此完成了人头税向资产税的转化。

二 佛教对中古时期财政制度变迁的影响

何兹全指出："中古中国时代是佛教思想支配下的时代，整个社会，整个人群的生活活动无不受佛家思想的影响及支配。"[1] 沙畹、谢和耐则从民众造像、写经的数量角度，认为中古社会的佛教有两个高峰期，一是定都于洛阳的北魏时期，即公元495—534年，二是唐太宗执政的后期，以及高宗、武后执政年间，即公元638—705年。[2] "如果说中国历史上是一个佛教国家，那么主要就是这个时代，当时

---

① 何兹全：《五十年来汉唐佛教寺院经济研究》，北京师范大学出版社1986年版，第1页。

② 谢和耐：《中国5—10世纪的寺院经济》，上海古籍出版社2004年版，第233—234页。

的宗教虔诚既强烈又普遍。"① 芮沃寿则说，"南北朝时期，佛教在南北方都得到了最高统治者的支持和保护，传播到社会的各个领域。普世性的佛教起到了弥补社会裂痕的作用，为信徒提供精神支持"②，乃至成为最能凝聚各种族、民族、社会阶层的意识形态，以至于寺院林立，僧人众多，规模惊人，中国几成"佛国"。

（一）佛教在东晋五胡十六国南北朝时期的财政制度变迁中发挥的作用

在庄园经济发展推动税收制度由人头税向资产税转变的时期，社会充满了混乱。面对中古时期国家能力衰弱，无力安内攘外的局面，外来的佛教以其超血缘的博爱的理念和业报轮回的理论，高举"众生平等"的旗帜，使社会财富源源不断地从大族流向细民，不仅扮演了本该由政府承担的"转移支付"的角色，更在事实上发挥了资产税的作用，对推动社会从混乱走向有序，从分裂走向统一发挥了重要的作用。具体来说，佛教对这一时期财政改革的贡献主要体现在：

1. 客观上扮演了本该政府承担的转移支付的角色

在战乱频仍、民不聊生的五胡十六国南北朝时期，政府和士族都丧失了保护民众的能力，此时担负起拯救烝民于水火重任的是秉持自利利他、自度度人理念，崇尚以物质施舍为主的外在有为修行方式的（大乘）佛教。

在佛教慈悲为怀、普度众生理念的感召下，人们出于业报轮回、积德行善的考虑，倾其所有，纷纷捐献。一方面，这使得佛教寺院能够从皇室、士族那里得到大量的捐施，以致"凡厥良沃，悉为僧

---

① 谢和耐：《中国5—10世纪的寺院经济》，上海古籍出版社2004年版，第234页。另，关于当时民众宗教虔诚以及踊跃捐施的盛况，《洛阳伽蓝记》用"王侯贵臣，弃象马如脱屣，庶士豪家，舍资财若遗迹"来形容。《太平广记》卷四九三也说，"贞观之后，舍施钱帛金玉，积聚不可胜计。……仕女礼忏，阗咽舍施，争次不得。更有连车载钱绢，舍而弃去，不知姓名"。

② 芮沃寿：《中国历史中的佛教》，常蕾译，北京大学出版社2009年版，第31页。

有"①。另一方面，又驱使僧众义无反顾地通过无偿赈济、有偿借贷两种方式反馈社会，而无偿赈济更成为这一时期寺院普度众生的重要表现形式，从而使寺院承担了加速社会财富横向流通的平台的作用，促进了社会再分配向公平方向倾斜。

何蓉指出，在中古时期某些僧人身上，体现出"一种独特的圣徒气质：一方面，践行乞食苦行的生活；另一方面，又劝信徒布施金帛，以之辗转生利……愈是彻底的苦行，愈会募得大量财富"。"恰恰是信仰的因素保证苦行与财富能够并存。财富从四面八方汇聚到寺院里，又以高涨的热情被投入到建福业的活动中。在财富积与消的流转的背后，蕴含着佛教徒们自度度人的理想和业报轮回的宗教讲论的力量。"②

2. 政府委托佛教机构或借鉴佛教机构的经验，提高公共品供应水平

两汉王朝以忠孝立国，孝的载体是家庭，忠的载体是国家，亦即依靠家庭的自强不息发展经济，但每个家庭的努力奋斗往往会带来产业失衡、贫富分化等外部性问题，于是由规模化的合法暴力组织——国家依靠"转移支付"或其他途径解决上述问题。"在中国，有组织、有制度的社会学意义上的慈善救济行为，应当说与佛教尤其是大乘佛教的传入及拓展是分不开的。自佛教在中国生根后，凡跨越家族、宗族、地域的社会化的民间公益事业，如修桥铺路、开挖沟渠、植树造林、放生护生等，往往借助寺院发起或有僧人直接参与、主持。在灾荒或战乱年代，各寺院普遍实行的施粥、施衣、施药、施棺等举措，也使宗教修行道场成为救济扶助弱势群体的避难所。"③ 国家在看到了佛教在救治社会、安抚流亡，促进社会财富横向流通方面发挥的作用后，遂大力扶持佛教，不仅给佛寺许多的捐献，还委托它担负起本该由政府承担的提供公共品的责任。更进一步的，吸收佛教

---

① 僧祐、道宣：《弘明集　广弘明集》，上海古籍出版社1991年版，第137页。
② 何蓉：《佛教寺院经济及其影响初探》，《社会学研究》2007年第4期。
③ 李林：《中国佛教史上的福田事业》，《佛教文史》2005年第12期。

的观念和组织形式，将其升华到正式国家法律制度的层面。

例如，北魏政府为了发挥佛教慈悲为怀、普度众生的力量，对寺院有专门财政拨款——僧祇粟，亦即将一部分土地的税收交给寺院，委托寺院承担本该由国家负责的救济流亡、改善民生的责任。"于是僧祇户、粟及寺户，遍于州镇矣。"① 它使寺院有了稳定的收入，为开展社会救济事业、促进社会安定奠定了基础。芮沃寿指出："佛教僧侣不仅提供一个简单信仰的慰藉，而且作为受政府青睐的工具，经常给乡下送去医药、救济粮和其他实际的福利，而这些在以前多半是由地方官员或乡绅提供的。"②

南朝的皇室，则受到佛教通过治病救人的方式践行慈悲理念的影响，借鉴佛教的组织形式，设立医疗救济机构——"六疾馆"和"孤独园"，无疑这有利于提高社会的公共卫生水平。

北齐政府则受到佛教寺库，尤其"僧祇户、僧祇粟于俭岁赈给灾民"③ 的启发，并利用佛教积德行善、济世救人观念的深入人心，在正常税收的基础上，额外要求一夫一妇每年缴义租五斗，在州县社仓存储，备水旱灾。这是中国历史上义仓的先河，是唐代地税的前身。同时，北齐还立九等之户，富者税其钱，贫者役其力。这种按户等征税或征发徭役的做法，是唐代户税的前身。它使政府在传统的通过常平仓稳定粮价、安定社会的基础上，又通过义仓和按户等征税这一制度创新，进一步提高了公共品供应水平，有助于社会的安定和生产力的发展。

应该说，于丰收时多积聚以备歉收时救灾的思想，中国古已有之，如《礼记·王制》篇指出："国无九年之蓄曰不足，无六年之蓄曰急，无三年之蓄，曰国非其国也。三年耕必有一年之食，九年耕必有三年之食。以三十年之通，虽有凶旱水溢，民无菜色。"④《墨子·

① 魏收：《魏书》卷一一四《释老志》，中华书局 1974 年版，第 3037 页。
② 芮沃寿：《中国历史中的佛教》，常蕾译，北京大学出版社 2009 年版，第 43 页。
③ 钱穆：《国史大纲》上册，商务印书馆 1996 年版，第 339 页。
④ 王文锦：《礼记译解》，中华书局 2001 年版，第 170 页。

七患》篇则认为："国无三年之食者，国非其固也。家无三年之食者，子非其子也。此之谓国备。"① "令民家有三年蓄蔬食，以备湛旱、岁不为。"② 但这一重视储积思想表现在制度创新上，则是丰年籴粮、灾年粜粮的常平仓制。北魏统一北方后，为改善民生，政府继续发挥这一法宝。《魏书·李彪传》中记载李彪要求政府重视储积，"年丰籴积于仓，时艰则加私之二，粜之于人"。即要求政府丰年从百手中籴粮，积聚在官仓中；遇到荒年则加上二成利润，粜给百姓，如此才能做到"年登则常积，岁凶则直给"③。与官府依靠官款籴粮储积不同，北齐的兴建义仓、按户等征税之制，是建立在民输基础上的，即"常平由官籴，义租由民输"④，无疑这是与五胡十六国南北朝时期佛教业报轮回、积德行善观念的广泛普及分不开的，是建立在佛教观念深入人心基础上的一个制度创新，否则那些强大的士族会心甘情愿接受政府的规定吗？须知，在五胡十六国和北魏前期，这些强大的士族竭力反对政府的渗透，并与政府展开激烈的争夺依附民的竞争。显然，正是佛教的广泛传播，才使士族从政府、社会的异己力量转变成为服从政府、推动社会发展的力量。故钱穆在《国史大纲》中谈到北齐的这些制度创新时，特别提到佛教的作用，认为"《魏书·释老志》有'僧祇户'、'僧祇粟'，于俭岁赈给灾民，其义略同"⑤。但同一个思想的制度表现是不一样的。在佛教没有到来中国之前，这一重视储积思想的制度表现是政府出官款籴粮的常平仓制。佛教来到中国之后，这一重视储积思想的制度表现是民输的义仓和按户等征税的户税，显示了外来文化推动中国制度创新和社会进步方面的重要作用。

更重要的是，得益于佛教热推动下的社会秩序的安定，生产力的

① 谭家健、孙中原注译：《墨子今注今译》，商务印书馆 2009 年版，第 21 页。
② 谭家健、孙中原注译：《墨子今注今译》，商务印书馆 2009 年版，第 21 页。
③ 魏收：《魏书》卷六二《李彪传》，中华书局 1974 年版，第 1386 页。
④ 钱穆：《国史大纲》上册，商务印书馆 1996 年版，第 339 页。
⑤ 钱穆：《国史大纲》上册，商务印书馆 1996 年版，第 339 页。

发展和传统儒学的恢复，进入中原的北魏游牧族政权从汉文化中借鉴井田制的管理经验，并吸取西汉中叶以降，包括师丹的"限民名田"、曹魏屯田制、西晋占田制等无力限制土地兼并的教训，为制定授田和还田相结合、允许买卖和不允许买卖相结合、国有土地和私人土地相结合的均田制奠定了基础。

均田制作为国家庄园经济的重要体现，从根本上改变了国家和士族的竞争格局，极大地提高了国家宏观管理能力，使得"到元魏时，政治渐上轨道，在南朝无可奈何的情形，在北朝却一一有了办法"[①]。

而正是在北魏时期，引发了谢和耐所说的中国历史上第一次佛教热，宏伟壮观的云冈石窟和龙门石窟就是在北魏时发起雕刻的。佛教的众生平等理论、超血缘的博爱理论，与北魏游牧族的部落共同体观念产生共鸣，并引导其由狭隘的部落共同体观念上升为超血缘、民族、种族、阶级限制的新社会共同体观念，显然这有利于效率和公平相统一的均田制的实施。

显然，佛教在中国北方的广泛传播以及义仓、"六疾馆"和"孤独园"以及均田制的出现，正是作为正式制度的国家在与佛教互动过程中，吸收了佛教的观念和组织形式，最终提高了国家能力的重要体现。

（二）佛教在隋唐时期的财政制度变迁中发挥的作用

在隋唐大一统的治世时期，一方面，佛教提倡的众生平等（包括经济平等和政治平等）的宗教信仰，已经上升为国家层面自觉的法律意志，诸如救治贫病众生、推动士庶平等、民族平等、解放奴婢等成为正式制度安排。另一方面，将受佛教影响而自发进行的民间慈善事业纳入国家社会管理轨道。这一时期，佛教的作用主要体现在：

1. 推动政府建立悲田养病坊，制定"州境巡疗"政策，提高了全社会的公共卫生管理水平

在佛教慈悲和敬重生命思想的影响下，唐政府于长安年间

---

① 钱穆：《国史大纲》上册，商务印书馆1996年版，第332页。

（701—704）设置悲田使管理病坊事务，将民间受佛教的影响自发进行的慈善事业纳入国家社会管理轨道。

《唐会要》卷四十九"病坊"中记载："悲田养病，自长安以来，置使专知。国家矜孤恤穷，敬老养病，至于安庇，各有司存。"① 它将无家可归的人收拢在一起，由政府监督，委托寺院管理，由此开始了大一统国家社会保障事业建设的"官监寺办"。悲田养病坊先在长安、洛阳开办，后来渐及诸道诸州乃至全国。

唐朝还制定了"州境巡疗"的惠民政策，对于当时的公共医疗产生了重要的影响。《唐会要·医术》记载，开元十一年（723）七月五日，唐玄宗下诏："远路僻州，医术全无。下人疾苦，将何恃赖。宜令全天下诸州，各置职事医学博士一员。阶品同于录事。"医学博士身兼医疗和教学之职，一方面"掌疗民疾""以百药救疗平民有疾者"，另一方面培养各地方所需之医药人才，而所教之学生，则负担着所辖境内巡回医疗的任务。开元二十七年（739），唐玄宗再次下诏，强调医学生的数额分配与医疗职责，"十万户以上州，置医生二十人，万户以下，置十二人，各于当界巡疗"②。

显然，这是佛教的普度众生观念在公共卫生领域的体现，是作为正式制度的政府公共医疗对非正式制度的佛教慈善事业的学习和借鉴，有利于提高政府公共品供应的能力。

2. 推动政府建立遍布全国的"义仓"管理体系

受佛教普度众生思想的影响，隋唐政府在北齐设置"义租"，专门在用于赈灾的基础上，建立了遍布全国的义仓管理体系。

隋开皇三年（583），隋文帝接受工部尚书长孙平建议，在全国各地设立义仓。两年后，鉴于民间义仓管理中存在的弊端，规定义仓必须建立在州县政府所在地，并改以往的自发缴纳为全社会强制性缴纳，"上户不过一石，中户不过七斗，下户不过四斗"③。由此形成了

---

① 王溥：《唐会要》（中），中华书局 1955 年版，第 863 页。
② 王溥：《唐会要》（下），中华书局 1955 年版，第 1522 页。
③ 魏征：《隋书》卷二四《食货志》，中华书局 1973 年版，第 685 页。

政府主导下的全国性的义仓管理体制。唐朝建立后，继续完善义仓管理体系，规定所有的人不论贫富，每亩地都要缴纳二升粮食。至于没有土地的商人之类人户，则按照户等计算义仓的缴纳额度。

遍布全国的"义仓"体系，极大地提高了政府的赈灾救荒能力。据孟昭华根据《册府元龟》的统计，唐朝从高祖到文宗的 220 年时间里，政府组织的赈贷共有 136 次，其中义仓赈贷（宪宗 805 年即位后，义仓赈贷常含常平仓赈贷）达 108 次，[1] 显示了佛教传播对于超血缘、民族、种族、阶级的新社会共同体的建立、维护，起到了重要的推动作用。

不管是医疗卫生还是赈灾救荒，政府通过向作为非正式制度的佛教学习，显著提高了大一统国家的公共服务水平，为盛唐的到来奠定了坚实的基础。而大规模的学习、继承佛教的成功经验，也减少了试错的成本，为新的正式制度的推广扫清了阻碍。

三　佛教和政府发生的冲突

中古时期的佛教秉持超血缘的博爱理念，以物质施舍为主的外在修行方式，在加快社会财富的横向流通，发挥事实上的"资产税"作用，促进社会走向有序的同时，也跟日趋安定的社会、日益强大的政府产生了尖锐的矛盾。这主要是因为佛教太过于重视流通，有走向平均主义，忽视生产发展之嫌，亦即谢和耐所说的，佛教的宗旨"不在于积累财产，而在于分配和流通；不在于增加利润，而在于花销开资"[2]。

具体而言，一方面，这与佛教作为非正式制度的特点有关。与正式制度的强制性、规模性、高效率相比，非正式制度天然具有自发性、盲目性、无序性、低效率的特点。随着佛教传播驱动下的社会秩

---

① 孟昭华：《中国灾荒史记》，中国社会出版社 1999 年版，第 298 页。

② 谢和耐：《中国 5—10 世纪的寺院经济》，上海古籍出版社 2004 年版，第 220 页。

序的安定，国家功能恢复，正式制度逐渐发挥作用，必定和作为非正式制度的佛教传播发生了冲突。另一方面确实也与大乘佛教崇尚以物质施舍为主的外在修行方式有关。按照大乘佛教的教义，增值财富与传播佛教并不矛盾，只有掌握丰盈的财富才能更好地救济社会，建立人间佛国。在这种情况下，佛教徒的注意力遂被引导到社会财富的流通而不是生产中去。这意味着对佛教还必须进行合理化的改造，以使其与不断发展的生产力相适应。"三武灭佛"是从外部加压的方式逼迫佛教改造，至于隋唐佛教的中国化运动则以内部改造的方式推动其改造。

早在南北朝时期，随着社会逐渐走向安定，佛教和社会、国家的矛盾开始显现，北魏太武帝灭佛、北周武帝灭佛就是这一矛盾激化的反映。只是这一时期社会仍处于动乱之中，在政府财力主要投入战争的情况下，民生的改善仍离不开佛教业报轮回、普度众生观念推动下的社会财富从士族向细民的流通，以及将各种族、民族、阶级凝聚在一起，从事种树、打井、架桥、修路等有利于经济发展的基础设施建设，因此佛教还有很大的社会影响力，这也就是它为什么打而不倒，并以更大的力量东山再起的原因。进入隋唐大一统社会后，国家功能恢复，并越来越将财政资金转入发展生产力、改善收入分配水平的民生建设，在这种情况下，佛教以物质施舍为主的外在修行方式所显露出来的过分重视流通、忽视生产的弱点和国家、社会的矛盾越来越大，社会舆论强烈要求佛教界顺应社会生产力发展趋势，改变以物质施舍为主的外在有为修行方式为内在修行方式，即退出经济领域的主战场，回到在精神生活领域发挥作用的主业中去，这就是西谚中所讲的"上帝的归上帝，凯撒的归凯撒"。

大量的社会财富流转到寺院，固然提高了寺院服务社会的能力，但也提高了对寺僧的诱惑，乃至出现了愈演愈烈的僧人腐败，造成了社会资源的严重浪费。更重要的是，它引发了在社会财富再分配领域，与家庭、政府，尤其与政府的深刻矛盾。一者，佛教徒对僧团狂热的捐施，以及频繁的宗教聚会，不利于家庭财富的积累和生产的进行。二者，大量的财富流转到寺院以及建塔造像的建筑中去，不利于公共财富的积累和公共品的供应，北魏太武帝灭佛、北周武帝灭佛就是在这种情况下发生的。这意味着佛教必须随着社会生产力的发展不断进行理论创新，尤其要改变以物质施舍为主的外在有为修行方式。

隋唐大一统国家建立后，随着政府力量的强大，限制佛教以物质施舍为主的外在修行方式的斗争也愈发激烈。政府加强了对佛教的控制，通过限制僧团的规模、特权以及寺庙的数量这些方法来削弱其世俗的权力，由此结束了南北朝佛教发展漫无约束的状态，使僧人的数量由南北朝的三百多万人降低到隋朝的 23.6 万人，唐初的六七万人，唐玄宗时的 12 万人，佛教的发展基本被纳入国家的轨道上。[1] 季爱民指出，如果说唐以前的寺院建筑主体呈现出皇室、贵族、文士、商人、平民等百花齐放的特点，那么从初唐到玄宗时代，则呈现出皇室兴建为主，官僚与平民出资建造者大为减少的特点，佛教及其寺院的兴建被严格纳入国家的轨道上。[2] 而对于各种以积聚财富著称的佛教宗派，则严厉打击。例如，以崇佛著称的隋文帝、武则天，无不严厉打击三阶教无尽藏。唐玄宗开元二年（714），更是明令取缔三阶教无尽藏，罪名是"名为护法，称济贫弱，多肆奸欺，事非真正"[3]。

面对社会生产力发展，民众、政府需求变化的新情况，佛教界内部以禅宗为代表，发出了强烈的要求改变以物质施舍为主的外在有为修行方式的呼声。武则天后期到玄宗时代，强调内在修行方式的以神秀为代表的北宗禅（亦称东山禅法）兴起，由此推动居民的奉佛方式从之前的物质方面的付出转向修心为主，在佛教中国化的道路上迈出了重要的一步，极大地协调了佛教与政府、社会的关系。季爱民指出，"武后后期至玄宗开元时期，是佛教信仰方式发生转变的时期。造像、建寺、写经等外在有为活动逐渐减少，以内心修养为主的禅修

---

① 周建波、张博、周建涛：《中古时期寺院经济兴衰的经济学分析》，《经济学》（季刊）2017 年第 3 期。

② 季爱民：《隋唐长安佛教社会史》，中华书局 2016 年版，第 135 页。

③ 《全唐文》卷二八《禁士女施钱佛寺诏》，山西教育出版社 2002 年版，第 190 页。

方式在开元时期成为新的风尚"①。

安史之乱后，长期在两京地区活动的北宗禅遭受毁灭性打击（战争在长安、洛阳之间拉锯式进行），此后以慧能为代表的南宗禅兴起。如果说北宗禅还主张通过禅师指导、举办禅会等"时时勤拂拭"，那么南宗禅则连禅修的方式都否定。在慧能看来，"佛法在世间，不离世间觉"，只要在生活中践行仁义理智信等儒家伦理，就不会违背佛教戒律，即能成佛。故说："心平何用持戒，行直何用修禅。恩则孝养父母，义则上下相怜，让则尊卑和睦，忍则众恶无喧。……听说如此修行，天堂只在目前。"② 由此将生活中践行孔孟之道和彻底改变物质施舍为主的修行方式完美地结合起来，最终完成了佛教中国化的进程，并推动中国社会向既重流通又重生产的方向前进。

四　结语

西汉中叶后土地兼并、人口流动加速进行，在推动规模化的农业组织——庄园快速发展的同时，也使得建立在土地、人口不会流动基础上的计亩征收的田租，尤其"口赋""算赋"等人头税无法正常征收，由此造成了国家能力的衰弱、社会的长期战乱，并推动以人头税为重要部分的税收制度向以资产税为重要部分的税制方向转变，说明经济基础的改变一定带来作为上层建筑重要组成部分的财税制度的改变。

面对中古时期国家能力衰弱，政府法律制度长期缺位的局面，外来的佛教以其超血缘的博爱的理念和业报轮回的理论，高举"众生平等"的旗帜，使社会财富源源不断地从大族流向细民，扮演了应由政府承担的"转移支付"的角色，事实上发挥了资产税的作用。而国家看到了佛教在救治社会、安抚流亡，促进社会财富横向流通方面发

---

① 季爱民：《隋唐长安佛教社会史》，中华书局 2016 年版，第 239 页。
② 邓来送：《六祖大师法宝坛经辑注　曹溪原本》，黄石市佛教协会印经功德会，2006 年，第 65—66 页。

挥的作用后，也大力扶持佛教，除了委托佛教承担本该由国家承担的救济流亡的责任外，还吸收佛教的观念和组织形式，由此提高了公共品供应水平，对推动社会从混乱走向有序，从分裂走向统一发挥了重要的作用。

隋唐大一统国家建立后，国家功能恢复，一方面，佛教提倡的众生平等（包括经济平等和政治平等）的宗教信仰，诸如救治贫病众生、推动士庶平等、民族平等、解放奴婢等，已经从非正式制度上升为国家层面自觉的法律意志。另一方面，受佛教影响而自发进行的民间慈善事业也纳入国家社会管理轨道，如建立"悲田养病"坊，建立遍布全国的"义仓"管理体系等。

而随着社会的日趋安定以及国家功能的恢复，佛教的以物质施舍为主的外在修行方式，也跟国家、社会产生了日益尖锐的矛盾。这主要是因为佛教太过于重视流通，有走向平均主义，忽视生产发展之嫌，在这种情况下，佛教界内部以禅宗为代表则开始了改变以物质施舍为主的外在有为修行方式的具体实践，最终以慧能为代表的南宗禅以"佛法在世间，不离世间觉"的新佛教理念，完成了佛教中国化的进程，从此佛教与中国社会水乳交融，成为中华文化不可分割的一部分。

唐代盐利虚估和两税虚估新探

原　康　张剑光

（上海师范大学　人文学院）

虚估是唐代后期财政中一个重要问题，存在于盐利榷率、两税征收以及政府支出中，对唐代的政治、经济都有深远的影响。目前学界关于唐代虚估的研究已有诸多成果①，涉及虚估的含义、起源、标准以及影响等方面。然而，由于学者们视角不同、对史料的理解不一致，仍有一些问题值得进一步探讨。本文拟在前辈学者的基础上就虚估的起源、标准等问题，试做分析，提出一些新的看法，以就教于方家。

一　虚估的产生

我们先对虚估的含义进行一下规范，以免在讨论中引起歧义。李

---

① 王永兴：《中晚唐的估法和钱币问题》，《社会科学》1949 年第 2 期；刘淑珍：《中晚唐之估法》，《史学集刊》1950 年第 6 期；赵和平：《中晚唐钱重物轻问题和估法》，《北京师范学院学报》1984 年第 4 期；李锦绣：《唐后期的虚钱、实钱问题》，《北京大学学报》1989 年第 2 期；论文经修改后收入氏著《唐代财政史稿·下卷》第二编第七章第一节《虚实估与虚实钱》，北京大学出版社 2001 年版，第 1217—1249 页；吴丽娱：《浅谈大历高物价与虚实估起源——唐代物价问题之一》，《98 法门寺唐文化国际学术讨论会论文集》，陕西人民出版社 2000 年版，第 523—531 页；《试析唐后期物价中的"省估"》，《中国经济史研究》2000 年第 3 期；魏道明：《略论唐朝的虚钱和实钱》，《青海师范大学学报》1992 年第 2 期；《论唐代的虚估与实估》，《中国经济史研究》2002 年第 4 期；徐东升：《论唐代物价的几个问题》，《文史哲》2002 年第 5 期；吴树国：《钱帛兼行与唐后期江南税收中的"省估"》，《"唐代江南社会"国际学术研讨会暨中国唐史学会第十一届年会第二次会议论文集》，江苏人民出版社 2015 年版，第 62—68 页。

锦绣先生认为："由于中央制定的绢帛价格与实际交换中的绢帛价格不一致，有了虚实估的区分，等量的绢帛便具有了不等量的两种价值：一种为中央规定的价值，即虚钱；一种为实际流通中的价值，即实钱。"① 本文认同李先生的观点。从史料来看，中央规定的虚估一般要高于绢帛的市场价格，因此所谓虚估就是中央制定的高于市场价格的绢帛价。与之相应地，实估即绢帛的市场价格。

虚估广泛应用于唐代后期的国家财政收支中，如盐利榷率、两税征收、和籴支出、官员俸禄的发放等场合，但是虚估并非同时出现于上述场合，而是存在着时间上的先后，以及价格标准上的差异。

李锦绣、吴丽娱等先生认为大历时刘晏整顿盐法，在盐利征收中率先使用了虚估②。刘晏是否制定了虚估还需要进一步研究，但目前的文献记录，虚估最早产生于盐利征收中却是毫无疑问的。《册府元龟》卷四九三记载："贞元二年，收粜盐虚钱六百五十九万六千贯。"③ 这里的"虚钱"即指政府将盐出卖给商人时，允许其以虚估的绢帛充当价值。这是我们目前能见到的最早关于虚估的史料。

那么虚估是如何产生的呢？

这与当时社会经济的发展、盐利的征收方式以及唐王朝的财政困难都有密不可分的关系。刘晏在改革盐法时，曾有一项重要的举措："商人纳绢以代盐利者，每缗加钱二百，以备将士春服。"④ 学者们对这条史料各有不同的解释，此不赘述。这项政策的出发点是政府为了征收匹段以供军衣，那么盐利收入在此之前当是征收现钱。在大历（766—779）匹绢四千文的情况下⑤，现钱的运输费用远较

① 李锦绣：《唐代财政史稿·下卷》，第1221页。
② 参见李锦绣《唐代财政史稿·下卷》，第1224页；吴丽娱《浅谈大历高物价与虚实估起源——唐代物价问题之一》，《98法门寺唐文化国际学术讨论会论文集》，陕西人民出版社2000年版，第528页。
③ 王钦若等编：《册府元龟》卷四九三《邦计部·山泽》，中华书局1960年版，第5899页。
④ 欧阳修、宋祁：《新唐书》卷五四《食货四》，中华书局1975年版，第1379页。
⑤ 权德舆《论灾旱表》称："大历中，绢一匹价近四千。"见权德舆撰，郭广伟校点《权德舆诗文集》卷四七，上海古籍出版社2008年版，第750页。

绢帛为高①，况且当时绢帛的货币地位已经下降，商人更愿意持有铜钱，而不是绢帛，因此即使每缗再增加二百文，商人也是愿意缴纳绢帛的。但是，政府又不会完全放弃现钱的征收，在征收绢帛的同时，现钱也是要缴纳的。所以说，这项政策的所谓"每缗加钱二百"，就是指商人在缴纳的匹绢的基础上再多缴现钱。以大历匹绢四千文的估价来算，之前四千文的盐需要商人缴纳四千文的现钱，现在四千文的盐则需要商人缴纳一匹四千文的绢，同时再多缴纳八百文的现钱。即使如此，商人还是趋之若鹜。

到建中三年（782），正值国家平定河朔藩镇叛乱的关键时期，政府财政困难，于是"增两税、盐榷钱，两税每贯增二百，盐每斗增一百"②，提高了盐价。随着榷盐价格的上涨，商人自会将其转嫁到百姓身上，而贫苦百姓买不起盐只好"淡食"，这就影响了食盐的销量，于是造成商人向国家购买的食盐越来越少。但是，国家规定了盐铁机构卖出食盐的最低指标，即盐利定额③，盐铁机构为了完成既定指标，只能向商人妥协，在绢价已经下跌的情况下④，允许商人继续以匹绢四千文的价格去购买食盐，将实际上只值三千二百文一匹的绢在账目上计作四千文，虚估就此产生了。随着贞元年间绢帛价格的继续下跌，虚估与实估间的差距也就越来越大，到贞元末年（804），史称"榷盐法大坏，多为虚估，率千钱不满百三十而已"⑤。

总之，国家榷盐价格的提高以及盐铁机构的盐利定额是虚估产生

---

① 唐代一般绢重十两左右，一贯铜钱重六斤四两，四千文重二十五斤。若商人购买200贯的盐，携带绢帛仅重30余斤，携带铜钱则重1250斤，在绢价高昂的情况下，运输费用是必须考虑的。绢重参见李伯重《唐代江南农业的发展》，农业出版社1990年版，第15页；赵丰《唐代西域的练价与货币兑换比率》，《历史研究》1993年第6期；赖瑞和《唐人在多元货币下如何估价和结账》，《中华文史论丛》2016年第3期。

② 刘昫：《旧唐书》卷一二《德宗上》，中华书局1975年版，第333页。

③ 参见吴丽娱《试论唐代后期盐钱的定额管理》，《中华文史论丛》第62辑，上海古籍出版社2000年版，第133—170页。

④ 陆贽《均节赋税恤百姓六条》云："往者初定两税之时，百姓纳绢一匹，折钱三千二三百文。"见陆贽撰，王素点校《陆贽集》卷二二，中华书局2006年版，第738页。

⑤ 欧阳修、宋祁：《新唐书》卷五四《食货四》，第1379页。

的最直接原因。然而从根本上说，唐朝货币经济欠发达，以致在赋税征收中不能完全使用货币，但在一些财政收支中却又以货币为计量单位，这一矛盾是产生虚估较为深层次的原因。

二　盐利虚估的价格标准

关于盐利中虚估的价格标准，元稹的文章给我们提供了具体数值："河南府应供行营般粮草等车……共给盐利虚估匹段。绢一匹，约估四千已上，时估七百文。䌷一匹，约估五千，时估八百文。约计二十八千，得䌷、绢共六匹，折当实钱四千五百已来。"[1] 时估就是当时的市场物价，即实估。在盐利中，一匹绢虚估四千以上，其实际价值只有七百文，虚估几乎是实估的六倍。卞孝萱考证元文写于元和四年(809)[2]。《册府元龟》中记载了元和年间盐利收入的虚钱、实钱总数：

（元和）四年二月，诸道盐铁转运使李巽奏江淮、河南、河内、兖郓、岭南诸监院元和三年粜盐都收价钱七百二十七万八千一百六十贯，比量未改法已前旧盐利，总约时价四倍加抬，计成虚钱一千七百八十一万五千八百七贯。……六年四月，盐铁转运使刑部侍郎王播奏江淮、河南、峡内、岭南、兖郓等盐院元和（十）五年粜盐都收价钱六百九十八万五千五百贯，比量未改法已前旧盐利，总约时价四倍加抬，计成虚钱一千七百四十六万三千七百贯，除充盐本外请付度支收管，从之。……七年四月，盐铁转运使刑部侍郎王播奏元和六年籴盐除峡内盐井外，计收盐价钱六百八十五万九千二百贯，比量未改法已前旧盐利，总约时价四倍加抬，计成虚钱一千七百一十二万七千一百贯，改法实估也。……八年四月盐铁使刑部侍郎王播奏应管江淮、兖郓等盐院

---

① 元稹撰，冀勤点校：《元稹集》卷三八《为河南府百姓诉车状》，中华书局1982年版，第433页。

② 卞孝萱：《元稹年谱》，齐鲁书社1980年版，第129页。

元和七年计收盐钱六百七十八万四千四百贯，比未改法已前旧盐利总约时价四倍加抬，计成虚钱一千二百一十七万九十贯，其二百一十八万六千三百贯充枭盐本，其一千四百九十九万二千六百贯充榷利，请以利付度支收管，从之。①

文中说"比量未改法已前旧盐利总约时价四倍加抬"，这里的"四倍加抬"也就是时价的五倍。宋人有"将五分折变于官钱，是一倍增抬于酒利"②之语，"一倍增抬"即是增加一倍，四倍加抬当是指增加四倍，也就是说虚价是时价的五倍，与上文元稹所言六倍稍有差距。二者的差异，主要是基于实估价值的不同。据李翱元和四年的记载："钱直日高，粟帛日卑，粟一斗价不出二十，帛一匹价不出八百。"③绢价实为八百文，五倍正好为四千文，与元文盐利虚估四千文相吻合。

我们已经知道了盐利中虚估的价格标准，但是这里还有一个问题是必须解释的，否则容易引起疑惑。虽然《册府》中明言"总约时价四倍加抬"，那为何盐利收入中的虚实钱之比却是 5 比 2 呢？

在上文谈到刘晏改革盐法时，曾提到："以大历匹绢四千文的估价来算，之前四千文的盐需要商人缴纳四千文的现钱，现在四千文的盐则需要商人缴纳一匹四千文的绢，同时再多缴纳八百文的现钱。"等到了元和年间，匹绢实估已经降到了八百文。那么，在盐利中匹绢四千文的虚估价记成实钱正是匹绢八百文的实估价加上多收取的八百文，合一千六百文，盐利收入中的虚实比价正为 5 比 2。

三　虚估的扩大

盐利收入中虚估越来越多，国家的实际收入也就越来越少，于是

---

① 王钦若等编：《册府元龟》卷四九三《邦计部·山泽》，第5898—5899页。
② 谢采伯：《密斋笔记》卷一，《丛书集成新编》第87册，新文丰出版公司1986年版，第99页。
③ 李翱：《李文公集》卷三《进士策问第一道》，《四部丛刊》本。

在财政支出中也开始使用虚估。"（贞元四年）先是。京畿和籴，多被抑配。或物估踰于时价，或先敛而后给直，追集停拥，百姓苦之。及闻是诏，莫不欢忻乐输焉。"① 这里"物估踰于时价"自然不是说提高了百姓的粮食价格，而是说官府给付的匹段价格高于其实际价格，也就是虚估，损害了百姓的利益，因此政府才下令禁止这种行为。

在边地进行和籴时，也同样使用虚估。贞元十一年（795），陆贽上书指斥裴延龄，其中云："诸州输送布帛，度支不务准平，……及其支送边州，用充和籴，则于本价之外，例增一倍有余。布帛不殊，贵贱有异。剥征罔下，既以折估为名；抑配伤人，又以出估为利。"② 在当时，边军的粮食需求很大，需要中央将布帛运送过去充当和籴的费用，而裴延龄在计算绢帛价格时，则"例增一倍有余"。权德舆说："大率以布帛之不中于度，不鬻于市者，积以窳滥，备其名物，移用于军，增三倍之价，平粜于人。"③ 度支将质量很差的绢帛用于边军和籴，并将其价格提高了三倍。在上述和籴支出中，虚估的价格标准并不一致，当事者的规定有点随意性。之后，在两税征收中也出现了虚估。

众所周知，两税法虽然是以钱为额，但是在征收过程中却有很大一部分是要折算成绢帛的，绢帛的折纳价格就成为国家调节财政收入的一个杠杆，同时也是体现民众赋税负担轻重的一个重要表征。两税征收中虚估的出现与当时"钱重物轻"所造成的百姓赋税负担加重有密切关系。

大历、建中初的高物价与安史之乱后的物资短缺有关。永泰元年（765），官府绢帛少，就需要从市场上大量购买，"郭子仪率回纥兵

---

① 王溥：《唐会要》卷九〇《和籴》，中华书局1955年版，第1636页。

② 陆贽撰，王素点校：《陆贽集》卷二一《论裴延龄奸蠹书》，第674页。

③ 权德舆撰，郭广伟校点：《权德舆诗文集》卷二四《朝散大夫使持节饶州诸军事守饶州刺史上柱国崔君墓志铭》，第364页。

大破吐蕃。诏税百官钱，市绢十万匹以赏回纥"①。永泰二年（766），元结在通州时说："往年粟一斛，估钱四百犹贵；近年粟一斗，估钱五百尚贱。往年帛一匹，估钱五百犹贵；近年帛一匹，估钱二千尚贱。"② 绢价已经达到两千文。

大历中，政府收入仍然不多，给官员发放俸禄都成问题。《通典》卷三五《俸禄》："自大历以来，关中匮竭，时物腾贵，内官不给。乃减外官职田三分之一，以给京官俸。"同时，与回鹘市马也需要消耗大量的绢帛。"肃宗乾元中回鹘仍岁来市，以马一匹易绢四十疋，动至数万马。代宗大历八年，回鹘遣赤心领马一万疋来求市，帝以马价出于租赋，不欲重困于民，命有司量入计，许市六千疋。"③ 大历八年（773），官府已经没有足够的绢帛来交易回鹘的战马。当是时，欠回鹘马价的记载也比比皆是，如建中初，回鹘可汗对出使的大唐官员源休说："所欠吾马直绢一百八十万疋，当速归之。"④ 这自然也都是大历时所积欠下的。

大历十年（775），大兴善寺的僧人秀岩修建文殊阁讫，在给代宗写的奏状中称："一万一千一百五十二贯文准绢四千一百一十七匹。"⑤ 此阁是大历八年开始修建的，修建费用由皇帝所赐绢帛充，也就是说大历八年时，匹绢已经高达两千七百余文了。大历九年（774），广智三藏和尚去世，皇帝赐绢造灵塔，其弟子云："今日内侍韦守宗奉宣恩敕。赐绢七百五十二匹，充先师塔直。"⑥ 这些绢值多少钱呢？其碑文中言："又赐钱二百二十五万，建以灵塔。"⑦ 由此

---

① 王钦若等编：《册府元龟》卷四八四《邦计部·经费》，第5785页。
② 元结：《元次山集》卷九《问进士》，《四部丛刊》本。
③ 王钦若等编：《册府元龟》卷九九九《外臣部·互市》，第11727页。
④ 刘昫：《旧唐书》卷一二七《源休传》，第3575页。
⑤ 圆照：《代宗朝赠司空大辨正广智三藏和上表制集》卷五《进造文殊阁状一首》，《大正新修大藏经》第52册，新文丰出版公司1996年版，第851页。
⑥ 圆照：《代宗朝赠司空大辨正广智三藏和上表制集》卷四《恩赐绢七百五十二匹造塔谢表一首并答》，第847页。
⑦ 圆照：《代宗朝赠司空大辨正广智三藏和上表制集》卷四《大唐故大德开府仪同三司试鸿胪卿肃国公大兴善寺大广智三藏和上之碑》，第849页。

可知，匹绢几近三千文，较上年又上涨了二百余文。

德宗初年，官府曾雇人营田，月给八千。"德宗初，严郢为京兆尹……且秦地膏腴，田称第一，其内园丁皆京兆人，于当处营田，月一替其易可见，然每人月给钱八千，粮食在外，内园使犹傲募不占。奏令府司集事，计一丁岁当钱九十六千，米七斛二斗，计所傲丁三百，每岁合给钱二万八千八百贯，米二千一百六十斛。"[1] 唐代给付雇直一般按一丁"日绢三尺"计算，则一月为九十尺，算下来匹绢三千五百余文。

自建中初年两税法实施后，绢帛的价格又开始逐年下降[2]。陆贽在奏疏中说："往者初定两税之时，百姓纳绢一匹，折钱三千二三百文，大率万钱，为绢三匹。价计稍贵，数则不多。及乎颁给军装，计数而不计价，此所谓税入少而国用不充者也。近者百姓纳绢一匹，折钱一千五六百文，大率万钱，为绢六匹。"[3]《资治通鉴》系此文于贞元十年（794），上距建中元年（780）只有十五年，而绢价已经由三千二百文下降到一千六百文，下跌了一半，百姓的负担也加重了一倍。到贞元十五年（799）时，绢价进一步下降，权德舆称："大历中绢一匹价近四千，今止八百、九百。设使税入之数如其旧，出于人者已五倍其多。"[4] 绢价相差已达四倍。

绢帛价格的不断下跌，与史料所说的"两税法悉总诸税，初极便人。但缘约法之时，不定物估。粟帛转贱，赋税自加"[5] 正相吻合。也就是说在两税征收一开始，中央没有去规定一个长期稳定的绢帛折纳价格，而是让百姓根据随时变动的市场价格缴纳赋税，正是这样，

---

① 王钦若等编：《册府元龟》卷五〇三《邦计部·屯田》，第 6037 页。

② 关于唐代的绢价，参考全汉昇《唐代物价的变动》，《中国经济史研究·上》，稻乡出版社 1991 年版，第 182 页；胡如雷《论唐代农产品与手工业品的比价及其变动》，氏著《隋唐五代社会经济史论稿》，中国社会科学出版社 1996 年版，第 148—157 页。

③ 陆贽撰，王素点校：《陆贽集》卷二二《均节赋税恤百姓六条》，第 738 页。

④ 权德舆撰，郭广伟校点：《权德舆诗文集》卷四七《论灾旱表》，第 750 页。李锦绣考证此表上于贞元十五年（799），参见《唐代财政史稿·下卷》，第 1223 页。

⑤ 宋敏求编：《唐大诏令集》卷一一一《制置诸道两税使敕》，中华书局 2008 年版，第 579 页。

随着绢帛价格的下降，百姓的负担才成倍上升。于是诸多大臣开始对两税法不断抨击，政府出于减轻百姓赋税的目的，"明知加价纳物，务在利及疲人"①，遂在两税征收中制定了虚估。

关于两税虚估制定的详细时间，史书中并没有明确的记载，唯一可以确定的是其产生的时间下限，即早于元和四年（809）。"（元和四年）先是。天下方镇恣意诛求，皆以实估敛于人，虚估闻于上，宰臣裴垍深知其弊，俾有司奏请厘革，江淮之人今受其赐。"② 从文意来看，虚估在当时的两税征收中已经存在了。其时间上限，我们不妨从诸位大臣奏疏中的绢帛价格来推断，看其是虚估还是实估。

李翱的奏疏为我们了解两税虚估提供了一个绝佳材料。元和十五年（820），李翱称："臣以为自建中元年初定两税，至今四十年矣。当时绢一匹为钱四千，米一斗为钱二百，税户之输十千者，为绢二匹半而足矣。今税额如故，而粟帛日贱，钱益加重，绢一匹价不过八百，米一斗不过五十，税户之输十千者，为绢十有二匹然后可。况又督其钱使之贱卖者耶？假令官杂虚估以受之，尚犹为绢八匹，乃仅可满十千之数，是为比建中之初，为税加三倍矣……故臣曰：'改税法，不督钱而纳布帛，则百姓足。'"③ 一匹绢按八百文折纳，交十千需要十二匹，如果杂虚估缴纳，则需要八匹，那么匹绢八百文自然就是实估的价格了。与之相应的，初定两税时的匹绢四千文也就是实估价格了。因为李翱所言绢价就是指百姓缴纳两税时的绢价，若前面依虚估价，则后面也是虚估价；若依实估价，后面自然也是实估价，只有二者相吻合，才能对比出百姓负担的加重，所以说这里的绢价都是实估。上述陆贽、权德舆奏文中初定两税以及大历中的绢价分别为三千二百文、四千文，我们姑且不管他们叙述上的差异，也可知其绢价肯定是实估。

学界有人认为初定两税时绢价是虚估，只是后来政府在两税征

---

① 王钦若等编：《册府元龟》卷四八八《邦计部·赋税二》，第5834页。
② 王钦若等编：《册府元龟》卷四八八《邦计部·赋税二》，第5834页。
③ 李翱：《李文公集》卷九《疏改税法》，《四部丛刊》本。

收中"降虚就实",所以两个价格一是虚,一是实①。有没有这种可能呢?笔者认为没有,因为奏疏的主旨基本在说"粟帛日贱,钱益加重"而造成的百姓负担加重,相应提出的解决办法就是"改税法,不督钱而纳布帛"。如果说是因为政府"降虚就实",从而造成百姓负担加重的话,那么诸人在奏疏中自然是要对这种做法大为批判了,从而提出的解决办法也就是让中央下令就虚征纳。所以从奏疏的内容来看,其体现的就是绢价的自然下跌,而不是其他的问题。陆贽也说:"臣谓宜令所司勘会诸州府初纳两税年绢、布定估,比类当今时价,加贱减贵,酌取其中,总计合税之钱,折为布帛之数,仍依庸、调旧制,各随乡土所宜。某州某年定出税布若干端,……勿更计钱,以为税数。"② 正是因为绢价不断下降,百姓负担加重,所以陆贽要以初纳两税年绢布的估价比类当今时价,希望能提升百姓折纳绢帛的价格,最后以钱额折成绢数,不再以钱为额,以减轻百姓负担。

综上,诸人奏疏中所言两税征收时绢价都是实估。在没有其他史料可以证明的情况下,两税征收中虚估出现的时间上限要迟于权德舆奏疏的时间,即迟至贞元十五年(799),两税征收中还没有虚估。并且,政府是出于减轻百姓赋税负担的目的,才在两税征收中制定了虚估,在建中初年绢价高昂的情况下,政府也没有必要去制定虚估,将两税虚估产生的时间上限断至贞元十五年之后也与绢价不断下跌的社会现实正相符合。"明知加价纳物,务在利及疲人","利及疲人"正是两税虚估产生的直接原因。

四 两税虚估的价格标准

我们认为,两税虚估产生于贞元十五年(799)至元和四年

---

① 吴丽娱:《浅谈大历高物价与虚实估起源——唐代物价问题之一》,第530页。
② 陆贽撰,王素点校:《陆贽集》卷二二《均节赋税恤百姓六条》,第738页。

（809）间，是为了减轻百姓负担。然而，地方政府在执行过程中，却是"恣意诛求，皆以实估敛于人，虚估闻于上"，于是宰相裴垍又进行了一次改革。

> 宪宗元和四年二月，度支奏："诸州府应上供两税匹段及留使留州钱物等，每年匹段估价稍贵。其留使留州钱，即闻多是征纳见钱及贱价折纳匹段，既非齐一，有损疲人。伏望起元和四年已后，据州县官正料钱数内一半，任依京官例征纳见钱支给……其余留使州杂给用钱，即请各委州府，并依送省轻货中估折纳匹段充。……其折纳匹段定中估，仍委州县精加拣择。如有滥恶，所由官并请准今年正月十五日旨条处分。……所纳疋段并依中估，明知加价纳物，务在利及疲人……先是。天下方镇恣意诛求，皆以实估敛于人，虚估闻于上，宰臣裴垍深知其弊，俾有司奏请厘革，江淮之人今受其赐。"①

因为国家规定的绢布价格较高，所以地方州府中的"留州留使钱"部分多是直接征收现钱或者贱价征收匹段，并没有使百姓的负担减轻。于是尚书省又进一步制定了"留州留使钱"中可以征收现钱的数量以及折纳匹段按"送省轻货中估"的标准。

两税法实行的是三分制，"送省"是指"两税三分"中的上供部分，"轻货"是指绢帛，"中估"则是中等质量的绢帛价格。唐代政府征收税物时，一般会根据税物的质量好坏将其分为上、中、下三等，其相应的价格标准就是上、中、下三估。如会昌五年（845），政府想要剑南两川也折纳绢帛，就下令"有机杼之家，依果阆州且织重绢，仍与作三等估，上估一贯一百，下估九百"②。所以敕文中一直强调"仍委州县精加拣择，如有滥恶"，"令加意织造，不得滥恶"

---

① 王钦若等编：《册府元龟》卷四八八《邦计部·赋税二》，第5834页。
② 董诰：《全唐文》卷七八，武宗《加尊号后郊天赦文》，中华书局1983年版，第820页。

云云，主要是从绢帛的质量上来强调要达到中估的标准。且文中言
"不得剥征折估钱"，"折估"是指因税物质量不达标而征收的补偿价
钱，"（杨）慎矜于诸州纳物者有水渍伤破及色下者，皆令本州征折
估钱，转市轻货"①，亦可证明上述"中估"主要是从质量上规定的
绢帛标准。

由于民间绢帛质量的差距比较大，有的质量很好，有的质量又
很差，质量较好的按中估折纳百姓不愿意，质量过滥的，地方州府
又不愿意，因此每到缴税时节，百姓多需将绢帛转卖，换成现钱缴
税，这样就造成了损失。元和六年（811）二月，国家下令："近日
所征布帛，并先定物样，一例作中估受纳，精粗不等。退换者多，
转将货卖，皆致损折。其诸道留使留州钱数内绢帛等，但有可用
处，随其高下，约中估物价，优饶与纳，则私无弃物，官靡通财。
其所纳见钱，仍许五分之中，量征二分，余三分兼纳实估匹段。"②
规定绢布无论质量好坏，都"约中估物价，优饶与纳"，以减轻百
姓转卖绢帛的损失。

所以说，"送省轻货中估"就是指"留州留使"中的绢帛也要
按照"上供"部分的折纳标准。其中包含了两层意思：其一，绢
帛的质量依据的是中等绢帛的标准；其二，绢帛的折纳价格依据
送省（上供）轻货（绢帛）的价格标准。根据"虚估闻于上"云
云，可知"送省轻货中估"即中央规定的高于实际价格的绢帛的
虚估价。

"送省轻货中估"又被称作"省估"。"先是。天下百姓输赋于
府，一曰上供，二曰送使，三曰留州。自建中初定税，时货重钱轻，
是后货轻钱重，齐人所出，固已倍其初征矣。其留州送使，所在长
吏，又降省估使就实估，以自封殖，而重赋于人。及裴垍为相，奏请
天下留州送使物，一切令依省估。"③"天下留州送使物，一切令依省

---

① 刘昫：《旧唐书》卷一〇五《杨慎矜传》，第 3226 页。
② 董浩：《全唐文》卷六二，宪宗《赈恤百姓德音》，第 666 页。
③ 王溥：《唐会要》卷八三《租税上》，第 1539 页。

估"，正是上文所说的"其余留使州杂给用钱，即请各委州府，并依送省轻货中估折纳匹段充"。李翱："诏天下守土臣定留州使额钱，其正料米如故，其余估高下如上供，百姓赖之。"①"其余估高下如上供"，也正是说留使留州部分也要跟上供部分一样，按"省估"折纳绢帛。

关于"省估"的具体含义，学界还存在争议。吴丽娱②、李锦绣③认为省估指一半纳实钱（现钱和实估物）、一半纳虚钱（虚估折物）的税价标准。徐东升④、吴树国⑤则认为省估是官府制定的征收绢帛的虚估价。对史料的详细解析，徐、吴二人的说法可能更接近事实。在史料中省估往往与匹段相连，与见钱相对。比如武宗时，两税征收中部分匹段还是依据省估计折，"今天下诸州所纳两税，皆据分数纳见钱，除（余）纳省估匹段，给用之日，钱货并行"⑥。两税中一部分要缴纳见钱，一部分则缴纳省估匹段。官员发放俸禄时，也是如此。《册府元龟》卷五○七《邦计部·俸禄第三》："（敬宗时期）沧、德二州州县官吏等，刺史每月料钱八十贯……其俸禄且以度支物充，仍半支省估匹段，半与实钱。"由是可知，省估并非一半纳实钱，一半纳虚钱的税价标准，而是政府制定的绢帛的虚估价。

那么，省估的标准是多少呢？

《唐会要》卷九一载："（元和）十二年四月，敕：'京百官俸料，从五月以后，并宜给见钱。其数内一半充给元估疋段者，即据时估实数，回给见钱。'"⑦从这条史料来看，原先百官俸料中一半给见钱，

---

① 李翱：《李文公集》卷三《进士策问第一道》，《四部丛刊》本。

② 吴丽娱：《试析唐后期物价中的"省估"》，《中国经济史研究》2000年第3期。

③ 李锦绣：《唐代财政史稿·下卷》，第1226页。

④ 徐东升：《论唐代物价的几个问题》，《文史哲》2002年第5期。

⑤ 吴树国：《钱帛兼行与唐后期江南税收中的"省估"》，《"唐代江南社会"国际学术研讨会暨中国唐史学会第十一届年会第二次会议论文集》，第62—68页。

⑥ 董诰：《全唐文》卷七八，武宗《加尊号后郊天赦文》，第817页。

⑦ 王溥：《唐会要》卷九一《内外官料钱上》，第1664页。

一半给元估匹段，现在元估匹段也要折成见钱。但是，令人疑惑的是，百官俸料本就是直接以钱贯计数的，现在要全部给见钱，直接给钱就可以了，为何要从"元估匹段"再据时估折回见钱呢？那么很明显的一点就是，元估与时估的价值并不一样（时估是指绢帛当时的估价，也即实估），元估并非实估。吴丽娱说："敕中所说'元估匹段'者应理解为'元（原）额估匹段'之意。王永兴先生曾指出它是'征税时之虚估'，无疑十分正确。"① 也就是说百官俸料中一半匹段的发放标准，依据的是当时征收两税匹段时的估价，即这里的元估就等同于上文所说的省估。

元估的含义，还有两例史料可以说明。上文沧、德二州财政困难，官员的月俸由中央发放，标准与京官一样，也是一半给实钱，一半折匹段，这条史料中"半支省估匹段"与"一半充给元估匹段"可以互代。

又，《全唐文》卷七四四崔戎《请勒停杂税奏》："（文宗大和四年五月）准诏旨，制置剑南西川两税，旧纳见钱，今令一半纳见钱，一半纳当土所在杂物，仍于时估之外，每贯加饶三五百文，依元估充送省及留州留使支用者。"剑南西川一直到文宗时，两税还是全部征纳见钱，大和四年（830）才下诏要改为一半纳见钱，一半纳杂物（匹段）。杂物按照时估价格折纳，但是税额中每贯要加饶三五百文，并依据加饶后的估价供"送省及留州留使支用"，即称为"元估"。可见，元估并没有一个固定的估值，它只是附属于绢帛征收时的估价，若征收时匹段按照省估折纳，则元估就等于省估，若征收时按实估征纳，元估就等同于实估，若征收时匹段按每贯优饶五百文计折，则元估就是每贯优饶五百文。

理清了元估的含义，让我们回到省估的标准问题上来。会昌六年（846）的时候，因为毁佛，国家有了大量的铜材料可以铸钱，又一次给官员发放见钱："以诸道铸钱已有次第，须令旧钱流布，绢价稍

---

① 吴丽娱：《试析唐后期物价中的"省估"》，《中国经济史研究》2000年第3期。

增，文武百僚俸料起三月一日并给见钱，其一半先给虚（估）匹段，对估时价支给。三月，户部奏：'百官俸料一半匹段给见钱，则例敕旨。其一半先给元估匹段者，宜令户部准元和十二年四月十三日敕例，每贯给见钱四百文，便起四月以后支给。'"① 依据的敕例正是上文元和十二年（817）四月敕。那么也就是说，一贯钱根据元估先折算成绢布，再按照时估价折回成钱数，只相当于四百文，元估与时估的比值是 5 比 2，即元估是时估的 2.5 倍。按照时估价，一匹绢值钱八百文②，那么元和间的元估就是匹绢两千文，即省估是匹绢两千文。会昌六年（846）上距元和十二年（817）已有三十年，官方再次以见钱发俸，还是依据之前的比值，这证明了省估与时估的比值是比较稳定的，又或者说是省估匹段的标准是固定的，并不根据时估匹段价值的升降而改变。

元和四年（809）之后，政府在两税征纳中依据"省估"的标准征纳部分绢帛，又称"送省轻货中估"或"虚估"，在给官员发放俸禄时也使用"省估"，又称"元估"，其标准是匹绢两千文。省估与实估的比值与盐利收入中的虚实钱之比完全一样，省估价格标准的制定或许是借鉴了盐利收入中虚实钱的比值。

五 结语

唐代后期出现在财政领域的虚估是指中央制定的高于市场价格的绢帛价。虚估率先产生于盐利征收中，它的出现是政府提高榷盐价格以及盐利定额共同作用下的结果，在盐利中虚估的价格标准是匹绢四千文。在虚估带给中央财政好处的促动下，很快虚估范围逐渐扩大到政府支出以及两税征收中。在两税征收中虚估又称省估、送省轻货中

---

① 王钦若等编：《册府元龟》卷五·五〇八《邦计部·俸禄四》，第 6094 页。
② 李翱《疏改税法》云："臣以为自建中元年初定两税，至今四十年矣。当时绢一匹为钱四千，米一斗为钱二百，税户之输十千者，为绢二匹半而足矣。今税额如故，而粟帛日贱，钱益加重，绢一匹价不过八百。"见李翱《李文公集》卷九。

估，是政府在"钱重物轻"的社会背景下于贞元十五年（799）至元和四年（809）间制定的，其价格标准为匹绢两千文。盐利、两税中虚估的产生都有着各自的直接原因，若从更深层次而论的话，唐王朝货币经济的发展程度与以货币为计量单位的财政体系间的矛盾是虚估产生的根本原因。学界在虚实估问题上长久争论，不能达成一致的主要原因在于没有将盐利中的虚估与两税中的虚估区分开来。

论唐宋国家治理"盗耕种"与私有土地产权及财政考虑[*]

陈明光　毛　蕾　靳小龙

（厦门大学　历史与文化遗产学院）

　　唐宋的土地产权体系，由私田产权、官田产权和自然资源土地资产产权三大类构成。唐宋国家财政收入与土地产权的运营和管理密切相关。对此，宋人或用"田产税赋"一词加以表述。[①] 其所谓田产，涵盖了上述三类土地产权及其物化表现；所谓税赋，则泛指基于田产的财政收入。若用现代财政经济学的概念加以审视，由于中国古代"田产"的产权类别和性质有不同，基于"田产"的"税赋"或者"田赋"，实际上应该区分为租和税两大类。[②] 盗耕种不仅损害了土地所有者的经济利益，也会减少政府基于官方地籍的租税收入。为此，唐宋国家必须依法加以治理。对唐宋的盗耕种问题迄今未见学界有专题研究。本文拟以私有土地产权特别是私有逃田产权为对象，对唐宋国家治理盗耕种时如何处置维护私有土地产权与保障财政利益二者之间的关系试作分析，进而讨论唐宋保护私有财产权的限度。

---

　　* 本文为国家社会科学基金重大项目"中国古代财政体制变革与地方治理模式演变研究"（项目编号：17ZDA175）的阶段性成果。

　　① 例如，绍兴二十年正月壬子，权户部侍郎宋贶言："……使田产税赋，着实依限一切了办。"李心传：《建炎以来系年要录》卷一六一，绍兴二十年庚午正月甲申朔之十二月己巳，第 2606 页。

　　② 参见陈明光等《中国古代财税史的概念与史实探讨》，《厦门大学学报》2019 年第 2 期。

一　唐宋有关盗耕种的立法与私有土地产权

　　唐朝在法律上承认私有土地产权，如下引《唐律疏议》有"私田""地主""（田）主"等术语，并且从保护公私土地产权的角度制定了《盗耕种法》。盗耕种，是唐朝首次在法律文本中运用的法律术语。此前，秦汉律文有"盗田"一语。① 所谓盗田，应该包括盗耕种和盗收割，② 而以前者为主。不过，正如《唐律疏议》所解释的："田地不可移徙，所以不同真盗，故云'盗耕种公私田者'。"就是说，用"盗耕种"作为法律术语更为准确。《唐律疏议》卷十三《户婚律》称：

　　　　诸盗耕种公私田者，一亩以下笞三十，五亩加一等；过杖一百，十亩加一等，罪止徒一年半。荒田，减一等。强者，各加一等。苗子归官、主。（注：下条苗子准此。）

　　　　【疏】议曰：

　　　　田地不可移徙，所以不同真盗，故云"盗耕种公私田者"。"一亩以下笞三十，五亩加一等"，三十五亩有余，杖一百。"过杖一百，十亩加一等"，五十五亩有余，罪止徒一年半。"荒田减一等"，谓在帐籍之内，荒废未耕种者，减熟田罪一等。若强耕者，各加一等：熟田，罪止徒二年；荒田，罪止徒一年半。"苗子各归官、主"，称苗子者，其子及草并征还官、主。……其盗耕人田，有荒有熟，或窃或强，一家之中罪名不等者，并依例"以重法并

---

　　① 例如，秦律规定"（坏）人冢，与盗田同灋（法）"，参见中国文物研究所、湖北省文物考古研究所编《龙岗秦简》简124，中华书局2001年版，第114页。

　　② 李翱：《李文公集》卷四《命解》："或曰：贵与富在我而已，以智求之则得之，不求则不得也，何命之为哉？或曰：不然。求之有不得者，有不求而得之者，是皆命也，人事何为？二子出，或问曰：二者之言，其孰是耶？对曰：是皆陷人于不善之言也。以智而求之者，盗耕人之田者也，皆以为命者，弗耕而望收者也，吾无取焉。"文渊阁《四库全书》，台湾商务印书馆1986年影印本，第1078册，第118页。

满轻法"为坐。若盗耕两家以上之田，只从一家而断，并满不加重者，唯从一重科。若亲属相侵得罪，各依服纪，准亲属盗财物法，应减者节级减科。若已上籍，即从下条"盗贸卖"之坐。①

这条律文明确地把盗耕种涉及的土地产权分为公有和私有两大类。同卷的另一条律文规定："诸妄认公私田，若盗贸卖者，一亩以下笞五十，五亩加一等；过杖一百，十亩加一等，罪止徒二年。"据该条【疏】议的解释，"妄认"是指把公田和别人的私田"称为己地"；"妄认者，谓经理已得；若未得者，准妄认奴婢、财物之类未得法科之。盗贸易者，须易讫。盗卖者，须卖了"②。这里同样把所涉及的土地产权分为公有和私有两大类，强调对侵犯他人田地产权行为的量刑，要以是否获得实际经济利益为依据。唐朝《田令》规定："诸竞田，判得已耕种者，后虽改判，苗入种人。耕而未种者，酬其功力。未经断决，强耕种者，苗从地判。"③竞田，指发生田地产权纠纷而诉诸官司。该条《田令》的法律倾向，一是对因误判而改判的处理，强调保护田地经营者的经济利益，有"苗入种人"和"酬其功力"两种处理方式；二是对未经司法审理而强行耕种的，则强调保护田地产权所有者的利益，即苗、地都归田主。这应该也是唐朝官府处理盗耕种私有田地的司法依据。总之，私有土地产权在唐朝受到法律保护是毋庸置疑的。

宋代同样立法保护"地主""业主"的土地私有产权。例如，《庆元条法事类集》卷四七《赋役门·阁免租税》所引《田令》称："诸田因水发冲注塌坏，或因官司占废不堪开修耕作，应开阁减免税租者，许地主或业主申县，五日内令、佐亲诣，检量顷亩，后有退复田堪耕种者，

① 长孙无忌等撰，刘俊文点校：《唐律疏议》卷一三，中华书局1992年版，第244—245页。
② 长孙无忌等撰，刘俊文点校：《唐律疏议》卷一三，第245—246页。
③ 天一阁博物馆等：《天一阁藏明钞本天圣令校证（附唐令复原研究）·田令》（下册），中华书局2006年版，第253页。

耆邻限三十日申县，依此检量籍记，限一年归业。（注：黄河积水限二年，发水限一年。）"① 宋朝从保护公私土地产权的角度，继承并细化了唐朝的盗耕种法，制定有"盗种法"②"盗耕退复田法"③"盗决侵耕之法"④ 等专项法律，还用敕、格、令等法律形式加以补充。如南宋理宗绍定元年（1228）平江府发生了一件学田案，法官在判决时引用的宋朝法律，除了与唐律相同的"诸盗耕种公私田者""诸妄认公私田若盗贸卖者"两条律文之外，还引用敕文："诸盗耕种及贸易官田（泥田、沙田、逃田，退复田同。官荒田虽不籍系亦是），各论如律。冒占官宅者，计所赁，坐赃论，罪止杖壹百（盗耕种官荒田、沙田罪止准此）。并许人告。"引用令文："诸盗耕种及贸易官田（泥田、沙田、逃田，退复田同），若冒占官宅，欺隐税租赁直者，并追理，积年虽多，至拾年止，贫乏不能全纳者，每年理二分，自首者免。虽应召人佃赁，仍给首者。""诸应备赏而无应受之人者，理没官。"引用格文："诸色人，告获盗耕种及贸易官田者（泥田、沙田、逃田，退复田同），准价给五分。"⑤ 这些敕、令、格文都提到逃田，说明同样适用于处理盗耕种私有田产。

　　经五代入宋，时人对盗耕种私人田地的行为，也使用"冒佃""侵耕盗种""侵耕冒佃""侵冒""冒种""冒占"等语加以表达，下文引用的史料就包含此类用语。

① 谢深甫著，戴建国点校：《庆元条法事类》卷四七《赋役门一·阁免租税》，杨一凡主编：《中国珍稀法律典籍续编》，黑龙江人民出版社2002年版，第630页。
② 真德秀：《西山文集》卷四四《谯殿撰墓志铭》称，谯令宪知江州时，"江民多贫，少根著，值水旱，则捐赀产转徙他郡。有耕其弃田者，有司又绳以《盗种法》，由是告讼纷然。公请弛其禁，惟责以输租，争者遂息"。文渊阁《四库全书》，第1174册，第706页。
③ 徐松辑，刘琳等校点：《宋会要辑稿》食货一之三〇《农田杂录》载，绍圣二年（1095）三月三日，"工部言：'诸黄河弃堤退滩地土堪耕种者，召人户归业，限满不采，立定租税，召土居五等人户结保，通家业递相委保承佃。每户不得过二顷。（违者）论如"盗耕退复田法"，追理欺隐税租外，其地并给告人，仍给赏。'"上海古籍出版社2014年版，第5961页。
④ 参见徐松辑，刘琳等校点《宋会要辑稿》食货八之二八至二九《水利下》"（乾道）七年七月二十四日"条，第6161页。
⑤ 国家图书馆善本金石组编：《宋代石刻文献全编》（第2册），北京图书馆出版社2003年版，第339页。参见胡兴东《宋朝法律形式及其变迁问题研究》，《北方法学》2016年第1期。

二 唐朝处理盗耕种私有田产的财政考虑及司法原则调整

唐朝官方处理盗耕种私有田产的财政考虑，虽然没有直接反映在律文上，但反映在司法的客观效果中。在比较安定的社会环境下，唐朝官方处理盗耕种私有田产，可以通过维护和落实私有产权，维护纳税人的完税能力，并纠查逃税行为。上引《唐律疏议》卷三"盗耕种公私田"条的律文和《疏议》把被盗耕种的私有土地分为两类，一类是熟田，另一类是入籍荒田，即已登记在官方籍帐的田地而荒废未耕，对盗耕种荒田的量刑要轻一点。同时还指出，对"亲属相侵得罪"的"已上籍"私田，也要依照另外的律文加重处理。唐律之所以强调对盗耕种"在帐籍之内，荒废未耕种者"的荒田也要处理，显然与赋税有关。因为，唐朝前期地税是按现耕地征收的，征税依据是每年编制的青苗簿，入籍荒地当年不必缴纳地税，但如果实耕成为熟田了，就要缴税。

唐朝处理盗耕种私有田产还出于特定的财政考虑，这集中地反映在处理私有逃田问题上。"逃田"，是宋朝官私文献的常用语，是对纳税户逃移他乡之后所抛弃田地的概称。唐朝官方则有"逃户田业"①"逃户田宅"②"逃户桑地"③"逃人田宅"等用语。④ 唐宋时期，由于赋役、

---

① 《长安三年三月十六日括逃使牒并敦煌县牒》称："……承前逃户田业，差户出子营种，所收苗子，将充租赋。假有余剩，便入助人。今奉明敕，逃人括还，无问户第高下，给复二年。又今年逃户所有田业，官贷种子，付户助营。逃人若归，苗稼见在，课役俱免，复得田苗。"［日］池田温：《中国古代籍帐研究》，中华书局 2007 年版，第 198 页。

② 王溥：《唐会要》卷八五《逃户》载：肃宗乾元三年（760）四月敕："逃户租庸，据帐征纳，或货卖田宅，或摊出邻人，展转诛求，为弊亦甚，自今已后，应有逃户田宅，并须官为租赁，取其价值，以充课税，逃人归复，宜并却还，所由亦不得称负欠租赋，别有征索。"上海古籍出版社 2006 年版，第 1855 页。

③ 王溥：《唐会要》卷八五《逃户》载：武宗会昌元年（841）正月制："诸道频遭灾沴，州县不为申奏，百姓输纳不办，多有逃亡。长吏惧在官之时，破失人户，或恐务免正税，减克料钱，只于见在户中，分外摊配，亦有破除逃户桑地，以充税钱。"第 1856 页。

④ 按，《新唐书》卷五一《食货志一》称："大历元年，诏流民还者，给复二年，田园尽，则授以逃田。"（中华书局 1975 年版，第 1348 页）此处的"逃田"是宋人欧阳修的用语，非诏书原文。据《唐会要》卷八五《逃户》载："大历元年制：逃亡失业，萍泛无依，时宜招绥，使安乡井。其逃户复业者，宜给复二年，无得辄有差遣。如有百姓先货卖田宅尽者，宜委本州县取逃死户田宅，量丁口充给。"第 1865 页。

兼并、灾荒、战乱等多方面的原因，户口逃移并遗留大量逃田一直是突出的社会经济问题。如何援引《盗耕种法》惩处他人非法占用逃田，如何招引他人合法地耕种逃田以弥补逃户的欠税，一直是唐宋中央和地方政府必须处理的棘手政务。

在唐朝前期，逃田为亲邻"盗耕种"或者"盗贸卖"的现象相当普遍。如唐隆元年（710）七月十九日，睿宗敕曰："诸州百姓，多有逃亡，……逃人田宅，因被贼卖。"① 开元十二年（724）五月，玄宗诏称："百姓逃散，良有所由……且违亲越乡，盖非获已，暂因规避，旋被兼并。既冒刑网，复损产业。"② 天宝十四载（755）八月，玄宗制称："天下诸郡逃户，有田宅产业，妄被人破除。"③ 地方政府官员以此为由，让逃户的亲邻"代输租庸课税"④ "代出租税"。⑤ 这种行为也被唐朝官方称为"均摊"⑥；"摊出邻人"⑦；"率摊邻亲"⑧；"虚摊邻保"⑨；"摊逃"⑩。

唐朝地方官吏实行摊逃，不无客观的经济原因。深受唐朝法令影

① 宋敏求编，洪丕谟等点校：《唐大诏令集》卷一一〇《诫励风俗敕》，学林出版社1992年版，第523页。

② 宋敏求编，洪丕谟等点校：《唐大诏令集》卷一一一《置劝农使安抚户口诏》，第528—529页。

③ 王溥：《唐会要》卷八五《逃户》，第1854页。

④ 王溥：《唐会要》卷八五《逃户》载，天宝八载（749）正月，玄宗诏称："其承前所有虚挂丁户应赋租庸课税，令近亲、邻保代输者，宜一切并停，应令除削。"第1854页。

⑤ 王溥：《唐会要》卷八五《逃户》载，天宝十四载（755）八月制："天下诸郡逃户，有田宅产业，妄被人破除，并缘欠负税庸，先已亲邻买卖，及其归复，无所依投，永言此流，须加安辑。应有复业者，宜并却还。纵已代出租税，亦不在征赔之限。"第1854页。

⑥ 宋敏求编，洪丕谟等点校：《唐大诏令集》卷一〇四《处分朝集使敕五道》，第482—484页。

⑦ 王溥：《唐会要》卷八五《逃户》，"乾元三年（760）四月"条，第1855页。

⑧ 王溥：《唐会要》卷八五《逃户》，"宝应元年（762）五月"条，第1855页。

⑨ 王钦若等编：《册府元龟》卷八八《帝王部·赦宥第七》，台北"中华书局"1967年影印本，第1047—1048页。

⑩ 《旧唐书》卷一七一《李渤传》载，元和十三年（818），李渤上疏曰："渭南县长源乡本有四百户，今才一百余户，阌乡县本有三千户，今才有一千户，其他州县大约相似。访寻积弊，始自均摊逃户。凡十家之内，大半逃亡，亦须五家摊税。"中华书局1975年版，第4438页。

响的日本《养老户令》第十条规定："凡户逃走者,令五保追访,三周不获,除帐,其地还公;未还之间,五保及三等以上亲,均分佃食,租调代输(三等以上亲,谓同里居住者)。户内口逃者,同户代输,六年不获,亦除帐,地准上法。"《集解》称:"租调代输,各无田者不出租也。此文与唐令改替故也。但调,五保及三等均出,不论地有无也。"① 现存的唐《户令》未见此条。不过,亲邻优先占有逃户留下的田宅之后,或者自己耕种,或者出佃收租,甚至擅自出卖,这在唐朝民间是常见的经济现象。从权利与义务对等的角度来看,亲邻既然从经营或者变卖逃户的田宅获得了一定的经济利益,地方官员让他们代纳逃户未被削除的租庸调税额,似乎不是毫无道理的。

然而,对照上引"盗耕种""盗贸卖"公私田的唐律,亲邻在未获得田主允许的情况下私自耕种或买卖逃田,无疑都是违法行为。对此,唐朝曾多次发布诏敕加以禁止。例如,睿宗唐隆元年(710)七月十九日的《诫励风俗敕》称:"诸州百姓,多有逃亡,……逃人田宅,因被贼卖,宜令州县招携复业。其逃人田宅,不得辄容卖买。"② 所以,若根据《盗耕种法》,地方官吏让"盗耕种""盗贸卖"逃户田宅的亲邻代出租税,也是错上加错的违法行为。

不过,唐朝国家在治理盗耕种逃田的司法实际中,并不是仅仅依据基于维护土地产权考虑的《盗耕种法》,还基于强烈的财政考虑。由于唐朝前期和唐朝后期的赋税制度和时局都有明显不同,国家治理盗耕种逃田时的财政考虑也有差异。

在唐朝前期,国家纠查盗耕种逃田的财政考虑,主要是维护逃户一定的产权利益,即保护逃户在政府规定的归业限期内仍持有逃田的所有权和部分收益权,以招诱他们还乡,重新承担以户籍资料为征税基本依据的租庸调、户税、地税、徭役等。至于如何通过土地产权激励,鼓励他人合法地承佃逃田并缴纳赋税,尚未被明显地加以考虑。

---

① [日]仁井田陞著:《唐令拾遗》,栗劲等编译,长春出版社1988年版,第139页。
② 宋敏求编:《唐大诏令集》卷一一〇《诫励风俗敕》,第523页。

这与当时的赋税结构是以按丁男计征的租庸调制为主有关。

不过，值得指出的是，在唐睿宗时，让耕种逃田者"代出租课"的行为，在一定的条件下获得了合法性。睿宗在《诫励风俗敕》称："诸州百姓，多有逃亡……其地在，依乡原例纳州县仓，不得令租地人代出租课。"① 敦煌文书抄录的唐隆元年睿宗的一段敕文，与上引敕文的文字略有不同，称："逃人田宅，不得辄容卖买。其地任依乡原价，租充课役，有剩官收。若逃人三年内归者，还其剩物。其无田宅，逃经三年以上不还者，不得更令邻保代出租课。"② 按此规定，在逃户归业之前，他人可以依照当地的经济习俗耕种逃田，并向官府缴纳田租。这些田租必须先用来抵充逃户的欠税；若有剩余则交官府代管，逃户若在3年之内还乡，可向官府领取这部分剩余。敕令同时强调，租地人只缴田租一项，官府不得令他们既缴田租又代纳逃户的欠税。显然，在这种情况下，耕种逃田者是不必受《盗耕种法》惩处的。我们认为，睿宗颁布的这一政策，实际上开启了唐朝逃田产权政策调整之先声，预示着唐朝中央出于保障赋税收益的财政考虑，有必要对治理盗耕种私有田产的司法依据作出调整，并显示了将耕种逃田者有否纳税也作为判决盗耕种的司法依据的端倪。

在唐朝后期，中央出于财政考虑，进一步调整了逃田产权处置政策，其政策要点是：第一，为招诱逃户重新回原籍复业，政府仍然实行在一定年限之内保留其土地所有权乃至增加其收益权的政策。第二，在逃户未归业之前，由官方主导，招佃他人以缴纳赋税为条件耕种逃田，从而赋予租佃人合法的经营权。第三，随着人头税性质的租庸调为"据地出税"的两税法所取代，政府基于从招佃逃田获取财政收益的考虑，更多地关注如何激励租佃者的经营效益，从而将逃田产权政策进一步向加强对"请射承佃，供纳租税"的耕种逃田者的产权保护倾斜，包括许诺经一定的期限可将逃田的所有权全部或大部

---

① 宋敏求编：《唐大诏令集》卷一一〇，第523页。

② 陈国灿：《武周时期的勘田检籍活动》，载《陈国灿吐鲁番敦煌出土文献史事论集》，上海古籍出版社2012年版，第329—370页。

分让渡给经营者，以及在分配逃田收益权时增加了对经营者生产垫支的保护。① 唐朝后期这种围绕鼓励向政府纳税而制定的逃田产权政策，是与《盗耕种法》相辅而行的经济法令，成为处理耕种逃田者与归业田主发生产权纠纷时更为重要的司法判决依据。

这种逃田产权政策为五代所沿承。最为典型的政策宣示，是后周显德二年（955）世宗五月二十五日发布的敕。该敕关于逃田的产权分配规定是：

> 应自前及今后有逃户庄田，许人请射承佃，供纳租税。如三周年内，本户来归业者，其桑土不论荒熟，并庄田交还一年。五周年内归业者，（三分）交还一分。应已上承佃户，如是自出力别盖造到屋舍，及栽种到树木园圃，并不在交还之限。如五周年外归业者，庄田除本户坟茔外，不在交付。如有荒废桑土，承佃户自来无力佃莳，只仰交割与归业人户佃莳。②

敕文对于私有逃田的产权分配及经济所得的分配，做出两点重大的原则调整。其一，逃田业主归业的时间拖得越长，土地所有权丧失得越多。其二，"供纳租税"的经营者获得逃田所有权的机会，随着他们耕种年月的增多（其实也是纳税年限的增多）而增加；他们在经营期间自己建造的房屋、新栽的树木和新辟的园圃，都不必交还归业的原主。后者无疑意在激励经营逃田者加大生产投入，扩大经营规模，以获得更多的经济效益，增加税负能力，从而进一步保障国家财政从出佃逃田中预期的收益。

值得指出的还有，该敕同时宣布了对"冒佃"逃田的惩处办法，规定为：

---

① 参见陈明光《唐五代逃田产权制度变迁》，《厦门大学学报》2004 年第 4 期。
② 王溥：《五代会要》卷二五《逃户》，上海古籍出版社 1978 年版，第 406 页，按：括号中的"三分"系据同敕的下一款文增补。

> 诸州应有冒佃逃户物业，不纳租税者，其本户归业之时，不
> 计年限，并许论认。仰本县立差人检勘，交割与本户为主。如本
> 户不来归业，亦许别户请射为主。所有冒佃人户及本县节级，重
> 行科断。如冒佃人户自来陈首承认租税者，特与免罪。①

显然，这里说的"冒佃"就是盗耕种。敕文对此作出三点具体规定。第一，不向官府缴纳赋税的"冒佃"者，一旦业主归业，不论是否超过法定的归业限期，逃田的产权仍然要全部归还业主。第二，未交纳赋税的冒佃逃田者如果被他人发现，就要被官府剥夺经营权，允许别人"请射为主"即"请射承佃，供纳租税"。第三，未缴纳赋税的冒佃逃田者只要自首，并"承认租税"，就可以免罪。对比上引《唐律疏议》的"盗耕种"律文，不难看出世宗敕文确立了新的惩治盗耕种私有逃田的司法原则，就是把盗耕种者是否向官府缴纳赋税作为最终判决的关键依据。可见惩治盗耕种私有逃田的司法原则，已经把国家财政利益置于保护私有土地权益之上了。

概括上述，唐朝五代中央在处理突出的逃田问题时，出于保护国家财政利益的考虑，逐步调整逃田产权处置政策，作为与《盗耕种法》并行的经济法规，最终确立了以盗耕种逃田者是否缴纳赋税作为最终判决的关键依据的司法新原则。

三 宋朝处理盗耕种私有田产与私有 土地产权及财政考虑

在唐朝和五代的法律基础上，宋朝对治理盗耕种的立法及相关政策做出更多的补充和调整，进一步突出把保障国家财政利益置于保护私有土地产权之上的立法倾向和司法原则。

---

① 王溥：《五代会要》卷二五《逃户》，第407页。

宋朝为加强对盗耕种包括私有田产在内的各种土地资产的治理，新增加了赏罚之法。例如，宋人李光称："祥符、庆历间，民始有盗陂湖为田者。三司转运使下书切责州县复田为湖。当时条约甚严，禁水之畜泄则有闭纵之法，禁民之侵耕则有赏罚之法。"① 《庆元条法事类集》卷四九《农桑门·农田水利》所引《赏格》规定："诸色人告获请佃、承买潴水之地，（注：谓众共溉田者）每（取）亩钱三贯。（注：一百贯止）"② 绍兴十六年（1146）八月，利州观察使、知成州王彦言："本州自兵火之后，荒田多是召人请射耕垦，其佃户于所给顷亩之外，往往侵耕。无赖之徒，经官告诉，将所侵给与告人充赏。"③ 如下所述，这种赏罚之法在司法实践中也可以收到增加国家财政收入的效果。

不同于唐朝，宋朝立法规定逃田可以"倚阁"或减免田税。唐朝为什么未见制定专门针对逃田减免税收的法令？这是因为，在唐朝前期以丁男为计税依据的租庸调制下，逃户能否减免税收必须以是否削除丁籍为根据，而不是看田地有否耕种。在唐朝后期两税法的税制下，"据地出税"的"两税斛斗"实行定额管理体制，各户的田亩税额是长期固定的。④ 同时，唐朝把两税征收总额划分为上供、留使、留州三个份额，也实行定额管理，如果减免了逃田的税额，这一税收损失要由哪一级财政承担？在两税定额管理体制中并没有规定，是一种制度缺陷。中央财政和地方财政遂相互推诿，都不愿意承担。⑤ 这在税收征管实务中就加剧了"摊逃"赋税之风。正如德宗时陆贽所说的："或吏理失宜，或兵赋偏重，或疠疾钟害，或水旱荐灾，田里

① 李光：《庄简集》卷一一，《乞废东南湖田札子》，文渊阁《四库全书》，第1128册，第547页。

② 谢深甫著，戴建国点校：《庆元条法事类》卷四九《农桑门·农田水利》，第685页。

③ 徐松辑，刘琳等校点：《宋会要辑稿》食货一之三八《检田杂录》，第5969页。

④ 元稹在《同州奏均田状》指出："当州两税地……并是贞元四年检责，至今已是三十六年。其间人户逃移，田地荒废。又近河诸县，每年河路吞侵，沙苑侧近，日有沙砾填掩，百姓税额已定，皆是虚额征率。"元稹：《元稹集》卷三八，中华书局1982年版，第435页。

⑤ 参见陈明光《论唐朝两税预算的定额管理体制》，载《中国史研究》1989年第1期。

荒芜，户口减耗。牧守苟避于殿责，罕尽申闻，所司姑务于取求，莫肯矜恤。遂于逃死阙之税额，累加见在疲甿。"① 宪宗时，李渤上奏指出："渭南县长源乡本有四百户，今才一百余户，阌乡县本有三千户，今才有一千户，其他州县大约相似。访寻积弊，始自均摊逃户。凡十家之内，大半逃亡，亦须五家摊税。似投石井中，非到底不止。摊逃之弊，苛虐如斯。"② 总之，出于多种原因，唐朝一直没有制定逃田可以减免税收的法令。

宋朝则明令要求乡司和县府应及时造籍上报逃户及可"倚阁"田税的逃田。如《户令》称："诸税租户逃亡，州县各置籍，开具乡村坊郭户名、事因、年月、田产顷亩、应输官物数，候归请日销注。（已请县籍注所经料次，依《税租法》。）"《赋役令》称："诸逃亡、死绝之户，不待造簿，画时倚阁。（倚阁仍依《开阁税租递申所属法》）"③ 这种"倚阁"法令在实行时，必须与《盗耕种法》结合起来，才能避免国家财政利益遭受非法的损失。因为，当时现实生活中存在着不少耕种"逃田"，却不向官府申报，而继续以逃田的名义"开阁税租"的盗耕种行为。

为了鼓励垦殖田地和增加国家财政收入，宋朝多次明确宣示以补缴税收作为不以盗耕种论处的最终司法依据。如淳熙三年（1176）十一月，宁宗南郊赦称："两浙民户，将已业土山，开垦成田，昨乾道七年运司一时措置，增收苗税。缘已有本色税额，系是重迭，可将增收数目并与蠲放。其有当时被人陈告，夺业充赏者，亦与改正，追还元主。"该赦文只针对两浙路而言。次年三月，抚州上奏称："诸县比年间，有力田之人，以本户陆地起垦成田。其地元于经界已载税赋，乡民如其收利兴词告讦，谓之隐匿田税。县道利之，便以邻田为

---

① 陆贽著，王素点校：《陆贽集》卷二二，《均节赋税恤百姓六条》，中华书局 2006 年版，第 726—727 页。

② 《旧唐书》卷一七一《李渤传》，第 4438 页。

③ 谢深甫著，戴建国点校：《庆元条法事类》卷四七《赋役门一·阁免税租》，第 630 页。

则，收纽苗课，徒资县用，在于省额，初无所增。"对此户部言："郊祀赦文，已将两浙民户己业土山开垦成田、增收苗税并与蠲放，缘赦书无'诸路准此'之文，今欲下江西转运司，依两浙路照赦蠲放。"从之。① 这里说的以"隐匿田税"为由"兴词告讦"，依据的就是《庆元条法事类》卷四七所载《匿免税租》的法、令、格。《匿免税租法》虽然是与《盗耕种法》并行的独立的经济法，其基于财政考虑的立法角度与基于土地产权角度的《盗耕种法》不同。不过，盗耕种私有田产既是侵犯私有土地产权，又是逃避官方课税，因此别人既可以援引《盗耕种法》加以告讦，也可以根据《匿免租税法》加以告讦。对此，《庆元条法事类》卷四七《匿免税租》引《诈伪敕》称："诸诈匿减免税租者，（注：谓如诈作逃亡及妄称侵占之类，诡诈百端皆是。下条准此。）论如回避诈匿不输律，许人告。"引《赏令》称："诸告获诈匿减免税租，不愿给所告田产而愿准价给钱者，听。"② 所谓"妄称侵占"就包括妄称被盗耕种。淳熙六年（1179）五月，浙西提举颜师鲁所说的："今乡民于自己硗确之地开垦，以成田亩，或未能自陈起租税，而为人首。闻官司以《盗耕种法》罪之，将何以劝力田者？乞止令打量亩步，参照契簿内元业等则起立税租，毋得引用《盗耕种法》，辄夺而予他人。"从之。③ 可见宋朝治理盗耕种私有田产的立法和司法实践，更加明确地把国家的财政利益置于保护私有土地权益之上。

宋朝还继续实行私有逃田产权处置政策，作为与《盗耕种法》并行的经济法，其中进一步突出了优先保障国家税收的财政考虑。

首先，为加强对盗耕种逃田的治理，宋朝把私有逃田列入"系官田产"加以管理。政和元年（1111）五月，臣僚言："天下系官田产，在常平司有《出卖法》，如折纳、抵当、户绝之类是也；在转运

---

① 徐松辑，刘琳等校点：《宋会要辑稿》食货六之二六《垦田杂录》，第6100页。

② 谢深甫著，戴建国点校：《庆元条法事类》卷四七《赋役门一·匿免税租》，第632页。

③ 徐松辑，刘琳等校点：《宋会要辑稿》食货六之二七《垦田杂录》，第6100页。

司有《请佃法》，天荒、逃田、省庄之类是也。"所引《请佃法》把逃田也称为"系官田产"，似乎是将私有逃田转化为官有田产。不过，下文又称："六月六日，户部侍郎范坦奏：'奉诏总领措置出卖系官田产，欲差提举常平或提刑官专切提举，管勾出卖。凡应副河坊沿边招募弓箭手，或屯田之类，并存留。凡市易、抵当、折纳、籍没、常平户绝、天荒、省庄、废官职田、江涨沙田、弃堤退滩、濒江河湖海自生芦草荻场、圩埠湖田之类，并出卖。'"① 所出卖的田产类别并不包括逃田。所谓"系官"又称"系籍"，就是由"官权行拘籍""权行召人租佃"纳税，即由官方暂时代管，出佃收税，并没有改变逃田的私有产权属性。特别是从宋朝制定逃户在若干年内归业，可以凭据有关凭证认领已被官府出佃的私田，并优免一定年限税收的连续性政策来看，② 逃田的产权性质仍然属于私有。把逃田列为系官田产，意在更方便官府治理盗耕种，以及出面招佃经营，获取税收利益。总之，把逃田列为系官田产仍然包含保护私有土地产权的意义。

其次，宋朝专门制定了《逃田法》③、《远年无案籍逃田法》④、逃田"请佃法"⑤ 等专项法规，作为处置逃田产权分配的法律依据，成为与《盗耕种法》和《匿免税租法》并行的经济法。

最后，宋朝进一步细化了逃田产权处置内容，包括针对不同原因

---

① 徐松辑，刘琳等校点：《宋会要辑稿》食货六三之一九一《农田杂录》，第7714页。
② 参见徐松辑，刘琳等校点《宋会要辑稿》食货六九之四五宣和十年十一月十九日南郊赦文（第8070页），食货六九之五〇绍兴二年九月四日赦（第8073页）；《宋史》卷一七三《食货志上一·农田之制》所载理宗淳祐二年九月赦（第4179页）等。
③ 徽宗宣和三年（1121）三月二十三日诏："两浙、江东被贼州县渐已收复，逃移及被劫未复业人户地土屋业，官为权行拘籍，如及一年未归业，即依《逃田法》权行召人租佃承赁。"徐松辑：《宋会要辑稿》食货六九之四三《逃移》，第8069页。
④ 徐松辑，刘琳等校点：《宋会要辑稿》食货六九之四六，高宗建炎二年（1128）四月五日诏："今日以前逃田无人承佃，应召人请射者，特依远年无案籍逃田法免催科。"第8071页。
⑤ 梁克家撰《淳熙三山志》卷十一《版籍类二·官庄田》载："政和元年（1111），臣僚言：'天下系官田产，在常平司，有出卖法，如折纳、抵当户绝之类是也；在转运司，有请佃法，如天荒、逃田、省庄之类是也。'"《宋元方志丛刊》第八册，中华书局1990年版，第7884页。

的逃户,制定不同的逃田产权保护细则和免税政策;更多地采用田赋减免措施,以招诱业主归业,或鼓励他人合法耕种逃田,缴纳税收;强化对"请射"或"权佃"逃田者的权益保护等。[①] 其中,明文规定剥夺愈期不归的逃户以及归业再逃者的土地所有权,[②] 并以缴纳赋税为条件将逃田所有权赋予租佃人。[③] 这无疑贯彻的是把保障国家财政利益置于保护私有土地产权之上的司法原则。

就司法实践而言,宋朝在治理盗耕种逃田时,确实是把保障国家的财政利益更加明显地置于保护私有土地权益之上。下面以南宋为例略作说明。

经北宋末年的战乱和人口大量逃移,南宋初期逃田大量存在,亟需处理。绍兴元年(1131)十一月,江南西路转运副使李弼孺上言:

> 本部州县自经兵火之后,户口减耗,税额比旧欠折,盖因检括荒田,倚阁租课,官吏奉行灭裂。今乞于本路州县官选择四员充,专一点检州县根括抛荒田产,整治簿书,依条督责。县官下乡,逐一子细取见逃亡、死绝抛荒人户田土、合著税租,然后再令本州差官覆实,置籍拘管。

户部的提议是:"先将曾经兵火繁剧一县,依所乞推行。若因此见得赋税归着,不致搔扰,即具事因,申取朝廷指挥。"获得高宗批准。[④] 这一治理试点方案,以私有的逃田和抛荒私田为对象,以落实

---

① 参见陈明光《宋朝逃田产权制度与地方政府管理职能变迁》,《文史哲》2005 年第 1 期。

② 例如,太宗淳化四年(993)三月二十三日诏称:"今后逃户亦限半年,免一料科纳。限外不归,许人请射,除坟茔外,充为永业。其新旧逃户却来归业,并曾经一度免税,后依前抱税逃走者,永不在归业之限。"徐松辑:《宋会要辑稿》食货六九之三六至三七《逃移》,第 8065 页。

③ 例如,乾道四年(1168),知鄂州李椿奏:"(本)州虽在江南,荒田甚多,请佃者开垦未几,便起毛税,度田追呼,不任其扰,旋即逃去。今欲召人请射,免税三年;三年之后为世业。"(《宋史》卷一七三《食货志上一·农田之制》,第 4174 页)

④ 徐松辑,刘琳等校点:《宋会要辑稿》食货五之二二《官田杂录》,第 6070 页。

赋税征收为目的，以官员的上下监督为手段，要求地方官员"根括抛荒田产"，使得"赋税归著"。"根括"时势必涉及盗耕种和私有土地产权的保护问题。就此，绍兴三年（1133）九月，户部言："人户因兵火逃亡，抛弃田产……如有人户伪冒妄认指占他人产业以为己物，并盗耕种、贸易典卖，及合干人勘验不实，并仰监司送所属根勘，依条施行。"①

南宋中央从一开始治理盗耕种逃田及逃税就带着强烈的财政考虑，始终贯彻治理必须与纳税挂钩的司法原则。如绍兴十二年（1142）李椿年奉朝廷之命，开始在两浙实施经界法。他采取让纳税户"自行置造砧基簿"，官方"差官按图核实"的做法。② 绍兴十三年（1143）七月，四川官员在治理"逃绝田土"时，发现"豪民无赖之徒，冒作命继，计会州县，给据冒认，并寺观户绝之田，其数亦不赀"。为此"将见荒或人户冒占逃移、户绝无主之田，一面并行尽实根括，具帐开申"③。绍兴十五年（1145）二月，王鈇措置两浙经界时，针对"人户自来多是冒占逃户肥浓上等田土，递相隐蔽，不纳苗税。洎至官司根括，却计会村保，将远年荒闲不毛之地，桩作逃户产土；或将逃户下瘠瘦不系苗税田产，指作苗田，承代税赋，恣为欺弊"的行为，采取的做法是："令人户结甲供具，内有人户占据逃产，已令于甲帐内声说。所有人户不占见行荒废逃产，自合根括见数，置簿拘籍。今措置欲应见逃荒产，并令保正长逐一着寔根究：某人全逃产土若干，某人见占若干，已具入甲帐见荒废若干。仍令村保、田邻并逃户元住邻人，指定见今荒废逃产是与不是元逃产土，有无将远年荒闲田土虚指作各人逃产要桩苗税在上，及以元不系苗税荒闲产土桩作各人户下苗田，意在登带苗税数目。仍将所供田段立号，

---

① 徐松辑，刘琳等校点：《宋会要辑稿》食货六九之五二《逃移》，第 8074 页。

② 参见徐松辑，刘琳等校点《宋会要辑稿》食货六之三九至四〇《经界杂录》，"绍兴十二年十二月二日"条，第 6016—6017 页。

③ 徐松辑，刘琳等校点：《宋会要辑稿》食货六三之一五九《农田杂录》，第 7695 页。

逐户誊写上簿，却具地名、段落、亩数，逐一出榜揭示。"① 这些"根括"的具体做法虽然有所不同，但从中可以看出，无论是让民户自行申报，官方加以核实，还是由乡司主导，"置簿拘籍"，盗耕种私有田产者只要能自动如实申报，就不必补缴以往的逃税。反之，若不自首而遭人告首，就要追理冒佃以来所欠的赋税。

对这一司法原则，南宋官方也有明文宣示。如绍兴十六年（1146）八月，利州观察使、知成州王彦上言："本州自兵火之后，荒田多是召人请射耕垦，其佃户于所给顷亩之外，往往侵耕。无赖之徒，经官告诉，将所侵给与告人充赏，仍追理累年冒佃之数，致使效力之人，因而失所。欲望将人户侵占，立限经所属自陈，差官审寔，添租改正，仍免追理冒佃租课。如限满不首，许人告。"② 朝廷予以批准，成为与《盗耕种法》并行的治理政策。绍兴二十九年（1159）十二月，知潭州魏良臣针对"本州人户昨因兵火归业，将本户产业供作荒田，今二十余年，私下耕熟，不纳官课"的情况，上奏朝廷建议："令十余家结为一甲，从实供具已耕田亩，输纳二税。自绍兴三十年（1160）为始，所有日前隐匿熟田、漏纳苗税，并免追纳。如所供不实，即令诸色人告首，以所告田充赏外，仍每亩支赏钱五贯文至一百贯文，止于犯人名下追理，仍追理递年所隐苗税，……湖北、江西等路，亦合依此。"户部裁定的治理方法为："将已耕田土，结甲从实供具供，起纳二税。欲令本州立限百日，许人户自首。如限满不首，或首不尽，许人陈告，依《匿税法》施行。"③ 这是规定盗耕种逃田者只要自己能如实申报并重新纳税，就不以盗耕种告赏。天圣七年（1029）十一月二十三日，仁宗诏称："自今侵耕冒佃年深者，候敕到，限五日陈首。据陈首后来耕到熟田顷亩，于元税额上止纳五分。"④

① 徐松辑，刘琳等校点：《宋会要辑稿》食货六之四二至四三《经界杂录》，第6018页。
② 徐松辑，刘琳等校点：《宋会要辑稿》食货一之三八《农田杂录》，第5969页。
③ 徐松辑，刘琳等校点：《宋会要辑稿》食货一之四〇《农田杂录》，第5972页。
④ 徐松辑，刘琳等校点：《宋会要辑稿》食货六九之三九，第8067页。

综上所述，宋朝治理盗耕种私有田产的一系列立法和司法，既是为了保护私有土地产权，更是为了保障国家财政收益。

余　论

必须指出，两宋侵耕冒佃私有田产这一经济痼疾一直存在。直至南宋末年，知安庆黄榦代抚州陈守上奏理宗，提议："为县令者尽括诸乡之逃户，具为一书，随其一任之力，根括搜求，期复旧额。及其终，更具申于州，州考其实，以为殿最，少示黜陟，磨以岁月则税额可以复旧，而国用可以自足。"① 他的提议其实并无新意，只是重提"根括"措施。这说明此前通过"根括"治理盗耕种私有逃田的效果极为有限。而朝廷的三令五申，也证明南宋以财政考虑优先的治理侵耕冒佃私有田产的行动从总体上看是失败的。

但是，本文论述的意义，并不局限于要说明唐宋治理盗耕种私有土地的过程及其效果，而是拟据此进一步指出，唐宋之际特别是宋朝，国家法律对包括以土地产权为主的私有财产权的保护虽然有了空前的进展，但是这种法律保护实际上是有前提的，或者说是有限度的。

关于宋代的私有财产权，程民生曾有相当深入的专题论述。他从宋代私有财产权的流转与国家的保护；国家对民间无主、遗弃财产的尊重与保护；官民利益冲突时国家对私产的保护；国家对私有财产权的剥夺等多个方面加以阐述。其中指出："按照现代理论，私有财产权对应的是公权即国家权力，私有财产权是国家公权力的重要源泉，公权行使的重要使命之一在于保障私有财产权。具体到宋代，所有问题的关键就是公权对私有财产权的保护程度如何。最具典型意义的具体情况，就是政府对户绝财产和遗弃财产的法令。私有财产权的主体

---

① 黄榦：《勉斋集》卷二五《代抚州陈守·四逃户》，文渊阁《四库全书》第 1168 册，第 272 页。

是财产所有者，如果所有者死亡或逃亡，其财产便成为无主财产，但其性质仍是私有财产，官方不能擅为收缴。""面对巨额私有财产和无主财产，官方能够保持公正维护民众利益，那么面对私人利益与公共利益冲突时，官方的立场如何，不仅是一个法理问题、经济问题，还是一个政治问题、道德问题。在很多正常情况下，我们看到宋代朝廷通常是以民众的利益为先，乃至不惜牺牲官方利益。""宋代在一般情况下、一定程度上，私人财产、私人利益比公共财产、公共利益乃至皇家利益具有优先性。"同时也指出："公法对私有财产权的确认与保护主要是通过规范和控制公权力。私有财产权在本质上包含两层意思：一是拥有财产；二是抵制非法剥夺，核心价值在于防范专制权力的侵犯。具体到宋代，政权对私有财产权的剥夺包括依法剥夺和非法剥夺。"文中所说的依法剥夺指的是《籍没法》。文中的结语指出："总的来说，宋代私有财产权仍处于萌芽状态，……私有财产权不容他人侵犯，但官方可以侵犯，这是所有问题的核心所在，也是中国式私有财产权的特点。与其说是私有财产权，不如说是财产使用权更接近真相。"①

本文同样是从法律规定和司法实际的角度去观察宋朝公权力与私有财产权的关系，不同之处在于还同时从国家财政利益的角度加以审视，并以公权力对作为社会经济痼疾的盗耕种私有逃田的处置为主要史实依据，结果发现唐宋国家对私有土地产权的法律保护是有前提或者说是有限度的，一旦国家财政利益与保护私有土地产权发生明显冲突，公权力是把维护国家财政利益置于保护私有财产权之上的。

因此，本文的阐述和结论，或可作为程文有关论述和结论的补充和延伸，有助于更加深入细致地探讨唐宋国家对私有财产权的法律保护与司法实际。

---

① 程民生：《论宋代私有财产权》，《中国史研究》2015 年第 3 期。

宋朝乡役制度变迁再识

——以"富民"为中心的考察

田晓忠

（云南大学　历史与档案学院）

　　传统的"邻里乡党之任"和"乡亭之职"在唐宋时期发生了从"乡官"到"户役"和"职役"的转变。[①] 北宋前期乡村职役以轮差为主，神宗熙宁变法时改为纳钱雇募，哲宗元祐时复行差法，绍圣时又改差为募，之后或差募并行，或名募而实差，南宋中后期还出现了新的"义役"，展现了宋代乡役的多样构成与繁复变迁。前辈学者对此已有探讨，[②] 基本认为是官吏的"不肖"、统治阶级的残酷剥削以

---

　　① 《文献通考》（中华书局 2011 年版，第 5—6 页）"自序"载："役民者官也，役于官者民也。郡有守，县有令，乡有长，里有正，其位不同而皆役民者也。……后世乃虐用其民，为乡长、里正者，不胜诛求之苛，各荫避免之意，而始命之曰户役矣。唐、宋而后，下至任户役者其费日重，上之议户役者其制日详，于是曰差，曰雇，曰义，……成周之里宰、党长，皆有禄秩之命官，两汉之三老、啬夫，皆有誉望之明士，盖后世之任户役者也，曷尝凌暴之至此极乎！"《文献通考》（第 382 页）卷一三《职役考二》中，马端临按言："自是（唐宣宗大中九年）以后，所谓乡亭之职至困至贱……差役之名，……非古人所以置比、闾、族、党之官之本意也。"

　　② 近代以来，前辈学人对宋代职役、乡役各具体方面展开过较充分讨论研究，刁培俊在《20 世纪宋朝职役制度研究的回顾与展望》（《宋史研究通讯》2004 年第 1 期）一文中有细致梳理，兹不罗列。日本学者周藤吉之、佐竹靖彦、柳田节子、草野靖、伊藤正彦等对北宋保甲、乡村组织的研究用力颇深，不同程度地论述到宋代役法繁复变法情况。参见〔日〕周藤吉之『宋代鄉村制の變遷過程』，『唐宋社会经济史研究』，东京大学出版会 1965 年版，第 561—644 頁；〔日〕佐竹靖彦『唐宋变革の地域的研究』，同朋舍 1990 年版；〔日〕柳田节子『宋元鄉村制の研究』，创文社 1986 年版；〔日〕草野靖『宋代の都保の制』，『文学部论丛』第 29 号，1989 年；〔日〕伊藤正彦『宋元鄉村社会史論——明初里甲制体制の形成過程』，汲古书院 2010 年版；等等。

及统治阶级内部矛盾斗争的一种或多种结果。① 近来，刁培俊对两宋乡役"迁延不定"的历史过程作了更细致的史料梳理，在总结其变动原因时认为这与宋朝统治阶层实用主义的乡村控制理念、役制本身缺陷、社会经济发展背景皆有关系，而根本原因则在于富民形势户与国家争夺财赋收入。② 该文从国家乡村控制视角对宋代乡役制度及其变迁过程的研究，扩大了学界原有解释框架，但其并未对两宋乡役变迁的各项具体原因，尤其是富民形势户与国家争夺财赋收入如何影响乡役制变迁作更深入具体的阐释，从而留下较大的研讨空间。本文拟在前人研究基础上，试图从"富民"以及"富民"与国家互动的视角，重新探讨宋朝乡村职役制度的构成及其变迁过程，揭示其繁复多变的深层原因，并就相关问题略陈个人管见，敬请方家批评指正。

一 "富民"是宋朝乡役主要应役人

"富民"是林文勋在长期研究唐宋经济史基础上发掘并提出的一个学术概念，指的是在中唐土地产权制度变革与商品经济发展背景下，随着社会财富力量崛起与贫富分化加剧而产生的一个新兴阶层，拥有经济财富而没有政治特权是他们最重要的社会特征之一。"富民"一经崛起，便迅速成为社会的中间层、稳定层、动力层，深刻地影响了唐宋以后中国历史的走向，唐宋以后的中国传统社会，由此可

---

① 如聂崇岐认为是"官吏不肖"使然，宋代役法之所以屡改而终未臻妥适者，枉法官吏实应负其大部责任（参见聂崇岐《宋役法述》，氏著《宋史丛考》，中华书局1980年版，第67—69页）。李剑农认为马端临将"此其（职役）终结，盖归于统治官吏之道德问题。实则役之苛扰，正在于统治阶级之日趋腐朽、差役之层出不穷，更何役民之'道德'可言也"（参见李剑农《中国古代经济史稿》，武汉大学出版社2006年版，第780页）。漆侠进一步将"官吏"细化，认为这是变法派与反变法派、官僚豪强集团内部矛盾与斗争的结果（参见漆侠《宋代经济史》（上），上海人民出版社1987年版，第475—476、499—502页）。

② 参见刁培俊《从"稽古行道"到"随时立法"——两宋乡役"迁延不定"的历史性考察》，《中国社会经济史研究》2008年第3期；《唐宋时期乡村控制理念的转变》，《厦门大学学报（哲学社会科学版）》2009年第1期。

视为一个"富民社会"。①"富民"对唐宋社会产生的深刻影响，在乡役制度的构成与变迁过程中也可窥其一斑。

唐宋之际中国传统徭役制度发生的最重大改变，在于职役上升为主体役种，而力役退居其次。②宋代的职役，据《宋史·食货志》记载，包括了以主管官物为职的衙前序列，以课督赋税为职的里正、户长、乡书手序列，以逐捕盗贼为职的耆长、弓手、壮丁序列，以及以供官府使命为职的承符、手力、人力、散从官序列四类。③他们虽"各以乡户等第定差"，但因服役地点在乡村，且发挥着国家对乡村社会的统治功能与作用，显然只能是以课督赋税为职的里正、户长、乡书手和以逐捕盗贼为职的耆长、弓手、壮丁来充任。开宝七年（974），"废乡，分为管，置户长，主纳赋；耆长，主盗贼词讼"④。乡村区划调整，以户长、耆长为主体的乡役构成也进一步凸显。仁宗至和二年（1055），诏废里正。熙宁年间，宋廷在乡村中推行保甲法，"凡十家为一保，选主户有材干、心力者一人为保长；五十家为一大保，选主户最有心力及物力最高者一人为大保长；十大保为一都保，仍选主户有行止、材勇为众所伏者二人为都、副保正。……每一大保逐夜轮差五人，于保分内往来巡警"⑤。保甲以户连保，初意在加强对乡村地方社会的治安管理，同时也是宋廷试图

---

① 林文勋、谷更有：《唐宋乡村社会力量与基层控制》，云南大学出版社2005年版，第5—7、10—30页；林文勋：《中国古代"富民社会"的形成及其历史地位》，《中国经济史研究》2006年第2期；林文勋：《唐宋"富民"阶层概论》，姜锡东、李华瑞主编：《宋史研究论丛》第9辑，河北大学出版社2008年版，第462—477页。

② 李剑农：《中国古代经济史稿》，第765页。另可参见吴树国、王雪萍《北宋前期役制变迁探析》，《济南大学学报（社会科学版）》2013年第1期。

③《宋史》（中华书局1977年版，第4295页）卷一七七《食货上五·役法上》载："宋因前代之制，以衙前主官物，以里正、户长、乡书手课督赋税，以耆长、弓手、壮丁逐捕盗贼，以承符、人力、手力、散从官给使令；县曹司至押录，州曹司至孔目官，下至杂职、虞候、拣掏等人，各以乡户等第定差。"

④《宋会要辑稿·职官》四八之二五，中华书局1957年版，第4321页。

⑤ 李焘：《续资治通鉴长编》（以下简称《长编》）卷二一八，熙宁三年（1070）十二月乙丑，中华书局2004年版，第5297—5298页。

部分恢复府兵以减省养兵费用的一项重要举措。① 然至迟在熙宁八年（1075）闰四月前，保甲组织在乡村推行过程中，保正副长、催税甲头等逐渐兼备了耆长、户长征收赋税与掌盗贼烟火等职责，保甲组织头目就此开始成为乡村中新的职役构成。② 乡役充任方式在此前后也发生了巨大变化，由役户出钱、官府雇人充役取代了之前的轮差制。③ 神宗驾崩后，乡役制的构成及其运行方式发生更加繁复的变化与反复。④

从两宋乡役构成及其演变过程来看，北宋中期以后的变化最为繁复，同时不同地域间的差别较大。⑤ 但总体说来，乡役的主要构成，北宋初年为里正、户长、乡书手和耆长、壮丁；神宗熙宁以后则为保正副、大小保长、催税甲头、承帖人，以及间或并存或更替的耆长、户长。⑥ 他们发挥着国家对乡村社会的统治职能，具体表现为对乡村的赋税征收与乡村的治安行政管理。

宋代乡役尽管构成复杂，且多有变更往复，但从主要乡役的来源构成看，却有相同之处。这主要表现在：不论是北宋初期的里正、户长、耆长，还是北宋中期以后的保正副、长，基本上都是根据役职的

---

① 熙宁四年，王安石对神宗言："今所以为保甲，足以除盗；然非特除盗也，固可渐习其为兵，……然后使与募兵和参，则可以消募兵骄志，省养兵之费。"参见《长编》卷二二一，熙宁四年三月丁未条，第5392页。

② 吴泰：《宋代"保甲法"探微》，中国社会科学院历史研究所宋辽金元史研究室编：《宋辽金史论丛》第2辑，中华书局1991年版，第178—200页；刁培俊：《宋朝"保甲法"四题》，《中国史研究》2009年第1期。

③ 《宋史》卷一七七《食货上五·役法上》，第4300—4301页。

④ 黄繁光：《宋代民户的职役负担》，博士学位论文，中国文化大学，1980年，第139页。另可见聂崇岐《宋役法述》，氏著《宋史丛考》，第39—69页；李剑农《中国古代经济史稿》，第768—780页；漆侠《宋代经济史》（上），第478—498页；刁培俊《从"稽古行道"到"随时立法"——两宋乡役"迁延不定"的历史性考察》，《中国社会经济史研究》2008年第3期等。

⑤ 刁培俊：《唐宋时期乡村控制理念的转变》，《厦门大学学报（哲学社会科学版）》2009年第1期。

⑥ 参见陈耆卿《嘉定赤城志》卷一七《吏役门·乡役人》，《宋元方志丛刊》第7册，中华书局1990年版，第7418—7419页；赵彦卫撰，傅根清点校：《云麓漫钞》卷一二《国朝州郡役人之制》，中华书局1996年点校本，第219—220页。

主从轻重，"各以乡户等第定差"。如宋初"里正于第一等差，户长于第二等差，乡书手隶里正，于第四等差"，而"耆长，……于第一等、第二等差，其属有壮丁，于第四、第五等差"①。太宗淳化五年（994）诏令"两京、诸道州府军监管内县，自今每岁以人丁物力定差，第一等户充里正，第二等户充户长，不得冒名应役"②，再次强调以人丁物力定差规定。英宗治平年间（1064—1067），"凡州县诸般色役，并是上等有物力人户支当，其乡村下等人户，除二税之外，更无大段差徭"③，也反映出基本相似的史实，即乡村中主要役职由中上等户充任。熙宁后期，保甲逐渐具备乡役职能，都副保正、大小保长、催税甲头取代户长、耆长等，但保甲头目同样遵循依据"物力高下"的差派原则。如熙宁时小保长由十家"主户有材干、心力者"、大保长由五十家"主户最有心力及物力最高者"、都副保正由五百家"主户有行止、材勇为众所伏者"充任。④ 南宋绍兴年间（1131—1162）"在法：差募保正长，通选物力最高人充应"⑤，"总以一乡物力次第选差，非第一等户不得为都保正，非第二等不得为保长"⑥。所谓物力最高者，自是乡户中的上等户，也就是第一、二等户。此外，保甲乡役中的甲头，也规定由"第三等以上有物力充甲头"⑦。

可见，作为宋代乡役中的主要应役人，不论是北宋前期的里正、户长和耆长，还是中后期至南宋时的都副保正长等，基本都是由乡村

① 陈耆卿：《嘉定赤城志》卷一七《吏役门·乡役人》，《宋元方志丛刊》第 7 册，第7418 页。

② 《长编》卷三五，淳化五年三月戊辰，第 775 页。

③ 《长编》卷二〇三，治平元年十一月乙亥，第 4918 页。

④ 《长编》卷二一八，熙宁三年十二月乙丑，第 5297—5298 页。

⑤ 李心传：《建炎以来系年要录》卷一八九，绍兴三十年（1160）三月庚子，中华书局 2013 年版，第 3666 页。

⑥ 林季仲：《竹轩杂著》卷三《论役法状》，文渊阁《四库全书》，台湾商务印书馆1983 年版，第 1140 册，第 336 页下。

⑦ 韩琦：《韩魏公集》卷一八《家传》，《丛书集成初编》第 2366 册，上海商务印书馆 1936 年版，第 245 页。

主户中的上三等户，即上中户充任。① 主户中的上中户，即非品官形势户，他们的政治身份是平民，经济身份则是乡村中较富裕的平民，这其实就是林文勋特别强调的"富民"。② 因此，若仅从乡役制度设计及其对主要乡役人充任的规定来看，"富民"在宋代就是乡役的主要承担者。

二 "富民"充乡役后的境况及其 对充役行为的选择

从宋代乡役构成及其发展演进历程看，不论乡役构成与组织形式发生何种变化，"富民"始终都是国家乡役制规定下的主要充任者。内中原因何在？其实就是由"富民"拥有经济财富而没有政治特权的基本特征以及传统国家对乡村社会统治的需要而决定。

"富民"的平民身份，决定其不享有国家的政治与经济优免特权。在任何一个关于国家的政治体制构成中，平民对国家都有缴纳赋税、承担徭役（或兵役）的义务，国家则以提供保护等方式获得平民的支持。中国古代国家政治体制构成在绝大多数情况下也一直以此方式运行。在宋代，"有田则有赋"③、"有身则有役"④ 的观念已经深入民心，成为士大夫与普通民众对国家与平民关系认识的一种具体反映。另一方面，"富民"拥有较多的社会财富，在两税税制改革后已

---

① 宋晞、刁培俊均对此有评述分析，结论大致相似。参见宋晞《宋代役法与户等的关系》，宋史座谈会编《宋史研究集》第 13 辑，"国立"编译馆 1980 年版，第 259—280 页；刁培俊《乡村中国家制度的运作、互动与绩效——试论两宋户等制的紊乱及其对乡役制的影响》，《中国社会经济史研究》2006 年第 3 期。

② 林文勋、谷更有：《唐宋乡村社会力量与基层控制》，第 4、41 页。另可参见邢铁《宋代乡村"上户"的阶层属性》，《河北师范大学学报（哲学社会科学版）》2011 年第 5 期。

③ 胡太初：《昼帘绪论·催科篇第八》，中华书局 2019 年版，第 183 页。

④ 吕祖谦：《历代制度详说》卷三《赋役》，文渊阁《四库全书》，第 923 册，第 927 页下；胡太初：《昼帘绪论·差役篇第十》，第 187 页。

成为国家赋税的主要缴纳者，[1] 他们因较诸其他平民阶层拥有更强的经济支偿能力与社会活动能力，已在灾荒救济、民间借贷、社会慈善、乡村文化教育等方面发挥着越来越重要的作用，[2] 从而在乡间获得了较高的社会声望和影响力。宋朝以"防弊之政"的祖宗家法为立国之本，官僚机构越来越趋庞杂，以募兵为基本军事构成的军费开支庞大，国家财政需求总体呈不断扩大态势，相应地，帝国对乡村社会各种资源的索取也越来越多，传统"乡官"的职责随之由以教化为先转变为以催征赋税为能，在尽可能多地从乡村获取赋税收益和降低乡村行政成本支出的双重背景下，"乡官"逐渐淡出了历史舞台。取而代之的，是以"富民"充任乡村组织头目。

"富民"因其"民"的身份，可直接被国家无偿差派，又因其拥有财富，是乡村中的主要纳税人，同时他们在乡间拥有较高的社会声望，不仅有利于国家征收赋税，也有利于维护乡村社会秩序稳定。这样，在多种因素的集合之下，国家差派"富民"充任乡村组织头目，不仅弥补了"乡官"退出乡村后的权力空缺，更加便利于国家对乡村社会的资源索取，借此实现了国家对乡村统治的利益最大化。因此，如前所述，宋代乡役制尽管屡有变更，但国家始终规定"富民"充任主要乡役人，即以"富民"为国家在乡村统治中的代理人和依靠者，其深层根源就在于此。这也是唐宋及其后中国乡村行政运行的一个显著特征。

以"富民"充乡役既是唐宋以后国家乡村统治的显著特色，宋代乡役制的发展演进最终也以"富民"为依归，那宋朝乡役不断繁复

---

① 林文勋：《中国古代"富民社会"的形成及其历史地位》，《中国经济史研究》2006 年第 2 期；田晓忠：《宋代的"富民"与国家关系——以税制改革为核心的考察》，《中国社会经济史研究》2015 年第 3 期。

② 参见林文勋《宋代富民与灾荒救济》，《思想战线》2004 年第 6 期；黎志刚《宋代民间借贷与灾荒救济》，《思想战线》2012 年第 3 期；林文勋、黎志刚《南宋富民与乡村文化教育的发展》，《国际社会科学杂志（中文版）》2011 年第 4 期；刁培俊《宋代的富民与乡村治理》，《河北学刊》2005 年第 3 期；薛政超《唐宋"富民"与乡村社会经济关系的发展》，《中国农史》2011 年第 1 期等。

变动的原因何在？换句话说，宋代乡役的繁复变动及其反映的制度变迁，与"富民"阶层究竟有何具体关联？这背后又反映着怎样的历史实态与演进逻辑？正是本文所要重点讨论的问题。对此问题的考察，我们首先要从宋朝乡役的职责以及"富民"充乡役后的境况展开分析。

宋代乡役的职责很多，有学者认为至少包括了催征赋税、攒造户口税租账簿、圈派州县差役和差科、劝课农桑、招抚流亡、管理赈济、参与乡村司法词讼、逐捕盗贼、觉察烟火、督修道路桥梁、治安保卫、散发预买䌷绢钱、承受文引文贴等。① 但总其大要来说，主要的乡役职责就是赋税征收与乡村社会治安管理，尤以赋税征收最为紧要。② 据载，"国初置里正，主催税及预县差役之事，号为脂膏"③。里正在催税及参与县役征派过程中，必然是能获得一些额外收益，故被视为是"脂膏"，从而"人所愿为"。④ 不仅里正如此，作为里正副贰的户长，以及掌书算文书的乡书手，也能在催税和参与差役选派等事务中，通过营私舞弊、贪污中饱、欺贫媚势等而获利。⑤ 北宋前期的乡役人，即便乡书手，也可在其中有利可图，富民自然乐意为之。苏辙曾记祥符县乡书手张宗"久为奸利"，欲"引其子为代"，遭到县令呵斥，认为"书手，法用三等人，汝等第二，不可"⑥。太宗朝曾明确规定："两京诸道州府军监管内县……第一等户充里正，第二等户充户长，不得冒名应役。"⑦ 之所以会出现"冒名应役"的情况，

① 雷家宏：《略论宋代乡役的职责》，《北京师范学院学报（社会科学版）》1988年第3期。
② 刁培俊：《从"职"到"役"：两宋乡役负担的演变》，《云南社会科学》2004年第5期。
③ 《长编》卷一七九，仁宗至和二年四月辛亥，第4330页。
④ 司马光：《传家集》卷四一《论衙前札子》，文渊阁《四库全书》，第1094册，第378页上。
⑤ 孙毓棠：《关于北宋赋役制度的几个问题》，《历史研究》1964年第2期；王棣：《试论北宋差役的性质》，《华南师范大学学报（社会科学版）》1985年第3期。
⑥ 苏辙：《栾城集》卷二五《伯父墓表》，上海古籍出版社1987年版，第520页。
⑦ 《长编》卷三五，太宗淳化五年三月戊辰，第775页。

自是其有利可图而人争为之的缘故。类似情况还有耆长。耆长本以管盗贼烟火诸事为主要职责，但也参与到乡户户籍编排与赋税征收等事务中，致有耆长"不愿替罢，致久任本村，多端骚扰"者。① 由此可见，不少充任乡役者的确能在充役期间，因作为催征赋税、维持治安的国家代表而从中获得利益与好处。

富民充乡役，固然有其作为国家在乡村中征税与维持治安代理人而受益的境况，但更多宋代史籍材料展现的却是他们充任乡役后的沉重负担。如里正、户长催征赋税，每遇到豪横户倚势不肯缴纳，或逃户逃亡而无从输纳时，为完成国家赋税征收任务，往往不得不代为输纳。真宗天禧四年（1020），浮梁县豪横臧有金"不肯输租，畜犬数十头，里正近其门，辄噬之；绕垣密植橘柚，人不可入。每岁，里正常代之输租"②。仁宗时李南公知长沙县，"诸村多诡名，税存户亡，每岁户长代纳"③。南宋时由催税人代纳的情况更为严重。如绍兴三十年臣僚称："州县夏、秋二税之欠……追耆长责认陪〔赔〕填。"④甚至连递年逃阁之数，也"多勒令保长代输"，"为保长者尤所不堪，甚至保正、副本非催科之人，亦勒令代纳"⑤。"州县官吏往往将递年积欠已应除放之数别作名目，或谓之月计，或谓之解州，或折见钱，或催本色，令耆保正长按月认纳。"⑥ 类似情况比比皆是。富民的相对富有，固然可以在一定程度上完成"代纳逃户税租及应无名科率"⑦，但是当这种代纳或应无名科率超过一定限度，很多富民家庭

---

① 《宋会要辑稿·食货》六六之六四，第7914页。
② 司马光：《涑水纪闻》卷六《胡顺之》，中华书局1989年版，第109页；另见《长编》卷九五，天禧四年四月丙申，第2189页。
③ 司马光：《涑水记闻》卷一四《李南公》，第289页。
④ 《宋会要辑稿·食货》十之一二，第6199页。
⑤ 中国社会科学院历史研究所宋辽金元史研究室点校：《名公书判清明集》卷一《劝谕事件于后》，中华书局1987年版，第12页。
⑥ 《宋会要辑稿·食货》六三之九一十，第7603页。
⑦ 《长编》卷一七九，仁宗至和二年四月辛亥，第4330页。

甚至会因此而走到"全家破坏，弃卖田业，父子离散"①，"孀母改嫁，亲族分居"的境地。② "为乡长、里正者，不胜诛求之苛"③，"为上户者……不胜其劳"④，已成为一种更普遍的状况。正是在这个层面上，马端临特别指出，传统的"邻里乡党之任""乡亭之职"，至此已到了"至困至贱"的地步，他们"足迹不离里闾之间，奉行不过文书之事，而期会追呼答捶比较，其困踣无聊之状，则与以身任军旅土木之徭役者无以异"，"而至于破家荡产不能自保，则徭役之祸，反不至此也"。他因此感慨："然则差役之民，盖后世以其困苦卑贱同于徭役而称之，而非古人所以置比闾族党之官之本意也。"⑤可谓道尽了充乡役者非同于前的心酸苦楚。这也是传统史家认为宋代职役（乡役）制取代秦汉隋唐乡官制的具象和依据。

　　学者们早已指出，宋代职役具有"职"（特权）和"役"（负担）双重性质。⑥充任乡役的富民，凭借着"职"可以获得部分收益（虽然是非法的），但同时也要承受"役"带来的可能更严重的利益损失。从存世文献来看，"乡役"负担性的一面自北宋前中期以后更为突出。这即是说，在国家强制规定下，宋代以富民充乡役，除少数例外，绝大多数富民的自身利益都会因充役而遭受损害。

　　充任乡役后的收益预期，决定了"富民"在充役时的不同选择。

---

　　① 郑獬：《郧溪集》卷一二《论安州差役状》，文渊阁《四库全书》，第1097册，第223页下。

　　② 《长编》卷一七九，仁宗至和二年四月辛亥，第4330页。

　　③ 马端临：《文献通考》"自序"，第5页。

　　④ 王洋：《东牟集》卷九《正诡名法札子》，文渊阁《四库全书》，第1132册，第449页。

　　⑤ 马端临：《文献通考》卷一二《职役二》，第382页。

　　⑥ 孙毓棠率先指出了宋代职役具有"职"和"役"的双重性（参见孙毓棠《关于北宋赋役制度的几个问题》，《历史研究》1964年第2期）。王曾瑜、王棣、雷家宏等进一步讨论了"职"和"役"二者谁居于主导位置［参见王曾瑜《宋朝的差役和形势户》，氏著《涓埃编》，河北大学出版社2008年版，第421—446页；王棣《试论北宋差役的性质》，《华南师范大学学报（社会科学版）》1985年第3期；雷家宏《试论宋代乡役的性质》，《晋阳学刊》1989年第2期］。刁培俊则从长期趋势分析认为两宋乡役经历了从"职"到"役"的演进和转化（参见刁培俊《由"职"到"役"：两宋乡役负担的演变》，《云南社会科学》2004年第5期）。

如果充任乡役会严重损害到自身利益，出于一个理性的经济人考虑，富民对乡役"各荫避免之意"①，"必多方曲计，以图苟免"②，也是合理而正常的。他们为求得避免差充为役，常以各种办法进行逃避。最有效的办法当是通过科举考试，成为国家官户而享有正当免役权。但科举之路并不易为。退而求其次，最常见、实用的办法反而是以"诡名挟户"等方式来降低户等。所谓"诡名挟户"，即指通过隐瞒田业，将自身田产寄托于不用服差役的官户、单丁户、客户等名下，从而降低自身户等，以逃避赋役。如仁宗初年，"乡村有庄田物力者，多苟免差徭，虚报逃移，与形势户同情启幸，却于名下作客户，荫庇差徭，全种自己田产"，"以田产虚立契典卖于形势豪强户下，荫庇差役"③。类似记载早已非常普遍。富民们"诡名挟户"的方式多种多样，"有编户寄产于官户者，有与黠吏通谋私减物力者"④，或将一户析分成若干户，以降低户等者。"贵家豪户"通过"重赂乡吏"，"或指为坍江逃阁，或诡寄外县名籍"，最终"虽田连阡陌，输纳既少，役且不及"⑤。此外，富民们还设法攀援权贵，迎娶宗室女，⑥ 或冒充官户，⑦ 或以"进纳"得官，⑧ 或"窜名浮图籍，号为出家"等方式，⑨ 进行乡役逃避。尽管在避役方式上可能有差异，但尽可能地逃避乡役负担，几乎是"重役"之下宋代绝大多数富民们的共同选择。

① 马端临：《文献通考》"自序"，第5页。
② 李心传：《建炎以来朝野杂记》卷九六，绍兴五年十二月丙午，第1834页。
③ 马端临：《文献通考》卷一二《职役考二》，第342页。
④ 《历代名臣奏议》卷二五九《赋役》，上海古籍出版社1989年版，第3388页。
⑤ 杜范：《杜清献集》卷八《便民五事奏札》，文渊阁《四库全书》，第1175册，第676页下。
⑥ 晁补之：《鸡肋集》卷六二《朝散郎充集贤殿修撰提举西京嵩山崇福宫杜公行状》，文渊阁《四库全书》，第1118册，第923页下。
⑦ 刘攽：《彭城集》卷三五《故朝散大夫给事中集贤院学士权判南京留司御史台刘公行状》，文渊阁《四库全书》，第1096册，第351页上。
⑧ 刘攽：《彭城集》卷三七《赠兵部侍郎王公墓志铭》，文渊阁《四库全书》，第1096册，第363页下。
⑨ 《宋史》卷一七七《食货上二》，第4296页。

富民上户既逃避充役，在原有乡役制构成及其基本职能不变情况下，乡村组织的运作相应就只能转而依靠中下户了。"上户百般规避，却令中下户差役频并。"① 以"富民"充任主要乡役的制度安排自此出现名实相违、混淆杂乱的各种情况——既有"富民"充乡役者，也有中下户贫民充乡役者，互相混杂在一起。② 另一方面，"富民"上户充乡役，尚且有破败家产之虞，对于那些财力物力均较上户为低的下户，他们充主要乡役，其结局只能更糟糕。对此，我们可以从绍兴元年（1131）九月臣僚的上言中窥见一斑：

> 大保长皆选差物力高强、人丁众多者，其催科，则人丁既壮，可以遍走四远；物力既强，虽有逃亡、死绝户，易于偿补。今置甲头，则不问物力、丁口，虽至穷下之家，但有二丁，则以一丁催科。既力所不办，又无以偿补，类皆卖鬻子女，狼狈于道。……又保长多有惯熟官司人，乡村亦颇畏之，然犹有日至其门而不肯输纳者。今甲头皆耕夫，岂能与形势之家、奸滑之户立敌，而能曲折自伸于官私哉？方追呼之急，破产填备，势所必然。③

由富户承担乡役，在差役体制下尚且举步维艰，更何况是由下户贫民充任？下户充乡役，对国家的乡村统治与控制目标（完纳赋税与维持乡村社会稳定）的实现，只会更加不利。为完成乡役任务，下户"卖鬻子女"的悲惨结局，较之富民上户只会更加严重，"破产填备，势所必然"。这样，"富民"为保障自身利益不受损或少受

---

① 《宋会要辑稿·食货》六六之七九，第7929页。
② 刁培俊认为，中下等民户充当乡役，是一种非常态的社会现象，"还有豪强形势户隐身其中，以或明或暗的方式，实际上充当着这样或那样的职役……依据现有资料，下户、上中户哪个群体充役者较多，也是无法准确判断的"。参见刁培俊《乡村中国家制度的运作、互动与绩效——试论两宋户等制的紊乱及其对乡役制的影响》，《中国社会经济史研究》2006年第3期）
③ 《宋会要辑稿·食货》六六之七七—七八，第7842页。

损而逃避赋役的行为选择，事实上造成并加剧了宋代的"赋役不均"，更多的民户也会因此加入逃避赋役行列中来。这就会冲击乡役制的具体运转，整个乡村制度运行绩效必然随之降低，"赋役不均"成为日益严重的政治和社会问题，既危害到国家统治资源的获取，也危及社会秩序的稳定。因此，如何使乡役运行顺畅，调整"赋役不均"现象，就成为宋廷国家面临并亟待解决的重要问题。这也是宋朝国家以"富民"充乡役的制度规定所面临且必须要解决的现实问题。

三 宋廷对"赋役不均"的应对调整与北宋免役法改革

针对"富民"逃避赋役与乡村"赋役不均"现象的加剧，为保持国家乡村统治权威，维持乃至增加国家从乡村中获取各种有效资源，宋廷对乡役制度若干方面的调整完善，就成为国家与"富民"在乡役制运作上的一种常规性互动。

"富民"为保障自身利益不受损，采取"诡名挟户"等各种手段逃避国家赋役差派，故宋廷直接的应对之策就是尽可能消弭"诡名挟户""版籍不实"等现象存在的制度漏洞。为实现这一目标，官方首先不断强调"诡名挟户"的非法性，对此类行为予以坚决打击。如真宗天禧四年（1020）敕："以田产虚立契，典卖于形势、豪强户下荫庇差役者，与限百日，经官首罪，改正户名。限满不首，许人陈告，命官、使臣除名，公人、百姓决配。"[1] 哲宗绍圣时，"人户以财产妄作名目隐寄"，按"违制论"。[2] 北宋后期甚至已有专门的"诡名挟户法"[3]。南宋《庆元条法事类》进一步明确指出："诸诈匿减免等第或科配者（谓以财产隐寄，或假借户名，或诈称官户，及立诡名挟

---

① 马端临：《文献通考》卷一二《职役考一》，第342页。
② 《宋会要辑稿·食货》一四之六，第5041页。
③ 王曾瑜：《宋朝的诡名挟户》，氏著《涓埃编》，第575页。

户之类），以违制论。如系州县人吏、乡书手，各加二等，命官仍奏
裁，未经减免者，各减三等，许人告。即知情受寄，诈匿财产者，杖
一百。"① 宋廷以国家立法的形式，严厉打击"诡名挟户"等逃避赋
役行为。其次，尽可能核实民户田土与资产占有情况，并以此确保赋
役轻重与民户户等高下的相符。如仁宗时郑民度知越州诸暨县，就
"较赀之厚薄，而均其役之重轻"，结果"蒙纾其役者十四五，邑人
为立生祠"②。至和年间韩绛、蔡襄创立乡户五则法，具体规定："凡
差诸州军乡户衙前，以产钱与物力从多至少置簿，排定户数，分为五
则。其重难差遣亦分等第准此，若重难十处合用十人，即排定第一等
一百户；若有第二等五处，即排定第二等五十户，以备十次之役。"③
五则法因此被誉为均役良法。神宗时，在开封府界、京东、河北、河
东、陕西等路推行方田均税法；南宋高宗、孝宗时，又相继在两浙、
福建、两淮、川蜀等地实行经界法。方田均税与经界法虽名义上为均
税，但为均税而核实民户田土占有多寡、贫瘠、肥硗，编订相应籍
簿，其实也是宋廷试图重新将田土资产占有与不同乡役负担进行对应
契合，并以之充役的一种手段。此外，宋廷针对两宋土地交易频繁，
富家大户在交易过程中的走弄税赋等行为，也以三年一推排、整顿籍
簿等方式使赋役名实相副，从而多方面尽可能地弥补"富民"逃避
赋役的制度漏洞。

　　宋廷试图通过上述诸般举措消除"诡民挟户"、户等不实的存在
空间，从而对"富民"——"盖诡名挟户，非下户所为"④——逃避
赋役行为加以限制，实现"赋役均平"，即回归到以"富民"充任主
要乡役的国家制度设计初衷，借乡役运作而实现对乡村统治与控制的

---

① 戴建国点校：《庆元条法事类》卷四七《匿免税租》，黑龙江人民出版社 2002 年
版，第 631—632 页。
② 王珪：《华阳集》卷五六《朝奉郎守殿中丞知越州诸暨县事骑都尉赐绯鱼袋郑君墓
志铭》，文渊阁《四库全书》，第 1093 册，第 416 页下。
③ 《长编》卷一七九，仁宗至和二年夏四月辛亥，第 4331 页。
④ 王之望：《汉滨集》卷五《论潼川路措置经界奏议》，文渊阁《四库全书》，第
1139 册，第 724 页上。

终极目的。从宋朝国家差派"富民"充任里正、户长、耆长等主要乡役，到"富民"在充役时根据不同收益预期进行的行为选择，尤其是"富民"为保障自身利益而逃避赋役的行为，对国家乡村统治带来了严重损害，反过来促使宋朝国家尝试对乡役制度进行调试与更改，构成了宋代"富民"与国家在乡役制运作与变革历程中互动的一个完整的逻辑演进链条。

显然，宋廷调整"赋役不均"的上述举措，重心仍在于保障国家从乡村中获取稳定统治资源，并没有考虑以"富民"充乡役对富民自身利益的侵害。事实上，国家对"编户齐民"劳力与物资的无偿征调，本身就体现着传统国家的统治职能。在以"均役"为核心指引的役制调整中，在宋廷轮差富民充乡役不变的制度规定下，"有物力人户常充重役，自非家计沦落，则永无休息之期"①，其结果自然不可能解决"富民"逃避赋役问题。面对自身利益的考量，在轮差役制下的"富民"与国家之间的关系始终处于一种紧张态势。以"均役"为目的的役法调整，虽然在某种程度上体现出国家对"富民"的依赖与重视，但单方面强调国家乡村统治收益而忽略"富民"的利益，强调"富民"对国家的义务而漠视其权益，乡役持续发展的结果仍不容乐观。事实也正如此，"富民充役—役重—逃役（避役）—国家反逃役（反避役）"在宋代一再往复循环，"富民"逃避赋役的行为终两宋而难止。在"富民"与国家互动的这条逻辑演进序列里，也可显见作为制度供给的国家明显居于主导位置。

北宋神宗时，宋廷针对乡役制度还进行过两项改革，即在乡村基层组织构建形式上以保甲制取代乡里制，以及在充役方式上以雇募役法取代了轮差派役法。尤其后者，跳出了传统"均役"指导思想，促成了宋代乡役制度真正意义上的变化。

先说宋廷在乡村基层组织形式构成上的改革变化。北宋前期的乡

---

① 司马光：《传家集》卷四一，文渊阁《四库全书》，第1094册，第378页下。

村基层组织主要是乡里耆户长制。① 神宗熙宁三年（1070）时在乡村推行保甲法，规定以民户数量 10 户、50 户、500 户分别组成小保、大保、都保，以防盗贼、以联民互保。熙宁六年（1073）联保组织进一步缩小为 5 户、25 户、250 户。熙宁七年（1074），根据司农寺的奏请，"废户长、坊正，令州县坊郭择相邻户三二十家排比成甲，迭为甲头，督输税赋苗役，一税一替"②。从罢废户长，到随后保甲头目被赋予越来越多的原耆户长职责，即催督赋税与盗贼烟火治安等事，表明保甲组织乡役特征的凸显。保甲制（或都保制）取代乡里制，也是宋代乡村基层组织形式的基本演进趋势。③ 由于乡村基层组织与乡役互为表里的关系，宋廷推广保甲法，到保甲承担乡役职责，自然就是乡役制度上的一大变化。保甲取代乡里，除了组织形式编排依据的变化外，更大的变化在于乡役人员随之有了大幅增长，宋初每乡约 10 人的乡役人，自此 500 户中就有多达 120 人进行应役。④ 乡役组织形式的严密化和乡役人数的大幅增加，意味着国家对乡村控制的强化，其主要目的就是为了攫取财赋收入，以应付宋廷日益扩大的财政需求。因此，保甲制的推行，虽是宋代乡役构成形式上的一个重要变化，但这种由国家单方面进行的改革，仍继续差派"富民"为其组织头目，其实与此前推行的乡役制度相比并无实质变化，宋廷以调整乡村基层组织形式进行的努力，无助于解决"富民"与国家之间在充任乡役上存在的利益和矛盾纠葛。

真正尝试解决"富民"与国家之间在乡役运作时利益矛盾纠葛的

---

① 学界对宋初乡村组织的乡、里、耆、管等有不同认识，日本学者以周藤吉之、佐竹靖彦、柳田节子等为代表，中国学者中的郑世刚、杨炎廷、王棣、夏维中、梁建国、刁培俊、鲁西奇、谭景玉等亦提出了不同看法（参见贾连港《宋代乡村行政制度及相关问题研究的回顾与展望》，《中国史研究动态》2014 年第 1 期）。近年来，包伟民对宋代乡村基层组织形式乡、里、管等也作了细致论述（参见包伟民《中国近古时期"里"制的演变》，《中国社会科学》2015 年第 1 期；《宋代乡村"管"制再释》，《中国史研究》2016 年第 3 期）。

② 马端临：《文献通考》卷一二《职役考一》，第 354 页。

③ 夏维中：《宋代乡村基层组织衍变的基本趋势》，《历史研究》2003 年第 4 期；田晓忠：《论宋代乡村组织演变与国家乡村社会控制的关系》，《思想战线》2012 年第 3 期。

④ 刁培俊：《宋代乡役人数变化考述》，《中国史研究》2005 年第 1 期。

改革是免役法募役制的推行。正如聂崇岐的精辟总结："以往纷扰四十余年之纠正，率偏于补救差役之弊，至此乃思作彻底之革除，而普行输钱免役之制于是乎生。"① 早在熙宁二年（1069），三司条例司就上言："考合众论，悉以使民出钱雇役为便，即先王之法，致民财以禄庶人在官者之意也"②，提出"昔于乡户差役者，悉计产赋钱，募民代役，以所赋钱禄之"的方案。③ 熙宁三年（1070）十二月，免役法率先在开封府界进行试点推行。"畿内乡户计产业若家赀之贫富，上户分甲、乙五等，中户，上、中、下三等，下户二等，坊郭十等，岁分夏秋，随等输钱。乡户自四等、坊郭自六等以下勿输。产业两县有者，上等各随县，中等并为一县输，析居者随所析，若官户、女户、寺观、未成丁，减半。募三等以上税户代役，随役重轻制禄。禄有计日，有计月，有计事而给者。"④ "诏责郡县，坊郭三年，乡村五年，农隙集众，稽其物产，考其贫富，察其诈伪，为之升降；若故为高下者，以违制论。"⑤ 从开封府试行的这一改革来看，其核心在于乡户可据户等高下输钱，官府再以所输钱募人代役，役钱据役事轻重支付，同时作为役法改革补充，强化了对户等升降的核实。"令下，募者执役，被差者欢呼散去。"⑥

熙宁四年（1071）十月，司农寺正式在全国颁布免役法令："天下土俗不同，役轻重不一，民贫富不等，从所便为法。凡当役人户，以等第出钱，名免役钱。其坊郭等第户及未成丁、单丁、女户、寺观、品官之家，旧无色役而出钱者，名助役钱。凡敷钱，先视州若县应用雇直多少，随户等均取。雇直既已用足，又率其数增取二分，以

① 聂崇岐：《宋役法述》，氏著《宋史丛考》（上），第22页。
② 马端临：《文献通考》卷一二《职役考一》，第346页。
③ 《长编》卷二二七，熙宁四年十月壬子，第5521页。
④ 《长编》卷二二七，熙宁四年十月壬子，第5522页。
⑤ 《宋史》卷一七七《食货上五·役法》，第4300页；《长编》卷二二七，熙宁四年十月壬子，第5523页。
⑥ 《宋史》卷一七七《食货上五·役法》，第4300页；《长编》卷二二七，熙宁四年十月壬子，第5523页。

备水旱欠阁，虽增毋得过二分，谓之免役宽剩钱。"① 熙宁四年（1071）免役法令以及相应的各种雇募役规定，只要略加分析就可知其对"富民"与国家都是两益的。

从"富民"方面看。免役法令规定当役人户交纳役钱，即可免役。前文已述，宋代"富民"是主要的乡役应役人，而北宋中前期以后多数乡役负担沉重，不少应役人因充役而破家荡产。通过缴纳役钱即可免役，对多数"富民"来说，是喜闻乐见的。事实上，早在宋廷推行免役法改革前，在宋代商品经济与雇佣劳动发展社会背景下，民间已有从劳动力市场雇佣能者代役的情况，即私雇代役，不过其时私雇代役尚游移于合法与非法之间。② "富民"因其富有，自有支付代役钱的经济实力。他们出钱雇佣专人代替己身服役，就可以从职役负担中抽身出来，不仅免去了可能出现的充役后的破家荡产风险，而且能在抽身而出以后从事其他具有比较优势的增殖财富经营活动，从而在此消彼长中促进自身财富积累与社会经济发展。宋廷官颁免役法令之后，王安石指出："举天下之役，人人用募"，就可以"释天下之农归于畎田"③。以往民户充役，"本家农务，则全无人主管"的境况将得到极大改观，④ "故免役之法成，则农时不夺而民力均矣"⑤。"富民"在免役法下的受益，还包括一些以往不服役的特殊人群，如官户、寺观户、未成丁户、单丁户、女户等，在新役制下也要减半交纳役钱。从地方役钱征收法令规定看，"先视州若县应用雇直多少，随户等均取"，即在役钱总数一定情况下，随着特殊户籍助

---

① 《宋史》卷一七七《食货上五·役法》，第4300—4301页。
② 黄敏捷：《私雇代役——宋代基层社会与朝廷役制的对话》，《安徽史学》2017年第6期。代役行为，往前可追溯到隋唐时期的"以庸代役"，但相较于年五十以上方可"输庸代役"，宋代的私雇代役，乃至免役法的代役范围远非隋唐"庸"可比拟。
③ 王安石：《临川集》卷四一《上五事札子》，文渊阁《四库全书》，第1105册，第311页上。
④ 郑獬：《郧溪集》卷一二《论安州差役状》，文渊阁《四库全书》，第1097册，第223页下—224页上。
⑤ 王安石：《临川集》卷四一《上五事札子》，文渊阁《四库全书》，第1105册，第311页下。

役钱的加入，"富民"据户等高下缴纳役钱总数必然有所降低，从而减轻了富民的相对负担。

除了"富民"受益外，官颁免役法对国家而言也有很多益处。首先，通过雇募役，国家解决了人们不愿充任役人和"赋役不均"的难题。在原有轮差役制下，虽然国家直接差派富民充乡役，但富民以各种手段逃避赋役，导致乡役负担下移，不少贫民被迫轮充乡役，结果不仅不利于国家对乡村的有效统治，而且导致逃避赋役现象程度加剧。官募役法下，官府以当役人缴纳的役钱以及特殊户缴纳的助役钱为雇募本金，雇募专人充役，不仅解决了富民不愿充役的难题，而且随着专人应专役，对具体役职职能运作的实际操作越发熟练，专业化的应役人更有利于完成国家指派的相应工作。另一方面，由于免役钱以户等高下缴纳，以及原有不服役的特殊户也要缴纳一定的助役钱，也有利于役法的应役公平原则。[①] 其次。在役钱征收用于雇募支出外，宋廷规定额外加征 20% 的免役宽剩钱，"以备水旱欠阁"。用于应对"水旱欠阁"而多征收的宽剩钱，一方面表明了国家借役钱征收而加强了公共服务意识及其职能支出，另一方面也意味着国家财政收入的大幅增长。熙宁九年（1076），征收役钱达 10414553 贯石匹两，但支出募役费用仅 6487688 贯石匹两，剩余 3926865 贯石匹两，[②] 剩余率达 37.7%。元丰七年（1084），仅役钱征收就达到 18729300 贯，"较熙宁所入多三之一"[③]。国家财政收入因此得到大幅增长。多出的财政收入，"非专为供乡户募人充役之用而已，官府之需用，吏胥之廪给，皆出于此"[④]。对国家而言，免役雇募法自然也是极为有利的。

因此，神宗熙宁时的官颁免役法募役制，不是官府对原民间即已

---

① 游彪：《关于宋代的免役法——立足于"特殊户籍"的考察》，《中国史研究》2004年第2期；张锦鹏：《北宋社会阶层变动与免役法制度创新》，《西南大学学报（社会科学版）》2007年第3期。

② 《宋会要辑稿·食货》六五之一七，第7806页。

③ 《宋史》卷一七七《食货上五·役法》，第4310页。

④ 马端临：《文献通考》卷一二《职役考一》，第357页。

存在的私雇代役的简单合法化、规范化，而是在充分考虑到"富民"与国家在役制运作中的利益纠葛后，官府做出的对双方均有益的役法制度创新与改革。通过免役法改革，"富民"以缴纳代役钱的方式摆脱了直接充役给其带来的困扰，可以借此寻求自身经济利益的最优化，促进了社会经济的恢复与发展；国家则通过征收免役钱，以免役钱雇募专业职役人，以及提供其他的社会公共服务，有利于更有效地实现乡村统治，也增加了国家财政收入。从这个角度来说，免役法募役制改革体现了"富民"与国家在乡役运行中的双赢，是双方良性互动的结果和反映。

四 雇募、轮差之反复与"富民"
倡导的"义役"制

熙宁免役法募役制对"富民"与国家两利，却仅仅推行了十余年。在神宗去世后，哲宗新立，宣仁太后以司马光主政，于元祐元年（1086）二月下诏废罢了免役法，复行差役，"天下免役钱并罢，其诸色役人并依熙宁元年以前旧法人数，令佐揭簿定差"①。元祐轮差法取代募役法，是北宋中后期乡役制度的一次重大反复。绍圣元年（1094），朝廷下诏："乡差役人……合支役钱，许于坊场、河渡钱内借支，如不足，即借支封桩钱，并候纳到役钱拨还"，"合纳免役之人，自绍圣元年七月一日为始，其上半年和纳役钱与免"，"耆、户长、壮丁并雇人，不得以保正、保长、保丁等充代"，"宽剩钱不得过一分"②。即八年之后，乡役又由轮差改回免役雇募。徽宗、钦宗时的役法也以免役雇募为主，但在实际运作中却常常差派保甲头目，很少给其雇直，使乡役在很大程度上呈现名募而实差的迹象。靖康之耻，北宋骤亡，南宋君臣在检讨北宋的亡国之由时，将此归咎于王安

---

① 《长编》卷三六八，元祐元年二月癸卯，第8894页。
② 《宋会要辑稿·食货》一四之二，第5039页。

石变法，并试图在乡役中恢复差役制，但由于免役钱对南宋国家解决军费支出、应付国用大有裨益，故高宗以"免役之法行之既久，不可骤变"为由而继续推行免役法。① "自建炎四年秋料为头催税，每三十家一甲，责差甲头催纳。其雇募户、保长更不复用。所有雇钱，只在县桩管。"② 绍兴五年（1135），"经户部看详，……其乡村耆户长依法系保正长轮差，所请雇钱往往不行支给，委是合行拘收"。官府还进一步规定："州县所支雇钱依经制钱条例，分季起发赴行在送纳。"③ 从征收免役钱却不支付雇钱，将雇钱"在县桩管"，到将役钱"起发赴行在送纳"，免役钱已完全与乡役无关，名义上推行的免役法雇募制，其实已等同于轮差。有学者因此指出南宋乡役是差募并用、名募而实差的差役制，此外部分地区在绍兴十九年（1149）至德祐二年（1276）间还有义役制的施行。④

既征收免役钱，却又将役钱他用而不复雇募，是宋廷对免役法募役制的巨大破坏。早在熙宁八年（1075），神宗下诏问罢耆户长、壮丁之法是何人之意，并责问王安石："已令出钱免役，又却令保丁催税，失信于百姓。"王安石回答："保丁、户长皆出于百姓为之，今罢差户长充保丁催税……数年或十年以来方一次催税，催税不过二十

---

① 《宋会要辑稿·食货》一四之二三，第6277页。
② 《宋会要辑稿·食货》一四之一八，第5047页。
③ 《宋会要辑稿·食货》一四之二三，第5049页。
④ 宋代役法轮差、雇募及其反复，以及义役的推行，《文献通考》"自序"及《职役考》中已有勾勒。聂崇岐、李剑农等前辈学者对此也有论述。黄繁光在《宋代民户的职役负担》（博士学位论文，中国文化大学，1980年）中将两宋职役演进状况进行明确时代划分，认为北宋前期为差役，熙宁四年（1071）至元丰八年（1085）为募役，元祐元年（1086）至九年又为差役，绍圣元年（1094）至靖康二年（1127）为募役，至南宋全时段则为差募并用、名募实差的差役制，间有绍兴十九年（1149）至德祐二年（1276）部分地区施行义役的时段（参见"论文提要"第1—2页，"两宋职役充差方式变化图"）。对于义役兴起的时间，不同学者有不同看法，如漆侠分析众说，认为绍兴十五年（1145）或十九年（1149）均有可能［参见漆侠《宋代经济史》（上），第493页］，杨宇勋则认为义役当创始于绍兴十二年（1142）金华县长仙乡（参见杨宇勋《取民与养民：南宋的财政收支与官民互动》，台湾师范大学历史研究所2003年版，第273页）。

余家，于人无所苦。"① 为既收役钱又不以役钱支付乡役人的行为辩解，用无偿的保甲头目代替有偿的耆户长，担负催科之责，并视为理所当然，"于人无所苦"。既征收役钱又行轮差的行径，背弃了免役法的精神和原则。王安石变法遭到当时多方面的反对和攻击，内中既有如司马光等从儒家价值伦理上进行的批判，也有"富民"对既缴纳免役钱又被差派为保甲头目（保甲头目也以"富民"充任）的不满。元祐更化，司马光恢复差役法，"天下免役钱并罢，其诸色役人并依熙宁元年以前旧法人数，令佐揭簿定差"②，力图纠正这种弊端，但又矫枉过正，再次引发新的分歧。若从他倡议的"若正身自愿充役者，即令入役，不愿充役者，任便选雇有行止人自代，其雇钱多少，私下商量"的法令来看，③ 其实仍具有很大的灵活性。哲宗亲政后恢复免役法，徽宗、钦宗两朝又有所发展。南宋面临北方的巨大军事压力，国土面积骤减大半，国家经费对役钱更为倚重，以"免役之法行之既久，不可骤变"为由继续推行免役法，实质上是名募而实差。百姓役钱不得免除，征收役钱全部变为国家经费，加之轮差之苦，百姓实际上承担了双重乡役负担。元丰八年（1085），知吉州安福县上官公颖奏称："耆、壮、户长法之始行也，皆出于雇，及其既久也，耆、壮之役则归于保甲之正、长，户长之役则归于催税甲头。往日所募之钱，系承帖人及刑法司人吏许用，而其余一切封桩，若以为耆、壮、户长诚可以废罢，即所用之钱自当百姓均减元额，今则钱不为之减，又使保正、长为耆、壮之事，催税甲头任户长之责，是何异使民出钱免役而又使之执役也。"④ 利用保甲头目承担耆户长之职，就是"使民出钱免役而又使之执役"。南宋陈傅良在《转对论役法札子》中对此有进一步阐述："所谓免役钱者，本以恤民使出钱雇役而逸其力也。

---

① 《长编》卷二六三，熙宁八年闰四月甲寅，第6450—6451页；另《文献通考》卷一二《职役考一》（第354页）亦有相似表述。
② 《长编》卷三六八，元祐元年二月癸卯，第8894页。
③ 马端临：《文献通考》卷一三《职役考二》，第367页。
④ 马端临：《文献通考》卷一二《职役考一》，第356—357页。

自罢募户长而取其钱，今隶总制；罢募壮丁而取其钱，今隶总制；罢募耆长而取其钱，今隶总制；而又以三分弓手雇钱，一分宽剩钱尽隶总制……役人无禄者众矣。"他还指出："夫使民出钱募役而逸其力，非未为良法也，而反取其钱以赡他用，既取其钱以赡他用，则必且白着，而役法不得不坏。何谓役法坏？……乡村催科专责之保正长是也。"① 国家既已征收了免役钱，又转而让保甲头目充当差役的作法，完全破坏了免役法募役制的完整性。这也反映出在新一轮的"富民"与国家乡役互动中，"富民"处于绝对的下风和弱势。

南宋时乡役名募而实差，既已变为轮差，则此前差派"富民"充乡役的各种历史情境必然随之再现，但二者在程度上又有差别。北宋前中期"富民"充耆户长乡役，仅仅是出其力承担相应的职役责任；南宋时都保甲制下的"富民"充乡役，却是先缴役钱再被役使民力，相应职役责任不仅未有减少，反而更有增多。孝宗乾道年间，福建建宁府"差役保正副，依法止管烟火盗贼，近来州县违戾，保内事无巨细，一如责办，至于承受文引，催纳税役，抱佃宽剩，修葺铺驿，抛置军器，科卖食盐，追扰陪备，无所不至"，"一经执役，家业随破"②。"民之恶役，甚于寇仇。"③ 从这个角度而言，前辈学者们将宋代役法变更视为封建国家对民户的残酷剥削，是有其道理的。翻检宋代史籍，南宋时期关于逃避赋役的记载远远超过了北宋。前文关于"富民"与国家逃避与反逃避的互动循环模式，在此又一再上演，且愈加浓烈。南宋国家对此只能通过加强对逃避赋役行为的惩治程度，防范可能出现的制度漏洞，而再无对役制调整和改革的进一步举措。这也是宋朝官府对乡村控制实用主义的体现。

"富民"与国家双赢的免役法募役制既已被破坏，呈现出国家对"富民"的双重侵扰，国家获大利而"富民"利益严重受损；"富民"

---

① 《陈傅良先生文集》卷二一《转对论役法札子》，浙江大学出版社 1999 年版，第 288—289 页。
② 《宋会要辑稿·食货》一四之四十，第 5058 页。
③ 叶适：《水心集》卷二九《跋义役》，文渊阁《四库全书》，第 1164 册，第 526 页上。

各种手段并出的逃避赋役等行为，反过来必然要加剧社会矛盾的尖锐化。从长远来看，这是一个双困结局。不过，在这种往复循环之外，新的变化已经出现，即"富民"依靠自身力量主动寻求解决乡役的困境。这就是"义役"制。

南宋义役是在役法极大损害了民众利益的背景之下，由民间自发组织起来应对乡役的一种新方式。陈傅良在《义役规约序》中记载："今天下……民极困于保正长，则以保长催税之故也。民不能勘，虽叔伯兄弟相讼以避役久矣！叔伯兄弟相讼以避役，非其类相仇也，势使然也。于是义役兴焉。"① "义也者，公于人而宜于事之谓也。"② 对于义役，王德毅、漆侠、葛金芳等前辈学者已有深入研究。③ 此处主要从义役的倡导者和组织者进行分析，认为不论是所谓"豪绅"，还是"大姓""义士"，其实就是"富民"。"义役"，即在"富民"主导下推行的一种新的应役方式。

义役初始于绍兴十二年（1142）浙东金华县的长仙乡，"金华长仙乡乡民十有一家，自以甲乙，第其产以次就役"④。也就是说，役次差派不再经由官府，而是由民户自我组织轮差先后，其依据为产业高下。吕祖谦《东莱集》卷一一《金华汪君将仕墓志铭》详细记载了绍兴十九年（1149）金华县西山乡义役兴起的原因及其具体举措，现录原文如下：

> 是乡也，盖有人焉其姓名字曰汪灌庆衍，实基创而纪纲之者也。始君以役之病民，聚大姓谋曰："吾乡之人，非父兄则子弟，

---

① 《陈傅良先生文集》卷四〇《义役规约序》，第511—512页。
② 谢维新：《古今合璧事类备要·外集》卷三〇《义役序》，文渊阁《四库全书》，第941册，第612页上。
③ 参见王德毅《宋史研究论集》，台湾商务印书馆1993年版，第253—283页；漆侠《宋代经济史》（上），第492—502页；葛金芳《从南宋义役看江南乡村治理秩序之重建》，《中华文史论丛》2007年第1期。
④ 朱熹：《晦庵先生朱文公文集》卷八八《龙图阁直学士吴公神道碑》，《朱子全书》第24册，上海古籍出版社、安徽教育出版社2002年版，第4111页。

顾哄于役，坠恩驰义，为耆老羞，职是嚣竞者追胥科敛之惮耳！率为里正，一岁长短相覆，忘虑费三十万，吾侪盍自实其赀为三等，定著役之差次于籍，众衰金以畀当役者。役之先后，视其籍，金之多寡，视其等。他日户有升降，则告于众而进退之焉。名虽役，而实仰给于众，尚何惮？"众杂然称善。即日立要束，无违者。既又以衰金之烦也，则众割田百亩庚之，约成登其书于县，而各藏其副于家。……自绍兴己巳迄于今，几三十年，西山役讼不至于公门。①

西山乡的汪灌及其乡的"大姓"，就是我们所说的"富民"。作为"富民"，他们要被官府差充为乡役，因为共惮乡役之病，为了"上不违县官律令，而下以全其族党之欢"，于是相约为义役。在"富民""大姓"的倡导下，西山乡的义役明确先定贫富为三等，以之排役次先后，然后再以钱助当役者。后来，又改为以田百亩庚之，"立要束"，"约成登其书于县，而各藏其副于家"，"名虽役，而实仰给于众"。役法成，"众杂然称善"。此后三十年该乡"役讼不至于公门"。金华西山乡汪灌等大姓之外，其他如金坛仙游乡"都之人莫先焉"的十八家，瑞安义役倡导的"四五望族"等，其实也是我们所说的"富民"。"义役"由"富民"主持"排役次先后"，还以"众衰金以畀当役者""众割田百亩庚之"，构成义役的另一核心内容。"众衰金以畀当役者""众割田百亩庚之"，即乡民们直接以钱物，或共同筹措田亩、以田亩收成为充役人提供补助的办法。尤其后者，其实就是北宋"给田募役法"的变形。北宋熙宁七年（1074）官府推行过"给田募役法"，"其法以系官田如退滩、户绝、没纳之类，及用宽剩钱买民田以募役人"，但"未半年，此法复罢"，原因在于"左右大臣意在速成，且利宽剩钱以为他用，故更相驳难，遂不果

---

① 吕祖谦：《东莱集》卷一一《金华汪君将仕墓志铭》，文渊阁《四库全书》，第1150册，第99页下—100页上。

行"①。"给田募役法"在北宋被废罢，其精神内涵与实质却在南宋被民间"义役"所运用。金华县外，处州松阳县同样推行义役，"随役户之多寡，量事力之厚薄，输金买田，永为产业。过当役者，以田助之。从公评议，推排役次，以名闻官"②，显然都是乡民互助以脱役困之法。

在"众衰金以畀当役者""众割田百亩庾之""输金买田"等基础上，又出现了以"衰其费而众雇人为之"的义役运作方式，③即以乡里富户百姓所助之役钱、或"义田"收入等为本金，由"富民"组织操作，雇募专人以服役。如台州义役"上户各出田供长役之费……而役事自有义役庄田雇募长役，人户并不知有役事之扰"④；饶州德兴县"按民产高下，各使出谷，名曰义庄，募人充户长……革一差之弊，募乐充之人"⑤。"义役之利，役可募人而己不专任其责，故役久而人不病"⑥，义役之利，也就是雇募役之利。从这个意义来说，义役法的运作方式，已经与此前免役法募役制大致相同了。

因此，义役的兴起及其具体运作，其实就是民间以"富民"为首自发组织起来的一种助役、进而雇募专人应役的方式。这种应役方式，继承了北宋雇募役法精神，同时也是宋代商品经济与雇佣关系制不断深化发展的反映。与官颁免役法募役制由国家主导不同，后者是以"富民"为主导的。"富民"不仅是义役的主要倡导者，通常情况下也是义役田的主要捐助者，如黟县程叔达"剖私田倡义役"，⑦ 茅

---

① 《长编》卷三七四，元祐元年四月癸巳，第9071—9072页。
② 袁甫：《蒙斋集》卷三《知衢州事奏便民五事状》，文渊阁《四库全书》，第1175册，第365页上。
③ 程洵：《尊德性斋集》卷三《代作上殿札子》，中华书局1999年版，第15—16页。
④ 黄震：《黄震全集》卷七九《义役差役榜》，浙江大学出版社2013年版，第2229页。
⑤ 刘后庄：《后村先生大全集》卷九六《德兴义田》，《四部丛刊初编》第1312册，上海商务印书馆1922年版，第4—5页。
⑥ 刘宰：《漫塘集》卷二三《二十三都义庄记》，文渊阁《四库全书》，第1170册，第605页下。
⑦ 杨万里：《诚斋集》卷一二五《宋故华文阁直学士赠特进程公墓志铭》，文渊阁《四库全书》，第1161册，第607页上。

宗愈"亟捐膏腴数十亩倡之",① 饶州德兴县行义役,董琦"出田粟倡之"等即是。② 由"富民"倡导自我组织起来的义役之法,省去了官府征收役钱、以及由官府出面雇募充役人环节,将雇募役的整个操作流程都由民间自主来完成。由于没有官府在征收免役钱以及以钱雇募役时的横插一脚,在"乡原体例"的村民社会中,反而降低了役法运转成本,"富民"因此可以再次从乡役困境中解脱出来。这样,"富民"就以"义役"方式跳出了官府差役模式,"上不违县官律令""下以全其族党之欢",实现了在差役法困境下的自我解脱。

需要指出的是,"义役"的推行并未改变宋代乡役制度构成及其职能运作,也就是"义役"的推行其实一样是以满足国家的乡村统治为目的的。"义役"之法在浙东地区兴起,随后在范成大等地方官员的推动下,逐渐延伸到浙西、江西、福建等地,彰显了南宋保甲差役法之外充役方式上的变化及役法发展的新趋势。有学者认为,南宋的"义役"法反映了民间参与乡村治理秩序的一种有益尝试。③ 笔者对此深表认可,同时也认为这是在当时社会背景下,"富民"为寻求自身利益,在乡村职役体制之下不得不如此的一种有益探索。在"义役"具体运作过程中,国家一样依靠"富民"实现了对乡村的统治,"富民"则以雇募专人充役而得到人身解脱,"富民"与国家之间因此再次寻求到了新的相对利益的平衡点。④

---

① 孙应时:《烛湖集》卷一二《茅唐佐府君墓志铭》,文渊阁《四库全书》,第1166册,第667页下。

② 朱熹:《晦庵先生朱文公文集》卷九三《迪功郎致仕董公墓志铭》,《朱子全书》第25册,第4309页。

③ 葛金芳:《从南宋义役看江南乡村治理秩序之重建》,《中华文史论丛》2007年第1辑。

④ 义役制在南宋中后期因官府介入加以推广之后,又陷入新的困境,成为一种"不义"之制。本文对此暂不讨论。可参见王德毅《宋史研究论集》,第269—274页;漆侠《宋代经济史》(上),第483—502页。

五　结语

行文至此，我们已较完整地论述了"富民"与宋朝乡村职役制度之间的关系，并从"富民"与国家互动视角分析了宋朝乡役制度的演进和变迁历程。文末对此再稍作总结，从中亦对"富民"与宋朝国家之间的复杂关系略为揭示。

第一，"富民"是宋朝乡村职役的主要应役人。宋朝的乡村职役，主要负责在乡间的赋税征收与治安维持，其职能从根本上说，与其他历史时期的乡里头目并无本质差别，是一种"下县的皇权"的体现。[①] 北宋前中期的差役制，熙丰变法时期的免役法募役制，以及南宋部分地区推行的"义役"制，并没有改变乡役主要头目以"富民"充任的基本制度构成，也没有改变乡役为国家统治服务的职能。宋朝乡役以"富民"充任的这一基本构成，及其为国家征收赋税和维持治安的职能的发挥，就是中唐两税法改革后国家赋役征派原则以资产为根据的具体体现。从另一个方面来说，唐宋时期"富民"兴起，拥有财富而没有特权的"富民"阶层，由于具有财富的力量和在乡间社会的广泛影响力，已成为国家统治乡村不可忽视的重要依靠力量。"富民"的兴起，以及由"富民"承担国家主要赋役的制度规定，与两税法改革所确立的以资产为依据的赋役征派原则，反映的是同一历史进程。

第二，"富民"从自身利益出发对是否充任乡役做出的选择与应对行为，以及宋朝国家对乡役制度的几次调整与改革，反映了"富民"与国家在乡役充任上的互动与博弈。当充任乡役有利可图时，"富民"对此趋之若鹜；当充任乡役不仅无利可图，还有可能成为一种沉重负担时，"富民"便试图以各种手段竭力逃脱。"富民"逃

---

① 参见鲁西奇《"下县的皇权"：中国古代乡里制度及其实质》，《北京大学学报（哲学社会科学版）》2019 年第 4 期。

避赋役引发且不断加剧的赋役不均现象，是宋朝国家调整和改革乡役制度的重要前提。北宋中期在神宗支持下的王安石变法，借鉴了民间已有的"私雇代役"方法而推行免役法雇募制，很大程度上反映了"富民"的利益诉求，也便利了国家对乡村的统治和从中获取更多的货币财政收入，实现了"富民"与国家在乡村中的利益最优化。但在北宋中后期尤其是南宋国家现实财政压力加剧的背景下，免役钱被挪为他用，乡村役职不支取雇钱，"富民"利益被漠视，加剧了"富民"的乡役负担。为应对名募实差乡役的双重重压，"富民"逃避赋役的手段和方法也愈发突出。南宋国家进一步加强对逃避赋役行为的惩治程度，完善相应制度漏洞，而不再对役制本身进行改革。另一方面，在消极逃避赋役之外，南宋浙东地区的"富民"积极探索了新的应对方式，即义役制。义役制借鉴了北宋免役法募役制的运作机理，由"富民"而不是由国家来组织和运作乡役，在"富民"与国家之间再次寻求到新的有限利益平衡。因此，宋朝乡役制度由轮差到雇募，再到雇募与轮差的反复，以及义役的兴起过程，就是"富民"与国家之间在乡役充任上互动和博弈的体现，宋朝乡役发生的每一次变化，以及由此展示的制度变迁，都是双方互动和博弈的结果。

第三，在宋朝乡役制度调整、变迁与反复的过程中，作为制度供给的国家，始终处于强势的主导位置，"富民"则一直处于相对弱势地位。"富民"从自身利益出发，对乡役负担所作的应对，不论是消极的（以各种方式进行的逃避赋役），还是积极的（通过科举入仕而免役、主动倡导推行"义役"制），都是在传统国家政治体制内进行的有限选择。他们与国家进行的互动与博弈，并不直接体现为双方剧烈的政治冲突，而是在由"富民"充任乡役主要头目基本原则不变这一大前提之下，就"富民"充乡役的方式进行某种调适。不论是募役还是义役，都只是一种充役方式的调整，而不是从根本上改变乡役制度。宋朝国家的强势与"富民"的弱势，在免役法募役制被破坏，义役制的兴起以及随后的被破坏过程中都体现得非常明显。免役法雇募役，国家征收了役钱却将役钱另做他用，不用于雇募，反而借用新的乡村保甲组织，差派富民为保甲头目，形成对"富民"的双重侵扰。由"富民"倡议并实践的义役制，虽然再次在"富民"与国家之间形成相对利益的再平衡，为自身发展谋求空间，但其是建立在"富民"已缴纳过役钱的前提之上，"富民"对应役的主动探索取得了一定成效，其实是以自身利益的提前受损为代价的。不仅如此，义役在南宋乡间的推行，在国家力量介入之后又遭到新一轮的破坏，"义役"反而成为"不义"之制。①这些都反映出宋朝"富民"力量虽然已经较为壮大，成为当时社会经济关系和阶级关系的重要核心组成，②但其并未发展成为如西方"市民"阶层一样的政治力量，尚不能与集权国家展开力量均等的、真正意义上的两级相互博弈。宋朝"富民"对国家乡村职役的各种应对，虽有寻求自身利益最大化的现实考虑而做出的一些制度创新，但同时更多是一种无奈之举。

第四，宋朝国家对乡村职役制度的改革与破坏，有着现实因素的考虑，体现出实用主义的乡村控制理念和策略。宋朝以募兵制为主体的军事体制，国家常年经费的十之七八都要用于军费支出，行政支出以及其他各类支出数额也居高不下，国家一直面临着巨大的财政压力。宋神宗为"富国强兵"任用王安石进行改革，其中的财政改革事实上肩负着为收复"汉唐旧疆"的军事行动而积聚财力的重任。免役法改革很大程度上解决了"富民"受困于乡役的问题，助役钱、宽剩钱的征收又极大地缓解了官府的财政压力，对"富民"与国家均两利。但在保甲组织同期大力推广的背景下，王安石看到了利用保甲组织一样可以实现国家对乡村的有效统治，还能以此减免雇募役钱的支出，于是又主动破坏了其一手推行开来的免役法雇募制，开启了

---

① 参见王德毅《宋史研究论集》，第 269—274 页；漆侠《宋代经济史》（上），第 483—502 页。

② 参见林文勋、谷更有《唐宋乡村社会力量与基层控制》，第 5—7、10—30 页；林文勋《中国古代"富民社会"的形成及其历史地位》，《中国经济史研究》2006 年第 2 期等。

既征收役钱又不以役钱支付雇募的先河。元祐更化，司马光尽革免役法而重归轮差制，一个重要的原因就在于认为免役钱、助役钱、宽剩钱的征收是一种国家聚敛，不仅应役者要缴纳免役钱，原本不承担乡役的其他色户也要缴纳助役钱和宽剩钱，而这些役钱却并未被用于支付乡役雇募人员，因此主张重回轮差制。绍圣以后乃至南宋的免役法，也多征役钱而不用于雇募，名募而实差的现实就是对免役法本身的巨大破坏。由此带来的好处，是宋朝国家从中获取了更多的巨额役钱收入，对国家行政运作、解决军事开支都有极大裨益，对于维护宋朝国家统治发挥着极其重要的作用；其弊端则是加剧了"富民"的乡役负担，以及其他可能的危害。宋朝国家（尤其是南宋）在巨大的财政压力下，选择名募而实差的乡役制，放弃了对官民两利的雇募制，就是从其自身财政需要出发而进行的一种有利的务实选择。由"富民"倡导组织实施的义役制，因其并未超出国家利用乡役控制乡村的目的，又能在一定程度上缓解富民的乡役负担，从而也得到宋廷的推广，一些地方官吏甚至试图从中再获利，一样反映出宋朝国家实用主义的乡村控制理念和策略。

宋朝国家实用主义的乡村控制和统治理念，恰恰反映出在传统中国社会里，但凡是有利于国家统治的新因素涌现，在现实政治环境下，都有可能被整合在国家统治体制之下，为国家所利用，从而呈现出某种"社会的国家化"趋势。[①]"富民"的兴起以及两税法改革所确立的以资产为赋役征调的原则如此，"富民"之被差派为乡村职役亦如此；民间私雇代役被国家合法化利用如此，国家破坏免役法募役制也同样如此。因此，尽管"富民"的兴起为传统乡村社会带来了若干变化，在其被差派为国家乡村职役后，乡村职役的变动就表现为

---

① "社会的国家化"趋势是牟发松教授在对汉唐传统社会与国家关系认识基础上提出的一个概念，意指国家将发端于社会领域的经济、文化现象，盛行于民间的依附关系，崛起于草野的社会势力，整合到统一的政治秩序之中的过程（参见牟发松《国家对社会的顺应和社会的国家化——汉唐历史变迁中社会与国家关系及其变动的基本特征》，《社会科学》2011年第7期）。笔者认为这一过程对宋代社会与国家关系的认识同样适用。

"富民"与国家之间的某种互动和博弈，但在传统国家强大的社会控制和整合力量面前，"富民"的应对和博弈手段较为单一，根本不可能改变传统国家乡村统治的运行轨迹。显然，我们关于"富民"与宋朝乡役制度的探讨，对理解和认识宋朝"富民"与国家之间的复杂关系，又提供了一个新的、可供利用的案例。

制度如何成为手段：吴潜在庆元府治理中对财政制度的运用[*]

黄纯艳

（华东师范大学　历史学系）

　　南宋在窠名分隶的制度下，将财政中央集权推向极致，导致地方财政十分困窘。在此背景下地方政府如何行政、实现地方治理是近年来颇受关注的议题，相关成果探讨了地方治理的实现方式，特别是南宋地方财政困难对基层社会运行和控制的影响。[①] 面对上供和州计压力，大多数南宋地方官员常是"执笔茫然，莫知所谓，老胥猾吏，从旁而嗤之"[②]，老胥猾吏所用之术是地方官员常用之术，即以正当窠

　　* 本文为国家社科基金重大项目"中国古代财政体制变革与地方治理模式演变研究"（项目批准号：17ZDA175）研究成果。

　　① 相关研究成果较为丰富，代表成果有：梁庚尧《南宋的农村经济》，新星出版社2006年版；梁庚尧《宋代社会经济史论集》（下），允晨文化实业股份有限公司1997年版；黄宽重《南宋地方武力——地方军与民间自卫武力的探讨》，东大图书股份有限公司2002年版；张文《宋朝民间慈善活动研究》，西南师范大学出版社2005年版；王晓龙等《宋代地方行政设施修建经费来源考论》，《宋史研究论丛》第22辑，2018年；宋燕鹏《南宋地方官学的修建与士人参与》，《安徽师范大学学报（人文社会科学版）》2012年第1期；祁琛云《宋代的民间力量及其在地方建设中的贡献》，《中原文化研究》2017年第5期；祁琛云《宋代地方建设经费筹集途径述论》，《河南大学学报（社会科学版）》2019年第3期；刁培俊《宋代的富民与乡村治理》，《河北学刊》2005年第2期，等等。包伟民《宋代地方财政窘境及其影响》（《浙江社会科学》1999年第1期）专门讨论了宋代财政中央集权导致地方财政困窘导致的苛弊；黄纯艳《从总量分配到税权分配：王安石变法的财权分配体制变革》[《北京大学学报（哲学社会科学版）》2020年第5期]、《南宋财权分配与地方治理》（《江海学刊》2021年第1期）论述了窠名分隶制度的内容及其对地方治理的影响。

　　② 叶适：《叶适集·水心别集》卷一一《经总制钱一》，中华书局1961年版，第775页。

名做账应付中央，另以不正当窠名别置私历。① 但南宋也不乏在地方治理中卓有成效的官员，吴潜在庆元府任上即如此。本文拟考察吴潜如何利用一身两职的身份，调整和运用财政制度，筹措财力，实现地方治理。对认识南宋窠名分隶制度下地方官员如何利用制度，实施地方治理有所裨益。

一　庆元府的财权分配和支出责任

南宋财权分配的基本制度原则是窠名分隶。《宝庆四明志》清晰地记载了庆元府财权分配状况，庆元府所有赋税窠名被分为两税、榷盐收入、榷酒收入、商税、牙契、市舶收入、湖田收入、职田收入和杂赋九类。夏税正税自咸平三年（1000）定额即应付殿前诸军及府界诸色人春冬衣绢、绵等，归属于中央。南宋夏税中的和买绸绢是由中央出钱预买转化为无偿征收的赋税，原无和买处即无此赋税，明州却高于原有夏税正税。② 庆元府苗米主要供给定海水军，与职田米、湖田米麦共贮于府都仓。③ 庆元府二税也如叶适所言"州郡二税之正籍尽以上供"④。

庆元府煮盐收入分为卖钞钱和"窠名官钱"两部分。淮浙盐自崇宁三年（1104）始行钞法，商人贩庆元府盐，"先于榷货务入纳钞引钱（每袋三百斤）二十四贯省，别于主管司纳窠名钱请盐"。庆元府产定额盐钞钱1733390.14152贯，纳于榷货务，属于中央财政。"窠名官钱"即榷盐附加税，包括贴纳钱、头子钱、客请封桩私盐三种，分隶于地方和中央，三项中划归中央的占7%。其中贴纳钱每袋加收6360.2文，其中5889.3文归地方，470.9文归中央；客请封桩私盐

---

① 朱熹：《晦庵先生文集》卷二六《与王运使札子》，上海古籍出版社2002年版，第1163页。

② 《宝庆四明志》卷五《郡志五·叙赋上》，《宋元方志丛刊》第5册，中华书局1990年版，第5045、5046页。

③ 《宝庆四明志》卷三《郡志三·叙郡下》，第5022页。

④ 叶适：《叶适集·水心别集》卷一二《厢禁军弓手土兵》，第785页。

每袋加收350文，全部归地方；头子钱每贯加收40.5文，其中经总制司33文，提盐司7.5文。盐场另"有出剩廒底盐货，每月不下收二三百千"，"置历拘收，自支各场官吏俸给"，完全划归地方。[1]

庆元府省酒务及坊场课额共145669.727贯，由本府和中央按比例分隶。其"分隶则例"是每100贯，本府得39.642贯，占39.8%（含本柄钱），诸司（指中央财政代理机构经总制司、籴本司、移用司）得60.358贯，占60.2%。实际征收中，中央财政所占比例要超过"分隶则例"的规定，大部分甚至全部归入中央财政。以宝庆三年（1227）为例，庆元府都酒、比较、赡军三省酒务收息62009.609贯，分隶诸司97.5%，分隶本府仅2.5%，此外每年又起发七分酒息钱15396.185贯赴户部封桩库。慈溪、奉化、小溪三酒务每年分隶诸司占113.2%，本府倒亏本柄钱2185.26贯。定海酒务每年净息钱分隶诸司76%，本府所得占24%。林村、下庄、象山三务酒息钱、诸县买扑坊场钱都由中央高比例分享。香泉酒库、慈福酒库和醋酒库所收息钱"无分隶诸司"，归地方所有。省酒务的糟钱和醋息钱也主要归地方所有，如慈溪等三务酒糟钱分隶诸司35.1%，分隶本府64.9%，都酒等三务和林村等三务糟钱及奉化、定海、象山三县醋息钱归本府。酒税分隶也是普遍情况。如舒州在城酒务十二月十五日卖酒钱中央占90.8%，十二月十六日占90.6%。[2]

庆元府商税也实行分隶，其"分隶则例"规定，每100贯本府得48.462贯，占48.5%，诸司得51.538贯，占51.5%，其中正钱之"一分钱"100%归诸司；"九分钱"40%归诸司，60%归本府；增收钱70%归总制司，30%归军期即地方费用。100贯商税加征头子钱5.6贯，96.5%归诸司，3.5%归本府。商税实际征收中与"分隶则例"略有出入。都税院岁额35662.475贯，诸司得54.1%，本府得45.9%。诸门引铺岁额和奉化慈溪等七税场岁额诸司分别得54.1%

① 《宝庆四明志》卷6《郡志六·叙赋下》，第5066—5068页。
② 孙继民、魏琳：《南宋舒州公牍佚简整理与研究》，上海古籍出版社2011年版，第124—136页。

和 52.2%，本府分别得 45.9% 和 47.8%。庆元府商税坊场之坊场正名钱定额 13000 贯全部归入内藏库，完纳内藏正名钱之余的七分宽剩钱和坊场净利钱用以完纳左藏库钱定额，归属户部。① 商税分隶也是全国性的基本制度。舒州在城商税也设有"分隶则例"，在省司、经总制司、漕司和本州间分隶。②

庆元府牙契钱岁额为 77431.653 贯，"有正限纳者，有放限纳者，分隶不同"，其中正限 5426.796 贯（占总岁额的 7%），诸司所得占 86.7%，本府所得占 13.3%；放限 72004.857 贯（占总岁额的 93%），诸司所得占 52.2%，本府所得占 47.8%。市舶收入尽数起发上供，"抽解上供之外即行给还客旅"，本府不许另行和买。职田本是官员的补贴，靖康元年（1126）权借职田租一年"变易轻货，输内藏库"，开了先例，建炎元年（1127）"诏罢住职田，令提刑司收桩具数申省"，绍兴三年（1133）给官吏发放茶汤钱后职田更基本收归内藏财赋。庆元府湖田于政和年间（1111—1118）设立，作为接待高丽使节之费，高丽使节停罢后"岁起发上供"，后留作定海水军粮米，归属中央。

《宝庆四明志》列"杂赋"11 种，皆划分了窠名权属。免役钱由诸司和本府分隶，诸司所得占 44.9%，本府所得占 55.1%。截补身丁钱岁额诸司所得占 40%，本府所得占 60%。楼店务钱、河涂租堰钱贯、城基房廊钱贯，完全入公使库，归地方。僧道免丁钱全部为朝廷窠名。茶租钱是嘉祐年间（1056—1063）行通商茶法时将榷茶净利均赋于茶户，归属中央，崇宁年间（1102—1106）恢复榷茶而"茶租钱输如故"。③ 昌国县有砂岸钱"初以供郡庠养士，贴厨水军将佐供给"，以及"本府六局衙番盐菜钱之费"等，④ 基本上归地方使

---

① 《宝庆四明志》卷五《郡志五·叙赋上》，第 5052—5053、5065 页。
② 邱茜：《〈宋人佚简〉中一件商税文书的释读》，《中国经济史研究》2012 年第 3 期。
③ 林駉：《古今源流至论》续集卷四《榷茶》，文渊阁《四库全书》，第 942 册，台湾商务印书馆 1986 年版，第 399 页。
④ 《开庆四明续志》卷八《蠲放砂岸》，《宋元方志丛刊》第 6 册，中华书局 1990 年版，第 6008 页。

用。水脚钱是作为运输上供钱物运费的附加税，由中央督征，负责运输的机构使用。河渡钱和鄞县桃花渡钱则为常平窠名。

庆元府实行的窠名分隶是全国普遍性制度，如宋孝宗诏令所言"将州县应干仓库场务每处止置都历一道，应有收到钱物，并分隶上供、州用实合得之数，分立项目桩办支拨，不得改立名色，互换侵用"①。且大宗赋税二税、盐钞钱、经总制钱归属中央，商税、省酒务收入为中央高比例占有。庆元府财政支出责任则重于一般州郡。除了完成上供以外，要供养定海水军，应付本地军费和官俸，还需承担各类修造、兴学、水利、赈济等支出。一般而言，中央和地方有各自的支出划分，如军费支出"朝廷既自以（上供财赋）养大兵，而州郡以其自当用度者，又尽以养厢、禁、土兵"②。庆元府最主要的支出是军费。庆元府是海防重镇，驻扎有沿海制置司水军，属于中央军，隆兴二年（1164）定额3000人，乾道七年（1171）增加为4000人，吴潜任沿海制置使时已增至6000人。庆元府知府一般兼任沿海制置使，其支出也由庆元府应缴中央财政各种窠名支出，主要是两税苗米及"湖田米及经制钱给之"，另有中央拨款或地方筹款赈济军士的经费，"每岁枢密院又札下转运司支降官会二千贯，支散口累重大钱"，赈济家口多、负担重的士兵。③庆元府地方军多于一般内地州郡，有禁军定额2330人，厢军九指挥，两指挥无额外，七指挥额2277人，土军定额1700人，驿铺兵112人，奉化、慈溪、昌国、定海、象山五县共有弓手318人。④地方军人数变动不定，总额不少于6737人，由地方财政承担。

庆元府地方财政需承担州县官俸支出。府级官僚有佐官（通判

---

① 《宋会要辑稿·食货五六》，上海古籍出版社2014年版，第7315页。
② 叶适：《叶适集·水心别集》卷一二《厢禁军弓手土兵》、《外稿》卷一五《终论二》，第785、820页。
③ 《宝庆四明志》卷七《郡志七·叙兵·制置司水军》，第5069页。
④ 《宝庆四明志》卷三《郡志三·叙郡下》，第5031页；卷一五《奉化县志卷二》，第5191页；卷一七《慈溪县志第二》，第5216页；卷一九《定海县志第二》，第5238页；卷二〇《昌国县志全》，第5253页；卷二一《象山县志全》，第5272页。

2—3 员），各类职曹官（8 员）、务镇官（13 员）、仓库局院官（6员）、医官（1 员），盐官（20 员）、造船监官 1 员。军队官僚有制置司各类僚属（22 员）、各类禁军官（13 员）、土军官（9 员）。另有盐官虽隶属提盐司，但"廪给仰本府"，置场于台州的长亭、杜渎两盐场也由庆元府支官俸。① 辖下六县除昌国、象山不设丞外，其他四县皆设丞、主簿、尉各一员，由各县承担官俸。军需、官俸属于"经费"，"经费"之外，还有各类修造、兴学、水利、赈济等支出。南宋"上自宰相，下至县令，鳃鳃然日以军食不给为莫大之忧"，中央和地方应付"经费"已普遍困难。庆元府郡计也如此，而且朝廷还不断增加庆元府负担的添差官，"庆元一郡而添差四十员，尽本府七场务所入，不足以给四十员总管之俸"②，使庆元府"经常所入有限，而支用日增"，由地方承担月俸的寄居官、宗室官也不断增加，"源源而来未已，无策可以措置添收财用"③。

二　吴潜的制度调整和财力筹措

　　庆元府滨海，耕地缺乏，本非富庶之地，"鄞为郡瘠，赋之入者约，费之出者广"，"一岁之入不足赡一邦之民也"，甚至称"郡计莫难于鄞"④。庆元府的地方财政并不宽裕，而需要财力应付的事权责任还重于一般州郡。吴潜任庆元府知府同时还兼任沿海制置使，其财政支出责任也包括了两个方面，一是保障作为中央军的定海水军军需，二是保障州计和地方其他支出。作为中央军的定海水军军需，其经费由中央财政中两税、经总制钱、湖田米供给，相对优先保障。但按财政制度，这部分财政的征收主要由知府和通判负责，其中重要来

　　① 《宝庆四明志》卷三《郡志三·叙郡下》，第 5025—5031 页。
　　② 郑兴裔：《郑忠肃奏议遗集》卷上《请宽民力疏》，文渊阁《四库全书》，第 1140册，第 201 页。
　　③ 《宝庆四明志》卷六《郡志六·叙赋下》，第 5067 页。
　　④ 《宝庆四明志》卷四《郡志四·叙产》，第 5040 页；《开庆四明续志》卷四《兴复省并酒库》、卷三《水利》，第 5960、5952 页。

源之一的经总制钱是由通判管理，两税由知府负责征收。如上述财权分配制度规定，庆元府地方财政本不敷使用，想在地方治理中有所作为，必须在地方政府获得的财权以外开拓财力。吴潜筹措财力的主要办法，一是利用其一身两职的身份整顿和扩大供给定海水军的经总制钱，二是扩大地方可以分隶的赋税的征收，三是以筹措的财力兴修水利，从而扩大两税税基。

经总制钱归属户部，为中央财政窠名，如上所述，经总制钱由多种赋税分隶而来，归通判厅管理。庆元府经总制钱正额 215307 贯，其中 157802 贯供养定海水军，50000 贯解发户部，此前常不能足额。庆元府每年要从商税、生煮酒、诸仓头子钱中交给通判厅 65198 贯作为经总制钱。其余部分由通判厅"于六县及仓库场务自行拘催，然常催不及额"。庆元府更是年年借支其他钱，穷于应付，常是次年归还未足，而又借，向户部申请减免而不得，使庆元府"常挂欠五六万缗"①。吴潜大力整顿经总制钱，不仅解决了经总制钱不足额问题，而且能够补助庆元府地方财政，其第一个举措就是将经总制钱的管理权从通判厅转移到沿海制置司。通判厅掌管经总制钱，既不负责定海水军，又不承担地方岁计，因而有挪用经总制钱于其他方面的情况，即"起解农寺与夫诸府俸料，并主管官茶汤钱，及其它公费，皆仰于此"，甚至"虚支妄用"，另一方面"倅厅权轻，诸县多有拖欠"，催征困难。吴潜提出，"兵统于制阃，而财给于郡佐，事、权不一"，而将奏请"以经总制司归之制府，自催自给"。就是将通判的经总制钱管理权转移到沿海制置司，朝廷批准沿海制置司自行拘收经总制钱。②

获得经总制钱管理权后，吴潜全面清理经总制钱中各县赋税应该分隶的钱窠名，即"诸县窠名"。如鄞县窠名包括"户长役钱夏秋两料每料九千四百四十三贯六百八十二文钱会；小溪酒坊生煮酒钱年管

---

① 《宝庆四明志》卷六《郡志六·叙赋下》，第 5065 页。
② 《开庆四明续志》卷四《经总制司》，第 5963、5964 页。

一千五百一十二贯五百四文钱会（一半元系本坊解发宝祐六年正月鲒埼酒务申请作子店年解七千四十一贯六百文十七界；一半系建岙坊店户送纳）；林村酒务旧额月取六十贯钱会今月拨一百四十一贯四百八十文十七界；下庄酒务年管四百五十五贯七百文钱会（元系财赋司拘纳今拨归经总制司却于诸项酒息钱内年拨八千六百贯文十七界）；本县丰乐乡头子钱夏秋两料各一十四贯一百四十四文；丞厅武康乡头子钱夏秋两料各一十六贯九百一十三文钱会；簿厅武康乡头子钱夏秋两料各七贯五百六十文；尉司手界乡头子钱年管三百六十贯钱会"。奉化县窠名有丞厅户长免役钱、税场钱。慈溪县窠名有本县户长钱、税场钱。象山县窠名有簿厅户长免役钱、生酒钱、煮酒钱。昌国县窠名有省司钱、丞厅户长钱、免役钱。定海县窠名有房廊钱、林村六分钱、丞厅户长钱。上举鄞县经总制钱窠名已包括小溪酒坊生煮酒钱、林村酒务、下庄酒务，"外有五乡碶、奉化、慈溪、象山、江口、南渡、东溪、东吴、大小榭、郭宅、瀹浦、松林、翁山、大嵩等务场隶经总制司"。吴潜整顿经总制钱时也清理了这些场务的酒钱，列出"兴复经总制诸酒务坊场"，包括奉化酒务、慈溪酒务、象山酒务、翁山酒坊管下子坊 15 所、定海县瀹浦坊、五乡碶酒库、大嵩等 8 坊、象山县东溪坊、慈溪县郭宅坊、东渼坊共 31 个酒务坊。① 以上窠名皆有定额。

如此细致翔实地清理经总制钱窠名是十分罕见的，同时也收到了显著的增收效果，经总制钱"一岁增帮钱二十一万四千三百八十三贯四百文，增帮米六千一百三十九石七斗一升"，从而"军政修明，兵食充裕，成效昭然"。而且增收后的经总制钱已经超出了供给定海水军所需，"经总制司钱物尚有赢余，可以通融补助月粮衣赐之费"②，即用于补助庆元府应该承担的定海水军费用。定海水军用度结余用于补助庆元府支出，名义上只能称作补助庆元府所承担的定海水军衣

① 以上分见《开庆四明续志》卷四《经总制司》《兴复经总制司诸酒务坊场》《兴复省并酒库》，第 5965—5966、5960、5967—5970 页。
② 《开庆四明续志》卷四《经总制司》，第 5963、5965 页。

粮，实际上定海水军供给作为庆元府的头等大事，此前亦不能短缺，所以整顿经总制钱所得可以用于庆元府其他各项地方治理支出。

二是扩大地方可以分隶的赋税的征收。庆元府可以分隶商税，但该地"乃濒海之地，田业既少，往往以兴贩鲜鱼为生，城市小民以挑卖生果度日"，以细小日用品交易为主，收税对象只有"淹盐鱼虾等，及外处所贩柑橘、橄榄之属"，且商税收入"视海舶之至否，税额不可豫定"。宝庆年间（1225—1227）庆元府在城及鄞县、奉化、慈溪、定海四县岁额只有92700余贯，① 昌国县甚至无商税，元人称宋代昌国"商贾之所不至，故无征禁"②。商税收入与酒税不能比拟，甚至一府商税正额尚不及吴潜整理经总制钱所得增收钱。庆元府地方在商税上也并非完全没有发掘的余地，如象山县至庆元府依靠渡船，隆兴二年（1164）赵彦逾任主簿利用州委托县征收商税，以十之二给县为"导行费"的政策，令商人每得百钱纳一钱为造渡船之费，积之两年，不仅造了渡船，还用以修朝宗碶、敕书楼与县学。③ 但增收的空间并不大，能够与中央分享的重要赋税主要是酒税。

因而庆元府增加地方可分隶赋税的主要途径是扩大归属地方的酒税。所以宋人说庆元府解决郡计困窘的办法就是"操其赢以济其乏，酤之赖维多，甚非其得已也"④。吴潜知庆元府时新创了多个酒库，即"曰醖酒西库、曰江东赡军库、曰鲒崎库、曰东门库、曰宝溪子库，则大使丞相吴公新创者也；曰林村库、曰小溪子库，则昔败阙而今兴复者也"。按照制度，庆元府省酒务酒税分隶由中央高比例分享，地方所得十分有限，造酒本钱、监官俸给由地方负责，不管地方经营亏损，"惟分隶起发之额不可亏"。此外，每"岁于分隶诸司外"还有起发七分酒息钱15000余贯赴户部封桩库，因而庆元府"未有不亏

① 《宝庆四明志》卷五《郡志五·叙赋上》，第5053页。
② 冯福京等：《大德昌国州图志》卷三《税课》，《宋元方志丛刊》第6册，中华书局1990年版，第6082页。
③ 楼钥撰，顾大朋点校：《楼钥集》卷五六《象山县渡船记》，浙江古籍出版社2010年版，第1017页。
④ 《开庆四明续志》卷四《兴复省并酒库》，第5960页。

者也"。地方政府没有扩大省酒务的动力。如香泉酒库这样"无分隶诸司"的酒库就成为地方扩大酒税的主要领域。宝庆三年（1227），香泉库八库每年共收息钱69000贯，超过了都酒、比较、赡军三省务总收入。① 吴潜也特别进一步扩大了香泉酒库。宝祐四年（1256），香泉八库之一的江东库被改为户部赡军库，收去本钱1/5，但剩余七库年收息钱446665.8贯、会子10902.188贯，是宝庆三年的7倍余。因其一身两职，对各类酒库坊场都积极扩大，其中醅酒库收息"七分半留本库用备籴买，二分半入府库用助郡计"，除留作本钱外，皆归庆元府，该库也得扩大，原本只有一库，收息钱496177.56贯、会12872.856贯，宝祐四年增添西库，收入息钱949279.014贯、会12872.856贯，比旧额增收息钱453101.454贯。此外兴复了众多可分隶经总制司的乡村酒坊，如"五乡碶、奉化、慈溪、象山、江口、南渡、东溪、东吴、大小榭、郭宅、澥浦、松林、翁山、大嵩等务场"②。

酒税以外，庆元府可以分享的多项杂税也是地方政府获取财力的领域。最典型的就是扩大分属地方的契税即牙契的份额。牙契"有正限纳者，有放限纳者，分隶不同"。正限分隶地方较少，而放限分隶地方较多，以嘉定十七年（1224）定额言之，正限5426.796贯，其中分隶庆元府723.03贯，占13.3%；放限72004.857贯，分隶庆元府34383.24贯，占47.8%。放限即超过规定缴纳时限所纳契税，因地方分成比例显著高于正限，故契税总岁额的93%都按放限缴纳。③全国对契税正限、放限的分隶比例稍异，中央和地方分成轻重的不同则基本相同，一般"正限则以其七隶经总制，放限则以其七归州用"，这就造成"州郡利其所得，往往放限"，普遍出现"故正限少

---

① 《宝庆四明志》卷五《郡志五·叙赋上》，第5051页。
② 《宝庆四明志》卷五《郡志五·叙赋上》，第5051—5052页；《开庆四明续志》卷四《兴复省并酒库》，第5960—5961页。
③ 《宝庆四明志》卷六《郡志六·叙赋下》，第5059页。

而放限多"的情况。① 另有盐利中出剩廒底盐、砂岸钱等归属地方的杂税。出剩廒底盐是胡榘奏请所得，"历拘收出剩廒底，所卖盐货支官吏俸给"，"每月不下收二三百千"，作为地方财政，"庶可少宽本府郡计"②。庆元府官员把增加出剩作为地方增收的手段，以至于成为地方财政依赖的财源。征收和扩大出剩是两浙盐场普遍状况。黄震提出恤亭丁六策，其二曰"除出剩之弊以禁苛取"。地方官大幅增加出剩，以至"虚耗二斤方了一斤纳数，其弊皆始于利出剩"③。庆元府开征地方杂税的典型是向濒海百姓征收砂岸钱，成为害民的积弊，其原因是"州县利及岁入之额"，砂岸钱一年共收53182.6贯，皆可为庆元府支付，其中庆元府得20003.2贯，制置司得2400贯，府学得30779.4贯。④ 另如，楼店务钱隶公使库，完全归属地方，宝庆时定额约2000贯，⑤ 是收入不多的杂赋。吴潜知府时，逐厢清查楼店务地，"给由输租"，每年共得钱13738.911贯。吴潜大力宣传"既居王土，必输王赋，此法也，亦理也"，"今天下州郡王土有二，一曰税地……一曰楼店务地"，"欲使人知居王土则当输王赋，非藉是以图增衍也"，"民始信公非欲增课羡，直欲正纪纲耳"。实际效果则是楼店务钱增收5倍余。⑥

庆元府因承担定海水军支出，衣粮由庆元府从两税绢帛和苗米支持，"沿海新旧水军凡六千人，若衣若粮皆给于府"⑦。因而两税与庆元府的地方治理就有了不同于其他地区的关系。如时人所说："郡计莫难于鄞，水利尤莫急于鄞。盖他郡苗米多拨解总所，鄞独留以赡定海水军。总所者遇歉岁蠲减可毋解，惟本府自催自给，民

---

① 《宋会要辑稿》食货六四，第7793页。
② 《宝庆四明志》卷六《郡志六·叙赋下》，第5067页。
③ 黄震：《黄氏日抄》卷七一《赴两浙盐事司禀议状》，浙江大学出版社2013年版，第2109页。
④ 《宝庆四明志》卷二《郡志二·叙郡中·学校》，第5017—5019页。
⑤ 《宝庆四明志》卷六《郡志六·叙赋下》，第5060页。
⑥ 《开庆四明续志》卷七《楼店务地》，第6004页。
⑦ 《开庆四明续志》卷四《经总制司》，第5963页。

赋可蠲而军饷不可阙。岁侵则官病而民亦病，必常稔而后可。然郡阻山控海，山之淫潦，海之咸潮，时之旱干，皆能害稼，故资水以为利者于鄞尤急。"① 两税苗米是上供正赋，如杨宇勋所指出的"宋朝政府受到儒教影响，孟子主张什一之税，再加税就是暴政政府，所以二税的税率上有天花板"②。因而增收苗米的方式不能提高税率，而只能扩大税基，一个重要的途径就是兴修水利。增收两税、兴修水利，于庆元府知府，包括吴潜就成为保障上供、完成考课、治理地方的途径，多个目标实现了相互兼容。也就是说，大兴水利即可增收两税，增收两税既可完成考课，又可将供给定海水军以外的结余用于地方治理。

三　吴潜的治理政绩与财政运作

财政制度规定的地方"经费"只包括其最基本的支出责任，即官俸和军费，即"一邑之内，有县官、吏胥之请给，县兵、递铺之衣粮"③。其他杂项支付和公共建设支出并非制度规定的稳定支出，常因人因地而不同。南宋按照窠名分隶原则，中央和地方财权都以窠名定额方式固化，"凡郡邑皆以定额窠名予之，加赋增员悉所不问"④，常常是养兵已有不足，"州郡以其自当用度者，又尽以养厢、禁、土兵"⑤，一般无暇顾及"经费"之外的治理活动。我们考察吴潜任庆元府知府兼沿海制置使期间在水利、兴学、救济及其他公共工程等方面的显著治绩，可窥见其利用财政制度筹措财力保障"经费"之外，如何实现地方治理。

---

① 《开庆四明续志》卷三《水利》，第 5952 页。
② 杨宇勋：《宋代财政史研究的取径与方法》，林文勋、黄纯艳主编：《中国经济史研究的理论与方法》，中国社会科学出版社 2017 年版。
③ 《宋会要辑稿》职官四八，第 4321 页。
④ 郑兴裔：《郑忠肃奏议遗集》卷上《请宽民力疏》，第 201 页。
⑤ 叶适：《叶适集·水心别集》卷一二《厢禁军弓手土兵》、《外稿》卷一五《终论二》，第 785、820 页。

据陆敏珍统计，明州（庆元府）水利工程中南宋时期和主持人明确的 39 次工程可见民间主持的仅 3 次（其中个人 2 次、寺院 1 次），其中吴潜主持的有 19 次。① 庆元府"田亩全藉水利"②，碶闸是庆元府水利的关键，所谓"碶闸者，四明水利之命脉，而时其启闭者，四明碶闸之精神"，吴潜在庆元府任上十分重视兴修水利，广泛调研，"治鄞三年，瘝寐民事，凡碶闸堰埭某所当创，某所当修，某所当移，见于钧笔批判者，皆若身履目击。每一令下，民未尝不感公博济之仁，周知之智也"，共兴修了它山堰、茅针碶、练木碶、黄泥埭、新堰、西渡堰、北津堰、林家堰、黄家堰、支浦闸、江东道头、永丰碶、开庆碶、郑家堰、管山河、双河堰等十余个堰、闸、碶，并疏浚诸县数十条河港。

这些工程吴潜都基本以官费兴办。茅针碶，乾道年间（1165—1173）官员曾兴修，办法是"以每亩均钱六十文足，委慈溪乡官率亩头钱买办物料"，令受益者按受益田地数量均担。吴潜却说"既为民间办此一事，钱不须科之都保，本府一切自办"，结果茅针碶"役成而民不知"。开庆碶"委官创为之"，西渡堰也是"伐石辇材，费一出于公"。只有支浦闸有"里人沈国谕乐助米三十石，陆日宣乐助五千贯。公虽不之拒，然谓当使抵郡以来，凡为民间兴利之事皆系本府自办钱米。今除此二项外不可更类科配，以失自来美意。若尚阙用，更当添拨"。其中有的此前正因为经费无着而不能动工。练木碶凡费钱 44628 贯余、米 168 石余，之前"乡民尝亩率斗谷"，未能修成，吴潜最终以官费"一力捐金谷为之"，"力役于伍籍，费取于公帑，民无毫发扰"。黄泥埭"乡人欲立石闸以便启闭，率以费巨辍"，后"浙东提举季镛捐二千缗助乡民为之，涉岁弗绩"，仍未成功。吴潜上任后有人建议"欲援例计亩敷于民"，即科亩头钱，吴潜"特拨助五千贯"，使"兹闸迁延数年，一旦办集成"。林家堰也因"官若

① 陆敏珍：《唐宋时期明州区域社会经济研究》，上海古籍出版社 2007 年版，第123—130 页。

② 《宝庆四明志》卷四《郡志四·叙山·水》，第 5034 页。

吏惮费伙，弗只服厥事"，吴潜拨款修筑。除诸县浚河费用缺载外，吴潜使用官费修造的堰、闸、碶共支出钱283071贯、米610石。这些工程解决了"为民田害，抑亦不利于舟楫""旱岁无沾溉利，潦则泛滥"的水害问题，使"民田有灌溉之益，舟楫无险阻之虞"①。既有利于当地社会经济发展和民众生活，也可保障官府的赋税来源，形成了官民两利和良性循环。

吴潜还大力修造桥梁、驿道等公共设施。修筑府城，共费钱69620贯、米170石余；新修望京、郑堰、下卸三门城楼，共费钱99800贯、米367石；修建府城坊圉45所，共费10572贯；修灵应庙费钱16000贯，（都税务）环富亭费钱10000贯余，逸老堂支钱18819贯余、米97石余，合时亭支钱12895贯余、米20石、绢1匹、酒10瓶，知津驿支钱8694贯余、米9石余，庆丰驿支钱2000贯，广利桥、王家桥共支钱8400贯、米40石，循王庙支钱15878贯，天童寺、灵应庙支钱16000贯，大人堂支钱5979贯余、米19石余，合计达10余万贯，修缮两狱总费钱18489贯余、米44石余。单项超过10万贯的工程也不少，如修高桥寺共费钱108862贯、米297石余，修高桥支钱158000贯、米200石，青莲阁支钱270000贯，慈溪新路支钱277920贯，西塘路支钱448630贯。还有西子城门、庆丰驿等修造未载明费用。②

庆元府官学本有学田，经历代知府经营，在鄞县、奉化、慈溪、定海四县共有学田4000余亩、湖田7000余亩、山10000余亩，此外还有河涂、砂岸，岁收米谷4600余石、钱会5800余贯。③但日久弊生，地方筹资拨款难以稳定，出现"学供月繁，庖膳不足"的情况，吴潜知府时奏请将砂岸钱"复归于学"，后砂岸钱再免，乃用"翁山十五酒坊岁趁到酒息钱内拨还府学"，又"拨没官田产归之学"，还利用其一身两职之便，动用沿海制置司经费支持地方官学，"除本府

① 《开庆四明续志》卷三《水利》，第5952—5959页。
② 《开庆四明续志》卷二《驿亭桥路》，第5939—5950页。
③ 《宝庆四明志》卷二《学校》，第5016—5018页。

元日拨一百贯外，更于大府每日增给钱一百二十贯以助公厨之费"，多途径解决学校经费，"岁增助膳缗四万三千有奇"，使"游于校者不特饱仁义，且饱膏粱矣"①。

吴潜在任时庆元府的慈善救济也大为发展。吴潜在庆元府任上十分重视赈济。到任次月［宝祐四年（1256）十月］即赈济17609人，支钱47545贯、米1496硕余。在任每年都发放赈济钱米，共赈济75732人，支钱154365贯、米7083硕。②其赈济方面的一大举措是兴办广惠院。他深感原养济院不过矮屋三数间，加之常平义仓制度所限，不能周济鳏寡孤独，于是用省酒务修葺闲置之屋加之新建，共105间，"聚城内外鳏寡孤独喑聋跛躄之将沟壑者使居焉"，而且制定了周密的制度，"以三百人为额，大口月给米六斗、钱十千，中口四斗、七千，小口三斗、五千"，被救济者"每五十人置一甲头，且以三百人为率，总为六甲，专募一行者以供洒扫之职"。广惠院"所费皆不取于郡之经常"，而是设田屋作本，"拨田亩以充养赡"，以租钱维持运行，府置广惠院及各县广惠院所拨作本的水田、山地、屋宇、麻地、麦地，以及所收租米钱会皆有明载，每年收田租米2336石余、会子76405贯余。③吴潜在此前设置的惠民药局安排本钱（开庆时本钱已达44万余贯）经营取息维持运行的基础上，发卖时"加一五分饶润"，以息钱维持药局运行。④

吴潜还大规模蠲免和代输赋税。庆元府正常情况下都是财政入不敷出，因而吴潜主持庆元府以前的知府"郡计不赡，（正税）莫有宽之一分者"。吴潜通过整顿地方税源，使庆元府地方财力有极大提高，"既屡蠲往岁之逋租，复代纳来年之常赋"，"将宝祐元年、二年、四年四料苗税，及三年折帛钱，并与倚阁"，"将三年苗税悉行蠲放"，蠲免依阁"无虚岁"，"前后所弛征赋虽几六百万"，还"代为六县百

① 《开庆四明续志》卷一《学校》《赡学砂岸》《增拨养士田产》，第5933、5937页。
② 《开庆四明续志》卷八《赈济》，第6013—6014页。
③ 《开庆四明续志》卷四《广惠院》，第5970—5973页。
④ 《开庆四明续志》卷一《惠民药局》，第5950页。

姓代输纳宝祐六年折帛"，单代输宝祐六年（1258）折帛钱一项就达1473855 贯。①

吴潜在社会治理方面的两个重要举措是整顿义役和设立义船。"义役必有役首，非各甲上户不能主役，奈何只知利己更不恤人"，甚至上户"结为一党派"，贿赂胥吏，使"胥吏惟上户之听"，派及下户，"小民只得俯首听命"。这违背了按资产多少定职役重轻的原则。吴潜整顿义役，"从公开具各都各甲的实当充上户。凡民役、义役各与排定七年，自新年为始，上户照条充应一年，其以次人户许两户或三户共充一年，庶使七年之间细民得以安居田里，安养生息。其于国家根本关系不小"。庆元府（明州）与温州、台州滨海民众海船有籍，但从嘉熙（1237—1240）后二十年未清理，船籍名存实亡，按籍科调民船，"不恤有无，民苦之"。吴潜"乃立为义船法"，"令所部县邑各选乡之有材力者以主团结，如一都岁调三舟，而有舟者五六十家，则众办六舟，半以应命，半以自食其利，有余赀，俾蓄以备来岁用。凡丈尺有则，印烙有文，调用有时，井然著为成式"，使百姓"无科抑不均之害"。义役法和义船法都是有利于基层社会稳定的举措。用吴潜的话说就是"先事而虑，销患未形"，建经久"无穷之利"②。

四　结语

南宋实行窠名分隶的财权分配制度，地方获得财权不足以履行其事权责任，地方财政日益困窘。地方官员欲在地方治理上有所作为，依靠制度正常给予的财权难以实现，必须对制度进行变通，或在制度外筹措地方财力。吴潜充分利用了制度赋予的一身两职的特殊身份，大力整顿财政制度，将其掌握的中央财政和地方财政通融调剂，在地

---

① 《开庆四明续志》卷七《蠲放官赋》，第 6005、6007 页。
② 《开庆四明续志》卷七《排役》、卷六《三郡隘船》，第 5999—6000、5991 页。

方治理上做出了突出成绩。其解决地方治理所需财力的主要办法既有自身特点，也与其他官员有共同之处。

一是利用一身两职的便利，将沿海制置司经费和庆元府经费通融调剂，把属于中央财政的沿海制置司经费盈余用于地方建设，或利用沿海制置司机构经营取息，补充地方。吴潜将沿海制置司钱补助府学公厨之费；此前程覃任知府时曾将会子 2000 缗由定海水军库收息补助府学；胡榘任知府时以水军库官会 2000 贯收息，作为乡饮酒礼费用。①

二是兴修水利、城墙、桥道，筹集办学、救济等经费时既做到"工、费不及民"②，不向民间募集和摊派，也使"所费皆不取于郡之经常"，不影响庆元府正常的"经费"支出。而这是吴潜与其他官员不同之处。筹集民间资金进行地方治理是南宋普遍采用的方式，既有官府动员民间捐资，也有民间主动出资，甚至有官府向民间摊派。庆元府官员也屡屡如此。

三是通过置田取租或本钱取息的方式，建立自运行机制，不必持续投入财政经费，也使已兴建的工程和设置更有保障，不受财政盈亏和地方官员勤惰等因素的影响。前述吴潜兴办水利工程以田租维护，设置学田、广惠院等亦如此。设置学田维持官学运行是南宋的基本制度，而且在渡船、桥梁、救济、水利等多个领域建立自我运行的长久机制是地方官员实行地方治理的基本做法和重要趋势。③

王朝时期财政体制的基本原则是上供优先，在中央财政紧张的情况下，常常是舍车（地方）保帅（中央）。南宋尤其如此，地方困窘无以复加。但制度的运用因人而异，总能寻到空间。吴潜对财政制度的运用说明，在南宋"一窠名必有一支用，孔孔著实，必无空闲"制度下，仍能化制度为手段，筹措远超"经费"的财力，既保障上供，又大有为于地方，获得政绩和声名。尽管这些财力最终榨取于社会。

---

① 《宝庆四明志》卷二《乡饮酒礼》，第 5018 页。
② 《开庆四明续志》卷二《驿亭桥路》，第 5948 页。
③ 黄纯艳、陈菡箑：《南宋财权分配与地方治理》，《江海学刊》2021 年第 1 期。

元代国家资产管理与王朝兴衰

张国旺

（中国社会科学院 古代史研究所）

元代国家资产有着蒙汉二元的特性。根据蒙古的习惯，所有的钱帛、马匹车辆等都由整个蒙古贵族所有。但无论如何，大部分国家资产都带有非生产性和资产处置的消费性的特点，其目的是保障黄金家族和官僚机构的顺利运行，且都是由生产部门创造，政府机构直接分配的资产。

一 元代的国家资产

大体说来，元代国家资产主要由五部分组成：一是具有国家所有性质的土地、河流、湖泊及矿产资源等；二来源于财政收入的官方粮仓的仓米、布帛、钱钞等物；三是属于国家所有的都城、衙署、宅舍等；四是邮驿、车、马、船等交通设施；五是官营的手工业、畜牧业等；

（一）国家所有土地及矿产资源

土地是元代国家资产的大宗。元代国有田产包括官田、屯田、职田、学田等。官田，又称作"系官田土"①。其主要来源于金和南宋的官田。此外，元政府还通过获取因战争所导致的无主荒田，没收前

---

① 陈高华、张帆、刘晓、党宝海点校：《元典章》卷一九《户部五·田宅·影占系官田土》，天津古籍出版社 2011 年版，第 671—672 页。

代官僚田产，甚至通过购买等方式将民田转化为官田。元代荒闲田较多，数量应该不少，但文献缺少相关统计数目。元代江南官田主要集中在江浙行省，而"浙西为甚"①。据陈高华先生估计，包括平江、杭州、湖州、嘉兴、常州、镇江、建德等路，松江府在内的太湖流域的七路一府等处的官田当在八万顷以上，而江浙行省的官田应不少于十二万顷②。

元代官田大多采用租佃的形式经营。所谓"其在官之田，许民佃种输租"③。也就是将官田出租给农民，然后收取地租。至元二十八年（1291）的《至元新格》明确规定："诸应系官荒地，贫民欲愿开种者，许赴官司入状请射，每丁给四百亩。"④大德四年（1138）的圣旨更是规定"江北系官荒田，许给人耕种者，原拟第三年收税，或恐贫民力有不及，并展限一年，永为定例"⑤。官田的地租多是以实物地租的形式收取。

元代的官田中，有一部分作为分地赐予蒙古诸王、后妃和功臣。忽必烈时期赐田的行为逐渐多起来。最早的赐田行为是中统二年（1261）赐给刘秉忠怀孟、邢州田共百顷⑥。但这一时期，赐田的对象以汉人功臣为主。自成宗始赐田的对象以蒙古贵族、权臣和色目官僚为主，而且赐田的数量也较此前增多。如至大二年（1309），武宗赐予鲁国大长公主祥哥剌吉平江稻田一千五百顷，文宗时又赐予她平江等处官田五百顷⑦。元顺帝赐予权臣伯颜河南官田五千顷⑧。

元代的屯田为数不少，其范围较之前代有所扩大。"大抵芍陂、洪泽、甘、肃、瓜、沙，因昔人之制，其地利盖不渐于旧；和林、陕

---

① 吴师道：《吴礼部集》卷一九《国学策问四十通》。

② 陈高华、史卫民：《中国经济通史·元代经济卷》，中国社会科学出版社 2007 年版，第 166 页。

③ 《元史》卷九三《食货志一》，第 2359 页。

④ 《元典章》卷一九《户部五·荒田·荒地许赴官请射》，第 679 页。

⑤ 《元典章》卷一九《户部五·荒田·荒闲展限收税》，第 679 页。

⑥ 《元史》卷四《世祖纪一》，第 71 页。

⑦ 《元史》卷一一八《特薛禅传》，第 2917 页；卷三四《文宗纪三》，第 767 页。

⑧ 《元史》卷三八《顺帝纪二》，第 835 页。

西、四川等地，则因地之宜而肇为之，亦未尝遗其利焉。……由是而天下无不可屯之兵，无不可耕之地矣。"① 但是元代屯田主要分布在腹里地区以及岭北行省、辽阳等处行省、河南行省、陕西行省、甘肃行省、江浙行省、四川行省、云南行省、湖广行省。以腹里地区屯田为例，即有左卫、右卫屯田各一千三百一十顷六十五亩，中卫屯田一千三十七顷八十二亩，前卫屯田一千顷，后卫屯田一千四百二十八顷一十四顷，左翼屯田万户府屯田一千三百九十九顷五十二亩，右翼屯田万户府屯田六百九十九顷五十亩，左右卫钦察屯田总计六百五十六顷，左卫率府屯田一千五百顷，宗仁卫屯田二千顷，宣忠扈卫屯田一百顷。

职田，又称"公田"，是元代外任官员俸禄的一部分。路、府、州、县和录事司、地方监察机构、运司、盐司等官员都给予职田。至元三年（1337）拟定腹里地区官员职田。至元二十一年（1284）规定，江南地区官员职田比腹里地区减半授予。职田一般由地方政府"先尽系官荒闲无违碍地内"拨付，如果不够，则"于邻近州郡积荒地内"给予，如果没有荒地，则要于"照勘过经廉访司体覆过无违碍户绝地内拨付"②。虽然拨付给官员使用，但其官田性质并没有发生变化。获得职田的官员只能收获职田的租米，而不得随意买卖。其离任时要归还相关部门。虽然元代的职田有具体的法律规定，但由于地域的不同，相同职级的官员所获得的职田也不完全一样。如《至顺镇江志》载镇江路所辖丹阳县和金坛县都是中县，丹阳县达鲁花赤的职田为二顷，金坛县达鲁花赤的职田却为一顷五十亩③。更有甚者，江浙行省汀州路所辖长汀、连城二县官员有职田，宁化县、清流县、上杭县、武平县官员则没有职田④。

---

① 《元史》卷一〇〇《兵志三·屯田》，第2558页。
② 方龄贵校注：《通制条格校注》卷一三《禄令·俸禄职田》，中华书局2001年版，第380页。
③ 俞希鲁：《至顺镇江志》卷一三《廪禄》，江苏古籍出版社1999年版，第567页。
④ 杨印民辑校：《江浙须知》，《大德毗陵志（外四种）》，凤凰出版社2013年版，第137页。

　　学田，即各级官学和书院所有的用来孔庙祭祀和师生廪膳的土地。学田中既有民田，也有官田。江浙行省平阳州曾"拨在官之田若干亩归诸学"①。只是学田中的官田数量有限。官拨学田的使用当和赐田一样，学校只有使用权，而其所有权则归官府。

　　除官田外，其他山川、河流、湖泊也都归国家所有。《至顺镇江志》所载镇江路有"田、地、荡、池塘、杂产，实计三万六千六百一十一顷二十七亩九分九厘一毫"。其中地方有司所有田土数额为三万两千三百九十四顷九十七亩五分一厘二毫，山八百八十六顷二十二亩一分一厘六毫，荡一百六十八顷一十九亩八分六厘一毫，池塘六十四顷四十七亩五分八厘九毫，包括山岗、圆滩、白地、荒荡在内的杂产二百七十六顷八十六亩八分九厘九毫②。《元史》载元政府还要收取河泊课、山荡课、池塘课、山泽课、荡课等额外课③。

　　元代矿产资源也归国家所有。"山林川泽之产，若金、银、珠、玉、铜、铁、水银、朱砂、碧甸子、铅、锡、矾、硝、咸、竹、木之类，皆天地自然之利，有国者之所必资也。"④

　　产金之地分布在腹里地区的益都路、檀州、景州，辽宁行省的大宁路、开元路，江浙行省的饶州路、徽州路、池州路、信州路，江西行省的龙兴路和抚州路，湖广行省的岳州路、沣州路、沅州路、靖江路、辰州路、潭州路、武冈路、宝庆路，河南行省的江陵路、襄阳路，四川行省的成都路、嘉定路，云南行省的威楚、丽江、大理、金齿、临安、曲靖、元江、罗罗、会川、建昌、德昌、柏兴、乌撒、乌蒙、东川等地。银则产于腹里的大都、真定、保定、云州、般阳、晋宁、怀孟、济南、宁海，辽阳行省的大宁，江浙行省的处州、建宁、延平，江西省的抚州、瑞州、韶州，湖广行省的兴国、郴州，河南行省的汴梁、安丰、汝宁，陕西行省的商州，云南行省的威楚、大理、

---

① 陈高：《平阳州儒学增田记》，《不系舟渔集》卷一二。
② 俞希鲁：《至顺镇江志》卷五《田土》，第188—191页。
③ 《元史》卷九四《食货志二》，第2405—2407页。
④ 《元史》卷九四《食货志二》，第2377—2379页。

金齿、临安、元江等地。产珠之所包括大都、南京、罗罗、水达达和广州等地。产玉之所包括于阗和匪力沙。产铜之所包括腹里地区的益都路，辽阳行省的大宁路和云南行省的大理、澄江等地。铁主要产于河东、顺德、檀州、景州、济南、饶州、徽州、宁国、信州、庆元、台州、衢州、处州、建宁、兴化、邵武、漳州、福州、泉州、龙兴、吉安、抚州、袁州、瑞州、赣州、临江、桂阳、沅江、潭州、衡州、武冈、宝庆、永州、全州、常宁、道州、兴元、中庆、大理、金齿、临安、曲靖、澄江、罗罗、建昌等地。朱砂、水银主要产于辽阳行省的北京路、湖广行省的沅江、潭州路以及四川行省的思州等地。和林和会川因产碧甸子而著名。江浙行省的铅山州、台州、处州、建宁、延平、邵武，江西行省的韶州、桂阳，湖广行省的潭州是铅、锡的主要产地。腹里地区的广平、冀宁，江浙行省的铅山州、邵武路，湖广行省的潭州路，河南行省的庐州、河南府都生产矾。而硝、碱主要产于腹里地区的晋宁路。

（二）财政收入：粮食和钱帛

元代可以直接使用的国家资产则是财政收入中的粮食和钱帛。元代的财政收入主要分为以税粮、地租为内容的粮食和以科差、手工业、商业税费为主的钱钞两部分组成，也有丝料、布匹、绢帛等。

元代税粮是以征收农民粮食为主的赋税。民田所收获的粮食是其主要来源之一。北方税粮的征收应始于太宗窝阔台时期。太宗时，规定每户科粟二石，后增为四石。丙申年间，税粮制度得以定型，规定民户成丁每年缴纳粟一石，驱丁五升，征收丁税，不过有些地区则征收地税，所谓"丁税少而地税多者纳地税，地税少而丁税多者纳丁税"①。至元元年（1264）规定僧、道、也里可温、答失蛮、儒户等种田者白地每亩缴纳税粮三升，水地每亩缴纳五升，军户、站户除四顷免役田外，余下的都要征收税粮。至元八年（1271），又拟定了西

---

① 《元史》卷九三《食货志一》，第2357页。

夏中兴路、西宁州、兀剌海等三处的税粮和僧道户相同。江南的税粮则施行秋税、夏税二税法。成宗二年（1296）始定江南夏税之制，规定秋税只收税粮，而夏税收取木绵布绢丝绵等物。《元史》记载天下岁入粮数，总计一千二百一十一万四千七百八石，其中腹里地区税粮二百二十七万一千四百四十九石，各行省所收税粮九百八十四万三千二百五十八石，而以江浙行省税粮最多，达到四百四十九万四千七百八十三石①，占到各行省所收税粮的近一半。

普通官田的地租也是税粮的主要来源。如前所述，普通官田的经营往往采取租佃的形式，由百姓佃种，收取地租。所收地租即为税粮。官田税粮以两浙为多，而两浙又以浙西为最。这是因为该地官田数量较多，抑或该地土地肥沃，亩产量较高之故。至于普通官田所征收税粮的具体数目，没有详细的记载。但是可以肯定的是，各地官田税粮在全部税粮中的比重不同。嘉兴路所辖一府三县全部税粮为681552石，其中官田税粮为396330石，占到全部税粮的58%强；然而庆元路全部税粮为130552石，其中官田税粮为48075石，约占全部税粮的37%弱②。

税粮的征收一般是以地方行政单位征收，并由征收对象直接送到官府指定的仓库缴纳。每石粮食中还要增加一部分鼠耗。这些粮食其中有相当一部分要经过海陆运输运到御河沿岸的仓储收纳。

元代的科差是元代财政中钱钞部分的重要来源。科差因"验其户之上下而科"而得名，即科差按户等征收。其包括丝料、包银和俸钞三项。丝料的征收始于太宗丙申年（1236）。其规定每二户出丝一斤，和各路丝线、颜色等一同输送官府，同时每五户出丝一斤，给予所赐者。这就是二五户丝。包银，又称"包垛银"。其征收始于宪宗蒙哥元年（1251），当时规定汉人民户缴纳包银六两。宪宗五年（1255）减少到四两，其中二两征收银，二两折物。至元四年

---

① 《元史》卷九三《食货志一》，第2360页。
② 陈高华、史卫民：《中国经济通史·元代经济卷》，第568页。

（1338），敕命包银民户增一两以给诸路官吏俸，所增加者即为俸钞。由《元史》记载看，元代的包银由中统四年（1263）的五万六千一百五十八锭，增加为至元四年（1338）的七万八千一百二十六锭。

  手工业收入也是元代财政收入钱钞部分的重要来源之一，其中盐业收入在国家钱钞收入中占第一位。"国之所资，其利最广者莫如盐。"① 元代盐业分为大都河间、两淮、两浙、福建、广东、广海等海盐区，河东解盐区以及四川云南井盐区。其中两淮盐产数量最多。《元史·食货志》载天历年间，全国产盐总计二百五十六万四千引，所获得的盐课钞总计七百六十六万一千余锭。茶课也是国家钱钞收入的重要来源之一。茶课大多来自江南地区。大德七年（1303），茶课增至二十八万九千二百一十一锭。元代酒醋课的征收始于太宗时期，"其后皆着定额，为国赋之一焉"②。酒课的征收遍布除岭北行省之外的所有行省。其中江浙行省酒课最多，达一十九万六千六百五十四锭二十一两三钱，其次是河南行省，所入为七万五千七十七锭一十一两五钱。醋课也以江浙行省所入为第一位，达一万一千八百七十锭一十九两六钱，而处于第二位的腹里地区醋课仅为三千五百七十六锭四十八两九钱。此外，利用开采矿产所得的金、银、铜、铁、铅锡、矾、硝碱等课程也是国家钱钞收入的重要来源。

  "商贾之有税，本以抑末，而国用亦资焉。"③ 至元七年（1270）拟定商税三十取一。天历年间商税所入者仍以江浙行省为多，为二十六万九千二十七锭三十两三钱，腹里地区则以大都的商税为多，为一十万三千六锭一十一两四钱。此外，历日、契本、窑冶、门摊、漆课、曲课、姜课等额外课程"岁课皆有额，而此课不在其额中也。然国之经用，亦有赖焉"④。

---

① 《元史》卷九四《食货志二》，第 2386 页。
② 《元史》卷九四《食货志二》，第 2394 页。
③ 《元史》卷九四《食货志二》，第 2397 页。
④ 《元史》卷九四《食货志二》，第 2403 页。

(三) 都城、衙署与官员住房

蒙古民族如同契丹、女真族一样，都是游牧民族，最初其住所在行走的营帐中。元代建立后实行两都巡幸制，皇帝每年往来于大都和上都之间。两都的皇城、宫城以及官府衙署都是国家资产。

大蒙古国宪宗六年（1256）三月，刘秉忠接受忽必烈的命令，选择桓州之东、滦水北岸的龙冈兴建新城，用了三年的时间，建成了开平城。中统四年（1263）改名为上都。上都城由宫城、皇城和外城组成。皇城在全城的东南角，宫城在皇城的中部偏北。宫城中最主要的建筑是大安阁，此外，还有洪禧殿、水晶殿、香殿、宣文阁、睿思阁和仁春阁等宫殿和宫学、官署等。皇城四角有高大的角楼台基。皇城内街道主次分明，相互对称，其中还有很多官署[①]。

至元三年（1337），元朝统治者以修葺后的琼花岛为基础，由刘秉忠设计了新城。至元四年（1338）破土动工，十三年（1276）大都城建成。大都皇城、宫城的修造早于大都城。大都的皇城在全城的南部中央偏西。其东墙在今南、北河沿的西侧，西墙在今西皇城根，北墙在今地安门南，南墙在今东、西华门大街以南[②]。"周回可二十里。"[③] 皇城以太液池为中心，东部是宫城和御苑，西边是隆福宫、兴圣宫和西御苑。宫城内以大明殿和延春阁为主体形成了两大建筑群。隆福宫，又称东宫，原为皇太子真金的居所，后为其妻所居。成宗时改为隆福宫。后为皇太子爱育黎拔力八达的住所。兴圣宫是元武宗海山为太后答己建造的住所。[④] 皇城之外，大都还设有众多的中央衙署。中书省，"在大内前东五云坊内"，省堂大正厅，五间，"东西耳房、宽广高明，锦梁画栋，若屏障墙"[⑤]。还有断事官厅三间、参

---

① 关于元上都的研究，请参见陈高华、史卫民《元上都》，吉林教育出版社 1988 年版。
② 张宁：《元大都的勘查与发掘》，《考古》1972 年第 1 期。
③ 萧洵：《故宫遗录》，北京古籍出版社 1980 年版。
④ 参见陈高华《元大都的皇城和宫城》，《元史论丛》第十三辑。
⑤ 熊梦祥：《析津志辑佚》，北京古籍出版社 1983 年版，第 9—10 页。

议府厅三间、西右司厅三间、东左司厅三间、左右提控掾吏幕司三间、左右属司幕三间、东检校厅三间、西架阁库正厅三间、东西司房六间等等。枢密院衙署在"武曲星之次",而御史台衙署在"左右执法天门上"[1]。

各地路府州县都有相关办公用房。以镇江路为例,镇江路总管府治所有屋一百二十间,江南浙西道肃政廉访司分司有屋八十一间,行大司农司、通政院、打捕鹰坊总管府都有衙署,镇守镇江上万户府衙署在总管府治西南月观下,至元十二年(1275)改创,有屋七十七间。镇江路辖录事司一、县三。录事司拥有房屋四十三间。丹徒县县治在府治西南谯门外,有屋三十五间,并设有县丞厅、主簿厅、尉司以及高资、开沙、圌山等三处巡检司衙署。值得注意的是,县治和县丞厅、主簿厅、尉厅不在一处。如金坛县县治在县城西北隅,县丞厅则在县治东,主簿厅在县治东南,尉司厅在县治西南。仓场库务用房也为数不少。其中行用交钞库有房屋九间,丹徒县养济院有房屋八十五间。镇江路织染局有房屋一百一十五间,织染局以东的杂造局有房屋七十七间。而位于镇江路治南谯门之西的司狱司尚有房屋三十三间[2]。

官用房舍以仓库为最多。"我朝仓库之制,北部有上都、宣德诸处,自都而南,则通州、河西务、御河及外郡常平诸仓,以至甘州有仓。"[3] 以集庆路(治今南京)为例,至治元年(1321)设于龙湾的仓廒四十座,"以漕计至重,邦储所资,爰作新仓","计屋二百间,收受江西、湖广行省"。

(四)邮驿、车、马、船等交通设施

大蒙古国时期,建立了贯通整个大蒙古国疆域的驿站系统。忽必烈灭掉南宋统一全国以后,围绕元大都建立了四通八达的驿站。驿站

---

① 熊梦祥:《析津志辑佚》,第32—33页。
② 俞希鲁:《至顺镇江志》卷一三《公廨》,第516—561页。
③ 《大元仓库记》。

是官办的交通设施。根据官方统计，岭北行省设置驿站一百一十九处，吐蕃地区设置驿站二十七处①，除此之外的中书省以及九个行省共设立驿站一千四百处②。其中中书省所辖腹里各路站赤总计一百九十八处，江浙行省所辖驿站为二百六十二处，河南江北行省所辖驿站一百九十六处，云南行省则只有七十八处③。

驿站设有专门的馆舍、厩舍等。腹里济南路驿站"分为五区，为堂、为庑、为庖厨、为厩库"④。馆舍和厩舍往往建在一起⑤。以镇江路为例，丹阳驿宋代为丹阳馆。"混一后，屡加缮茸，馆舍共一百九楹。使客之驰驿而至者，则西馆处焉；其乘舟而至者，则东馆处焉。马厩在西馆之西，凡四十五楹。"丹徒县的西津短站在西津渡口，"以伺北来使客，屋凡八楹"。丹阳县云阳驿至元十八年创置，"在丹阳县云阳桥之南，东临漕渠，南面市河。水马使客咸莅焉，屋凡二十七楹。厩舍在云阳桥漕渠之西，屋凡四十一楹"。吕城驿至元十八年创建，"为屋大小二十九楹，水马馆亦并置"⑥。根据地理位置的不同，各地驿站大小也有所不同。小者只有馆舍十余间，多者达一百余间。如浙东奉化奉川驿"计屋之楹至于百有五十"⑦。

"凡站，陆则以马以牛，或以驴，或以车，而水则以舟。"驿站分为陆站（又称旱站）和水站。陆站根据所使用交通工具的不同分为马站、牛站、驴站、车站、轿站等。⑧ 其中马匹又分正马和从马（或称备马）。使臣和官员根据铺马札子支用马匹，所用马匹的多少根据品级的不同有着严格的规定。驿站所用的轿子又分坐轿和卧轿，主要见于江浙行省、江西行省以及湖广行省诸站，湖广行省驿站也有车七

---

① 《经世大典·站赤》，《永乐大典》卷一九四二三、卷一九四二一。
② 《经世大典·站赤》，《永乐大典》卷一九四二二。
③ 《元史》卷一〇一《兵志四·站赤》，第2591—2593页。
④ 胡祇遹：《紫山大全集》卷九《济南新驿记》。
⑤ 陈高华、史卫民：《中国经济史·元代经济卷》，第253页。
⑥ 俞希鲁：《至顺镇江志》卷一三《公廨·驿传》，第550—553页。
⑦ 戴表元：《剡源集》卷一《奉川驿记》。
⑧ 《元史》卷一〇一《兵志四·站赤》，第2583页。

十辆。据《元史》载车主要用于腹里、河南行省、辽阳行省等地，用于装载行李老小。皇庆二年（1313）兵部拟定行省平章给站车二辆、左右丞、参政一辆，其余前往宣慰司都元帅府、廉访司、宣抚司、总管府赴任官员不得支付①。辽阳行省有狗站一十五处，"原设站户三百，狗三千只，后除绝亡倒死外，实在站户二百八十九，狗二百一十八只"②。

水站的交通工具主要用船。各地船只的管理方式不同。有用千字文编排管理者。如丹阳驿有船三十只，以"天、地、元、黄、宇、宙、洪、荒、日、月、盈、昃、辰、宿、列、张、寒、来、暑、往、秋、收、冬、藏、闰、余、成、岁、律、吕"为号。递运站有船二十只，以"地、黄、荒、辰、张、冬、致、巨、阙、珠、夜、光、鳞、推、位、咸、通、戎、大官、小官"为号。有用星宿、天干、地支及八卦卦名编排管理者。云阳驿有船三十只，以"天、地、角、亢、氐、房、心、尾、箕、斗、牛、女、虚、危、室、壁、奎、娄、胃、昴、毕、觜、参、井、鬼、柳、星、张、翼、轸"为号。吕城驿有船三十只，以"甲、乙、丙、丁、戊、己、庚、辛、壬、癸、子、丑、寅、卯、辰、巳、午、未、申、酉、戌、亥、干、坎、艮、震、离、坤、兑"为号③。使臣取用站船也有着严格的标准。至元二十五年（1288）规定"三品以上与船三只，四品、五品与船二只；六品至九品及令译史、通事、宣使人等与船一只"。大德元年（1297）进一步规定："一品、二品，船三只。三品至五品，船二只。六品至九品，令译史、宣使等，船一只。"④

驿站要给经过的使臣、官员提供祗应分例。祗应，蒙古语为首思。窝阔台时期"使臣人等每人支肉一斤、面一斤、米一升、酒一

① 《元典章》卷三六《兵部三·驿站·船轿·官员之任脚力》，第1289—1290页。
② 《元史》卷一〇一《兵志四·站赤》，第2592页。
③ 俞希鲁：《至顺镇江志》卷一三《公廨·驿传》，第551—552页。
④ 《元典章》卷三六《兵部三·铺马·任回官员站船例》，第1286—1287页。

瓶"①。中统四年（1263）规定"乘驿使臣换马处，正使臣支粥食、解渴酒，从人支粥。宿顿处，正使臣白米一升、面一斤、酒一升、油盐杂支钞一十文"。冬季使臣还可日支炭五斤②。至元二十一年（1284），正使臣杂支钞增加为日支三分，并规定正使臣宿顿处日支"米一升、面一斤、羊肉一斤、酒一升、柴一束、油盐杂支钞三分"，"从者每人支米一升"，经过减半③。官府派出人员、司吏以及蒙古军官等支酒肉米面等物。除两都地区外，大部分驿站的祗应都为官拨祗应。因此驿站备有粮食、羊、席子、炊具、餐具等铺陈什物。

（五）官营手工业、畜牧业

元代官营手工业的规模很大。官营手工业的生产资料归国家所有，其劳动者的身份或为驱口、怯怜口，或为政府所签发的专业户计。元代专业户计如匠户、盐户、茶户等都是世袭的。虽然官营手工业都属国家资产，但其中有部分手工业产品要进入市场，其市场价值成为国家钱钞收入，如榷盐、榷酒、榷茶、铁冶等手工业。只有那些为满足宫廷、贵族和政府各部门需要的官府手工业，其产品不进入市场的官手工业才属于非经营性国家资产。元代官府的非经营性手工业主要集中在中央政府各部门或各地政府所辖的局院中。这些局院的匠户受到官府的统一管理，口粮由政府拨付。而其生产的产品主要供宫廷、贵族、政府部门、军队消费之用。而这些非经营手工业绝大多数在北方④。

元代非经营性官府手工业中以织染类纺织业最为发达。其中又以丝织业为主，毛织业次之。军器制造、器物制作规模也很庞大。纺织业的生产原料主要来源于政府通过赋税的形式征收而来的丝物，还有部分通过政府和买而获得。官府丝织业的产品有纱、罗、绫、锦等。

---

① 《经世大典·站赤》，《永乐大典》卷一九四一六。
② 《元典章》卷一六《户部二·分例·使臣·定下使臣分例》，第558—559页。
③ 《经世大典·站赤》，《永乐大典》卷一九四一八。
④ 陈高华、史卫民：《中国经济通史·元代经济卷》，第200页。

元代官丝织业早已有之。平定江南后，元代曾有"人匠四十二万，立局院七十余所，每岁定造币缯、弓矢、甲胄等物"①。

元代官营手工业所生产的丝织品产量高，花色品种多样。集庆路仅东织染局就管理人匠三千零六户，织机一百五十四张，年造段疋四千五百二十七段，荒丝一万一千五百二斤八两②。镇江路岁办段匹五千九百一匹，其中织染局所造为三千五百六十一匹，生帛局造一千八百三十匹，丹徒县造五百一十匹，苎丝、胸背花丝绸为织染局造，生帛局则仅生产斜纹丝绸，而杂造局所产军器中包括水牛皮甲七十六副，角弓四百五十，箭二万一千二百支，丝弦八百，弓箙、箭簬、革带各二十二，手刀八十五，枪头四十③。

元代政府对局院产品的规制和颜色有着严格的规定。如官府规定"系官段疋""一疋纱十两丝，一疋罗一斤丝"④。镇江路局院中所产的段匹中暗花的一千一百六十七，其中枯竹褐四百一，秆草褐二百三十，明绿一百五十九，雅青一百五十九，驼褐一百八十六，白三十二⑤。且严格监督局院生产的整个过程。至元二十八年（1291）的《至元新格》规定"诸造作物料，须选信实通晓造作人员，审较相应，方许申索。当该官司体覆者亦如之。有冒破不实，计其多少为罪，已入己者验数追偿"。"诸造作官物，工毕之日，其元给物料，虽经体覆而但有所余者，须限十日呈解纳官。限外不纳者，从隐盗官钱法科。""诸局分课定合造物色，不许辄自变移。有上位处分改造者，即以见造生活比算元关物料，少则从实关拨，多则依数还官。"⑥

蒙古民族是游牧民族，因此由蒙古族建立的元代拥有数量众多的官马。"其牧地，东越耽罗，北逾火里秃麻，西至甘肃，南暨云南等

---

① 王恽：《秋涧先生大全集》卷五八《行工部尚书孙公神道碑》，《元人文集珍本丛刊》本。

② 张铉：《至正金陵新志》卷六《官守志·本朝统属官制》，第270页。

③ 俞希鲁：《至顺镇江志》卷六《赋税·造作》，第256页。

④ 《元典章》卷五八《工部一·造作·讲究织造段疋》，第1957页。

⑤ 俞希鲁：《至顺镇江志》卷六《赋税·造作》，第255页。

⑥ 《元典章》卷五八《工部一·造作·段疋·至元新格（十一款）》，第1953页。

地，凡一十四处，自大都、上都以至玉你伯牙、折连怯呆儿，周回万里，无非牧地。"① 朝廷直属牧地上放养的马匹都是官马，或称"系官头匹"。除此之外，大蒙古国建立后，采用"抽分"的方式在牧民和民间征收马匹和牛羊等。元朝建立后，这项制度被保留下来。抽分而来的马牛羊即为官有。由于官马左股烙有官印，故又称"大印子马"。官马的管理比较严格，"已有备细数目"，需要太仆寺等管理牧马的部门差人点视。泰定二年（1325）即命太仆寺官及怯薛前往各地点视官马数目及文册②。为了弥补马匹的不足，政府往往主要通过强行购买和拘刷两种方式，将民间马匹据为官有。

二 元代国家资产管理机构

大蒙古国时期的国家资产管理名义上是也可札鲁忽赤，实际的操纵者是札鲁忽赤和必阇赤，地方上的国家资产管理机构是窝阔台时期设立的诸路征收课税所。元朝建立后，国家资产的管理逐步制度化。中书省以及户部、工部、兵部等成为国家资产的主要管理机构。地方行省及路府州县都是地方上国家资产的管理机构。

大蒙古国建立之初，国家资产的管理意识并不强烈，各地的钱谷由诸路"长吏"兼领。针对中原"官吏多聚敛自私，赀至巨万而官无储偫"，"仓廪府库无斗粟尺帛"的状况，窝阔台汗接受了耶律楚材定中原税额，以给国用的建议，开始在中原诸路征收地税以及酒醋、盐、铁、山泽之利③。太宗二年（1229）正月，定各路课税，十一月，"以军国大计，举近世转运司例，经理十路课税，易司为所，黜使为长，相丰欠，察息耗，以平岁入"④，设立十路征收课税所，掌管钱谷。这十

---

① 《元史》卷一〇〇《兵志三·马政》，第 2553 页。
② 《经世大典》卷一一六七八《马政》，清文廷式辑《经世大典辑本》，清抄本，第 658 页。
③ 宋子贞：《中书令耶律公神道碑》，《国朝文类》卷五七。
④ 《元朝名臣事略》卷一三《杨奂事略》。

路征收课税所分别是燕京、宣德、西京、太原、平阳、真定、东平、北京、平州和济南。课税使大多为金元之际的儒士。征收课税所的税赋征收工作很顺利，庚申年（1260）岁征收银一万锭。随着河南归附，税赋增加到银二万二千锭。于是扑买税课之风渐行。所谓"扑买"就是用钱从官府手中购得征税权，其额度增加了一倍。太宗十二年（1240），窝阔台又任命奥都剌合蛮为提领诸路课税所长官，"主汉民财赋"。

（一）统筹管理国家资产的中央机构

元代建立后，制国用使司和尚书省成为短时间经管国家资产的中央机构。制国用使司，或称"制府"，或称"制司"，设立于至元三年（1266），废于至元七年（1270）。阿合马以中书省平章兼领使职。制司职掌为"专总财赋"①，"总领天下钱谷"②。"通漕运、谨出纳、充府库、实仓廪、百姓饶富、国用丰备，此制国用之职也。"③ 由此，征收所得粮食的储存和支出是制国用使司的重要职能之一。制国用使司依靠下属的转运司和提举司来征敛税赋。此外，驿站分例的使用，弓箭等兵器的制作都是其职能④。

尚书省"为总理财用"而设。至元七年（1270），在阿合马的倡议下，改制国用使司为尚书省。原来制国用使司的官员也赴尚书省任职。尚书省的设立，是阿合马利用忽必烈急于"富国"的心理而设立。尚书省设丞相三员、平章二员、右丞、左丞四员、参政三员，与中书省并置。但这次尚书省存在的时间不长。至元九年（1272）正月，尚书省并入中书省。至元二十四年（1287），财臣桑哥提议，尚书省复立。桑哥事败后，尚书省随之撤销。武宗至大二年（1309）八月，复设尚书省，但随着武宗于至大四年（1311）去世，尚书省也被撤销。

---

① 《元史》卷一七三《崔斌传》。
② 魏初：《青崖集》卷四《奏议·提举交钞官令户部兼领》，洪金富点校：《元代台宪文书汇编》，台湾"中央研究院"历史语言研究所 2003 年版，第 408 页。
③ 陈佑：《三本书》，《国朝文类》卷一四。
④ 参见张国旺《元代制国用使司述论》，《史学集刊》2008 年第 6 期。

中书省是统筹国家资产管理的机构,中书设右丞相和左丞相,"佐天子,理万机"①。中书省宰执主要体现在议政和施政方面,并不负责国家资产的具体管理事务。但是"内外大小诸衙门除奉行本管职事外,一应干系军民站金场银冶茶、盐铁户、课程、宝钞、刑名、粮储、造作、差役等事毋得隔越中书省辄便奏闻,从而搅扰"②。有时中书省宰执也具体分管钱谷等庶务。如延祐二年(1315),中书省平章李孟、左丞阿卜海牙、参政赵世延领钱帛、钞法、刑名,平章张驴、右丞萧拜住、参政曹从革领粮储、选法、造作、驿传等。中书省具体负责国家资产由参议府下辖的左右司具体负责。左右司设于中统元年(1260),至元十五年(1278)分置左司和右司。左司中的户杂房、科粮房、银钞房、应办房以及右司中的兵房、工房都是国家资产的管理机构。左司"户杂房之科有七,一曰定俸,二曰衣装,三曰羊马,四曰置计,五曰田土,六曰太府监,七曰会总。科粮房之科有六,一曰海运,二曰你运,三曰边远,四曰赈济,五曰事故,六曰军匠。银钞房之科有二,一曰钞法,二曰课程。应办房之科有二,一曰饮膳,二曰草料"。右司"兵房之科有五,一曰边关,二曰站赤,三曰铺马,四曰屯田,五曰牧地"。而"工房之科有六,一曰横造军器、二曰常课段匹,三曰岁赐,四曰营造,五曰应办,六曰河道"③。左右司的职能是"参赞宰臣,决理政务"④。

中书户部、兵部和工部是元代最为重要的国家资产管理部门。中书省六部之设在元初经历了复杂的嬗变过程。中统二年(1261)六月,中书省始设左三部和右三部,至元二年(1265),则分为吏礼、户、兵刑、工四部。次年又合为左三部和右三部。至元五年(1264)又分为四部,至元七年(1266)正月中书省四部改为尚书省六部,

① 《元史》卷八五《百官志一》,第2121页。
② 《元典章》卷二《圣政一·振朝纲》,第32页。
③ 《元史》卷八五《百官志一》,第2123页。
④ 苏天爵撰,陈高华、孟繁清点校:《滋溪文稿》卷二《灾异建白十事》,中华书局1997年版,第437页。

次年又合为四部。至元十三年（1276），分为吏、户、礼、兵、刑、工六部，成为定制①。

户部掌全国户口、钱粮和田土等经济事务，关系到国计民生。"凡贡赋出纳之经，金币转通之法，府藏委积之实，物货贵贱之值，敛散准驳之宜，悉以任之。"② 国家资产的征收、出纳、府库的管理都由户部管理。正如曾坚所言"凡天下万物、籍帐、府库、仓廪、宝货、钱粟、布帛，委输出纳、登耗饶乏之数咸隶焉，其任重也"③。兵部掌管全国的驿站、屯田、牧地和鹰坊等事务，"凡城池废置之故，山川险易之图，兵站屯田之籍，远方归化之人，官司刍牧之地，驼马、牛羊、鹰臑、羽毛、皮革之征，驿乘、邮运、祗应、公廨、皂隶之制，悉以任之"④。工部掌管全国的官营手工业和营造之事，"凡城池的修浚，土木之缮葺，材物之给受，工匠之程序，铨注局院司匠之官，悉以任之"⑤。中央六部中以户部、工部具体事务"至其繁剧"。

（二）国家所有土地及矿产资源的管理机构

除户部外，行省、路府州县是管理元代官田的主要机构。最初大量官田均归十路宣抚司管辖，后归各行省以及路府州县管理。各地所管辖官田数目有所不同。但大多通过租佃的形式向承租人征收地租。此外，地方行政官员还有管理开种系官荒田之民的职能。

江南地区的官田以及山、荡、池塘等田土有相当部分归江淮财赋府和江浙财赋府管理。镇江路官田中，"其所属者三，曰有司、曰江淮财赋府、曰江浙财赋府。然属本路者，则有官有民，而属两府者，则皆官田也"⑥。江淮财赋府是江淮等处财赋都总管府的简称，秩正三品。至元十六年（1279），为管理宋谢太后、福王所献事产以及贾

---

① 陈高华、史卫民：《中国经济通史·元代经济卷》，第48页。
② 《元史》卷八五《百官志一》，第2126页。
③ 曾坚：《中书省户部题名记》，《析津志辑佚·朝堂公宇》，第24—25页。
④ 《元史》卷八五《百官志一》，第2140页。
⑤ 《元史》卷八五《百官志一》，第2143页。
⑥ 俞希鲁：《至顺镇江志》卷五《田土》，第188页。

似道、刘坚的田土所设。起初隶中宫，后隶皇太后宫，"以备宫壶之奉，而天子得以致养焉"①。大德四年（1300）这一机构曾撤销，由地方有司掌管其赋税，天历二年（1329）复立，征收这些田土的税赋。其下设扬州等处财赋提举司、建康等处财赋提举司、平江等处财赋提举司以及杭州等处财赋提举司②。江浙财赋府是江浙等处财赋都总管府的简称，隶属中政院。中政院，"掌中宫财赋营造供给，并番卫之士，汤沐之邑"，秩正二品③。江浙财赋府秩正三品，至大元年（1308）置，掌"江南没入资产，课其所赋，以供内储"。可知其所管辖的是籍没朱清、张瑄两家的资产。其下设平江、松江、建康等处提举司三处和丰盈库一处④。其管理的官田涉及建康路、常州路、镇江路、扬州路、太平路、宁国路、徽州路、淮安路、平江路、松江府和庆元路等⑤。此外，隶属于中宫的管领本投下怯怜口随路诸色民匠打捕鹰坊都总管府和隶属于皇太子的鄂州等处民户水陆事产提举司等都是管理官田的重要机构。

元代屯田的管理机构较复杂。主要包括中央枢密院所辖各卫、大司农司、宣徽院以及各行省。枢密院，"掌天下兵甲机密之务"，"凡宫禁宿卫，边庭军翼，征讨戍守，简阅差遣，举功转官，节制调度，无不由之"⑥。但屯田以保证军需是其重要的职能之一。枢密院所辖屯田通常由各卫来管理。右卫除掌宿卫扈从外，"兼屯田"，下辖屯田左右千户所二，秩正五品。前卫也兼营屯田，设屯田千户所二。后卫下辖屯田千户所一。武卫亲军都指挥使司，"兼大都屯田等事"，辖屯田千户所六。除五卫及武卫亲军所管屯田外，枢密院还设有左右翼屯田万户府，"分掌斡端、别十八里回还汉军，及大名、卫辉新附

---

① 陈旅：《安雅堂集》卷九《江淮等处财赋都总管府题名记》。

② 《元史》卷八九《百官志五》，第2261页。

③ 《元史》卷八八《百官志四》，第2230页。

④ 《元史》卷八八《百官志四》，第2235页。

⑤ 张岱玉：《元朝江浙等处财赋都总管府散考》，《元代杭州研究文集》，杭州出版社2012年版，第102页。

⑥ 《元史》卷八六《百官志二》，第2155页。

之军，并迤东回军，合为屯田"①。此外，左右卫率府、右阿速卫亲军都指挥使司、延安屯田打捕总管府、忠翊侍卫亲军都指挥使司、宗仁蒙古侍卫亲军都指挥使司、山东河北蒙古军大都督府、左右钦察卫、龙翊侍卫亲军都指挥使司以及宣忠扈卫亲军万户府都辖有屯田千户所，来管理军屯。大司农司所辖屯田的直接管理机构主要包括永平屯田总管府、营田提举司以及广济署屯田。宣徽院屯田则由淮东淮西屯田打捕总管府、丰闰署、宝坻屯和尚珍署管理。各行省所辖屯田的管理机构并不一致。如辽阳行省所辖的屯田由大宁路海阳等处打捕屯田所、浦峪路屯田万户府、金复州屯田万户府，肇州蒙古屯田万户府管理。河南行省所辖屯田除民屯外，主要由洪泽屯田万户府、芍陂屯田万户府以及德安等处军民屯田总管府管辖。陕西行省所辖屯田主要由陕西屯田总管府、陕西等处万户府以及贵赤延安总管府管理②。

元代的山川、湖泊一般归地方政府管理。河流则由都水监和河渠司来管辖。都水监，秩从三品，"掌治河渠并堤防水利桥梁闸堰之事"③。至元二十八年（1291）复立。为了整治水利，还设有行都水监，江南则设有都水庸田司。从资料来看，河渠司主要设于北方，或因地方而设，或因河流而设。其中一些河渠司隶属于大司农司或都水监管理，如亦集乃路河渠司则隶属亦集乃路总管府④。此外，根据河流的情况，元代还设有河道提举司。

元代的矿产资源一般由专门的机构来管理。专司机构发给冶户工本和生活资料，冶户生产的产品归公。益都、淄莱等路的淘金总管府隶属于太府监。至元二十四年（1287）江浙设立淘金提举司，所辖金场凡七十余所。湖广行省的金则由金场转运司管理。云州银冶于至元二十九年（1292）设立云州等处银场提举司，江浙则于至元二十

---

① 《元史》卷八六《百官志二》，第2164页。

② 《元史》卷一〇〇《兵志三·屯田》，第2565—2568页。

③ 《元史》卷九〇《百官志六》，第2295页。

④ 张国旺：《黑水城出土〈至顺元年亦集乃路总管府辰字贰号文卷为蚕麦秋田收成事〉释补》，《中国社会科学院敦煌学回顾与前瞻学术研讨会论文集》，上海古籍出版社2012年版。

一年（1284）设立建宁南剑等处银场提举司。至元五年（1264），曾设洞冶总管府管理大同铁矿和冶铁。后废罢。至大元年（1308），复立河东都提举司管理包括大通、兴国等在内的八个铁场。大德元年（1297），顺德的铁矿也设立都提举司管理，后设顺德广平彰德等处提举司，管辖神德、左村等在内的六场。众多提举司成为管理矿产资源的主要机构。但也有部分矿产资源的开采由地方政府来负责。

（三）财赋收支的管理机构

"凡天下贡赋之入，则有曰田赋户调、曰榷酤、曰关市之征、曰山泽之征、曰市舶之征。茶盐度量之出入，则有曰上供、曰赐予、曰吏禄、曰祠祀、曰邦交、曰缮治、曰军食、曰养孤寡。"[1] 中央统筹管理国家资产的诸如制国用使司、尚书省以及中书省户部均是元代财赋收入的管理机构。但财税收入一般由地方路府州县委托里正、主首和社长催督。赋税则需要到指定的仓库缴纳，然后由地方官员通过陆运或海运运至御河沿岸或大都的诸仓收储。

户部所辖四库是最为重要的府库。天下上缴的钱钞和物品都由四库保存。大蒙古国时，"以太府掌内帑之出纳，既设左藏等库，而国计之领在户部，仍置万亿等库，为收藏之府"。至元十六年（1279），始为提举万亿库，二十四年（1287），升都提举万亿库，次年分立四库，"以分掌出纳"[2]。"四库"为都提举万亿宝源库，"掌宝钞、玉器"，都提举万亿广源库，"掌香药、纸扎诸物"，都提举万亿绮源库，掌"诸色段匹"，而都提举万亿赋源库，"掌丝绵、布帛诸物"[3]。为管理万亿宝源库的出纳金银事务，至元二十七年（1290）设立了提举富宁库。户部之下还有大都宣课提举司，"掌诸色课程，并领京城各市"[4]。大都宣课提举司的前身大都税课提举司由大都城两税务

---

① 王恪：《中书省照算题名记》，《析津志辑佚·朝堂公宇》，第32页。
② 《元史》卷八五《百官志一》，第2131页。
③ 《元史》卷八五《五官志一》，第2127页。
④ 《元史》卷八五《百官志一》，第2129页。

合并而来。大都酒课提举司则掌酒醋榷酤之事，设于至元十九年
（1282）。京畿都漕运使司负责运送诸仓出纳粮斛之事，下辖京城二
十二仓以及通惠河运粮千户所。都漕运使司则掌"御河上下至直沽、
河西务、李二寺、通州等处后攒运粮斛"，下辖河西务十四仓、通州
十三仓、河仓十七仓、直沽广通仓三十处。

盐业收入由大都河间等路转运盐使司、山东东路转运盐使司、河
东陕西等处转运盐使司、两淮都转运盐使司、两浙都转运盐使司、福
建等处都转运盐使司和广海盐课提举司、四川茶盐转运司以及广海盐
课提举司管理，并送交万亿库收纳。诸转运盐使司归中书省户部及各
行省管辖。市舶收入则由市舶提举司管理。至元十四年（1277），元
朝政府设庆元、上海、澉浦三处市舶司。至元十七年（1280）设立
泉府司，"掌领御位下及皇太子、皇太后、诸王出纳金银事"[1]，实则
为皇帝及其亲属经营高利贷。泉府司后升为泉府院。至大四年
（1311）泉府院撤销，市舶司则完全归属行省管辖。商税等税课则由
地方上设立的税使司征收。

皇后、诸王及太子的财赋则由特殊的机构来管理。皇后及皇太后
的财赋收入由江淮财赋府和江浙财赋府管理。其财赋支出机构则有宣
徽院，"掌供玉食。凡稻粱牲牢酒醴蔬果庶品之物，燕享宗戚宾客之
事，及诸王宿卫、怯怜口粮食，蒙古万户、千户合纳差发，系官抽
分，牧养孳畜，岁支刍草粟菽，羊马价值，收受阑遗等事，与尚食、
尚药、尚酝三局，皆隶焉"[2]。下辖光禄寺（掌起运米麹诸事，领尚
饮、尚酝局，沿路酒坊，各路布种事），尚舍寺（掌行在帏幕帐房陈
设之事，牧养骆驼，供进爱兰奶酪），尚食局（掌供御膳，及出纳油
面酥蜜诸物）等机构。中政院则掌中宫财赋营造供给，并番卫之士，
汤沐之邑[3]。此外，太府监，领左右藏等库，掌钱帛出纳之数。度支

① 《元史》卷一一《世祖纪八》，第227页。
② 《元史》卷八七《百官志三》，第2203页。
③ 《元史》卷八八《百官志四》，第2230页。

监"掌给马驼刍粟",利用监则掌出纳皮货衣物之事①。

地方上财赋收支机构由地方政府负责。以镇江路为例,其下辖的大军仓原为宋转般仓,至元十二年(1275)整改后用来"受本路官民租粮",而香糯仓"以受本路及常州路上供香糯"②。亦集乃路则以广积仓收储官民租粮,支持库则为其钱钞的出纳机构,诸王分例、俸禄、军用钱钞和官用钱钞均从此支出③。

(四) 都城、公廨管理机构

元大都建成后由大都留守司管理。最初大都设有宫殿府行工部,负责大都的建造和修整。大都留守司设立于至元十九年(1282)。起初"以留守司兼行工部"④,"兼本路总管,知少府监事"。至元二十一年(1284)大都路总管府设立之后,少府监的职能并入大都留守司。这样大都留守司的职能则确定为"掌守卫宫阙都城,调度本路供亿诸务,兼理营缮内府诸邸、都宫原庙、尚方车服、殿庑供帐、内苑花木及行幸汤沐宴游之所、门禁关钥启闭之事"⑤。其职能可以概括为两点:一是负责宫廷和都城的守卫,一是负责宫廷内各项建筑、车服和花木之类的修缮⑥。大都留守司下辖掌管修建宫殿和大都造作等事务的修内司,掌内府诸王邸第异巧工作和修缮寺院的祇应司,掌内府宫殿、京城门户、寺观公廨营缮的器物局等机构。

元上都修造完成后,中统元年(1260),设立了开平府。至元三年(1266),诏上都路总管府遇车驾巡幸,"行留守司事"⑦。至元十

---

① 《元史》卷九〇《百官志六》,第 2293 页。

② 俞希鲁:《至顺镇江志》卷一三《宫室》,第 538 页。

③ 李逸友:《黑城出土文书(汉文文书卷)》,科学出版社 1991 年版,第 15 页。

④ 《元史》卷一二《世祖纪九》,第 241 页。

⑤ 《元史》卷九〇《百官志六》,第 2277 页。

⑥ 参见陈高华、史卫民《中国政治制度通史·元代卷》,人民出版社 1998 年版,第 142 页。

⑦ 《元史》卷六《世祖纪三》,第 111 页。

九年（1282）设上都留守司兼本路都总管府。其"品秩职掌如大都留守司，而兼治民事"①。上都留守司下辖机构除与大都留守司相同的修内司、祗应司、器物局外，还设有掌守护东凉亭行宫和游猎供需事务的尚供总管府和守护察罕脑儿行宫及供需事务的云需总管府等②。

工部设有提举都城所，秩从五品，"掌修缮都城内外仓库等事"③，至元三年（1266）置。都城各机构所属的房产或由辖下的管房提领所管理。《析津志辑佚·工局仓廪》载："徽政院都事呈：礼部符奉中书省札付：本部呈：徽政院至元二年奏准管房提领所，比依隆祥总管府管房提领所例，铸到正九品铜印一颗，设官隶本院照磨所管，至正五年，拨付诸色府管领，于概管人户内选保提领、大使各一员，受院札。房舍一千一百二十五间半，地土三十二顷三亩四分二厘。"④ 由此可知，徽政院和隆祥总管府等诸色府都设有管房提领所管辖房舍和地土。管房提领所秩正九品，由照磨所管辖，设提领、大使各一员，由本院来任命。

地方系官房舍基地或由地方有司管理。《至顺镇江志》载有司所管田土中即包括系官房舍基地。系官房舍的修理、维护和租赁也都由地方政府管理。至元二十一年（1284），江淮行省咨中书省："本省管下府州司县多有系官房舍，但有损坏，官为放支价钱，差拨人夫修理，更兼腹里应有房舍，诸人出钱赁住。"⑤ 至元二十三年（1286），浙西道按察司申南御史台："照得本道所辖八路，系官房舍甚多，皆亡宋官员廨宇及断没逃避房屋……除已移牒各路，将应管系官房舍倒塌去处，从实计料，就便申覆合干上司照详外，卑司切详，不惟浙西一道，其江南州郡亦系一体，合无遍行合属，计料修理，似为不致日久损坏官物。"⑥

---

① 《元史》卷九〇《百官志六》，第2297页。
② 陈高华、史卫民：《元上都》。
③ 《元史》卷八五《百官志一》，第2148页。
④ 《析津志辑佚》，第44—45页。
⑤ 《元典章》卷五九《工部二·公廨·召赁系官房舍》，第1997页。
⑥ 《元典章》卷五九《工部二·公廨·修理系官房舍》，第1999页。

（五）邮驿、车、马、船等管理机构

元代对驿站的管理机构除兵部外，主要是通政院。元初驿站的管理并没有相应的机构。蒙古国时期，"置驿以给使传，设脱脱禾孙以辨奸伪"①。中统四年（1263），"诏霍木海总管诸路驿，佩金符"②。脱脱禾孙是负责兼管驿站交通的官员，其职能主要是维持乘驿秩序，盘查驰驿使臣的乘驿资格，检查乘驿者的行李有无违禁以及乘驿者行李是否超重③。

至元七年（1270），设立诸站都统领使司，专门管理驿站事务。至元十三年（1276），改都统领使司为通政院，"专一管领站赤公事"④。次年分置大都、上都两院，至元二十九年（1292）又设江南分院。至大四年（1311），通政院罢，其汉地站赤事务归兵部管理。两都通政院则只管理达达站赤。延祐七年（1320）四月，"诏蒙古、汉人站，依世祖旧制，悉归之通政院"⑤。通政院的职能主要包括站官的选拔和任命，驿站的规划和建设，巡视驿站，直接处理相关事务，赈济和补换站户以及分拣使臣等⑥。通政院还设有廪给司，至元十九年（1282）置，设提领、司令、司丞各一员，"掌诸王诸蕃各省四方边远饮食供张等事"⑦。驿站的祇应供给在仁宗驿站改制前由通政院管理，此后改归兵部管理。英宗时期，祇应回归通政院管理⑧。

各站都设有提领、副使等站官。元贞元年（1295）二月，规定各处行省站官提领受行省札付，三年为满，副使从通政院于站户内差设，常令在职⑨。江南驿站"每站设提领、副使各一员。提领一员，于惯曾

① 《元史》卷八八《百官志四》，第2230页。
② 《元史》卷五《世祖纪二》，第93页。
③ 党宝海《蒙元驿站交通研究》，昆仑出版社2006年版，第107—108页。
④ 《经世大典·站赤》"至元五年三月四日"条。
⑤ 《元史》卷一〇一《兵志四》，第2591页。
⑥ 党宝海：《蒙元驿站交通研究》，第78页。
⑦ 《元史》卷八八《百官志四》，第2230页。
⑧ 党宝海：《蒙元驿站交通研究》，第78页。
⑨ 《经世大典·站赤》"元贞元年二月"条。

勾当北人内选取，受行省札付，勾当三周岁为满。若有成效，无过犯者，依验受行省付身例，别定夺委用。副使，于本处站户上户内选知官事、为众推服者一名，受通政院札付，常川勾当"①。其职能则是管理站户，饲养马畜，管理车船等务。延祐五年（1318），中书省兵部建言："各站设置提领，止受部札，行九品印，职专车马之役。"②

地方政府也有协助管理站赤的义务。至元二十八年（1291）七月，"诏各路府州县达鲁花赤、长官，依军户例，兼管站赤奥鲁，非奉通政院明文，不得擅科差役"③。

（六）官营手工业、畜牧业管理机构

官营手工业主要由局院来管理。这些局院主要分属于工部、将作院、中政院、武备寺等系统，而以工部管辖局院最多。

工部下辖有负责绘画佛像和土木刻削的梵像提举司，掌管腊铸的出腊局提举司，掌管铸造的铸泻等铜局，掌金银制造的银局，掌铸铁的镔铁局，掌"琢磨之工"的玛瑙玉局，掌"攻石之工"的石局，"攻木之工"的木局，"董髹漆之工"的油漆局等以及诸司局人匠总管府"领两都金银器盒及符牌等一十四局事"、诸路杂造局总管府、"管领诸色人匠造作等事"的茶迭儿局总管府、大都人匠总管府、随路诸色民匠都总管府和兴和路荨麻林人匠提举司等。工部所辖官营丝织业局院最多。其中撒答剌欺提举司是制作撒答剌欺的机构。所谓"撒答剌欺"原是中亚不花剌（属乌兹别克斯坦）以北十四里的撒答剌地方出产的一种衣料④。别失八里局"掌织造御用领袖纳失失等段"。冀宁路织染提举司、晋宁路织染提举司都是山西地区重要的织染业重要机构。此外，还设有南宫、中山织染提举司、深州织染局、弘州人匠提举司、纳失失毛段二局、云内州织染局、大同织染局、恩州织染局、保定织

---

① 《元典章》卷九《吏部三·站官·选取站官事理》，第354页。

② 《元史》卷一〇一《兵志四》，第2591页。

③ 《元史》卷一〇一《兵志四》，第2588—2589页。

④ 陈高华、史卫民：《中国经济通史·元代经济卷》，第205—206页。

染提举司、永平路纹锦等局提举司、顺德路织染局、彰德路织染局、怀庆路织染局、宣德府织染提举司、东圣州织染局和阳门天城织染局等。而大都人匠总管府下还有掌"绣造诸王百官段匹"的绣局,"掌织诸王百官段匹"的纹锦总院和"掌织造纱罗段匹"的涿州罗局。随路诸色民匠都总管府下则有织染人匠提举司和大都等处织染提举司等①。

将作院,"掌成造金玉珠犀象宝贝冠佩器皿,织造刺绣段匹纱罗,异样百色造作"。至元三十年(1293)始置。所辖机构有"掌造宝贝金玉冠帽、系腰束带、金银器皿,并总诸司局事"的诸路金玉人匠总管府,异样局总管府和大都等路民匠总管府。其中诸路金玉人匠总管府辖金银器盒提举司、玛瑙提举司、金丝子局、浮梁磁局、画局、大小雕木局、宣德隆兴等处玛瑙人匠提举司、温犀玳瑁局、上都金银器盒局、漆纱冠冕局和行诸路金玉人匠总管府等。异样局辖异样纹绣提举司、绫锦织染提举司、纱罗提举司等官营手工业机构②。

中政院所辖翊正司之下设有管领随路打捕鹰坊纳绵等户提举司,江浙等处财赋都总管府之下设有"掌织染岁造段匹"的织染局③。储政院也设有织染局。江淮等处财赋都总管府之下设有杭州织染局、建康织染局、黄池织染局、陕西等处管领毛子匠提举司。昭功万户府都总使司之下的织染杂造人匠都总管府管辖有织染局、绫锦局、纹锦局、中山局、真定局、弘州荨麻林纳失失局、大名织染杂造两提举司等局院④。

武备寺是军器制造的机构,"掌缮治戎器,兼典受给"。至元五年(1268)始立军器监,二十年(1283)立卫尉院,改军器监为武备监,隶卫尉院。至大四年(1311)改为武备寺。其下设有"掌平阳、太原等处岁造兵器,以给北边征戍军需"的广胜库、大同路军器人匠提举司、平阳路军器人匠提举司、太原路军器人匠局、保定军器人匠

---

① 《元史》卷八五《百官志一》,第2143—2152页。
② 《元史》卷八八《百官志四》,第2225—2230页。
③ 《元史》卷八八《百官志四》,第2233—2236页。
④ 《元史》卷八九《百官志五》,第2262—2263页。

提举司、真定路军器人匠提举司、怀孟河南等路军器人匠局、汴梁路
军器局、益都济南箭局、彰德路军器人匠局、大名军器局、上都甲匠
提举司、辽河等处诸色人匠提举司、上都杂造局、奉圣州军器局、蔚
州军器人匠提举司、广平路甲局、东平等路军器人匠提举司、通州甲
匠提举司、蓟州甲匠提举司、欠州武器局、大都甲匠提举司、大都箭
局、大都弓匠提举司、大都弦局等局院机构①。

除以上机构外，一些中央机构也辖有官手工业局院，如大都留守
司等。

地方上的局院则由行省和路级机构管理。如镇江路和庆元路便设
有制作丝织品的织染局和生帛局，生产甲、弓、箭等的杂造局。集庆
路设有东西织染局和军器局②。

元代官营畜牧业最初由群牧所管理。群牧所设于中统四年
（1263）。至元十六年（1279）改为尚牧监，十九年（1282）又改太
仆院，次年改卫尉院，二十四年（1287）罢，设太仆寺，属宣徽院。
大德十一年（1307），改为太仆院，隶中书省。至大四年（1311），
仍为太仆寺。太仆寺的职能为"典掌御位下、大斡耳朵马"③。而
《元史·百官志六》称太仆寺"掌阿塔思马匹，受给造作鞍辔之事"，
阿塔思马即骟马。至元二十四年后，设尚乘寺，"掌上御鞍辔舆辇，
阿塔思群牧骟马驴骡，及领随路局院鞍辔等造作，收支行省岁造鞍
辔，理四怯薛阿塔赤词讼，起取南北远方马匹等事"④。此外，宣徽
院也有管理"蒙古万户、千户合纳差发，系官抽分，牧养孳畜，岁支
刍草粟菽，羊马价值"等事⑤。管理抽分是其重要职能之一。每年七
八月间，宣徽院前往各地抽分羊马。因在此过程中扰乱地方和站赤，
于是至大四年（1311），规定宣徽院只负责"迤北蒙古百姓每，各千

① 《元史》卷九〇《百官志六》，第2284—2288页。
② 俞希鲁：《至顺镇江志》卷六，第255页；张铉：《至正金陵新志》卷六《官守志·本朝统属官制》，南京出版社1991年版，第270页。
③ 《元史》卷一〇〇《兵志三·马政》，第2553页。
④ 《元史》卷九〇《百官志六》，第2288—2289页。
⑤ 《元史》卷八七《百官志三》，第2200页。

户并各处口子里"① 的抽分事宜。具体事务或由至大四年所设的尚牧所管理。尚牧所，秩从五品，设提举二员、同提举一员、副提举一员②。另外，詹事院的典牧监掌东宫挚畜之事，徽政院典牧监则掌中宫位下挚畜之事③。

三　元代国家资产管理制度

元代国家资产管理制度主要是元朝建立后随着众多管理制度的完善而形成的。大蒙古国时期的国家资产管理制度尚处于不完善的初级阶段。

（一）收支管理制度

元代收支制度主要限于钱谷等财政收入及官手工业产品。元代的钱谷主要来源于政府所征收的官田地租、民田税粮以及部分官营手工业盈利所得。元代税粮、科差以及诸如酒醋课、商税等部分课税的征收大都以路府州县为单位，规定数额，强制完成。其中路总管府总领，逐级科敛。中统元年（1260）规定："科放差发文字，只依一次尽数科讫，府科于州，州科于县，县科于民，并同此例。分作三限送纳。"④ 并屡次规定"不得科敛百姓"。而作为钱钞收入的大宗，盐课由直属中书省或行中书省的大都河间、山东东路、河东陕西、两淮、两浙、福建等都转运盐使司征收，茶课则由诸处榷茶转运司征收。与"昔之有国家者，藏富之所，散于列州"不同，元代则"藏富之所，聚于诸省"⑤。即元代的财税都集中于行省。元初行省往往具有中书省派出机构的色彩，由此朝廷已经将各地财赋集中于朝廷了。随着行

---

① 《通制条格》卷一五《厩牧》，第443页。
② 《元史》卷八七《百官志三》，第2200页。
③ 《元史》卷八九《百官志五》，第2245、2247页。
④ 《元典章》卷三《圣政二·均赋役（二）》，第72页。
⑤ 黄溍：《金华集》卷九《重修广济库记》。

省功能转变为地方最高行政机构,自然出现了解运京师、上供朝廷和各省留用的问题。实际上,各行省上供与留用整体上施行七三分成政策①。

仓库是储存钱谷的场所。"仓官交取粮食,库官收支钱帛。"② 谷帛征收后存放于诸仓之中。其中京仓十七处,都仓十七处,各地还设有粮仓。仓官设有监支纳、大使和副使等。钱钞以及官手工业制品则于万亿库中存放和出纳,行省则设广济库"以司出纳"③。库官也设有提领、大使和副使等。

元代对钱谷的保管有着严格的收纳和库管制度。至元二十二年(1285)的《考计收支钱物》针对湖南等处收支体例不一的问题,中书省制定了关于收支钱物的具体方案。此法令要求所收课税、茶盐引价以及赃罚钞等系官钱物由主管官司依例征收,置立文簿,编立号数,出给凭证,写明哪年,什么钱物。如果是金银,则要写明成色。如是各种丝织品等,则要写明规格,并如法守贮,随时曝晒,不致损坏。所支官物则要有上级部门的文件,写明缘由、时间和料例。先支现有的,然后圆押勘合,拟定从哪项经费中拨付。同时要求各地置立收支文簿。征收的贡产、官房、田土、牛马、租课等系官之物也要置立文簿,呈请行省复核。各地官钱的收支专门委任一名首领官和能干的吏员掌管置立簿籍。各地申请的钱物只要合乎要求,便依例支给,如有不应支,或侵欺、移易、借贷,立限追征还官,并追究刑事责任。各地每季度要向行省汇报所收钱物的原来管理者、收支情况以及现在剩余情况。起运钱粮所用的木柜、绳索需要结实牢靠,不能重复支用④。至元二十三年(1286)规定了租税带收鼠耗粮米的分例:民田每石收鼠耗分例七升,而官田每石减半征收。

至元二十八年(1291)颁布的《至元新格》对仓库收受和出纳

① 参见李治安《元代中央与地方财政关系述略》,《南开学报》1994年第2期。
② 《元典章》卷九《吏部三·仓库官·仓官贴补库官对补》,第331页。
③ 陶宗仪:《南村辍耕录》卷一〇《趁办官钱》。
④ 《元典章》卷二一《户部七·支·考计收支钱物》,第764—765页。

之法作了详细的规定："诸出纳之法，须仓库官面视称量检数，自提举、监支纳以下，攒典、合干人以上，皆得互相觉察。有盗诈违法者，陈首到官，量事理赏。其有侵盗钱粮并滥伪之物，若犯人逃亡，及虽在无财可追者，并勒同界官典、司库、司仓人等一体均陪。""诸支纳钱粮一切官物，勘合已到仓库，应纳者经十日不纳，应支者经一月不支，并须申报元发勘合官司，随即理会。其物已到仓库未得勘合者，亦如之。""诸官物出给，先尽远年。其见在数多，用处数少，不堪久贮者，速申当该上司，作急支发，毋致损败，违者究治。""诸路收受差发，自开库日为始，本路正官一员轮番检察，并要两平收受，随时出给官户朱钞，无使刁蹬停留人难，诸州置库去处并同。""诸仓收受米粮，并要干圆洁净。当该上司各取其样，验同封记，一付本仓收掌，一于当司存留，仍须正官时至检校，其收支但与元样，不同随即究治。""诸仓库钱物，监临官吏取借侵使者，以盗论。与者，其罪同。若物不到官而虚给朱钞者，亦如之。仍于仓库门首出榜，常川禁治。""诸仓库赤历单状，当该上司月一查照。但开附不明，收支有差，随事究问。""诸仓库局院疏漏，速申修理。霖雨不止，常须检视，随宜备御，不致官物损坏。若收贮不如法，防备不尽心，曝晒不以时，致有损败者，各以其事轻重论罪。所坏之物，仍勒陪偿。"沿河仓库则由漕运司官监视，"凡应干收支文凭，合有见在官物，皆须照算交点明白，别无短少滥伪之数"[1]。同时强调户部指定式样，各地每季度将钱粮等物状况汇报户部，由户部检查，年终进行核算。

元贞元年（1295）要求各地对所存各种仓粮进行折算，如有短少的粳米、小麦，则由仓官追征[2]。次年规定，各处仓库由达鲁花赤、长官专一提调，"所收钱粮如法收顿，不致损坏失陷。仍令正官收掌仓库钥匙，凡有收支，逐旋关纳，仍令提调官轮番赴库，牵

① 《元典章》卷二一《户部七·仓库·至元新格》，第750—751页。
② 《元典章》卷二一《户部七·仓库·仓粮对色准算》，第754—755页。

照一切勘合文凭，比对赤历单状，计点实有见在，但有侵欺、短少，即将当该库官。库子人等监锁追赔"①。大德十一年（1307）还规定收支钱粮之数去零就整。

元代的财赋用于"应付军人行粮、工匠口粮及造作、递运、和雇和买钱帛等名项"②。然祭祀费用也由本路支用。至元五年（1268）中书省拟定了祭祀所用钱物的标准：圣节支不过贰锭，乙亥日支破香钱等六两，祭丁每岁祭拟支不过破钞二十两，祭社稷神拟支一周岁内不过破钞二十两，立春日拟支不过破钞二十五两，祀风雨雷神一年内不过破钞一十两，重午、重九拜天节拟支不过破钞一十两③。军人盐钱等也有明确的规定。元代规定军人月支盐一斤。元贞二年（1296）根据当时的价格支给中统钞一钱六分九厘五毫。延祐时鉴于通货膨胀等因素，每斤折支中统钞二钱五分④。此外，各路每岁办公纸扎，"成造信牌、彩画图本、淹藏菜蔬、印色心红"，"各路当馆铺陈什物、修补馆房廨宇酒库敖房、成造仪从置买诸物"所用的钱物，囤粮⑤，以及建造桥梁、船只所支祗应等物的出纳都有严格的规定和具体的分例。

（二）考课制度

"考课"即"考绩"或"考功"。考课制度是中国古代朝廷对官员任职期间的政绩进行考评并据以奖惩的制度。元代考课制度是在继承金代制度的基础上，随着官僚体制的完备而逐渐建立并完善的。其主要工作由吏部根据官员离任时地方所给解由评判，并以此作为官员升降职的依据。吏部根据"日月序迁"和"循名责实"两方面的因素来决定官员的升降。

---

① 《元典章》卷二一《户部七·仓库·关防钱粮事理》，第 752 页。
② 《元典章》卷二一《户部七·支·准除钱粮事理》，第 768 页。
③ 《元典章》卷二一《户部七·支·拟支年销钱数》，第 770—771 页。
④ 《元典章》卷二一《户部七·支·军人盐钱》，第 774—776 页。
⑤ 《元典章》卷二一《户部七·支·拟支年销钱数（又）》，第 771—773 页。

元代考课制度最初继承于金代。至元元年（1264）八月，元廷颁布条格，在确定官吏员数、品阶、俸禄的同时，"计月日以考殿最"①。至元十四年（1277）规定了职官诸衙门、行省、宣慰司官，三十个月为一考，一考升一等，而外任官三周年为一考。至元二十二年（1285），卢世荣定百官考课之法，规定"自今每岁终考课，管民官五事备具，内外诸司职任内各有成效者，为中考"，"拟三十个月一次考功过为殿最，以凭迁转施行"②。此后又颁布了军官和捕盗官考课的法规。至元二十八年（1291）的至元新格中规定诸在朝职官，"以三十个月日为任满"，外任官"以三周岁为任满"，钱谷官则以"得代为任满"，任满后对其进行考核，以决定其升降。

元代考课中，管民官成为考核重点。忽必烈即位之初，廉希宪即奏请"使考课黜陟"③。中统五年（1264）颁布的圣旨中，即明确规定"今拟于省并到州县内，选差循良廉干之人以充县尹，给俸禄、公田，专一抚字吾民，布宣新政。仍拟以五事考较而升殿：户口增、田野辟、词讼简、盗贼息、赋役平，五事备者为上选，内三事成者为中选，五事俱不举者黜"④。县尹所考核的五事中，垦荒官田数目的增减以及均平赋役均与国家资产有关。至正四年（1344）正月，定守令黜陟之法，将考核的内容由五事改为六事："曰学校兴举、农桑有成、盗贼屏息、词讼减少、赋役均平、常平得法。"⑤ 针对国家资产相关的荒田开垦已经不再作为考虑的标准，而农桑有成和学校兴举等项关于官田以及学田等的管理则被纳入其中。所谓"国用民财，皆本于农"，"农桑衣食之本，公私岁计出焉"，更为"国家经赋之源"⑥。

① 《元史》卷五《世祖纪二》，第98页。
② 《元典章》卷二《圣政一·饬官吏》，第40页。
③ 《元史》卷一二六《廉希宪传》，第3090页。
④ 《元典章》卷二《圣政一·饬官吏（一）》，第39页。
⑤ 梁寅：《石门集》卷一〇《策略二·考课》，《北京图书馆古籍珍本丛刊》本，书目文献出版社2000年版，第509页。
⑥ 《元典章》卷二《圣政一·劝农桑》，第53—55页。

元代对其他官员的考课则多以"任内各有成效"① 为主。由于官员职责的不同，对其考核的内容也不尽相同。以盐官为例，盐运使及首领官负责卖盐和盐课钞的办纳，故以原额为基准的食盐发卖的增亏为其考核内容，而盐场官和司属官的职能是办盐课，故以煎办盐课在原额基础上的增亏为其考课内容。

元代的考核内容直接地反应在官员离任时的解由之中。解由，又作"给由"，即官员离任时的证明文书。"考满职除曰解，历其殿最曰由。"② 解由中除了官员的基本信息外，还对其在任期间他所掌管的提调巡禁等事务是否出现走私现象，是否有侵占系官田粮等行为，提调禁治段匹盐货等事是否有违法行为，离任时所交管的廨宇、仓廒、斛斗、架阁青典、宣圣庙宇、使客铺陈器物、牢房等与赴任时所接管的是否一致，以及到任以来的政绩说明等内容③。解由一般由上司机构出给。以上相关内容"候各官任满，于解由上明白开写，以凭殿最"④。

元初，外任官员的解由应在送达吏部后，由吏部"为照过名行移刑部，为照粘带俸月行移户部，为辨验宣敕文凭行移礼部"，再由三部将意见反馈给吏部。此外，管民官的解由，与军人奥鲁有关者需要行移枢密院，与站赤有关者需要行移通政院，跟农桑有关者需要行移司农司。大德元年（1297），为解决这种烦琐而效率低下的措施给求官之人带来的不便，外任官的解由送达吏部后"不须行移各部，为照过名，止行移刑部者"，而管民官解由则由本管机构查验"本管任内有无逃窜军站户计、擅科差役骚扰不安，及提调农桑衣粮等各各数目，依例于解由内明白保结开申"。与此同时，由吏部参照金朝的制度，设立行止簿，来记录官员的功过，"吏部里置立文簿，将各人历

① 《元典章》卷二《圣政一·饬官吏（二）》，第40页。
② 徐元瑞撰，杨讷点校：《吏学指南》，浙江古籍出版社1988年版，第42页。
③ 《元典章》卷一一《吏部五·职制二·给由·给由体式》，第397—401页。
④ 《元典章》卷一一《吏部五·职制二·给由·任满勘合给由（又）》，第402页。

过月日，但有合关防的事，标附在簿子上，就照了定夺"①。行止簿的设立或与时任吏部主事的高昉的建议有关。延祐四年（1317）的《漏附行止》则规定了行止簿的操作程序："台院选用人员，到任之日，开具三代年甲、籍贯、脚色，礼任、得代月日，移文任所官司，开申合干上司，转达吏部。省除人员，照勘备细历仕，于元除卷内开写，提调都事，每岁不过下年正月已里，责令当该省掾书写，将各各卷宗，具呈左司，关发到部，以凭附写"，而"其部选从七一下人员，奏准之后，照会到部，当该令史铨写，即将元卷判送行止局"②。行止簿中官员资料的分类方式则为"凡资序之扬历，功过之殿最，或以姓氏、或以地望、或以致身之途，类聚而群分"③。

元代负责考课的主要机构是吏部。"考课殿最之法"④ 是其职能之一。最初吏部并没有专门负责考课的衙署和官员。大德元年（1297）置立行止簿，设立行止局。后由吏部郎中、员外郎以及主事令史、书佐等置立行止簿。泰定四年（1327）的一件文书中规定了吏部官员考课的职责："吏部员外郎、主事，职专稽考案牍。凡诸官员给由，并应叙人员告满，置簿勾销，主事拾日壹查勘，员外郎月终审校，次月初五日已里，具检过名件，报检校官，拟定程限查照。"⑤尔后考功的管理则由吏部主事一名"专掌而迭理，一季则更一当次者"⑥。元统二年（1334）夏，在吏部主事李廷佐和宋存礼的主持下，修建了考功堂。后至元三年（1337），吏部才专设考功郎中、员外郎和主事各一员。至正元年（1341），吏部置司绩一员，正七品，"掌百官行止，以凭叙用荫袭"⑦。

---

① 《元典章》卷一一《吏部五·职制二·给由·整治给由事理》，第408页。
② 《至正条格·断例》卷二《职制》，第182页。
③ 欧阳玄：《中书省吏部考功堂记》，《析津志辑佚》，北京古籍出版社1983年版，第23页。
④ 《元史》卷八五《百官志一》，第2126页。
⑤ 《至正条格·断例》卷二《职制·关防吏弊》，第186页。
⑥ 欧阳玄：《中书省吏部考功堂记》，《析津志辑佚》，第22页。
⑦ 《元史》卷九二《百官志八》，第2329页。

此外，元武宗时还仿照宋代的制度设立了考功印历，用以手写官吏的行迹，同样作为考核的依据。但是这种方法施行不久就因为武宗去世而废止了①。

（三）审计制度

元代废除了比部。其审计制度的创设大体可以分为两个时期。大蒙古国以及元世祖时期以钩考为主，尔后则以检校为主。

钩考又称"理算"，即财务审计。元代的钩考制度既吸收唐宋"勾复"、"磨勘"制度，又融合了蒙古的勾考旧俗，具有蒙汉二元制的特点②。史籍记载中较早有关大蒙古国钩考或理算的事件是宪宗四年（1254）春，蒙哥汗派遣耶律铸与帖木而忽秃核钱粮于燕京地区③。蒙古国时期最为典型的钩考事件为阿兰答儿钩考。宪宗七年（1257）十一月，蒙哥汗"遣阿兰答儿、脱因、囊加台等诣陕西等处理算钱谷"④。这次钩考的范围仅限于忽必烈所控制的陕西宣抚司、从宜所、河南经略司等，因此带有明显的政治目的，即蒙哥要夺回忽必烈对陕西、河南等地的财赋大权。

元世祖忽必烈即位后，在财臣阿合马和桑哥的建议下也有大规模的钩考钱谷的举动。至元八年（1271），罢诸路转运司，立局考核逋欠，曾经"掌其事"的刘正就发现大都运司负银课五百四十七锭，并追查到所欠银课是运司司库辛德柔冒名支领，最终将辛某绳之以法，课银缴归国库⑤。至元十七年（1280），阿合马奏请对江淮行省一切钱谷进行理算，查出行省平章阿里伯等擅支粮四十七万石。元初对江南钱粮的钩考频繁举行，所谓"自平江南，十年之间，凡钱粮事

① 武波：《元代考课制度》，《史学月刊》2013 年第 8 期。
② 李治安：《元世祖朝钩考钱谷述论》，《元代政治制度研究》，人民出版社 2003 年版，第 578 页。
③ 危素：《危太仆续集》卷二《故翰林学士承旨耶律公神道碑》。
④ 《元史》卷三《宪宗纪》，第 50 页。
⑤ 《元史》卷一七六《刘正传》，第 4106 页。

八经理算"①。至元二十五年（1288），桑哥主持国家财政期间进行的钩考是规模最大的一次。这次钩考涉及江淮、江西、福建、四川、甘肃、陕西、湖广等七行省，所钩考的内容即屯田或钱谷是否存在逋欠的行为，而路府州县成为此次钩考的主要对象。"是时公府之出纳，无容复有余羡。"② 即路府州县必须除官府所用经费外，大部分金帛钱粮解送朝廷，地方政府不得留存和设立小金库。此外，元世祖时期还有过对于行省和中书省的钩考。值得注意的是，这一时期的钱谷钩考体现了元代对财政的中央集权，其目的更在于搜刮财富，其中更是掺杂了激烈的官僚集团内部的政治斗争③。

元朝财政审计体系的建立则在世祖末和成宗初。元朝的中书省和行中书省都设有检校所。其中中书省所设检校官直隶中书省。至元二十八年（1291）"尚书省以户、工二部营缮出纳之繁，奏设是官，以核其程书。官二员，吏四人，其署在省之东偏"。确切来讲，元代的检校官设于该年的八月。《元史》载八月"己巳置中书省检校二员，秩正七品，俾考核户、工部文案疏缓者"④。至元三十年（1293），检校官添设二员，由此检校官四员"分督省、左右司、六部及架阁仓库文字之稽滞乖违者，而纠正之"⑤。官吏在东西曹阅毕公牍案卷后，在检校厅断决。至顺二年（1331），检校厅徙治大都东南。各行省设立检校官员数和时间不尽相同。所谓"其在行省者半之，比年兵兴多事，添置遂无恒员"⑥。即一般说来各行省检校官的数目应为二员，然《元史》载各行省检校官所设检校所"检校一员，从七品，书吏二员"⑦。就检校官设立的时间而言，元贞元年（1295）十一月辛巳，

① 《元史》卷一三《世祖纪十》，第 281 页。
② 虞集：《道园学古录》卷一四《知昭州秦公神道碑》。
③ 参见李治安《元世祖朝钩考钱谷述论》，《元代政治制度研究》，第 577—594 页。
④ 《元史》卷一六《世祖纪十三》，第 349 页。
⑤ 虞集：《中书检校厅壁记》，《析津志辑佚·朝堂公宇》，第 18 页。《中国历史大辞典·辽夏金元卷》"检校官"条据《元史·百官志一》认为检校官设于大德元年，误，上海辞书出版社 1986 年版，第 426 页。
⑥ 贡师泰：《玩斋集》卷七《福建行省检校官厅壁记》。
⑦ 《元史》卷九一《百官志七》，第 2308 页。

置江浙行省检校官二员①。四川行省检校官设立于至正三年（1343）二月②。

元代的检校官类似于唐代的勾检，对钱粮进行稽查审核③。其职掌为"掌检校左右司、六部公事程期、文牍稽失之事"④。由此核查文卷是其主要工作。具体说来，"凡诸曹所治铨衡、赋税、礼乐、舆马、刑政、营缮之属，署牍参错，旁午出入，山委林比，检校悉得录其缪愆，稽考以为重轻，上幕府议。一不合，则吏抱成案往来，力争可否。不得，则检校并上堂立具列卷，前后反复辨论，必如律令乃已"。其中赋税、舆马、营缮等项支出都是国家资产审计的重要内容。除检校钱谷外，检校官还有提出整改意见的义务。如大德十一年（1307）江浙行省检校官在检查出各宣慰司以及路府州县有关钱粮的文卷中收支钱钞若以市价支取，则有很多零钱，不便管理，于是江浙行省检校官拟请今后支取钱粮数目以零就整⑤。具体说来，检校官的工作，"诸钱谷之计，其各行省每岁须一检校"⑥。

照磨的设置是元代审计制度的一个重要特点。元代上自中书省，下至地方州县均设有照磨一官。照磨，掌磨勘钱谷出纳之事，是相关机构内部审计的官员。设于中统元年（1260）的中书省照磨虽为正八品，但其"掌磨勘左右司钱谷出纳、营缮料例，凡数计、文牍、簿籍之事"⑦。最初中书省照磨为二员，至元八年（1271）省为一员，并有典吏八人。而户部所掌管全国财赋收纳的四库至元二十八年（1291）也因"钱帛事繁"，设有四库照磨。各行省则设有照磨所，设照磨一员，秩正八品。各路府州县照磨则为首领官。照磨的职级虽低，但是其掌管的事务却十分重要。有时身兼提控案牍或狱丞等，然

① 《元史》卷一八《成宗纪一》，第397页。
② 《元史》卷四一《顺帝纪四》，第867页。
③ 方宝璋：《元代检校和照磨官的审计职能》，《审计理论与实践》2003年第1期。
④ 《元史》卷八五《百官志一》，第2125页。
⑤ 《元典章》卷二一《户部七·支·钱粮数目以零就整》，第769页。
⑥ 《元典章》卷二二《户部八·课程·至元新格（十一款）》，第801页。
⑦ 《元史》卷八五《百官志一》，第2125页。

"金谷则欲烛照磨研，厉其隐失也"才是照磨的首要职能①。

值得注意的是，元朝政府还不定期地派出朝廷官员对各地进行不定时的审计。延祐元年（1314）在平章张闾的建议下对江浙、江西和河南等行省的田土进行经理。最初发榜昭告当地百姓，限四十日将自家田土汇报官府，并鼓励百姓举报占用他人田土以及官田的行为，给予一定的奖惩。但是由于施行比较仓促，并没有取得很好的结果。此外，元中后期所派出的奉使宣抚也有审计、整顿地方国有资产的因素。

（四）监察制度

元代监察制度的建立和完善是随着中央集权制度的发展而发展的。元代的监察制度由以御史台为中心的监察机构来实现。其与以中书省为中心的行政系统，以枢密院为中心的军政系统形成了鼎足而立的局面。

大蒙古国时期，并没有专门的监察机构。元初在汉人大臣的多次建议下，忽必烈于至元五年（1268）设立了御史台，并订立了三十六条台纲，确定了御史台的工作权限。次年正月设立了四道按察司。元灭南宋后，先后设立了江南、河西和云南等行御史台作为御史台的派出机构，同时设立江南八道提刑按察司。河西行台在至元十年（1273）撤销，云南行台于大德元年（1297）迁往陕西。自此，保存了江南、陕西两处行御史台，文献中简称为南台和西台。两个行台的分工是南台"监江浙、江西、湖广三省"，而西台"统汉中、陇北、四川、云南四道"②。提刑按察司经过后来的调整，设有二十四道，后来改为肃政廉访司。二十四道肃政廉访司具体说来包括内八道、江南十道和陕西四道。内八道即山东东西道、河东山西道、燕南河北道、江北河南道、山南江北道、淮西江北道、江北淮东道、山北辽东

---

① 许有壬：《至正集》卷四三《御史台照磨题名记》。
② 《元史》卷八六《百官志二》，第2179—2180页。

道，隶御史台。江南十道隶江南行台，包括江东建康道、江西湖东道、江南浙西道、淮东海右道、江南湖北道、岭北湖南道、岭南广西道、海北广东道、海北海南道、福建闽海道。西台下属的四道为陕西汉中道、河西陇北道、西蜀四川道、云南诸路道。肃政廉访司下设分司。总司坐镇本司总管本道事务，分司则出司巡行。

御史台"掌纠察百官善恶、政治得失"①。至元五年（1268）颁布的《设立宪台格例》明确规定"诸官司刑名违错、赋役不均，擅自科差，及造作不如法者，委监察纠察"，"随路总管府、统军司、转运司、漕运司、监司、及太府监并应管财物造作司分随色文帐，委监察每季照刷"。"诸官吏将官物侵使或移易借贷者，委监察纠察。"②至元十四年（1277）规定诸官司"赋役不均、户口流亡、仓廪减耗、擅科差发，并造作不如法、和买不给价，及诸官吏侵欺盗用、移易借贷官钱"等事要行台纠察③。至元六年（1269）颁布的《提刑按察司条画》显示，提刑按察司的工作范围很广，其中涉及国家资产者包括监督漕运、驿站、仓库、和买，照刷宣抚司、路总管府、统军司、转运司等其他官府的文案，纠察官民私盐、酒曲及沮坏钞法，劝课农桑，督促纳税，究治诸官府使用铺马不当等④。正如时人所称，"提刑之职，一官吏、二风俗、三狱讼、四农桑、五学校、六文案、七人才"⑤。然而提刑按察司职掌的重点还是提点刑狱。与提刑按察司不同，至元二十八年（1291）所设肃政廉访的职掌则是民事、钱谷、官吏奸弊等事一切委之，其更注重纠劾奸弊。提刑按察司官员"分轮巡按"，而肃政廉访司则"监临坐地"⑥。提刑按察司最初半年巡按一次。至元二十三年（1286）规定每年八月除按察使二员留守外，其余官员每年八月巡按各道，至次年四月还司。

---

① 《元史》卷八六《百官志二》，第 2177 页。
② 《元典章》卷五《台纲一·内台》，第 143—144 页。
③ 王晓欣点校：《宪台通纪（外三种）》，浙江古籍出版社 2002 年版，第 20 页。
④ 《元典章》卷六《台纲二·体察》，第 155—159 页。
⑤ 胡祗遹：《紫山集》卷二一《政事》。
⑥ 参见李治安《元代肃政廉访司研究》，氏著《元代政治制度史研究》，第 289—290 页。

监察系统对国家资产的管理体现在体察相关事务、弹劾相关官吏，照刷相关文卷。御史体察的范围包括水旱灾伤之外的一切事务。其对国家资产管理的体察有着具体的规定。至元六年（1269）规定，"边关备御不如法，及河渡、都水监、漕运司，军器、铺驿、仓库、和买等事，并所部内应有违枉，并听纠察"。而"各路民户合纳丝银、税粮、差发，照依已立限期征纳，不得违限并征，仰常切体究"①。至元二十五年（1288）规定提刑按察司体察仓库"巡按官所到，凡仓库收贮官物及造作役使工匠去处，须管遍历巡视，用心体察。有收贮不如法，并侵盗、移易、损坏官物，及诸造作役人不应者，随即纠治，申台呈省"②。

弹劾官吏侵占、冒支、损坏国家资产的行为是监察部门的重要职能之一。大都路固安州、东安州等地官吏曾克扣盐折粟价钱。李二寺通济、广济二仓仓官露天屯放粮食，且不为用心管理，致使仓库倒塌，损坏官粮九千八百余石。涿州站官私自使用供给使臣的祗应钱。漕运司失陷官粮。如此众多涉及国家资产的相关违规行为都遭到监察御史的弹劾③。

照刷文卷是指对地方官府的文卷进行审核。各地文卷档案保留有诸多国家资产管理的内容。因此照刷文卷也是管理国家资产，避免国家资产流失和滥用的重要方式。元代"自中书省已下诸司文卷，俱就御史台照刷"④，而"各处行省文卷，每年台里差监察照刷去来"⑤。行省以下地方官府的文卷则由提刑按察司（后改为肃政廉访司）照刷。监察系统对刷卷的时间也有安排。江南各道廉访司巡按刷卷自五月出至次年五月还司，造成很多不便。于是大德三年（1299）规定

---

① 《元典章》卷六《台纲二·体察·察司体察等例》，第155页。

② 《元典章》卷六《台纲二·体察·察司合察事理》，第161—162页。

③ 王恽：《秋涧先生大全文集》卷八八《弹固安州官吏剋落盐折粟价钱事状》《弹东安州官吏剋落盐折粟价钱事状》《弹李二寺仓损坏官粮事状》《弹涿州站官私使祗应钱事状》，《宪台通纪（外三种）》。

④ 《元典章》卷六《台纲二·照刷·省部赴台照刷》，第178页。

⑤ 《元典章》卷六《台纲二·照刷·行省令史稽迟监察就断》，第182页。

江南各道廉访司九月初出司，次年四月初还司。以照刷转运司文卷为例，至元五年（1268）规定转运司文卷每季照刷，次年设立提刑按察司后则改为每上下半年各照刷一次。至元二十一年（1284）卢世荣上台后，一度废止了按察司照刷文卷的工作。至元二十五年（1288），照刷文卷得以恢复，并规定转运司文卷年终照刷。然而其他官府文卷则仍然上下半年照刷，特别强调"凡干碍动支钱粮并除户免差事理，虽文卷完备，数目不差，仍须加意体察"①。元政府还规范了元代的照刷程序，颁布了刷卷首尾相见的体式，限定了照刷文卷的默记字样等等。

刷卷的目的在于发现问题，纠正过错。刷卷中发现的问题主要有"稽迟"和"违错"两类。稽迟即没有及时处理者，违错则是出现违法过错者。文卷中发现的问题有很多与国家资产管理有关。管理宫廷饮食的宣徽院曾经拒绝御史台刷卷。至顺元年（1330），御史台指出宣徽院由于无人兼管，"出纳无法，侵欺作弊，蠹耗了财物"，最后文宗同意除宫廷"大锅子里准备的茶饭酒醴"外，"其余宣徽院并所管收支钱物等文卷，监察每依体例照刷者"②。

四 元代国家资产管理的经验教训与启示

元朝实现了中国历史上前所未有的统一，疆域较之此前扩大。其制度存在蒙汉二元的特点决定了其既需要保证朝廷的运行，同时还要顾及蒙古贵族的利益。因此其对国家财政的需求巨大。国家资产是否能满足国家运行的需要则尤为关键。元代在实现国家资产管理方面体现出一些明显的特征，可以为后代所借鉴。

（一）集中统一的管理制度是元代国家资产管理的核心内容

元代的财政管理体系与前代不同，其始终贯彻集中统一的管理制

---

① 《元典章》卷六《台纲二·体察·察司合察事理》，第 161 页。
② 《宪台通纪（外三种）》，第 79 页。

度。元朝税课的征收施行路总管府总领下的逐级科敛方式，即"府科于州、州科于县、县科于民"①，路总管府再把收纳的财赋送往行省，每年都有大量粮食收入由各行省通过海路运往国库收屯。作为国家收入大宗的盐茶榷货则设有直属于中书省或行省的盐运使司和茶运司等直接管理，所得收入则直接运送国库。由此"昔之有国家者，藏富之所，散于列州。而今也，藏富之所，聚于诸省"②。至于中央与地方财政分配的比例，大德十一年（1307）九月中书省的奏请可以明确看到。中书省臣言"帑藏空竭，常赋岁钞四百万锭，各省备用之外，入京师者二百八十万锭"③。可知全国岁钞收入上供京师者与各省的比例为七比三。

元代管理机构中，中书省作为统一管理国家资产的核心机构，中书户部作为具体执行机构，而各行省则作为中书省的派出机构负责财物管理。包括皇太后、皇太子等的财赋管理机构则是宣徽院、中政院等。使全国的国家资产基本上控制在朝廷手中，能够应付国家正常财物所需和临时出现的一些事务，保证国家机器的正常运转。

元代集中统一的国家资产管理体制还体现在一系列具体出纳细则的制定。如起初，各路官员出行因地域不同，所乘铺马多少不同。其实元代对于官员赴任所需铺马，早有明文规定，即三品五匹，四品、五品四匹，六品、七品三匹，八品以下只给两匹。至元八年（1271），规定了随路总管府监捕蝗虫的达鲁花赤、总管给铺马三匹，同知、治中、府判给二匹，各路运司每季度所差课税押运官、库子给铺马二匹，各路交钞库官因公给马二匹，各路局院因公给马一匹，运司所差差拨税粮、考校课程的吏员给马三匹等。至元二十五年（1288）规定三品以上，正从不过五人，马五匹；四品、五品，正从不过四人，马四匹；六品到九品，正从不过三人，马三匹。元贞二年

---

① 《元典章》卷三《圣政二·均赋役（中统元年）》。
② 黄溍：《金华集》卷九《重修广济库记》。
③ 《元史》卷一九《成宗纪》，第488页。

（1296），又规定了走水路官员支给站船的情况：一品、二品，船三只，三品至五品，船二只；六品至九品，令译史、宣使等，船一只。再如国家对使臣祗应的规定。中统四年（1263）规定使用铺马的使臣，于换马处，正使臣支粥食、解渴酒，于住宿之处，正使臣支白米一升、面一斤、肉一斤、酒一升、油盐杂支钞一十文，冬日支炭五斤，自十月初一日为始，明年正月二十日结束。又如元朝政府还对政府衙署的规格作了规定，具体规定为路总管府一级的廨宇正厅一座五间，七檩六椽。司房东西各五间，五檩四椽，门楼一座，三檩两椽。而州的办公用房为正厅一座，五檩四椽，两耳房各一间，司房，东西各三间，三檩两椽。县级办公机构正厅无耳房，其他和州相同。此外，已有办公用房的不必再行起盖，如有损坏的，则计料修补。除办公用房外，官员房舍则利用原有房舍。官员到任则拨付相应的房舍，供官员居住，而离任时归还。如此统一细致的规定便于操作和施行，从而将国家资产牢牢地掌控在朝廷手中。

（二）严密的审计监察制度是元代国家资产管理的重要保障

有元一代，朝廷设立了由各部门照磨审计，中书省和行省检校所检校，监察御史巡按、刷卷，地方官员依据考课进行奖惩的制度，加之朝廷随时派员纠察，从不同层面限制和约束了官员的行为，确保了国家资产管理的合理支配和使用。

照磨审计是元代审计制度的特点。照磨的设置之普遍为前所未有，照磨虽然秩级较低，但其权力却很大。在内部审计过程中发现经济上的违法乱纪行为，则要上报。担任江南浙西道廉访司照磨的刘济"劾其使贪纵不法，事闻，使坐斥去"①。各行省所设检校所随时检校的措施也在某种程度上保证了行省之下各级部门的财赋得以合理使用。检校的职责在于"愆者正、缪者绳、过者抑之、稽滞者董之、颠

---

① 黄溍：《文献集》卷八上《江浙行中书省左右司都事刘君墓志铭》。

倒错乱者厘而治之"①。苏志道担任中书省检校官期间"陈便益、正愆缪、黜奸赃吏、核滥出金谷若干，六曹吏为悚畏"，他曾经查出工部、户部二曹滥用财物"数千，收之"②。

监察御史的巡按、按问，特别是刷卷制度的施行能够发现地方官员在财赋出纳、经费使用方面的问题，使官员将财赋据为己有或违法使用经费时慎之又慎，从而有效地保证了国家资产管理的有效和合理性。

元代针对办课官员制定了量化的考核标准。元贞二年（1296），中书省曾奏闻"管办钱的人每，办上额外中增一分，与赏，更添名分"③。而至治元年（1321）对运司运使、首领官、盐场官等以额办十分为率，按在"原额"基础上增亏比例而决定升降赏罚的办法易于操作，在某种程度上刺激了官员的办课热情④。元代官员的解由最终都要经过御史台等监察部门的审核，最终根据考核的结果给予赏赐和惩罚。与此同时，元朝政府颁布的关于官员赃罪以及违犯国家资产管理规定的惩罚体系也在某种程度上限制了官员侵吞和浪费国家资产的行为。

元代中后期，朝廷开始委派奉旨宣抚。奉旨宣抚的设立与元中后期吏治腐败的愈演愈烈有关。其职能之一即为惩治贪赃。而其中必然关系到国家资产管理的内容。奉使宣抚的身份是皇帝任命、代表皇权的钦差大臣，而其惩办贪赃雷厉风行，从严从重⑤，在某种程度上有效地遏制了滥用国家资产的行为。

（三）节浮费以丰财用——元代统治者提倡节用

元代由于蒙古旧俗和正常政府运行需要巨大的费用是不争的事

---

① 刘仁本：《羽庭集》卷五《送江浙行省检校官章君彦复序》。

② 许有壬：《至正集》卷四七《苏公神道碑铭》。

③ 《元典章》卷九《吏部三·局院官·增余课钞迁赏》，第348页。

④ 《至正条格·断例》卷一〇《增亏盐课升降》，韩国学中央研究院2007年版，校注本，第290页。

⑤ 李治安：《关于元代中后期的奉使宣抚》，氏著《元代政治制度史》，第549—571页。

实。然而怎样有效地使用国家资产，一些大臣提出"量入为出"，
"节浮费以丰财用"和"省浮费"的建议。王恽曾指出"今国家财
赋，方之中统初年岁入何啻倍蓰，而每岁经费终不阜赡者，岂以事胜
于财，过有所费故也。为今之计，正当量入为出，以过有举作为戒，
除飨宗庙、供乘舆、给边备、赏战功、救荒岁外，如冗兵妄求浮食冗
费，及不在常例者，宜捡括一切省减，以丰其财。财丰事胜，食足气
充，以政则取以战则胜，以柔则服，将何为而不成，何求而不获"①。
元末的苏天爵也指出"节用爱民，有国之常经"，如"罢不急之工
役，止无名之赏赐、裁官吏之冗员，减僧道之好事，凡百用度，务令
樽节。庶几国用既充，民无横敛，感召和气，莫急于此"②。

统治者提倡节用，根据"量入为出"的原则，保证财赋的收支平
衡。如至大时，有商人向统治者推销美珠，仁宗爱育黎拔力八达对大
臣们说，我所穿的衣服不喜欢装饰珠玑，"生民膏血，不可轻耗"，
你们这些大臣应该给我广泛推荐贤能之人，"以恭俭爱人相规，不可
以奢靡蠹财相导"③。李孟指出"钱粮为国之本，世祖朝量入为出，
恒务撙节，故仓库充牣。今每岁支钞六百余万锭，又土木营缮百余
处，计用数百万锭，内降旨赏赐复用三百余万锭，北边军需又六七百
万锭，今帑藏见贮止十一万余锭，若此安能周给。自今不急浮费，宜
悉停罢"。于是元仁宗听从了李孟的建议，停止了一切营缮工程。至
顺元年（1330），知枢密院事燕不怜奏请依照旧制给予拨付鹰坊刍
粟。元文宗图帖睦尔强调"国用皆百姓所供，当量入为出"。最终朝
廷没有给与鹰坊刍粟④。可见元世祖、元仁宗、元文宗等皇帝都曾倡
导节俭，并践行节用。

一些地方官员也在节用方面作出了楷模。如天历时，王士弘受命

---

① 王恽：《秋涧先生大全文集》卷三五《上世祖皇帝论政事书》，第484页。
② 苏天爵撰，陈高华、孟繁清点校：《滋溪文稿》卷二六《灾异建白十事》，中华书
局1997年版，第437—438页。
③ 《元史》卷二四《仁宗纪一》，第537页。
④ 《元史》卷三四《文宗纪三》，第769页。

担任工部尚书。当时朝廷在用兵之际，军器供给十分繁重。王士弘组织人员对军事器械进行维修，而不是置办新品，最终"万须悉备，且省浮费数十万"①。

（四）使用无度，监管不善造成国有资产的大量浪费和流失

元代国家资产虽然有集中统一的管理制度和涉及多层面的审计监察制度，同时上自皇帝，下至臣僚都践行节俭。但是由于元代政治制度蒙汉二元的特点，导致国家资产支出数目巨大，大多情况下入不敷出。统治者甚至不惜动用钞本，从而使看似完美的管理制度流于形式，而无法施行，造成国家资产管理不善，国家经济通货膨胀，最终导致元朝的灭亡。

元朝国家资产的支出主要有包括俸禄、宫廷开支、各级官府日常开支及赈济灾民在内的政府日常财政支出，包括养军、赏赐战功、战争和边备费用在内的军费开支，包括修建都城、官府以及水利设施在内的工程建造开支，因蒙古旧俗赏赐诸王、公主、驸马等的岁赐和朝会赐赉等②。元世祖时，"国家宫室廪禄之需，宗藩岁赐之常，加以南图江汉，西镇川蜀，东抚高丽，而来日本，岁不下累万计"③。元初十路课税所、转运司、制国用使司以及后来两次立尚书省的目的都是聚敛财物，以给国用。即便是这样，至元二十九年（1292），中书省官员奏报这一年的财政收支状况，额办收入"凡二百九十七万八千三百五锭"，实际税收仅为一百八十九万三千九百九十三锭，然"凡出三百六十三万八千五百四十三锭，出数已逾入数六十六万二百三十八锭矣"④。入不敷出的现象一直持续到元朝灭亡。

在国家资产出纳中，无度的消费主要集中于赏赐、佛事、土木、冒滥支请等。至顺元年（1330），中书省臣说："近岁帑币空虚，其

---

① 释大訢：《蒲室集》卷一○《王可毅尚书历任记》。
② 参见陈高华、史卫民《中国经济通史·元代经济卷》，第512—526页。
③ 魏初：《青崖集》卷四《奏议》。
④ 《元史》卷一七《世祖纪十四》，第368页。

费有五，曰赏赐，曰佛事，曰创置衙门，曰冒滥支请，曰续增卫士鹰坊。"①

元朝皇帝大规模的赏赐占有相当的比重。根据蒙古旧俗，蒙古部落所获得的土地、钱物等归全体贵族成员所有。为此蒙元时期皇帝根据传统习俗既要给予蒙古宗王和贵族土地，又要给予他们颁发金银钱钞。元太宗窝阔台时，成吉思汗的子、弟所获得的岁赐额均为银一百锭，段三百匹。元世祖时，岁赐额不断调整，较之此前有了很大的提高。数额巨大的岁赐造成了元朝政府无力给付，于是岁赐逐渐转为朝会赐赉。成宗时增加了朝会赐赉的比例。此后由于经费不足，朝会赐赉的标准有所下降，但数目依然庞大。在常额之外，还有很多额外的赏赐甚至比常额还要多。这些赏赐的给予则取决于皇帝与宗王及贵族的关系，带有很大的随意性。

大兴土木耗费了大量的国家资产。元武宗时，土木大盛。当时"创城中都，崇建南寺，外则有五台增修之扰，内则有养老宫展造之劳。括匠调军，旁午州郡，或渡辽伐木，或济江取材，或陶甓攻石，督责百出"②。至大四年（1311）土木营缮百余处，"计用数百万锭"③。元朝的很多皇帝和皇后等都信奉佛教，因此频繁的佛事活动所需花费数额巨大。

元朝解决财政收支平衡，填补财政亏空主要有两个途径。一是征敛于民，加重了百姓的负担，从而激化了政府与民众之间的矛盾。一是动用钞本。元代在全国推行纸币制度。大德二年（1298），朝廷即动用至元钞本二十万锭。至大最初两年，动用钞本的数额已经累计达到一千零六十万三千一百余锭。动用钞本必将造成纸币贬值，通货膨胀，从而影响百姓生活和社会经济。

此外，朝廷对国家资产的监管不善也是国家资产流失的原因。如前所述，元世祖初期的理财由于制度并不完善，更多将财权委于个别

---

① 《元史》卷三四《文宗纪三》，第 760 页。
② 张养浩：《归田类稿》卷二《时政书》。
③ 《元史》卷二四《仁宗纪一》，第 547 页。

官员。王文统、阿合马、卢世荣、桑哥都是元世祖重用的理财之臣。元世祖时期，至元七年（1270）尚书省的设立与阿合马争取财权独立，从而摆脱监察系统的约束有关。就以上财臣而言，其权力不仅限于财权。其膨胀的权力使之能够左右朝廷的众多决策，为所欲为，从而使国家资产的管理带有浓重的个人色彩。元中后期权臣当道，监察系统职能在权臣面前明显弱化，从而为官员侵吞国家资产大开方便之门，造成国有资产的大量浪费和流失。

明代中叶以降赋役核算技术的演变趋势

申　斌

（广东省社会科学院　历史与孙中山研究所）

赋役改革是考察明代社会经济和财政治理变迁的重要线索，既有研究十分丰富，揭示了从明初配户当差的赋役体系向清初以土地税为基础的赋税体系转变的整体趋势和诸多细节。① 而以"定额化"为核心的赋役制度改革得以实施，需要相应的赋役核算数据和核算技术的支撑。笔者在《明代地方官府赋役核算体系的早期发展》中对洪武至弘治时期，地方官府赋役管理从基本不依赖核算到需要且可以核算的演变脉络进行了梳理，认为从核算体系形成过程中可以识别出三个演变趋势和脉络。一是原本不可计量、计算的赋役征收内容以各种方式趋向形成量化数额或计划，降低了征收的不确定性。到弘治时期，物料、公费基本折银征收，均徭的银差正在形成。二是赋役的派征对象逐渐向标准可计量方向转移。里甲作为派征对象的作用减退，丁、田、户成为物料、公费、徭役的课税客体。三是摊派核算方式在物料、公费领域出现。②

---

　　① 梁方仲：《一条鞭法》，梁方仲：《明代赋役制度》，中华书局 2008 年版，第 10—61 页；［日］小山正明：《赋·役制度の变革》，《岩波讲座世界历史》第 12 卷，岩波书店 1971 年版，第 313—345 页；刘志伟：《在国家与社会之间》，中山大学出版社 1997 年版；刘志伟：《从"纳粮当差"到"完纳钱粮"——明清王朝国家转型之一大关键》，《史学月刊》2014 年第 7 期；万明、徐英凯：《明代〈万历会计录〉整理与研究》，中国社会科学出版社 2015 年版。
　　② 申斌：《明代地方官府赋役核算体系的早期发展》，《中国经济史研究》2020 年第 1 期。

成化以后白银在赋役领域使用的进一步普遍化，使得不同性质的征收内容、课税客体找到了统一的标准化估值手段。这促使前述核算体系向着更加深入完善的方向发展，并在地域上不断扩展、行政层级上不断提升。赋役核算技术的变革，使得赋役经制册籍的编纂成为可能，为财政集权化奠定了基础。而赋役经制册籍的编纂反过来又推动了核算方式的规范化与扩展。最终，到万历中期，大多数州县的规范化赋役征收基本实现了可核算管理，并被纳入省级统一管理。本文拟在既有赋役制度史研究成果基础上，以核算数据的形成与摊派核算技术的发展为着眼点，梳理这段历史，以期明确赋役制度变革和财政集权化的核算技术基础。

弘治以降的核算体系的演变延续了上述三个趋势，并且向着更全面、深刻方向发展。首先，征收内容定额化。各项实物解纳责任和劳役支应在用银计量的基础上逐渐实现定额化，加总计算得出应征赋役总额成为可能。其次，派征对象标准化。赋役的派征对象——里甲和编户，分裂为人丁额和税粮额（或土地额）这两类课税客体；而人丁和土地标准化成为可以折算、加和的数字，使得摊派计算成为可能。最后，普遍使用"定额—加总—摊派"核算方式来确定派征规则，派征率渐成官府内部核算的核心。下面具体论述之。

一 征收内容：赋役折银与定额化

定额化是明代赋役改革的中心课题之一，也是一个官民共同的诉求。在民的方面希望负担明确、稳定；在官的方面，早期是为了可持续的赋役征发，后期是为了稳定收入。可持续征发要求赋役负担可以公平合理地派给百姓，以免因不公导致百姓破产逃亡。而尽量将赋役征发负担固定下来，减少征发的不确定性，是均平征发的内在要求。

从核算角度看，征收内容的定额化包括三层含义。首先是赋役征发的计划性。中央向地方坐派的田赋仓口、种类、实物数量，上供物料的种类、实物数量，地方官府征发的徭役项目与人数等都可以事先规定，且在一定时间内相对稳定。这近似于使用价值的定额化。其次，是各类赋役征发内容可以用统一的价值尺度进行量化核算。最后，是各类赋役内容都采用统一的支付手段且数额趋于稳定，这可以理解为价值的定额化。在明代实际历史进程中，这三方面是交错演进，互相影响的。

明中期地方官府的赋役计划征收额有两种核定方式。（甲）根据本府官府承担的支出责任数额加总得到应支总额，也即应征总额，在核算文本形式上可称为"以支记收"。（乙）直接规定应征总额，具体又可以分为两种情况，（乙1）只规定应征总额，（乙2）规定税率，据其和课税客体数额一起计算出应征总额。值得注意的是，（乙2）这种方式一般见于赋役改革初期，多是基层官府与里长根据经验协商而定。这与嘉靖以后官府根据分项支出加总得到应征总额，然后向课税客体（或在运算上扮演同样摊派对象角色的其他册载数字）摊派，得到派征率，并以派征率为实征税率的情况是不同的。

从主导者看，定额化又存在中央各部主导与地方官府自下而上推动两条不同演进脉络。这主要体现在田赋和上供物料这两类中央各部控制的征收上，中央主导的变化对地方官府而言主要体现为支出责任趋向固定，而地方官府主导的定额化最初则是为了减轻每年征收额度的变动幅度。在地方官府具体核算中，两条脉络交汇在一起。

本部分在简单讨论米麦和白银两种核算计量标准后，分别剖析田赋、上供物料、徭役公费三类征收的定额化逻辑，其中对田赋和上供物料的讨论将特别注意中央和地方两条脉络的区别与联系。最后，综合讨论征收内容定额化中"以支定收"的模式，并论证会计核算与实际征收、支出使用三者分离的情况。

（一）准米（麦）与折银：两种核算标准体系

财政核算的首要前提是不同的征收、支出内容要能用统一的价值尺度计量。虽然复合单位仍偶有所见，但明前中期除了钱钞以外，以田赋为代表的财政收入核算以米麦为基准，以"石"为单位。嘉靖以后，逐渐转为以白银为一切赋役的核算手段。

1. 准与米麦基准

米麦作为核算基准，其典型表现是其他征纳物大多按照一定比例"准"成米麦参与统一核算。

明代中期各类册籍、方志上对州县田赋支出细目的记录格式一般是："仓口＋征收物＋实物数量＋（准小麦/米数量）＋原征收实物折银率＋总银额"，如"（山东）永平府山海库布叁千玖百壹拾叁疋壹丈捌尺柒寸壹分陆厘，准麦肆千陆百玖拾陆石叁斗壹合捌勺，每疋叁钱，共银壹千壹百柒拾肆两柒分伍厘伍毫"①。

由夏秋两税正项折纳而来的其他征纳物，一般都按一定比例"准"回小麦或米（无论是否标明准米/麦），计入起运、存留总额。②但是折银时，都是按照原征收物订立折银标准，而不是按照准的米麦订立标准，不过其折银额计入夏税、秋粮的总折银额。如夏税起运布、秋粮起运绵花绒和布等。

本系独立于正项之外的税目，不被准为小麦或米，参与起、存总额的计算，其折银额也单列，不计入起、存总银额。如夏税的税丝、丝绵折绢、农桑折绢和本色丝，秋粮的地亩绵花绒。③

不同仓口下同一征纳物"准"小麦或米的比率均是相同的，这说明"准"的比率仅与征纳物的自然物质属性有关，而与该征纳物需缴纳的仓口无关。也即"准"是站在户部立场上，以入仓形态为出发点进行的价值折算。在户部核算中，每石税粮的价值是均等的，与仓口、实际缴纳物无关。表1反映了隆庆时期山东起运田赋中其他征纳物与标准价值尺度米、麦的换算关系，可为例证。

① 《山东经会录》卷一《税粮横图》，第1b页。

② 《明宣宗实录》卷四一，宣德三年四月丁巳，第1001页。

③ 《山东经会录》卷二《税粮总额》，第1a—b、7b页；梁方仲：《明代"两税"税目》，氏著《明清赋税与社会经济》，中华书局2008年版，第66—79页；梁方仲：《明初夏税本色考》，氏著《明清赋税与社会经济》，第86—92页。

表 1　　隆庆五年山东税粮非标准征纳物准米麦表

	征纳物	准小麦（石）
夏税（麦）	大麦 1 石	0.5
	豌豆 1 石	1
	绵布 1 疋	1.2
	钞 1 锭	0.1
	京库红花 1 斤	0.25
秋粮（米）	阔白绵布（绵布、折俸布）1 疋	1
	绵花绒 1 斤	0.1
	菊秫 1 石	0.5

来源：《山东经会录》卷二《税粮总额》，第 1b—4b、7b—12b 页。

2. 折与白银基准

随着白银使用的普遍化，嘉靖末以后，白银成为统一核算标准。甚至明末财政官员都开始想当然地将按照复合单位记载的岁入、岁出数字理解为白银收支。①

就田赋而言，因为仓口远近轻重、缴纳物不同，对编户和地方官府而言，一石税粮的实际负担存在差异。② 不同仓口一石税粮的折银率不同，这种差异在一定程度上反映出仓口、征纳物所蕴含的实际负担差异。但因折银率受到时间、事由等其他因素影响，且具有固定化倾向，所以不可夸大这种反映。③ 运费有时是以脚价等附加征收体现出来的，如漕运米、马草等项目。

需要说明的是，使用白银作为账面核算手段，出现以白银为计算标准的收支计划，并不意味着实际收支形态必然是白银。同样，以米麦为核算手段，也不意味着资源征调运作中全用实物，而没有白银等

① 高寿仙：《整理解读明代财政数据应注意的几个问题》，《史学月刊》2015 年第 2 期。

② 梁方仲：《田赋史上起运存留的划分与道路远近的关系》，氏著《明清赋税与社会经济》，第 269 页。

③ 刘志伟、申斌：《从田土科则看明清田赋性质的转型》，陈慈玉主编：《承先启后——王业键院士纪念论文集》，万卷楼图书股份有限公司 2016 年版，第 93—95 页。

货币的参与。① 米、银作为两种核算标准和财赋形态，在财政管理的不同层级、不同环节中的使用是不平均的，发挥着不同的作用，需要细致地区分这些环节，才能将"从实物财政到货币财政"的一般趋势认识更进一步落实到历史变迁机制的实处。

（二）田赋折银与定额化

田赋定额化主要指对纳粮户和地方官府而言，田赋的隐性负担都转化为可核算的征收。田赋的定额化，从地方官府的核算方向看，存在从支出着手进行定额与从征收着手进行定额两种形式；从主导者看，存在中央和地方两个不同路径。

从征收入手对田赋进行定额，将各种隐性负担转化为可以米麦（或银）衡量的税收，基本都是地方官府主导的，典型代表是江南的平米法。在江南，地方官府为了解决迫在眉睫的土地科则悬殊问题而从征收入手进行改革，自周忱开始，就根据土地面积或田赋数额，按比例加征耗米。② 这种从征收角度对田赋进行定额化的尝试，是非常少见的，绝大多数地区的定额化都是从支出（仓口）折银开始的。

从支出（即仓口）入手进行的定额化，其实是经过了三步。首先户部坐派给各地的税粮仓口及其数额趋向固定。其次是分项税粮支出折银（分仓口粮额折银）。最后是将分项支出按照征收物（银和米麦）分别加总得出应支总额（也即应征总额），③ 然后向土地或税粮原额摊派，得出派征率。支出折银的决策和标准，既有户部制定的，也有地方官府制定的。

支出款项折银如何影响到征收呢？分仓口折银或征收耗米兑军官解之初，地方官府常利用这些仓口间的区别，来调节纳粮户的实际田

---

① 申斌：《清初田赋科则中本色米复归的新解释》，《中国经济史研究》2019 年第 1 期。

② ［日］森正夫：《明代江南土地制度研究》，江苏人民出版社 2014 年版，第 242—293 页。

③ 永乐宣德以降，对州县官府而言，黄册系统的田赋征收额和勘合系统的田赋支出数据间形成了"夏税（秋粮）征收数额＝起运、存留仓口粮额"的计算关系，在会计上"以支记收"成为可能。

赋负担。比如周忱将折银税粮派给重则田地。① 在仓口（含征纳形态）仍与户等、土地等级对应的情况下，地方官府只需按照原定仓口折银比率将民众应纳实物田赋折银征收即可，无需二次核算。而根据三等九则户等派定轻重仓口中的贪腐弊端，推动着征收方式向加总—摊派的核算方式，也就是一条鞭的方向演进。②

分仓口折银的普遍化，推动着州县官府开始改变对民众的征收形式。它们开始将各仓口税粮的折银额加起来，得到起运税粮、或全部夏税秋粮的应支银额，也就是应征银额，然后除以起运税粮额或全部税粮额，得出单位（起运）税粮派征银率。以这个派征率为依据，再与每个编户名下登记的实物田赋额相乘，得出各户应纳银额，据此进行征收。这种情况下，分仓口的折银额除了明确该地方官府的支出责任外，还具有了计算应征总额的作用。

从支出入手的征收定额化，是以各分项支出（各仓口银额）加总成应支总额（也即应征总额）为标志的。而加总与摊派计算是必然联系在一起的，如果不进行摊派核算，也就不需要对分项支出银额进行加总得出应征总额。核算上的加总—摊派在实征中的对应形态，就是田赋合并征收，田赋仓口与纳粮户不再挂钩。③ 只有到这个时候，对纳粮户而言，田赋才真正成为土地税，田赋银额才真正成为税额。④ 加总问题，将在第三部分"加总—摊派核算"详细讨论，这里着重讨论支出开始的定额化之第一步仓口与实物粮额的稳定与第二步分仓口折银问题。

---

① ［日］森正夫：《明代江南土地制度研究》，第211—212页。
② 《山东经会录》卷四《税粮附录》，第8b页。嘉靖四十一年十一月，山东巡抚称："参详三等九则，以重粮派上户，中粮派中户，轻粮派下户，斟酌民力，以足公家之储，用意何尝不善，使其行而无弊，虽千百年，谁能易之。惟是州县官员才力精敏者，十止二三，扶同了事者，十之六七，致使里书富豪，交通作弊，上户之地多寄下中之家，加以飞洒那移，贫民明受轻派之名，实为富豪暗纳之数。甚者州县官员人品不齐，或取轻便仓口，以奉所私。又其甚者，为他人漏派地粮，均摊于概州县。因此改为条鞭。夫条鞭，岂得已哉。补弊救偏，势不得以然故也。"这段话明确指出，条鞭法在设计原理上并非绝对均平，但是因其简明而压缩了营私舞弊的空间，是一个最不坏的选择。
③ 相应地是纳粮户亲身解运田赋的制度，被专门编金解户差役或官解取代。
④ 刘志伟、申斌：《从田土科则看明清田赋性质的转型》，《承先启后——王业键院士纪念论文集》，第85—112页。

弘治以降，一个地区（司、府、县）的夏税秋粮实物额已经趋于稳定，同时被坐派的仓口和以米麦为计量标准的分仓口税粮额也趋于稳定。米麦基准的定额化是白银基准定额化的前提。

就全国田赋总额而言，弘治十八年（1505）开始到正德十五年（1520），各项田赋数额均维持不变。嘉靖元年（1522）米额较之正德十五年减少了将近四百万石，而麦额仅减少不足一千石。嘉靖元年至四十一年（1562）间米、麦额基本未变（变动仅在一百石左右）。①隆庆朝除元年外（当年有减免政策），其余年份与嘉靖四十一年相比，麦减少五千余石后保持稳定，米额经二年、三年增加近四百万后保持不变。此后三十三年没有数据，万历三十年（1602）米额增加了一百五十余万石，麦额也增加了几十万石。泰昌元年（1620）较万历三十年米额减少了二百余万石，麦额减少二十余万石。②

从具体的省直分区情况来看，这种稳定性更为明显。自弘治十五年（1502）到万历六年（1578）这七十六年间，南北直隶二十八个府州中，只有顺天、凤阳、徽州、太平四府的夏税麦额变动超过一百石，顺天、河间、苏州、镇江、泸州、池州、太平秋粮米额变动超过一百石。十三个布政司中，除山西、河南、陕西、云南外，其余夏税麦额变动不足一千石；除浙江、湖广、山西、河南、陕西、广东、广西外，其余秋粮米额变动均不足一千石。③

而考察成化、弘治、正德时期方志中田赋起存仓口数额记载，也可以证明各地官府承担的仓口及实物支出责任也趋向稳定。以徽州府为例，嘉靖四十一年（1562）、弘治十八年（1505）较之成化十八年（1482）虽然实物数量发生很大改变，但是仓口却几乎完全一致。而嘉靖四十一年（1562）分仓口税粮额与弘治十八年相比，波动已经不大了。④

---

① 梁方仲：《中国历代户口、田地、田赋统计》，上海人民出版社1980年版，第196—197页。弘治一朝，除了米麦之外其他田赋征收物的数额已经基本固定了。

② 梁方仲：《中国历代户口、田地、田赋统计》，第198—199页。

③ 梁方仲：《中国历代户口、田地、田赋统计》，第344—345页。

④ 相关统计表参见刘志伟、申斌《从田土科则看明清田赋性质的转型》，《承先启后——王业键院士纪念论文集》，第91—93页。

再看分仓口折银问题。就一个州县而言，因为受到仓口轻重、折银时间早晚、折银原因等多种因素的影响，不同仓口税粮的折银率不同。但是，如何确定折银率，内中则仍有某些规律可寻。下面分开考察户部和地方官府主导的折银。

户部主导的仓口折银，主要是起运税粮正额，以及由漕粮的耗米、两尖米等支余米折银而来的轻赍。① 起运税粮折银的原因，除了中央会因仓储过多或急需白银等改折外，各地巡抚等官员也会以起科过重、运输艰难为理由请求折银，不过不一定都得到允许。② 起运仓口的折银率和折银额都是户部通过下发给各布政使司的勘合照会（或发给直隶府的勘合札付）指定的。但是在折银与否以及折银率确定问题上，户部、漕运总督以及各省直巡抚都有较大的决策建议权。比如天顺时有地方请求将折银粮米征收本色，留作本省岁用。③ 隆庆三年（1569）浙江三府解运南京各卫仓米折银就是出于巡抚谷中虚的建议。④

那么，在同一时间，坐派给不同省直的同一仓口税粮，其折银与否、以及折银率是一致的吗？万明、徐英凯对《万历会计录》的价格资料整理，为考察本问题提供了巨大的方便。

首先，坐派不同地区的同一仓口税粮，折银是不同步的，此折彼不折的情况常见。比如凤阳府仓米在安庆府、苏州府和庐州府的部分县都按照每石0.6两折银，而在淮安府和庐州府部分县则仍征收本色。⑤

其次，坐派到不同地区的同一仓口税粮折银率存在差异，但是同一布政使司、直隶府州内一般是一致的。比如表2所示宣府镇在城宣德等仓米的折银情况：

---

① 《漕运议单》，《天一阁藏明代政书珍本丛刊》，第7册影印抄本，线装书局2010年版，第517—518、520—521页。

② 万明、徐英凯：《明代〈万历会计录〉整理与研究》，第174页。

③ 万明、徐英凯：《明代〈万历会计录〉整理与研究》，第211页。

④ 万明、徐英凯：《明代〈万历会计录〉整理与研究》，第157页。

⑤ 万明、徐英凯：《明代〈万历会计录〉整理与研究》，第445、452、458、470页。

表2   不同省直秋粮起运宣府宣德粟米折银率对照表

省直	仓口 + 征纳物	来源	折银率（单位：两/石）		
			统一	本色三分	折色七分
山西	起运宣府宣德等叁仓粟米		1 + 腿价银 0.2		
河南	各镇民运近改发太仓转发宣府镇宣德等叁仓粟米	太仓改拨之数	1		
			0.8 + 脚价银 0.2		
保定府	宣府宣德等仓米			1.7	1 + 脚价银 0.2
顺德府	宣府宣德等仓粟米		1 + 脚价银 0.2		
		太仓改拨之数	0.8 + 脚价银 0.2		
河间府	宣府宣德等叁仓粟米			1.4	1.2
大名府	宣府宣德等叁仓粟米		1 + 脚价银 0.2		
真定府	宣府在城宣协等仓米	太仓改拨之数		本色	0.8 + 脚价银 0.2
广平府	宣府在城宣德等叁仓粟米		1 + 脚价银 0.2		

来源：万明、徐英凯：《明代〈万历会计录〉整理与研究》，第 1173、1176、1177 页。

又如表 3 所示南京各卫仓米的情况：

表3   不同省直秋粮起运南京各卫仓米折银率对照表

地区		折银率（两/石）
浙江	金华衢州绍兴叁府	0.7
	杭州嘉兴湖州叁府	0.6
江西		0.5
徽州府		0.7
太平府		0.5

来源：万明、徐英凯：《明代〈万历会计录〉整理与研究》，第 1172、1181 页。

省内同一起运仓口税粮折银率统一,《万历会计录》卷二到卷一六各布政使司及直隶府州万历六年(1578)见额都可以证明,不再赘述。① 但偶尔存在户部坐派时将一省内同一仓口税粮分为不同折银率折银的情况,是由于折银时间不同还是其他原因尚未可知。比如河南的漕运兑军米折色米,"弘治二年又定兑运三百三十万石……后又于数内定山东、河南各改折七万石","内各二万石每石折银八钱,五万石每石折银六钱,解蓟州"②。嘉靖二十六、七年间(1547—1548),河南正兑米中"贰万石每石折银陆钱,伍万石每石折银捌钱,贰万石每石折银玖钱,共折银柒万两,类解蓟州库交收"③。万历六年时河南漕运兑军米中七万石折色,五万石按照0.8两折银,两万石按照0.6两折银。④

再次,在同一次改革中,制定折银率时,是否会考虑到同一仓口税粮对不同省份而言存在的负担差异?关于该问题,笔者暂未找到坚实的史料进行论证。但根据旁证可以进行几项推论。第一,户部清楚对不同地区而言同一仓口的实际负担存在差异,并且会有所考虑。实物核算时期兑运漕粮的加耗比例规定的地区差异就是例证——"湖广八斗,江西、浙江七斗,南直隶六斗,北直隶五斗"⑤。第二,除了漕粮这种大额起运类别外,明前期户部在坐派多数仓口时,已经考虑了邻近原则,不会把一个仓口派给太过遥远的地区,因而被坐派到同一仓口的地区距到仓口的距离(运费)差异,应该不会太大,或许在户部看来可以忽略。这从相当一部分仓口在不同地区的折银率是一致的可以看出来,比如松江、常州、徽州、宁国、池州、太平六府和广德

---

① 万明、徐英凯:《明代〈万历会计录〉整理与研究》,第136—137、158—159、175—177、202、212—215、236—245、275、296、326、371—475页。

② 王在晋:《通漕类编》,《明代史籍汇刊》第22种影印明启祯间刊本,学生书局1970年版,第139、145—146页。

③ 《河南赋役总会文册》,《北京图书馆古籍珍本丛刊》,第60册,书目文献出版社1998年版,第172、179页。

④ 万明、徐英凯:《明代〈万历会计录〉整理与研究》,第243页。

⑤ 《明宣宗实录》卷八四,宣德六年冬十月丙子,第1949页。

州坐派的南京各卫仓小麦，都是按照 0.4 两比率折银。[1] 第三，由于巡抚对折银率的确定有建议权，有些省内不同府县同一仓口折银率的差异，是巡抚建议的结果。比如隆庆三年（1569）浙江巡抚建议金衢绍三府的南京各卫仓米折银 0.7 两，其余俱征本色。万历六年（1578）时金衢绍三府折银率仍旧，而杭嘉湖三府该仓口折银率则是 0.6 两。[2]

最后，由于同一仓口在不同地区的折银可能是在不同时期进行的（如上面所举浙江六府南京卫仓米折银率差异），所以某一时间切面上（如《万历会计录》记载的万历六年）不同地区同一仓口折银率差异可能是由于时间差异造成的，而非地域差异造成的。不过，一个仓口的折银率确定后存在因袭的倾向这一情况，恰恰说明户部对待田赋折银率并未像后文论述的物料折银率那样，强制要求全国统一。这种折银率陈陈相因的惯性倾向，恰好反映出银开始取代实物，成为官府核算用的税额。

由于上述复杂原因，所以《万历会计录》中的折银记载乍看起来给人以难觅规律的感觉。不过仔细梳理，可以发现似乎不同地方解运到京师银库（包括内承运库、太仓银库、光禄寺）的税粮折银率大体一致，比如解内承运库的金花银均是每石 0.25 两，解太仓银库派剩米折银都是 0.6 两，派剩麦折银均为 1 两，派剩米改拨光禄寺折银都是 0.7 两。[3] 而不同省直解运同一边仓的折银率则差异较大，但也存在若干比较集中的折银率。比如起运南京仓本色米中划出的派剩军饷折银米，在湖广地区自隆庆以来按照每石六钱折银，[4] 而在浙江则是每石七钱。[5] 隆庆六年（1772）湖广南兑二粮每石折七钱。[6] 嘉靖

---

① 万明、徐英凯：《明代〈万历会计录〉整理与研究》，第 1193 页。

② 万明、徐英凯：《明代〈万历会计录〉整理与研究》，第 157、137 页。

③ 万明、徐英凯：《明代〈万历会计录〉整理与研究》，第 1190—1191、1194 页。

④ 万历《湖广总志》卷二一，《四库全书存目丛书》，史部第 194 册影印万历十九年刻本，齐鲁书社 1996 年版，第 695 页。

⑤ 万明、徐英凯：《明代〈万历会计录〉整理与研究》，第 157 页。

⑥ 万明、徐英凯：《明代〈万历会计录〉整理与研究》，第 200 页。

十四年（1535）江西改派南米解贮太仓（派剩太仓米）每石折银六钱，[①] 这一折银率至少延续到万历末年。[②]

以上为户部主导的仓口折银，下面再分析地方官府主导的仓口折银。主要包括起运税粮的部分附加性征收，户部规定缴纳本色、但地方折银征收后买本色上纳的项目，以及存留粮。

附加性征收，如隆庆四年（1570）户部覆江西巡抚更是明确税粮的"脚耗火耗之费，俱于派则内酌量加征给发"[③]。地方官府核算汇总得出的应征总银额，不但包括了正项税粮的折银额，而且涵盖了脚价等附加性征收。例如《山东经会录》中马草脚价计入原额马草实征银两。[④]

尽管户部坐派本色，但地方官府可将其折银征收后，再买本色缴纳。这种地方自主折银也不罕见。如山东兖州府邹县，夏税起运项下"临清广积二仓小麦"也是折银征收后"解赴该仓买米上纳"[⑤]。其他地区的漕粮也有类似情况。[⑥] 据万历《杭州府志》记载，余杭县的"京仓兑运漕粮米"即因"本县山僻，不通舟楫，每平米一石，折银五钱，解府给发粮长买米交兑"[⑦]。不但起运项目如此，即便存留项目也存在征银买米上纳的情况。浙江金华府浦江县因"不通舟楫，且无水次仓厫"，在嘉靖初年已经"凡起运存留之米，俱是征银，粮长自行买米上纳"[⑧]。

存留粮折银的地域差异更大，也更复杂。

---

① 万历《新修南昌府志》卷七，《日本藏中国罕见地方志丛刊》影印万历十六年刻本，书目文献出版社 1985 版，第 135 页。

② 《江西赋役全书》，《明代史籍汇刊》第 25 种影印明万历三十九年刊本，学生书局 1970 年版，第 62—63 页。

③ 万明、徐英凯：《明代〈万历会计录〉整理与研究》，第 174 页。

④ 《山东经会录》卷一《税粮横图》，第 2b 页。

⑤ 万历《邹志》卷一，《天津图书馆藏稀见方志丛刊》影印明刻本，天津古籍出版社 1990 年版，第 15b—16a 页。

⑥ 胡铁球从漕粮交纳市场化角度对此问题也做了讨论，参见胡铁球《明清歇家研究》，上海古籍出版社 2015 年版，第 307—360 页。

⑦ 万历《杭州府志》卷三〇，《中国史学丛书》影印万历七年刻本，学生书局 1965 年版，第 548 页。

⑧ 嘉靖《浦江志略》卷五，《天一阁藏明代方志选刊》，上海古籍书店 1964 年版，第 5b 页。

　　隆庆元年（1567），浙江山阴县的夏税存留麦折银，其中该县承担的绍兴府火有仓折色麦就有两种情况，"玖钱折银麦""八钱折银麦"。"本县儒学仓麦"也包括"八钱麦""七钱麦"两种情况。[1]

　　在隆庆时期的山东，主要集中在本色支出减派、奏辞等情况时折银解司，作为布政使司的机动储备。折银率一般根据来源仓口和折银后用途而有所差异。如表4所示。

表4　　　　　隆庆五年（1571）山东秋粮存留仓口折银表

项目	实物额（石）	折银率（两/石）	银额（两）		用途
运军行粮折色米	4109.9	0.6			听买本色
鲁府郡王将军禄粟米原拨保盈仓粳米	2500	1	319.4		拨与石门寨参将等抵作俸粮
			2180.6	605	解兖州府，均放新封鲁府郡王将军人等禄米用
				1575	解司听用
颜料派剩米	19204	0.4	7681.44		俱解本司另项收贮，听抵部坐起运之数
德府奏辞广受仓禄粟米	1000	0.7	700		
德府郡王将军减派禄粟米	3150	0.5	1575		
鲁府郡王将军减派禄粟米	3075.8	0.5	1537.9		
鲁府郡王将军禄粟米、原拨保盈仓禄粟米	7110	0.7	4977		
衡府奏辞禄粳米	500	1	500		
衡府奏辞禄粟米	1500	0.7	1050		
衡府郡王将军减派禄粟米	7262.6	0.5	3631.3		

　　来源：《山东经会录》卷二《税粮总额》。

---

　　[1]　嘉靖《山阴县志》卷三，《日本藏中国罕见地方志丛刊续编》，第3册影印嘉靖三十年刻本，北京图书馆出版社2003年版，第516页。

到折银普遍的万历后期，省内不同府县供应同一存留仓口税粮的折银率似乎统一的情况更多。比如计算可知，万历三十九年（1611），江西南昌府丰城县和瑞州府上高县坐派的大府折色禄米均是按照每石0.85两折银。①

最后，讨论田赋支出项目（仓口）的固定折银与折银率固定这两个问题。

最早固定折银且折银率固定的，是正统元年（1436）定下来的折粮银，后来被称为金花银。但绝大多数项目都属于事实上已经长期折银征收，但在制度上没有像金花银那样赋予其固定折银的定位。至万历末年，起运税粮也并非全部长久且固定地折银了，朝廷仍然保留了每年会议后本色折银的制度，只是折银征收的年份大大增加了。比如直到万历三十八年（1610），南京各卫仓米仍然处于"历年折解不等"的状态，需要"候会计派单至日征解"，天启《衢州府志》仅是"以万历三十八年派数开载"②。

折银率更是长期没有从制度上固定。以江西南粮折银为例，在弘治十六年（1503）到嘉靖十五年（1536）间有着较明显变化，从每石六钱到八钱再到七钱变动。③

制度规定虽然如此，但实际上这种变动到了隆庆以降恐怕是很小的。折银率具有很强的制度黏性，要想改动就需要有充分的依据，并经过不同衙门的审核。因此折银率一经确定，就很难轻易改动，事实上万历时期不同起运仓口税粮折银率已经趋于固定。正是户部坐派起运仓口税粮折银率事实上的稳定，给在外省直官府实行赋役定额化改革提供了条件。仍以浙江衢州府万历三十八年（1610）派数中"南京各卫仓米"为例，可以发现该项目下，无论实运南京各卫仓米（包括折色米和水兑正米），还是改拨光禄寺的

---

① 《江西赋役全书》，第383、736页。

② 天启《衢州府志》卷八，《原国立北平图书馆甲库善本丛书》，第373册影印天启二年刻本，国家图书馆出版社2013年版，第566页。

③ 万明、徐英凯：《明代〈万历会计录〉整理与研究》，第174页。

派剩米,每石都是按照七钱折银。① 这一折银率与隆庆三年 (1569) 浙江巡抚题准的金、衢、绍三府南京各卫仓折银率是相同的。② 而且,"水兑正米"这一项目按照规定是要缴纳本色米的,但当地官府采取的办法是在本地仍旧折银征收,然后让官员拿银到南京附近产米地方购买本色纳仓。地方官府在本地折银也是沿用户部确定的每石七钱的折银率。③ 这说明户部确定的折银率作为一种合法性依据,在地方官府对同类仓口税粮进行自主折银时会被直接使用。

(三) 户、工、礼、兵等部物料的定额化

上供物料的定额化,包括两层不同含义。首先是使用价值的定额化,亦即中央向地方坐派的上供物料的种类、实物数量确定下来,不再轻易更动。其次,是价值的定额化。价值定额化的前提是物料被纳入统一的量化核算,也即这些物料被用标准的价值尺度(米麦或白银)来计量,并将米麦或白银作为征收手段。折算后价值的稳定则是定额化完成的标志。但实际历史进程中,上供物料的定额化并非遵循先将实物种类数量固定,再折银数额固定的顺序,而是多条脉络交错的结果。

上供物料的定额化(包括作为其前提的价值衡量尺度标准化)存在两个不同脉络,一是地方官府为便于征收而进行的折征与定额的努力,二是中央各部向各省直坐派物料种类及实物数量趋于固定,各部命将物料照京估折银征收且折银率趋向固定带来的定额化。这两条脉络到万历时期趋于融合,物料应征银额定额化才真正落实。下面分别分析之。

1. 地方官府主导的可核算化与定额化

这是地方官府为了降低负担变动对民众的影响,确保可持续征收

---

① 天启《衢州府志》卷八,《原国立北平图书馆甲库善本丛书》,第373册,第566页。
② 万明、徐英凯:《明代〈万历会计录〉整理与研究》,第157页。
③ 天启《衢州府志》卷八,《原国立北平图书馆甲库善本丛书》,第373册,第566页。

上供物料，而采取的地方性对策。这类变革出现较早，宣德九年（1434）常熟县军需料米就是此类事例。① 早期州县所制定的物料定额，只是根据里长们的经验确定下的预征总额，并非具体计算各项坐派物料的价值后加总得出的。

这一措施使得地方官府对物料征收可以进行量化核算管理，形成了征收计划。地方官府自主进行的物料征收定额化，在弘治、嘉靖时期继续发展，计量标准也从米麦变为白银，并且定额制定权呈现从基层官府（州县）向省级官府转移的趋势。

伴随着定额管理权的层级提升，定额方式也从州县根据里长经验进行总额预估，变为布政使司调查时价，分项核定坐派物料价值，最后加总得出司府州县各级官府应预征的物料银额。然后官府用银买本色解部。② 比如广东的物料，"嘉靖八年以前，俱折价解布政司，办本色料解部"。嘉靖《惠州府志》记载了该府嘉靖四年（1525）物料的数量和价值，如"水胶四十六斤，银九钱二分"③。

由于中央各部坐派给地方官府的物料供给责任（种类、数量）在隆庆以前仍有较大变动，加之物料时价也会波动，所以分项核定物料价值的措施虽然进一步增强了物料征收的核算管理程度和计划性，但距离征收物料银额稳定还有相当距离。地方官府虽可以在不同年份间通融使用预征的物料银，但当实征与存积剩余加起来仍旧不敷坐派时，追加征收不可避免，预估征收额也处于不断更动的状态。所以嘉靖《惠州府志》才在记载物料的实物数量和银额时，特意说明"今列其数之多者以例之"，并标明记载所依据的年份。④ 嘉靖三十四年（1555）较之嘉靖四年，惠州府物料价银增加了约910两。⑤ 再如隆

---

① 况钟：《况太守集》，江苏人民出版社1983年版，第100页。又参见申斌《明代地方官府赋役核算体系的早期发展》，《中国经济史研究》2020年第1期。
② 高寿仙：《明代揽纳考论——以解京钱粮物料为中心》，《中国史研究》2007年第3期。
③ 嘉靖《惠州府志》卷七上，《广东历代方志集成》惠州府部第1册，岭南美术出版社2009年版，第409页。
④ 嘉靖《惠州府志》卷七上，《广东历代方志集成》惠州府部第1册，第409页。
⑤ 嘉靖《惠州府志》卷七上，《广东历代方志集成》惠州府部第1册，第410—411页。

庆末万历初，福建泉州府惠安县的料钞仍是"每年岁办杂办不同"，因而"数难预定"①。

2. 中央各部主导的定额化

从逻辑上，这可以细分为三步。第一步，坐派物料种类和实物数量的趋于稳定，意味着国家体系内部中央、地方间财政转移支付关系也相对固定下来，给地方官府征收定额化发展提供了条件。第二步，允许物料折银纳库，将转移支付关系彻底货币化。第三步，物料折银率（京估）趋向稳定，从而稳固了地方官府的征收定额化成果。但实际变革历程是充满反复、交错，并非完全按照上述逻辑。到万历时期，这一变革基本完成。②

首先，到隆庆、万历时期，坐派各省的物料种类和实物数量已经基本稳定。以山东为例，对照《山东经会录》所载隆庆五年（1571）数字（表5）和《万历会计录》所载万历八年（1580）数字（表6），可见山东派征的物料种类相同，实物数额除了甲字库水胶减半外，其他均相同。

表5　　　　　隆庆五年（1571）山东田赋准折物料表

税粮类别	库	物品	实物数量（绵布：疋；黄牛皮：张；其余：斤）	折银率（两/斤；两/张）	银额（两）	银准米率（石/两）	实物准米率（石/斤）	准小麦/米额（石）
夏税起运小麦	京库	阔白绵布	20000		本色			24000
		红花	30000	0.16			0.25[1]	7500

---

① 叶春及：《惠安政书》卷三，泉州历史研究会等整理，福建人民出版社1987年版，第49页。

② 但中央各部对地方仍有部分本色坐派，所以地方官府自主进行的物料折银征收也一直存在。

税粮类别	库	物品	实物数量（绵布：疋；黄牛皮：张；其余：斤）	折银率（两/斤；两/张）	银额（两）	银准米率（石/两）	实物准米率（石/斤）	准小麦/米额（石）
秋粮存留米	甲字库	黄丹	16286	0.05	3337.1	2.5[2]		8342.7
		黑铅	1901	0.04				
		碌矾	6260	0.01				
		光粉	2290	0.045				
		水胶	32000	0.023				
		槐花	22312	0.01				
		蓝靛	15500	0.015				
	丁字库	黄熟铜	1869	0.15				
		锡	292	0.128				
		生铜	940	0.08				
		牛觔	994	0.089				
		黄蜡	1435	0.17				
		黄牛皮	128	0.34				
		红熟铜	2255	0.142				

来源：《山东经会录》卷二《税粮总额》，第4b、13a—13b页。

说明：不保留小数。

注释：〔1〕原文"每斤……准小麦二斗五升"。

〔2〕原文"每银四钱，准米一石"。

表6　　　万历八年（1580）内库供应坐派山东物料表

缴纳库	办纳地域	物品	实物数量（绵布：疋；黄牛皮：张；其余：斤）
甲字库	山东	黄丹	16286
		碌矾	6260
		光粉	2290

缴纳库	办纳地域	物品	实物数量（绵布：疋；黄牛皮：张；其余：斤）
		黑铅	1901
		水胶	32000
		槐花	22312
		蓝靛	15500
		阔白绵布	20000
		红花	30000
丁字库	山东	黄熟铜	1869
		锡	292
		牛觔	994
		黄蜡	1435
		红熟铜	2255
		生铜	940
		黄牛皮	128

来源：万明、徐英凯：《明代〈万历会计录〉整理与研究》，第661、663页。

说明：不保留小数。

其次，物料折银率，是户部根据每年的京估确定，载于勘合文书，全国统一，与起运税粮折银率的纷杂情况不同。之所以全国折银率统一，或许是因为物料折银的前提是"得以在京贸易"，既然在北京召商买办，自然折银率需要统一按照北京的时价确定。[1] 如《山东经会录》载山东布政使司"三十二年承准户部照会，议处三十二年京估，蓝靛每斤银壹分伍厘"[2]。京估物料折银率会有变动，变动幅度因时而异。由表7可知，嘉靖二十一年（1542）与嘉靖三十二年（1553）基本都有变动，个别项目变动幅度较大，嘉靖三十二年与隆庆五年（1571）完全相同，而万历八年（1580）相对隆庆五年基本

① 万明、徐英凯：《明代〈万历会计录〉整理与研究》，第671页。
② 《山东经会录》卷三《税粮因革》，第56b页。

都有变动，且变动幅度不小，如碌矾折银率增加了50%。万历九年
（1581）户部酌定商估，明确"以后非物价大相悬绝，每年不得再行
会估"①，但万历十七年（1589）又恢复会估。②

表7　　　　　　　　嘉隆万时期物料京估价银表　　　　（单位：两）

库	物品	嘉靖二十一年 （1542）	嘉靖三十二年 （1553）	隆庆五年 （1571）	万历八年 （1580）	万历九年 （1581）
京库	红花	0.15	0.16	0.16		0.15
甲字库	黄丹	0.05	0.05	0.05	0.05	0.043
	黑铅	0.05	0.04	0.04	0.045	0.035
	碌矾	0.025	0.01	0.01	0.015	0.012
	光粉	0.07	0.045	0.045	0.06	0.045
	水胶	0.03	0.023	0.023	0.03	0.025
	槐花	0.01	0.01	0.01	0.02	0.015
	蓝靛	0.025	0.015	0.015		0.013
丁字库	黄熟铜	0.12	0.15	0.15	0.11	0.118
	锡	0.12	0.128	0.128	0.083	0.09
	生铜	0.12	0.08	0.08		0.05
	牛觔	0.15	0.089	0.089		0.08
	黄蜡	0.25	0.17	0.17		0.165
	黄牛皮	0.58	0.34	0.34	0.24	0.22
	红熟铜	0.13	0.142	0.142		0.105

来源：《山东经会录》卷三《税粮因革》，第56a—57a页；《山东经会录》卷二《税粮总额》，第4b、13a—13b页；万明、徐英凯：《明代〈万历会计录〉整理与研究》，第667页。

────────

① 万明、徐英凯：《明代〈万历会计录〉整理与研究》，第673页。从上下文看，此处商估针对的是在京召商买办物料，但根据明代户部物料折色惯例，这一商估也就是坐派在外直省税粮物料的折银标准。参见《万历会计录》卷三十内库供应沿革事例中嘉靖四十三年（1564）尚书复张岳条陈里的"议本折以便征解"和"定时估以节冗费"，万明、徐英凯：《明代〈万历会计录〉整理与研究》，第671页。

② 高寿仙：《明代时估制度初探——以朝廷的物料买办为中心》，《北京联合大学学报》2008年第4期。

3. 税粮折纳物料与料、粮、银三者的核算关系

明中期以降，州县办纳物料具体有几种方式：税粮折纳、里甲（均平）办纳、均徭办纳、① 随粮带征等。② 就后面几种方式而言，无论中央各部还是地方官府对物料数量、价值进行调整，直接据之更改总额，然后进行派征或者追加征收即可，在核算上，重点在于解决摊派对象的问题。

而第一种形式，起初只是物料实物额与所折纳田赋额的关系，随着各部坐派物料折银，开始涉及物料实物额、物料折纳田赋粮额、物料折银额三者间的关系。税粮折纳物料，相当于以米麦为基准对物料价值进行了统一衡量和定额化，而后来各部坐派物料折银，是以白银为基准对物料价值的另一种计量和定额化。

在中央各部坐派物料价银变动时，地方官府如何协调两套核算标准体系下的定额及其关系就成为一个问题。这对理解在米麦、白银两种核算基准并存的情况下，地方官府定额化操作的复杂性很有帮助，而且能具体揭示户部核算与地方核算间的联系与差异。下面详细分析。

正统十一年（1446），朝廷始命以颜料出产地方的存留税粮折征颜料："着该司府堂上官，自正统拾贰年为始，每年于存留粮内，照依彼处时值，从公估计折征。务在两平，不许亏官损民。折征完备，选差殷实粮户管解户部，送该库交纳。"③ 物料与税粮的折纳比例是各处布政使司和直隶府州官府根据本地价格情况确定的，而非户部统一规定。税粮折纳物料，其实可以看成地方官府主导下，以米麦为核算基准对物料征收定额化的一种特殊形式。如嘉靖二十七年（1548）的《河南赋役总会文册》就记载河内县"丁字库颜料准米贰千捌拾

---

① 张时彻：《存留余米折征户礼工三部料价案》，张时彻：《芝园别集》卷四，《四库全书存目丛书》集部第82册影印明嘉靖刻本，齐鲁书社1996年版，第544—546页；《山东经会录》卷6《均徭总额》，第1b—3b页。

② 如嘉靖八年（1529）广东巡按邵豳的改革。刘志伟：《在国家与社会之间》，第174—175页。

③ 万明、徐英凯：《明代〈万历会计录〉整理与研究》，第669页。

捌石陆斗贰升伍合"、陕州"甲字库颜料准米壹百叁拾捌石肆斗"①。

折征并非地方官府直接向百姓征收颜料代替粮食，而是仍向百姓征收粮米，命胥吏用这部分折征粮米作为本金去购买颜料解纳。这从弘治六年（1493）户部尚书叶淇说胥吏常"以粮价不足，复加重敛"推断出来。② 因为只有采取这种方式，胥吏才有可能以"粮价不足"为借口，加重对百姓的征敛。这也从侧面透露出折纳物料的实物税粮额似乎无法轻易变动，有固定化倾向。嘉靖四十五年（1566）《怀庆府志》根据《总会田粮文册》所载各县颜料准米额数都与嘉靖二十七年（1548）的《河南赋役总会文册》所载相同，这可能说明期间准率没有改变，也可能是两份文献存在因袭抄录关系。但即便是因袭抄录，这也可说明方志纂修者不认为有更动记载的必要，这本身似也可反映出地方人士对二者折算关系固化的看法。

在税粮折纳物料之初，当存在各项物料与存留粮的折算比率，以明确用于买办物料的实物田赋额。但在各部物料依照京估折银坐派的情况下，地方官府核算时转而以物料银额为中心数据，构建地方官府自我核算用银—米折算比例，物料与实物田赋额的折纳关系弱化。不过实物核算体系下的物料与粮食的折纳比例关系仍有惯性，这鲜明地体现在地方官府面对坐派银额变动时的核算对策上。

当坐派物料银额变化时，地方官府有两种处理办法。一种是维持原来的银米准折比率，将剩余存留粮折银解布政司库贮藏，增加布政司的白银储备；另一种是降低银米准折比率，以实际坐派银额摊于旧派存留粮额之上，减轻百姓负担。米、银两种核算标准体系并存，在增加地方官府核算复杂性的同时，也赋予地方官府更多灵活性，并使得地方核算与户部核算更加区隔。下面以山东为例具体说明。

嘉靖三十二年（1553）坐派山东物料京估折银7484两，比三十一年减银3606两。山东布政使司认为物料"原系存留摘拨，每石折

---

① 《河南赋役总会文册》，《北京图书馆古籍珍本丛刊》，第60册，第218、230页。
② 正德《琼台志》卷一一，第158页。

银肆钱征解，今若通还原仓，恐后京估不同，临期难处"，于是决定
"将前派银两解司，听候时估不足之数"。具体说来就是，"旧派甲丁
贰库颜料，每岁共享银壹万壹千玖拾两捌钱捌分（11090 两），额于
青莱登三府存留粮内摘拨，每银肆钱，折米壹石，共折米贰万柒千柒
百贰拾陆石柒斗（27726 石）"。按照"每银肆钱，准米壹石"换算
关系，将三十二年坐派颜料折银总额 7484 两折算成米额 18715 石。
前述旧派物料准米额（27726 石）减除三十二年物料准米额，得到余
剩米 9016 石。"每石仍照例折银肆钱，共银参千陆百陆两肆钱柒分，
解司贮库。"① 这种处理方式就是秋粮存留米中"颜料派剩米"折银
条目的由来。②

嘉靖三十三年（1554）也是同样情况，山东布政使司改变了处理
方案。三十三年按照京估，物料银为 4196 两，如果按照"每银肆钱，
折米壹石"的旧例，则用掉存留米 10491 石，还剩米 17235 石。布政
司认为减少的银额系"部单坐减之数"，户部"不派于民"，且已经
连续两年，所以地方官府对百姓也应有所减免，于是通过改变银准米
的比率，将物料银额摊派到旧派存留米额上。"将旧派颜料准米
27726 石，俱每石折银壹钱伍分壹厘叁毫陆丝，仅足今年坐到颜料之
数，以苏海隅小民之困。"③

而遇到物料银额增加时，则需要"于存留粮内摘拨"。如嘉靖四
十年（1561）坐到料银比三十九年（1560）增加了 932 两，于是从
原坐派给青州府所属州县"衡府郡王将军禄粟米"里面"盈余"的
4000 石中，拨出 2330 石，用于坐派新增颜料银。而之所以动用这笔
盈余也是有制度渊源的。因为"该府节年新封禄粮，原系减派颜料数
内摘拨，今禄米既以盈余，相应于内拨回"④。

---

① 《山东经会录》卷三《税粮因革》，第 57a 页。
② 《山东经会录》卷二《税粮总额》，第 17a 页。
③ 《山东经会录》卷三《税粮因革》，第 57b—58a 页。
④ 《山东经会录》卷三《税粮因革》，第 58a—b 页。

（四）地方公费的完全预算化

地方公费定额化发生甚早，天顺、成化、弘治时期，南直隶、浙江、福建、广东等处陆续出现了由巡抚在省一级进行的地方公费征收制度统一规范化改革。正德、嘉靖时期改革进一步深化，这些改革集中在三个方面。首先，调整、细化、规范支出细目及数额，消除残余的编户买办（如浙江均平杂办中的支应银），将审编性定额彻底改为征收定额。其次，对课税客体做了合理化调整，最终固定为丁、粮或田，并且规范了征收税率。最后，开始编定省级专项册籍。这方面研究甚伙，兹不赘述。① 总之，地方公费到嘉靖、隆庆之交，至少在浙闽粤三省已经出现了完全涵盖实际收支的总额、细目的预算管理。

（五）徭役：从用银审编到折银征收

大约天顺时期，均徭差役折银的情况开始较多出现，但还未形成规范的银差。② 到正德时期形成银差、力差的区分。③ 嘉靖时期又出现了用银对全部差役进行审编的做法，即便是仍然需要佥点编户亲身应役的力差也被标识以银额，以衡量其负担轻重。④ 嘉靖九年

----

① ［日］岩见宏：《明代地方财政之一考察》，《日本学者研究中国史论著选译》第 6卷，第 141—158 页；刘志伟：《在国家与社会之间》，第 175—178 页；丁亮、赵毅：《明代浙江杂办银收支结构与"均平法"改革》，《中国史研究》2016 年第 1 期；侯鹏：《明代地方财政的形成与扩张——以浙江"均平银"为中心的考察》，《历史档案》2013 年第 3 期；万明：《明代浙江均平法考》，《中国史研究》2013 年第 2 期；［日］山根幸夫：《明代福建的丁料和纲银》，《中国社会经济史研究》1991 年第 1 期。

② 这可以从天顺七年禁止均徭征银的命令推断出来。《明英宗实录》卷三五〇，天顺七年三月壬寅，第 7038 页。

③ ［日］岩见宏：《银差の成立をめぐって——明代徭役の银纳化に关する一问题》，《史林》第 40 卷第 5 号，1957 年；梁方仲：《论明代里甲法和均徭法的关系》，《明代赋役制度》，第 456—483 页。

④ ［日］岩见宏：《嘉靖年间の力差について》，《明代徭役制度の研究》，同朋舍1986 年版，第 261—282 页；刘志伟：《在国家与社会之间》，第 156 页；申斌：《明朝嘉靖隆庆时期山东均徭经费初探》，陈春声、刘志伟主编：《遗大投艰集：纪念梁方仲教授诞辰一百周年》，广东人民出版社 2012 年版，第 561—568 页。赵毅、丁亮：《从银、力差的变迁看明代均徭法的演化路径——以浙江地区为例》，《社会科学辑刊》2013 年第 4 期。

（1530）桂萼上奏和户部梁储覆议对均徭法的改革意见，就是典型表现。[1] 这一做法，使得在力役仍然存在的情况下，官府内部已经可以对差役进行量化思考和核算了，比如各地官府开始用银额来比较负担轻重。嘉靖二十三、四年（1544—1544）时山东冠县知县姚本的《为议处均徭事》就是一例。"查得聊城县一十九里，除民壮义勇外，力差编银二千四百五十六两，银差编银一千二百六十二两四钱八分，共银三千七百一十八两四钱八分。高唐州三十九里，除民壮义勇外，力差编银一千九百四十四两五钱，银差编银一千七百五十六两四钱七分，共银三千七百两九钱七分四厘，里分顿殊，而二差之总数则一，繁冲相当，而聊城之力差特多，如之何而不告困也。……比类一观，利病自现。"[2] 他通过数量计算，指明州县间负担不均，要求轻减调节。毋庸赘言，这种核算与实际负担存在不小出入，但这种多徭役的量化核算的产生及将其用于行政决策讨论本身，就意味着官府内部财政管理技术发生了重要转变，徭役进入了核算管理阶段。

用银审编对核算管理的重大意义，突出体现在它给加总—摊派核算方式的推广提供了技术可能。在只有部分均徭差役折银时，并没有改变佥役的制度，只是将折银差役佥点相应人户承充、纳银应役。[3] 随着力差用银审编，全部徭役负担都可以用数量形式加以衡量，官府就可以在账面上将各项银力差的编银额加总，得出全县银力差总银额，然后向全部应役编户的丁、田（粮）或其他标识（门银、丁银）摊派，得出其派征率。编户根据此派征率和各自户下登记的派征对象额计算出其应负担的均徭银额。其中被派给银差的户，只需要照此纳银；而派给力差的户，则照此承担相应银额的力差，或若干户朋充一

---

① 章潢：《图书编》卷九〇《授时任民附》的《编审徭役》，文渊阁《四库全书》，第 971 册，第 721—722 页；万历《大明会典》卷二〇，江苏广陵古籍刻印社 1989 年版，第 363 页。

② 嘉靖《冠县志》卷三，东洋文库藏嘉靖二十四年刊本，第 14a—15a 页。

③ 不同地方、不同时期、不同官员对银差、力差孰重孰轻、哪一个方便贫难下户的看法是不同的。

差，即所谓"（上户）门丁不敷一差工食，则于中等户内量金贴头以帮之。……中等人户，或二户或三户朋金一差"①。此时的派征率，就银差而言，是税率性质；就力差而言，则是编派依据。

在这种情况下，银差下各具体差役项目不再被指派给具体编户，均徭的户役性质开始出现了弱化倾向。随着力差的折银征收，均徭银额彻底成为应征总银额，前述派征率完全转化为税率。均徭变成了一项以丁、田为课税客体的税。

在这种情况下，具体差役项目的役夫人数、编银额，既是州县衙门计算应征总银额依据，又是它确定将征得均徭银向各相关衙门分头解送数额的依据。至于各衙门是否根据其规定的役夫编制雇人承役、发放工食，则不是这类记载所需要规范的了。这时的均徭则例，成了应征总额和分解数额的预算，而不具备实际人员雇佣规制的意味。

（六）预算、征收、使用的分离

1. "以支记收"的文本结构

在现代的会计与财政管理观念里，收入与支出是截然不同的事项，二者分开记载，最后形成收支关系的计算等式，以实现财政平衡。

但是，这种收支分开并列的记载形式并非自然应有之义。自洪武到天顺时期，地方官府财政记录中，就形成了一种与之不同的"收入类目下记载支出细目"的文本结构。田赋的夏税、秋粮下分别开载起运、存留仓口及其田赋实物和折银数额，均徭的银、力差下分别开列门子、斗级等差役名目、役夫人数及折银额，里甲均平下分别开列需要出办的上供物料和地方公费细目的实物数量、折银额。

于是，地方官府的赋役征收总量就有了两种表示方式，一是通过

---

① 《山东经会录》卷九，第52b—53b页。这一点将在本文第二部分述及门银、丁银时详细讨论。

课税客体（嘉靖以后实际是摊派对象）来计算表达，二是通过加总其对应的支出责任细目来表达。后者可以称为"以分项支出记录应征总额的内容"。

在普遍折银改革后，就形成了如下计算关系：

支出项目甲的实物额或役夫额 * 折银率 = 支出项目甲的银额

式（1）

各分项支出银额之和 = 应支总额 式（2）

应支总额 = 应征总额 式（3）

以田赋和均徭为例，上述公式就是：

某县田赋

起运仓口甲的税粮额 * 折银率 = 起运仓口甲的田赋折银额

全部起运仓口田赋折银额之和 = 该县应支出起运田赋总银额

该县应支出起运田赋总银额 + 该县应支出存留田赋总银额 = 该县应支出田赋总银额

该县应支出田赋总银额 = 该县应征收田赋总银额

某县均徭

差役甲的役夫人数 * 折银率 = 差役甲的银额

全部均徭役的银额之和 = 该县应支出均徭役总银额

该县应支出均徭役总银额 = 该县应征收均徭总银额

如此，分项支出的银额，就具有了两重意义，一方面它是一项财政支出的数额，另一方面它是计算应征总额的依据。不同项目的征收合并计算成为可能，摊派核算的前提之一形成了。

2. 预算、征收、使用的分离

在明前期，田赋民收民解，司府州县官府只需要上传下达，对他们而言会计与征收、支出是一致的。物料、公费因派、因需而征，收支也可以说是合一的。徭役亲身应役的情况下，征收与支出合一，不存在预算。

随着赋役改革特别是折银征收，逐渐形成了一切收入先进入州县官府，然后州县官府再分别支出的格局。在此过程中，从州县到布政使司，也逐渐形成了核算体系。

但是，自嘉靖时期起，预算（收支计划）、征收形式、使用形式三者就开始发生分离。这种分离一方面与摊派核算及合并征收密切相关，另一方面也反映出户部坐派与与州县实征核算间的区隔。

就中央坐派的田赋、上供物料而言，户部坐派核算对地方官府而言相当于对支出形式的规定，而用于实际征收的核算已经与此分离。前文所述征银买本色上纳，以及江南地区的加耗改革都是表现。①

三者分离，在均徭、里甲均平上体现得最明显和彻底。纳银代役和摊派核算使得这些徭役名目不再具有征收项目的意义。册籍上的分项支出数额，只是形式上的支出项目与数额，仅用于计算该司府州县的应征总额和对某一仓库衙门分解数额的预算依据。支出名目所体现出的具体使用事项，则已经与实际使用形态发生分离了，这就是为什么均徭则例中会出现半名役夫的原因。②

二 摊派对象的标准化

从核算角度看，明代赋役改革的本质就是"定额—加总—摊派"。因此，找到合适的摊派对象至关重要。就核算体系的形成而言，它是与征收内容量化、定额化同等重要的另一前提条件。

从官府财政管理角度看，摊派对象需要满足几个条件：第一，政府已经掌握或可以方便地掌握其数字。第二，比较能反映百姓的赋税负担能力。第三，数字是均质、标准化的，可以参与各类计算。第

① ［日］森正夫：《明代江南土地制度研究》，第242—293页。
② 申斌：《明朝嘉靖隆庆时期山东均徭经费初探》，《遗大投艰集：纪念梁方仲教授诞辰一百周年》，第568—571页。

四，符合传统赋役征发意识形态，诸如户有调、丁有庸、田有租之类。

弘治以降，随着摊派核算的推广，很多并非课税客体的数字（例如税粮额），因其满足上述条件也被用作摊派对象。因此在万历以前，与其说是课税客体标准化，不如说是摊派对象的标准化。

从成化到万历中期，摊派对象的变化可以概括为以下几项。首先，税额的摊派对象化。粮额或平米额被广泛用作摊派对象，或者说册籍上的课税客体。为审编均徭役而设的门银、丁银也变成了追加徭役编银额的摊派对象。其次，丁额、粮额（或田额）取代里甲和户，成为物料、公费、徭役的课税客体。丁成为独立的课税客体。再次，在江南地区，出现分科则土地统计数字，土地数字出现了直接用于官厅会计核算的萌芽。最后，丁、粮（或田）之间建立起折算关系。这些变化给明末清初地银、丁银的出现奠定了基础。以下分别叙论之。

（一）税额的摊派对象化：田赋额（平米额）、门丁银额、条鞭银额

实物田赋额（在江南地区表现为平米额）本来都是实征税额，因其具备表示纳税者财赋水平（也即赋税负担能力）的作用，且载于册籍为官府掌握，所以从明初开始就被作为仓口、物料的坐派基准。随着各项赋役负担量化核算，田赋额自然成为各类不同赋役负担的课征基准或摊派对象，扮演起"册籍上的课税客体"角色。从坐派基准到摊派对象，不是田赋额自身发生了变化，而是合并征收与征收折银的结果。

田赋的课税客体自然是土地。但由于田地山塘以及肥瘠等自然差异，编户所拥有的土地面积并不能很好地反映其财赋状况；根据反映了这些差异性的科则计算出来的田赋额，反而被认为更能反映编户的财赋状况。虽然说科则还受到官民田土等社会因素的影响，但除了江南等少数地区外，在相当长的时间内，这种社会性因素造成的科则差异并没有被普遍认为是不合理的。这就是税粮额被当作坐派基准的背景。

在多数地区的早期赋役改革中，黄册登载的税粮额被认为是最能体现一个州县、里甲以及编户财政负担能力的数据。无论是上供物料、地方公费还是均徭的折银额都将税粮额而不是土地额作为课征基准或摊派对象。这在官民之间的层面上不易引起编户的争议，在官府内部的层面上，也较少引起州县之间围绕公平性的纠纷。比如上供物料，在福建，八分法后来就采取丁、粮兼派形式，[1] 在广东，嘉靖八年（1529）巡按邵篽改革也是"料价俱随粮带征"[2]。再如地方公费，正统后苏松地方曾采取按照田粮附加征收耗米或者摊入田粮征收的办法，[3] 在福建正德十五年（1520）沈灼纲银法"以丁四粮六法科派"，[4] 在广东嘉靖十四年（1535）巡按戴璟均平改革也采取照丁粮摊派办法。[5] 再如均徭，嘉靖九年（1530）一条编法改革最初的审编方案就是"每粮一石编银若干，每丁审银若干"[6]。田赋额在多数地区、在相当长的时间内扮演着摊派对象的角色。比如在湖广，万历中期，粮额仍然与丁额一起被作为额办和派办的摊派对象。[7] 当然也有例外，比如浙江弘治十年（1497）巡按吴一贯改革中，上供物料就以丁和田为课征基准。[8]

而伴随着田赋折银与合并征收，出现了将全县实征银额和本色米额向黄册登载的全县实物田赋额摊派，得出每石税粮派征银（米）

---

① ［日］山根幸夫：《明代福建的丁料和纲银》，《中国社会经济史研究》1991 年第 1 期。

② 刘志伟：《在国家与社会之间》，第 174 页。

③ 赖惠敏：《明代南直隶赋役制度的研究》，台湾大学出版委员会 1983 年版，第 142 页。

④ ［日］山根幸夫：《明代福建的丁料和纲银》，《中国社会经济史研究》1991 年第 1 期。

⑤ 刘志伟：《在国家与社会之间》，第 177 页。

⑥ 章潢：《图书编》卷九〇，文渊阁《四库全书》，第 971 册，第 721—722 页；万历《大明会典》卷二〇，第 363 页。后续改革参见梁方仲《明代十段锦法》，氏著《明代赋役制度》，第 449 页。

⑦ 万历《湖广总志》卷二一，《四库全书存目丛书》史部第 194 册，第 698、700 页。

⑧ 万历《景宁县志》卷三《民政》，《原国立北平图书馆甲库善本丛书》第 375 册影印万历十六年刻本，国家图书馆出版社 2013 年版，第 341—342 页。又参见申斌《明代地方官府赋役核算体系的早期发展》，《中国经济史研究》2020 年第 1 期。

率的做法，进而将这个单位税粮派征率，乘以各编户黄册上登载的税粮额，得出每个编户实际应纳银、本色米数额。[①] 用公式表示就是

$$全县田赋实征（银/米）额 \div 实物田赋额 = 每石派征（银/米）率 \qquad 式（4）$$

如此，税粮额从实物征收额变成了账册上用来摊派田赋实际征收物（银或本色米）的对象。而在征收时，则按照以下公式计算编户实际应纳田赋。

$$该户册载田赋额 * 每石派征（银/米）率 = 该户实纳田赋（银/米）额 \qquad 式（5）$$

黄册载实物田赋额在册籍上扮演起类似"课税客体"的角色。这就是嘉靖中期以后，大多数地方坐派税粮记载都采用"每石银若干""每石米若干"形式的原因。

江西就是典型例子，正德十六年（1521）至嘉靖三十九年（1560）间江西全省实际派征银米均是以粮额为对象，而所谓州县的等则，其实就是各州县"每石派银额"的差异。[②]

在江南，为调节官民田科则差异问题而屡次改革地方性耗米征收，平米（正米与耗米之和）成为真正意义上的税额。所以摊派核算时，平米取代田赋额，成为实际征收物（白银和本色米）的摊派对象。王仪的田赋"征一法"改革，将银米向平米验派"归总正实"是典型代表。[③]

---

① 必须指出的是，此处所述，是制度规定、制度原则，在实际征收运作中，则未必遵循如此的计算，而更多依托书吏、图差等人员与各色社会组织、人员结成的包揽关系进行。
② 《江西赋役纪》卷一五，《天一阁藏明代政书珍本丛刊》第 9 册影印明刻本，线装书局 2010 年版，第 499—542 页。
③ ［日］森正夫：《明代江南土地制度研究》，第 302—324 页。

田赋额的摊派对象化反过来也说明，在白银越来越成为实际征收物的情况下，实物田赋额已经日益与实际赋税额度脱钩，官府完全可以在不调整实物田赋额情况下通过摊派核算调整实际征收。

税额的摊派对象化现象，在徭役中也有体现。山东均徭征派中的门、丁银就是典型代表。

在华北审编均徭时使用的门、丁银额，本来是对编户徭役负担能力强弱的量化标识，最初只是在形式上具有税额的性质，并非实际要进行货币化征收，不过后来有向实证税额转移的趋势。[1] 坐派银差时则编户照其户下登记的门丁银额纳银，坐派力差则照此标著相应银额的某项差役，在全县范围内应满足"银差银 + 力差银 = 门银 + 丁银"的计算关系，即所谓"门丁二银与编差额数相当"[2]。倘若出现门丁银额之和少于银力差编银额之和的情况，则"每门丁银一两加至八分，多至一二钱三四钱而止"[3]。即采取在现有门、丁银基础上按比例加"收"的措施。这时，门丁银额的作用不仅是评价标准、征收数额，而是提供了一个账簿上的派征基数，使官员可以方便的确定如何加派。"按二十八年则例，武城银力二差共享银二千三百八十五两三钱，审过九则门丁银九百四十五两二钱八分外，少银二千四百有奇。"这时只能采取"九则递加"的办法，即将多出的均徭编银额，通过向门丁银额摊派方式解决。[4] 虽然此时力差只是编银而非征银，但这一官府核算思路仍然是将形式上的税额——门银、丁银作为新增均徭银开支的摊派对象。

门丁银额被用作摊派对象的情况，不仅出现在官民之间的徭役派征上，也出现在官府内部的徭役分派上。如"武城县嘉靖二十六年丁门银一千五百八十两（旧无此数），每一百两计编省派府派银八十二两七

① 参见申斌《明朝嘉靖隆庆时期山东均徭经费初探》，第563—566页。
② 嘉靖《武城县志》卷二，第14a页。
③ 嘉靖《武城县志》卷二，第14a页。
④ 嘉靖《武城县志》卷二，第16a—b页。

钱，计编一千三百两"①。县级官府在考虑派征省级和府级下达的徭役银时，门银、丁银这两个纳税主体负担能力的量化指标同样扮演了册籍上徭役负担（用银差银、力差银数额表示）摊派对象的角色。

不但均徭，其他徭役也可以采取类似方式进行派征，可以说这是一种新的派征管理技术。嘉靖二十四年（1545）《冠县志》额设民壮下载"额设民壮一百五十名。内三十五名轮赴临清团操，一百一十五名本县操备守城。每名编工食银五两六钱，共银八百四十两，旧于均徭内编。嘉靖二十三年新议于均徭外查照门丁银数摊编，其实即均徭内也，亦随二年一审"。"旧于均徭内编"和"于均徭外查照门丁银数摊编"强调的是民壮在徭役分类上隶属于均徭还是不属于均徭，而"其实即均徭内也"强调的是民壮银"照门丁银数摊编"，其课税客体也是门和丁，这与均徭的课税客体是一致的，所以实际上相当于在均徭之内派征。最值得注意的是"查照门丁银数摊编"，即以各户的门银额和丁银额为基准，将全县的民壮银总额按比例摊到各个户上。这种摊派方式极大地方便了政府操作，在某种程度上也有助于消除里甲佥派时的随意性。

税额的摊派对象化，是摊派核算急需一个能相对合理反映编户负担能力的量化指标而又不得的结果。但这种做法形成习惯后，就具有了制度惯性。随着时间推移，到明末还出现了条鞭银额成为摊派对象的情况。如天启二年（1622），浙江兵道张邦翼将差解银改为按照条鞭银摊派。②

（二）里甲、户的分裂与丁额作为独立核算数据的登场

这一变化最早出现在上供物料和地方公费的派征中，而以均徭役派征对象的改变为根本性转折。

作为派征对象的里甲分裂为丁和田（粮），突出体现在物料、公

---

① 嘉靖《武城县志》卷二，第 14b 页。
② 梁方仲：《明代十段锦法》，《明代赋役制度》，第 450 页。

费征收上。转嫁为里甲负担的上供物料和地方公费，最初是以里甲而不是户为单位进行派征的。如前文所述，由于不同里甲丁粮不均，承担能力不同，因此大约成化、弘治时期开始从向见年里甲人户均摊转为审核丁田、以田折丁，按丁摊派。弘治十年（1497）在浙江巡按吴一贯在全省范围内明确将物料银派于见年丁田之上，并推广了桐乡县以田折丁的做法。但此后又有反复，正德十五年（1520）议处军民赋役时改照里数分派。故嘉靖六年处州府知府潘润上奏请求改回以丁田为上供物料的课税客体。① 根据庞尚鹏的公文，在黄册之外，还编纂有《实征丁粮手册》，将丁从户中独立出来，与粮成为并列的课税客体加以统计、计算。② 在福建，正德十四年（1519）沈灼采取每丁岁征银八分以充岁办等物料，后来又有六分丁料等名目，而且派征丁额范围也不局限于现年里甲，而是全县丁额共同负担。此外，用作地方公费的纲银则"以丁四粮六法科派"③。在广东戴璟均平改革也是将实编人丁数与税粮额作为地方公费派征对象。

　　杂役中的经常性项目规范为均徭役后，官府直接对户进行差役佥点，而不是由里长二次点差。在此制度下，依人丁事产多寡而定的户等成为佥点的重要依据，比如山东均徭"以丁粮之差分为三等九则人户"④。

　　而随着均徭役纳银趋势的展开，丁逐渐从户中独立出来，成为一个单独的课征客体。如根据成化十五年（1479）应天巡抚王恕均徭册，吴县"该编征丁银一万四千六百八十两有奇"，而实际上编征客体有四类，如表 8 所示。⑤ 可见此时丁已经成为独立的课税客体。

――――――――

　　① 万历《景宁县志》卷三，《原国立北平图书馆甲库善本丛书》，第 375 册，第 341—342 页。

　　② 庞尚鹏：《浙江等处承宣布政使司为节冗费定法守以苏里甲事》，《钦依两浙均平录》卷首，嘉靖刻本，日本尊经阁文库藏，第 5a 页。

　　③ ［日］山根幸夫：《明代福建的丁料和纲银》，《中国社会经济史研究》1991 年第 1 期。

　　④ 嘉靖《高唐州志》卷三《役法》，嘉靖三十一年刻本，东洋文库藏，页码模糊不清。

　　⑤ 崇祯《吴县志》卷七，《原国立北平图书馆甲库善本丛书》，第 309 册影印崇祯十五年刻本，国家图书馆出版社 2013 年版，第 124 页。

表8   成化十五年（1479）吴县均徭编银表

编征客体	数额	单位编银额	总银额
人丁	145100 丁	每丁编银 0.03 两	4355 两
官民田地	501100 亩	每亩编银 0.012 两	6013 两
山荡租钞等	303100 亩	每亩编银 0.004 两	812 两
在城附郭市民两山家资			3500 两

来源：崇祯《吴县志》卷七。

与江南地区将名为丁银的均徭银向人丁、田地分别编征的情况不同，在华北地区采取了以门银和丁银的形式将纳税主体的负担能力量化的方式，并且存在向实际征收名目演变的趋势。而一旦演变成征收项目，门丁银就从纳税主体的负担能力量化表征变成了对课税客体的征收税则。无论实征与否，以门丁银形式对编户齐民徭役负担能力加以标识，标志着官府对徭役管理开始出现脱离具体实在的户，而针对册籍上的银力差银和门丁银进行账面计算，对抽象化了的支出徭役银额和纳税主体的负担能力表征加以调整，这在会计上是一大创新。下面以山东的情况为例，具体论述之。

第一，徭役的课税客体被明确具体为门和丁，并且丁额开始在户口和徭役部分被单独开列记载，显示了对课税客体管理的深化。据明初的制度设计，杂役依照户等向户分派，虽然实际上是户的构成要素即人丁事产才是课税客体，但形式上户既是纳税主体也是课税客体。嘉靖十九年（1540）《夏津县志》卷二民役后白时中评论说："今山东之役，虽曰二年一审，要之，今年之审，此户此丁，后年之审，亦此户此丁，盖无一年不受役者。"[1] 嘉靖二十五年（1546）《淄川县志》卷四赋役志均徭《均徭议》称"尝考东土徭役之法，先以门丁二项，而以若州若县人户定为三等，而中列为九

_____

[1]　嘉靖《夏津县志》卷二，《天一阁藏明代方志选刊》嘉靖十九年刊本，第26b 页。

则，银力二差，随其门则而轻重之也。唯其有消长，率以二年重审，以定升擦"①。嘉靖二十八年《武城县志》卷二户赋志徭役载"又以丁粮之差分为三等九则人户，二年一审，以应各衙门之差，每差以二年为限，限满仍前审编，谓之均徭"②。据此可知在嘉靖时期山东编派徭役时对户的审编已经由单一的户等具体化为门和丁，门丁又细分为三等九则。③ 随着丁成审编对象，它也就相对于户具有了一定的独立性。在嘉靖二十四年（1545）《冠县志》④ 卷三户口在开列了户数之后，出现了"丁口，男子二万一千九百九十六丁，妇女一万八百二十四口"的记载。虽然黄册中一直就开列丁口数目，但在此前的山东地方志的户口部分中仅有户数和口数的记载而无丁数，这是现存明代山东方志中第一次开列"丁数"。而且在同卷徭役项目下在"力差银额""银差银额"之前首列"原额八千九百七户，人丁二万六千九十丁"。丁额被单独开列，显示了其在徭役管理中重要性的上升。而徭役项下开列户数丁额，则似可以理解为带有开列课税客体的意味。虽然还是以人数的方式呈现，但相对于委托于里甲的户等制征发，仍可以理解为对课税客体的把握趋于细致化了。

第二，门银和丁银出现，对纳税主体承担劳役能力的评定采取了数量化的方式。这一方式使得官员可以在账簿上以一种类似收入—支出的思考方式来考虑纳税主体的负担能力和所需徭役之间的关系，实际上是收入、支出会计观念引入徭役的开始。同时这一数量化评定方式还为官府在账目上方便地实现徭役的摊派、加派提供了技术便利。根据前述岩见宏的研究，门银和丁银乃是对户的负税能力的评价标

---

① 嘉靖《淄川县志》卷四，《天一阁藏明代方志选刊》影印嘉靖二十五年刊本，第58b页。。

② 嘉靖《武城县志》卷二，《天一阁藏明代方志选刊》影印嘉靖二十八年刊本，第13a页。

③ 三等九则的划分原则延续了户等的标准略有调整。嘉靖《高唐州志》卷三役法称："又以丁粮之差分为三等九则人户，二年一审，以应各衙门之差，每差以二年为限，限满仍前审编，谓之均徭。"

④ 嘉靖《冠县志》卷三，东洋文库藏嘉靖二十四年刊本，原书页码模糊错乱。

准，而并非全部户均按照被规定的门银、丁银数额缴纳白银。他认为
官府从下户征收的门银、丁银以应付银差银的支出，而在依据上户的
门银和丁银总额摊派力差。① 笔者同意岩见宏关于门银和丁银乃是户
的负税能力评价标准的观点。门银和丁银的作用可以从官府内部的册
籍上的财政管理和实际向民户分派两个角度来考虑。

从实际向民户分派的角度看，门银、丁银乃是对户等的细化，是
对户的负税能力的评价标准。《山东经会录》卷九均徭附录所载隆庆
四年巡抚梁梦龙款开慎纷更这一公文中比较详细地展示了在对户的派
征中如何运用银差银、力差银和门银、丁银的。

> 或谓将户之高下、差之重轻各造鼠尾一册，顺叙编派，则吏
> 书无所容其奸。不知户之高下，差之重轻，其数目实各不等。若
> 顺叙而编，一户之内，编尽一差，方佥一头，则其中亦有无头役
> 者，亦有一户佥两头役者，有重差多上户少，便佥及下户者，有
> 重差少上户多，力量本同而轻重颇异者：此皆谓苦乐不均，非均
> 齐方正之术。为今之计，合无行令审官，通将本地力差查审何项
> 用力颇劳而使费多，则定为重差。何项用力颇易而使费少，则定
> 为轻差。何项似轻而实重，何项在他州县为轻而在此重，则俱定
> 为重差。计之重者若干，上户若干，户与其数相等，则每户各佥
> 一头，内门丁余剩银尽编入轻差；其或门丁不敷一差工食，则于
> 中等户内量佥贴头以帮之。若上户少而重差多，除上户门丁尽编

---

① 不过根据嘉靖《武定州志》卷上《赋役志》第七的记载，"徭役之出银差，独派上
户，而办之无难，力差虽利贫民，然多雇倩，费反数倍，此又所以致困也"。（《天一阁藏明
代方志选刊》影印嘉靖二十七年刊本，第29a页）可知岩见所论，未必适用于所有情况。
在中国，樊树志认为山东均徭"以门、丁为基准编派"，"在均徭出现银差之后，也就形成
了特殊的门银、丁银"，"以户为单位编佥的银差称为门银，以定为单位编佥的银差称为丁
银"。但是樊树志引用来证明自己观点的史料万历《兖州府志》卷十五《户役志》的原文
是"编审均徭有丁银、门银"。其中仅是讲均徭包括两个项目：门银和丁银，而不是讲均徭
中的银差包括丁银和门银。因此樊氏的解释欠妥。参见樊树志《一条鞭法的由来与发
展——试论役法变革》，中国社会科学院历史研究所明史研究室编《明史研究论丛》第一
辑，江苏人民出版社1982年版，第128—129页。

作重差外，其中等人户，或二户或三户朋金一差。各户之内不可使尽门丁银数。仍坐一半，编为轻差，以示宽恤。其余俱金作轻差头役。凡头役惟七则以上可金，但不可金及八则人户。力差可令八则帮贴，但不可贴及九则人户。若银差多而力差少，虽八则以上，亦宜通融均沾。八则以上力差编派不敷，方许于九则户内，又分三等，取其稍过者，每丁贴力差银二分，随时审俗，以诚其民。①

由此可知，在制度设计上，力差主要派给上户，每户按其门丁银额负担一项力差，如果不足力差银额，就另外金派几户帮贴，如果超出力差银额，就与其他户合并承担轻差。力差银不单纯是"定比式"的徭役负担轻重的衡量标准，门银、丁银也不单纯是"定比式"负担能力的表征，两者相互配合成为"定量式"的精确的派征工具。

随着时间推移，门银、丁银也显示出了从单纯的负担能力表征向征收项目演进的趋势。《山东经会录》《均徭因革上》嘉靖三十二年（1553）济南府申文有如下记载："查德州、历城上次门、丁银两，除编银、力差外，历城剩余听差②银二千余两，德州剩余听差银二百一十七两。……令二州县遵照审编丁门银数，除算足银、力二差外，编有余剩者，……添入公用银内一体支用。"编完银力二差余剩的门丁银仍要被征缴"添入公用银内一体支用"，在这里门、丁银已经成为一项征收的名目。

综上可知，对山东的地方官府而言，全县合计的门银、丁银最初乃是可以调拨的财政资源的量化表示。随着徭役银即支出需要的扩大，门银丁银成为了账簿上徭役银的摊派对象，为调整徭役征收提供了一个更为方便和至少制度上更加精确的方式。而门银、丁银与银差银、力差银相互比对完成征发的过程可以视为徭役管理中收支会计的萌芽。

---

① 《山东经会录》卷九，第52b—53b页。
② 岩见宏认为听差主要是为了预备供应上供物料而预先按照九等法征收的银两。参见岩见宏《明代徭役制度の研究》（同朋舍1986年版）第三章第三节的讨论。

门银和丁银的形式将纳税主体的负担能力量化，并且出现了向征收项目演变的趋势。而一旦演变成征收项目，门丁银就从纳税主体的负担能力量化表征变成了对课税客体的征收税则。这标志着官府对徭役管理的思考开始可以不必从具体实在的户出发，而针对相对抽象的册籍上的徭役名目与数量，以及抽象化了的纳税主体的负担能力表征门银和丁银进行调整。①

随着作为派征对象的里甲与户分裂为丁和粮（或田），如刘志伟所言，户已经变成登记丁额和粮额（土地额）的户头。不过户等制的影响仍在，这主要以丁则的形式表现出来。比如万历《合肥县志》上卷载《由票颁行定式》中，丁是划分了丁则的。而从"上三则户""下下户"的表述可以推断丁则乃是根据户则而定。不过仔细考察户则的划分依据，却可以发现是"田一百石以下、六十石以上，作为上三则"，"六十石以下、十石以上，作为中三则"，"十石以下，一石以上，作为下三则"②，户则的判定标准乃是户下登记的税粮额。从整体看，丁则有简化趋势，但并非绝对。

在江西，嘉靖四十年（1561）的《江西赋役纪》将"人丁额"与官民米额并列记录，作为摊派各项征收的对象。如南昌县"坊乡共陆百叁拾捌里，计人丁壹拾壹万叁升肆百捌丁，内除逃绝并坊社人丁不派，实丁柒万伍百柒拾丁，每丁折粮壹石，民粮壹拾壹万贰百壹拾柒石捌斗叁升伍升"③。这是笔者所见人丁额取代户数第一次被作为独立赋税数字记录在省级赋役册籍上，是丁额以独立课税客体角色登场的标志。

（三）从不可计算到可计算：土地数字在官厅会计中角色转变的萌芽

明前期土地科则复杂，而官府又并不掌握分科则的土地面积数

---

① 申斌：《明朝嘉靖隆庆时期山东均徭经费初探》，《遗大投艰集：纪念梁方仲教授诞辰一百周年》，第563—568页。

② 转引自梁方仲《易知由单的起源》，《明清赋税与社会经济》，第124—125页。

③ 《江西赋役纪》卷二，《天一阁藏明代政书珍本丛刊》，第8册，第11页。

据。因此在里甲以上，土地面积数字无法用于田赋核算。①

土地额成为可供官府使用的核算数据有三种路径，一是扒平科则，田地山塘四类各做一则起科；二是官府掌握了分科则的田土数字；三是不同类别的土地通过折亩，形成按照标准化的税亩来标识的新面积数字。可核算土地额的出现，是土地额取代田赋额成为核算用课税客体数据的前提。下面分别讨论。

第一种：如果科则是全县以旧有土地数字，不加折算，一则起科，那么将全县黄册所载田赋额除以全县田土额即可。

第二种：如果采取折亩制度，那么需要根据标准土地与其他科则土地的科则差异，制定亩数折算关系。为说明折亩计算，笔者制成示意表9。

表9 折亩示意表

类别	折亩前			折亩后	
	科则（斗/亩）	面积（亩）	每亩实测面积（步）	每税亩实测面积（步）	面积（税亩）
一则田	3	1	240	160	1.5
二则田	2	1	240	240	1
三则田	1	1	240	480	0.5

若选定二则田为标准土地，每亩纳粮2斗的一亩（240步）为税亩的话，那么折亩计算有两种方法。

一种是问原一则田、原三则田实测面积（步数）多少时，与一亩原二则田承担等量税粮？用算式表示就是：$240 : 3 = x : 2$，$240 : 1 = x : 2$，计算得160步原一则田、480步原三则田的税粮额相当于一亩原二则田税粮额。丈量时或丈量后，就可以将原一则

① 申斌：《明代地方官府赋役核算体系的早期发展》，《中国经济史研究》2020年第1期。

田、原三则田的实测步数除以这一标准（160 步、480 步），得到各自的税亩面积。

另一种是抛开实测，问原一则田、原三则田的实测每亩（240 步一亩）税粮额，相当于原二则田实测每亩税粮额的几倍或几分之几？用算式表示就是：3：2 = × ：1；2：1 = 1：×，计算得原一则田实测每亩粮额相当于 1.5 亩原二则田实测每亩粮额，原三则田实测每亩粮额相当于 0.5 亩原二则田实测每亩粮额。用公式表示就是

$$折亩率 = 甲种科则/标准科则 \qquad\qquad 式（6）$$

折亩计算后，科则简化了，不同种类土地的数额从实测亩登记变成了税亩登记。而同一地块的田赋额没有变化，只是计算从

$$甲种科则土地的田赋额 = 甲种科则土地面积 * 甲种科则$$

变成了

$$甲种科则土地的田赋额 = 甲则土地面积 * 折亩率 * 标准科则$$
$$式（7）$$

将式（6）代入可知与原来计算公式是一样的。

从核算角度看，折亩操作比起合并科则要简单得多，因为在核算中，官府不需要掌握分科则的田土面积，只需要知道全县大体有哪些土地科则即可。官府只需要发布一道不同科则的土地间面积折算关系的命令，不涉及科则的改动和不同类别地块税粮额的调整，实际地块等则认定与折算工作都委托给基层里书等人员进行。在基层，地块与税粮额的对应关系没有改变，只是册籍上登载的承担相应税粮额的地块面积，从原来的实测面积变成了折算后的税亩面积。在实际操作中，充分利用、发挥了里长、书手等阶层已经形成的税粮征纳合同关

系。对实际社会经济关系很少调整，反过来说也就是比较少扰动。

因此，就土地数字的可核算化而言，清丈并非一个必须前提，只靠衙门内部核算也可以解决。清丈主要是解决确认土地归属问题。

第三种。如果采取合并简化科则的方式，形成分科则田土统计，进而进行税粮核算，则比较复杂。

关于科则简化合并的计算过程，目前还不太清楚。下面就从逻辑上做些推理，最后给出一种可能的解释。

由于税粮原额是给定的，[①] 实测土地面积也可以看作给定的，所以唯一可变的是科则，以及与之相对应的分科则田土数额。合并改革需要满足以下计算关系。

起运存留仓口税粮额之和 ＝ 全县黄册所载税粮总额

全县税粮总额 ＝ 不同科则土地纳粮额之和

科则Ⅰ土地的面积 × 田地种类Ⅰ的科则（每亩征粮率）＝ 田地种类Ⅰ应纳实物田赋额

于是问题变成：全县土地应合并成几类，每类分成几等起科，每等科则若干，才能确保全县土地可以完纳全县税粮原额？

清丈只能解决"哪块地属于谁"的归户问题和实测面积问题，依赖里甲书手或者中间包税层，也只能再解决这块地原来属于什么科则、应纳粮额多少的问题，而无法完成合并科则的工作。

因此有理由推测，官府必定在展开清丈等工作之前，根据既有科则（县官掌握科则，但不掌握分科则土地数额），定出科则合并方案，比如"三斗以上四斗以下均作一则"（可能也有具体科则），然后将此作为原则下发，让书手、算手、公正等人在清丈时对原土地科则进行归并，进而归并后分科则土地数额汇总上报。

---

① 即便不是原额而是条鞭法下实际应征银额或米额，由于条鞭"量出为入"的原则，也是给定的数字。

　　但这样就出现了一个问题。因为官府事先是不掌握分科则的土地数字的，所以根据它制定并且下发的科则合并规定，基层清丈汇总上报的分科则土地数字完全是一个不可预知的数字。非常可能的结果是，官府预先制定的科则与实际陈报上来的土地数字相乘得出田赋额，进而加总不同科则土地的田赋额得出的全县粮额，与黄册载应征税粮额不一致。

　　这个问题如何解决呢？只有一种可能，就是官府最初下达科则合并规定时，对合并后的每类土地只提出一个试算性质的科则。根据上报上来的分科则田土数字，又对科则数值进行了调整。这在数学上是如何实现的呢？郭永钦引用清代沈士桂《新纂简捷易明算法》，说明了如何用"三等差分"方法来在已知田、地、荡总面积，田、地、荡总应纳银额，田、地、荡各自单位面积纳银额条件，求解田、地、荡各自亩数与应纳银额。[①] 在这里不过是把问题换成已知各等土地面积及其应纳总田赋额的情况下，求解各等土地的科则。

　　无论采取上述哪种方式，得到的科则（每亩实物田赋派征率）与每石税粮摊派的实征银/米额相乘，就得到了单位土地实征银/米率。土地额参与到田赋核算中去。

　　土地数字可核算化之路的逻辑如上所述，下面结合实例略述其早期历史情况。

　　正德和嘉靖前期，在江南地区最早出现了变革的萌芽。调节官民田科则的巨大差异始终是江南田赋改革的主题，存在强大的扯平科则、平均单位土地面积的负担的动力。因此江南的赋役改革中，最早就出现了跳过税粮额，而直接用土地额进行核算的方式。

　　这种动向最早表现在景泰时期出现的分段论粮加耗上。因为分段加耗促使官府去掌握分科则的土地面积数字，将之纳入官府财政核算

---

　　① 郭永钦：《明清赋税核算技术变革与赋税折亩数字的制造》，《清华大学学报》2019年第 4 期。

中来。不过早期分段加耗措施恐怕更多只是指导性政策规定，很难说那时官府已经掌握了分科则的土地数字，具体计算恐怕还是要交给里长去落实。

随后，这表现在将土地不分科则地作为均徭摊派对象上。成化十五年应天巡抚王恕所定均徭册中已经明确均徭银分别向人丁、田地、山荡租钞和市民摊征。[①] 但这些改革也可能因忽略了土地产量的自然差异而造成新的不公与弊端。[②] 扒平科则减少了基层里甲人员在认定科则、计算粮额等工作中上下其手的可能性，便于官府直接统一管理，在官府看来，"因忽视土质差异造成的不公"和"基层里书算手挪移飞洒造成不公"这两害相权，前者更可以接受。

最后，这集中体现在扒平科则或分科则田土统计的出现上。扒平科则，例如苏州府嘉定县知县王应鹏（正德五年至九年任）就将全县田土丈量后将官田均作一则，民田并丝麦不科粮地均作一则。[③] 而在正德七年（1512）序《松江府志》中，第一次出现了分科则的土地面积统计数据。[④]

嘉靖十七年（1538）苏州府王仪改革中，更明确地将分科则的土地面积统计称为"分项别异"，列为核算步骤之一。均粮实现了每亩土地派平米额的一致，而征一实现了每石平米派银、米额的一致。[⑤] 可以用如下的公式来表示：

每亩派征平米率 * 每石平米派征银/本色米率 = 每亩派征银/本色米率

式（8）

---

① 赖惠敏：《明代南直隶赋役制度的研究》，第65页。

② 谢湜：《十五、十六世纪江南赋役改革与荒地问题》，《"中央"研究院历史语言研究所集刊》第83本第2分，2012年。

③ 赖惠敏：《明代南直隶赋役制度的研究》，第21页。

④ 森正夫已经将其制成表格。[日] 森正夫：《明代江南土地制度研究》，第97—98、278—279页。

⑤ [日] 森正夫：《明代江南土地制度研究》，第294—324页。

通过式（8），以平米额为中介，土地额成为可用于官府实征田赋额（银额、本色米额）核算的数字。土地在册籍核算上，正式以课税客体角色参与计算。

在浙江，如前所述，上供物料和地方公费早在天顺之后就出现从按里甲派向按丁田派的趋势，粮额似乎始终未在均平银派征上扮演摊派对象角色。以致浙江的里甲均平又被称作丁田。[①] 到嘉靖中期，浙江田赋也开始出现合并科则的均税改革。比如嘉靖三十年（1551）绍兴府江阴知县何璇履亩均税，每乡一则起科。在记载上，每亩实物粮额科则与用于实际征收的派征率合二为一，如"鉴湖乡田上上则，每亩科正米一斗五升六合八勺，内折色一升七合"。到隆庆时期，随着一条鞭法的推行，更是不再标识每亩粮额，而只记载实际派征率。[②]

关于在清丈中具体标识土地等级的做法，可以从嘉靖三十七（1558）至四十一年（1562）间淳安知县海瑞的《量田则例》中窥见一二。在流水册中，需要注明"土名某，某等"，特别强调同一鱼鳞字号下的田，被田塍分作几块的，需要根据高低分别标为"中中""上上"等不同的"等"，于坵段内填写亩数。[③]

但在江南和浙江以外的其他地区，税粮额仍长期被作为摊派对象，土地额已然是一个不可计算的数字。大约万历清丈后，才普遍出现从向粮派到向地派的转变。

（四）丁、粮（田）的折算关系

在东南几省，很早就出现了丁粮、丁田互折的情况。这使得丁、粮的区分更多是一种册籍会计形式上的区分，而很难被理解为事实上

① ［日］栗林宣夫：《浙江の「丁田」について》，《山崎先生退官記念東洋史学論集》，山崎先生退官記念会，1967 年，第 175—184 页。
② 嘉靖《山阴县志》卷三，《日本藏中国罕见地方志丛刊续编》，第 3 册，第 514—515、517 页。
③ 海瑞：《海瑞集》，陈义钟编校，中华书局 1962 年版，第 191—192 页。

的向土地课税和向人身课税的区分。具体的折算又分成以下若干情形。

以粮折丁，如嘉靖十年（1531）广东戴璟立均平册法改革，岁费照丁粮均派，旧例"以粮米一石准人丁一丁"①。以丁折粮，如嘉靖四十年（1561）江西南昌府南昌县"每丁折粮一石"，丁折粮与民粮额一起构成"实编丁粮壹拾柒万贰千肆拾石壹斗壹升伍合玖勺伍抄"，除实征银额"伍千肆百捌拾肆两肆钱贰分叁厘伍丝"，得到"丁粮每石派银叁分壹厘捌毫柒丝捌忽柒微伍纤"②。以田折丁的情形，如浙江《两浙均平录》的《均平由帖》中开列"通县丁田共折丁"数额、每丁派银额，据此计算出各户丁额和派银额。③再如万历《会稽县志》卷七《户书三·徭役下》开载的一条鞭由帖格式显示均平均差白榜银向"正丁"派征，但是"人（丁）田地山荡"均被折成正丁用于接受摊派。④华北地区也存在类似情况，如《山东经会录》载："嘉靖四十二年则例内开一款，兼丁地以苏民困。其审编之法，有以丁粮相准者，每丁准一石，每石准一丁。有以丁田相准者，一丁为一丁，田十亩为一丁，地五十亩为一丁，山一百亩为一丁。富户不买产者，约资加丁。"⑤这充分说明向丁摊也好，向地摊也罢，总之这项工作基本上是一项册籍计算技术。其背后的观念是将所需银两摊到册籍上的某种赋税单位（丁、田、粮等等）的数值。这种被选定的作为摊派对象的赋税单位（比如丁）与类似的其他赋税单位（比如田或粮）之间存在一种换算关系，这也是册籍会计技术的有机构成部分。这些赋税单位究竟与现实社会中的实体（人口、户籍、财产、田地）有何关系则既非官府内部财政关系所需要了解，也非其所能了解，而是进入了胥吏、包税人、民众复杂互动的乡村社会领域。

---

① 刘志伟：《在国家与社会之间》，第177页。
② 《江西赋役纪》卷二，《天一阁藏明代政书珍本丛刊》，第8册，第11页。
③ 庞尚鹏：《浙江等处承宣布政使司为节冗费定法守以苏里甲事》，《钦依两浙均平录》卷首，第5a—b页。
④ 参见梁方仲《易知由单的起源》，《明清赋税与社会经济》，第122—123页。
⑤ 《山东经会录》卷九《均徭附录》，第58b页。

何炳棣早在 1959 年就已经梳理了赋役制度演变梗概，明确指出十六世纪至清初的丁乃是一个赋税单位而与人口没有直接逻辑关系①。刘志伟更加明确地从赋税结构演变角度，明确分析指出广东摊丁入地改革中的丁乃是一条鞭法的产物，而与此相伴，丁的性质由于按田亩数或亩赋数折丁而发生了改变，丁银乃是形式上的人头税和实质上的地税的结合。丁税的二重性才是清代摊丁入地改革的结构性原因②。本文的分析显示在嘉靖时期的山东也出现了相同的变化，而且后文还将讨论门的因素被纳入了丁，进一步佐证了何炳棣和刘志伟的观点。以本文的情况来看刘志伟的观点话，"形式上的人头税"就是本文所讲的册籍会计摊派的结果，而"实质上的地税"则是与各地社会实际情况对应的情况。诚然，丁额除了人头税的形式之外，我们也不敢完全否认其与真正的成丁完全无干，但是二者之间绝对不存在直接逻辑关系，它们间的连接或可能出自因袭旧有记载，或出于官员主观臆测，总之绝不可以把丁银认作真正的人头税，当为无疑。遗憾的是，虽然何炳棣在五十余年前，刘志伟在二十余年前已经有充分论述，但目前的几乎所有大学教科书和一般通史著作依然把一条鞭法之后的丁银视作对人丁的税收，用丁税固定和丁额增减的矛盾解释赋税改革的原因③，而且很多学术论文依然沿用上述模糊甚至错误的观点与表述④。

三　加总—摊派核算与单位派征率诞生

（一）赋役改革的三种类型

从核算逻辑角度看，明代赋役改革可以分为三种类型。第一种类

---

① 何炳棣：《明初以降人口及其相关问题 1368—1953》，生活·读书·新知三联书店 2000 年版，第 30—37 页。
② 刘志伟：《广东摊丁入地新论》，《中国经济史研究》1989 年第 1 期。
③ 郭成康、王天有、成崇德主编：《中国历史（元明清卷）》，高等教育出版社 2001 年版，第 308—309 页。
④ 袁良义：《清一条鞭法》，北京大学出版社 1995 年版。

型是官府虽然制定了征收定额，但对其征收方式却不加规定，而是交由里甲自理。第二种类型，是官府确定税率，照此向课税客体征收，然后多贮少补、通融使用。第三种类型，是在分项支出实现统一量化预算基础上，加总分项支出额得出应支总额，也即应征总额，将应征总额向课税客体额摊派，得到单位派征率即实征税率，并照此征收。①在二、三两种操作下，课税客体扮演的角色有所不同，在前者为课征基准，而后者属摊派对象。从时间上看，大体可以说第一、第二两种类型构成第一阶段，而第三种类型构成第二阶段。

第一种类型是早期赋役定额化改革的主要形态，但基本不涉及派征核算，故略过。

第二种类型集中表现在周忱改革以及早期州县级别以上供物料和地方公费为内容的赋役改革上。早期改革时，州县官府对分项支出并没有详细的价值评估，因此主要依靠里长阶层的经验，匡算每年田赋运费、物料、公费负担的大致总体价值，调查里长自行派办时的征收率，然后据此制定丁、粮（或田）的税率，命里长照此征银（早期也有征米）纳官。这一改革与课税客体的标准化相伴。但这种情况下，由于本来就没有对分项支出的先期预算，所以征收额与支出额之间在核算上不存在严格的对等关系。后来成化、弘治乃至正德时期一些地方的省级改革中，也是根据州县官府的经验数值，在大体估定支出总额的情况下，规定税率，福建的八分法就是代表。在这种先确定征收税率的方式下，税率是简明的数字，不会出现长尾数；丁、粮、田等课税客体以被乘数角色参与计算，扮演的是课税基准角色。

第三种类型集中表现在嘉靖以后均徭和田赋改革上，解决物料、公费的里甲均平也转而采取这种新的形式。随着赋役用银的普遍和深入，分项支出定额化，通过加总得出精确的应支也即应征总额成为可能，通过"应征总额除以课税客体额"可以得到单位粮、丁、土地

---

① 这是非常笼统地一种概括，虽然确实能够看到类型一向类型二转变的趋势，但不意味着可以某一时间段截然二分。

的派征率，据此进行征收。就田赋而言，转变的关键是不再对编户分派仓口。只有实现了不分仓口的"总收"，加总和摊派才有意义。就均徭而言，转变开始于嘉靖九年（1530）的编审方式改革，而完成于从账面核算向实际征收制度的转变。[①] 用银征收是"加总—摊派"核算方式扩展的催化剂。

这类改革先确定征收额度，然后进行摊派，所以派征率是除法运算的商，基本都是带有长尾数的。例如嘉靖十八年（1539）《湖广赋役文册》载应山县"秋粮一条边分派，每正米一石，派本色正耗平米九斗九升八合三勺七抄六撮五圭四粒七粟外，折色银二钱二厘六毫八系七忽六微微三尘七纤四渺，以平米一石价银五钱计之，该每正米一石，共银七钱一厘八毫七系五忽九微一尘九渺"，"坐派物料银二百八十三两六钱二分，内除没官重租田粮免派外，每丁石派银二分一厘四毫一丝二忽六微，俱一条边派纳"[②]。丁、粮、田等课税客体以除数角色参与计算，扮演的是摊派对象角色。

关于加总—摊派核算方式，除了部分制度性叙述史料，只能看到作为核算结果的记录，而较难看到直接记录核算过程的记载。不过还有些文献透露出核算过程的痕迹，值得举出。隆庆末万历初，福建泉州府惠安县料钞的实差男丁 7965 丁，实征民米 11876.7827 石，"每丁石派银七分"，共银 1388.924789 两，"尚少案验银六十二两二钱七分九厘零，丁加七厘八毫一丝九忽乃足"[③]。这段话的意思是，按照 0.07 两/石和 0.07 两/丁的派征率计算得出的应征银额（1388.924789 两），比起料钞应支银额还少了 62.279 两。处理方式是每丁加派 0.007819 两。由此可知，每丁加派额乃是用缺银额除以实差丁额得出的。这充分说明，当时实际起到税率作用的"每丁/石

① 参见［日］山崎武治《一条鞭法の創行について》，《立命館文学》152，1958 年；衔微《关于一条鞭法的内容》，《甘肃师范大学学报（人文社会科学版）》1963 年第 4 期；申斌《一条鞭法的政治进程与会计本质》，待刊稿。

② 嘉靖《应山县志》卷上，《天一阁藏明代方志选刊》影印嘉靖十九年刻本，上海古籍书店 1964 年版，第 14b、22a 页。

③ 叶春及：《惠安政书》，第 49 页。

征银率"是确定应征总额后摊派计算的结果。

（二）加总—摊派核算的诸问题

从核算角度看，明代地方官府赋役改革的本质特征有二，一是征收定额化，其背后是其支出责任的定额化；二是"加总—摊派"核算方式的形成与扩展，这背后是可核算的标准化课税客体数字出现。关于"加总—摊派"问题，前辈学者已经做了精深剖析，只是没有特别强调核算视角并使用专门概念概括。梁方仲通过一条鞭法研究最早分析了赋役合并编派的各种情况，森正夫以江南欧阳铎征一法为例，更是对数字会计做了精密计算分析，是迄今对明代赋役核算最精深的研究。[①] 梁方仲所用术语是"合并编派"。所谓"编"，其实主要是将不同的赋役征收项目之数额确定下来，并加总起来。所谓"派"就是将这一加总后的应征赋役数额，向某一可掌握的、也就是册籍上登记的课税客体摊派。[②] 这其实是一条鞭法的核心内容，换言之，一条鞭法的会计本质就是"加总—摊派"。[③]

前文式（1）到式（5）五个公式，体现了第三种赋役改革后核算与征收的全过程。将其中式（2）到式（5）进一步抽象，可以得到这几个公式更一般的形式。

各分项支出额之和 = 应支总额　　　　　　　　　　式（2）

应支总额 = 应征总额　　　　　　　　　　　　　　式（3）

应征总额 ÷ 摊派对象额 = 派征率　　　　　　　　式（4）

各户册载摊派对象额 * 派征率 = 各户实纳赋役额　式（5）

---

① 梁方仲：《明代赋役制度》，第1—307、436—455页。森正夫：《明代江南土地制度研究》，第294—409页。

② 参见梁方仲《一条鞭法》，氏著《明代赋役制度》，第45页。梁方仲将田地种类与科则合并这种课税客体变化也放在合并编派中讨论了，笔者认为还是分开处理更妥当。

③ 申斌：《一条鞭法的政治进程与会计本质》，待刊稿。

这个派征率就是明代中期赋役改革成果的集中体现。在加总—摊派核算方式确立后，全县赋役核算从形式上，也可以表示为

$$全县摊派对象额 * 派征率 = 全县赋役应征总额 \qquad 式（6）$$

不过需要时刻注意的是，派征率虽然在对百姓征收中扮演"税率"的角色，但它是对已经确定的全县应征总额进行摊派计算的结果，而不是反过来根据它计算全县应征总额。所以式（6）只是形式上的表现，不是实际计算过程的反映。这一点对理解明中期赋役核算与清代赋役核算的差异非常重要。

在上述计算过程中，石、亩、丁等与派征率关联的单位，经历了从摊派单位到纳税单位的转变。在式（4）中，税粮额、平米额、田土额、丁额等均是摊派对象（除数），摊派的除法计算所得的商，就是每石、每亩、每丁派征银米数额，石、亩、丁是一个摊派单位。而在式（5）、式（6）中，每石、每亩、每丁派征银米数额作为乘数出现，石、亩、丁实际扮演了纳税单位的角色。何炳棣关于清代的"丁"在很多情况下是一个赋税单位的论断，在赋役制度史学界影响深远。[①] 而通过上述分析可知，何炳棣所言丁是赋税单位这一情况的出现，是以丁成为摊派单位为前提。明确这一计算过程，有助于避免以简单的税率观念去理解明代万历末以前的"每石、每亩、每丁派征银米数率"[②]，而将其看作一个连续会计计算过程中具有双重功能的数字。

"加总—摊派"核算在运用中有多种情况。梁方仲在"合并编

---

① ［美］何炳棣：《明初以降人口及其相关问题 1368—1953》，第 29、41 页。侯杨方、薛理禹、张鑫敏进一步指出，清代人丁的含义复杂，存在不同性质的人丁，有的人丁数额是不同性质人丁数字加总的结果，此外地域差异性也很强。侯杨方：《中国人口史研究的几个关键性问题与前瞻——兼评何炳棣的中国人口研究》，《历史地理》第 27 辑，上海人民出版社 2013 年版，第 173 页；薛理禹：《复杂多样的清代"人丁"——以浙江为例的研究》，《历史地理》第 27 辑，上海人民出版社 2013 年版，第 160—171 页；张鑫敏、侯杨方：《〈大清一统志〉中"原额人丁"的来源——以江南为例》，《清史研究》2010 年第 1 期。

② 万历末之后，尤其是顺治以降，派征率固定为新科则，真正成为税率。

派"的总标题下已经对支出项目的加总内容范围的多样性和摊派对象内容的差异做了详细的分类举例说明，下面主要补充支出项目加总和摊派对象的空间范围多样性，以及摊派对象实现范围的多样性。

就支出项目的加总范围而言，从内容上和空间上可以分为不同情况。从内容上说，比如加总范围有的限于起运秋粮，也有扩充至全部秋粮。但一般来说，夏税与秋粮的总额很少合并后摊派。即便夏税随秋粮派征，也是单独核算夏税额后摊派，而不是将夏税总折银额与秋粮总折银额加总，尽管计算出的派征率其实是一样的。至于本来摊派对象就存在差异的均徭、里甲、驿传、民壮四差，很少有打破四差大类进行加总计算的例子。但是它们分别合并，向课税客体摊派后，在征收时，常常以课税客体为中心，将四差的派征率加起来，得到每丁派银若干、每石（亩）派银若干的征收率，以方便实征。从空间范围上说，多数以县为单位，但物料、公费、驿传、民壮，乃至均徭、田赋以省为单位进行加总的情况也存在。比如福建惠安的料钞、盐粮就属于"通省丁粮融派"，这也是造成州县"数难预定"的原因之一。①

就摊派对象的加总范围而言，除了梁方仲指出的向丁派还是向田（其实还包括粮）派的差别外，与支出项目加总范围相应，摊派对象的空间范围也有不同。此外，就物料、公费和均徭而言，摊派对象还有时间范围的不同，即向现年里甲的丁田派征，还是向所有里甲编户的丁田派征。后者就是一条鞭法的通行做法，而前者除了早期如弘治十年（1497）吴一贯物料改革外，大多采取了一个修正方案，即打破编户的里甲体系，将课税客体（丁田或丁粮）划分为十段，每年向一段摊派。这相当于制造出一种虚拟的"课税客体之里甲"。成化福建邵武府盛颙改革、嘉靖九年（1530）桂萼编审徭役原奏，以及后来的十段锦法都属于此类。②

---

① 叶春及：《惠安政书》，第49页。

② 嘉靖《邵武府志》卷一二，《天一阁藏明代方志选刊》影印嘉靖二十二年刻本，上海古籍书店1964年版，第12a—b页；梁方仲：《明代十段锦法》，氏著《明代赋役制度》，第436—455页；申斌：《一条鞭法的政治进程与会计本质》，待刊稿。

派征率是加总—摊派核算的成果。由于早期赋役改革多是各赋役类别单独展开，所以也就形成了很多单项派征率，即便摊派对象一致。在同一空间范围内，当进行"加总—摊派"的赋役内容范围扩大时，往往不是采取重新加总各类支出继而摊派的办法，而是采取将原来两类赋役负担对同一摊派对象的单项派征率直接加总的办法。

这可以嘉靖三十四年（1555）山东布政使司会议派征税粮事宜时，取消对编户的起运、存留仓口分别，将加总—摊派范围从起运、存留扩大到全部夏税为例。

> 如历城县原额小麦壹万叁千陆百柒拾叁石贰斗壹升叁合捌勺（13673 石）。起运玖千捌百石（9800 石），每石原派银肆钱叁分（0.43 两），共银肆千贰百壹拾肆两（4214 两）。存留叁千捌百柒拾叁石贰斗壹千叁合捌勺（3873 石），俱本色。概县不分寄庄上中下户，通为一条鞭。每额麦壹石，实征折色起运计该柒斗壹升陆合柒勺叁抄（0.71673 石），每斗以原坐银肆分叁厘计，该征银叁钱捌厘壹毫玖丝肆忽；本色存留计该贰斗捌升叁合贰勺柒抄（0.28327 石），每斗加耗捌合（0.008 石），连耗计该麦叁斗伍合玖勺叁抄壹撮陆圭（0.3059316 石）；蓆草银肆厘叁毫伍丝（0.00435 两）。不必定出各项仓口，只责令花户照由帖内银麦数目上纳。①

这段话的计算关系可梳理如下：

小麦原额（13673 石）＝折色起运麦额（9800 石）＋本色存留麦额（3873 石）

折色起运麦额（9800 石）×每石起运麦原派银额（0.43 两）＝折色起运麦派银额（4214 两）

---

① 《山东经会录》卷四《税粮附录》，第 5b—6a 页。

本色存留麦额（3873 石）×每石存留麦加耗额（0.08 石）＝本色存留麦加耗额（309.84 石）

起运麦额／小麦原额＝每石额麦派起运麦额（0.71673 石）

每石额麦派起运麦额（0.71673 石）×每石起运麦原派银额（0.43 两）＝每石额麦派银额（0.308194 两）

存留麦额／小麦原额＝每石额麦派存留麦（0.28327 石）

每石额麦派存留麦额（0.28327 石）×［1＋每石存留麦加耗额（0.08 石）］＝每石额麦派麦额（0.3059316 石）

小麦原额（13673 石）×每石额麦派蓆草银额（0.00435 两）＝蓆草银额（59.47755 两）

嘉靖四十三年（1564）之前，夏税麦已经分别以起运、存留为范围，实现了合并编派，分别加总各起运夏麦税目、存留夏麦税目的银、麦数额，然后除以起、存夏麦额，得到每石起运、存留夏麦的银、米派征率，即"每石起运麦原派银额""每石存留麦加耗额"。不过起运、存留仓口的区别仍然存在，因为对编户派征时仍会指定仓口，令其分别缴纳存留本色粮或起运折色银。

而此次改革则在征收田赋时不再区分起、存仓口，将应征银、米照黄册赋额均派所有编户。各编户照其册载夏税麦额和摊派所得派征率相乘得到的银、米额纳税。在征收内容加总范围和摊派对象都从起、存扩大到整个夏税后，官府利用"以麦为基准的实物核算体系"，将起运、存留麦额分别除以小麦原额，得出"每石额麦派起运麦额"和"每石额麦派存留麦额"。然后将这两个摊派率分别与"每石起运麦原派银额""每石存留麦加耗额"相乘，得出"每石额麦派银额"与"每石额麦派麦额"，加总—摊派的范围扩大到了整个夏税。在这个过程中，以前次合并编派的成果（"每石起运麦原派银额""每石存留麦加耗额"）为基础，通过计算，得出新的派征率（"每石额麦派银额"与"每石额麦派麦额"）。

加总—摊派核算方式形成后，其使用不局限于赋役编派计算，而是广泛地应用于不同会计事项。比如荒地税银的赔补征收，也采取这种计算。嘉靖二十九年（1550）“严督各州县掌印官，将荒地勘明应办银麦，仍令概州县熟地人户通融均摊，亦一条鞭带纳”①。这使得摊派变得更加简便，而与责令特定里甲赔补相比，普遍摊派降低了单位负担增加额度，所以更易成功。

随着分项支出定额化的发展，尽管年度变动仍然存在，但已经较小。地方官府可以综合最近若干年的情况，得出一个相对稳定的常年应征总额来进行摊派核算。然后根据每年坐派和支用额度变动而在不同年份间调剂余缺。这种地方官府自己制定的常年定额为派征率固定化奠定了基础。

四　明代中期赋役管理中原额的含义和职能

原额本来指的只是原来的额，上次编定的额。但明中期开始很多财政数字，尤其是黄册所载田赋额明显出现了数额不变、因袭原额的情况，这种现象可以称作“原额化”。隆万以后，土地额、人丁额也出现了原额化趋势。

明中期财政管理中的数字原额化现象，是摊派核算的结果。被长期用作摊派对象，是这些数字原额化的原因。无论是税粮额、平米额等原来税额的原额化，还是土地额等课税客体额的原额化，都不意味着财政收支规模的固定。② 这些“摊派对象”性质的数字之原额化，只意味着不同地区官府间财政负担分派依据的恒定，也就是财政责任分配比例关系的稳定。在官民之间，也具有一定的稳定编户间赋役负担相对比例关系的作用。

---

① 《山东经会录》卷四《税粮附录》，第6b页。

② 根据岩井茂树自己的解释，他所说原额主义主要不是指财政规模恒定，而是指一种财政结构。但是他书中的一些表述还是很容易让包括明清史学者在内的很多人以为这一概念主要指的是财政规模固定化倾向。笔者意在指出明前中期不存在约束财政规模意义上的“原额”，帮助岩井先生澄清他的理论。

明初，"不亏原额"规定针对的是田土买卖中的税粮过割行为，目的在于消除隐匿，确保官府掌握的田赋额、土地额不致亏减。[1] 但并不意味着因坍涨等自然原因引起的土地、税粮数额变化是不被许可的。甚至因抛荒等社会原因导致的税粮长期拖欠也可能获得减少田赋定额、降低科则等宽恤措施，尽管国家尽力避免这种情况。前文所述弘治前田赋额仍处于变动中就是例证。

弘治以降，赋役改革越来越多采取摊派核算。随着某类数字（田赋额、人丁额、口数、[2] 土地额）被选作摊派对象，它就倾向于固定。因为首先，实征内容、额度已经与摊派对象脱钩，收支规模改动可以透过调整派征率解决，摊派对象变化与否不影响实际收支规模调整。

更重要的是，无论官府还是百姓，都倾向于保持摊派对象数额的稳定。因为各地登记的摊派对象数额，就是该地官府在国家财政负担分派、赋税供给中承担责任的量化比例。调整比例基准比调整实征税额影响更深远，所以需要面对纠纷、压力也更大。《山东经会录》的《税粮因革》、《江西赋役纪》的《改派之由》记载了大量府州县间围绕税粮分配的纠纷就是例证。上级官府希望稳定这一比例以减少官府间纠纷，下级官府除非比例过于失调，也不希望再启纷扰。同时，在一个县内稳定摊派对象数额，也有助于降低民众间赋税负担纠纷。

万历中期以前，官府财政核算呈现出两个特点：摊派对象原额化（固定化），征收定额和相应的派征率不断调整。而征收定额的不断调整，目的是确定经制以不再调整。不过这种固定财政规模的期待从未实现。这种状态要等到万历中期赋役全书出现，派征率转化为固定化的科则才开始改变，而在顺治朝彻底形成了另一套财政核算逻辑。

---

[1] 栾成显：《明代黄册研究》（增订本），中国社会科学出版社 2007 年版，第 314—319 页。

[2] 有的地区户口食盐钞以口数为摊派对象，如江西。

207

明代朝觐经费的地方财政化

黄阿明
（华东师范大学　历史学系）

洪武二十九年（1396）规定"以辰、戌、丑、未年为朝觐之期"，确立了地方官吏每三年一觐的朝期制度。[①] 明制，考察以八目通计内外之官，以四等决陟黜去留。[②] 每届大计之期，京官考察无甚花费，然而对地方官吏来说朝觐考察费用则必不可缺，由此衍生出许多弊端。学界对于明代考核、朝觐考察已有不少研究，[③] 但长期以来对朝觐费用却缺乏关注，仅余劲东对此问题有过初步讨论。然而对这一问题的探讨，有助于认识明代文官考核制度的实际运行状态和深刻理解明代地方财政史的意义。余氏选取嘉靖到万历时期朝觐考察道里费的三组数据，从正常开支与非正常开支两方面，讨论了明代国家制度规定与实际运作之间的差异情状，[④] 但是余氏的研究并没有真正解

---

① 申时行等：万历《大明会典》卷一三《朝觐考察》，广陵书社 2004 年版，第 235 页。
② 张廷玉：《明史》卷七一《选举志》，中华书局 1974 年版，第 1721—1724 页。
③ 代表的研究成果，主要有：柳海松《明代官吏考课制度的建立与演变》，《社会科学辑刊》1990 年第 2 期；暴鸿昌《明代官员考察制度述论》，《学习与探索》1990 年第 5 期；刘志坚《关于明代官吏考核制度的几个问题》，《兰州大学学报》1992 年第 1 期；陈连营《明代外官朝觐制度》，《河南大学学报》1992 年第 1 期；柳海松《论明代的朝觐制度》，《社会科学战线》1994 年第 4 期；杨万贺《明代朝觐考察制度研究》，硕士学位论文，辽宁师范大学，2011 年；余劲东《明代京察制度研究》，硕士学位论文，中央民族大学，2013 年；余劲东《明代官员考察研究》，博士学位论文，香港科技大学，2015 年；黄阿明《明初文官考核制度建立新论》，《社会科学》2019 年第 7 期等。
④ 余劲东：《明代朝觐考察道里费研究》，《史林》2015 年第 6 期。

决明代如何解决朝觐经费这一问题，仍有必要重新探讨明代朝觐觐费究竟是如何解决的问题。事实上，明代中期以后朝觐经费是被纳入地方财政领域，尤其是徭役领域而予以解决的，本文就是从制度层面对明代朝觐经费如何纳入地方财政领域及其演变过程进行系统考察。

一 明初关于朝觐费用的规定

洪武元年（1368）规定，各府州县有司官员，三年赴京朝觐，"其佐贰官、首领官一体三载来朝"，"如一时勾当者，轮换前来"①。洪武二十六年（1393）《诸司职掌》规定：

> 凡在外官员，三年遍行朝觐。其各布政司、按察司、盐运司、府州县及土官衙门流官等衙门官员，带首领官、吏各一员名，理问所官一员。……若系裁革未及五十里长州县，止设正官、首领官各一员去处，祗令首领官吏来朝。其程途远近，各量里路，比照行人驰驿日期起程。本衙门速将起程月日申部。远者不许过期，近者不许预先离职，俱限当年十二月二十五日到京。②

地方官吏三年一朝觐考察乃有明一代国家重典、大典、巨典和盛典。地方朝觐官吏，先期于朝觐前一年十二月二十五日到京，待至次年正月正旦朝觐、吏部会同都察院会同考察，考察结束至迟于二月初九日前离京。③

地方官吏定期赴京朝觐，则朝觐必然需要一定的人力、物力和财力予以保障，洪武十九年（1386）三月，御纂《大诰续编》以明确法令条款规定了地方官朝觐路费脚力："每有司官一员，路费、脚力共钞一百贯，周岁柴炭钱五十贯"，同时严厉申明"若向后再指此为

---

① 《大明令·吏令·官员朝觐》，法律出版社1999年版，第239—240页。
② 翟善：《诸司职掌·吏部·考功部·朝觐》，凤凰出版社2015年版，第438页。
③ 朱裳：《朝觐事宜》，辽宁图书馆1986年版，页9b。

名头，科民钞锭、脚力、物件，官吏重罪"①。这样，明初国家从制度上对地方官吏的朝觐路费做出了规定。揆诸当时物价水平，洪武十八年（1385）大明宝钞实际价值已贬值仅为原面值的 1/5—1/4，②但国家仍坚持钱钞 1∶1 的兑价政策，③钞百贯即相当白银 100 两，即使折银 20 或 25 两，亦是一笔相当可观的经费补贴。

余劲东认为这一法令规定的朝觐道里费极不合理，既未根据官员所处地方远近对朝觐路费作出相应区分，又未考虑物价的变动因素。④事实上，洪武十九年（1386）法令确实相当粗疏，不够深思熟虑。首先，诏令内容指向不明，诏令并未言明"百贯"是一次完整朝觐行为往还的路费、脚力，还是一个单程的道里费额数。其次，财政开支归口界定模糊不清，诏令未对地方官朝觐路费、脚力钞是由地方财政支出还是由中央朝廷财政支付，以及从何种性质的财政名目中支出做出明确规定。此外，诏令内容过于简略，诏令规定仅适用于朝觐道里费一项，而未考虑到与朝觐行为有关其他名目和用费的区处。

根据《大明令》规定，洪武二十六年（1393）以前地方有司府州县应朝觐官员额定三名。洪武四年（1371）天下府州县通计一千三百四十六，府一百四十一、州一百九十二、县一千一十三，⑤洪武十七年（1384）云南纳入明朝版图，府州县约一百八十，⑥通约近一千五百三十，则应朝地方官员数额近 4600 名。再考虑到边远部分地区府州县官可以免于朝觐，⑦实际朝觐官员实际还应偏小。这与洪武十八年（1385）吏部所言天下布按二司及府州县赴京朝觐官凡 4117

① 朱元璋：《御制大诰续编》"路费则例第六十一"，张卤：《皇明制书》，社会科学文献出版社 2013 年版，第 147—148 页。
② 黄阿明：《明代货币白银化与国家制度变革研究》，广陵书社 2018 年版，第 54—55 页。
③ 申时行等：万历《大明会典》卷三一《户部·钱法》，广陵书社 2007 年版，第 584 页。
④ 余劲东：《明代朝觐考察道里费研究》，《史林》2015 年第 6 期，第 74 页。
⑤ 《明太祖实录》卷七〇，洪武四年十二月乙酉，第 1298 页。
⑥ 张廷玉：《明史》卷四六《地理志七·云南》载云南府志县数 188，此为明末数据，洪武时不及此数，故这里取 180，第 1171 页。
⑦ 申时行等：万历《大明会典》卷一三《吏部十二·朝觐考察》，第 237 页。

的人数基本符合。① 若折衷以 4300 人估算,则地方官朝觐路费脚力开支钞为 43 万贯,合 8.6 万锭 (合银 8.6 万两),② 约占洪武时期年均发钞量 1.5% 左右。若以国家财政收入估算,洪武年间国家财政年收入中约钞 405 万锭、银 2 万—3 万两,③ 朝觐路费支出约占国家年总财政收入钞数的 2%,而银收额根本入不敷给。因此,地方官员朝觐路费可说是一笔数额不小的财政开支。

可以肯定,地方官朝觐路费将会构成洪武时期国家财政开支中一项沉重的负担。所以洪武二十六年 (1393) 颁定《诸司职掌》,明太祖便将洪武十九年 (1386) 规定的朝觐路费、脚力钞两项补贴中的"脚力"钞贯一项予以取消,改定为来朝官员"俱各自备脚力,不许驰驿及指此为由科扰于民"④,其实是相当于将此前规定提供的朝觐道里费补贴减少一半,并规定不许驰驿以及由此科派于民。我们可以称之为"洪武定制"。

由于大明宝钞发生恶性贬值,不仅造成文武官员实际收入锐减,也使得以宝钞形式给予的任何赏赐、经费补贴变得仅具象征意义,不起实际效用。然而,明代国家却并未因此取消朝觐官员路费补贴的制度规定。只是这笔路费补贴已可忽略不计,地方有司官吏必须另辟途径筹措赴京朝觐经费。

二 明代中期以来朝觐经费的地方财政化

地方官吏三年一次赴京朝觐考察有一套比较严格的制度规定和程仪,包括朝觐成员、赍带任期内行过事迹文册、行程、至京朝觐考察和一应程仪几个部分。

---

① 徐学聚:《国朝典汇》卷三九《吏部六·朝觐考察》,第 821 页。
② 黄阿明:《明代货币白银化与国家制度变革研究》,第 47—49 页。
③ 洪武朝年财政收入数据极其残缺,与洪武十八年前后相近的时间,可见洪武二十三、二十四、二十六年三个年份数据,参见《明太祖实录》卷二〇六洪武二十三年十二月、卷二一四洪武二十四年和卷二三〇洪武二十六年十二月。
④ 翟善:《诸司职掌·吏部·考功部·朝觐》,凤凰出版社 2015 年版,第 438 页。

早在建国初，明太祖朱元璋便定下各处府州县有司官员亲赍三载任内行过事迹赴京朝觐的规定。[①] 地方官员任内置立文簿，"将行过事迹逐件从实开写承行发落缘繇"，朝觐先期照依《到任须知》《诸司职掌》内规定事迹，依式开款攒造简明功业文册，"具本亲赍奏缴，以凭考核"[②]。不过，明代国家并没有对地方官员赴京朝觐赍缴文册做出统一的格式规定，但各地官员攒造的朝觐文册名称、种类却大致相同。例如，《海澄县志》载本县攒造《朝觐须知》《民情》《宪纲》等册，《将乐县志》谓本县攒造《朝觐须知》《宪纲》《循环查盘》《民情》《钱粮》等册，本府攒造《朝觐须知》《宪纲》《循环查盘考语》《民情》《钱粮》等册，统称为《须知文册》。明清时期方志大多概称朝觐文册、应朝文册、大计文册。

地方官员三年一朝觐，攒造朝觐文册需要纸札纸张、绫袱或绫函、绫皮，装册板箱、锁索卷线、油烛、抬杠和撰字造册吏书等材料、人力；应朝官员行前需要祭江祭船、饯行宴席，回任有祭门；行程需支付水陆交通工具、餐宿费用，雇用车船骡马人夫。此外，布按二司、抚按二院每年会定期遣派所属官吏下至州县循环查盘钱粮、司法文册，考察州县官员，攒造循环册簿，填注考语；朝觐先期还需再进行一次全面查盘、攒造文册。这些皆需花费大量的物力、人力和财费，如此名目繁多的花费，一切皆自民出也。[③]

正统以降，在朝觐官员自备脚力和朝觐道里费微不足道的情况下，官方权威文献《明实录》已经不见朝觐道里费的任何记载。相反，明代官员的文集和方志关于朝觐费用的记载却愈来愈多，表明朝觐经费逐渐转入地方财政领域，成为地方财政中不可回避的常规性开支项目。

---

① 《大明令·吏令·官员朝觐》，法律出版社 1999 年版，第 239 页。

② 翟善：《诸司职掌·吏部·考功部·诸司职掌》，第 500 页；王逢年：《南京吏部志》卷七上《考功司职掌·朝觐》，《金陵全书》乙编 16 册，凤凰出版社 2015 年版，第 467—470 页。

③ 王廷稷：《广德意以饬吏治疏》，朱吾弼：《皇明留台奏议》卷五，第 383—384 页。

三 明季朝觐经费的分化与裁减

在全国各地大规模将朝觐路费纳入均徭里甲银领域的同时，也在发生着将朝觐路费转为支取地方财政库银以及在裁减地方行政浮费的过程中裁减朝觐经费的或晦或显的演变线索。

迨至万历末季，绝大多数省份朝觐路费皆从官库赃罚银动支。万历四十三年（1615），钦差整饬扬州海防兵备按察副使熊尚文主持扬州府赋役裁减改革，刊布《重订赋役成规》，裁减虚冒影射均徭里甲浮费。裁革扬州府属诸州县朝觐经费，是此次裁减改革中的重要一类。熊氏说："查得朝觐官员盘费，俱动赎锾，不许支取里甲。奉有明禁，难容擅违。行府回称，造册、盘费取之自理纸赎，各省皆然，似难加派于民也。本道覆核无异，应照裁革。"① 因之，裁革高邮州、通州、江都县、兴化县、泰兴县、宝应县、仪真县朝觐盘费、夫马并造册等银额。熊氏声称"各省皆然"，可能有所夸大，但至少反映出不少省份的朝觐路费逐渐统一固定到赃罚银支取的趋势应是实情。

明季国家多事，内外交迫，初有三大征，继而辽东军兴，旋有陕地农民起义。军费开支激增，然而朝廷府库匮绌，计臣东挪西支，措手无搁。为筹措军费军饷，明廷计亩附加征收地亩银，所谓三饷加派。在这样的局面下，大概自万历中开始裁扣地方朝觐经费，上解朝廷以佐军饷。冯梦龙说："万历十九年内，奉文为督抚地方事，扣减渔溪司弓兵充饷银八十二两八钱，载在旧志外，后续奉文为议摙节、权时宜以佐军兴事，又扣减各县充饷。"② 冯氏详列十八条扣减款项，共扣减充饷银48两7钱7分，其中与朝觐考察有关款项三项，扣减上司巡历纸札银1两、委官查盘纸札银1两1钱7分、朝觐须知造册银2两。③

---

① 熊尚文：《重订赋役成规》（不分卷）《扬州》，《续修四库全书》第833册，上海古籍出版社1996年版，第254页。
② 冯梦龙：《寿宁待志》卷上《赋税》，第31页。
③ 冯梦龙：《寿宁待志》卷上《赋税》，第31—32页。

大规模裁减朝觐经费，发生在崇祯时期。崇祯一朝多次下令裁减地方财政经费，解充军费饷银。《寿宁待志》载，崇祯三年（1630）钦奉明旨，裁减寿宁县行政公费十四项，共银169两8钱4分4厘，以助辽饷，其中裁造报《朝觐须知册》纸札银2两。[①] 崇祯八年（1635）、九年（1636），崇祯帝以"中外势逢交困之会，虏寇患切剥肤之时"，为确保剿寇为第一要策，下诏府州县官助俸一月充饷，并暂借民间粮饷一年，"乡绅每粮一两，加银二钱"[②]。同时，裁扣地方经费上解。如寿宁县，崇祯九年奉旨裁扣行政公费等十项银1215两8钱5分9厘1毫6丝，其中包括与朝觐经费有关的院道委官查盘纸札银1两4钱、本县升迁应朝祭江等银1两4钱5分1厘1毫。[③] 崇祯十二年（1639），崇祯帝第三次下诏，裁减地方经费以充解练饷。例如，江西临江府清江县，朝觐经费原包括府觐费银、县觐费银和府县造册银三块，内府、县觐费银116两全部奉文扣解以充练饷，甚至原本并无府、县水脚银二项，清江县未经加派，只好自行措办赔解；府、县应朝造册、工食、绫袱银原2两6钱6分6厘6毫，裁扣一半，"抵充练饷"。[④] 可见，崇祯时期将各地朝觐经费从朝觐造册、祭祀、宴饮等费到朝觐路费进行了大幅度裁扣，上调解部，挪作朝廷军饷。

结　语

洪武时期就以法令形式从国家制度上对地方官吏朝觐路费补贴做出了明确规定，但却未对与朝觐有关的其他开支费用做出安排。随着大明宝钞的恶性贬值，洪武时期规定的朝觐路费津贴随之变得微不足

---

① 冯梦龙：《寿宁待志》卷上《赋税》，第32—33页。
② 冯梦龙：《寿宁待志》卷上《赋税》，第34页。
③ 冯梦龙：《寿宁待志》卷上《赋税》，第33页。
④ 崇祯《清江府志》卷四《赋役志·里甲杂办》，《四库全书存目丛书》史部第212册，齐鲁书社1996年版，第229页。

道，导致地方官吏不得不另觅他途筹措朝觐费用。明代中期以后，朝觐经费逐渐进入地方财政领域加以解决。朝觐路费进入地方财政领域以后，或由均徭里甲供办，或从库银支取，或从赃罚银动支，或攫取羡余银，呈现多途化特征；而朝觐造册、祭祀、公宴等费用则从一开始就被作为公费，纳入徭役领域，主要由里甲供办，个别地方从均徭支用，直接征收银两，体现为朝觐费用"役银化"的特征。

嘉隆万时期，一个显著的变化是各地朝觐路费也被大规模纳入徭役范畴，编入均徭里甲银内，从而出现朝觐路费与朝觐造册、祭祀、公宴等费用合流的趋势，成为地方财政开支中的固定项目。但朝觐经费具体编派方面，各地做法千差万别。朝觐经费的演变过程，与明代中期以来各地赋役制度改革的进程大体一致。颇有意思的是，朝觐路费在各地大规模进入徭役领域的时候也在发生分化，转入地方常规财政的官库，出现裁减徭役中的朝觐经费，统一固定到动支赃罚银的趋势。明季国家多事，为筹措军费军饷，朝廷一再裁减、扣解地方经费。在大规模裁扣地方财政经费的行动中，各省直朝觐经费也一起连带着被大幅度裁减，上解朝廷佐助军饷。

明代财政货币化下的马政制度变迁

佟远鹏

（浙江大学 历史学院）

马政是明代社会经济史研究的重要内容，20 世纪 90 年代后，学界将马政制度和明代制度变迁、经济变革等联系起来。刘利平指出太仆寺发生了由实物管理到货币管理的管理方式转变，其财政由马政财政变为明廷的储备财政。[①] 王建革认为愈发紧张的人地关系是草场改为耕地，养马变为市马的主要因素。[②] 王浩远认为官僚体制的货币资源需求和商品经济发展共同促生了马政货币化改革，进而使马政制度崩溃。[③] 然要解释马政制度变迁，既要从生态和财政因素进行分析，又要审视制度变迁的逻辑。本文以草场变化为切入点，对马政制度的设置、变迁及财政货币化的制度逻辑加以探讨，认为不断增长的财政需求，尤其是对货币的需求，促使明廷采取以市马替代养马、以佃田替代牧地的策略，其根本缘由在于财政货币领域发生的财政货币化转向，王朝愈加依赖通过市场路径而非贡赋路径汲取资源。

---

① 刘利平：《论明代中后期太仆寺的财政支出》，《中国经济史研究》2013 年第 3 期。

② 王建革：《马政与明代华北平原的人地关系》，《中国农史》1998 年第 1 期。

③ 王浩远：《官僚体制下的经济变革——以明代马政民间孳牧制度为中心》，博士学位论文，陕西师范大学，2014 年。

一　马政制度下草场的名与实

明前期，逐渐形成以官牧为主，民养为辅，以互市为补充的马政体制。官牧是以御马监、太仆寺、行太仆寺、苑马寺、各军卫等将官马就草场牧养。民养是官府将民户按计户、计丁或计亩方式编次，授以官马牧养，州县设有专管马政官员计马输解。互市是以绢、茶、盐易马或以马市、贡赋等方式从周边族群、政权获得马匹，所得马匹除拨付军卫等使用，余者皆充官牧草场牧养。马匹供应首在草场，而市马仅是马政制度设计中的补充路径，其目的在于临时增置军马和怀柔羁縻。明人认为市马以供边军是权宜之法，"诸边亦间贾市于外夷，则宜若娩息不訾以收沫赭之效"①。今人吴仁安指出茶马贸易"主要是着眼于政治"②。官民牧养马匹皆仰赖草场水草。官牧所在均以草场为先，永乐四年（1406），成祖命甘肃总兵官宋晟等择地设置监苑牧养官马，其要在于草场，"春月草长，纵马于苑，迨各草枯则收饲之……其监之未设者即按视水草便利可立处遣人以闻"③。民养官马要按户、丁或田土将民户编次授马，是为了使民户在草场不足的情况下也能合户承担。

这一马政制度设计目的在于保障军马供应，洪武八年（1375），太祖命刑部尚书刘惟谦申明马政，其要即在于牧养蕃息，"尔其为朕申明马政，严督所司尽心刍牧，务底蕃息。有不如令者罪之"④。又洪武三十五年（1403），成祖与兵部尚书刘俊论马政，其要仍在牧养蕃息，"卿等宜循洪武故事，严督所司用心孳牧，庶几有蕃息之效"⑤。

---

① 刘效祖纂，彭勇、崔继来校注：《四镇三关志》卷五《骑乘考》，第147页。
② 吴仁安：《明代马政制度述论》，《西北大学学报（哲学社会科学版）》1989年第2期。
③ 《明太宗实录》卷五九，永乐四年九月壬戌，"中研院"史语所1962年校印本，第857页。
④ 《明太祖实录》卷九七，洪武八年二月庚申，"中研院"史语所1962年校印本，第1167页。
⑤ 《明太宗实录》卷一五，洪武三十五年十二月丁卯，"中研院"史语所1962年校印本，第281页。

　　明廷将马政制度溯源至汉地传统，多以《周礼》或汉唐宋马政比附而言。① 然相较汉唐制度，明代军事制度多受元制影响，卫所制度、土司制度等均如此，甚至军中骑服亦莫能外，② 马政也是承袭元制。以马政的空间载体草场而言，元明之间，草场分布相似，较历代草场分布更为广泛。明初，明人将草地、草场及牧地等而视之，专指用于放牧之地。明初所修《元史》将草场与草地并列，载元廷于诸草场设官管理，"凡御位下……等处草地，内及江南、腹里诸处，应有系官孳生马、牛、驼、骡、羊点数之处，一十四道牧地，各千户、百户等名目"③。明代沿袭元马政之制，在水草便利之处设草场以养马，"于畿甸之间民耕之外，辄采有水草处以为草场"④。这些草场空间分布多类元代，南、北直隶等处所置草场等即上引元代江南、腹里之意。从民牧官马角度而言，元代长期将官民牧养马匹作为马政内容，对蒙古牧民税马，这与西汉、北宋短暂推行的民牧政策不同。⑤ 明代民牧制度基于君主对臣属的人身控制，既含有配户当差的含义，又隐含着北方民族政权税马的传统。⑥ 概言之，明前期形成的马政制度更多地受到元代马政制度影响。

------

　　① 参见《明太祖实录》卷九七，洪武八年二月庚申，第1166—1167页；《明太宗实录》卷五二，永乐四年三月壬寅，第780页。明前期马政制度的汉地古典式表述应出于制度、仪式需有别于北元的政治意图。永乐四年（1406），太宗以汉唐马政如何行于今日等作殿试策问，"有宜于右而合于今，若何施而可以几治？"（《明太宗实录》卷五二，永乐四年三月壬寅，第780页）

　　② 关于土司制度参见王柯《从"天下"国家到民族国家：历史中国的认知与实践》，上海人民出版社2020年版，第168—169页；关于骑服参见［英］鲁大维《帝国的暮光：蒙古帝国治下的东北亚》，李梅花译，社会科学文献出版社2019年版，第272页。

　　③ 宋濂等：《元史》卷一〇〇《兵志》，中华书局1976年版，第2554—2555页。

　　④ 蔡懋昭纂：（隆庆）《赵州志》卷三《田赋》，《天一阁藏明代方志选刊》第5册，上海书店出版社2014年版，第137页。

　　⑤ 元代税马之政参见波·少布《元朝的马政制度》，《黑龙江民族丛刊》1995年第3期。西汉元鼎间一度推行官民民牧，然不久即废（《汉书》卷二四下《食货志》，中华书局1962年版，第1172页；卷七《昭帝本纪》，第221、222页）。北宋熙宁、绍圣间均曾推行民牧，然民牧兴而官牧衰，民牧亦旋兴旋废（《宋史》卷一九八《马政》，中华书局1977年版，第4939—4950页）。

　　⑥ 北魏曾按户征收马匹，这里的户不是一般意义的上民户，而是部户，这种向部族民征马的做法与元代税马是相同的，参见《魏书》卷一一〇《食货志》，中华书局1974年版，第2850页。

明代马政制度存在的问题主要有稽核制度紊乱和草场被私占、垦殖，尤以后者影响较大。稽核制度是查核、奏报马匹实数，奖惩有关官吏的一套马政制度运行规定。稽核，即所谓比较、考验、点检等。[①]稽核制度紊乱的情况出现较早，永乐间即已多见。洪武三十五年（1403）靖难之役后，成祖与兵部尚书刘俊论马政，认为马匹不足问题主要在于稽核马匹制度运行紊乱，即"考牧无法"[②]。稽核制度在马匹开始折银后渐趋松弛，随着折银规模的扩大逐渐蜕变为文书性质工作，马匹和草场折银仅按册核算。弘治十四年（1501），明廷削减草场折银数额，"以草场租银太重，减额征解太仆寺以备买马"。正德十年（1515），明廷行文命"分管寺丞管马官将所属租银严督追解，造册送部考查"[③]。此间稽核不再以原定马数为准，而是以簿册银额为准。

自宣德以降，马政渐弛。宣德间，草场多次用于赏赐私人，尤以达官为最。宣德六年（1431），自达官侯、伯至百户所镇抚皆蒙赐草场。[④]此时赏赐尚无产权纠纷，迨至正统，则出现草场被私占的情况。正统八年（1443），宁夏草场被武官私占放牧或改耕，"近年河滩沿山草场俱为总兵等官占据牧养私畜，或开垦成田"[⑤]。九年（1444），北直隶河间府被权贵、民户私占耕种，"近被各处逃民托权豪势要之家盖屋占住耕种"[⑥]，而坝上诸草场被内官私占耕种，甚至与人佃种，"多被内官、内使人等侵占，私役军士耕种，甚者起盖寺庙，擅立窑冶，及借与有力之家耕种"[⑦]。私占草场屡见不鲜，草场边界常被私

---

① 《明太宗实录》卷一六，永乐元年正月甲午，第295页；卷一三一，永乐十年八月丙辰，第1616页；卷二一九，永乐十七年十二月乙丑，第2177页。

② 《明太宗实录》卷一五，洪武三十五年十二月丁卯，第281页。

③ 杨时乔：《马政纪》卷一一《草场》，文渊阁《四库全书》，第663册，台湾商务印书馆1983年版，第622页。

④ 《明宣宗实录》卷八一，宣德六年七月条，"中研院"史语所1962年校印本，第1876—1877页。

⑤ 《明英宗实录》卷一〇三，正统八年四月庚子条，"中研院"史语所1962年校印本，第2085—2086页。

⑥ 《明英宗实录》卷一一七，正统九年六月癸巳条，第2365页。

⑦ 《明英宗实录》卷一一九，正统九年闰七月甲申条，第2402页。

移改置，"盖有年久封堆低小，或潜移置以致界限不明"①。

明廷所置草场专用于牧养马匹以资军用，"留其地所以蓄草，蓄草所以养马，养马所以备武事，备武事所以安边方壮王室"②。故明廷遣官清理马政，将草场和占耕地明确区分，退耕还牧是基本原则，"旧种地纳粮者仍旧种纳，种柴场地者亦听起科，其余侵占草场地悉退还官"③。但同时，面对愈加频繁的私占改耕的态势，明廷偶尔会承认现状。正统九年（1444），对被军民侵占耕种的良牧署草场，不要求退官还牧，而是就亩起科征税，"遣官经量，悉令纳税"④。十年（1445），明廷令陕西按察司副使陈嶷整理甘肃屯田，要求将能够改作耕地的草场清查上报，"或有空闲草场等地土堪以屯种及为豪强占据者皆体实以闻"⑤。该转变体现了草场改作耕地的农业和军事需求，是弘治间改制的先声。成化十一年（1475），明廷清理已故尚衣监太监庄田，将其所侵占民田、草场给民户耕种，目的在于以田赋补草场损失，"俾各耕种为陪买官马之用"⑥。此时，明廷认可民户佃种草场的事实，但民户要陪买官马，即征银市马，但这仅为非正式制度的认可，尚未广泛推行。

明中后期，面对农牧争地矛盾，时人提出了退耕还地和召佃征银两种对策。第一种对策主张退耕还官，恢复草场旧制。一方面，论者认为原设草场处有养马传统，恢复草场具有可行性。"冀北古称马乡……中原平旷一望萑苇，夫孰不宜孳牧也者？诚委廉能官吏勾查勘实，还其旧额，芟其芜秽，并置苑而广牧之，唐马之盛日可冀，草场何可复也？"⑦ 另一方面，论者认为一些官吏但求足额，因循误事，不能力

① 《明英宗实录》卷一六三，正统十三年二月乙巳条，第3163页。

② 丘濬著，林冠群、周济夫点校：《大学衍义补》卷一二三《严武备》，京华出版社1999年版，第1070页。

③ 《明英宗实录》卷一五七，正统十二年八月甲戌条，第3058页。

④ 《明英宗实录》卷一一九，正统九年闰七月甲辰条，第2412页。

⑤ 《明英宗实录》卷一三二，正统十年八月丙寅条，第2633页。

⑥ 《明宪宗实录》卷一四六，成化十一年十月丁亥条，"中研院"史语所1962年校印本，第2684页。

⑦ 张萱：《西园闻见录》卷七〇《兵部十九》，《明代传记丛刊》，第122册，明文书局1991年版，第21页。

行马政，反而以民困为托词，"人情反狃于因循，一切课种印烙祗为文具……民始弊弊然苦之，而吏于其土者亦同声相附，曰：'是亦民害焉耳。'"① 此类论点忽视了日益加深的人地生态矛盾，内地人口繁盛，草场日削，当地生态系统难以承受额设马匹的畜养消耗。今人王建革即认为在明代中后期，华北生态处于超载状态，民户无力养马。② 该对策明确反映了明代马政制度已然因循僵化，官民具困，不得不改。

第二种对策主张招佃垦耕草场，尽地利以征银市马。变草场为耕地，自然能缓解人地矛盾，且折价市马可"取一马而得二马之用"③，更能减少实物征输中的成本，"往返陪累省费更为不赀"④。其弊端在于草场改作耕地使马无牧所，军马供应依赖市马则成本较高，且草场地利不同，耕地征银所得亦不尽相同，不能保障军马长期稳定供应。"自召佃之说起，谋国者但知广耕以尽地利，不知荒地之租所得有几，而牧马无所，不得不别为筹策。于是养马、裱马诸粃政行，民既病而国亦耗矣。"⑤ 草场既减，马未必多。嘉靖六年（1527），武定侯郭勋奏请变草场为耕地，征银市马以供团营所需，"征各场租以充公费，余贮太仆买马"⑥。此后仅马匹饲料开销即已使明廷难以拨支，遑论增置马匹，而草场亦难以恢复，"营马专仰秣司农，岁费至十八万，户部为诎，而草场益废"⑦。尽管该说存在弊病，折银却渐成趋势。

明中后期，草场逐渐由牧地改作耕地折银，且于草场牧养的应纳马匹亦折算马价银，二者成为以货币计量的财政项。随着人地生态矛盾日益加剧，垦殖草场以农业盈余市马的对策被明廷逐渐采

---

① 蔡懋昭纂：(隆庆)《赵州志》卷三《田赋》，隆庆刻本，第 139 页。

② 王建革：《马政与明代华北平原的人地关系》，《中国农史》1998 年第 1 期。

③ 王宗沐等：《山东经会录》卷一二《马政横图总额因革附录全》，齐鲁书社 2018 年版，第 973 页。

④ 《明熹宗实录》卷一三，天启元年八月戊戌条，"中研院"史语所 1962 年校印本，第 692 页。

⑤ 嵇璜：《续文献通考》卷六《田赋考》，文渊阁《四库全书》，台湾商务印书馆 1983 年版，第 626 册，第 170 页。

⑥ 张廷玉等：《明史》卷九二《兵志四》，中华书局 1974 年版，第 2276 页。

⑦ 张廷玉等：《明史》卷九二《兵志四》，第 2276 页。

纳。弘治四年（1491），明廷认为草场一概放牧不能尽地利，也有碍马政，遂将南京各卫多余牧地改耕，然仍坚持耕地可以改还草场，"若尽留为空闲之区，不惟遗弃地利，抑且无益马政。宜先尽各卫马数多寡量留牧放，其余俱佃与原种军民照亩征科以备买马之费，俟各卫马多之日仍将草场还官牧马为便"①。弘治九年（1496），明廷始确认草场垦种、放牧用途的区分细则，草场可耕者招佃征银，不可耕者仍做牧地，地利观念由放牧余地拓展到适合耕种的土地，"凡占种者俱令退出，内堪种地土佃与近场军民耕种，每亩征租上等七分，中等五分，收贮各府州县库给民帮助买马，不堪种者照旧放牧马匹"②。草场渐由牧养马匹的牧地变为佃种的耕地，簿册虽有草场之名而已无其实。

二　兵制嬗变下的草场

明中后期，草场由牧地改为耕地，马政所课征的马匹亦随之折银。这一趋势既受人地生态矛盾因素影响，又受到募兵制的影响。正统以降，募兵愈多，主、客兵间不仅待遇悬殊，粮饷等补给亦然。卫所自有草场牧马，骑军若缺乏军马方由明廷调拨。募兵无屯驻草场，所需皆仰赖明廷调拨。明代边军卫所兵制向募兵制的变动加重了军费支出，使明廷财政货币需求不断增加。③ 明代草场变迁反映了军队愈发依赖货币供应维系。由于草场逐渐转变为财政意义上的符号，明廷能够征集的马匹和卫所骑军必然是逐渐减少的，市马和归附骑军则不断增多。④ 财政货币化使明廷能够维系一支依靠货币体系驱动的军队，马匹供应

---

① 《明孝宗实录》卷四八，弘治四年二月辛未条，"中研院"史语所1962年校印本，第978页。
② 杨时乔：《马政纪》卷一一《草场》，第622页。
③ 参见程立英《明代兵制的嬗变与财政支出关系述论》，《军事经济研究》2006年第6期。
④ 明代骑军多由归附蒙古等族裔者充任，参见邸富生《试论明朝初期居住在内地的蒙古人》，《民族研究》1996年第3期。

来源和士兵族群归属变为可以衡量的商品。

明代财政货币化具有明显的军事导向,过高的军费开支常被认为是导致明廷陷入长期财政危机的重要原因。据今人赖建成统计,嘉靖二十七年(1548)到万历四十五年(1617)间,军费开支占太仓支出比例呈上升趋势,其比例在53.37%至97.25%间,并认为"明代的财政垮在军费上,没有一个国家能长期撑得起这种国防支出"①。万明将户部《万历会计录》数据货币化,认为边镇粮饷支出占全国财政支出44.58%,若加上军官俸粮开支,则军事开支比例为58.6%。② 这两个统计结果均表明明廷军费开支比例高于50%,考虑到上述统计仍是不完全的,如刘利平统计常盈库在万历间年均开支46.2万余两,且多为户部借支,"太仆寺的财政支出绝大部分用于国防开支"③,故军费应占财政开支的60%以上。④ 统计上的军费开支并不意味实际的军事开支,也不意味着其能满足实际军事需求。考虑到财政赤字和明后期长期战争的局势,明朝的军费开支占财政收入的比例应当会更高。

欧洲国家的军费开支比例并不低于明朝,"在欧洲,军费是国家开支中最重要的一个部分,通常会占到政府收入的70%至90%"⑤。

---

① 赖建成:《边镇粮饷,明代中后叶的边防经费与国家财政危机,1531—1602》,浙江大学出版社2010年版,第46—47页。

② 万明、徐英凯:《绪论》,《明代〈万历会计录〉整理与研究》,中国社会科学出版社2015年版,第35页。

③ 刘利平:《论明代中后期太仆寺的财政支出》,《中国经济史研究》2013年第3期。

④ 万明据《万历会计录》数据估算全国财政货币化支出1854.4万余两,实银支出916.3万余两(万明、徐英凯:《绪论》,《明代〈万历会计录〉整理与研究》,第36页)。刘利平统计万历间户部借支常盈库比例为65.27%,即约30.15万两,此外用于军费的开支比例约为29.4%,即约13.58万两,合计约43.73万两(《论明代中后期太仆寺的财政支出》,《中国经济史研究》2013年第3期)。按此,太仆寺所支军费对军费占财政比例的影响约为2.3%—4.5%(百分比第二位小数点数字舍去不计)。

⑤ Hoffman, P. T., and J. -L. Rosenthal. 1997. "The Political Economy of Warfare and Taxation in Early Modern Europe: Historical Lessons for Economic Development." In The *Frontiers of the New Institutional Economics*, ed. J. Drobak and J. Nye. San Diego, Calif.: 31 – 55. 转引自王国斌、罗森塔尔《大分流之外:中国和欧洲经济变迁的政治》,周琳译,江苏人民出版社2018年版,第195页。

明朝和欧洲国家均使用雇募士兵作为精锐力量。15—17 世纪，欧洲多数军队"主要由大地主和军事首领招募的雇佣兵组成"[①]。明中后期，募兵制逐渐取代卫所兵制，使"军费支出越来越多，国家财政入不敷出"[②]。明朝作为一个疆域广阔的王朝国家拥有比欧洲国家更庞大的国内市场，其财政规模能够负担起较多的募兵。但明中后期，明廷面临的战争风险越来越高，参与战争的频次和时长不断上升。[③] 明廷虽为了维系军队不断增加税收，但仍无法满足军事需求。这迫使明廷将财政资源集中在少数精锐部队，尤其是能与主要军事竞争对手蒙古和后金—清对抗的骑兵部队。

明代边军骑乘比例较高，如万历元年（1573），临边蓟镇骑乘比为 42.97%，辽镇则为 55.05%，地理位置稍后的昌镇和真宝镇骑乘比高于 20%，以上四镇平均骑乘比达 41.13%。以上数据详见表 1：

表 1   《四镇三关志》所载骑乘比例

	额设人数	额设骑乘数	占比
蓟镇	131135	56353	42.97%
昌镇	30923	8315	26.89%
真宝镇	54303	11228	20.68%
辽镇	94045	51776	55.05%
总计	310406	127672	41.13%

资料来源：刘效祖纂，彭勇、崔继来校注：《四镇三关志》卷三《军旅考》，第 104—107 页；卷五《骑乘考》，第 147—153 页。

虽然边军骑乘比接近 50%，但这一比例却无法满足军事需求。蓟

[①] ［美］查尔斯·蒂利著：《强制、资本和欧洲国家：公元 990—1992 年》，魏洪钟译，上海人民出版社 2012 年版，第 98 页。

[②] 程利英：《明代兵制的嬗变与财政支出关系述论》，《军事经济研究》2006 年第 6 期。

[③] 参见江忆恩《文化现实主义：中国历史上的战略文化与大战略》，朱中博、郭树勇译，人民出版社 2015 年版，第 225—230 页。

镇骑乘比虽高，却仍是马不足用，"蓟镇之马，尝苦于兑给不敷"①，又"往往马称不足，而兑给之令不闻"②。辽镇骑乘数比照明初"仅得十之一，而日又不足"③。这一方面表明明代边军注重机动性，骑兵仍保持重要地位，另一方面又表明明中后期的防御态势与军马不足密切相关，曾任固原兵备道副使的刘效祖对此不无忧虑地慨叹道："彼兜鍪者，将焉赖之？"④

草场土地征银和马匹折银是长期军事竞争下的策略选择结果，在草场日削的情况下，本土供给的马匹和骑兵的性价比不如通过市场市马和募兵。财政货币化的进程一旦开始，其带来的新军事竞争策略会自发引导明廷在册封—朝贡体系内寻求替代性军事力量。明代草场变迁反映了财政货币化的进程和影响，并凸显了这一过程的军事导向性。如何维系一只骑兵部队不仅是马匹供应问题，还是骑军训练的问题。明代草场生态恶化，精锐骑军多来自归附人等，这使明廷对募兵持开放态度。随着财政折银比例不断提高，维系募兵制军队能使明廷在军事竞争中保持一定程度的战略优势，不致陷入消极防御态势。草场转而变为税收制度的符号，这一转变实是册封—朝贡体系下以货币维系地区优势的内在逻辑。

三　财政货币化下的草场

明代草场改作耕地深受财政货币化的影响。明中后期，随着赋役折银和货币白银化的发展，明廷财政的货币占比不断提高，通过市场调集实物资源的能力不断加强。明廷愈加倾向通过市马替代征马，草场所代表的土地和马匹随之被数字化，由部分征银走向全部征银。

明代草场在弘治间从土地和马匹两方面基本完成了货币化的准

---

① 刘效祖纂，彭勇、崔继来校注：《四镇三关志》卷五《骑乘考》，第149页。
② 刘效祖纂，彭勇、崔继来校注：《四镇三关志》卷五《骑乘考》，第154页。
③ 刘效祖纂，彭勇、崔继来校注：《四镇三关志》卷五《骑乘考》，第157页。
④ 刘效祖纂，彭勇、崔继来校注：《四镇三关志》卷五《骑乘考》，第157页。

备。弘治间，明廷始允军民佃种草场，计亩征银，不再要求退耕还官。弘治四年（1491），南京各卫草场最先佃与军民耕作，御史胡海、潘楷等奏准"均平除豁去荒地蓄草牧马外，其原佃军民耕熟者照旧给与承佃"①。六年（1493），南京行太仆寺所辖草场具允开垦，设三等科则，"大约江南府州县上亩七分，次五分，又次四分，江北每等各杀其二"②。九年（1496），明廷全面开放太仆寺所辖草场予军民佃种，"差官踏勘合各处牧马草场，凡占种者俱令退出，内堪种地土佃与近场军民耕种"③。同年，营卫草场亦允耕种，"有草未垦去处仍旧牧马，已垦成田者照亩收银"④。迨至隆庆五年（1571），苑马寺草场也被允许垦种，"陕西丈过苑马寺牧地计算熟地三万顷，养马一万匹，余熟地五万顷"⑤。

计亩征银实际上是为了获取更多的货币，而非保障马数。弘治九年（1496），明廷在广泛推行承认已垦熟地、计亩征银的基础上，进一步推行了余地征银。所谓余地，是指在养马数低于原额的情况下，按原草场面积减去按亩计的养马分地和已垦熟地面积后的剩余土地面积。"假如一县原有养马地百顷，通以骒马计之该领马一百匹，若止养九十匹，其剩下十顷者听其养马，余地之谓也。"⑥ 若是为了保障马数，余地仍可牧养马匹，而不必继续招佃垦种，计亩征银，这揭橥了草场改革中的财政导向，所谓"养马而免赋者为牧地，赋金而免马者为余地"⑦。故明初计亩养马和明中后期计亩征银的性质截然不同，前者是为了保障马匹供应，后者是为了保障以马或草场为名目的财政收入。

弘治间，马政大变，马数远不及明初。弘治六年（1493），明廷

---

① 杨时乔：《马政纪》卷一一《草场》，第 625 页。
② 杨时乔：《马政纪》卷一一《草场》，第 625 页。
③ 杨时乔：《马政纪》卷一一《草场》，第 622 页。
④ 杨时乔：《马政纪》卷一一《草场》，第 618 页。
⑤ 杨时乔：《马政纪》卷一一《草场》，第 627 页。
⑥ 黄训：《名臣经济录》卷三六《兵部》之《题覆救偏补弊以期裕马政事彭泽》，文渊阁《四库全书》，第 444 册，第 78 页。
⑦ 王世贞：《弇州山人四部续稿》卷六八《太仆寺卿罗公传》，《四库全书著录丛书》本，第 2 页。

重新厘定马政，一方面确定种马额数"儿马二万五千匹，骒马十万匹，共十二万五千匹"①，一方面将部分按丁户养马改为按亩养马，"北直隶河间、大名、保定、顺德、广平、真定、永平七府免粮养马，每地五十亩领儿马一匹，百亩领骒马一匹，共儿马一万六百九十五匹，骒马四万二千七百八十匹……凤阳、扬州、淮安、庐州四府，滁、和二州，滁州一卫，每田二顷领儿马一匹，三顷领骒马一匹，内滁州卫递加一顷，共儿马五千五百一匹，骒马二万二千四匹"②。此后，种马成为可以按亩计量的财政项。

草场佃种征银是马匹折银的基础，虽然明代马匹折银始于成化二年（1466），但此时草场尚多，马匹折银数较少，"太仆之有银也，自成化时始，然止三万余两"③。然自弘治以降，草场日削，马匹益少，征银益多。隆庆二年（1568），明廷变卖半数种马，兵部奏请"将种马养卖各半，从之"④。万历九年（1581），明廷将种马尽数发卖，"上马八两，下至五两，又折征草豆、地租，银益多，以供团营买马及各边之请"⑤。此后，明代马匹供应主要依靠市马，明廷虽有恢复马政旧制的奏议，却已不可能施行。在马匹长期供应不足的情况下，马匹折银和变卖种马实际上是为了获取货币收入，时人对此已有明确认知，"变卖种马而征其草料，原今变者之意专欲责民之输银而非责民之养马也"⑥。

自万历间种马尽数折银后，原留存牧地亦有发卖。天启二年（1622），明廷将南直隶存留牧马草场尽数改作耕地，"户部诸臣于天启二年内将南直隶七府二州牧马场地变卖，得价十七万余两，每年籽粒银九千六百四十余两"⑦。

---

① 杨时乔：《马政纪》卷二《种马》，第 519 页。
② 杨时乔：《马政纪》卷二《种马》，第 519—520 页。
③ 张廷玉等：《明史》卷九二《兵志四》，第 2274 页。
④ 张廷玉等：《明史》卷九二《兵志四》，第 2274 页。
⑤ 张廷玉等：《明史》卷九二《兵志四》，第 2274 页。
⑥ 陈子龙：《明经世文编》卷二九四《马政议》，第 3102 页。
⑦ 《崇祯长编》卷三四，崇祯三年五月甲午条，"中研院"史语所 1962 年校印本，第 2010 页。

草场变迁是财政货币化的结果,随着财政货币化的深入发展,草场先后在土地和马匹方面折算为货币性财政项。明廷逐渐由直接调集实物资源转向通过市场获取实物资源,草场则由实物蜕变为一个税收制度的符号。这与万历初年边镇记忆中草场和军马的整体印象截然不同,明人刘效祖在《四镇三关志·骑乘考》开篇即强调军马概念,"冀之北,土马之所生"①。明后期,明廷已不关注草场所代表的马的含义,一个财政货币化的王朝中枢和其军队渐行渐远。

结语:财政货币化的制度逻辑

明代马政制度变迁和货币制度变迁是财政货币化的不同侧面,这一趋势以商业经济繁荣发展为基础,以王朝直接统治向基层"自治化"的间接统治的转变为载体,发端于成化、弘治间,② 加速于隆庆、万历间。王朝"借助于各种中介机制,通过征收货币或实物形式的定额赋税来联系基层社会"③,这是资源汲取模式由主要依赖贡赋路径转向市场路径的制度变迁。

换言之,财政货币化不仅仅是财政、货币领域的变革,更是制度观念的转向。制度变迁的关键在于社会主体对外在变化的认知及其意愿策略,即社会主体主观认知对变化的相适程度。④ 首先,明代马政制度的目的在于保障充足的军马供应,马政课征由实物转向折银,是通过贡赋路径所得马匹成本高于市场路径的累积转变结果,是整体赋役改革、货币白银化进程下的一环。明代财政导向的观念源自贡赋体制,该体制所隐含的君主支配臣民人身的理论未有嬗变,有明一代,

---

① 刘效祖纂,彭勇、崔继来校注:《四镇三关志》卷五《骑乘考》,第 147 页。
② 李园:《从钞立财入到钞衰财竭、纱银易位:明代财政危机形成的货币思考》,《史林》2019 年第 4 期。
③ 周健:《维正之供:清代田赋与国家财政:1730—1911》,北京师范大学出版社2020 年版,第 9 页。
④ 参见方钦《观念与制度:探索社会制度运作的内在机制》,商务印书馆 2019 年版,第 73 页。

明廷指定民牧地域内的人户均需缴纳马匹或马价银。宣德以降，相较直接课征马匹，以农业盈余市马的财政收益累积效应愈高。不断扩张财政需求促使明廷汲取资源的策略发生了从贡赋路径向市场路径的转向，对市场和财政领域进行体制重构。其次，草场由牧地变为区分为牧地和余地，又变为牧地和可堪耕种地，再变为折银或货币化的草场。与之相应，马政由管理草场及其上的马匹变为管理折银的子粒银和马价银。这一变化虽有人地生态矛盾、马政制度废弛等因素影响，但其关键在于财政货币化这一转向，即王朝愈加依赖通过市场路径而非贡赋路径汲取资源，不断扩大其财政税入。

明朝处于从实物型财政向货币化财政转向的过渡期，在同一货币体制下，货币币值、比价保持较为稳定的态势，这既促进了社会经济发展，又为财政货币化提供了稳定的基础。然而，货币制度的多元形态和农业占社会经济主要地位的结构制约着财政货币化的扩展。货币供给不足因官私流通领域的币值差异而加剧，财政统计银两化为官府通过币值差获取更多物资提供了制度便利，汲取性制度随着财政货币化进一步强化。明代财政税入和支出的货币化、市场化程度较低，[1]原因在于农业提供的经济增长不能支持财政完成货币化转型。财政货币化至晚清方进一步推进，从而开启了从国家财政到财政国家的路径转变，[2] 这正是明清时期隐含的财政制度逻辑。

---

① 高寿仙：《财竭商罄：晚明北京的"公私困惫"问题——以〈宛署杂记〉资料为中心的考察》，《北京联合大学学报（人文社会科学版）》2010 年第 4 期。

② 倪玉平：《从国家财政到财政国家——清朝咸同年间的财政与社会》，科学出版社2017 年版，第 276 页。

明代云南卫所经费收支中的折耙与折银

——兼论屯粮折银与云南贝币流通的衰微

王雪莹

（中山大学 历史学系）

在明代历史上，财政收支中的折纳折支因时因地而异，名目繁多。明中叶以后推行一条鞭法改革，统一折银，成为财政制度变革的基本方向。就明代的卫所而言，为了保证卫所军士自给自足，减少府州县对军士大规模的粮饷供应，卫所屯征主要以实物米粮为征纳物，即使可以折征，也主要以其他谷物为折色。[①] 正统之后，逐渐开始有少量屯粮折银的情况。[②] 但明中后期民粮赋役改革的推行，卫所屯田隐匿、屯户逃离，打破了明初卫所的制度设计，最终推动了屯政改革。地处西南边疆的云南，也广泛存在财政折征货币的情况，主要以海耙（云南地方市场上流通的贝币）和白银为主，卫所中也会折支贝币。17世纪随着府州县财政一条鞭法改革的进行，卫所屯政最终也以银两为主要的收支货币。折耙与折银，成为明代云南卫所经费收支中两个令人瞩目的现象。但云南卫所整体经费收支中，货币折色是如何产生的？是否也同步推行了折银化改革？这种经费改革对云南本土的货币结构产生了怎样的影响？学术界对此尚缺乏深入研究。有鉴于

---

① "永乐二年，奏准屯田所受，每粟谷、糜黍、大麦、荞、穄各二石，稻谷、蜀秫各二石五斗，穈、稗各三石，并各准米一石；小麦、芝麻与米同。"《大明会典》卷一八《户部五·屯田》，中华书局1989年版，第121页。

② 王毓铨：《明代的军屯》，中华书局2009年版，第172、161、184、185页。

此，笔者拟在明代赋役制度变革的背景下，集中就云南卫所系统经费收支中的折肥与折银情况做一初步梳理，探究一条鞭法的实施与卫所屯征制度演变的关系及其对明代云南货币流通的影响，请学界专家斧正。

一　地方市场影响下卫所经费收支中的折

　　洪武十七年（1384）明军刚入滇，明廷就规定："云南以金、银、贝、布、漆、丹砂、水银代秋租。"[①] 海贝与金银乃至丹砂等一道，成为明廷在云南征收赋税的重要代纳物。《明实录》记载：建文四年（1402 年）"是岁，天下户千六十二万六千七百七十九，口五千六百三十万一千二十六，……赋税粮……海肥四万八千八百九十四索……"[②] 此后，永乐年间全国年末赋税记录中，一般都有 30 万索以上的海肥。[③] 显然，明廷常年在云南征收的赋税中，相当一部分折征肥，并且计入了全国赋税征收的总账。

　　鉴于云南市场上宝钞为数不多，货币流通中广泛使用海肥，成化十七年（1481 年）十二月，明廷"定云南户口商税等课钞法，所司奏云南乏钞，请折收海肥"，并以"十分为率，三分仍征本色，其七分以海肥一索，折钞一贯至三贯有差"[④]。在全国其他地区征收宝钞的赋税，在云南仅保留三成征钞，其余七成全部折征海肥。海肥成为明廷在云南征收货币税的主要组成部分。不仅如此，明代云南卫所屯田征收屯赋，也不乏折征海肥的情况。直至天启三年（1623 年），云南核正全省卫所屯粮，发布《厘正屯粮经制公移》，其中夏税中仍有折

---

　　① 《明史》卷七八《食货志二》，中华书局 1974 年版，第 1895—1896 页。
　　② 《明太宗实录》卷一五，洪武三十五年十二月戊寅，"中研院"史语所 1963 年校印本。
　　③ 《明太宗实录》卷三二，永乐二年十二月丁酉；《明太宗文皇帝实錄》卷一二七，永乐二十一年十二月丁丑。
　　④ 《明宪宗实录》卷二二二，成化十七年十二月壬戌。

粑、折粑麦，秋粮中也有折粑米、干折粑米。① 以屯戍为业的卫所，没有也不可能生产海粑，用于折纳屯赋的海粑，只能是来源于市场上流通的货币。

明廷财政收入中从云南折征的海粑，主要通过财政支出官军俸饷折粑，在云南使用。早在洪武年间，朱元璋就曾谕户部："岷王之国，云南粮饷不敷。其王国岁与米六百石，金银则贮之王府，钱钞海粑诸物则送布政司收之以备用。"② 正统二年（1437年）户部又奏请：云南"官员俸除折钞外，宜给与海粑、布、绢、段、匹等物"③。三年后户部再次上奏称："云南夏秋税粮数少，都布按三司等官俸月支米一石，乞将南京库藏海粑运去折支余俸。上命支五十万斤，户部遣官管送，不许迟误"，并且要求"云南布政使司，务依时直准折"④。可见，当云南本土的流通货币被以财政手段收运之后，最终还是会通过财政划拨回到本土的流通市场当中。并且明廷宣称俸禄的折算比例，需要按照云南本土的市场价格进行。

此时以海粑折支官俸，并非府州县官员的专用政策，也沿用于都司卫所系统当中。洪武中期，明廷曾规定：卫所官军的俸粮"俱照品级，一半米、麦、钞贯兼支，一半于屯田内拨种子粒"⑤。但事实是，直至正统年间大明宝钞在云南并未能顺利流通。正统七年（1442年），巡按云南的监察御史陈浩发现，本来"各卫所造军器官给钞市物，而云南夷民交易常用海粑，银、盐、布货，故造军器率令军士自办，甚者官吏假此侵削"⑥。也就是说，朝廷所下发的钞贯基本无法在云南市场中使用，最终还是需要自行筹措海粑、银、盐等流通"货币"才能实现采购。于是，正统十年（1445年）十月，户部专门就

① 庄祖诰：《厘正屯粮经制公移》，天启《滇志》卷七《兵食志第五》，古永继校点，王云、尤中审定，云南教育出版社1991年版，第269—272页。
② 《明太祖实录》卷二四一，洪武二十八年九月乙未。
③ 《明英宗实录废帝附》卷三五，正统二年冬十月辛未。
④ 《明英宗实录废帝附》卷六八，正统五年六月辛未。
⑤ 《明英宗实录废帝附》卷一三〇，正统十年六月戊辰。
⑥ 《明英宗实录废帝附》卷八八，正统七年正月辛卯。

卫所军官俸粮折支海钯，给出了折价的标准：

> 户部奏：云南岁征税粮数少，都指挥等官俸粮本色支米外，折色支海钯。今宜减米一石，添折色一石。旧时每石折海钯七十索。今米价腾涌，宜增三十索。从之。①

从中可知，国家财政支付的薪俸是由本色米和海钯折色两部分组成的，并且正统年间减少了实物支付，增加了货币支付的比例。最终户部拟定"十分为率，三分本色，七分海钯"②。到了正统十四年（1449）六月，麓川之乱平定之后，卫所军官支海钯为俸粮成为定例：

> 重定云南文武官俸粮例。先是，因征进麓川，撙节粮储，三司官每月支米一石，各卫指挥以下依品级减支，余皆折钞并海钯。至是以麓川既平，户部定拟……军官指挥，月支三石；正副千户、卫镇抚、百户，二石五斗；试百户、所镇抚，二石。……旧米一石，折海钯一百索。揆以时直，有损于官。今宜折六十索。从之。③

在正统十年、十四年两次确定的官方折率中，可以明确看到海钯作为米粮的折色，"时值"粮价从一石米70索，涨至100索，回落至60索。按照战后的月俸标准，一名指挥官获得的三石米中，一石为本色，另两石可折120索海钯，一年可得1440索海钯。

卫所中以海钯支付的不仅是官员薪俸，还包括操军的月钱。大理卫太和所管操千户汪琮，曾在正德七年、八年（1512—1513）间，"节次卖放操军何益等三十二名，认纳月钱共海钯九千六百索。正德九年又卖放操军杨定等十六名，认纳月钱共海钯四千八百索入己"的

---

① 《明英宗实录废帝附》卷一三四，正统十年十月辛丑。
② 《续文献通考》卷一〇《钱币考》，文渊阁《四库全书》，第626册，第221b页。
③ 《明英宗实录废帝附》卷一七九，正统十四年六月己未。

案例。① 案中卫所千户相当于售卖了 48 名操军的军籍，默认他们脱离操军军户，但保留了操军册籍上的名字，认纳了都司卫所每月按例下发的月钱。从中可知，至少在正德年间，卫所操军每人每月可以获得 25 索海肥作为月钱，一年共 300 索。前后比较看来，操军一年的收入大概只有卫所指挥官收入的五分之一。

显然，明代以军事屯戍为目的在云南建立的卫所体系，尽管其经费收支相对独立封闭，但没有也不可能完全脱离云南当地市场而存在。明代云南市场上广泛流通的贝币——海肥，也逐步进入卫所经费收支视野，成为卫所行政支付的货币。首先是王朝国家通过府州县财政收入的海肥，只能分发运用于流通贝币的云南。在云南地方市场的货币流通传统的制约下，卫所只能发放海肥筹备军器，并试图按照市场中以海肥衡量的米价，来确定折色比率。

二　国家财政影响下的银课与屯赋折银

云南卫所制度以三分操军、七分屯军为比例划分，屯军主营耕种上纳屯田籽粒，战时以充军饷，平时供养操守戍边的操军；屯军上纳的 50 石屯粮中，就包括 24 石"家小粮"用于每月下发军士作为月粮。② 从云南卫所屯制来看，白银很显然不是卫所屯田籽粒的上纳对象。而白银成为卫所屯征的折色，与云南开采银矿有着密切联系。明初仅以金银代收秋租，至永乐三年（1405 年），明廷"建云南大理银冶，命所司定额督办"③，开始直接经营管理银冶，取得银课收入。白银以实物税的形式，以矿课为名进入府州县的财政体系。

但值得注意的是，宣德二年（1427 年），"云南都司奏：新兴等

---

① 何孟春：《何文简疏议》卷六《申戒边官疏》，文渊阁《四库全书》，第 429 册，第 135d 页。

② 张志淳撰，李东平等校注：《南园漫录校注》卷六《与除》，云南民族出版社 1999 年版，第 232 页。

③ 《明太宗实录》卷三九，永乐三年十一月丙辰。

场煎办银课,其矿夫初以大理等卫军士充之"①。一月之后,为"取征交趾",明廷考虑到"极边之地,屯守为急,命罢之"②。从"屯守为急"可以大致推测,此时为了保证云南卫所屯田籽粒的征纳,派遣参与开矿的应是卫所操军。云南卫所操军不仅身负稳定边疆、镇压叛乱夷众的重任,而且被调用于银矿开采的活动。尽管宣德六年(1431)明文禁止卫所军开矿,但后来仍然有大量卫所军参与银矿开采,只是在记录当中这些行为被称为"盗矿""擅开":楚雄境内有南安、广运两大银场,多次出现楚雄卫官军盗矿、擅开银场之例;洱海卫千户集结军旗,于白塔宝泉诸银厂开矿。③云南卫所部分操军转化成了"千百为群"、聚众盗矿的重要参与者。

更重要的是,卫所军开矿的禁令似乎在成化九年(1473 年)之前已经被打破。巡按云南的监察御史胡泾奏称,此前"云南所属楚雄、大理、洱海、临安等卫军,全充矿夫,岁给粮布";而且随着矿洞成本的增加,"军夫多以瘴毒死,煎办不足","流移逃生,啸聚为盗,以致军丁消耗",最终户部覆奏"诏减银课之半"④。可见,成化九年之时,楚雄、大理、洱海、临安的卫所军士成了矿厂的主要劳动力,"军役"已经不再是操练,而是开矿;他们的劳动成果——银课归户部管理。但实际上,天顺年间称银课为"楚雄等七卫银课",似乎劳动力和赔补都归责于都司卫所。为了补足银课原额,卫所中甚至"拨摘军余以为矿夫","扣卖军粮,以益其数"⑤。自此,银场矿夫之役已经扩大到了卫所军余的身上,而且户部的开矿银额已经开始挤占都司卫所系统中的屯田籽粒。

---

① 《明宣宗实录》卷二八,宣德二年五月壬戌。

② 雷礼:《皇明大政纪》卷九,宣德二年六月,明万历刻本。

③ 宣德九年年楚雄军民盗矿,《明宣宗实录》卷一○八,宣德九年二月甲戌;景泰元年,洱海卫集军旗盗矿,《明英宗实录废帝附》卷一八九,景泰元年二月戊子;景泰二年军民、军匠盗矿,《明英宗实录废帝附》卷二○七,景泰二年八月甲戌;成化三年,楚雄卫指挥私开银场等,《明宪宗实录》卷三九,成化三年二月庚子。

④ 《明宪宗实录》卷一一四,成化九年三月壬寅。

⑤ 《明宪宗实录》卷二二八,成化十八年六月辛酉。

尽管矿夫主要来自都司卫所，但由于完成的是户部下辖的矿课，因此矿夫口粮主要是由户部、布政使司、府州县负责。大有仓是楚雄府的府仓，宣德九年（1434）"云南楚雄府大有仓见在粮少，不足以给南安、广运二银场矿夫口粮"，在府仓不足以供给矿夫口粮时，户部请中纳盐粮支付。① 但弘治十三年（1500），巡抚都御使李士实奏请调整银课和矿夫口粮出办的文献中，让我们看到这些口粮的实际承担方是卫所：

> 云南银场凡九，近年矿脉甚微。各卫俱以矿夫口粮赔纳，岁折银三万四百三十四两，名曰矿夫口粮；余丁或三五人朋当一名，岁办银二万一千九百四十五两，名曰夫丁干认。今判山、窝村、广运、宝泉四场，矿脉久绝，赔纳无己。乞自十二年为始，将四场银课暂免。军丁退还各卫备操，口粮移文有司收贮，以备军饷。则减者少，而增者多矣。部覆从之。②

弘治年间，实际的矿厂所产已经不能完成额课要求，开矿卫所为了完成课额，需要另寻资金填补。若将"矿夫口粮"和"夫丁干认"两部分银额相加，可得五万二千三百七十九两。在弘治元年（1488），整个云南省的银课从天顺间的十万余两，诏减二万两之后，须缴纳八万两的银课。③ 可见，银课相当于直接被转嫁到卫所操军、余丁的身上。

针对文本中的"矿夫口粮"办纳来源，可以有两种理解，其一可能是户部下发的矿夫口粮，卫所将其重新折银，转以赔补；第二种可能是卫所在籍军户自行办纳的开矿口粮。如果和后文"余丁"配合理

---

① 《明宣宗实录》卷一〇八，宣德九年二月癸酉。
② 《续文献通考》卷二三《征榷考》，孝宗弘治十三年十一月"免云南判山等场银课"条，浙江古籍出版社 1988 年版，考 3000。
③ 梁方仲：《明代银矿之史的考察》《明清赋税与社会经济》，《梁方仲文集》，中华书局 2008 年版，第 465 页。

解，笔者认为更有可能的是第二种情形。亦即，此时开矿卫所当中，操军正军一人承担一名矿夫口粮，并折银上纳；三五名余丁共同承担一个正军的口粮之额，作为"夫丁干认"折银上纳，两项共同被用于填补银课课额。而这一政策，正是按照卫所传统的军役规则执行的："每军户出正军一名，每一正军携带户下余丁一名（陕西卫所曾有三名），佐助正军；若正军为屯军耕种屯田，余丁可以领种屯地，协助正军完成屯田子粒的上纳。"① 卫所利用屯征传统，实现了银课和银矿的分离。自此，银课不再是实物税课，而是土地产品的折色银。

或许因为口粮最初是由户部拨给的，所以在银课被豁免之后，这些被用于填补银课的"矿夫口粮""夫丁干认"的征项，也被当作早期户部下拨资金，回收布政使司，"以备军饷"。从财政结构来看，这意味着部分卫所下辖的操军军粮，被转入了布政使司的民政管理系统。整个变化过程中，实际上开矿的"操军"在军役上逐渐与"屯军"靠拢，他们需要上纳口粮，但不同于一般屯田籽粒的实物直接上纳，需要折银上缴。随着整个卫所屯征归并州县赋役变革的进行，天启年间卫所的屯征册籍中，正式出现了"干认"本色、折色的条目。

当操军承担的银课，转变为田土口粮折银的"矿夫口粮"和"夫丁干认"时，白银在开矿卫所当中逐渐成为屯征折色。参与开矿的大理卫、楚雄卫，屯军所承担的屯粮正额似乎在操军上纳折色银课的影响下，最早折银上纳。何孟春提到在大理卫千户朱麟就曾"侵欺正德八年分秋粮银 39.2452 两，正德九年麦粮银 138.6 两"；正德十一年，"楚雄卫千户许宏，将原经收寄库秋粮银两领出，给军口粮外，余银四两八钱侵欺入已"②。

除了开矿卫所之外，其他云南卫所屯粮折银的明确记载，也主要集中在正德、嘉靖年间。但他们请折的原因，则与内地各卫所较为类似，大多以抛荒、运送途远为由，折征许可从部分准折，逐渐推进为

① 王毓铨：《明代的军屯》，中华书局 2009 年版，第 46 页。
② 何孟春：《何文简疏议》卷六《申戒边官疏》，文渊阁《四库全书》，第 429 册，第 1369 页。

常年折征。正德七年（1512）平夷卫"议将屯粮每石折银陆钱，与该卫左所，本折间月支放，立为定规"①。同样在正德年间，因军士逃亡而造成在籍军丁赔纳的负担，安宁、易门等所称"冲壅崩塞，干薄抛荒，并逃亡之粮，令纳折色，减作三钱并二钱者俱有之，定为常年灾伤"②。"常年灾伤"的确定，也就意味着屯征折银逐渐成为定制，并且合法化。这个事例逐渐为云南各个卫所沿用。楚雄卫在隆庆年间，请以该例折征亏赔之粮。③ 嘉靖年间，腾冲卫指挥使陈文，也申请照例折银减征。④ 不仅如此，卫所中一些杂项支出也开始逐渐折银征收。嘉靖《大理府志》的目录中可以看到，孳牧马驹、局料、黑白窑已经折银征收，徭役部分则可以征收余丁差银。⑤ 而隆庆《楚雄府志》中公种、马料、草场、局料均纳银征收。⑥

通过上述分析可看到，明初云南虽然明确秋粮可以金银等代纳，但这与担负屯戍职责的卫所没有直接关系。官府设立银冶开采银矿，从生产环节直接获取银课，曾经是财政收入中取得银两的重要渠道。也正是在这样的条件下，至迟在宣德年间，明廷调用卫所操军开采银矿，把卫所与银冶银课联系在一起。操军参与银冶，以实物劳动产品完成银课课额，增加了卫所军丁的负担。当银课征纳通过对军丁、余丁"口粮""干认"的方式下派时，白银转为卫所实物米粮的货币折纳物。银课豁免，口粮、干认被收作军饷时，该项目成为卫所财政中最先折银征收的项目。继此之后，折银收入以其便捷运输、减征替代

---

① 张学颜等纂：《万历会计录》卷三八，《北京图书馆古籍珍本丛刊》第 52 册，史部政书类，书目文献出版社 1992 年版。

② 隆庆《楚雄府志》卷二《食货志·赋役》，杨成彪主编：《楚雄彝族自治州方志全书·楚雄卷上册》，云南人民出版社 2005 年版，第 43—44 页。

③ 隆庆《楚雄府志》卷二《食货志·赋役》，杨成彪主编：《楚雄彝族自治州方志全书·楚雄卷上册》，云南人民出版社 2005 年版，第 43—44 页。

④ 康熙《永昌府志》卷一六《名宦》，《上海图书馆藏稀见方志丛刊》第 226 册，国家图书馆出版社 2011 年版，第 504 页。

⑤ 嘉靖《大理府志》，《云南大理文史资料选辑》，大理白族自治州文化局 1982 年版，第 4 页。由于散佚，只留下了志书的目录和第一、二卷两卷地理志。

⑥ 隆庆《楚雄府志》卷二《食货志·赋役》，杨承彪主编：《楚雄彝族自治州方志全书·楚雄卷上册》，云南人民出版社 2005 年版，第 45 页。

的优势，越来越多地出现在卫所财政的征纳环节当中。

三　明末赋役改革与屯赋折银

通过前面的讨论可以看到，尽管卫所屯征理论上以实物米麦为上纳的屯田籽粒和下发的口粮或军饷，但在实际的运行中越来越多地混杂着贝币和银两。如果说万历以前海肥、白银的折征尚属区域或局部上的调整或变革，那么万历及其后的变革属于全省范围内的正式改革，以册籍登记的方式确认了卫所屯征的货币化征收结果。万历至天启之间云南卫所的屯征变革，是在全国一条鞭法的改革影响之下推行的。

梁方仲整理明代一条鞭法的记载时指出："一条鞭法开始施行于嘉靖初年，至嘉靖末年转趋积极，等到隆庆、万历，乃盛行于各地。"而云南一条鞭法于万历十五年，由腾越州知州余懋学创立，后大理邓川州"里甲均徭改为条鞭"，蒙化府"变里甲为条鞭"[①]。云南全省统一实行，应是在万历二十四年（1596）巡抚陈用宾主持编订"经制全省赋役"之时，左布政使杨芳等"将应征税粮徭费数目增编后，每岁实省银一万六千八百五十余两"[②]。

云南卫所屯征改革之议，始见于万历三十六年。云南巡按周懋相平定武定阿克、郑举之叛，痛感云南卫所之兵虚耗兵食，募兵粮饷无着，提出了《条议兵食疏》。[③]周懋相建议按照万历十二年清丈的田土册籍，请官员覆核卫所职田、屯田中的绝田情况，清理该部分田土

---

① 梁方仲：《明代一条鞭法年表·后记》，《明代赋役制度》，中华书局 2008 年版，第 229、245 页。

② 陈用宾：《经制全省赋役疏》，天启《滇志》卷二二《艺文志第十一之五》，古永继校点，王云、尤中审定，云南教育出版社 1991 年版，第 747 页；《明神宗实录》三〇三，万历二十四年十月庚午。

③ 周懋相，江西安福人，万历十七年（1589）进士，万历三十四年（1606）正月，受命巡按云南。在滇期间，值武定阿克之变，急于兵食，先后奏请云南继续保留部分银矿开采，以完纳贡金，供给兵食。后改任陕西副使。

钱粮，交由户部管理。① 但屯政的清理一直到天启年间才真正展开。天启三年（1623），云南屯田道按察使庄祖诰，发布了《厘正屯粮经制公移》，正式将各卫所的额征总数、细项记录在册，并"照布政司《赋役经制》全书格式，楷书刊发"，完成了天启年间云南新的屯粮征收经制的编纂。② 也正因为此次编订的屯粮经制，完全采取了布政使司《赋役经制》的格式，民粮条鞭折银，混一征收的模式也被直接吸纳到了卫所赋役册籍当中。其中明确记录了卫所屯征中折色银和折色舥的存在（如表1所示）。

表1　　　　　　天启经制夏税、秋粮本色、折色折征比例

夏税	数量（石）	占比（%）	秋粮	数量（石）	占比（%）
本折并干认麦、荞子、蚕豆	47255.56	100.00%	本折并干认米	345606.174885	100.00%
本色麦	16002.153	33.86%	本色米	217653.9363	62.74%
本色蚕豆	464.1	0.98%	折色米	117380.2989	33.83%
折色麦	28705.587	60.75%	折舥米	728.26	0.21%
折舥麦	128.9815	0.27%	干认本色米	1287.98239	0.37%
干认本色麦	1292.9373	2.74%	干认折色米	8428.697295	2.43%
干认折色麦	309.89646	0.66%	（干认）折舥米	127	0.04%
干认折色荞	352.74997	0.75%			
本色		37.58%			63.11%
折色银		62.16%			36.26%
折舥		0.27%			0.25%

资料来源：庄祖诰：《厘正屯粮经制公移》，（明）刘文征：天启《滇志》卷七《兵食志第五》，古永继校点，王云、尤中审定，云南教育出版社1991年版，269—272页。

注：秋粮本折并干认米总数原文为346927.58石，但与分项数额不合，表格中为分项相加之总数。

---

① 周懋相：《条议兵食疏》，雍正《云南通志》卷二九之三《艺文之三》，文渊阁《四库全书》，台湾商务印书馆1986年版，第570册，第341页。
② 庄祖诰：《厘正屯粮经制公移》，天启《滇志》卷七《兵食志第五》，第269—272页。

表格中"干认"项目笔者在前文已经述及，是早期卫所军丁派任矿夫时的口粮来源，也是军丁归所之后军饷的来源。如表 1 所示，天启屯粮经制的征收对象为实物、白银、海邑三种。白银折色"各折不等"，包含了不同的征纳等级，而海邑统一以"每石征邑四十索"的标准折纳。① 其中白银和实物的上纳比例，在夏税和秋粮之间差不多正好相反，夏税中白银占到 60%，秋粮实物占到 60%。海邑在夏税和秋粮中所占份额仅有 0.2% 左右，但相对稳定，全省卫所屯征，一年夏税和秋粮上纳的海邑总额在一万索左右。

由于《厘正屯粮经制公移》中只保留了云南省全省卫所的征纳总数，既无各卫所的分项记录，也无支出款项记录。但据笔者前面的讨论，我们有理由相信每年卫所屯军所上纳的一万索海邑，应该最终成为卫所官员薪俸、军丁月钱下派军民使用。但如果与嘉靖以前的指挥使、军丁年俸数额相比较，可以明显感受到此时卫所财政支出中海邑的使用比例在明显下降。按照正统间的年俸标准（1440 索），一万索海邑只够支付 6 名指挥使的薪资；按正德年间的标准（300 索），也只够 33 名操军一年的月钱。相较而言，我们有理由相信在明前期卫所当中为了满足官军薪俸发放，实际上纳中存在更充裕的海邑折征。而天启年间，明廷的卫所赋役改革中，明显在鼓励白银的使用，限制海邑的折色地位。

而这种赋役改革中所包含的货币政策，在清廷接管云南之后得到了进一步的发展。顺治十八年（1661）平西王吴三桂平定云南之后，请户部颁发云南省的《屯粮赋役全书》以便查对接收明代的卫所屯田。户部仅存万历《会计录》的数据，因将"内所开田亩粮数抄录"一并发回给云南地方。康熙元年（1662）六月，经户部议奏，将清丈造册之责交给了屯田道，及下属的分守安普、临元、金沧、洱海四道，"逐一踏勘丈量，分别等则，每亩应征本色粮米豆麦各若干，备细开列"并造册，各卫所则拿到了"较正弓口"，以便清丈。康熙二

---

① 庄祖诰：《厘正屯粮经制公移》，天启《滇志》卷七《兵食志第五》，第 269—272 页。

年，才由右布政使管左布政使事崔之瑛和督理民屯粮储道佥事吉允迪完成了《云南屯田册》的编纂。[1]

笔者曾在文中讨论过，《云南屯田册》的田粮数据，完整的继承了天启《厘正屯粮经制公移》，并且有了完整的具体卫所细目，唯一的变化是"干认麦米"条目被豁免。[2] 此外，从卫所屯赋货币折纳的角度来看，天启间曾区分征收的折色、折肥两种折货币征收的米麦，在康熙承接之时，将两项进行了合并统称折色麦（米）。但其中相当于天启"折肥麦（米）"的部分，会称"旧例每石折肥四十索，每四十索折银二钱，今既不使用海肥，应除去海肥名目"，折征银多少两。自此，该部分屯粮相当于被并入了"二钱麦（米）"——每石折银二钱——的项目当中。很显然，在清廷的赋役结构当中，已经彻底将海肥排除在财政回收、调控的管理范围之外。

四 余论：明朝赋役政策对云南贝币流通的影响

综上所述，明代云南卫所经费收支中的折银，呈现出海肥主体地位逐渐下降，白银地位上升的总体演变趋势。明中前期卫所财政支付环节中海肥是最主要的货币支付手段，并且海肥在市场中的流通情况直接影响着卫所经费的执行。随着国家银矿开采政策和布政使司银课征纳活动，向卫所操军、余丁的拓展，促使州县银课挤占卫所经费，引起操军口粮折银上纳。白银从矿产品实物税收的性质向征纳货币转变。此时，相较于海肥，白银充分发挥了远途易运、贫瘠减征的优势，逐渐成为卫所财政中的主体货币。

但如果仔细梳理整个演变趋势，可以发现一个十分有趣的现象。虽然海肥在卫所财政当中所占的比例在逐渐下降，但明末天启年间官

---

[1] 《云南屯田册·司总·序》，全国图书馆文献微缩复制中心 2006 年影印本，第 9—18 页。

[2] Wang Xueying, "The single-whip method of Yunnan garrison taxation, 15th – 17th centuries", *Ming Studies*, 2021 (83), p. 20.

方所划定的折率（1∶40）低于明前期正统年间的折率（1∶60），似乎海豝的币值是在上升的。但很显然币值上升不太会和退出流通领域的结果相关联，而且更重要的是这种情形和以往学者们所言"明末清初贝币的价值已经大大跌落"①情形似乎相反。

究其原因，此处或许应该将正统折率和天启折率分开讨论。正统折率是朝廷下发俸禄的折率，对中央的货币存储而言是"支"。对明廷中央的货币储蓄来说，永乐年间通过赋役征纳每年至少累积30万索海豝，假设洪熙、宣德之后，如《明实录》的记载不再运海豝如南京库，仅永乐年间的积累也至少有660万索存储南京。正统年间，正式下令以海豝折色下发官俸，单次划拨50万斤海豝运回云南，并且一度在征麓川期间将折率提升之1∶100。或许正统折率的确定只是单纯为了配合"粮价上涨"，但实际增加了财政拨款，使云南市场海豝流通数量增加。而这种政策只会引起海豝币值下跌，加剧云南米价的上涨。

纵观卫所经费收支中折豝与折银的变动，我们可看到，不论明廷当下决定是有意还是无意，都在客观上减少了中央滞留的海豝库存。明廷在财政管理上"清理"海豝库存的政策，或许一定程度上配合了明王朝的货币政策。明初，海豝币值相对稳定时，朝廷试图在云南推行钞法替代海豝，却无法实行。但正统之后海豝的贬值，则在一定程度上支持了万历四年（1576年）明廷在云南鼓铸铜钱，试图以铜钱"与海豝相兼行使"②。

但很显然，只是增加支出，并不能完全达到抑制海豝流通的目的。万历年间，明廷再次借赋役改革的契机，限制了海豝的"收入"。而天启年间，压低海豝的上纳折率，并且控制折豝米粮所占比例，正是最有效的一种手段。的确，夏税秋粮中海豝总共折率也仅有0.4%左右，而且实际征额甚至只够正统年间6名指挥使的年俸。综合明廷

① 杨寿川编：《贝币研究》，云南大学出版社1997年版，第20页。
② 张学颜：《万历会计录》卷四一，明万历刻本。

在云南卫所的赋役政策可知，下发折率较高的目的在于清理中央滞留的海贝库存，上纳折率降低的目的在于控制朝廷海贝的收入。在王朝赋役制度之下，中央有意识地减少了海贝的存储数量。

而且这种趋势并不仅仅出现在卫所当中，从云南整体的赋役数据中也可以看到相似的管理趋势。加上学者们常引的元代海贝上纳情况，元明之际云南全省的海贝征纳总额，可大致整理如下：

元代

天历元年，云南全省上缴的科差（徭役折为海贝）为贝一百一十三万三千一百一十九索，酒课为二十万一千一百十七索。[1]（合计共一百三十三万四钱二百三十六索）

明代

《明实录》永乐二年：天下岁赋中有海贝三十二万一千七百二十一索。[2]

《万历会计录（一）》正德十二年沿革事例：差发海贝二十三万五千九百九十七索十六手；商课二十九万四千四十六索；房地租六百三十二索八手；果园课二千二百一十二索。[3]（合计共五十三万二千八百八十七索九十六手）

《万历会计录》万历六年见额：差发海贝二十七万二千三百七十七索一十六手。[4]

天启《滇志》：差发项下记录有海贝二十万二千三百七十七索十六手。[5]

从整个时间序列中可以看到，从元至明云南上纳的海贝总额从一

[1] 杨寿川编：《贝币研究》，云南大学出版社 1997 年版，第 15 页。
[2] 《明太宗实录》卷三二，永乐二年十二月丁酉。
[3] 张学颜：《万历会计录》卷一三，明万历刻本。
[4] 张学颜：《万历会计录》卷一三，明万历刻本。
[5] 天启《滇志》卷六《赋役志第四》，第 213、214 页。

百三十三万骤降至二十万，明末征额仅及元朝的 15%。而且变化集中发生在正德至万历之间。正德年间全省各项课租相加，需要上纳海粃五十万索。或许正是随着万历年间云南推行一条鞭法的赋役改革，各项杂课逐渐折银征收之后，存留了差发一项仍以海粃上纳，仅余二十万索，并且该项一直延续至明末天启年间。

如果依据元明税课粃额，反向理解云南市场的海粃容量，我们或许可以做这样的解读。在元代，云南全省市场当中除了能够容纳上缴国课的 133 万索海粃之外，还有足够的海粃可以维持市场的顺利流通。也就是说，云南市场至少可以容纳 133 万索以上的海粃流动。但随着明代赋役制度的改革调整，中央回收额在明末降至 20 万索左右，就意味着云南市场上滞留了 113 万以上的海粃数量。当清廷正式取消海粃作为财政货币身份之后，定然会导致云南市场中海粃泛滥。

此外，正如学者所言，明末清初之时，随着 16—17 世纪，东南亚本土的海粃经济体系遭到欧洲人的破坏，"云南与沿海各国的商品交流逐渐稀疏寥落"，大量海粃无法通过与缅甸、泰国的贸易实现对外流通。[①] 壅滞在云南的海粃，既无法通过北向的王朝赋役体系控制流通数量，也无法以贸易的形式南部沿海疏通，使得海粃的贬值成为必然，最终只能退出流通市场作为单纯的饰品。至此，笔者通过以明代云南卫所中的货币结构为窗口，试图从王朝财政的视角，提供一个对云南贝币退出流通领域原因的解读路径。

[①] 方国瑜：《云南用贝作货币的时代及贝的来源》，载杨寿川编《贝币研究》，云南大学出版社 1997 年版，第 55—56 页。

"士绅化"与明代后期的江南役制变革

——以华亭县等地的士绅应役当差为例

李　园

（云南大学　中国经济史研究所）

前　言

实现赋役资源的有效汲取是传统国家财政治理的核心内容。明初，基于民户丁产多寡与纳粮应役能力的高低关系确立起以乡村上中户为责任主体的粮长、里甲等赋役派征体制。国家依托地方财富力量完成税粮征解环节的徭役承担，并将之纳入州县财政，以徭役承担方式使该群体成为地方经费的主要承担者。

但正如学界所了解的，该赋役征解模式自明中叶以来便面临严重困境，而困境的形成与以往学界所认同的赋重役繁等因素之外，亦与明代政治经济变迁下的社会分层①存在密切关联。具体而言，就是承担国家赋役征解之责的部分富裕民户在追求政治地位和社会地位的过程中出现了由民向绅或士的身份转变，从无特权的"民"转化为享有特权的士或绅②，林文勋教授将此变动称之为富民阶层的"士绅

---

①　社会分层是指社会成员、社会群体因社会资源占有不同而产生的层化或差异现象，尤其是指建立在法律、法规基础上的制度化的社会差异体系。（李强：《当代中国社会分层测量与分析》，北京师范大学出版社 2010 年版，第 2 页）

②　关于"士绅"界定，因观察视角的差异，学界尚无统一界定。基于士绅化与财政之间的关系，本文对于"士绅"群体的认定主要基于功名、官衔以及由此衍生的特权身份。

化",认为富民通过发展文化教育获取政治权力成为宋以后社会的共同特征,"士绅化"既是一个过程,也是一种必然结果。① 20 世纪 60年代,关注于明代大土地所有制发展的安野省三也曾注意到明代中后期"在地地主层"（庶民地主）没落和"乡绅地主层"兴起这一变动,认为导致这一变动的主因在于在地地主与士绅在国家税收体制中所占据的不同地位。② 相对于身负纳粮当差之责的民,明代以科举功名为标识的士绅阶层可以凭借国家赐予的优免特权规避徭役责任,显然有悖于明初规定的"各处赋役,必验丁粮多寡、产业厚薄,以均其力"③ 的徭役编派原则。富不应役,放富差贫,致使国家财政的汲取能力大大降低。在此背景下,如何通过限制士绅优免特权来稳定基层财源,成为明代中后期国家财政治理的重要议题。因此彭雨新先生将明中叶以来的赋役改革归之为:基本围绕国家如何削弱乃至废除官绅阶级优免特权的进程中逐步向前发展。④

从官民分甲到官民一体当差是隆庆以来以松江府为代表的南直隶地区针对日益膨胀的士绅优免压力而采取的系列徭役编派改革,系列改革不仅局部调整了明初以来不以身份划分而以地域立甲的官民合甲局面,而且基本奠定了明清江南后续均役改革的基本思路,具有重要影响。鉴于此,本文在占有一定史料的基础上,选取松江府治所华亭县为主要考察范域,以县域社会的"士绅化"为背景,试对改革的原由、过程以及后续影响做初步探讨。

一 科名与特权:明代华亭地区的"士绅化"

华亭县地处江南腹地,宋时属秀州,"据江瞰海,富室大家,蛮

① 林文勋:《中国古代"富民社会":宋元明清社会的整体性》,《中国古代农商·富民社会研究》,人民出版社 2016 年版,第 63 页。
② ［日］安野省三:《明末清初扬子江中流域の大土地所有に関する一考察》,《東洋学報》44—3,1961 年。
③ 正德《明会典》卷二〇《户部七》,中华书局 1989 年版,第 133 页。
④ 彭雨新:《明清赋役改革与官绅基层的逆流》,《中国经济史研究》1989 年第 1 期。

商舶贾，交错于水陆之道，为东南第一大县"①。凭借交通和经济优
势，自宋以来该地文风昌盛、人才辈出。杨潜在绍熙《云间志》说
道："华亭壮邑，业儒者众。今访之耆旧及考诸登科记，自天禧三年
迄于绍熙四年，凡一百七十有七年登进士第者凡八十有八人，其间魁
多士冠南宫，入政府登从班者盖不乏人，亦云盛矣。"②淳祐《增修
学记》亦云："国家建都吴会逾百年矣，而华亭之为县，公卿将相由
此而出，大家巨室于此处焉，不减王畿之盛。"③元明易代，华亭文
风之盛并未因兵革之乱而中断，相反，因"吾松稍僻，峰泖之间及海
上皆可避兵，故四方名流汇萃于此，熏陶渐染之功为多也"④。至明
初，包括华亭县在内的松江地区"文风之盛，不下邹鲁"⑤。长时期
的文化积淀为明代华亭的科举之盛奠定了基础，在明代两百多年科举
应试中，先后有状元 2 名、榜眼 1 名、探花 1 名、传胪 4 名、会元 1
名、解元 10 名。⑥出现"吾郡元魁继出，文献甲于天下"⑦的科考
盛况。

　　如前所述，科名和特权是士绅身份判断的两个重要标识，而士绅
特权的享有通常建立在科名获取的基础之上。明代科名不仅为士子入
仕的重要资格，也是未能入仕官学士子享有优免特权的身份依据。故
科考举业是包括富民在内的庶民群体士绅化的基本途径，据此推之，

　　① 孙觌：《鸿庆居士集》卷三四《宋故右中奉大夫直秘阁致仕朱公墓志铭》，文渊阁
《四库全书》，第 1135 册，第 351 页。

　　② 杨潜：《云间志》卷中《进士题名》，《续修四库全书》，史部第 687 册，上海古籍
出版社 2002 年版，第 41 页。需要指出的是，该史料记载的宋代华亭进士人数分布地域包括
了明代华亭、上海、青浦三县范围。

　　③ 正德《松江府志》卷一二《学校上》，《天一阁藏明代方志选刊续编》，第 5 册，上
海书店 1990 年版，第 642—643 页。

　　④ 何良俊：《四友斋丛说》卷一五《史十一》，李剑雄校点，上海古籍出版社 2012 年
版，第 99 页。

　　⑤ 钱谦益：《甲前集·丘郎小民》，《列朝诗集小传》，上海古籍出版社 2008 年版，第
49 页。

　　⑥ 光绪《重修华亭县志》卷一二《人物一·选举上》，《中国方志丛书》，台北成文
出版社有限公司 1970 年版，第 846—871、885—917 页。

　　⑦ 吴履震：《五茸志逸随笔》卷七，引自谢国桢《明代社会经济史料选编》，福建人
民出版社 1981 年版，第 154 页。

科考成功之地往往也是士绅化程度较高地区。

延续宋代以来的文风科业之盛，华亭县的科考举业在明代得到较大发展。光绪《重修华亭县志》对明代华亭区域内的唐、宋、元、明四代进士录取情况进行了记载，其中唐代1人，宋代69人，元代1人，明代骤增至256人①，不仅远超三代之和，而且位居同期南直隶诸县之首②，史称"科诏始下，人材已彬彬然。百余年来，文物衣冠，蔚为东南之望"③。人数众多之外，华亭进士群体的另一特点就是仕进高位者众多。根据县志收录的明代256名进士的仕进情况，官居三品及以上者多达61位，约占该县进士总数的24%。当中最终仕进六部尚书、都御史等高位者13位，加赠至一品者4位。④ 科举时代，功名官阶的高低直接决定了优免特权的大小，故华亭进士群体的仕进过程也是该群体优免特权的膨胀过程。

如果说进士群体因每科录取名额过少而不足以完全改变唐宋以来的阶层结构的话，那么，明代科举功名的扩展则为该时期的社会阶层结构变动提供了制度因素。明代功名的认定范围从唐宋元的进士一级制发展为进士、举人、生员三级制。在此背景下，以功名为标识的士绅群体在明中叶以后迅速壮大，成为地方社会的主导力量。诚如以研究明清乡绅著称的日本学者小山正明指出："明末的乡绅阶层是继宋至明中期的统治阶层形势户、粮长层之后兴起的新统治阶层，其背景在于科举制度的社会机能发生了变化，即明以后举人、监生、生员成为终身资格，与官僚同样享有免除徭役特权，构成了一个社会阶层。"⑤ 唐宋元时期举人地位并不见高，唐代一度视为"与编氓等"⑥，

---

① 光绪《重修华亭县志》卷一二《人物一·选举上》，第841—871页。
② 范金民：《科第冠海内，人文甲天下：明清江南文化研究》，江苏人民出版社2018年版，第10页。
③ 正德《华亭县志》卷三《风俗》，第112—116页。
④ 参见光绪《重修华亭县志》卷一二《人物一·选举上》、卷一四《人物三·列传上》、卷一五《人物四·列传中》、卷一七《人物六·备考》。
⑤ 参见［日］檀上宽《战后日本的中国史论争·明清乡绅论》，见刘俊文主编《日本学者研究中国史论著选译》卷二《专论》，中华书局1993年版，第458页。
⑥ 王林：《燕翼诒谋录》卷二，中华书局2007年版，第13页。

宋时为学子参加解试到殿试过程中的一种临时身份，科考结束不得再称举人，落第举人无任何功名更无做官资格。明代举人则是一种拥有做官资格的永久性功名学衔，对此顾炎武说得较为明了：宋代举人"登科则除官，不复为之举人，而不第则须再举，不若今人以举人为一定之名也……不若今以乡试榜谓之举人，会试榜谓之进士"①。可以说处于边缘化地位的宋代举人集团，直到明清其地位才有所提高。明代著以华亭籍的中第举人多达 682 位②，位居南直各县之首③。华亭举人的仕进范围多止于县令、府县教职等六七品官阶，但也有仅凭举人功名仕进高位者，如景泰四年（1453）举人张骏官至礼部尚书。④

明代奉行"舍以聚之，禄以廪之，役以复之，科以升之"⑤ 的科举养士，相较于唐宋的养士体制，明代的突出特点就是学校制度真正普及全国，官学教育与科举进阶制密切结合，而官学士子的功名化和特权化使得基层士绅的规模远超唐宋。明代华亭籍官学士子主要由两京国子监贡生和府州县学生员组成，贡生作为中央官学生主要从地方生员中择优入监。明代华亭籍入监贡生 502 人，除 9 名原学籍不确外，经松江府学入监者 330 人，华亭县学入监者 163 人。因贡生具有不经科考出监入仕的资格，故成为大量科考不顺学子的追逐目标。从方志记载来看，华亭籍贡生中最终得以入仕者 284 人，约占该县贡生人数的 57%。⑥

生员是明代科名扩展下形成的重要乡绅群体，作为国家的最低科

---

① 顾炎武：《日知录集释》卷一六《举人》，黄汝成集释，上海古籍出版社 2014 年版，第 363 页。

② 光绪《重修华亭县志》卷一二《人物一》，第 885—917 页。

③ 参见丁蓉《明代南直隶各县举人地理分布的考察》，《西南石油大学学报（社会科学版）》2012 年第 2 期。（该文对明代华亭县的举人总数统计上仅为 562 人，较光绪《重修华亭县志》收录人数少，但即便如此，仍居于南直隶各县之首）

④ 光绪《重修华亭县志》卷一四《人物》，第 1047 页。

⑤ 林炫：《林榕江先生集》卷一三《送督学高一所先生迁江西序》，《明别集丛刊》第 2 辑第 21 册，黄山书社 2015 年版，第 412 页。

⑥ 光绪《重修华亭县志》卷一三《人物二》，第 944—945、963—964、968、971—973 页。

名，士人虽然不能凭此功名直接进入官场，但国家赋予的法律经济特
权是明以前难以企及的。高桥芳郎通过对宋代单丁以外的太学生需
"募人充役"推断：宋代州县学生员大约并未被赋予免役的特权，至
多是"募人充役"的程度而已。① 明代生员的免役特权早在洪武时期
就已明确，且不限本身。洪武二十年（1387）十月，太祖针对北方
生徒废学情况实施免役劝学，令"增广生员不拘额数，复其家"②，
天顺六年（1463）重申洪武生员优免则例："除本身外，户内优免二
丁差役"③，生员的优免特权与九品官相等。故从界定士绅的功名和
特权角度来看，将生员纳入"民"的范畴显然难以成立。正如陈宝
良指出："优免权的存在，决定了生员不同于平民百姓，而是特权阶
层的一员。"④ 因此我们认为生员是士绅的最低层，加之明代士人成
为生员的几率远高于举人、进士等高级科名和贡生学衔，故从士绅的
人数构成来看，生员又是明代华亭县士绅的主体。但因生员人数众
多，加之士人未能以此学衔跻身官场，故历代华亭县志未对各阶段的
生员名数做详细记载，但亦可从相关文献予以估测。

　　明代华亭籍生员主要就学于松江府学和本县县学，按入学类别和待
遇分为廪膳、增广和附学三类。洪武二年（1369）地方置学之初即定
廪膳生员数：府学四十人、州学三十人，县学二十人⑤。洪武二十年又
因原设廪膳学额不足以收揽人才为由设增广生员，初不限额，宣德三
年（1428）始定与廪膳生员等额。⑥ 附学生员出现则不晚于正统十二年
（1447）⑦，因名额不限以及同廪膳、增广生员一样享有免役特权，使得

　　① ［日］高桥芳郎：《宋至清代身分法研究》，李冰逆译，上海古籍出版社 2015 年版，
第 136 页。

　　② 《明太祖实录》卷一八六，洪武二十年十月丁卯，"中研院"史语所 1962 年校印本
（后文所引实录皆为此版本），第 2789 页。

　　③ 万历《明会典》卷七八《吏部三十六》，第 454 页。

　　④ 陈宝良：《明代儒学生员与地方社会》，中国社会科学出版社 2005 年版，第 422 页。

　　⑤ 《明太祖实录》卷四六，洪武二年十月辛卯，第 925 页。

　　⑥ 万历《明会典》卷七八《吏部三十六》，第 452 页。

　　⑦ 嘉靖《沈丘县志》卷二《官制类·弟子员》，《天一阁藏明代方志选刊续编》，第
58 册，上海书店 1990 年版，第 1019 页。

该群体成为明代中后期的生员主体。文徵明《三学上陆冢宰书》说道：
正德时"承平日久，生徒日盛。学校廪增正额之外，所谓附学者不啻
数倍"①。嘉靖九年（1530）七月，世宗在答复都给事中王汝梅、御史
赵兑的严慎生员入学奏请时亦道："诸生廪增有额，其附学者岂宜反过
正数，民间一切子弟规避徭役，营求入学。"② 如松江府学，万历末
"廪士之外，为增、为附，鼓箧升堂者，动以千计"③。另据万历朝南京
国子监祭酒郭正域的估计："今天下府、州、县学，其大者，生徒至一
二千人，而小者至七八百人。至若二三百人而下，则下县穷乡矣。"④
明代华亭作为松江府治所所在，文风科业之盛位居全国前列，若按郭
正域的估算，晚明华亭籍的在学生员数应维持在千人以上。

　　科举功名的扩大使得明代士绅的规模远超唐宋元三代，成为基层
社会的主导力量。在此过程中，华亭一域依托经济地缘优势和长期以
来的文化积淀在明代科考举业中位列前茅，成为江南乃至全国士绅化
程度较高的地区。同时，华亭社会的士绅化过程也是该地域特权阶层
的发展过程，一方面，明代华亭士人仕进高位者众多，使得特权对于
经济资源的占有规模因官阶的上升而不断膨胀；另一方面，较之唐
宋，明代华亭的士绅群体更具乡土特性，不仅大量生员士子因入仕无
门而长期沉积于县域社会，而且域外为官者也多以本籍地为寄托和最
后归属，其优免特权主要体现在对本籍地经济资源的占有上。

二　士绅化与华亭财政治理之困

　　赋役并重是明人对于华亭在内的江南财政状况的普遍认知，受国

　　① 文徵明：《文徵明集》卷二五《三学上陆冢宰书》，周道振辑校，上海古籍出版社
1987年版，第584页。
　　② 《明世宗实录》卷一一五，嘉靖九年七月甲午，第2723页。
　　③ 王圻：《王侍卿类稿》卷八《松江府学义田记》，《四库全书存目丛书》，集部第
140册，第280页。
　　④ 朱国桢：《涌幢小品》卷一一《雍政》，《明代笔记小说大观》，第4册，上海古籍
出版社2005年版，第3345页。

家财政集权设计和江南赋役政策的影响，华亭的田赋承担量位居全国州县之首。根据万历《会计录》的统计，万历初华亭的正赋税粮高达 508830 石，以一县承担全国近五十分之一田赋供输①。然而高额的田赋征派并未给县域财政运作带来多少实惠，反而推动了华亭财政对于"役"的依赖。

正如熊明遇在《杂役田记》中所道："赋自上供外，强半以饷役，廼东南之民，又不免因赋得役。"② 所谓"因赋得役"是指民户在缴纳田赋的同时，还需承担田赋的催征、经收和解运之责，故华亭重赋之下必有重役，正所谓"华亭赋役甲天下，民苦于践更，至困乏者累累也"③。隆庆以前，华亭"以粮长督一区赋税"，"选丁田相应，有行止者充"④，岁役一百一十人，与区内里长、甲首等役共同完成税粮的征解任务。隆庆三年（1569），有司针对徭役日重，役户独力难支的应役困境，按应役环节对粮长、里长等役进行分解或更名，因此又有钱粮催征环节的经催、总催、收兑、收银、柜头等役；解运环节的布解、北运、南运以及各类解户。⑤ 可以说，徭役是明代华亭田赋完纳的保障。

与此同时，徭役还是华亭县政运作的立足点。晚明华亭税粮起运域外之数高达 469297 石，占该县赋额的 92.23%，存留本县数仅为 39533 石，远低于同期 42.61% 的全国平均存留比重。⑥ 关于这种内重外轻高度集权的田赋分配模式对于地方财政运作的影响，20 世纪 80 年代岩见宏就曾指出：明代的起运与存留的规划中，所有税收几乎全用于中央行政体系下的行政花费，地方政府在制度上无力支应本身运

---

① 《万历会计录》卷一六《南直隶》，《北京图书馆古籍珍本丛刊》，第 52 册，书目文献出版社 1998 年版，第 608 页。

② 熊明遇：《文直行书诗文》文选卷一《杂役田记》，清顺治十七年熊人霖刻本。

③ 陈子龙：《安雅堂稿》卷一三《姚司寇传》，辽宁教育出版社 2003 年版，第 239 页。

④ 正德《华亭县志》卷四《徭役》，第 119 页。

⑤ 崇祯《松江府志》卷一二《役法二》，《日本藏中国罕见地方志丛刊》，书目文献出版社 1991 年版，第 304—319 页。

⑥ 《万历会计录》卷一六《南直隶》，第 608 页。

作，相关物料买办责任之负担逐渐转嫁里甲，形成了里甲制度支撑州县政府实际财政运作的情况。① 故在存留税粮不敷地方事权责任的背景下，华亭的大部分政务经费通过役来填补。正如光绪重修华亭县志在追述嘉靖以前的华亭徭役情况时说到："明时衙前一役，佥民户次第承当，谓之均徭。其祭祀、宾客、官府所需则派之里甲。"② 嘉靖以前，华亭县衙供需皆由坊长、库子二役承办，"举县衙供亿，悉取办于二人者"③。嘉靖以后，虽然华亭的部分徭役实现了折银，但该县里甲正役仍得到部分保留，对此，崇祯《松江府志》记载了包括华亭县在内的松江地区里甲役对地方政务的承担情况，兹摘抄如下：

> 每县辖保若干，保领区若干，区领图若干，多寡不等。每图分十年为十甲，每甲编审经催一名，或独充，或二户三户朋充，谓之里长，亦谓排年。论甲年份，专责催办本图人户本折银米，假如于第一甲甲年份承充经催，先一年第十甲癸年分即为该年，又先一年第九甲壬年分为总甲。该年承应起夫、浚河、运泥、棘刺等差使，总甲主管里中一应杂事，当孔道去处，承直官长水陆往来。其城内外坊厢图分地方，十系祗应烦难，尤为吃紧。经催轮年于八月中承役，不拘图分多少，内点丁力尤胜者一人，总一区催办之事，谓之领限总催。如于第一甲甲年分点充总催，后四年第四甲丁年分即为塘长，每年遇开河、水利等役，督率各图该年勾当公务，尤倍烦难。④

由该则史料可知，华亭基层里（图）甲内的应役甲户，除派以催征钱粮的经催之役外，还需在不同年份派以塘长、该年、总甲等役，

---

① ［日］岩见宏：《明代徭役制度の研究》，京都同朋舍 1986 年版，第 135—155 页。
② 光绪重修《华亭县志》卷八《田赋下》，第 579—580 页。
③ 何三畏：《云间志略》卷三《华亭令三泉周公传》，《四库禁毁书丛刊》，史部第 8 册，北京出版社 1997 年版，第 220 页。
④ 崇祯《松江府志》卷一一《役法一》，第 276 页。

分别承担本县的水利、各衙供应以及官员往来使费，成为地方政务经费的主要承担者。

对于华亭在内的明代州县主政者而言，确保域内税粮的完纳和地方政务的有效展开是其财政治理的首要目标。结合前文讨论可知，华亭财政治理的目标主要基于役来实现，相较于受原额体制束缚而僵化的赋，明代的役则更具有灵活性，可以说役是华亭财政治理的立足点。但对于明代中后期的华亭徭役佥派和民户应役情况而言，难题之一就是区域士绅化进程中脱役群体以及优免规模的不断扩大。正如华亭士人何良俊在描述正德、嘉靖之际的本地阶层变动时说道："昔日乡官家人亦不甚多，今去农而为乡官家人者，已十倍于前矣；昔日官府之人有限，今去农而蚕食于官府者，五倍于前矣。"①

何良俊，字符朗，生于正德元年（1506），卒于万历元年（1573），嘉靖元年（1522）与其弟良傅同补本地生员，后因乡试屡次不中，仅以岁贡生身份特授南京翰林院孔目。虽然何氏在科考和仕进上并不显著，但是同样作为国家优免制度的受益者，亲身经历了本人以及家族成员士绅化进程中的脱役过程，对此，何良俊在《四友斋丛书》中记述到：

> 自祖父以来，世代为粮长，垂五十年，后见时事渐不佳，遂告脱此役，此黠龀时也。后余兄弟为博士弟子，郡县与监司诸公皆见赏识，此役遂不及矣。②

根据何良俊的《先府君讷轩先生行状》记述，何氏一户的兴盛始于其祖父何泉，其人"刚毅方雅，里中人敬惮之"，到其父何嗣时，因经营有方，多置田产，"由是收息渐广，十倍于前"③，成为本里富

---

① 何良俊：《四友斋丛说》卷一三《史九》，中华书局1959年版，第112页。
② 何良俊：《四友斋丛说》卷一三《史九》，中华书局1959年版，第112页。
③ 何良俊：《何翰林集》卷二四《先府君讷轩先生行状》，《四库全书存目丛书》，集部第142册，齐鲁书社1997年版，第192—196页。

户。因此何氏一户自何泉开始，便以本里望族身份承担粮长达半个世纪。但至何良俊髫龀之年，即正德中，何家以"见时事渐不佳"而谋求脱役。从上引史料来看，何氏一户经历了两种身份的脱役过程：

一是庶民身份的逃役。明代，国家的佥役原则主要基于身份和财力多寡而定，所谓"食禄之家与庶民贵贱有等，趋事执役以奉上者，庶民之事也"①。明代华亭柘林何氏在嘉靖元年何良俊兄弟成为本地生员之前，既无获取功名之人，更无出仕为官者，其户属于"民"的范畴。但为何无免役特权的何氏能在正德中期告脱此役，究其原因莫过于两种可能：其一，不排除何家在徭役佥派过程中串通佥役官吏逃避徭役；其二，通过花分、诡寄田产等手段降低户等逃役。"花分"是指民户将田产分散于他户名下，从而减轻乃至摆脱"以丁田定役"的徭役佥派。如弘治十七年（1504）张岐宗重编华亭徭役，定该县"丁田所出不及一两者"皆不编役。②"诡寄"衍生于士绅的免役特权，即民户将田产寄于免役官户名下达到规避徭役的目的。嘉靖中，华亭知县聂豹曾对士绅参与诡寄的动机做了阐述：

> 臣切见今日士夫，一登进士，或以举人选授一官，便以官户自鸣。原无产米在户者，则以无可优免为恨，乃听所亲厚推收诡寄，少者不下十石，多者三四十石，乃或至千百石。原有产米在户者，后且收添，又于同姓兄弟，先已别籍异居，亦各并收入户，以图全户优免。或受其请托以市恩，或取其津贴以周利。又有苞苴富厚，囊橐充盈，多置田产，寄庄别县，仍以官名立户，中亦多受诡寄。势焰者，官府固已闻风免差；势退者，亦能多方攀援以图全免。或一年之内而免数户，或十年之内而免数年。③

---

① 《明太祖实录》卷一一一，洪武十年二月丁卯，第1847页。
② 顾清：《傍秋亭杂记》卷上，旧钞本。
③ 聂豹：《应诏陈言以弭灾异疏》，见《明经世文编》卷二二二，中华书局1962年版，第2328页。

据此可见，具有免役特权的官绅在对待民户的寄田避役上持一种迎合态度，其目的有二：一是将免役权转化为惠及亲朋乡里的利益资源，藉此提升其在乡里族内的地位，由此形成"自乡宦年久官尊，则三族之田悉入书册"①的局面；二是通过收取寄田津贴，将免役特权转化为直接经济收益。

二是士绅身份的免役。嘉靖元年（1522），何良俊与弟良傅成为本地生员，其身份实现了由"民"向"士"的转变，士绅化使得何氏一户从制度层面摆脱了粮长役的佥派，故有"此役遂不及矣"一语。而事实上，对于像华亭这样的士绅化程度较高的江南州县而言，此类脱役模式最为常见。在晚明日益加重的徭役压力下，江南社会已将读书等第视为保身、保家、保富的重要手段。正如费孝通在《论绅士》一文指出："政治愈可怕，苛政猛于虎的时候，绅士们免役性和掩护作用的价值也愈大。"②即所谓"不读书登第，不足以保妻子"③。

不仅如此，免役也是江南士绅财富增殖的重要凭借。华亭范濂曾对本地生员如何借助免役特权进行财富积聚做了简单描述："自贫儒偶蹍科第，辄从县大夫干请书册，包揽亲戚门生故旧之田实其中。如本名者仅一百亩，浮至二千，该白银三百两，则令管数者日督寄户完纳。"④生员士子尚能如此，那么对于华亭仕进高位的众多上层官绅而言，该群体对本籍地赋役资源的占有量是十分惊人的。嘉、隆时期的徐阶家族，"其田赋在华亭者，岁运米万有三千石，岁租银九千八百余两，上海、青浦、平湖、长兴者不计也"⑤。关于徐阶家族的实际占田数，史料记载不一，仅以徐阶友人王畿规劝其还田时的数额为

① 范濂：《云间据目抄》卷四《记赋役》，《丛书集成三编》第83册，台北新文丰出版公司1997年版，第405页。
② 费孝通、吴晗等：《皇权与绅权》，生活·读书·新知三联书店2013年版，第11页。
③ 黄秉石：《海忠介公传》，见《海瑞集》下编《附录·传记》，中华书局1962年版，第567页。
④ 范濂：《云间据目抄》卷四《纪赋役》，第405页。
⑤ 范守己：《御龙子集》，《四库全书存目丛书》，齐鲁书社1997年版，第702页。

据，其规模高达二十万亩。① 又如崇祯间，钱龙锡位居师相，其家"田盈数万，催科徭役不敢过问"②。以致如明末陈启新感叹道：天下财富"今何不幸，而尽夺于中之缙绅乎？"③

晚明江南差役"以田为序""以田制役"④，田土资源的掌握是华亭在内的江南各处徭役佥派的前提。与之对应，晚明国家的免役内容也完成了以户丁为主向粮田为主的调整，基本形成"粮以品免，田以粮免"⑤ 的免役模式。因此从士绅优免和民户诡寄的内容来看，士绅化意味着国家掌握的基层承役田土的萎缩。崇祯朝苏松巡按御史路振飞奏称到：

> 吴民之苦于役，有不可胜言者。江南缙绅蔚起，优免者众，应役之田什仅五六，再加隔邑官户占籍优免，应役者仅什四五，大户之有力者，又通官奴诡寄花分，应役者止三四而已。凡承重役，无不破家。应役卖产，仍归官籍。于是，大户不足役及中户，中户不足役及朋户。穴居野处无不役之人，累月穷年无安枕之日。彼官宦、族党、奴仆坐享官腴，耳不闻"当差"一字。⑥

路振飞在谈及苏、松二府的应役田土因士绅化而萎缩的同时，也注意到因士绅化引发的基层应役群体的下移问题。不难理解，明代江南社会的士绅化推动了里（图）甲、粮区等基层赋役组织内部社会分层的扩大，赋役征解的责任主体逐渐从富民大户转移到中下民户。但受中下民户应役能力不足的限制，国家财政的汲取能力趋于弱化。

---

① 尹守衡：《明史窃列传》卷七一《徐阶传》，《明代传记丛刊》，台湾明文书局 1991 年版，第 499 页。

② 李复行编：《松郡均役成书·松江府详复坐图不便文》，清乾隆五十三年刻重修本。

③ 计六奇：《明季北略》卷一二《陈启新三大病根疏》，中华书局 1984 年版，第 194 页。

④ 崇祯《松江府志》卷一一《徭役二》，第 325—326 页。

⑤ 《明穆宗实录》卷一九，隆庆二年四月己酉，第 541 页。

⑥ 陆世仪：《复社纪略》卷二，收入中国历史研究社编《东林始末》，上海书店 1982 年版，第 217 页。

故明中叶以来围绕解决士绅化派生问题而展开的役制改革成为江南财政治理的核心议题。

三　隆庆时期的官民分甲

明代江南中下民户应役能力的不足主要体现在两个方面：一是所派之役的实际应役负担超出役户财力的承受范围，从而出现如华亭徐陟所说的"小民或以十分之四五当十分之差，或以十分之六七当十分之差"①的应役之困；二是因身份财富地位的差异，在钱粮征收环节出现小户催征大户、民户催征官户的执役之困。所谓"乡宦田多，贻累日甚"②，"官户有田在图，上门守候，刁蹬烦难，颇为里长之累"③。不仅如此，由于明代在钱粮征解环节采用的是一种役户责任制，故催粮役户还需承担里甲粮区内官户拖欠的赔补之责。万历三十七年（1609），时任华亭县令的聂绍昌在《经催议》中说到："松郡之役，莫苦于经催，经催不过于一图于排年中挨次轮办，而一图之钱粮起总尽责其身"，故"有代人赔贩之难，有几年征欠之难，有十年查盘纳罪之难，是以承此役者，身家多丧"④。

面对民户催征官户而出现的税粮征收之困，隆庆元年（1567）十月，巡按直隶御史董尧封奏请苏州、松江、常州、镇江四府官籍大户自行交兑税粮，该议经户部覆准后实施。⑤ 对于此次官户自兑的实施方式，巡抚应天右佥都御史林润于次年四月的《上御史董尧封所奏丈量出兑优免事宜疏》中有详细介绍："所谓宦籍大户自兑者，盖于各水次增设仓廒，粮五十石以上者，每年如期上仓，官为验收。俟运军

① 徐陟：《徐司寇奏疏》，《明经世文编》卷三五六，中华书局 1962 年版，第 3829 页。
② 顾炎武：《天下郡国利病书》之《苏松备录》，《顾炎武全集》第 13 册，上海古籍出版社 2012 年版，第 669 页。
③ 光绪《重修华亭县志》卷八《役法》，第 654 页。
④ 崇祯《松江府志》卷一一《役法一》，第 277 页。
⑤ 《明穆宗实录》卷一三，隆庆元年十月庚寅，第 355—356 页。

至时，官为交兑，是漕卒无久候之费，而粮长免包赔之患也。"① 董尧封的官户自兑方案旨在通过分离税粮催征、交兑环节的官民接触来减轻民户的应役负担。此次调整不仅局部化解了民户催征官户的执役难题，而且还将漕粮兑军环节的额外负担转由官户承担，并使得地方漕粮的交兑成本有所降低。

但从林润的介绍来看，董尧封的调整并不全面。一是自兑官户仅限于每岁承担税粮五十石以上的官籍大户；二是自兑内容也仅限军运漕粮。故隆庆二年四月，林润在奏请松江丈田均粮疏中又推荐上海知县张嵩的官户立甲方案。② 次年，专理松江清丈均粮事宜的分巡松江督粮佥事郑元韶采用张嵩的方案，率先实施于华亭、上海两县，此后江南多地逐次推行。其内容大致是："议分官、民为二甲。在民甲，经催主之。在官甲，每户知数一人，应完本折钱粮，自赴比较，仍以老人督催。而老人一役，各有顶首，不复于区图点差矣。"③

显然，张嵩的官户立甲方案较前者的调整力度更大。一方面，改变了明初以来不以身份划分而以地域立甲的官民合甲局面，形成了一套独立于民甲之外，专门针对特权官户群体的赋役征解系统，实现了里甲内官户钱粮的催征由役户责任制调整为官户自纳责任制。但不能确定的是，所立官甲是否仍按原民甲数编排。另一方面，因甲内官户需自行承担本户钱粮的催征、兑漕、解运等任务，使得拥有免役特权的官绅大户不再规避于粮役之外，对此，明人王圻说道："嘉隆以前，官甲不知有催比之苦，而今官甲自催比矣……嘉隆以前，官甲不知有收仓之苦，而今官甲自收自兑矣。"④ 故府志赞誉到："以官户立官甲，漕粮、白银皆自兑军输纳，实代民间收兑里催之役，尤为良法。"⑤ 由此可见，隆庆江南官户立甲的实质目的是将享有免役权的

---

① 《明穆宗实录》卷一九，隆庆二年四月己酉，第540—541页。
② 顾炎武：《天下郡国利病书》之《苏松备录》，第672页。
③ 顾炎武：《天下郡国利病书》之《苏松备录》，第669页。
④ 王圻：《王侍御类稿》卷九《均田均役议》，《明别集丛刊》，第3辑第51册，黄山书社2015年版，第411页。
⑤ 康熙《松江府志》卷六《田赋一》，清康熙二年刻本。

士绅群体以承担本户田赋的催征、解运、缴纳方式纳入地方应役系统，因此隆庆朝的官户立甲在减轻民户粮役负担的同时，也开启了江南士绅由免役到应役的过渡。

因科举变革引发的明代中后期基层财富群体与特权群体的进一步合流，使得明代前期借助于庶民地主等财富力量运行的江南赋役体制难以持续，应役群体的下移造成国家财政的汲取能力趋于弱化。故明代中后期，对于江南施政者而言，如何解决"三吴官户不当役"以及由此衍生的"有田之人尽寄官户"①的派役危机，或者说，如何将日益壮大的士绅免役群体纳入基层徭役体系当中，成为晚明江南均役改革的核心议题。

四　官甲改革的延续：官民一体当差的尝试

隆庆江南的官甲改革虽然打破了前期官户不当粮役的体制或地方惯例的约束，但其施用范围仅限官绅本户税粮，因此未能实现真正意义上以财力多寡为应役等差的均役，也未能解决士绅化背景下国家赋役资源的流失问题。相反，从正德十六年（1521）到万历三十八年（1610），一品京官的免役田额增长了25倍，八品京官的免役额增长了27倍，甲科京外官的免役田额各增长了10倍，甚至致仕乡官免役田额也增长了6倍。②显然，国家对于士绅的徭役优待并未因基层财政资源的萎缩而有所收敛。与此同时，地方有司在执行层面也并不完全依制而行，滥免现象较为常见。如早在景泰间，松江知府叶冕就曾因华亭故官任勉之子任宏被编马役一事而修改免役范围，令"今后均徭，故官子孙一例优免"③，显然有违国家对故官之家免役两年的规定。到晚明更是出现"南北混乱，全无规制，有司得率意为之，有免

---

① 顾炎武：《天下郡国利病书》之《苏松备录》，第673页。
② 参见张显清《论明代官绅优免冒滥之弊》，《中国经济史研究》1992年第4期。
③ 顾清：《傍秋亭杂记》卷上，旧钞本。

田二三千者，有近万者"① 的肆意滥免。在此背景下，以逃役为目的的田产诡寄愈发严重，明末华亭士人陈继儒说道："华亭赋烦役重，皆为役法不均，花分者多逃于囤户之外，诡寄者多藏于官甲之中。"② 可见，此时的华亭官甲已被视为诡寄逃役之所。

面对基层应役资源的不断萎缩，万历以来以华亭为代表的均役改革已不再局限于官户自身粮役的承担问题。万历三十六年（1608），知县聂绍昌详定河道浚筑成规，定照田均派之法，规定：河道浚筑"土方折算既明，不论优免，亦不论灌溉及与不及，查系该区本年工次，即将该区田地一半，计亩派方，照例算米。……如官甲囤户有田二百亩，为甲岁役田百亩，乙岁役田百亩，亦当自为循环，不致并累。"③ 聂绍昌制定的"不论优免"照田派役，事实上等同取消了华亭官甲在水利领域的免役特权，局部实现了官民的一体当差。同时为减轻该法的推行阻力，聂绍昌将水利浚筑同官甲粮役一样视作各户私役加以解释，说道："所以不论优免者，浚河本以资灌溉、备旱潦，为己田耕耨之计，非公家力役比也。"④ 对于号称水泽之国的华亭而言，河道堤防的浚筑直接关系到士绅的自身利益，因此该法的推行并未遭遇太大阻力，并得到巡抚周孔教的支持。

（一）徐民式的均役改革与华亭个例

万历三十七年（1609）十一月，中央为进一步整顿江南赋役，经户部奏准，改太仆寺卿徐民式为右佥都御史巡抚应天。徐民式，福建浦城人，万历庚辰进士，曾任松江府推官一职，因前期任职江南之故，徐民式对于该地区士绅化与役困之间的关系较为了解，他在奏疏中说道：

---

① 《明神宗实录》卷四九一，万历四十年正月丙午，第9236页。
② 陈继儒：《陈眉公先生集》卷五九《清诡寄议》，明刻本。
③ 光绪《重修华亭县志》卷三《水利》，第287页。
④ 光绪《重修华亭县志》卷三《水利》，第287页。

职往理刑云间，业已稔知艰难之状……夫总计一县之田止有此数，此增则彼减，官户之田日增一日，则民户之田不减不止，故县中一遇编差，上户不足点及中户，中户不足点及朋户。于是，豪门子弟、倚势人奴，方且坐拥良田美宅、歌童舞女，耳中不曾闻役之一字，而彼瓮牖贫民，鹑衣百结，豕食一飡，反共出死力，以代大户非常之劳费，此情理之难通。①

因此，徐民式到任不久即参照浙江蓝本于苏州、松江等地全面推行以照田派役、官民一体当差为内容的均役改革。根据滨岛敦俊的考察，江南类似均役虽然最早实施于万历九年（1581）的浙江海盐县，但早在嘉靖四十二年（1562），时任华亭知县的周寀就曾提出过限田优免的均役思路，但因其任期过短和徐阶对全面限田的反对态度而未付之实施。② 万历十九年（1591），巡按南直隶御史甘士价致信华亭县致仕尚书陆树声，再次提出对官绅优免论品按田加以限制，同样遭到陆树声的反对，陆在回函中写到："欲照优免事例，品节限制，则势难分别，似非均平一体之意"，"往往田多则累重，亦不必为限制也"③。且从方志的记载来看，甘士价的均役方案也未能实行。因此，通过华亭官绅徐阶、陆树声与本籍地官员甘士价、周寀等人的书信往来可以看到，江南施政官员出于对自身仕途前程的顾虑，在触动士绅利益的均役问题上往往需要顾及本地官绅大员的意见，特别像华亭县这样士绅化程度较高且仕进高位者众多的州县而言，其均役阻力之大不言而喻，这也是为何较早提出均役构想的华亭县反而在实施层面滞后于浙江的原因所在。而徐民式的此次均役改革能够得以推行，除有

---

① 崇祯《松江府志》卷一二《役法二》，第 326 页。
② 参见［日］滨岛敦俊《论明末苏松常三府之均田均役》，《第九届明史国际学术讨论会暨傅衣凌教授诞辰九十周年纪念论文集》，厦门大学出版社 2003 年版，第 45 页。
③ 陆树声：《陆文定公集》卷一三《答甘紫亭按院》，《明别集丛刊》，第 2 辑第 88 册，黄山书社 2016 年版，第 513—514 页。

浙江陈例可参照外，很大程度上得力于时任首辅叶向高和户部实际掌权者侍郎孙玮等中央层面的支持。

江南均役的首先任务是限定官绅的免役田额和清核隐漏田产，以解决基层编役资源的不敷难题。如万历三十八年（1610）清核以前的华亭县，因优免、诡寄、花分、公占等故，致使该县的可编役田仅剩十一万亩，不足本县田额的6%（见表1）。故徐民式奏请照会典则例对官绅滥免加以限制，然户部为安抚江南士绅，减轻变法阻力，要求在会典优免则例的基础上"加倍常额"①，故而出现前文提到的万历三十八年士绅免役田额的大幅增长。

华亭县的此次清核仍由知县聂绍昌主持完成，对于此次清核前后的变化，聂绍昌的《均役全书叙略》和本县举人宋懋澄于万历四十三年（1615）撰写的《拟苏松士夫请贴役疏》分别有部分记载。但考虑到宋懋澄对均役所持的反对态度以及疏中存在的部分统计矛盾，故在比对其他相关史料的基础上，本文仅提取宋疏中的华亭田亩总额和优免、公占、助役田额两组数据作为聂文数据的补充。

表1　　华亭县万历三十八年清丈前后编役、脱役田的变化情况

变动 田地		清核前		清核后		
		数额（亩）	比重（%）	数额（亩）	比重（%）	
该县田亩总计 1949788 亩	编役田	110000	5.64	原编役田 110000	5.64	40.85
				清诡寄得田 341409	17.51	
				清花分得田 345000	17.69	
	脱役田	1839788	94.36	优免、公占、助役等田 329523	16.9	59.15
				其他脱役田 823856	42.25	

资料来源：聂绍昌：《均役全书叙略》，收入崇祯《松江府志》卷一二《赋役二》，《日本藏中国罕见地方志丛刊》，书目文献出版社 1991 年版，第 327—328 页；宋懋澄：《九籥集》续集卷四《拟苏松士夫请贴役疏》，《续修四库全书》集部 1374 册，上海古籍出版社 2002 年版，第 111—112 页。

---

① 崇祯《松江府志》卷一二《役法二》，第 327 页。

通过表1的整合数据我们可以看到，万历三十八年（1610）华亭县围绕诡寄、花分的清核成效十分明显，该县的编役田额较清丈前增长了7.2倍，役田占比也由5.64%提高到40.85%，极大缓解了华亭县的编役压力。

清核隐漏意味着国家对于基层赋役资源控制的加强，在此基础上，徐民式令各县对优免外田产，"无论官民尽数照田编役"①。但与浙江海盐等县的均里（甲）编役②模式不同，由于南直华亭等县早在隆庆年间先行实行了官民分甲，故以华亭为代表的均役模式主要体现在调整官甲与民甲的徭役分担上，对此，聂绍昌的《官甲余田起役议》对该县的编役方案做了部分记载，现摘抄如下：

> 官甲书册，诡寄田亩已清十之七八，而余田有倍于囤户，惟编役之中，须斟酌相宜，乃可与久。故余田及五千亩者，除二千亩起布解一名；余田至万亩者，除四千亩起布解二名。至于南北二运各项差解，非民甲谙练惯熟者不能承受，请以收银、总催之半，糙粮兑军之大半，役官甲余田。……
>
> 自立书册，而官甲之白银自纳自比，隐然充里排之役，独自倾销交纳，犹累收银总催耳！今议官户田少者，以收银之役加之，与民田一体倾销交纳，此役之稍轻者也。……
>
> 自立书册，而官甲糙粮自收自兑，隐然充一收兑之役，独自本名正项，非与人互代耳！今议官甲田多者，以收兑之役加之，民代官甲南北运等差，而官甲代民兑军一事，此役之亦重者也。③

从聂绍昌的议文来看，华亭县的均役主要体现在两个层面：一是

---

① 崇祯《松江府志》卷一二《役法二》，第327页。

② 均甲是指将前次限定田亩数的各甲按照十甲一里的规制组成一图，有溢出一都区原额里数者则升，反之则并，最终形成了用以编役的里甲承役田土。（参见侯鹏《明清浙江赋役里甲制度研究》，博士学位论文，华东师范大学，2011年，第241页）

③ 崇祯《松江府志》卷一二《役法二·官甲余田起役议》，第329页。

调整官户与民户的应役不均问题。针对华亭县"盖当役者，有民无官，此役所以重而益重也"① 的应役难题，方案对于制度优免以外的官甲余田编以布解、收银、总催、兑军等役，使隆庆以来官甲的编役范围超出个户私役，实现公役层面的官民一体当差。二是根据官甲内各户余田的多寡编以轻重不等徭役，实现士绅内部的徭役均当。如方案规定：官甲内田少者编以收银轻役，田多者编以收兑重役。可见，华亭县的均役模式不仅要实现"君子与野人的不均而均"，而且还要达到"君子与君子的不均而均"②。

但值得注意的是，与巡抚徐民式的"无论官民尽数照田编役"的主张以及同府上海、青浦两县的全面"照田编役"③ 实践不同，聂绍昌在华亭推行的均役更多体现为一种相对温和的"折衷主义"，如官甲余田五千亩者仅以其中二千亩编布解一名，这就意味着承担布解的官户可额外享有三千亩的免役补贴；另如南运北运之役也以"非民甲谙练惯熟者不能承受"为由将官甲排除在外。故从照田编役的程度和完整性来看，聂绍昌顾及了当地士绅利益，对于徐民式的均役原则显然有所变通。因此从聂绍昌的个人境遇来看，并未遭到该县士绅的太多非议，甚至还得到了均役的坚定反对者何三畏、董其昌等华亭士绅的肯定。正如董其昌在《送聂邑侯入觐序》中评价到："邑故苦践更，遂议均役，官与民视田受役，几无等侯，核富民田，隐没尽出，逾故额六十万。于是，中产以下皆得免役，而缙绅亦不至大困，行法之平为江南最，是司农氏之职侯克举之也。"④

（二）均役局限与影响

与上述聂绍昌的境况不同，因徐民式倡导的均役损害了本地多数

---

① 崇祯《松江府志》卷一二《役法二·均役全书叙略》，第 328 页。
② 吴之甲：《静俳集》卷六《序·均役全书代序》，《明代别集丛刊》，第 5 辑第 36 册，黄山书社 2015 年版，第 114 页。
③ 关于上海、青浦两县的编役内容，可参见上海知县徐日久和青浦知县王思任分别撰写的《均役全书叙略》，（崇祯《松江府志》卷一二《役法二》，第 328—329 页）
④ 董其昌：《容台集》文集卷三《送聂邑侯入觐序》，明崇祯庚午年陈继儒序刊本。

特权士绅的利益，故作为改革领袖的他不可避免地成为江南士绅的众
矢之的，正所谓"三吴赋役，其士大夫官此中者，皆极口言其不便，
此自为身家计，亦无足怪"①。万历三十八年（1610），顾冲吾等南直
籍士绅联名上疏，各自开列十余款对均役和徐民式个人"极其诋
訾"②。乡居长洲的致仕大学士申时行也因其户被金白粮解户数名，
以座师身份极力反对徐民式的官民一体当差。③ 其情形正如叶向高在
回徐民式的信中写到："均役事，姑苏缙绅不但痛恨门下，而且尤及
不肖。"④ 根据滨岛敦俊的早前研究，在松江府，浙江类型的均田均
役改革皆因遭到乡绅的顽固反抗而失败。并推定，依照亩数编定里甲
的改革在南直地区没有扎下根⑤。不可否认，士绅阶层的抵制给此次
南直隶的均役带来了难以估量的阻力，但考诸文献我们不难发现，包
括华亭县在内的均役本身也存在着很大的局限性。

　　一是前期清核过于草率，顾此失彼。如清丈后的华亭县不役田仍
接近该县田额的六成，即使排除优免、公占、助役等法定优免田额，
该县的不役田占比仍高达 47.9%（见表1）。对此成因，当事人聂绍
昌解释到："官甲诡寄已明，民户花分难明，清查既不能周知，举首
亦有所未尽……，惟官甲可按册编役，至民甲不能合区面审，是求均
役反得不均。"⑥ 可见，因此次均役的重点放在官甲余田，故对于民
甲内花分的清核存在严重不足。加之，均役推行的"凡民田十亩、二
十亩以下不得编金"⑦ 的优抚下户政策，使得华亭县等地的田地花分

　　① 叶向高：《苍霞续草》卷一九《尺牍·答徐检吾》，《四库禁毁书丛刊》集部125
册，北京出版社1997年版，第303页。
　　② 叶向高：《苍霞续草》卷一九《尺牍·答徐检吾》，《四库禁毁书丛刊》集部125
册，北京出版社1997年版，第303页。
　　③ 沈德符：《万历野获编》卷二〇《见朝辞朝》，中华书局1959年版，第519页；申
时行：《赐闲堂集》卷三八《与徐检吾抚台》，《四库全书存目丛书》集部第134册，齐鲁
书社1997年版，第797页。
　　④ 叶向高：《苍霞续草》卷一九《尺牍·答徐检吾》，第303页。
　　⑤ ［日］滨岛敦俊：《论明末苏松常三府之均田均役》，第53页。
　　⑥ 崇祯《松江府志》卷一二《役法二·民户花分议》，第330页。
　　⑦ 黄廷鹄：《役法原疏》，《明经世文编》卷五〇三，中华书局1962年版，第5536页。

问题日趋严重，故而不可能实现完整意义上的按田编役。

二是官绅限免也并未完全依品而定，存在甲内官户的偏袒不均。面对改革地域的上层士绅压力，徐民式对苏松等籍在京势要官员采取照顾性优免。此举随即遭到叶向高、李廷机、洪文衡等支持均役京官的告诫，叶在回信中写到："盖会典优免，原照品秩，无有别项差等。门下既优于四衙门，彼亦不感反使人得借以为辞而操吾之长短，何如一概照品之为愈乎！"① 根据华亭生员曹家驹的追述，信中提及的"四衙"分指内阁、吏部、都察院、六科等中央势要和台谏机构②。可见在权势面前，所谓均役是有所选择的，即便官绅内部也是如此。而徐民式的偏袒之举也正如叶向高等人所预料的，很快成为当地士绅反对改革的口实。

三是均役的短期时效难以适应晚明剧烈的社会流动。唐宋以来科举选拔的开放性打破了中古"上品无寒士，下品无世族"的社会固化③，文官考试制度取代基于家族地位的代际继承，成为决定社会地位最重要的因素，故士庶之间的上下身份更迭成为近世社会流动的一种常态。晚明，国家迫于财政压力进一步开放科名获取渠道。天启间允许民间俊秀子弟不限名额捐纳生员④，以财富为手段的异途进阶成为推动晚明士绅化加速的又一重要因素。在此背景下，以首年之额定五年之役的编审均役显然难以适应日益剧烈的社会流动，故早在均役之初，叶向高就曾告诫到："士大夫之迁转高下，月异而岁不同，而赋役五年一编，此五年之中势难画一，必起争端，似亦当虑及而详为之计者。"⑤但从松江地区的均役时效来看，显然徐民式未能解决这一难题。

---

① 叶向高：《苍霞续草》卷一九《尺牍·答徐检吾》，第 303 页。
② 曹家驹：《说梦》卷一《杂差》，《笔记小说大观》第 4 编第 8 册，台湾新兴书局 1976 年版，第 5390 页。
③ 社会固化是指社会地位结构的一种封闭状态，各地位层级之间如同存在着一道道无形的壁垒，阻碍社会成员的跨层级流动。（李路路编：《社会分层与社会流动》，中国人民大学出版社 2019 年版，第 107 页）
④ 《明熹宗实录》卷六四，天启五年十月甲申，第 3004—3006 页；《明熹宗实录》卷七〇，天启六年四月己卯，第 3344—3345 页。
⑤ 叶向高：《苍霞续草》卷一九《尺牍·答徐检吾》，第 303 页。

值得注意的是，学界以往研究将徐民式改革之后南直隶出现的重复均役现象视为此次均役改革的失败例证，但这一结论似乎忽略了晚明剧烈的社会流动与均役时效之间的矛盾，换言之，在徐民式改革后，地方仍需通过不时清核编审调节因士庶之间和士绅内部的上下流动而出现的应役格局变动。故由该视角来看，晚明南直地区反复出现的均役案例恰恰说明了该地区自隆庆官户立甲应役以来，以实现官民一体当差为目的均役思路已为继任者所认同，成为晚明清初解决江南役困问题的重要路径，如清顺治朝，桐乡郑明良出任华亭知县，再行"计田授役，时论称平"，后任知县张超亦继续推行。① 因此，徐民式推行的均役改革虽然存在一定局限性，但均役原则已然深入苏松等地的后续役制变革当中。

结　语

万历三十九年（1611）七月，时任吴县知县的周尔发在该县《均役全书序》中写到："夫以灵台之诗言之，民犹子也，家之事必使其子能者，公家有役则需助于富民而遣之，富者能也，租以完课，无他虞可矣。"② 通过江南均役的总结性文献可以看到，明代后期江南的均役思路仍旧延续着明初基于民户丁产多寡与纳粮应役能力的高低关系而确立起来的徭役佥派体制。但与明初实施背景有所不同的是，以明代的科名改革为推手，作为徭役承担主体的庶民群体在追求政治社会地位的过程中，较之宋元出现了更大规模的由民向绅或士的身份转变，特别是庶民中的富民阶层凭借经济优势在对文化资源的占有以及后续的科举等第中占据有利位置，成为社会向上流动的主要群体。对于士绅化引发的晚明江南社会权力结构的变动，明人刘宗周说

---

① 《华亭县乡土志》之《政绩录》，《上海府县旧志丛书·松江县卷》，上海古籍出版社 2011 年版，第 1720 页。

② 崇祯《吴县志》卷九《役法》，《天一阁藏明代方志选刊续编》第 15 册，上海书店 1990 年版，第 858—859 页。

道:"江南冠盖辐辏之地,无一事无衿绅孝廉把持,无一时无衿绅孝廉嘱托,有司惟力是视。"① 在此背景下,序中提及的"富民"范畴已不单单局限于庶民地主,还应包括了集财富、文化和政治特权为一体的士绅地主,这也意味着国家财政的治理机制因社会流动引发的基层权力主体的转移而发生变化。

一方面,如何打破自身制度约束,将日益壮大且拥有优免特权的士绅群体纳入国家赋役体制成为晚明以至清代赋役改革核心内容。在晚明日趋严重的财政压力下,明初标榜的"食禄之家与庶民贵贱有等,趋事执役以应上者,庶民之事"的传统应役观念已然发生转变。虽然江南各类均役改革模式都面临不同程度的阻力,但随着改革的深入,晚明士绅的服役当差逐渐成为江南社会一种常态,即便如陆树声等均役反对者,也将贴役、助役之举视为士绅一种应尽责任②。天启六年(1626)四月,面对全国范围内日益严重的钱粮催征之困,户部尚书李启元更是奏准将华亭县等地实行的官甲自收自兑方案扩大至全国范围③,至于推行实效如何,限于文献不得而知。另一方面,伴随着晚明基层权力结构的变化,日益崛起的士绅群体在晚明财政的实际运行乃至基层治理中的地位日益显著,基层社会的治理模式在王朝后期同样出现了士绅化转型。

---

① 刘宗周:《刘子文编》卷五《责成巡方职掌疏》,清光绪元年刻本。
② 陆树声:《陆文定公集》卷一三《答甘紫亭按院》,《明别集丛刊》第2辑第88册,第513—514页。
③ 《明熹宗实录》卷七〇,天启六年四月丁亥,第3362页。

明中后期兵部的白银财政及与
京师各部的财政关系

李义琼

（浙江师范大学　人文学院）

一般认为，兵部是军事而非财政管理机构，但黄仁宇指出，明代兵部也参与财政管理，16 世纪，其管理的收入主要包括马差折银、桩朋银及班军折银、皂隶折银、驿传银等。[①] 然而，黄仁宇并未区分明代兵部各类收入在其下辖各司的归属，因此对具体管理体制的分析也就不够深入，对收入规模和开支去向的分析也有很大的深化空间。目前，学界关于兵部财政职能和收支的具体研究，主要集中于其下辖机构太仆寺常盈库。[②] 虽然关于驿传、柴薪皂隶、柴炭供给等问题的研究也曾涉及兵部的这些收入，但其着眼点在于赋役征收，而不在政府财政管理。[③] 因此，目前学界对明代兵部财政的整体认识仍未超越黄仁宇。基于此，本文以兵部白银收入较多的

---

① 黄仁宇：《十六世纪明代中国之财政与税收》，生活·读书·新知三联书店 2007 年版，第 330、357—358、362—363 页。

② 谷光隆：《明代马政研究》，东洋史研究会 1972 年；吴慧婷：《明代太仆寺之研究》，台北"中央"大学硕士学位论文，2008 年；刘利平：《赋役折银与明代中后期太仆寺的财政收入》，《故宫博物院院刊》2010 年第 3 期；《论明代中后期太仆寺的财政支出》，《中国经济史研究》2013 年第 3 期；《从马政到财政：明代中后期太仆寺的财政功能和影响》，中华书局 2016 年版。

③ 苏同炳：《明代驿递制度》，中华丛书编审委员会 1969 年版；伍跃：《明代柴薪银——徭役与官僚收入的关系》，《史林》1995 年第 4 期；胡铁球：《明代官俸构成变动与均徭法的启动》，《史学月刊》2012 年第 11 期。

武库司与车驾司为例来分析兵部白银收入规模，① 并以缺官皂隶银和各省入京援兵的军费开支为例来讨论兵部对白银财政的管理及其与中央他部间的财政关系等问题。需要说明的是，"兵部白银财政"是指兵部拥有白银财政收入，建立白银库藏，并独立进行白银收支等的管理。

一　兵部武库司的白银收入类项及其规模

武库司既是兵部四司中最早开始拥有大规模白银收入的部门，也是四司中白银收入较多的部门。约从宣德间开始，其收入类项中的皂隶成规模地开始折银。

明初，武库司主要职掌"军政、武学、及戎器、仪仗，辨其出入之数，并诸杂行冗务"②，因当时的财政体制以实物劳力为主，故兵部并无白银收入。到明中叶，其掌管的皂隶之役实现折银，详见正德《大明会典》的记载。据胡铁球的研究，皂隶银中的柴薪皂隶、直堂皂隶是较早折银的徭役类项，其折银大约始自宣德间（1426—1435），主要动因是官员要增加个人收入。据保守估算，仅柴薪皂隶银一项，宣德间便可达256万两，③ 随着官员人数的增加，明中后期的银数肯定更多。不过，尽管皂隶折银归兵部武库司掌管，但并不意味着所有的柴薪、直堂皂隶折银都要解往京师兵部贮藏和统一发放。兵部武库司主要负责发放两京文武官员的柴薪、直堂皂隶银，而到地方任职的官员如布政司与按察司等官，由布政司统一贮藏和发放，而

---

① 明代兵部职方司和武选司的白银收入较少，直至明末，"职方司有京操大粮、沙汰月粮、弓兵工食之属，……唯武选司无钱粮，而近亦有清黄罚俸一项，转寄职方之库"，因数量较少故暂不展开讨论。参见杨嗣昌《杨文弱先生集》卷二一《比例请设总库疏》，《续修四库全书》，上海古籍出版社1995年版，第1372册，第292页。
② 万历《大明会典》卷一五四《兵部·武库清吏司》，《续修四库全书》，上海古籍出版社1995年版，第791册，第590页。
③ 胡铁球：《明代官俸构成变动与均徭法的启动》，《史学月刊》2012年第11期。

272

各府州县官则由各府贮藏和发放。① 解往兵部武库司贮藏的柴薪皂隶银规模如何呢？按照宣德时期两京官员4363人，② 取弘治八年（1495）人均拨给柴薪皂隶2.67名，③ 每名额定折银12两，约有139791两。如果按万历九年（1581）人均柴、直皂隶3.57名计，那么估算的总数可能更多，约计186911两。④ 不过，因万历九年被裁的柴薪、直堂皂隶名数合载，故估算的18万余两是柴直皂隶银合数。自宣德后，凡遇灾伤等，官员人数或其皂隶名数会有一定减免，但总体来看，获皂隶名数的官员数在增多。如成化二十一年（1485）前后，配有皂隶的在京文官人数增加了2000余人。⑤ 又如嘉靖七年（1528）时，"凡有军功升俸，俱于原职上加升其柴薪皂隶，不论官级正从"⑥。

① 胡铁球：《明代官俸构成变动与均徭法的启动》，《史学月刊》2012年第11期。

② 洪武和万历时期的在京文官人数分别为1188、1416，洪武后期在京武官为2747人，嘉靖时期南京官约为200人，由于洪武和万历时期的在京文官人数相差不大，又假设宣德时期的在京文官数稍有增加，故选用1416人，而嘉靖、万历时期的南京官员数总量不大，故选用嘉靖时期的200人，由于在京武官比较确切的数据为洪武后期的，故采用洪武后期的2747人，三项数据加总为4363人，这便是保守估计的宣德间两京文武官员数。"明内外官共二万四千六百八十三员，京师一千四百一十六员，南京五百五十八员，在外二万二千七百九员。"嵇璜、曹仁虎：《钦定续文献通考》卷五一，文渊阁《四库全书》，台湾商务印书馆1986年版，第627册，第421页。另，吴建华《明代官冗与官缺研究》（博士学位论文，厦门大学，2001年，第10页）统计：洪武时京官约1188员，万历时期约有1416员。南京官在嘉靖时有200多员，万历时有439员。洪武二十五年，在京武官2747人，在外武官13743人，洪武末武官增加为28000人，成化五年，军职82000余员。正德时期，文官24000人，武官10万人。

③ 按：这是根据弘治八年都御史等官182员应拨柴薪皂隶485名估算的平均数据。"（弘治）八年题准，都御史等官一百八十二员，应拨柴薪皂隶共四百八十五名。"万历《明会典》卷一五七《兵部·皂隶》，《续修四库全书》，第791册，第808页。

④ 《明神宗皇帝实录》卷一一九，万历九年十二月壬辰，"中研院"史语所1962年校印本（以下历代明实录皆采用此版本，下文不再赘述），第2223页。"兵部奏，裁过大小文武京职一百六十五员，应减柴薪直堂五百八十九名，岁省银六千九百七十四两"，用589除以165可得3.57，用6974除以589可得12，4363乘以3.57再乘以12等于186911。

⑤ 按：之所以认为时间大概为成化二十一年左右，是因为余子俊于弘治二年二月去世，且该疏于末尾提到的最近的时间是嘉靖二十一年。参见余子俊《灾异陈言事》，见《名臣经济录》卷四〇《兵部》，文渊阁《四库全书》，第444册，第197页。"照得在京各衙门文职官员，……近年以来，额外添设数多，及传奉升授大小带俸官员并写经写书等项冠带食粮儒士匠官，通计有二千余员名。其俸粮、皂隶等项俱取办于民，不可胜数。"

⑥ 万历《大明会典》卷一五七《兵部·皂隶》，《续修四库全书》，第791册，第648页。

通过表1和表2，或可略知明中后期解往两京的柴直皂隶名数及折银规模。

表1　　　　　　明中叶解往北京的柴直皂隶名数与折银数

时间与类项单位	正统时期		成化二十三年		弘治三年		正德元年		正德九年	
	柴薪	直堂	柴薪	直堂	柴薪	直堂	柴薪	直堂	柴薪	直堂
皂隶（名）	5142	1450	6101	1721	6667	1880	5811	1639	5625	1551
折银（两）	61704	14500	73212	17210	80000	18800	69732	16390	67500	15510
合计	6592 名，76204 两		7822 名，90422 两		8547 名，98800 两		7450 名，86122 两		7176 名，83010 两	

注：1. 北京柴直皂隶占两项总数的比率，有正德九年与隆万间的两个数据，但因正德九年的数据距离表中时段较近，故采用。2. 据本表最后两列数据，可算出正德九年北京柴、直占比为 0.78：0.22，再用此比率来推算本表除原始数据外的其他数据；3. 正统间、成化二十三年、弘治三年的柴直皂隶各自名数以及正德元年直堂皂隶名数，乃估算数据；4. 柴薪皂隶每名折银 12 两，直堂皂隶每名折银 10 两；5. 表中数据尾数采用四舍五入法省略，数据后的"余"亦省略。

资料来源：1. 正统和成化的数据出自《明宪宗实录》卷二九〇，成化二十三年五月丙寅，第 4917 页；2. 弘治三年数据出自《明孝宗实录》卷四二，弘治三年九月庚戌，第 865 页；3. 正德元年数据出自《明武宗实录》卷一五，正德元年七月甲申，第 455 页；4. 正德九年数据出自万历《大明会典》卷一五七《兵部·皂隶》，《续修四库全书》，第 791 册，第 652 页。

由表1和表2可知，明中叶北京柴薪、直堂皂隶银合计规模约在8万—10万两，明后期南京柴直皂隶银约在2万—3万两。如考虑明代财政"原额"的因素，将明中后期北京、南京柴直皂隶折银加总，那么总规模约在10万—13万两。因资料限制，上述估算较为粗疏，且在时间上难以构成严密序列，故对明中后期两京武库司柴直皂隶银规模的估算，仅供参考。

表 2　　　　　　　　明后期解往南京的柴直皂隶名数与折银数

嘉靖六年				万历前期				崇祯三年			
柴薪		直堂		柴薪		直堂		柴薪		直堂	
皂隶（名）	折银（两）	皂隶（名）	折银（两）	皂隶（名）	折银（两）	皂隶（名）	折银（两）	皂隶（名）	折银（两）	皂隶（名）	折银（两）
1612	19344	988	9880	1238	14856	759	7590	1390	16680	852	8520
合计：2600 名，29224 两				合计：1997 名，22446 两				合计：2242 名，25200 两			

注：1. 本表嘉靖六年、万历前期的柴薪皂隶名数，以及崇祯三年柴、直皂隶各自名数，皆乃估算，估算时采用了嘉靖前期柴直皂隶占两项总数的占比；2. 嘉靖前期柴直皂隶占比，采用的是嘉靖前期南京都察院柴薪与直堂占比 0.62：0.38，参见胡铁球《明代官俸构成变动与均徭法的启动》，《史学月刊》2012 年第 11 期，第 27 页表 1；3. 柴薪皂隶每名折银 12 两，直堂皂隶每名折银 10 两。

资料来源：1. 嘉靖六年和万历前期的数据，来自《潘司空奏疏》卷 3《兵部奏疏·查覆直银疏》，《景印文渊阁四库全书》，第 430 册，第 45—46 页；2. 崇祯三年的数据来自《崇祯长编》卷 32，崇祯三年三月戊子，第 1835 页。

　　明后期，兵部武库司收入增加了柴炭银和筏夫银。柴炭银源自柴炭之役，起初并非兵部武库司的收入，到隆庆六年（1572），该役银才由武库司管理。据《明史》记载，其原属后军都督府（简称后府）之役，具体由宣府十七卫所负担，宣德初，考虑到"以边木以扼敌骑，且边军不宜他役，诏免其采伐，令岁纳银二万余两，后府召商买纳"[1]，但宣德四年，朝廷设置易州山厂，由工部侍郎督管，而且，金派北直隶、山东、山西民夫转运柴炭，即使如此，后府柴炭之役仍然维持，继续用收到的柴炭折银召商买办柴炭。[2] 也就是说，柴炭之役从明初由后府承担，演变为宣德以后由后府与工部共同承担。到了弘治时期，后府和工部共担的柴炭役数额从明初的 2 千万余斤增加到 4 千万余斤，上涨了一倍，且工部的转运之役也全部折银召商。正德中期，柴炭价银增加至 3 万余

---

① 张廷玉等：《明史》卷八二《食货六·柴炭》，中华书局 1974 年标点本，第 1994 页。
② 张廷玉等：《明史》卷八二《食货六·柴炭》，第 1994 页。

两，而且，还进行加耗，尤其是给内府提供柴炭时，加耗多达数倍。隆庆到万历时期是柴炭银的管理部门发生重大变化的阶段，"隆庆六年，后府采纳艰苦，改属兵部武库司。万历中，岁计柴价银三十万两，中官得自征比诸商，酷刑悉索，而人以惜薪司为陷阱云"①。可见，兵部武库司增加柴炭价银收入是在隆庆六年，到了万历中期，此项收入增至约9万两②，并且，如果所召"商人"买办柴炭后的供应对象为内官管理的惜薪司，那么"商人"仍要面临残酷需索。

不过，武库司的柴炭银虽在万历中期达到年约9万两，但在万历前期，柴炭银收入并没有这么多。据万历《大明会典》记载，万历前期的柴炭银包括在京卫所缴纳的筏银和在外卫所缴纳的柴炭银，现将数据制成表3和表4。

表3   万历前在京筏银收入

卫所	筏银（两）	卫所	筏银（两）
武成中卫	86	神武左卫	169
义勇右卫	60	昭陵卫	75
义勇前卫	60	富峪卫	51
义勇后卫	94	宽河卫	66
忠义右卫	108	蔚州卫	42
忠义前卫	141	留守后卫	24
忠义后卫	112	会州卫	38
大宁中卫	67	鹰扬卫	24
大宁前卫	119	兴武卫	19
以上总计		1355	

资料来源：万历《大明会典》卷一五六《兵部·柴炭》，《续修四库全书》，第791册，第635—637页。

① 张廷玉等：《明史》卷八二《食货六·柴炭》，第1995页。
② 柴价银乃兵、工二部共管，按"军三民七"分配的话，工部约有9万两。参见万历《大明会典》卷二〇五《工部·柴炭》，《续修四库全书》，第792册，第435页，"惜薪司年例柴炭，皆军三民七"。

表4　　　　　　　　　万历前期兵部柴炭银收入

各巡抚所属各兵备、卫所	柴		炭		荆条		备注	总计
	实物（斤）	价银（两）	实物（斤）	价银（两）	实物（斤）	价银（两）		价银（两）
顺天巡府属								
密云兵备								
通州左卫	8809	35	9770	78	无	无	无	113
通州右卫	14488	58	16071	129	无	无	无	187
定边卫	19822	79	21986	176	无	无	无	255
神武中卫	22364	89	24806	198	无	无	无	287
三河守备								
兴州后屯卫	45152	181	40272	322	无	无	无	503
营州中屯卫	27323	109	34944	280	无	无	无	389
营州后屯卫	15673	63	18200	146	无	无	无	209
梁成所	4182	17	909	7	无	无	该所每年解银31两	24
密云守备								
密云中卫	16371	65	21105	169	3000	21	无	255
密云后卫	5868	23	7276	58	3000	21	无	102
昌平兵备								
怀柔守备								
营州左屯卫	20921	84	23755	190	无	无	无	274
居庸分守								
延庆卫	4798	30	17130	137	4000	28	无	195
霸州兵备								
涿州守备								
涿鹿卫	22953	92	10722	86	无	无	无	178
涿鹿左卫	39971	160	19215	154	无	无	无	314
涿鹿中卫	30252	121	13593	109	无	无	无	230

续表

各巡抚所属各兵备、卫所	柴		炭		荆条		备注	总计
	实物（斤）	价银（两）	实物（斤）	价银（两）	实物（斤）	价银（两）		价银（两）
兴州中屯卫	28290	113	11408	91	无	无	无	204
崔黄口守备								
武清卫	16094	64	14208	114	无	无	无	178
营州前屯卫	20442	82	22691	182	无	无	无	264
蓟州兵备								
蓟州守备								
苏州卫	34992	140	31090	249	无	无	无	389
镇朔卫	49501	198	56266	450	无	无	无	648
营州右屯卫	18159	73	15273	122	无	无	无	195
幽州左屯卫	28590	114	26807	214	无	无	无	328
遵化守备								
遵化卫	29467	118	32995	264	无	无	无	382
东胜右卫	44932	180	56085	449	无	无	无	629
开平中屯卫	15206	61	16114	129	无	无	无	190
兴州前屯卫	43896	176	38211	306	无	无	无	482
宽河所	3561	14	4835	39	无	无	无	53
三屯营守备								
忠义中卫	43334	173	54624	437	无	无	无	610
永平兵备								
永平守备								
永平卫	38465	154	35828	286	无	无	无	440
庐龙卫	43178	173	47953	368	无	无	无	541
抚宁卫	38628	155	35009	280	无	无	无	435
东胜左卫	52500	210	43668	349	无	无	无	559
兴州右屯卫	41967	168	40759	326	无	无	无	494

续表

各巡抚所属各兵备、卫所	柴		炭		荆条		备注	总计
	实物（斤）	价银（两）	实物（斤）	价银（两）	实物（斤）	价银（两）		价银（两）
山海守备								
山海卫	40889	164	42457	340	无	无	无	504
保定巡抚属								
易州兵备								
大宁都司								
保定左卫	46354	185	20614	165	无	无	无	350
保定右卫	53669	215	22572	181	无	无	无	396
保定中卫	82518	330	33344	243	无	无	无	573
保定前卫	65704	260	25197	202	无	无	无	462
保定后卫	82384	330	29409	235	无	无	无	565
茂山卫	35874	143	32628	261	无	无	无	404
井陉兵备								
真定守备								
真定卫	53973	216	38909	311	无	无	无	527
宁山卫	85727	343	97306	778	无	无	无	1121
定州卫	72285	289	54177	433	无	无	无	722
平定所	6304	15①	8703	70	无	无	无	85
天津兵备								
天津守备								
天津卫	无	无	19000	152	无	无	无	152
天津左卫	无	无	17500	140	无	无	无	140
天津右卫	无	无	16000	128	无	无	无	128

① 如果按照柴1斤价银0.004两计算的话，该柴价银应为25两，但史料记载为15两，故采用15两。

续表

各巡抚所属各兵备、卫所	柴		炭		荆条		备注	总计
	实物（斤）	价银（两）	实物（斤）	价银（两）	实物（斤）	价银（两）		价银（两）
神武右卫	36452	146	27974	224	无	无	无	370
河间守备								
河间卫	71066	284	81020	648	无	无	无	932
沈阳中屯卫	47553	190	44243	354	无	无	无	544
大同中屯卫	15708	63	10646	85	无	无	无	148
沧州所	无	无	3500	28	无	无	无	28
大名兵备								
德州守备								
德州卫	67984	272	71208	570	无	无	无	842
德州左卫	87005	348	92043	736	无	无	无	1084
武定所	11700	47	11029	88	无	无	无	135
山西巡抚属 山西都司								
冀宁兵备								
太原左卫	27182	109	24409	195	无	无	无	304
太原右卫	27182	109	24409	195	无	无	无	304
太原前卫	26137	105	23682	189	无	无	无	294
岢岚兵备								
镇西守备								
镇西卫	30354	121	34098	273	无	无	无	394
河曲参将								
保德所	14009	56	7346	59	无	无	无	115

续表

各巡抚所属各兵备、卫所	柴		炭		荆条		备注	总计
	实物（斤）	价银（两）	实物（斤）	价银（两）	实物（斤）	价银（两）		价银（两）
雁门兵备								
广武守备								
雁门所	9061	36	5415	43	无	无	无	79
代州参将								
振武卫	33281	133	36135	289	无	无	无	422
潞安兵备								
潞州卫	30493	122	33129	265	无	无	无	387
磁州所	9764	39	6573	53	无	无	无	92
沁州所	13068	52	9391	75	无	无	无	127
汾州守备								
汾州卫	11151	44	8275	66	无	无	无	110
宁武道								
宁武守备								
宁化所	14462	58	9854	79	无	无	无	137
河东道								
平阳卫	33978	136	35886	287	无	无	无	423
总计	2133420	8532	1921659	15334	10000	70		23936

注：1. 柴每斤价银约为 0.004 两，炭每斤价银约为 0.008 两，荆条每斤 0.007 两；2. 除总计外，数据皆为原始文献的记载，并非笔者的计算。

资料来源：万历《大明会典》卷一五六《兵部·柴炭》，《续修四库全书》，第 791 册，第 637—644 页。

从表 3、表 4 可知，其一，明代在京卫所 18 个，缴纳筏银 1355

两，在外卫所 68 个，缴纳柴炭价银 23936 两，共计卫所 86 个，共缴纳柴炭折银 25291 两；其二，据表3、表4估算，每斤柴所折价银约为 0.004 两，每斤炭所折价银应为 0.008 两，荆条每斤所折价银为 0.007 两；其三，柴炭银缴纳的基层单位为各卫所，但是，管理各卫所柴炭银的重要机构为兵备道，即表格中的河东道、宁武道、潞安兵备等，而各兵备道所要负责的上级是各巡抚，包括顺天府巡抚、保定府巡抚和山西巡抚。

自隆庆六年（1572）柴炭银作为财源归属兵部武库司管理之后，京师内外 86 个卫所的柴炭役基本实现折银，但京师所需柴炭实物，实行召商买办，具体规定为，商人提前一年到兵部领取价银，每年分两次领取，"上半年于正月初五日，下半年于七月初五日，各预给四千六百两"①，然后购买柴炭交纳。而商人所买柴炭的价格和应交数额，隆庆六年规定的原额为"每年原额马水口顺柴二百三十万斤，木炭二百万斤，内四万二千斤折办坚实白炭三万斤，荆条一万斤，俱系招商办纳"，按照柴、炭各自折银率每斤 0.004 两、0.008 两计算，可知召商买办的原额柴价银为 9200 两，木炭价银 16000 两，共计 25200 两。

至万历十年（1582），商人办纳柴炭的情况有所改变：

> 一商人纳炭，每年九厂半，每一厂该价银二千四百两，其半厂该银一千六百两；纳柴每年七厂半，每厂该价银一千二百两，其半厂该银八百两；纳荆条每年一万斤，该价银七十两。应该价银即行预给商人，候办纳已完，惜薪司实收，到部次日，即将下厂应该价银预给。②

可见，商人预领柴炭价银由炭银 23200 两，柴银 9200 两，以及荆条

---

① 申时行等：万历《大明会典》卷一五六《兵部·柴炭》，《续修四库全书》，第 791 册，第 644 页。

② 申时行等：万历《大明会典》卷一五六《兵部·柴炭》，《续修四库全书》，第 791 册，第 644 页。

银 70 两组成，共计 32470 两，主要供应部门为内府的惜薪司①，相比
隆庆六年的柴炭办纳原额 25200 两，万历十年商人办纳的柴炭价银增
加了 7270 两。也就是说，隆庆年间规定的内外卫所交纳的柴炭价银
25200 两，已经不足以支付万历十年商人应纳柴炭应该领取的价银。
这高达 7270 两的价银，如果足额支付，需要兵部从别项白银挪用，
否则只能拖欠商人。在兵部开支巨大的现实压力下，兵部更可能的选
择便是拖欠价银，将负担转嫁到商人头上。

至万历中期，商人负担愈来愈重，前文所引"万历中，岁计柴价
银三十万两，中官得自征比诸商，酷刑悉索，而人以惜薪司为陷阱
云"，原因就在于此。② 材料中的 30 万两应为工部和兵部柴价银之
和。如果按照军三民七的比例计算，兵部柴价银收入约为 9 万两，是
隆庆六年原额 25200 两的 3.6 倍。崇祯年间有一条文献与之呼应，当
时大臣认为，"内称窃照武库钱粮，有柴直、有缺官、有变产、有柴
炭，头绪亦纷错矣。每年各项应解之数，不下十万余金"，③ 也就是
说，武库钱粮中的柴炭价银，至少有 10 万两。如果开支惜薪司召商
买办的柴炭价银仍为 32470 两，那么兵部就有近 6 万两柴炭银供本部
支配。而且，上述引文中的武库司钱粮至少有 4 项，如材料所说，每
项不少于 10 万两，则总数不少于 40 万两。

以上主要为北京武库司收入的情况，那么南京武库司的收入如何
呢？虽然相关记载较少，但仍有少量关于柴直皂隶银的史料。崇祯三
年，南京兵部尚书胡应台在上奏时汇报了该部额设收入，其中便有柴
直银 25200 余两。④ 既然 25200 余两的柴直银为该部额定收入，那么

---

① 惜薪司乃内府二十四监司之一，负责皇宫内诸处柴炭之事，设司正一人，副使二
人，分别为正五品、从五品。据万历《大明会典》卷二〇五工部二五《柴炭·各衙门年例
柴炭》（《续修四库全书》，第 792 册，第 435 页）记载，惜薪司其每年所需柴炭，由工部和
后府按照军三民七的比例供应，即后府掌管的卫所供应百分之三十，剩余百分之七十由工
部金派民夫供应。

② 张廷玉等：《明史》卷八二《食货六·柴炭》，第 1995 页。

③ 杨嗣昌：《杨文弱先生集》卷二七《比例请设总库疏》，《续修四库全书》，第 1372
册，第 292 页。

④ 《崇祯长编》卷三二，崇祯三年三月戊子，第 1835 页。

亦可视作赋役折银走向制度化后的明后期柴直皂隶收入。

综上，明中后期两京兵部武库司的白银收入总规模及解往两京兵部贮藏的白银数量如下：其一，武库司白银收入总规模，据保守估计，从万历后期至崇祯约有 267.52 万两，含北京柴薪皂隶银 256 万两、北京柴炭银 9 万两、南京柴直皂隶银 2.52 万两。其二，武库司的白银财政收入类项主要有柴直皂隶银、柴炭银两大类，以皂隶银为大宗。至明末，两京皂隶银合计约为 258.52 万两，其中北京柴薪皂隶银可能有 256 万两①。其三，解往两京兵部的库贮白银，在万历后期，估计每年有 19 万—22 万两，含柴直皂隶银 10 万—13 万两②、柴炭银约 9 万两等，其中，除约 2 万—3 万两为南京兵部库贮银，其余 17 万—19 万两皆为北京兵部库贮银两。到崇祯时，两京兵部武库司库贮白银每年总计约有 42 万—43 万两，其中南京兵部库贮 2 万—3 万两，北京兵部库贮约 40 万两。

二　兵部车驾司的白银收入类项及其规模

车驾司银库的收入也是兵部白银收入的主要组成部分。车驾司银库包括其下辖机构太仆寺常盈库与车驾司本身的银库。③ 常盈库所贮白银主要为马价银，学界对常盈库的马价银研究已有一定成果，④ 但

---

① 这里采用的是胡铁球的估算，不包括北京直堂皂隶银数，因材料缺乏，暂不估算北京直堂皂隶银数。参见胡铁球《明代官俸构成变动与均徭法的启动》，《史学月刊》2012 年第 11 期。虽然该估算乃明前期数据，但根据明代财政"原额"的特点，亦可大致视作明后期的柴薪银数。

② 北京柴直皂隶银数是明中叶的，见表 1。因资料缺乏，笔者难以获得万历后期的准确数据，但又因财政的"原额"特点，亦可大略视作明后期的数据。

③ 在弘治与万历《大明会典》的记载中，太仆寺职掌之"马政"皆被列入兵部车驾司的职掌下，与车驾司管辖的"驿传"等并列。参见袁瑞琴《〈大明会典〉研究》，中国社会科学出版社 2009 年版，第 425—427 页。另，弘治时，徐琼明确指出太仆寺隶属兵部车驾司（洪武时称驾部），参见陈九德《皇明名臣经济录》卷一三《礼部四》，《四库禁毁书丛刊》，史部，第 9 册，第 230 页，"太仆寺为驾部之一事"。

④ 谷光隆：《明代马政研究》，东洋史研究会 1972 年；刘利平：《从马政到财政：明代中后期太仆寺的财政功能和影响》，中华书局 2016 年版。

也可能让人误以为常盈库马价银数量便代表了兵部白银收入规模，事实上，兵部白银收入规模处在动态变化中，在一条鞭法盛行、赋役大规模货币化的嘉万时期，兵部所属财源也经历了大规模折银的调整。车驾司所管理的常盈库马价银规模在扩大，而且还新增了驿传站银等白银收入。

车驾司乃兵部四司之一，掌管"卤簿、仪仗、禁卫及驿传、厩牧之事"①，其较早的白银收入是太仆寺马匹及马役折银。太仆寺包括京师（北京）太仆寺和南京太仆寺。由养马引申出来的财源主要分为三种：养马户役、所需草料和马匹本身。其中，马匹又分四种，分别是公马（儿马、牧马）、母马（骒马、牝马）、马驹和备用马。备用马是从马驹中挑选出来的寄养于京府的马匹，以备不时调用。

据刘利平的研究，以上太仆寺三种财源的赋役折银，首先从马匹折银开始，时间大致在永乐至成化弘治年间，然后在嘉万间扩大至马户、草场草料的折银。马匹折银的情况大致如下：永乐十五年，种马倒死，新生马驹达不到要求的数量，可以每群（一匹公马和四匹母马组成一群）三分之一纳钞给官府；成化初年，南京太仆寺的备用马（俵马）开始大量折银；至正德八年，南京太仆寺的备用马约有一半实现了永久性改折，每匹折银 15 两；嘉靖八年，南京太仆寺备用马折银数提高，每匹折色折银 24 两，本色折银 30 两；嘉靖四十二年，两京太仆寺的备用马全部折银交纳，每匹均征 27 两。② 此外，选完备用马（寄用马、俵马）后的所剩马驹中品质不好的，也可以估价变卖，所卖银两，一半分给马户做酬劳，一半贮藏于银库待用。

贮藏马役折银的库藏是太仆寺常盈库。其成立时间，杨时乔认为是成化四年，当时主要贮藏江南备用马价银。成化八年，所贮之白银约有 30740 两。彼时，太仆寺打算仿效户部太仓银库的事例，欲设官

---

① 申时行等：万历《大明会典》卷一四〇《兵部·车驾清吏司》，《续修四库全书》，第 791 册，第 444 页。

② 刘利平：《赋役折银与明代后期太仆寺的财政收入》，《故宫博物院院刊》2010 年第 3 期。

攒库役。其上级主管部门兵部经过考虑，允许其设立库役四名，于保定、河间金点。弘治二年，在太仆寺卿上奏后，开始设立库大使一员、攒典一员。嘉靖十三年，建立新库。至嘉靖四十五年，库役增至十八名，军人一百名。太仆寺常盈库所贮白银，约有以下几种：每年解来的折征买俵本折马银，折征种马草料银，京营、各卫、南直隶各府子粒银，各州县地租及余地银，桩朋银，附寄班军银和变卖种马银。①

南京亦有管理马政的太仆寺。据《大明会典》记载，南京兵部车驾清吏司项下，也有马政方面的赋役折银，"凡马政，南京各营骑操马匹有缺，行令照例支租银及朋合桩头银两买补，完日行南京太仆寺委官印烙给操。……（嘉靖）九年，题准南京各营倒失被盗马匹，照京营事例追收桩朋银两，老弱瘸瞎者会官看验，如果骑操十年以上免追桩银，照旧送应天府变卖银两解部"②。可见，南京兵部太仆寺贮藏有军士补偿死伤战马的桩朋银，以及被盗走失或老弱瞎眼马匹的折银。至于南京太仆寺贮藏折银的银库是否叫常盈库，藏银规模如何等，尚需考证。

有两点需要注意：一是马政领域的赋役折银远在常盈库成立前已开始，如上文提到的永乐十五年灾荒时的马匹折钞③，以及正统十四年选剩的品质不好的马驹折银④；二是常盈库成立后，其所藏银两呈不断增加的趋势，情况简述如下。

成化二年，兵部尚书王琼奏准，因南直隶地方所解马匹"多矮小，不堪征操，今后江南该解马匹，其不堪不敷之数，每匹征银十两，类解收贮，随时官买，寄养给操"⑤。此时所折之物，已为白银，

---

① 杨时乔：《马政纪》卷八《库藏八》，文渊阁《四库全书》，第663册，第591页。
② 申时行等：万历《大明会典》卷一五八《南京兵部·车驾清吏司》，《续修四库全书》，第791册，第670页。
③ 杨时乔：《马政纪》卷二《种马二》，文渊阁《四库全书》，第663册，第516页。
④ 杨时乔：《马政纪》卷二《种马二》，文渊阁《四库全书》，第663册，第534页。
⑤ 雷礼：《南京太仆寺志》卷三《征俵·通折价》，《四库存目丛书》，齐鲁书社1996年影印版，史部，第257册，第519页。

而且应该收贮于太仆寺，但当时常盈库尚未建立。成化二十二年，南北直隶各府州县拖欠的备用马匹的半数，依照江南事例，每马一匹，折银 10 两，解部发寺。[①] 弘治十五年之后，直接派取的备用马也开始改折半数，每匹仍折 10 两。且另一半本色马，如被派取地方合格的马匹不足数，每匹折银 15 两交太仆寺，不必如以往到他地重价买马以足其数。显然，此时朝廷已倾向于征收折银。弘治十六年，倒死、拖欠的备用马匹可永久性折银，"不必再似往年加派"。至正德八年，南京太仆寺的备用马永久性改折一半，每匹折银增至 15 两；原系本色因故改折者，则每匹征银 18 两。[②]

可见，成化弘治期间，马匹中的备用马折银较多，而儿马、母马和马役的折银相对较少，但由于备用马折银在成弘间尚未形成制度，故难以估算其折银数量。自嘉万以来，随着赋役折银的大规模展开，马役折银也进入快速发展期，马户、草场和马匹等纷纷折银。太仆寺的实际收入在正德八年接近 18 万两，嘉靖七年达 36 万余两，次年升至 41 万余两，此后稳步增长，至隆庆二年达到 78.4 万两，隆万之际，一度降至 40 余万两，万历三年以后至崇祯年间，大致在 50 万—60 余万两之间波动。[③]

驿传站银是车驾司除太仆寺常盈库的马价银外的较为大宗的白银收入。它来自驿传之役折成的银两，具体包括驿站所需马匹[④]、车船、马夫、水夫、铺陈等项折银，大规模出现于嘉靖时期。[⑤] 据《大明会

---

① 雷礼：《南京太仆寺志》卷三《征俵·通折价》，《四库存目丛书》，史部，第 257 册，第 519 页。

② 雷礼：《南京太仆寺志》卷三《征俵·通折价》，《四库存目丛书》，史部，第 257 册，第 519 页。

③ 刘利平：《赋役折银与明中后期太仆寺的财政收入》，《故宫博物院院刊》2010 年第 3 期。

④ 驿站之马匹折银也称马价银，与太仆寺战马折成的马价银名称相同，但二者的区分度较高。因为太仆寺的战马及马役有特殊供应区域，而且由太仆寺专管，其马政折银贮入太仆寺银库常盈库，但驿站的马价银乃全国驿递制度管辖下的役银，由兵部车驾司管辖，解入兵部车驾司银库贮藏。

⑤ 苏同炳：《明代驿递制度》，第 276—279、289 页。

典》记载，万历五年，天下站银总量原额为 3130172 两，免编
952304 两，实征 2187832 两。① 站银的大规模出现，意味着属于兵部
的驿传之役可以用白银货币衡量，并估算其总量，但这并不意味着此
项收入全部解至兵部库藏。因为，站银的出现是为了让编户不用亲身
应役，改为缴纳白银，由收到白银的官府雇人应役，所以从一开始，
站银主要用于驿站雇募人手，但到崇祯时期，"免编""节省"或
"裁减"的驿传站银实际并未减免，不仅照旧征收，而且须照核定裁
扣分数，按季解往兵部车驾司银库贮藏，其数约在 66 万两至 76 万两
之间。②

例如，北直隶赵州"至嘉靖初年，巡抚刘公始议通融站例，
照依征粮地亩，每亩征银一分五厘，征完解府，转给驿夫"③。而
两京会同馆的马价铺陈鞍辔工食草料等银，分上、中、下马三等，
按规定分别征收，"每年俱于粮耗内带征完足"，"各差的当人员，
限年终起批，解赴两京兵部交割"④。两京会同馆的站银解往两京
兵部，在开支时，马匹所需鞍辔等铺陈，每三年一次，发往所需
驿递置买。嘉靖三十八年，江西省"司道复议裁水夫额数，征银
解京，……上冲每役裁银壹两肆钱，次冲与僻裁银贰两，凡银壹
万肆百捌拾叁两；又裁驿廪参之壹，凡银柒千玖佰伍拾伍两壹钱
玖分玖厘玖毫肆丝，铺料银柒千伍佰伍拾捌两贰钱壹分壹厘；萧
滩玉峡协济银玖拾两；通计银贰万陆千捌拾陆两肆钱壹分玖毫肆
丝，于内酌存解之数，岁以壹万两解部，贰百两为脚费，而留壹
万伍千捌百捌拾陆两肆钱有奇，各府贮用"⑤，可见该年江西省一

① 万历《大明会典》卷一四八《兵部·驿传四》，《续修四库全书》，第791册，第518页。
② 苏同炳：《明代驿递制度》，第444、450页。
③ 蔡懋昭：隆庆《赵州志》卷三《田赋·站银》，《天一阁藏明代方志选刊》，上海古籍出版社1962年影印版，第5册，第6b页。
④ 申时行等：万历《大明会典》卷一四五《驿传一·会同馆》，《续修四库全书》，第791册，第476页。
⑤ 嘉靖《江西赋役纪》卷一五《驿传》，《天一阁藏明代政书珍本丛刊》第9册，线装书局2010年影印版，第628—629页。

共裁减了 26086 两驿传银，其中一万两解往兵部车驾司，剩余部分存留地方。

关于嘉靖时期解往兵部的站银具体数额、开支去向等问题，因材料所限，难以确知。又加上站银本身出现较晚，且兵部并无财经专书，故直至崇祯间，我们才在户部尚书毕自严讨论国家财政时窥见一二。从《度支奏议》可知，兵部车驾司站银乃兵部财源，"而驿递虽属兵部，以兵部题定（崇祯）三年分任臣部支用耳"[1]，偶尔也会支援户部兵饷。不过，关于兵部站银在中央层面的收支情况，尚不清楚。崇祯三年，户部尚书毕自严在与兵部讨论军饷开支时分析道，"但驿递经裁省之后，省直原未开报，数目难以悬定。臣愚，祇因抚臣节制一方，巨细皆其总理，凡驿递之烦简、站银之额设与裁省之多寡，抚臣一催自可立凑"[2]。他认为，虽然明末中央兵部和户部不清楚站银的情况，但地方抚臣应该比较了解。毕自严的见解是与实际情况相符的。嘉万时期，地方督抚已经编制各种赋役全书，比较全面地掌握了一省各类赋役的折银情况，这便是省级财政的建立，而此时中央对各地不同赋役折银的情况不仅没有全面掌握，而且可能对某类赋役折银如驿传站银的情况知之甚少。[3]

嘉万时期，各省条鞭站银的规模，可从收录在明人文集中的奏疏略知一二。

万历初，曾巡抚江西的潘季驯十分留意江西省站银的派征情况，据其奏疏可知，江西省每年站银规模为100656两，但减编之后为72646余两。[4] 不过，查万历《江西赋役全书》，江西的四差之一驿传

① 毕自严：《度支奏议》新饷司卷一四《题覆闽省援兵行粮月粮疏》，《续修四库全书》，第485册，第165页。
② 毕自严：《度支奏议》新饷司卷九《题议援兵安家动支驿递节省疏》，《续修四库全书》，第484册，第608页。
③ 申斌将这种情况概括为二重会计结构。参见申斌《赋役全书的形成——明清中央集权财政体制的预算基础》，博士学位论文，北京大学，2018年。
④ 潘季驯：《潘司空奏疏》卷六《督抚江西奏疏·减免站银疏》，文渊阁《四库全书》，第430册，第123—124页。

折银仅 56940 两，并无潘季驯所说的 10 万两之多，其中的原因，可能是驿传站银不一定只分布在驿传项下。该书的里甲、均徭两项下，也有驿传折银的记载，例如里甲项下，走递人夫并夫皂夫船工食银 64625 两，走递差马草料并协济马价银 54928 两，团山、乌兜、通远并各驿夫马并口粮廪给浆洗等银 3357 两。[①] 至于潘季驯所说的 10 万两驿传站银与万历《江西赋役全书》中四差的关系，限于主题和篇幅，暂不展开讨论。[②]

浙江省的驿传站银，万历五年约有"额编站银九万六千二百余两，今遵例裁减，止编银七万五千四百余两，于见存省剩银内动支，见存省剩银二万八千八百六十余两，抵万历六年额征十分之三"[③]。再查万历十年前后的情况，据督抚浙江的温纯的奏疏可知，万历八年至十一年共额征本省驿传站银、协济直省马价等银共约 372370 两，米 4196 石。[④] 可见万历前期，浙江省每年驿传站银（含马价银）最多为 93093 两，米 1049 石。通过上述材料可知，万历时期浙江省额编驿传站银可能有 9 万多两，而且，此时裁省站银并无解运兵部贮藏的制度规定，可留在本地，惠及民生。

崇祯十年，陕西省的站银规模约为 8 万余两。据孙传庭的奏疏可知，该年陕西省站银额数为 84012 两，实际为 83952 两，而实际数额的三分之二约 55968 两发给各驿站，裁省三分之一站银约 27704 两可为兵部调用，充作兵饷。[⑤]

由上可见，条鞭之后，江西、浙江和陕西的站银规模约为 7

---

① 万历《江西赋役全书》第 1 册《四差》，学生书局 1960 年版，第 99—100、102—103 页。

② 据苏同炳的研究，驿传站银与里甲走递夫马银是两类，而从嘉靖、万历到崇祯间的多次裁省或免编驿传站银并未包括里甲接递或走递夫马银，参见氏著《明代驿递制度》，第 449—452 页。

③ 《明神宗实录》卷六七，万历五年九月癸亥，第 1461 页。

④ 温纯：《温恭毅集》卷四《疏·钦奉圣谕并陈末议以广德意以消灾诊疏》，文渊阁《四库全书》，第 1288 册，第 454—455 页。

⑤ 孙传庭：《白谷集》卷二《奏疏·剖明站银斟酌衰济疏》，文渊阁《四库全书》，第 1296 册，第 237 页。

万—9 万余两，但有几个概念仍需厘清。其一，同为车驾司收入的驿传站银与太仆寺马差折银是两种不同类型的收入，虽然二者名目上皆包括马价银、马役银等在内的马匹和徭役折银，但驿传站银乃车驾司银库收入，而太仆寺马政折银乃太仆寺专库常盈库的收入，且二者在收入来源地、折银率、折银数与折银过程方面皆有区别；① 其二，裁省驿传站银、减编驿传站银在万历初期实行得比较成功，裁省和减编银两并未征收，做到真正惠及民众，但嘉靖和崇祯时期的裁驿，前者自嘉靖三十七年至四十二年间，各地裁减站银解送户部充当军费，而后者约从崇祯三年开始，裁减驿费解入兵部车驾司银库贮藏，成为兵部银库收入；② 其三，驿传之役虽属徭役折银，但并非仅集中于地方赋役全书中所载四差中的"驿传"一处，可能还包括里甲、均徭项下的相关折银，但是，在一条鞭法赋役合并各种税项名目难以区分的大背景下，驿传经费合并站银、里甲走递夫马、均徭夫马等情况较为常见；其四，嘉靖以后，驿传之役已入条鞭，基本实现会计、编派层面的折银，征收层面虽有定额，但未必实现统一折银，这从嘉靖《江西赋役纪》的记载可以看出。"是岁（嘉靖三十九年），司道复议裁水夫额数，征银解京，并仿临吉近例，以银输官，代为雇役，诸所驿苦称不便，于是仍存夫额，听其自取工食，止于额内通融酌损"③，可见驿传之役已经实现定额，至于是否全部折银，可能要具体分析。虽然官方的制度设计存在全部折银雇人代役的倾向，但在实际运作中，也要尊重各驿亲身应役的要求。

站银收入总量巨大却鲜见于记载尤其是中央财经册籍的原因，可能与以下几种因素有关。其一，中央财经册籍多按部门编纂，例如户

---

① 驿传站银的收入细目可从万历《江西赋役全书》的记载中窥见一斑，而太仆寺马价银的收入来源地与规模，参见刘利平《从马政到财政：明代中后期太仆寺的财政功能和影响》，中华书局 2021 年版，第 50、61—62、181 页。

② 苏同炳：《明代驿递制度》，第 427、429、433、444 页。

③ 嘉靖《江西赋役纪》卷一五《改派之由》，《天一阁藏明代政书珍本丛刊》，第 9 册，第 628 页。

部的《万历会计录》、工部的《工部厂库须知》等，而兵部大概没有编纂自己的财经专书。其二，兵部之所以未能编纂本部的财经册籍，与其财源多为差役有关。而其管辖的差役的折银，虽启动较早，比如柴薪皂隶等折银早已于宣德间启动，但大规模折银确实在嘉万之后，比如驿传折银、柴炭银等。其三，在一条鞭法推行后，打通田赋、徭役、马差和上供物料等各大类项的白银财政的会计权，掌握在地方总督、巡抚、巡按手中，中央难以知晓。

在各省驿传折银的基础上，中央大略知晓兵部车驾司全国驿传站银的规模。据万历会典记载，万历初，全国驿传站银规模年约313万余两。[①] 而且，此为额数，直至明末亦大致如此。又据苏同炳研究，到崇祯时期，全国里甲走递夫马银每年约有250万两。[②] 此亦为车驾司收入。又据刘利平研究，崇祯间，京师兵部下辖机构太仆寺常盈库每年应收白银约有60万两。[③] 不过，除60万两马价银解往京师贮藏，其他仅有裁省驿传站银被解往京师兵部车驾司银库贮藏。崇祯间，车驾司驿传站银经历了多次裁省和免编，而且，皇帝同意将裁省站银解至兵部充作兵饷。苏同炳指出，崇祯间，不同时期解往兵部车驾司库的裁省站银数稍有不同。崇祯三年的裁减驿费银约计659000余两，崇祯四年的裁减驿费银约有685720两，崇祯十二年的裁减驿费银约为761600余两。[④] 可见，明后期京师兵部车驾司的白银收入总规模约为623万两，解往京师兵部的库贮白银约有125.9万—136.16万两。

那么，明后期南京车驾司白银收入情况如何？据编纂于万历末又于天启崇祯间增补的《南京车驾司职掌》记载，其额收款目见表5。

---

① 万历《大明会典》卷一四八《兵部·驿递事例》，《续修四库全书》，第791册，第518页。
② 苏同炳：《明代驿递制度》，第449—450页。
③ 刘利平：《从马政到财政：明代后期太仆寺的财政功能和影响》，第181页。
④ 苏同炳：《明代驿递制度》，第450—451页。

表5 　　　　　　　万历末至崇祯间南京车驾司白银收入（单位：两）

类项	湖广、江西、宁国等府工料银	编丁快黄船、正军油舱、驾军歇役银	草场租银	上元等县折色马价银	浙江、江西、南直隶会同馆马价铺陈银	芦课银	镇江府解馆夫银	集场租银
数量	80775	18470	13510	5208	2324	1079	708	168
合计	122242							

注：1. 因数据并未包括明后期南京武库司皂隶银25200余两，故推测仅为南京车驾司额定白银收入。2. 因南京兵部收入有限，且该"额收款目"列于"总库管理"之后，故推测为车驾司库藏收入。3. 崇祯三年，南京兵部尚书奏报时，指出南京兵部额定收入总约14.56两，其中武库司皂隶银2.52万两，车驾司银12.04万两，而车驾司的数据与表4中的数据相比略少，因为其奏报类项主要为大类，某些小项没有计入，参见《崇祯长编》卷32，崇祯三年三月戊子，第1835页。

资料来源：祁承爜：《明南京车驾司职掌》卷1《都吏科·额收款目》，《金陵全书》（乙编·史料类），南京出版社2016年影印版，第603—604页。

由表5可知，明后期南京车驾司收入有数据记载的共8项，总额约为122242两，其中以工料银、编丁船银、草场银、马价银等为多，尤以工料银8万余两为大宗。而且，该志还记载，南京车驾司收入细目不止这8项，还有桩头老马牛价银、长差办差违限底心扣粮等银，数量多寡不等。①

可见，明后期两京兵部车驾司收入共约635.2242万两，含北京兵部车驾司收入623万两，南京兵部车驾司收入12.2242万两。解往两京兵部车驾司库贮藏的白银共约138.1242万—148.3842万两，其中北京司库有125.9万—136.16万两，南京司库有12.2242万两。

---

① 祁承爜：《明南京车驾司职掌》卷一《都吏科·额收款目》，《金陵全书》（乙编·史料类），南京出版社2016年版，第604页。对该文献的研究，参见［日］古井俊仁《〈明南京车驾司职掌〉研究》，《富山大学人文学部纪要》第19号，1993年。

三 兵部的白银财政管理体制及与
京师各部的财政关系

将明后期兵部各项财政收入大类整合成表6，便可略知明末兵部白银收入的总规模。

表6　　　　　　明后期两京兵部白银收入总规模估算　　（单位：万两）

两京 \ 类项	武库司		车驾司			合计
	柴直皂隶银	柴炭银	驿站银	走递夫马银	马价银	
北京	256	9	313	250	60	888
南京	2.52	暂无	12.2242			14.7442
合计	258.52	9	635.2242			902.7442

注：1. 南京武库司的柴直皂隶银，为表2的估算；2. 北京武库司柴炭银数乃上文考证结果，南京武库司的柴炭银情况尚不清楚，故填"暂无"；3. 除北京柴直皂隶银为明前期的数据，其他皆为万历至崇祯间的数据，之所以统一为明后期的数据，是因为明代财政具有"原额"的特点，即一旦制度化，便大致固定；4. 北京柴直皂隶银仅包括柴薪皂隶银，直堂皂隶因缺乏资料未能估算，而驿站银313万两可能是两京共有的，但因南京兵部驿站银数少且未有准确详细的记载，故即使重复计算，也不影响大致总数。

结合表1、表2、表5、表6以及上述论证，据保守估计，明后期两京兵部武库司和车驾司的收入总额约为902.7442万两。其中，北京兵部收入约为888万两，南京兵部收入约为14.7442万两。解往两京兵部两个司库贮藏的白银共约157.1242万—188.3842万两，其中解往北京兵部贮藏的白银约有142.38万—173.64万两，解往南京兵部贮藏的约为14.7442万两。从收入类项来看，以驿传站银313万两、皂隶银258.52、走递夫马银250万两，马价银60万两为大宗。那么这些白银的贮藏、开支与管理情况如何？相比户部、工部皆已建立统辖各司的统一银库来讲，兵部是否也存在统一银库呢？因为统一银库的建立，意味着兵部白银财政体制的最终或完全确立。兵部白银的主要开支为军费与公费，具体管理如何？兵部白银财政与京师其他部门间的财政关系又如何？

与明末北京兵部未能建立起统一银库来管理白银收入不同，南京兵部于万历六年便建立了统一银库——"总库"来管理各司的白银收支。南京兵部总库建立的原因，应该与各司银库各自为政，收支混乱，且无稽查等体制不健全的弊端有关。万历八年至十一年，时任南京兵部尚书潘季驯①曾上奏指出，南京兵部各司库藏的弊端通过设置总库来解决：

> 该南京兵部尚书翁大立（按：万历五年至六年在任②）题称，本部车驾、职方二司库贮有马船、工料、马价、地租等银，积数颇多，向不查理，恐生奸弊，乞照南京户、工二部并武库司钱粮事例，会同科道查盘，仍三年一次，永为定例一节，……但查得先该本部尚书翁大立题为设总库，委专官以便收支，以防奸宄事，要得设立总库一所，将车驾、职方、武库三司银两皆入其中，岁轮主事一员，不妨原务，兼管兵部。③

由上可知，万历初，南京兵部有财源的三司各有白银收入，尚未建立统一库藏，存在财务稽查等方面的弊端。但是，大约在万历六年，在翁大立等的呼吁下，南京兵部成立了统一银库即总库。这在天启间刊刻的《南京都察院志》也有记载，南京兵部贮库各司钱粮不仅实现了三年一盘查，而且还建立了总库，该库贮有"车驾、职方、武库三司马船、工料、马价、地租、弓兵、柴直等项银两"，造有收支簿卷，备科道盘查。④

---

① 张德信：《明代职官年表》，第 1680—1683 页。
② 张德信：《明代职官年表》，第 1677—1678 页。
③ 潘季驯：《潘司空奏疏》卷三《兵部奏疏·清理库藏疏》，文渊阁《四库全书》，第 430 册，第 43 页。
④ 施沛：《南京都察院志》卷三五《公移·移南京兵部清理库藏钱粮咨》，《四库全书存目丛书补编》，齐鲁书社 2001 年影印版，第 73—74 册，第 299 页。

南京兵部总库管理体制的情况，在《明南京车驾司职掌》中有记载。该库由工部建成后，兵部车驾、职方、武库三司每年的白银收入，皆转移至总库收贮。① 而且，该库的管理体制，仿照户、工二部银库建设。每年派一员主事监管，白银收放时，兵部各司官要一起监管；主事任职期满，要将手中经过钱粮造册并交盘明白，获得上司批准后才能离职；科道官盘查时，南京兵部要将所有文册准备齐全，并且将科道书算和本部三司书手封锁在特定场所内盘查，盘查清楚后才放行；该库所需管库人役，金派江济二卫 12 名，分为 3 班，半月换班轮值。② 明后期，该库白银收入规模约为 14.7442 万两（见表 6）。其中，南京车驾司白银为 12.2242 万两，具体包括工料银、船银、草场租银等类项（见表 5），③ 南京武库司柴直皂隶折银合计约 2.52 万两。④

北京兵部虽然迟至崇祯间仍未建立统一银库管理本部白银收支，但是兵部官员仍在试图完善兵部的白银财政管理体制，而且，各司仍有各自银库，只是管理较为混乱。

崇祯十年，兵部尚书杨嗣昌（崇祯九年至十二年在任）⑤ 上奏皇帝，认为应当仿效南京兵部，建立一所统管四司白银的总库，并进行考核，"适见南京兵部有考核总库官员之事，盖四司钱粮合并于一库，而以四司主事遴选札委，计周一年则具题考核交代。此其义例昭然，臣部所当仿效"⑥。接着他指出兵部财政的弊端是各司皆有财源，头绪繁杂，难以厘清。例如，"不但武库司有柴、直等项钱粮，而职方

---

① 祁承爜：《明南京车驾司职掌》卷一《总库管理》，《金陵全书》（乙编·史料类），第 602 页。

② 祁承爜：《明南京车驾司职掌》卷一《总库管理》，《金陵全书》（乙编·史料类），第 602 页。

③ 祁承爜：《明南京车驾司职掌》卷一《总库管理·总收款目》，《金陵全书》（乙编·史料类），第 603 页。

④ 这是崇祯三年的数据，但将该年车驾司数据与《明南京车驾司职掌》记载的万历至天启的车驾司数据核对，几乎吻合，说明这是制度规定的额数。故用崇祯三年的数据指代明后期的数据，是合理的。参见《崇祯长编》卷三二，崇祯三年三月戊子，第 1835 页。

⑤ 张德信：《明代职官年表》，第 671—674 页。

⑥ 杨嗣昌：《杨文弱先生集》卷二一《疏·比例请设总库疏》，《续修四库全书》，第 1372 册，第 292 页。

司有京操大粮、沙汰月粮、弓兵工食之属，车驾司有馆夫、站银之属，皆各差自收自支，即印郎不得而尽知，……此其头绪茫然，均费稽考"①。然后他指出，建立总库可使兵部四司收支明晰，出纳严谨，杜绝弊端。② 由上可以看出，直至崇祯十年，京师兵部尚未建立统一银库。

崇祯十一年，杨嗣昌建议进一步完善兵部的财政管理体制，要求兵部各官进行财政分工，明确责任。他指出：其一，不能将财政管理责任无分大小轻重，全部集中于兵部尚书，兵部左、右侍郎应分担一定责任，且二人应领有关防，"臣部侍郎原有管理清黄旧例，特无关防，臣请钦给关防，于左侍郎管理。……臣部堂上官有月考、武学旧例，久未举行，臣请钦给关防，于右侍郎管理"③；其二，兵部尚书掌管重大事务例如"军机、将材、九边十五省诸务之大者"，一般事务则由各司负责。而重大事务如"武学、马政、马价、柴值，除马政、马价有关重大者"等，各司官要向尚书报告，并盖上尚书的堂印，其他"核催本折，及柴直、柴炭收放不时，考试、武学之类，即以关防上本行事司属承行，不必再详正堂可也"④。

由上可知，与中央掌握财权的户部、工部相比，兵部的财政管理体制的确很不健全。虽然南京兵部已有总库统一管理下辖四司白银收支及三年稽查一次的制度，但直至明末，京师兵部尚未建立白银总库，各司下辖银库各自为政，兵部尚书并不完全清楚各司财政的管理情况。一年一次的考核制度仍在提议建立中，兵部尚书和四司官的财政分工问题，也尚未解决。

---

① 杨嗣昌：《杨文弱先生集》卷二一《疏·比例请设总库疏》，《续修四库全书》，第1372册，第292页。

② 杨嗣昌：《杨文弱先生集》卷二一《疏·比例请设总库疏》，《续修四库全书》，第1372册，第292页。

③ 杨嗣昌：《杨文弱先生集》卷二七《疏·比例请给关防疏》，《续修四库全书》，第1372册，第384页。

④ 杨嗣昌：《杨文弱先生集》卷二七《疏·比例请给关防疏》，《续修四库全书》，第1372册，第384页。

明后期两京兵部库贮白银的开支情况，总体上以军费和公费开支为主。军费开支是明代财政支出管理的重点，也是分析明后期兵部白银财政管理的关键。关于明代军费的研究，学界从兵员人数、兵制、兵饷（军费）等各方面进行探讨，尤其关注募兵制度、辽饷、月粮、北方边镇等方面，大致形成了明代军制从初期的卫所世兵制向明后期的募兵、营镇制转变，晚明辽饷成为户部财政重负等基本认识，并对边镇粮饷数据做了某些初步统计。其中，张金奎对明代卫所月粮制和曾美芳对崇祯二、三年间的户部战时财政体制的探究，或与军制转型，或与财政运作联系起来。[①] 但是，从两京兵部库贮白银的角度来分析军费开支，仍有较大探讨空间。这可能与明后期兵部拥有独立财政管理权但并无财经专书有关。即使如此，我们仍能通过《明南京车驾司职掌》的记载，至少对南京兵部的财政支出有一定了解。

该职掌对车驾司开支的记载较为详细，但一因车驾司白银收入乃兵部收入大宗，二因南京兵部总库已经建立，故该记载不仅能很大程度反映兵部开支，而且还能看到兵部其他三司在涉及兵部公费开支方面的情况。其一，兵部车驾司制度规定的开支类项主要包括马快船、大马船、黑楼船修造银，三百料、六百料船只柴银，船只军头工食银及太常寺路费，马驴头工食及修造铺陈银，购买骑操马匹价银，水夫工食银，职方司操赏、修造营舍银，武库司军器火药银，光禄寺买补牛只银，江济二卫造旗册、御览贴黄归并等册、岁支册银。[②] 其二，用于开支的主要收入类项为工料银、编丁船役银、草场银、马价银、驿递马价铺陈银。其三，工料银、编丁船役银、

<hr/>

① 梁淼泰：《明代"九边"的募兵》，《中国社会经济史研究》1997年第1期；赖建诚：《边镇粮饷：明代中后期的边方经费与国家财政危机（1531—1602）》，联经出版有限公司2008年版；张金奎：《明代卫所月粮制度浅论》，《明史研究论丛》第七辑，2007年，第50—74页；曾美芳：《晚明户部的战时财政运作——以己巳之变为中心》，博士学位论文，暨南大学，2013年。

② 祁承爜：《明南京车驾司职掌》卷一《都吏科·额支款目》，《金陵全书》（乙编·史料类），第604—605页。

会同馆驿递马价铺陈银专款专支，难以挪用。其四，南京骑操马价银的具体开支如下：南京兵部骑操马额定217匹，如按万历十五年30两/匹，或万历十七年24两/匹计，其白银大概为6510两或5208两。而且，南京兵部将购买马匹的重任，以政府采购的方式转交给马商，分春秋两季预支部分银两进行购买。[①] 其五，草场银的开支情况较为复杂，详见表7。

表7　　　　　　　　明后期南京兵部草场银开支情况　　　　　（单位：两）

类项	各营春秋二季操赏等费	凑买骑操马	各营官丁扎油烛银	各营操练火药银	各营标下家丁犒赏银	年终奖励各营官	各卫奖励及阅射箭赏等银	里外城门把总等官支纸扎银	各营官春秋二季廪粮银	浦子口比赏巡军银	合计
数量	5500	3900	1200	935	680	264	170	120	73	60	12902

资料来源：祁承爜：《明南京车驾司职掌》卷2《马政科·操马额数》，《金陵全书》（乙编·史料类），第646—647页。

由表7可知，草场银开支共约12902两，加上开支兵部修理公费的约154两的草场银，总计约13056两，与万历十九年至三十四年间的实征额数13517两[②]相差不多。而且，草场银应是南京兵部开支机动性相对较强的收入类项。其六，南京兵部的修理公费开支年约210两，含额支草场银153.7两，由车驾司开支，其余为地租银、火药余银。地租银由职方司支付，火药余银由武库司开支。[③] 可见兵部公费开支，至少同时涉及三司的财政。其七，南京兵部的五款银是南京兵部白银开支事例讨论的重点。该银本为车驾司"查扣江济二卫小甲违

① 祁承爜：《明南京车驾司职掌》卷二《马政科·操马额数》，《金陵全书》（乙编·史料类），第646—647页。
② 祁承爜：《明南京车驾司职掌》卷三《草场科·征银额例》，《金陵全书》（乙编·史料类），第680页。
③ 祁承爜：《明南京车驾司职掌》卷一《都史科·额支款目》，《金陵全书》（乙编·史料类），第607—608页。

限长半差底心月粮洗改失票等项"①，从二卫小甲差役银中抵扣，以
开支南京兵部各司公费。但因差役本身减少，该银无从征收，故经常
从车驾司工料银、草场银等银中挪借。②

可见，明后期，南京兵部因建立总银库，对本部收支进行统一管
理，收入规模、开支去向以及须由兵部统一协调的收支，皆有相应规
定。但是，明后期的北京兵部，各司自有银库，基本各自为政，分散
管理。兵部尚书名义上统管兵部财政，但实际上忙于军政，对财政管
理疲于应付。太仆寺常盈库的马价银主要用于购买战马，其他亦有赏
军、募兵等。③武库司皂隶银用于官员补充收入，车驾司裁省驿站银
可能用于边镇粮饷，因资料分散且头绪繁多，对二司银库开支的分析
暂不展开。现以缺官皂隶银和各省入京援兵的开支为例，进一步了解
兵部在明后期中央部门财政中的情况。

缺官皂隶银是指官员缺员或丁忧升除时其应发而暂时未发的柴薪
和直堂皂隶银。它们多暂贮于两京兵部银库。不过，南京缺官皂隶银
多解户部备荒或备灾。早在成化时期便规定"其扣除银两，俱送户部
收贮备荒"④。嘉靖时期又强调，"凡南京各衙门皂隶，兵部武库司照
例差拨，其拨剩及扣除还官者收贮本司，以备灾伤州县拨补"⑤。万
历前期，潘季驯还在重申"其扣存薪银不得那（挪）移别用，俱送
户部收贮备荒"⑥。可见南京户部对南京兵部的缺官皂隶银支配性较
强。北京兵部的缺官皂隶银数相对比较巨大，嘉靖时期，该银与户部
太仓库的粮草折银一起用于边镇购招募军士，"合无听户部于太仓折
粮折草银内发银十万两，兵部于缺官柴薪银内借发银十万两，共二十

---

① 祁承爜：《明南京车驾司职掌》卷一《都吏科·额支款目》，《金陵全书》（乙编·
史料类），第614页。

② 祁承爜：《明南京车驾司职掌》卷一《都吏科·额支款目》，《金陵全书》（乙编·
史料类），第605—617页。

③ 刘利平：《论明代中后期太仆寺的财政支出》，《中国经济史研究》2013年第3期。

④ 《南户部志》卷七分卷三《民科·杂行》，嘉靖刻本，日本尊经阁文库藏，第7a页。

⑤ 《南户部志》卷七分卷三《民科·杂行》，第7a页。

⑥ 《潘司空奏疏》卷三《兵部奏疏·查覆直银疏》，《景印文渊阁四库全书》，第430
册，第45页。

万两,通送总督大臣处,每军给银五两,备招军支用"①,可见北京兵部动用了 10 万两的缺官柴薪银用于边镇军费开支。

各省入京援兵的开支涉及兵部与中央他部、中央与地方的财政关系。从具体类项上看,各省入卫援兵的开支包括日常军费即月粮、战马、武器、军装,战时经费即行粮、犒赏银、安家费、盐菜银,以及其他修城修墙等费;从开支部门来看,一般先由地方筹措,然后才由中央各部开支各自银库。② 譬如,行粮本应由各省筹措,③ 但一旦战事胶着,军队所携行粮不够的时候,便需户部开支。月粮主要由户部责令各省发放,按理不与行粮同时发放,但为彰显优待军士,偶尔也会同时发放行月粮。④ 军队所需战马,明初实行民牧,但到明后期,马价、马役纷纷折银,入贮太仆寺常盈库,军队需自行购买,所需白银,由太仆寺上级主管部门兵部车驾司主管发放。军器供应在明初主要由军户自办或地方政府协办,但到了明中后期,地方政府提供的制造军器的物料或军器成品,或因质量低下,或因物料备办不易,也实行折银,解入京师工、兵等部,再由各部"召商买办"。安家费由兵部发放,盐菜银由户部开支,这在毕自严的《度支奏议》中区分十分清楚,"该臣等看得援兵安家出自枢部,而行粮、盐菜出自臣部,此从来之旧例也"⑤。而犒赏银、修城修墙费用,既可能出自兵部、户部,也可能出自皇帝内府库,还有可能由户、兵等部共同负责,应视具体情况而定。⑥ 置办军装银两,应属兵部开支。毕自严指出,

---

① 《条例备考》之兵部卷三《议处军马以足原额》,嘉靖刻本,日本内阁文库藏,第 23a—23b 页。

② 刘利平:《明代播州之役军费考》,《中国边疆史地研究》2012 年第 3 期。

③ 毕自严:《度支奏议》新饷司卷九《题覆郧抚援兵粮饷安家疏》,第 637 页。"各镇入卫,……通融行粮、坐粮之间,衰多益寡,量为增加,不过借赏赍之权,以鼓其敌忾之气耳。即有多寡之不一,亦该省自为设处,原非出自正额,不得据之以为例也。"

④ 曾美芳:《晚明户部的战时财政运作——以己巳之变为中心》,第 159—160 页。

⑤ 毕自严:《度支奏议》新饷司卷九《题议援兵安家动支驿递节省疏》,《续修四库全书》,第 484 册,第 608 页。

⑥ 赖建诚:《边镇粮饷:明代中后期的边防经费与国家财政危机(1531—1602)》(第 222 页)指出,修边费用大概在嘉靖至隆庆年间确定,由户、兵二部以户七兵三的比率,或再进行协商,分别出银。

"驿递节省，兵部银也。安家、衣装，兵部事也"①，于是建议兵部从驿站节省银中开支军装银。

明末各省入卫京师援兵的军费如何开支，京师户、兵、工三部以及皇帝内府大体上如何分工，这些问题经过明后期长期协商调和，至明末已有比较清晰的制度规定，但一遇战事紧张，经费筹措不顺，仍会出现责任不明，互相推诿的情况。崇祯三年，福建派兵入援京师，但该省援兵月粮、行粮仍要求同时支给。这涉及户部与兵部、中央与福建省之间的财政关系问题。皇帝认为，福建援兵月粮应由该省支付，而行粮则由户部新饷司支付。不过，月粮具体用何种收入开支，福建巡抚奏请将赋役、驿递两项节省银两都给户部，从户部开支。面对此请，崇祯帝下旨让户、兵二部商议。结果，二部一致认为，虽然兵部曾许诺户部可以动用崇祯三年的驿递银，留存于福建省以支付衣装银，但考虑到驿递银乃兵部所付宣大二镇买马之银，是边镇马价银的补充，事关重大且急如星火，不能混用或挪用。"饷司不得混驾司之额，而外省亦不得藉内部之应，各守其规，各急其输，以共励士卒而共图恢复"，所以崇祯帝下旨"福建援兵，该省仍给月粮，该部（户部）例给行粮，共以八分为率，不动裁站银两"②。如此，兵部驿站银两才未被户部挪用。

可见，兵部的缺官皂隶银，在南京，转由户部管理，用来备荒或备灾，而在北京，则可能被用于边镇募兵。各省入京援兵开支中的行粮、月粮、军装银两、安家费等，同时牵涉户部、兵部、工部和各省多方的财政开支，而户部、兵部与工部之间存在着财权分割不清、财政挪用、互相推诿等问题。

---

① 毕自严：《度支奏议》新饷司卷一七《议抵浙省援兵经费疏》，《续修四库全书》，第 485 册，第 328 页。

② 毕自严：《度支奏议》新饷司卷一四《题覆闽省援兵行粮月粮疏》，《续修四库全书》，第 485 册，第 166 页。

结　语

兵部自明初便拥有财源，如柴直皂隶、马差、驿传等，但在实物劳力财政体制下，各役由官府按需设置，无法统一用货币计量，规模难以知晓。明中叶后，随着赋役折银的拓展，兵部有了大量白银收入。据保守估计，至崇祯间，兵部白银收入总量约有 902.7442 万两之多。其中，北京兵部约有 888 万两，南京兵部约有 14.7442 万两。解往两京兵部银库贮藏的白银共约 157.1242 万—188.3842 万两，其中北京兵部贮藏约 142.38 万—173.64 万两，南京兵部贮藏约 14.7442 万两。这些白银集中于京师兵部四司中的武库司、车驾司，而职方司、武选司的白银收入相对较少。这些白银收入类项主要为皂隶银、柴炭银、筏夫银、驿传站银、走递夫马银、马价银等，又以驿传站银、皂隶银、走递夫马银和马价银为多。与南京比较，北京的白银收入规模较大。明后期，南京兵部建立总库对四司白银收入进行统一管理，但直至崇祯末，京师兵部仍未建立统一银库，四司各有白银收入，各自管理。南京兵部银库的开支主要为军费和公费，绝大部分收入皆按制度规定进行支出，但南京草场银开支的机动性相对较强，而且，南京兵部车驾司的五款银进入会计层面后便不再轻易退出，即使征收无着，也要从别项挪借，以保障其顺利开支公费。缺官皂隶银和各省入卫援兵的开支，说明兵部白银财政在实际运作中，与户部、工部等存在着财权分割不甚清晰、财政挪用、互相推诿等问题。

清初江南均田均役改革再研究

赵思渊

（上海交通大学　历史系）

一　问题的提出

从 17 世纪到 18 世纪，是中国王朝体制中赋役制度转型的时期。通常，我们以一条鞭法到"摊丁入地"的一系列改革来描述、涵括这一过程。在江南地区，则还包括更早的周忱时期所推行的金华银、济农仓改革，以及一直延续到乾隆中期的版图法、顺庄法。宏观来看，这一系列的赋役改革调整了中央与地方政府的关系，也改变了地方政府的财税核算方法，从而调整了地方政府控制地方社会的方法。[1]

这其中，对于江南地域来说，"均田均役"改革是关键一环。"均田均役"改革发轫于万历中期，到康熙初年在江南各地广泛推广，成为一项通行的赋役制度。滨岛敦俊、川胜守都对这一制度改革的过程做过详细梳理。总的来说，明末清初江南地域的"均田均役"改革着力于限制乃至废止士绅的优免特权，由此扩大地方政府佥派徭役的范围；同时，改进徭役的编审核算技术，使得徭役的编

---

① 刘志伟、陈春声：《天留迂腐遗方大，路失因循复倘艰——梁方仲先生的中国社会经济史研究》，《梁方仲文集》"代序"，中华书局 2008 年版，第 1—34 页。

审日渐脱离明代的里甲体制。① 这成为清代江南地区施行图甲制的基础。

就赋役制度研究来说，明末清初"均田均役"在江南地区的展开，其细节已经较为清楚。不过，赋役制度的运行，总是必须以一定的土地制度为基础，而土地制度又与土地市场的运转是互为表里的。

"均田均役"改革在江南普遍施行之际，康熙十五年（1676）苏州进行了土地清丈。此次土地清丈编纂的鱼鳞图册在清代中后期抄录流传，成为此后讨论清代地权分配与土地经营的重要史料。② 以上研究都注意到康熙十五年长洲县所编纂的鱼鳞图册中，"佃人"信息所反映的"一田两主"及田面权分化的情况。但是，这些研究都未能很好地解释何以与赋税并无直接关系的"佃人"信息出现于鱼鳞图册中。

笔者在重读这批鱼鳞图册时，注意到前人研究忽略了土地清丈与均田均役改革的关系。康熙十五年长洲县清丈、编纂鱼鳞图册的过程中，进行了"销圩"。这恰恰是一个来自"均田均役"改革的制度术语。因此，本文尝试寻找"均田均役"、土地清丈、"业佃并录"三者共同的历史情境，从而对清初江南的土地制度与土地市场的关系提出新的整体解释。

二 清初均田均役的展开

明末清初，名为"均田均役"的赋役改革在江南兴起了，这是最

---

① 濱島敦俊：《明代江南農村社會の研究》，東京大學出版会 1982 年版；川勝守：《中國封建國家の支配構造：明清賦役制度史の研究》，東京大學出版会 1980 年版。

② 鶴見尚弘：《中国明清社会经济史研究》，姜镇庆等译，学苑出版社 1989 年版；章有义：《康熙初年江苏长洲三册鱼鳞簿所见》，《明清及近代农业史论集》，中国农业出版社 1997 年版，第 64—75 页；胡英泽：《清代苏州鱼鳞册中的业佃并录考释》，《中国史研究》2017 年第 1 期；胡英泽：《理论与实证：五十年来清代以降鱼鳞册地权研究之反思——以"太湖模式"为中心》，《近代史研究》2012 年第 3 期。

具江南地域特色的一系列赋役改革运动。尽管全国其他地方也存在类似精神的赋役改革①，但江南是这场运动的策源地，也是施行最为深入的地区。

"均田均役"这一说法出现于万历时期的江南。朱国祯在《涌幢小品》中描述了当时在嘉兴、湖州推行的改革，以及所遭到的强烈抵制。"万历辛丑，湖中审役，当事者以意为高下，余目击时艰，即上均田条议。"②朱国祯因撰写提倡"均田"的揭帖，得罪当地大族。当苏松巡按巡视到秀水县时，据说当地百姓都聚集官河两岸，贴出"均田便民"的字样。苏松巡按于是要求当地士绅在学宫聚集讨论，据说人多拥挤到要从泮水桥上坠落。而当地大族子弟则纠集起来要去焚烧朱国祯在南浔的家。③从嘉靖后期到万历初期，我们也能观察到江南一些极有影响力的士绅反对均田或均粮。其中最有代表性的是徐阶反对松江推行"均田"，其理由是一县之内各地的农业条件不同，不能划一科则。④此外何良浚、徐宗鲁等人也都持类似的议论。⑤

江南士绅之所以反应如此激烈，原因在于明末所推行的均田均役有一项核心的改革是限制士绅的优免。明代的徭役体制，士绅可以根据功名与官员品级，庇荫一定数量的人丁，免差徭役。但是这一制度规定在明代后期被大大滥用。一些势宦之家所荫庇的人丁远远超出制度规定的数目。朱国祯批评当时存在的这种情况：

> 兴衰各异，偏重不均，有一甲全然无田者，有一半亩产而充至数分者，有户绝丁存，妄报分数而亲族代当者。一金解户，必至逃亡，系籍则百劫不免，漏落则安坐自如。凡势家之

① 刘志伟：《在国家与社会之间：明清广东地区里甲赋役制度与乡村社会》，第169—170页。
② 《朱文肃公全集》，《自述行略》。
③ 朱国祯：《涌幢小品》卷一四"均田"。
④ 《徐文贞公与抚按论均粮书》，崇祯《松江府志》卷一○《赋额下》，第30页。
⑤ 川勝守：《中國封建國家の支配構造》，第302頁。

佃户、丛仆、疏属远亲，与其蔓延之种，田产悉据膏腴，亩数不啻万倍。影射挪移，飞诡变幻，三十年来无一手一足应公家之役，无一钱一粒充应役之劳。①

在明代的里甲制下，地方政府的日常运转与公共事务，必须依靠徭役及其各种折算形式。士绅优免滥用，就会导致所谓"役困"。地方政府难以获取维持正常运转所需的经济资源。这是明代末年江南均田均役改革所欲解决的问题。② 朱国祯所提出的解决方案是均田，进而均派士绅与平民的徭役。"当此势穷理极之时，大奋便民除害之断，力主均田，为民造命，参酌优免以重儒绅，均派余田以恤编户，直下宪牌责以如式，弗以批发了事，弗以异议动摇，弗以已成惮改。"③另一方面，则是在里甲制的框架内尽可能固定化每一个里甲的徭役负担，为了达到这一目的，就要固定每一里甲所登记的田地数量。天启《海盐县图经》所记载的乔拱璧改革也是朝着这一方向努力。④ 当时海盐县设立了贴银贴役、品搭徭役、编制官图官甲、市户派役、税粮官解、自封投柜等制度。⑤

江南的限制优免的均田、均粮等改革尚未完成，明王朝已经灭亡。顺治二年（1645）八月，清军占领松江。⑥ 由于南方的战事尚未结束，清朝对江南各州县的钱粮催征十分严苛。这种气氛下发生了奏销案。⑦ 经此打击，明末江南士绅的优免特权普遍被取消。另一方面，顺治十三年（1656），税粮改为官收官解，不再依赖里甲体系，自封投柜制度也能较为顺利地推行。

① 朱国祯：《涌幢小品》卷一四《揭帖》。
② 滨岛敦俊：《明代江南農村社會の研究》，第 232 頁。
③ 朱国祯：《湧幢小品》卷一四《揭帖》。
④ 滨岛敦俊：《明代江南農村社會の研究》，第 275—276 頁；川勝守：《中國封建國家の支配構造：明清賦役制度史の研究》，第 264 頁。
⑤ 川勝守：《中國封建國家の支配構造》，第 462 頁。
⑥ 姚廷遴：《历年记》，上海市文物保管委员会 1962 版，第 23 頁。
⑦ 岸本美緒：《明清交替と江南社會》，東京大學出版會 1999 年版。

康熙五年（1666），李复兴被任命为松江府娄县知县。当地士绅吴钦章等人重新提出推行均田均役的建议。此时士绅优免已经被取消，为何还要推行均田均役呢？此时当地士绅所欲解决的问题是调整地方公费的核算与摊派办法。

康熙元年（1662），令江南苏、松两府行均田均役法。户科给事中柯耸言："任土作赋，因田起差，此古今不易常法。但人户消长不同，田亩盈缩亦异，所以定十年编审之法，役随田转，册因时更，富者无兔脱之弊，贫者无虻负之累。臣每见官役之侵渔，差徭之繁重，其源皆由于佥点不公，积弊未剔。查一县田额若干，应审里长若干，每里十甲，每甲田若干，田多者独充一名，田少者串充一名，其最零星者附于甲尾，名曰花户，此定例也。各项差役，俱由里长挨甲充当，故力不劳而事易集。独苏、松两府，名为佥报殷实，竟不稽查田亩，有田已卖尽而报里役者，有田连阡陌全不应差者。年年小审，挪移脱换，丛弊多端。田归不役之家，役累无田之户，以致贫民竭骨难支，逃徙隔属。今当大造之年，请饬抚臣通行两府，按田起役，毋得凭空佥报，以滋卖富差贫之弊。其他花分子户、诡寄优免、隔属立户、买充册书诸弊，宜严加禁革。下部议行。"①

《清史稿》的记载可以归纳出几个要点。第一，均田均役改革始自康熙元年，最初仅在苏州、松江两府施行。第二，此法由户科给事中柯耸提议。第三，改革的核心政策是"按田起役"，也就是按照田亩派征徭役。

李复兴的改革推行之后，产生巨大的影响，不久之后作为典型在江苏、浙江、安徽推广，由此可以认为在江南形成了不同于明代的赋役原则。其中最引人注目的因素，是自封投柜代替里甲长或其他中间组织，成为赋役征派的形式。职业的税粮包揽群体则伴随着自封投柜制度确立而兴起。② 从此应付税粮征收的徭役基本解体了，

---

① 《清史稿》卷三五《食货二》。
② 山本英史：《清代中國の地域支配》，慶應義塾大學出版會株式會社2007年版，第70頁。

它的完全取消则是在不久之后的版图法、顺庄法。① 均田均役法以及自封投柜制度的确立的更重要影响是，从此包揽成为清代赋税征收中的主要弊端，这一现象是与自封投柜制度相依附而贯穿于清代税收制度变迁的。川胜氏对于这一点的理解，是十分精到的，笔者认为这一段话充分说明了国家税收制度对包揽、胥吏拒斥又依存的复杂关系：

> 两者都努力革除图书、里书等人役这一点，进而因此判断，人役被放置于对于国家与人民都危害的阶段。不过，图书等是巧妙地寄生于国家支配，从这一本来的作为徭役的性质中出来，形成了职业的胥吏的权力的掌握者的独自的人格，与自己有关的地方完全地成为利益之源。这样，国家必须废除相关人役，不能不解体徭役体制这一东西，这是更为困难的情况。②

乾隆中期常熟人赵锡孝评论说："均田均役之法行，则按年值役之外俱可自谋身家，以生以养，均田均役之法不行，则田不可为恒业，而小民业田者苦矣。"③ 这反映了清代江南士人对均田均役改革的看法，这次改革对清初江南赋役制度的影响也可见一斑。

李复兴推动改革，主要依靠地方士绅的力量，吴钦章等人是代表；也动员了部分书手的力量，如马天麒；还有一些没有功名的地方力量，也支持着推动改革。李复兴的详稿中提到了里催的呈报，他们批评当地的图书把持徭役编派与赋役造册，造成不公平，其后果是"始则年首逃亡，继则全图惊窜，以致催办无人，粮白毫无完纳，府之受罚受参，经承之被提被解，总由于役法之不均，故其弊有不可胜

① 侯鹏：《清代浙江顺庄法研究》，《中国经济史研究》2017年第4期，第113—131页。
② 川勝守：《中國封建國家の支配構造：明清賦役制度史の研究》，第619頁。引文为作者翻译。
③ 民国《重修常昭合志稿》卷六《徭役》。

数也"①。这些里催显然是承担徭役的平民或乡村领袖，他们所指出的主要问题是，"年首逃亡"即当年承担徭役人户的逃亡，由此造成"全图惊审"，即轮年人户由于要均摊徭役，负担越来越重。由此被提解的经承，显然也是徭役的一种。

无功名的平民所提出的问题，不仅针对拥有徭役编审权力的胥吏，也针对具有优免权的官户、儒户。李复兴在详稿中认为："官儒役之钱粮易起者，其田有定而累少，民户之钱粮易欠者，其田无定而累多也。"不过这里李复兴并未说明为何官户、儒户"其田有定"，而民户"其田无定"。

总之，清初继承明末的改革焦点是使徭役摊派更为合理，合理化方向则是使所有的徭役负担均可数量化，并且以土地为唯一的核算标准。如何实现以上原则呢？李复兴改革的的要点是："将各图田亩汇为一处，其有真正赔荒绝户，造明圩段细号，通盘筹算，量行均派。"这一点是"悉仿嘉湖事例"，也即将朱国祯的事例作为范本。这个举措的重点是将"真正赔荒绝户"的税粮、徭役负担均摊到各图，使得负担公平。而且"粮白则照田完纳，杂差则按亩均摊，以本名之田，完本名之税"。

改革办法从"均图"开始，所谓均图即将全县的土地重新编制图甲，计算全县的土地亩数，然后均分为300个图。新编的图甲并非按照自然经界划分而是均编，更加说明图甲是田赋登记的单位，不是地理区划。"均图"后要"并田"，即根据新编的图甲对土地重新登记造册，新的编审，将同属一人的田地划归同一图甲。值得注意的是这里承认图甲的编制中，税粮可以"因亲及亲，因友及友"予以编制，这与明代的制度原则显然完全不同，并且意味着承认宗族或乡村中的有力者将税粮合并登记。

> 并田之法。凡有田者不拘原旧图界限，如一人有数百亩之

---

① 《李侯原详》，《松郡均役成书》"文集"。

田，而坐落不等区图者，即以数百亩不等区图之田汇归本户，遵
照均定新图田额，分为各甲编列，一处完粮。其子户田不足甲，
仍许因亲及亲，因友及友，共并一甲。即于甲内分注明白各自出
额，听其自己造册，里递。册内开明收并原某某都某某图圩号，
田若干，俟递别之日，查其住址相近者，安顺编配，是为以田就
人，非以人就田，人人自收自田，己完己税。①

在经过这样的"均图""并田"后，虽然仍然分为300图，图下
设甲，但是，这里的图甲是虚设的划分，而非实际的空间上的划界，
因此，新编造成的图甲田册，实质上是个人田产的汇编册，也就是
"不拘原界""以田从人"。

田册编制的最后一步是"销图"，即原来的图甲编制不再作为赋
税征收的单位。但是，原有的图甲圩号仍然要存档，因为如前所述，
新编制的图甲是一种虚设的编号，实际的田土区划仍然要使用旧有的
图圩作为依据。这个过程实际上是"并田"的继续，销图后业户手
中的由单或者田册归并为一份，其中只注明须缴纳的赋税的总额，同
时记录其所拥有的不同田块的位置，这是为了避免原来同一业户所拥
有的不同田块要到不同的图缴纳钱粮的现象，因为这被认为是造成
"飞洒""诡寄"的重要原因。

> 务先着令各图造明挨号一册，开注现业户名呈递存案，以
> 为均田张本。然后令业户查明号册，照数收并即将业户造册逐
> 号参封，原图核准无异，随于原图原号内注销，俟编图之日注
> 明新编某图讫。②

按照新编定的田册征收赋税的办法，是核定某户应缴纳钱粮总

---

① 《均役成书·均编条议》。
② 《均役成书·均编条议》。

数，"即将所派之额银分作十分，一月中又分三限"，按限缴纳。由于"自封投柜"不再经手册吏书手，因此串单只有两份，一份留底，另一份发给业户，每缴纳一限额银即划去一限，"令业户悉照串额将银自封入柜，投一限之银即截去一限之单"。这实质就是雍正之后全国通行的三联串单之法。存底串单即"根串"编制有两种办法，第一种办法是串单上按月写明每限应缴纳银多少；第二种办法是写明每月总缴纳银多少，然后附三张"甲户免比单"，每限一张。串单册的编制原则同"并田"一样：

> 其算额编串，如一图十甲而止一户者，以一户出额即以一户编串，而各户朋并者以各户出额即以各户编串方为便民。

最后要解决的后续问题是，土地买卖后重新编制田册的问题，即所谓"分户"。发生买卖的田块，将其从原属的业户名下分出，仍然在所属的图甲内分立一户，其原则是"盖编定之图，惟户可换而田不可换也"。

松江府之外，太仓州也相继施行了均田均役改革。太仓州由此革去税粮征收的民收民兑，并将徭役征发完全按照田亩摊派，达到"户无无田之役，田无不役之人"①。显然，这与娄县首先发起的均田均役改革的精神是一致的。

均田均役改革之后，松江府属各县的赋役运作已经摆脱了明代遗留的"役困"问题。从明清之际社会变革的动向来看，松江府的"均田均役"改革实是一条鞭法改革之延伸。均田均役的重点有二，其一是革除里长、甲首役及坊厢里役，这在明代恰恰是所谓正役，要之，这些所谓正役，是为了保证乡村中的税粮征收、运输，以及附加于此的各种杂役，同时能够调取在城人户以支应府、县衙门的各种需用。以上的这些人役需求，至清代都转为以银两核算征收银两的方

---

① 嘉庆《直隶太仓州志》卷二一。

式，因此所有的差事与具体人户之间的关系就解除了。州县政府各种合法、非法的支出，都通过在田亩地丁税上附加征收实现。均田均役改革之后，康熙二十年（1681）时，又进一步明确"重编里甲"，革除征粮押差等役①，也证明了改革的方向。

其二是以直接控制人户为原则的里甲制度事实上被废除，建立了"虚都虚图"制度，这是进一步向图甲制，以及之后的版图顺庄法转变的中间环节。均田均役中设计了一县总设 300 图的方法，这里的图并不对应实际的田土，而是税亩土地的会计单位。这一制度设计的意义是，所有地方政府的人力、钱财需求，都可以通过摊派至各图解决，而不必摊派至里甲。里甲的编制由此也就被彻底废除。

三 《松郡均役成书》再讨论

如前文所述，清初松江的均田均役改革是具有一条鞭法精神的赋役制度改革在清代延续的重要一环。《清史稿》中也记载了这一事件。那么，《清史稿》对此事的记载来源哪里呢？首先可以注意到的是《清文献通考》。《清文献通考》中援引柯耸之上奏以说明均田均役法所行之内容。引述之后，还添加一段按语：

> 臣等谨案，均役之法，时权知娄县李复兴性质最为得宜，各属皆仿而行之，因编为均役成书，沈荃序略曰：娄县自均役以后，流亡复归，荒芜日垦，邻邑外省相继取法，所虑世俗昧于均役之义，而议其无役，且以为师心而不法古，夫三代之役，军旅士功而已，井田废而兵民分，兵久无与于民，若夫筑城浚川，则计田出费，以供其事，即近日吴淞之役，岂非至均者？……今均田之法，家自催赋，无不办之赋，是既无不举之役，岂必办赋之法，岁破数百家，毙数百命，而后谓之役？向之有役有不役，故

---

① 乾隆《娄县志》卷六，第 8 页。

见其役，今也即赋为役，故不见其役，若为以田从人为非，则向者从人从田，图蠹图书为政，而官与民交受其害，今以田从人，业户自为政，而官与民交受其利，行且遍此法于吴越间，虽百世可知也。①

《江苏省通志稿》② 也承袭了这种说法，由此大致可判断，晚清以降各种常见文献中叙述均田均役，都以《清文献通考》中的说法为依据。《清文献通考》中的说法则来自《均役成书》。

《均役成书》又称《松郡均役成书》，是编纂于康熙初年，乾隆后期广泛刊刻传布的一种文件汇编。该书汇集了康熙初年均田均役改革中形成的各种政策，及当时人对改革实施的记录。从《均役成书》可知，松江均田均役改革，最先从娄县开始，由当时的知县李复兴发起。他改革的方法，是"家自催赋"以及"以田从人"。这些改革的情况，此后编纂为《均役成书》，并由沈荃作序。值得注意的是，此序言与李复兴所撰的《均田均役议》一同被收入《清经世文编》③，嘉道之际的经世学学者们，也将李复兴的改革视作重要的思想资源。

《松郡均役成书》通行版本分为四册，以"文""行""忠""信"编号。管见所及，上海图书馆藏《松郡均役成书》有三种版本，一种为康熙十一年（1672）刊刻，乾隆五十三年（1788）补刻，编者佚名；一种为乾隆五十三年（1788）谢庭薰刻本，谢庭薰为时任娄县知县；一种为同治五年（1866）松江聚文斋张梅谷刻本。从《均役成书》四册的体例来看，第一册《文集》的四篇序均作于康熙十一年之前，第二册《行集》的序作于康熙十一年，而第三集《忠集》的序则作于康熙十六年（1677），第四册《忠集》序言为王日藻撰，无纪年，但肯定亦作于康熙朝前期。另外，上海图书馆尚藏有一

① 《清文献通考》卷二二《职役考》。
② 《江苏省通志稿》卷三《徭役》。
③ 《清经世文编》卷三五《户政五》。

种单册本，题名为《续辑均役成书》，内容为通行本第三册《忠集》。由是知道在乾隆五十三年谢庭薰汇刻《松郡均役成书》以前，四册的内容是分别刊刻流传的，或至少分为《松郡均役成书》和《续辑均役成书》两本书各自流传。康熙十一年初刊本的内容只包括前两册，甚至仅第一册，然而在康熙十一年朱潜章撰写的《均役成书始末小记》（《松郡均役成书·行集》）中提到："不朽刊刻成书四卷，名曰《清赋平役新书》。而序其简端者，即原题均田均役之户垣柯公也。"由是可知康熙十一年初刊本是将前两册内容分为四卷，而编辑刊刻者是亲身参与均田均役法的一批士绅。到乾隆五十三年，谢庭薰将两种书汇编刊刻，题名《松郡均役成书》，从此成为流传的定本。同治五年的重刻本，也是以此为底本的，但是同治五年刊本，又将原本第四册中的莫大勋改革文献抽出，单成一册，成为五册本，不过没有另外编号。此书当年似乎流传甚广，国家图书馆及东南省份一些图书馆均见藏，版本不出以上几种。滨岛敦俊与川胜守所据均为东京大学东洋文化研究所藏刻本，据滨岛氏介绍，有两种刻本，分别题为《松郡娄县均役成书》与《松郡娄县均役要略》，其内容与上海图书馆所藏乾隆五十三年刻本《松郡均役成书》内容相同。他又认为乾隆《娄县志·艺文志》所收录的《娄县均编要略》《李公均役全书》，前者相当于文集的内容，后者相当于"行""忠""信"三集的内容。①

四　销圩鱼鳞图册及其中的"业佃并录"

在此前的研究中，鹤见尚弘、章有义、胡英泽等都注意到康熙十五年编纂的鱼鳞图册中存在"业佃并录"的现象，并对此提出了不同的解释。章有义还注意到，这一时期并不仅仅苏州的鱼鳞图册中登记佃人的信息，徽州鱼鳞图册也是同样的编纂格式。而且他非常明确

---

① 滨岛敦俊：《明代江南農村社會の研究》，第411頁，注（11）。

地认为这些佃人无疑都是田面主。①

鱼鳞图册中所出现的这些佃人，鹤见尚弘最先认为应当是直接租佃的耕种者。鱼鳞图册中的信息反映的是租佃关系。② 但是章有义认为，如果这些佃人是一般佃耕户，他们的信息并不需要记入鱼鳞图册，这些佃人应当指田亩主。并通过计算土地占有的情况证实了这一点。③ 胡英泽认为章有义的判断有误，这些佃人仍应理解为亲自耕种的租佃户。④

胡英泽所主要依据的东京大学东洋文化研究所藏长洲县鱼鳞图册（馆藏编号"贵重—63"），目前已经全部扫描公开于网络，共计20册。这批鱼鳞图册都缺少充分的编纂信息，因此东洋文化研究所未进行个别编目，只总括称之为《鱼鳞图册不分卷》，笔者尝试将其主要信息整理如下。

表1　　　　　　　东京大学东洋文化研究所藏长洲县鱼鳞图册

序号	封面题签	书脊	骑缝	圩号
1	鱼鳞册	无	都图　恒福栈	眺字圩
2	鱼鳞册	下廿一都八图	抄县　康熙拾伍年分奉旨丈量鱼鳞清册	悲字圩
3	无	下廿一都八图	抄县　康熙拾伍年分奉旨丈量鱼鳞清册	阶字圩
4	无	西念贰都壹图	抄县　康熙拾伍年分奉旨丈量鱼鳞清册	尺字圩
5	鱼鳞册	西廿二都二图	抄县　康熙拾伍年分奉旨丈量鱼鳞清册	璧字圩
6	鱼鳞册	景福栈	无	西念贰都念伍图斯字圩

① 章有义：《康熙初年江苏长洲三册鱼鳞簿所见》，《明清及近代农业史论集》，中国农业出版社1997年版，第66页，注1。
② 鹤见尚弘：《中国明清社会经济研究》，第140—141页。
③ 章有义：《康熙初年江苏长洲三册鱼鳞簿所见》，《明清及近代农业史论集》，第64页。
④ 胡英泽：《清代苏州鱼鳞册中的业佃并录考释》，《中国史研究》2017年第1期。

续表

序号	封面题签	书脊	骑缝	圩号
7	鱼鳞册	景福栈	无	念三都五图秋字圩
8	鱼鳞册	无	抄县　康熙拾伍年分奉旨丈量鱼鳞清册	而字圩
9	鱼鳞册 廿四都二十图 陆 景福栈		康熙拾伍年分奉旨丈量销圩鱼鳞清册	孔字圩
10	鱼鳞册	景福栈		上廿五都正扇十图　鼓字圩
11	鱼鳞册	上廿五都十一图	抄县康熙拾伍年分奉旨丈量鱼鳞清册	广字圩
12	鱼鳞册	无	景福栈	下廿五都十六图八字圩
13	鱼鳞册	无	景福栈	家字圩
14	鱼鳞册	无	都图　恒福栈	千字圩
15	鱼鳞册	无	抄县康熙拾伍年分奉旨丈量鱼鳞清册	户字圩
16	鱼鳞册	无	抄县康熙拾伍年分奉旨丈量鱼鳞清册	朱盛字圩
17	鱼鳞册	无	抄县康熙拾伍年分奉旨丈量鱼鳞清册	中叁拾壹都付扇东拾肆图 举字圩
18	鱼鳞册	无	抄县康熙拾伍年分奉旨丈量鱼鳞清册	中三十一都副扇三十三图 北江字圩
19	无	无	都图　恒福栈	中三十都三十六图 道因里字圩
20	无	无	无	无

资料来源：《鱼鳞图册不分卷　钞本》，索书号：贵重—63，东京大学东洋文化研究所"贵重汉籍善本全文画像"数据库，http://shanben.ioc.u-tokyo.ac.jp/list.php，2020年10月25日访问。

表1的概览可以直观地说明，目前所留存的长洲县鱼鳞图册都是晚清时期当地租栈抄录，不能直接视作清代初年土地登记的原始记录。胡英泽认为这批鱼鳞册大多抄录于道光或更晚的时期，其中仅有《康熙拾伍年分奉旨丈量销圩鱼鳞清册》相对可信。① 不过，这一册的封面题有"陆景福栈"，说明这一册也一定是晚清租栈所抄录，不能视作原始信息。虽然这批鱼鳞图册并非清代初年的原始记录，但是我们基本可以由此确认，康熙十五年（1676）曾经进行过土地清丈，其土地登记的格式与税亩等信息可以由这批鱼鳞图册所反映。

更值得注意的是，这一册鱼鳞册题名有"销圩"字样。如前文所述，"销圩"是均田均役改革中的一个环节。那么，这一批鱼鳞图册是否与均田均役有关系呢？前人的相关研究已经考证，康熙十五年主持编纂长洲县鱼鳞图册是当时的知县李敬修。

> 李敬修，字念兹，奉天人。康熙十三年由兵部笔帖式授长洲知县。邑中田赋，明季以来多隐蔽混淆，会巡抚奏请清厘，敬修以此事非亲履田间，弊终难除，遂请解任，专督丈量，循行四乡，无间寒暑，因荒熟以更定斗则，豁除坍公占。所造鱼鳞册犁然可考，官民始免于赔累。自十五年八月至十七年六月事竣，乃还任。②

而在李敬修清丈之前，康熙十一年时，长洲知县沈恩已经进行了清理田赋的工作。

> 乃颁发坐图销圩条约，饬长洲令沈恩举行之。沈亦廉干吏也，咨求研究，务得其切要。一、购求旧册，使有依据。惟旧册终不可得者，方许丈量也。一、履亩以稽业户，不必符现在办粮

---

① 胡英泽：《理论与实证：五十年以来清代以降鱼鳞册地权研究之反思——以"太湖模式"为中心》，《近代史研究》2012年第3期，第114页。
② 同治《苏州府志》卷七一《名宦四》，第27页。

之数，以免瞻顾也。一、禁民告讦，不追求已往隐占之弊，以杜诈扰也。一、择士之端方正直有心计者，任之吏胥不得干与也。行于康熙十一年春，几月之间，功奏其半。[①]

此次清理田赋中，所登记的内容与康熙十五年长洲县鱼鳞图册可以相互对照。

> 今以田形、四址、科则轻重、业佃姓名，备细开列者，曰信册，钤印存县。以字圩垃数，平米业户，开列如镜者，曰镜册，以呈宪。以县总仓总图总圩总，开列大端者，曰简明册，以达部。

值得注意的是，此次清理田赋时，并不认为必需通过土地清丈编纂鱼鳞图册，而是将销圩视作核心环节。李敬修等只是认为长洲县的情况特别复杂，所以必须丈量。

> 所当清者，不过荒熟轻重之混淆，飞洒包赔之拖累。销圩足矣，何庸丈。而长洲必需清丈者何？曰旧册无存也，存县之册不可问，存图之册自在也。乃吴县有底册，长洲独无底册者何？吴县之里长论籍，未均田以前，里长皆世役，册亦世守故存也。长洲之里长论田，一番编审，则一番更易，其册不知所归，故或存或不存也。[②]

当地士绅总结李敬修清丈的功绩时，也将"销圩"视作成功的关键。

---

① 蔡方炳：《长洲清田纪事一》，《清经世文编》卷三〇《户政六》，中华书局 1992 年版，第 779 页。

② 蔡方炳：《长洲清田纪事二》，《清经世文编》卷三一《户政六》，第 780 页。

侯才干经济，无所不优，小用则小效，大用则大效，惟是条折、漕兑二大政外，目前所最急者，更有销圩一事，为长邑田粮完欠之原，尤为花诡隐漏荒熟挪移□积弊之薮，官长坐此，贻累考成，小民坐此，敲骨吸髓。方伯慕公请于大中丞马公，其欲甦久困而彻澄之者已有日矣，向未有能胜任者，故不果行，今则佥谓是役也非侯不可。于是大中丞特疏入告，重以简命专任而责成之，以必济平必永为务，而侯亦谓可胜任愉快，遂受命不辞，仁见强理秩然，高下肥瘠，豪强无所私其故智，而数百年来之□痼可以一旦起之矣，然则我侯之德垂于民者讵有艾哉。①

由以上几条资料可以做如下推断。首先，康熙十五年编纂鱼鳞图册的前奏必然是推行均田均役改革，因此《长洲清田纪事》中才特别强调"均田以前里长均世役"，也就是说均田均役之后才完全革除里甲应役的制度。按照滨岛敦俊的研究，虽然李复兴在娄县推行均田均役是在康熙四年（1665），但直到康熙十三年（1674），才由江苏布政使慕天颜主持，在全省进行推广。②

其次，就核算田赋而言，当时的官员与士绅都认为销圩是核心环节，甚至超过土地清丈的重要性。《德政碑》将之视作关涉钱粮完欠的最急务，而《清田纪事》则认为只需完成销圩，便不需清丈。那么销圩究竟是要做什么呢？

一、销图之法。通县田地，每图俱有圩号。务先着令各图造明挨号一册，开注现业户名，呈递存案，以为均田张本。俾从前飞洒隐漏之弊，尽行厘剔革除，然后令业户查明号册，照数收并。即将业户造成田册，逐号参对原图核准无异，随于该图原号

---

① 《长邑李侯德政碑记》，王国平编：《明清以来苏州社会史碑刻集》，苏州大学出版社1998年版，第164页。

② 滨岛敦俊：《江南農村社会の研究》，第404頁。

内注销。俟编图之日，注明新编某图讫。倘有田数无多，不愿自己出名，寄并亲识名下，务要开明原户姓名，以便销图。仍再取户领号一册，以与号册为经纬。比如某图一人，共有田若干，内某某圩某某号各若干，就田之多少，挨次攒造。其存图零星田亩，无人收并者，亦即按田按户，编归一甲，各照征输，则无不税之田矣。①

由此可见，销圩的意思是检查原本田土的都、图、圩号，再进行重新登记。长洲县则是因为原本的土地登记信息残缺，因此要重新编纂鱼鳞册。与鱼鳞图册不同，销圩所编纂的册籍中，将同一业户的土地都汇总编号。但仍然用都、图、甲的方式编纂起来，形成所谓"虚都虚图"的册籍。我们可以推测，当时在鱼鳞图册之外还有另一套册籍，按照业户登记土地与税粮数额。

现在我们已经明了康熙十五年长洲县鱼鳞图册编纂的制度背景，也即清初从松江推行到苏州的均田均役改革。但是我们仍未能回答章有义所提出的问题——"作为征税凭据的鱼鳞图册为什么要记载那些同产权无关，即没有任何占有关系的佃耕户的名字呢?"②

如上所述，均田均役之后革除了里甲体系。就赋役征派来说，最大的变化在于，原本直接催征税粮的是当年应役的里长与甲首户，现在则是由官府佥派或征募的差役下乡催征。尽管乡村中从事包揽的人群从未被排除在税粮征收的过程之外，③但是，这些下乡的差役如欲催征税粮，就不仅需要掌握登记的业户也即田底主的信息，还需要掌握分享田租收入的田面主的信息。我们从均田均役之后新设立的税粮征收制度中就能够看到这种迹象。

---

① 《均编条议》，《松郡均役成书》"文集"，上海图书馆藏。

② 章有义：《康熙初年江苏长洲三册鱼鳞簿所见》，《明清及近代农业史论集》，第64页。

③ 山本英史：《清代中國の地域支配》，慶應義塾大學出版会株式会社2007年版，第19—40页。

嗣后推收编审，悉照均田均役之法。通计该县田地总额与里甲之数，将田地均分，编定办粮，管产恤民，自相品搭，充足里甲之数，不许豪民多田隐役□征收钱粮，清造截票，计算每户实征粮课，分作十限，按期限完一分，依限完纳，截票宁家，如有不完不截摘明各户，不得专清现年甲催。[1]

推行均田均役之后，需要特别设立征粮截票这种新的单据，正是因为原本在里甲内部进行的催征等环节，现在变为了地方政府与纳税户之间的事务。正如梁方仲所指出的，一条鞭法改革之后，一个特别突出的现象就是，随着各种具体的改革而形成大量新的赋役册籍与单据。[2] 另一方面，碑记中特别强调，如果有拖欠不完的情况，差役不得向"现年甲催"追责。所谓"现年甲催"也就是原本明代里甲体制中的当年应役之里长、甲首。不论事实上差役是否向现年里甲追责，就政策上来说，他们被排除在催征的环节之外。因此，官府派向乡村的差役就更有必要直接掌握催征的环节。

明清之际的苏州、松江，可以认为已经普遍地形成田底、田面权的分化，我们从万历年间的若干诉讼案中已可见端倪。毛一鹭在万历至天启初年任松江府推官，并编纂有《云间谳略》。[3] 他所审理的案件中有如下记录："前件审得：吴桂佃陆凤之田，其从来久矣。后凤鬻之李潮，潮又转鬻其半于张忠，忠欲另换佃者，桂不从，欲桂另立佃契，桂又不从，是曲在桂也。"[4] 从这样的记录来看，万历时期松江的转佃已经十分普遍。而且当田底主试图换佃时，遭到了抵制，这种转佃的权利通常会进一步演化为田面权。吴滔认为苏州田面权的普

<hr>

① 《均田均役征粮截票永遵碑记》，江苏省博物馆编：《江苏省明清以来碑刻资料选集》，生活·读书·新知三联书店 1959 年版，第 600 页。

② 梁方仲：《一条鞭法》，《明代赋役制度》，中华书局 2008 年版，第 60 页。

③ 李蒸：《〈云间谳略〉与晚明司法实践》，硕士学位论文，华东师范大学，2014 年。

④ 毛一鹭：《云间谳略》，杨一凡、徐立志等编：《历代判例判牍》第 3 册，中国社会科学出版社 2005 年版，第 544 页。

遍发展与稳固正是从 17 世纪末到 18 世纪发生的。①

这种情况下，清代初年催征税粮的差役必然有意愿去掌握田底主、田面主的情况。这在康熙十五年长洲县编纂鱼鳞图册之际，就反映为"业佃并录"的现象。另外值得一提的是，章有义先生在讨论这组鱼鳞图册时，还得特别指出，自明代万历时期到清初康熙年间的一些休宁县鱼鳞图册中，同样存在"业佃并录"的现象，这些"佃人"也应当是田面主。② 章有义先生的这一观察无疑是很敏锐的，我在讨论这一时期的一套歙县鱼鳞图册时，也注意到同样的现象。但是，大约在道光时期之后编纂的鱼鳞图册中，"业佃并录"的现象普遍地消失了。不仅是这里所讨论的长洲县鱼鳞图册，现存的徽州鱼鳞图册中也有类似的现象。无疑，19 世纪东南乡村中的田亩权分化必然是更为广泛且活跃的，但是为何鱼鳞图册中不再登记田面主的信息呢？对此还有待后续研究的解释。

结　　论

均田均役改革是明清之际具有一条鞭法精神的一系列赋役改革中的重要一环。清初松江均田均役改革留下了《松郡均役成书》这一重要文献。过去，滨岛敦俊与川胜守曾经围绕这一文献进行了细腻的讨论。通过他们的研究，我们可以确认均田均役改革在江南实现了对明代里甲正役的取代，从而建立由官府派差催征税粮的新体制。但是，他们都将注意力集中于这一过程中的限制、废止士绅优免的政治行动，进而与有关江南"不在地主"的讨论联系起来。这一讨论角度固然有其合理性，士绅以何种力量参与到地域社会的构建中，通过这一讨论更为清晰了。但是，这一视角也遮蔽了另一方面的问题：虽

---

① 吴滔：《清代江南的一田两主制和主佃关系的新格局——以苏州地区为中心》，《近代史研究》2004 年第 5 期。

② 章有义：《康熙初年江苏长洲三册鱼鳞簿所见》，《明清及近代农业史论集》，第 66 页注 1。

然里甲体制在明末已经矛盾重重，但是，里甲制瓦解，官收官解与图甲制的确立与发展，也意味着土地市场的权利秩序将发生相应的调整，才能令赋役制度与土地市场两方面的运行达到新的平衡。前一时期有关均田均役的讨论都忽略了这一点。

另一方面，康熙十五年长洲县编纂的鱼鳞图册在晚清保留了一系列抄本，鹤见尚弘、章有义、胡英泽等学者都围绕这批资料讨论地权的分配。他们都注意到鱼鳞图册中的"业佃并录"现象，并很自然地由此引申到所谓租佃关系的讨论。章有义虽然已经意识到，这事实上反映的是田底、田面权之间的关系，而并非地主与直接耕种者之间的关系。但是，他并未能很好地解释作为赋税征收依据为何要登记田面主信息？

我在解读《松郡均役成书》时发现，均田均役的重要环节"销圩"恰恰是康熙十五年长洲县鱼鳞图册编纂的制度背景。由此，鱼鳞图册登记田面主信息就得到了合理的解释。明清之际苏松地区已经形成了普遍的田面权分化，当里甲制正式瓦解，地方政府转而依靠派到乡村中的书差催征税粮时，这些书差就不仅需要掌握田底主的信息，也需要掌握田面主的信息，才有可能稳定地催征税粮。也就是说，土地市场的发展与赋役制度的演化，两者必然是有机结合的。

但是，这里尚存在悬而未决的问题，就目前苏州、徽州等地所留存的鱼鳞图册来看，道光之后编纂的鱼鳞图册中，佃人的登记信息又普遍消失了？这应该如何解释呢？很可能当田面权的权利观念更为稳定之后，田底主与田面主之间的赋税责任也形成了更为成熟的秩序。书差催征税粮只需掌握田底主的信息；另一方面，晚清苏州出现了大量租栈机构，代理了从收租到缴纳税粮的过程，也令鱼鳞图册中的登记信息大大简化。但是，以上推测能否得到史料检验的支撑，还有待进一步研究。

清代食盐运销的成本、利润及相关问题[*]

陈　锋

（武汉大学　历史学院暨中国传统文化研究中心）

清代的食盐运销有官督商销、官运官销、官运商销等多种运销体制，在诸种运销体制中，官督商销是食盐运销的主要形式。官督商销沿袭前代的专商引岸制，设官分职、签商认引、划界运销、按引征课，运商是运销食盐、输纳课税的主体。本文探讨清代食盐运销的成本与利润，主要是就官督商销体系下的运商而言。由于两淮盐区的重要性以及资料的系统性，所以也以两淮盐区为主要考察对象，其他盐区作为参照。

一　食盐运销成本的核算

光绪《两淮盐法志·征榷门·成本》开篇言："逐利者，商也；主持商利者，官也。"① 可谓至为精要。商人运销食盐在于"计本图利"②，而商人盈利之多寡，则受制于运销食盐过程中的成本构成以

---

　* 本文为国家社科基金重大招标项目"清代财政转型与国家财政治理能力研究"（批准号：15ZDB037）阶段性成果之一。
　① 光绪《两淮盐法志》卷九九，《征榷门·成本上》。
　② 档案，嘉庆十二年六月二十一日两淮盐政勒布奏：《为遵旨覆奏事》。朱批奏折，档案号：04-01-35-0488-036。中国第一历史档案馆藏，下注"档案"者均为该馆藏。

及售卖食盐的价格，成本与价格之间的差额，构成利润的空间以及利润率的高低。

在官督商销的食盐运销体系亦即食盐专卖体制下，与一般自主经营的商人不同，盐商是具有垄断性质的专卖商人，成本的核算以及售卖食盐价格的确定，不是单纯的商人行为和市场行为，会受到官方的强力干预，"商人运盐成本、输课纳帑，均赖各引地销盐价值"①。"倘价值过昂，则买食为艰，闾阎原属未便；倘价值不敷，则成本有亏，商力亦宜体恤。盖以盐价之低昂，视乎成本之贵贱，以为准绳也。"② 官方在核定成本和限制盐价时，必然会考虑到"民食""商力"以及引盐的畅销和课税的完纳。换句话说，民食、商力、盐课是清廷和地方官员、盐政官员关注盐商成本和食盐价格的三个主要动因。

民食、商力、盐课，三者密切关联，而成本的核定和盐价的限制又更为紧密的结合在一起。就清代各个盐销区的情况看，并不是一开始就有盐价的限制，经历过自由售卖到限定盐价的过程，从严格意义上讲，只有在限定盐价之后，才有成本的核算。

清代划分长芦、山东、两淮等12个盐区，各个盐区的情况有比较大的差异，长芦、山东等盐区的盐商，采取"直销"的方式，从盐场采买食盐到在引地（引岸）设店销售，均由各纲商人独立运营。淮盐（淮南）的运销方式则与长芦、山东等盐区不同。淮商（运商）又称为"扬商""大商"，相当于承包商和一级批发商，只负责运盐到岸，然后由其他盐商或水贩批发、销售。如从盐场运盐到汉口，就有运商（扬商）——岸商（汉商）——盐行——水贩的运销系统，也有另外的成本和盈利方式③，不备述。

---

① 档案，乾隆五十三年八月十二日长芦盐政穆腾额奏：《为确查商运亏折情形，恭恳圣恩调剂事》。军机处录副，档案号：03-0623-053。
② 档案，乾隆五年正月二十五日两淮盐政三保奏：《为遵旨奏闻事》。朱批奏折，档案号：04-01-35-0444-025。
③ 档案，乾隆二年五月二十九日史贻直奏：《为钦奉上谕事》。朱批奏折，档案号：04-01-35-0442-042。

以下所说的两淮"成本"以及"盐价"均是指淮南运商运盐到岸的成本和盐价。

就各种版本的《两淮盐法志》来看，康熙《两淮盐法志》没有"成本"的专门记载，乾隆、嘉庆、光绪三种版本的《两淮盐法志》均有"成本"专篇，但其有关"成本"的首条记载，均是雍正元年（1723），似乎成本的核算和盐价的限定起始于雍正元年（1723）。但事实上，此前已经有盐价的限定和成本的约略核算。康熙三十年（1691），首次限定汉口盐价①，即所谓"康熙三十年间，楚省盐价每包一钱"②。档案亦称："淮商运销楚盐，每引四十一包七分，每包八斤四两，康熙三十八年（1699）以前，每引成本不过四两有零，每包止卖银一钱。自雍正元年至乾隆四年，递年增加，每引成本多至七两一钱一分四厘零，每包核价一钱七分零。"③康熙四十四年（1705），苏州织造李煦也有奏折说明限制盐价的不合理④。从康熙五十七（1718）李煦的奏折中，也可以知晓，在李煦上奏后，曾有上谕禁止限价，即："康熙四十四年钦奉恩旨，盐价准随时销售，商民俱各称便。"盐价随行就市，确保了盐商的获利和盐课的输纳，李煦称之为"商人生意好，则国课输将甚易，……国课、商资，均有攸赖"⑤。也就是说，康熙后期，处于"限价"与"随时销售"的波动期。

由于"随时销售"导致盐价的增高，雍正元年，裁革陋规，轻减盐商的运盐成本，重新定价："价贱时，每包以一钱一分九厘为率，于价贵时，每包不得过一钱二分四厘。"这是在核定成本时，首次明

---

① 这里说的"汉口盐价"以及文献和后面论述的"湖广盐价""江西盐价"均是淮盐运抵汉口和南昌的"到岸"价。

② 周庆云：《盐法通志》卷六七，《转运十三·盐价二·两淮》。

③ 档案，乾隆五年三月十四日署理江南总督郝玉麟奏：《为调剂盐斤价值以利民食事》。朱批奏折，档案号：04－01－35－0444－033。

④ 《李煦奏折》，中华书局1976年版，第28页。

⑤ 档案，康熙五十七年闰八月初九日苏州织造李煦奏：《为物多则贱，物少则贵事》。朱批奏折，档案号：04－01－035－0438－034。

确出现"价贱"与"价贵"两种定价模式，并为后来的成本定价所沿袭。雍正二年（1723），因为"海潮淹没，灶煎不继，盐少价贵，成本倍增"，汉口盐价也因此而涨，户部议令："商、民公平买卖，随时销售，不得禁定盐价以亏商，亦不得高抬时价以病民。"① 政策迅即改变，一如湖广总督班第所说："楚省盐价，雍正元年，蒙世宗宪皇帝钦差吏部侍郎黄叔琳会同前督臣杨宗仁、前盐臣谢赐履定议，每包以一钱一分九厘为率，贵亦不得过一钱二分四厘。雍正二年，盐臣噶尔泰以海潮淹没盐场，盐少价贵，奏请随时销售，又蒙世宗宪皇帝谕旨，盐价之贵贱亦如米价之消长，令部议覆准行。……任从市价发卖。"②

雍正二年户部所谓的"商民公平买卖，随时销售，不得禁定盐价以亏商，亦不得高抬时价以病民"以及"任从市价发卖"，实际上改变了"限价"的初衷，致使湖广地区盐价的不断增高。对此，湖北巡抚崔纪有描述："楚省盐价自雍正二年以后商人借口随时销售之谕旨，任意高抬，皆有案卷可稽，如雍正六年每包长至一钱八九分，雍正九年每包长至二钱一分，雍正十一年每包长至一钱七八分，雍正十二、十三两年盐价皆经陡长。"③ 盐价的陡长，均是雍正二年的"放价"使然。

湖广地区食盐价格的不断高涨，虽然使盐商获得高额利润，但也导致一系列问题的出现，乾隆的上谕将"从前一包盐不过卖一钱三四分，今闻得卖一钱八九分不等"，概括为"湖北盐政废弛"④。由此导致连绵不绝的核算成本，限定价格的讨论，以及盐商成本的反复核算和食盐价格的不断限定，江西也因为同为淮盐销区，在讨论湖广的成

① 乾隆《两淮盐法志》卷一〇，《课入四·成本上》。
② 档案，乾隆五年二月二十五日班第奏：《为遵旨覆奏事》。朱批奏折，档案号：04-01-35-0444-031。
③ 档案，乾隆五年四月十二日崔纪奏：《为据实陈明事》。朱批奏折，档案号：04-01-35-0444-039。
④ 档案，乾隆二年五月二十九日户部尚书、署理湖广总督史贻直奏：《为钦奉上谕事》。朱批奏折，档案号：04-01-35-0442-042。

本时，也开始有江西成本的讨论。兹依据《两淮盐法志》，并以现存档案作为补充，缕述如下①：

乾隆四年（1739），太仆寺卿蒋涟奏称："目下江楚子盐八斤四两一包，每包价至二钱不等，盐价日昂，小民日受其累，请仿照酌定长芦盐价之例，令该督抚量运道之远近，成本之多寡，官为定价。"于是，从乾隆五年（1740）四月开始，到乾隆五年十二月，历时半年有余，反复核算成本，限定盐价，先后由湖北巡抚崔纪、两淮盐政三保、户部及大学士、两淮盐政準泰、江苏巡抚徐士林开出不同的成本清单，湖广总督班第、署理江南总督郝玉麟也参与讨论，意见纷纭。

据两淮盐政三保开出的第一次成本清单称："自场价、额课、引窝、捆运、包索、水脚，以及河工、织造、铜斤并辛工火足等项，每引需用成本银七两一钱三分九厘六毫零，每包一钱七分一厘二毫零，每斤二分七毫零。"而湖北巡抚崔纪所开成本要低得多："每引需成本银三两四钱，每包八分一厘五毫零，每斤九厘八毫零。"由于两者相差悬殊，户部"将开列各单互相参较"，定出新的价贱和价贵成本单，随后，两淮盐政三保又开出新的"酌减"成本单，户部也再次核定。成本的反复核算以及盐政大臣、地方官员出于不同的目的，"为商为民，各执一见"②，甚至有"湖北巡抚崔纪与盐政三保彼此抵牾"之说③。乾隆五年（1740）年底，两淮盐政準泰、江苏巡抚徐士林联衔上奏，认为是"逐项确查，按照每纲实在必须银数酌定"的运盐成本和限定盐价的标准④。并同时附录最后三次不同的成本清单，

---

① 以下未注出处者见乾隆《两淮盐法志》卷一〇，《课入四·成本上》；卷一一，《课入五·成本下》。嘉庆《两淮盐法志》卷二三，《课程七·成本上》；卷二四，《课程八·成本下》。光绪《两淮盐法志》卷九九，《征榷门·成本上》；卷一〇〇，《征榷门·成本下》。

② 档案，乾隆五年四月二十四日湖广总督班第奏：《为请奏报盐价事》。朱批奏折，档案号：04 - 01 - 35 - 0444 - 043。

③ 档案，乾隆二十八年八月十五日两淮盐政高恒奏：《为遵旨据实查覆事》。军机处录副，档案号：03 - 0616 - 016。

④ 档案，乾隆五年十二月二十四日準泰、徐士林奏：《为奏明事》。军机处录副，档案号：03 - 0610 - 002。

此清单《两淮盐法志》未载，转录于下①：

大学士等议定成本价值：

贱价每引成本四两三钱九分五厘七毫零

每包一钱五厘四毫零

每斤一分二厘七毫零

贵价每引成本四两九钱三分九厘七毫零

每包一钱一分八厘四毫零

每斤一分四厘三毫零

前任盐政三保续开酌减成本价值：

贱价每引成本六两三钱六分三厘五毫零

每包一钱五分二厘六毫零

每斤一分八厘五毫零

贵价每引成本六两五钱六分三厘五毫零

每包一钱五分七厘四毫零

每斤一分九厘三零

盐政准泰与巡抚徐士林会同核定成本价值：

贱价每引成本五两三钱七分三厘八毫零

每包一钱二分八厘八毫零

每斤一分五厘六毫零

贵价每引成本五两七钱八分二毫零

每包一钱三分八厘六毫零

每斤一分六厘八毫零

最后经朱批同意的"成本"，不是户部和大学士的"议定"，恰恰是两淮盐政准泰和江苏巡抚徐士林议定的带有折中性质的标准。这

---

① 档案，乾隆五年十二月二十四日准泰呈：《楚盐成本价值清单》。朱批奏折，档案号：04-01-35-0481-055。

在有清一代有关财政的决策过程中比较鲜见，从中亦可以体会到乾隆对盐商的偏向。这种"偏向"，应该与两淮盐课的款项解交，在乾隆四年（1739）发生变化有关，即一部分银两由解交户部转而解交内务府，盐商的获利和皇室的费用更加密切地结合在一起①。

两淮盐政凖泰、江苏巡抚徐士林在前揭奏疏中同时提出商人余息问题，要求在核定成本之外，"每引酌给余息银二三钱"。户部议覆认为，"该抚等议定盐价，较之臣等原议，业已多增，则各商所趁余利，谅已摊入，倘再议酌加，不免有昂价累民之弊应毋庸议"。奉旨依议。这里明确标示出，所定"成本"，已暗含余利，不得再加。但随后又有特旨准许加给余息，事见乾隆六年（1741）江苏巡抚徐士林的奏折及朱批②。此后，江西的运盐成本，基本上是仿照湖广的运盐成本议定③。这里值得注意的是，此前江西并没有核定成本。《两淮盐法志》初次记载江西运盐成本的核算时间为乾隆六年。但按照后来的一些奏报，这种说法有偏差，如嘉庆十二年（1807）大学士禄康就曾说："伏查湖广、江西引盐成本。乾隆五年（1740）议定湖广每引五两七钱八分，江西每引五两九钱八分五厘。"④ 至少在乾隆五年以前，江西是没有成本核算的。

乾隆七年（1742），因雨涝灾害，导致场盐价格上涨，两淮盐政凖泰要求在原有"余利三钱"的基础上，再加"成本三钱"。遭到户部的议驳，但谕旨认为："近年江苏被水，非寻常可比，着照依该盐政所奏，以次年四月为限，不得为例。"也就是同意了在余息之外，临时再额外加给余息。到了次年四月间，临时额外多加给的三钱余息到限，凖泰"以粮草仍未平减，复奏请恩加成本三钱"，奉旨"展

---

① 参见陈锋《清代盐务与造办处经费、物料来源》，《盐业史研究》2019 年第 3 期。

② 档案，乾隆六年六月初八日徐士林奏：《为恤商正以惠民，仰恳圣恩准给淮商余息事》。朱批奏折，档案号：04 - 01 - 35 - 0446 - 028。

③ 档案，乾隆十二年五月十七日刘于义题：《为请旨事》。户科题本，档案号：02 - 01 - 04 - 14108 - 006。

④ 档案，嘉庆十二年六月三十日禄康奏：《为奏闻事》。军机处录副，档案号：03 - 1776 - 050。

限"至八月才予以停止①。由此也可以体会到，帝王对盐商以及盐政官员的态度远比户部宽容。

乾隆九年（1744），署湖广总督鄂弥达奏称："楚省盐价，原准部臣定议，贵价每包卖一钱四分七厘零，贱价每包卖一钱四分五厘零，乃近来店价竟增至一钱八九分零，而各处口岸以渐而加，遂贵至二钱四五分不等，因而奸贩乘机囤卖，掺和石膏，一斤之盐，滤之仅得十余两之食。以每斤二分四五厘之价计之，便须得四五分一斤。在官家、富户力犹可支，而贫难小民苦淡，实属难堪。"② 食盐的定价设定"贵价"与"贱价"，在雍正元年（1723）已经制定，以后续有更定，特别是乾隆五年（1740）的更定，细致而具体，已如上述。这里的所谓部定"贵价"与"贱价"标准，与《两淮盐法志》有关年份的记载不同，意味着这种"定价"在不断调整。即使有"贵价每包卖一钱四分七厘零"的规定，实际每包售卖"贵至二钱四五分不等"，更何况掺假售卖，以图高利。

乾隆二十八年（1763），湖广总督李侍尧奏称："楚省行销淮盐，部定每包贵价一钱四分六厘，各商自应遵照出售。如本年正二月间，每包卖银二钱三分，较之原价业已加增一半，乃于三四月间，复接淮商来书，成本昂贵，不可贱价为词，增至二钱七八分之多，实属抬价病民。"要求严加究治，但不可能一一惩罚，仅"择其尤者，照例惩治，以儆其余"。他同时指出："现在市价尚每包卖银二钱七八分，……核计高色之梁盐每包该价一钱四分六厘，次色之安盐，每包该价一钱四分四厘，是较之现卖银二钱七八分之市价，相去加倍。"③

---

① 档案，乾隆七年八月十九日準泰奏：《为密陈场灶连灾，产盐缺少，仰恳皇恩事》。朱批奏折，档案号：04-01-35-1388-040。乾隆八年闰四月十七日準泰奏：《为奏闻事》。朱批奏折，档案号：04-01-035-0448-002。乾隆十一年四月十八日协办大学士、户部尚书刘于义奏：《为遵旨议奏事》。朱批奏折，档案号：04-01-035-0450-034。

② 档案，乾隆九年八月十八日鄂弥达奏：《为请定盐艘章程，并设常平盐仓事》。朱批奏折，档案号：04-01-35-0449-022。

③ 档案，乾隆二十八年七月十四日李侍尧奏：《为奏闻事》。军机处录副，档案号：03-0616-013。

奉上谕要求两淮盐政和地方督抚彻查，两淮盐政高恒认为，"今日成本，较二十年前倍之"。由于"今昔不同"，即使每引"蒙恩"另外加余息三钱，"仍多不足"，因此要求重新核定淮盐运楚的成本①。于是经两淮盐政和湖广督抚等的反复磋商，奏准："每引实需成本，加以余息三钱在内，按包计算，每包卖银二钱三分一厘。"这是首次在"成本"外，加商人的"余息"使其成为定制（之前加给余息是"蒙恩"特准）。该年议定的成本细目，《两淮盐法志》没有记载，笔者在档案中查到了乾隆二十八年（1763）湖广总督李侍尧呈报的这次核定成本、盐价的清单，如下所示：

正项钱粮：原定每引银一两一钱七分二厘七毫零。淮商折开，连带完戊寅纲钱粮十分之一，共银一两二钱八分九厘九毫零，较原定加银一钱一分七厘二毫零（无减）。

织造、河饷并各杂项：原定每引银八钱一分四厘一毫零。淮商折开，现在纳银一两三分九厘零，较原定加银二钱二分四厘九毫零（无减）。

扬州辛工、火足：原定每引六分。淮商折开相同。

扬关钞：原定每引银一分二厘。淮商折开，因屯船分驳，按船计算，需银二分，较原定加银八厘（无减）。

场价：原定每引贵价银一两三分二厘。淮商折开，需银二两三钱，较原定加银一两二钱六分八厘（今减银七钱）。

场盐包索、捆工、挂截等费：原定每引五分。淮商折开，需银三钱二分，较原定加银二钱七分（今减银一钱九分）。

自场至坝水脚：原定每引一钱三分。淮商折开，需银二钱八分，较原定加银一钱五分（今减银八分）。

泰坝抬盐脚费：原定每引一分五厘。淮商折开，人工加贵，

① 档案，乾隆二十八年八月十五日高恒奏：《为遵旨据实查覆事》。军机处录副，档案号：03-0616-016。

现需银二分四厘，较原定加银九厘（无减）。

坝客辛工、火足：原定每引银五厘，淮商折开相同。

自坝至扬、自扬至仪水脚：原定每引银一钱七分。淮商折开，需银二钱七分，较原定加银一钱（今减银三分）。

三岔河起驳：原定每引银二分五厘。淮商折开，需银九分，较原定加银六分五厘（今减银二分）。

江船水脚：原定每引银五钱。淮商折开，需银一两三钱二分，较原定加银八钱二分（今减银二钱四分）。

仪所捆掣、包索、人工等费：原定每引银二钱九分，淮商折开，需银四钱七分，较原定加银一钱八分（今减银三分）。

脚盐：原定每引银二钱四分，淮商折开相同。

汉口布税、充公：原定每引银四分，淮商折开相同。

口岸匣费并辛工、火足：原定每引银二钱六分四厘三毫零。淮商折开，需银三钱五分，较原定加银八分五厘六毫零（无减）。

引窝：原定每引银一两。淮商折开相同。

辛资、课力、进引、公盐等费：原无定。淮商折开，需银二钱五分（今减辛资钱一钱）。

以上各款，原定成本，每引共银五两八钱二分二毫零。又每引蒙皇上恩加余息银三钱，连原定成本每引共银六两一钱二分二毫零。淮商折开，每引共银九两六钱六分八厘零，较原定加银三两五钱四分七厘八毫零。今减银一两三钱九分。每引定卖价银八两二钱七分八厘零。以每引四十一包六分九厘零核算，每包卖价银一钱九分八厘五毫零①。

---

① 档案，乾隆二十八年李侍尧呈：《汉口各商开报淮商办运楚盐原定成本及现在应需各项核定应卖价值清单》。军机处录副，档案号：03-0616-038。按：这份清单，缺具体月日，两淮盐政高恒要求重新核定成本，时间在乾隆二十八年八月十五日，随后经过反复磋商，最后核定成本，两淮盐政高恒到湖北会议的时间是十二月二十六日，最后成本清单上奏的时间应该在十二月底。或者就是后引乾隆二十九年正月初一日李侍尧、高恒奏折的附件。

　　这是由两淮盐政、湖广总督吸取两淮盐商（总商）的意见后，议定的汉口运盐成本、盐价，即湖广价。按说同时也应该议定有淮盐运江西口岸的成本价清单，但笔者未能查到，从其他档案中可以知晓也有相关的议定①。湖广最后核定的"每包卖价银一钱九分八厘五毫零"，加上余息银三钱，"按包计算，每包卖银二钱三分一厘"。在乾隆二十九年（1764）另外一份李侍尧与两淮盐政高恒的联衔奏折中也有概要的说明："臣等钦奉谕旨，会同筹议核定盐价章程，会折奏闻等因，臣高恒钦遵，于十二月初八日由扬州起程赴楚，当经恭折奏明，今于二十六日抵武昌，……细加筹议。缘淮商成本各纲既不相同，即一纲之中亦不能画一。今确核癸未纲（乾隆二十八年）每引实成本加以余息钱在内，按包计，实每包卖银二钱三分一厘。应即照此定为限制，……照数售卖，不得逾越，务使价平民便，商力有余。"②从这里可以看出，此次确定成本、盐价，十分慎重。

　　乾隆三十年（1765）、三十一年（1766），因为盐价"长落不齐"，本着"撙节核实""折中定价"的原则，核定"湖广汉口每一子包应卖现银二钱二分二厘零，江西南昌每一子包应卖现银一钱九分九厘零。……核之原奏癸未纲价值，汉口每包仍减银九厘，南昌每包仍减银一分八厘"③。比乾隆二十八年（1763）的成本定价有所减落，意味着成本和盐价的随时调整。这在《两淮盐法志》中没有记载，也是需要特别注意的。

　　乾隆五十三年（1788），因着两淮盐政全德的上疏，经过大学

　　① 嘉庆五年江西巡抚张诚基奏称，江西"每子盐一包重七斤四两，乾隆十四年，定价一钱三分一厘。二十九年，前盐臣高恒奏准，每包卖银一钱九分二厘"。见档案，嘉庆五年七月初四日张诚基奏：《为查明江西淮盐章程，请仍循旧行销，并陋规早经裁革缘由事》。朱批奏折，档案号：04-01-35-0482-047。

　　② 档案，乾隆二十九年正月初一日李侍尧、高恒奏：《为遵旨筹议会奏事》。军机处录副，档案号：03-0616-039。

　　③ 档案，乾隆三十一年四月初六日两淮盐政普福奏：《为奏明事》。军机处录副，档案号：03-0617-035。

士阿桂等奉旨会商后，再次核定成本，湖广每引合计成本银十二两四分九厘，每包二钱八分九厘，江西每引合计成本银十二两五钱七分五厘，每包每包二钱六分五厘。嘉庆和光绪两种版本的《两淮盐法志》均列有细目，不赘述。这里值得注意的是，以上所列《两淮盐法志》中的湖广成本"每引合计成本银十二两四分九厘零"，在后来的档案记载中，既有"乾隆五十三年成本合银十二两四分九厘零"之说①，也有"五十三年奏定盐价，即合银十二两六分九厘。……现行盐价，仍系十二两六分九厘之数"之说②。二者之间有 0.02 两的差额。

对于历年成本的增加，两淮盐政额勒布曾总结说："溯查乾隆六（五）年初定成本时，每引止合银五两七钱八分，即议外加余息三钱，迨乾隆二十八年奏定盐价时，成本每引即合银九两三钱六分八厘。五十三年奏定盐价，即合银十二两六分九厘，均加余息银三钱。以上三案，均计成本以定盐价。是每隔二十余年，成本即加三四两不等。生齿日繁，一切水陆捆运各工，逐渐加增，亦时势必然之理。"③ 如果把前述两淮历次的成本核算加以总括，那么，以"贵价"计算，康熙三十年（1691）每引成本为 4.17 两，雍正元年（1723）为 5.1708 两，乾隆五年（1740）为 5.7802 两，乾隆二十八年（1763）为 9.368 两，乾隆五十三年（1788）为 12.069 两。乾隆五年（1740）之前变化不大，之后才有较大幅度的增加。这种较大幅度的增加，一方面如额勒布所说"生齿日繁，一切水陆捆运各工，逐渐加增"，另一方面则是由于"成本"中增加了新的项目。

---

① 档案，嘉庆十二年五月二十九日铁保呈：《湖广引盐实用成本清单》。军机处录副，档案号：03 - 1776 - 045。

② 档案，嘉庆十一年十月十一日两淮盐政额勒布奏：《为恭恳圣恩俯准酌加余息以裕课运事》。朱批奏折，档案号：04 - 01 - 35 - 0487 - 031。按：何炳棣的翻译文章认为，当时汉口出售的食盐每引 12.49 两（原作误记为 12.049 两）。见何炳棣《扬州盐商：十八世纪中国商业资本的研究》（巫仁恕译），《中国社会经济史研究》1999 年第 2 期。何炳棣并没有误记。

③ 档案，嘉庆十一年十月十一日额勒布奏：《为恭恳圣恩俯准酌加余息以裕课运事》。朱批奏折，档案号：04 - 01 - 35 - 0487 - 031。

如两淮盐政準泰所说："湖广匣费、布税、充公等项，皆系淮盐运楚成本，为两湖文武各官养廉、公费暨汉口一切盐务支用，皆关计日必需之项，虽现今尚未摊入卖价，而各商业已在楚按年扣缴。"①在上揭乾隆二十八年（1763）的成本清单内，已经增加"汉口布税、充公"和"口岸匣费并辛工、火足"的费用。而且，随着盐商向内务府交纳款项的增多以及盐商的"采办物料""呈进玉器"②，虽然在成本中没有反映这些款项，但在议定成本时放宽尺度也是意料之中的事。另外，《淮鹾备要》载有淮南杂项款目 32 项，包括枡茶场折价、解部饭食、织造水脚饭食、铜斤水脚饭食、节省河饷水脚等等，杂费款目 11 项，包括纸砑、淮南匣费、仪征匣费、池太引费等等③。档案中的《杂项清单》则有"额定款数"157 款，包括织造银二十二万七千六百余两、节省河饷银五万两、铜斤银五万两、枡查坍折银一千八百余两、织造水脚饭食银六千八百与两、节省河饷水脚银七百八十余两、铜斤水脚饭食银一千五百两、归公盐规引费银六万七千八百三十两、外支不敷专为制造玉活银四万两等等。除此之外，还有"年有年无，年多年少，无定活支"款项拨补扬州育婴堂经费不敷银、拨补收养穷民经费不敷银、拨补江广匣费册首并淹销免纳匣费银、拨补安定书院经费不敷银、梅花书院经费不敷银、承差领解残引加添盘费银、承差领解新引增给用费银等等④。这些名目繁多的款项，有的已经列入"成本"之中，有的则没有列入，没有列入的款项，也只能摊入成本的其他类别中。另外，在《杂项清单》没有列示的"务本堂公费"，用于总商的办公和皇室玉贡，在嘉庆十一年，已经"搏节"的情况下，"办公、玉贡，统计每年止用公费银一百二十万两"，这些费用虽然没有列入

---

① 档案，乾隆八年十月二十一日準泰奏：《为商输额款难悬，谨援案议奏，恳恩准以恤商济公事》。朱批奏折，档案号：04-01-035-0448-028。
② 参见陈锋《清代盐务与造办处经费、物料来源》，《盐业史研究》2019 年第 3 期。
③ 李澄：《淮鹾备要》卷七，《盐之利·商课商本》。
④ 档案，嘉庆朝《杂项清单》。具体时间及呈报者均不详。军机处录副，档案号：03-2498-038。

"成本"，但"历年运商成本，俱视此数为增减"①。

乾隆五十三年（1788）之后，当然也还有"定价"的调整，但此后的调整，基本上是在乾隆五十三年核定成本的基础上进行，成为一个较为固定的"限制价"或"基础价"。在这个限制和基础上，进行"三年比较"，然后再"酌中定价"。乾隆六十年（1795），署理两江总督苏凌阿、湖广总督毕沅即称："湖广、江西盐价，自乾隆五十三年经大学士、公阿（桂）会同臣毕沅等奏准，湖广每包卖银二钱八分九厘，江西每包卖银二钱六分五厘。以此为限制，试行三年，俟期满，将三年内卖价，贵、贱扯算，再行酌中定价。"② 酌中定价的实质，是围绕着乾隆五十三年的核定成本略作调整。

据档案记载，嘉庆十一年（1806）、十二年（1807），两淮盐政额勒布、湖北巡抚章煦、湖广总督汪志伊、江西巡抚金光悌、两江总督铁保等在盐商运盐成本加重的情势下，又有在原来所定成本之外，要求"加赏盐斤"或"加给余息"的反复陈请③。从他们的奏报可以看出，到嘉庆十二年（1807），湖广、江西的运盐成本已经在十四两以上。据两江总督铁保呈报的成本清单，湖广引盐的实用成本诸项合计，为每引十四两一钱七分九厘零，按乾隆五十三年成本合银十二两四分九厘零计算，"湖广每销盐一引，计亏成本银二两一钱三分"④。江西引盐的实用成本诸项合计，为每引十四两五钱三分九厘零，按乾隆五十三年成本合银十二两五钱七分五厘零计算，"江西每销盐一引，

---

① 档案，嘉庆十二年正月二十五日两淮盐政额勒布奏：《为搏节公费以减派款而培商本事》。朱批奏折，档案号：04-01-35-0488-002。

② 档案，乾隆六十年七月初八日苏凌阿、毕沅等奏：《为查明江广盐价，核与成本无浮，会同奏恳圣恩再准展限定价事》。军机处录副，档案号：03-0733-052。

③ 参见档案，嘉庆十一年十月十一日额勒布奏：《为恭恳圣恩俯准酌加余息，以裕课运事》。朱批奏折，档案号：04-01-35-0487-031。嘉庆十二年四月初五日额勒布奏：《为本重运绌，再叩天恩饬查核实，以保课运事》。朱批奏折，档案号：04-01-035-0488-018。嘉庆十二年五月十八日章煦奏：《为遵旨体访楚北盐价情形酌加调剂事》。朱批奏折，档案号：04-01-035-0488-027。嘉庆十二年五月二十九日铁保奏：《为遵旨访查盐斤成本，据实覆奏事》。朱批奏折，档案号：04-01-035-0488-030。

④ 档案，嘉庆十二年五月二十九日铁保呈：《湖广引盐实用成本清单》。军机处录副，档案号：03-1776-045。

计亏成本银一两九钱六分三厘零"①。

如果按照铁保呈报的成本清单核算，问题当然严重。在两江总督铁保、湖广总督汪志伊等人的奏请下，户部否定了"加赏盐斤"以及"按照额定成本"加余息一分五厘的请求，但同意加给余息，"援照余息成例，每引酌量加增银四钱二分"②。

这时的加给余息四钱二分，是在原有余息四钱二分的基础上再次增加，每引盐的余息已经达到八钱四分，核计每引盐的成本定价接近十三两。这个数字，按前揭诸人的奏折以及铁保呈报的实际成本价值十四两有余，仍然亏折一两有余。所以，嘉庆十三年（1808）两江总督铁保又重拾之前两淮盐政额勒布的建议，要求按引加余息一分五厘，其理由除盐商亏折外，是南河大工筹款以及商人的河工报效，提出"借商力以治河，资民力以恤商"的政策建议，待"河工告竣即行停止"，即停止该余息③。在后来停止该余息的讨论奏折中，不但保留了铁保奏折的内容，而且还有此后的沿革和相关处置办法。根据两江总督孙玉庭、两淮盐政阿可当阿联衔上奏的两份奏折可以看出关键的两个问题：一是加给余息的算法。这里的加给余息，不但一般人容易迷惑，就是嘉庆帝和户部大臣也不太清楚，所以在档案记载中，即有嘉庆帝对湖广总督汪志伊的询问，也有部臣对"额勒布所奏蒙混"的斥责。加给一分五厘之息是按照每引的成本而加，即"照乾隆五十三年成本十二两六分九厘之数，按加余息一分五厘"，也就是成本 12.069 两的 15%，成本变为 12.069 + 1.81035 = 13.87935 两，但扣除乾隆五十四年（1789）加给的一厘之息（成本的 1%，一钱二分）和嘉庆十二年（1807）的四钱二分之息，保留之前的三钱余息。

① 档案，嘉庆十二年五月二十九日铁保呈：《江西引盐实用成本清单》。军机处录副，档案号：03-1776-046。

② 档案，嘉庆十二年六月三十日大学士、管理户部事务事禄康奏：《为奏闻事》。军机处录副，档案号：03-1776-050。

③ 档案，嘉庆十三年六月初二日两江总督铁保奏折附片。军机处录副，档案号：03-2079-017。参见档案，嘉庆十三年闰五月二十五日户部左侍郎托津奏：《为查明两淮请增余息应无蒙混情弊事》。军机处录副，档案号：03-1777-039。

那么，这时加上余息的成本核算为 14.17935 两，已经接近嘉庆十二年两江总督铁保呈报的淮商实用成本数。二是加给余息的时间。按照两江总督铁保的原奏，最初加给余息定为三年，"河工奏定三年，以三年计算，商人得余息四百万，除捐三百万两，所余无几"。随即又称"以六年计算，则商得余息较多，该商等感激天恩，复欲呈请再加报效"。但由于该次盐商报效的河工银达到六百万两，分八年带征还款，以及其他原因，加给一分五厘之余息一直延续到嘉庆二十三年（1818）底，在这十年的时间里一直奉行 14.17935 两的成本核算。嘉庆二十四年之后，又回归嘉庆十二年（1807）的成本定价[①]，并一直持续到两淮"废引改票"之时[②]。

自从康熙三十年（1691）首次限定盐价以后，运盐成本的核算以及"余息"的加给，不断调整，不断增加，其中关键的年份是雍正元年（1723）、乾隆五年（1740）、乾隆二十八年（1763）、乾隆五十三年（1788）、嘉庆十二年（1807）、嘉庆十三年（1808）、嘉庆二十四年（1819）。成本的增加，盐价自然随之而加，具体到每斤盐的价格指数，会看得更清楚，徐泓已经做过统计，可以参看[③]。

两淮盐区之外的其他盐区，如两广、长芦、河东等盐区也有成本的核算。两广盐区于康熙二十七年（1688）首次限定盐价，遵循"参酌适中，使商民两便"的原则，确定每包盐的运费，也就是光绪《两广盐法志》所谓的"酌定运费之多寡，远以一分二厘为率，近以七厘为率"。乾隆二年（1737），又有"按盐场之远近，计成本之多少。……分别酌定近场埠地每斤卖银五厘、六厘，次近及稍远者每斤

① 档案，嘉庆二十三年三月十六日孙玉庭、阿可当阿奏：《为遵旨查明淮盐酌加余息应请停止，以疏积滞而裕民食事》。朱批奏折，档案号：04-01-35-0496-039。嘉庆二十三年六月十五日孙玉庭、阿可当阿奏：《为遵旨查明给事中卢浙条奏两淮盐务情形事》。朱批奏折，档案号：04-01-35-0496-055。按：《历史档案》1994 年第 1 期有《嘉庆后期两淮盐务史料》专辑，收录了一份两江总督孙玉庭涉及"一分五厘余息"的奏折，但这两份奏折没有收录。

② 参见陈锋《清代盐政与盐税》，武汉大学出版社 2013 年第 2 版，第 317—330 页。

③ 徐泓：《清代两淮盐商没落原因的探讨》，《徽学》第 7 卷，2011 年。

卖银七八九厘，即离场最远隔省路遥之湖南郴、桂等八州县，江西南、赣二府各埠，卖价亦俱不出一分三四厘之外"①。另据档案记载，"埠、灶盐价俱定于康熙二十七年"②，也就是说，康熙二十七年在确定运费以及埠地销盐价格的同时，也议定了场盐的价格。另外一份嘉庆十二年两广总督吴熊光的奏折，更加明晰："粤盐产于广、肇、惠、高、廉、潮六府，行销广东、广西、江西、湖南、福建、贵州、云南七省，……各埠卖价并各场晒价俱定自康熙二十七年，续于雍正元年、十一年暨乾隆元年各场晒价逐次加增，而各埠卖价则仍循其旧。"③ 由于场盐价格的增加，以及运费的增加，至乾隆六年，各埠商人，"以每斤卖银二分一厘算计，每包收价二两八钱"，而其成本包括场盐价银、盐课银、部饭银、砝引奏银、仓费银、水脚银、人工盘费杂用银等，这些类别的成本合计，"共计每包需用银二两四钱零"，以售盐价值二两八钱减去成本银二两四钱零计算，"该商止可存剩银四钱上下"④。

此后，各项成本增加，卖盐价格仍循其旧，一如嘉庆十二年（1807）两广总督吴熊光所说："生齿日繁，成本日重，淮、浙、长芦等处，以钱水低昂，或以物价腾贵，屡请增价，均经奏蒙俞允。而两粤例价，百余年来独循其旧。……嘉庆七年，前督臣倭什布于审奏临武埠商并无私增盐价案内奏明商人运盐赴埠，路途遥远，水路搬运人工脚价无一不比从前增贵，每包实需成本银三两四钱九分七厘，业已奉旨准行。查该埠例价，每斤一分三厘，今以每盐一包合盐一百五十斤核算，计每斤成本银二分三厘，与例价迥不相符。又嘉庆九年，因雨多盐缺，复经倭什布会同臣孙玉庭奏请展限本内声明，饬照成本发卖，各在案。……今粤盐每包一百五十斤，各埠成本每包自一两至

① 光绪《两广盐法志》卷二五，《转运八·成本》。
② 档案，嘉庆二十二年四月十六日两广总督蒋攸铦奏：《为查明潮桥埠盐成本今昔情形不同，循照部议核实奏闻事》。朱批奏折，档案号：04-01-35-0496-004。
③ 档案，嘉庆十二年八月十三日吴熊光奏：《为遵照部议查明粤盐成本今昔情形不同，应请定价以昭核实事》。朱批奏折，档案号：04-01-35-0489-003。
④ 光绪《两广盐法志》卷二五，《转运八·成本》。

传统中国的财政体制与国家治理

五两零。"吴熊光并同时把"各埠成本细册咨送户部"①。嘉庆七年
（1802）每盐一包的成本接近三两五钱，嘉庆十二年最高已经达到五
两有余，导致卖价与成本价的不敷。但增高售盐价格并不是那么容
易，据两广总督蒋攸铦称："盐有生、熟两种，均系灶丁煎晒出售；
商有省河、潮桥两项，各按埠地划界分销。嘉庆十二年，前督臣吴熊
光以埠、灶盐价俱定于康熙二十七年，阅今百余载，人工食物无不腾
贵，灶价已逐渐加增，商人卖价势难责以仍旧，若任令私增，必致有
碍民食，当将省河一百五十九埠核计成本，较旧定例价酌议加增，其
潮桥二十九埠因散处省外，声明俟查核齐全再行办理。……伏查省河
现增之价，虽止毫厘，而嘉庆十二年奏加之数，则较康熙年间例价，
每包已增银四分零至三两几分。在潮桥埠盐，嘉庆十二年本未奏加，
现在所增之数，较诸康熙年间例价，每包仅增二钱三分零至一两七钱
一分，是潮桥与省河现定成本比对康熙年间例价，在潮桥所增，转较
省河为少。"② 也就是说，前揭吴熊光因成本不敷要求增加食盐售价，
仅限于"省河"埠地，"潮桥"埠地则没有变化。后来"潮桥"埠地
也增加盐价，但增加有限。"灶户不能照旧价亏本卖于商人，即商人
不能照旧价亏本卖于食户"，导致"该商等不按奏定价值售卖，谋利
私增已属显然"。所以此后又有加增盐价和"按照成本售卖""随时
长落"政策的出台③。

　　阅读广东有关核定成本、盐价的奏折，常有与两淮盐区的比较，
可以体会到广东事例对两淮事例的仿行。在其他盐区则不尽然，成本
的核算没有那么细致或没有那么全面。

　　如长芦盐区，最早的成本核算和限定盐价，开始于康熙二十七年
（1688），该年，"直隶巡抚于成龙、巡盐御史布尔海会议题准，计道

---

　　① 档案，嘉庆十二年八月十三日吴熊光奏：《为遵照部议查明粤盐成本今昔情形不
同，应请定价以昭核实事》。朱批奏折，档案号：04-01-35-0489-003。
　　② 档案，嘉庆二十二年四月十六日蒋攸铦奏：《为查明潮桥埠盐成本今昔情形不同，
循照部议核实奏闻事》。朱批奏折，档案号：04-01-35-0496-004。
　　③ 光绪《两广盐法志》卷二五，《转运八·成本》。

路之远近，水陆之脚费，斟酌减定盐价，每斤价银一分四毫至一分二厘六毫不等"①。可见最初的定价也是以银两为标准。雍正十年（1732），改变核算方式，开始以钱文为制定盐价的标准，并于乾隆二十九年（1764）、三十五年（1770）、四十七年（1782）、五十三年（1788）等多次核定成本、盐价，嘉庆四年（1799），又"传集通纲商众，令将成本内一切价值，逐一核计，此中有应如何调剂并可酌减者，详加筹酌，务于无误课运之中仍得撙节，以平盐价"②。每次的盐价调整，大多以盐商亏折为词。如嘉庆二十一年（1816）长芦盐政嵩年奏："调查各商成本账目，委因阻运滞销，脚价昂贵，钱价松贱，出入核计，实已赔折无余。"③ 道光十年，长芦盐政阿杨阿奏："据（长芦商人）称长芦连年交纳正杂帑课等项需银不下二百余万两，以卖出之钱易银完交，统计八、九两年完过帑课杂款等项银四百余万两，牵匀计算，暗中亏折成本约已数十余万两。在商等稍为殷实者已属勉力支持，至素称疲乏者实属难全课运。"④ 道光二十三年（1843），长芦盐政德顺奏："商人课从盐出，自应首顾成本，方能勉力行销。……银价与盐价两相交涉，实为长芦全纲成本所关。……约计商人卖进盐价钱文，易银交课，较比八年钱价，每年赔贴亏折成本至一百万余两，商本亏折殆尽，纲局危在须臾。"⑤

---

① 嘉庆《长芦盐法志》卷一〇，《转运下》，刘洪升点校，科学出版社 2009 年版，第 167 页。按：山东盐区同属于长芦巡盐御史管辖（盐务官员的称呼前后有变化，乾隆之前一般称巡盐御史，之后一般称盐政。参见陈锋《清代的巡盐御史——清代盐业管理研究之三》，《人文论丛》2016 年第 1 辑），限制盐价的时间为康熙十九年，是最早限制盐价的盐区。参见周庆云《盐法通志》卷六六，《转运十二》。《清盐法志》卷五九，《运销门六》记为康熙二十年。

② 档案，嘉庆四年四月二十五日董椿奏：《为钦奉朱批备细据实覆奏，请俟查看钱价长落，酌减盐价数目事》。朱批奏折，档案号：04-01-35-0482-008。按：该件档案，《清代长芦盐务档案史料选编》未收录。以下未特别注明者，均属于未收录的档案。

③ 档案，嘉庆二十一年十一月初二日嵩年奏：《为恭恳圣训事》。朱批奏折，档案号：04-01-35-0495-040。

④ 档案，道光十年十一月三十日阿杨阿奏：《为备陈芦商运本支绌实在情形事》。朱批奏折，档案号：04-01-35-0508-028。

⑤ 档案，道光二十三年三月二十一日德顺奏：《为恩施既渥商力仍艰，实由银价愈昂钱价愈贱事》。朱批奏折，档案号：04-01-35-0515-016。

虽说长芦每次核定盐价，是"传集通纲商众，令将成本内一切价值，逐一核计"，或者"调查各商成本账目"，但与两淮细致的核算成本应该有根本的不同，不论是在《长芦盐法志》中，还是在现存档案中，笔者没有发现一件成本核算清单，有理由认为，长芦的核算成本只是一种大致的说法，其所关心的是随着物价的增长、银钱比价的变动、脚价以及盐穰绳席等运盐成本的增加，来调整销售食盐的价格，以保障运盐成本与食盐销售的大致平衡。

又如河东盐区，初次限定盐价的时间是乾隆十年（1745），限定盐价、核定成本也只限于"场价"（池价），如乾隆二十四年（1759）河东盐政萨哈岱所奏："河东盐价定于乾隆十年，当定价之初，正值池盐旺产、场价平减之时，故前盐臣众神保所定之价，在商人原无赔累之苦，但彼时场价每盐一名止需银二三十两。奴才于十七、十八、十九等年蒙恩派往河东，尔时场价已渐增至五六十两，迨至西宁奏请增价之时，又增银至八九十两，而众商已称亏累不支。此后收盐愈歉，场价转昂。奴才于上年抵任之际，每盐一名需价二百余两。至本年来渐次减退，然每名尚需银一百五六十两，较之定价之时，已增五倍。"① 河东盐 125 引为一"名"，在乾隆十年初次限价之时，每名实际场价为"二三十两"，核定价为"二十余两"，差别不大。乾隆十八年（1753）左右，"场价已渐增至五六十两"，但并没有对场价的调整，"运商于买盐之价日增，卖价之额有定，其为亏累，谅亦有之"。乾隆二十年（1755），每名达到八九十两，自然导致众商的"亏累不支"。盐政西宁在乾隆二十年奏准"每斤增价一厘，以三年为限"。上揭乾隆二十四年萨哈岱尽管缕述场价的高昂，但并没有增价，依然维持乾隆二十年的标准，再"展限三年"。乾隆二十六年（1761），"池盐愈歉，场价转昂，商本亏折过甚"，经萨哈岱奏准，"于现行时价之外，再增银一厘"，

---

① 档案，乾隆二十四年九月二十一日萨哈岱奏：《为池盐未充，成本尚贵，酌增之价恳恩暂缓删减事》。朱批奏折，档案号：04－01－35－0458－014。

前后每斤增价二厘，每名的定价达到八十两，此后在这个基础上不断实行"三年展限"之法，依然与实际盐价存在着差距①。有关大臣的奏折中虽然也提及"运脚、口袋、辛工等费，莫不比前加长"，但很难看到对运商具体成本的估算。

另外，像浙江盐区，实行更为灵活的政策，基本上没有成本和盐价的限制，即所谓"商盐成本如柴卤、煎工、饭食、捆运、包索、零星杂支等项，均系用钱，每掣视盐产多寡，按本定价，以钱售卖，其价值之低昂，总视商本之轻重随时长落"②。由于浙商的成本以及食盐售卖"均系用钱"，交课则用银两，只有在银钱比价发生比较大的变动时，才有对售卖盐价的干预③。

各盐区不同的成本核算，不同的定价方式，以及用银两为标准售卖还是以钱文售卖，都会影响到盐商的利润。

二 盐商运销食盐的利润及相关问题

"利润"是一个比较晚近的词，检索《申报》，清末已有"利润"用语，但在晚清的官方文献，甚至在笔者主持整理的《晚清财政说明书》中，都没有"利润"词语的出现。文献中一般使用的"余利"或"余息""余润"，大致等同于现在所说的"利润"。

黄钧宰曾比较过清代中后期两淮的食盐场价、场课与运至汉口的卖价："以每引三百七十斤计之，场价斤止十文，加课银三厘有奇，不过七文，而转运至汉口以上，需价五六十不等，愈远愈

---

① 档案，乾隆三十二年四月十三日河东盐政李质颖奏：《为运商增价期满池盐场价未平，恳恩照例展限事》。朱批奏折，档案号：04 - 01 - 35 - 0462 - 052。

② 档案，嘉庆九年十一月二十六日两浙盐政常显奏：《为覆奏两浙盐价以归核实以全商本事》。朱批奏折，档案号：04 - 01 - 035 - 0485 - 01。

③ 参见档案，嘉庆九年十一月二十六日两浙盐政常显奏：《为覆奏两浙盐价以归核实以全商本事》。朱批奏折，档案号：04 - 01 - 035 - 0485 - 01。嘉庆十七年八月初一日两淮盐政苏楞额奏：《为体察现在浙商盐本亏折商力渐乏事》。军机处录副，档案号：03 - 1781 - 001。

贵。"① 这里是从食盐的出场价说到食盐的销售价，差价三倍以上，暗喻盐商利润丰厚。这只是一种大而化之的说法。最早探讨盐商利润的，是日本人日野勉，他在《清国盐政考》中曾经计算过长芦盐商的利润，作者采取了两种计算方法，一是抛去成本，按售盐价格的简单计算，即"毛利"，利润率高达90%。二是考虑到各种因素的综合计算，得出毛利后，再扣除盐店的营业费、大小官吏的节礼银、规例银以及各种应酬费用等，其纯利为14%②。何炳棣于20世纪50年代中期在《哈佛亚洲学报》发表的有关扬州盐商的著名论文，也探讨过两淮盐商的利润，认为在乾隆五年（1740）左右，盐商每引盈利2.74两，在乾隆五年至乾隆五十三年（1788），"保守的估计，这时期平均每引的利润最少有3两"，而且每引平均3两的利润持续到嘉庆五年。如果以此计算，每年两淮运商累积的利润为500万两左右（盐引总数1785492引乘以3两)③。何先生在文章中根据《两淮盐法志》的记载，举出乾隆五年的三组数据作为讨论的依据，一是"以前湖北巡抚的估计"（A），成本3.40两，二是"以前巡盐御史的估计"（B），成本7.139两，三是"江苏巡抚与现任巡盐御史的估计"（C），成本4.395（便宜时）、4.939（荒年时）。认为C是最接近真实的价格，B与C之间的差距，"就是每引最高价时的盈利"。这种算法当然也是值得参考的，但由于资料来源的限制，何先生的三组基本数据存在着问题，通过前引档案乾隆五年的《楚盐成本价值清单》即可明了。之后，多有论著涉及到两淮盐商的利润问题④。吴承明等认为，"乾隆年间两淮盐商的利润"每年在2500万两以上，萧国亮认为，"两淮盐商一年获利至少在二千万两以上"，周志初认为扬州运商的利润每年在

---

① 黄钧宰：《金壶七墨·金壶浪墨》之"盐商"，大达图书供应社1936年版，第5页。

② ［日］日野勉：《清国盐政考》，东亚同文会1905年版，第56—57页。

③ ［美］何炳棣：《扬州盐商：十八世纪中国商业资本的研究》，巫仁恕译，《中国社会经济史研究》1999年第2期。

④ 参见陈锋《近百年来清代盐政研究述评》，台湾《汉学研究通讯》第25卷第2期，2006年5月；吴海波《二十世纪以来明清盐商研究综述》，《盐业史研究》2007年第4期。

650万两左右①。这是从总体上论说盐商的利润。具体分析和计算两淮盐商利润的几位学者中，汪士信和汪崇笾的论著值得注意。汪士信在探讨乾隆时期徽商在两淮盐业经营中的利润时，也采取了盐商应得利润和实得利润两种计算方法，虽然没有明确盐商的利润比例，但估算了乾隆朝两淮盐业利润的分配比例②。在汪士信研究的基础上，汪崇笾认为，乾隆朝两淮盐商的实得利润率为13.8%。汪崇笾又撰文认为，嘉道时期两淮盐商的实得利润近似为0，通过夹带食盐，获得的利润率为10.93③。由于汪崇笾并非专业研究者，在史料来源及对史料的解读上存在偏差，尽管有细致的数字分析，其结论仍值得怀疑，仅可作为参考。

笔者认为，探讨盐商的利润率，需要对三个问题进行分析和判断。

第一，盐商运销食盐成本的实际含义及所获利润。

对两淮运商不同时期的运盐成本，前面已经有较为细致的缕述，实际上历次核定的"成本"，不是单纯的"成本"，而是"成本＋利润"集合下的盐价限定，所以在文献中有时称"核定成本"，有时称"核定盐价"或"限定盐价"，运商按核定的盐价批发给岸商。如果在"核定成本"或"核定盐价"中不包含利润，只有十分有限的"余利"，运商将没有利润可图，这显然不合情理。所以前揭乾隆五年户部的奏折中有"各商所趁余利，谅已摊入"成本之说。对此，其他档案也多有记载，如江苏巡抚徐士林称："商人行盐，计图牟利，断无照本发卖，不取余息之理。……

① 许涤新、吴承明主编《中国资本主义发展史》第1卷，人民出版社1985年版，第640页；萧国亮：《清代盐业制度论》，《盐业史研究》1989年第1期；周志初：《清乾隆年间两淮盐商的资本及利润数额》，《扬州大学学报》1997年第5期。
② 汪士信：《乾隆时期徽商在两淮盐业经营中的应得、实得利润与流向分析》，《中国经济史研究》1989年第3期。
③ 汪崇笾：《乾隆朝徽商在淮盐业经营中的获利估算》，《盐业史研究》2000年第1期；《嘉道时期淮盐经营成本的估算和讨论》，《盐业史研究》2002年第1期。同时可参见氏著《明清徽商经营盐业考略》，巴蜀书社2008年版，第137—194页。

成本内实有余息也。"① 成本内所包含的利润大致为多少？张小也在讨论湖广盐价时曾经引述过雍正元年（1723）湖广总督杨宗仁的一份奏折："每盐一包共需本银七分四厘有零，今照一钱定价，每包赚利二分五厘有零。"② 照此说，成本中包含的利润为 25% 左右。而实际上雍正元年最后议定的成本（价格）已如上揭："价贱时，每包以一钱一分九厘为率，于价贵时，每包不得过一钱二分四厘"，利润还要高于杨宗仁所说。像杨宗仁这样直接清晰地给出成本中"赚利"的少见，但也有另外的说辞，江苏巡抚徐士林称当时典当商人的利润一般在 20% 至 30%，即"典商三分二分之利"③。两淮盐政额勒布称"百货经商贸易，本轻税薄，尚准其取息一二分"④，即一般商人贸易可获利 10% 至 20%，作为垄断性专卖的盐商自然不能低于一般商人的获利。"成本"中包含 25% 至 30% 左右的利润应该合乎常情，舍此，盐商根本无法应付前述没有列入成本的诸多杂款。讨论这个问题，一方面在于厘清所谓"成本"的本质，另一方面在于说明计算盐商的利润，应该在这个基础上累加。

只要了解成本中已经含有利润，就可以体会到盐政官员和地方督抚动辄议论盐商亏折，不能尽信。事实上，前揭何炳棣的论文已经注意到"巡盐御史偏袒商人"的现象，他们提交的成本清单大多照顾商人是没有疑问的。通过上一节的叙述可知，乾隆五年（1740）在讨论盐商成本时，盐政官员和地方官员发生争执，似乎代表不同的利益方，直到乾隆十一年（1746）户部的奏折中，还有令盐政与地方督抚"和衷熟筹"之说。此后随着作为地方"文武各官养廉、公费"

---

① 档案，乾隆六年六月初八日徐士林奏：《为恤商正以惠民，仰恳圣恩准给淮商余息事》，朱批奏折，档案号：04 - 01 - 35 - 0446 - 028。

② 张小也：《清代私盐问题研究》，社会科学文献出版社 2001 年版，第 53 页。

③ 档案，乾隆六年六月初八日徐士林奏：《为恤商正以惠民，仰恳圣恩准给淮商余息事》，朱批奏折，档案号：04 - 01 - 35 - 0446 - 028。

④ 档案，嘉庆十一年十月十一日额勒布奏：《为恭恳圣恩俯准酌加余息，以裕课运事》，朱批奏折，档案号：04 - 01 - 35 - 0487 - 031。

的"匣费"列入盐商成本,这种激烈的争执鲜见,盐政官员与地方官员的一致性逐渐成为一种常态,以致上谕提醒在讨论成本时"勿得互相关会,稍涉迁就"①。

核定成本清单,照顾商人的利益,意味着成本中利润空间的扩大。如果帝王也偏向于商人,商人的利润就更为可观。从前述中可以知道,乾隆五年最后核定的成本清单,不是户部和大学士在各种方案的基础上议定的方案,而是两淮盐政準泰和江苏巡抚徐士林再次提交的方案。按说,户部议定的方案应该较为合乎实际,已经照顾到各方面的利益,朱批同意的两淮盐政準泰等的方案,无非是让盐商获利更多,户部议定每引贱价4.3957两,贵价4.9397两,準泰等的方案每引贱价5.3738两,贵价5.7802两,仅以此计算,贱价多出0.9781两,利润为22.25%,贵价多出0.8405两,利润为17%。如果再加上成本中已经包含的利润,盐商的利润率已经在40%至50%左右。

雍正元年以来所核定的成本,有"贱价"和"贵价"两种限定,"酌定贵、贱两价,分别丰年、歉年销卖",一般要求按贱价标准销售,只有在年岁特别不好的情况下,才允许按贵价销售。事实上商人总按贵价销售,即使盐商"俱照贵价售卖""仍照贵价卖销",遭到户部的驳查,盐政官员也总有理由应对②。

全部按贵价销售,已经意味着利润的获取。如果从核定成本前后商人的实际卖价来看,也可以体会盐商的实际利润。如上所述,雍正元年(1723)的定价即使是贵价,每包为0.124两,实际卖价,雍正九年(1731)每包为0.21两,按核定成本,每包多卖0.086两,利润高达69.35%。乾隆五年按準泰等的方案,每包贵价为0.1386两,乾隆四年(1739)"每包价至二钱不等",如果按卖价0.2两计算,已经多卖0.0614两,利润高达44.3%。乾隆二十八年(1763),据前揭湖

---

① 档案,嘉庆十二年五月二十九日两江总督铁保奏:《为遵旨访查盐斤成本据实覆奏事》。军机处录副,档案号:03-1776-044。
② 档案,乾隆十六年四月二十七日两淮盐政吉庆奏:《为请旨事》。朱批奏折,档案号:04-01-35-0454-036。

广总督李侍尧的奏折，在重新核定成本之前，由于已经加给了余息三钱，每包贵价为 0.146 两，二月间卖价为 0.23 两，四月间卖价为 0.275 两（原奏为"二钱七八分"），所以有"较之原价业已加增一半"和"相去加倍"之叹。即使按随后核定的每包限价 0.1985 两计算，二月每包多卖银 0.0315 两，多攫取利润 15.87%，四月每包多卖银 0.0765 两，多攫取利润 38.54%。

从各种记载来看，两淮盐商在盐业经营中，通过合法的和非法的手段，获得高额利润是没有疑问的。否则很难解释盐商"富至百万""富至千万"的资本如何积聚，很难解释鲍志道、鲍方陶兄弟"以家贫就盐"而"拥资巨万"，吴景和"以一文起家，富至百万"[1]。也很难理解在成本估算中引窝价值为一两，而在引窝的转卖中，每引达到数两仍然非常有市场。在前揭何炳棣的论文中，曾经谈到两淮的引窝价值达到每引 2.5 两，何先生虽然没有注明出处，但以其治学之严谨，当有所本。前揭汪崇筼《嘉道时期淮盐经营成本的估算和讨论》称："若窝价经常高于每引一两，甚至达到二三两的程度，则势必要在商人报给朝廷的成本中反映出来，有关官员也会向朝廷具奏，官方文书就会有具体的记载。笔者在官方文书中找到不少与盐价有关的记载，但唯独对于窝价，却无法找到相应的记载。"这是由于作者没有查阅档案的缘故。乾隆四年（1739），协理江南道、四川道监察御史褚泰在谈到两淮的窝价时称："据盐臣三保奏称，窝价并无售至二两以外者。今闻近已售至二两四钱五分。"并认为窝价的增高，是导致食盐价格上扬的主要原因，所谓"商人引价成本即重，焉肯贱卖以自亏。市价之昂，实由以此成"[2]。三保在乾隆二年（1737）由长芦巡盐御史转任两淮巡盐御史，也就是说，在乾隆二年以前，两淮的市场窝价，每引在二两以内，到乾隆四年，已经达到二两四钱有余。乾隆

---

① 李斗：《扬州画舫录》，中华书局 1960 年重印本（汪北平、涂雨公点校），第 350、148、296 页。

② 档案，乾隆四年十二月初二日褚泰奏：《为敬陈盐政变通之法，以除引窝居奇之弊事》。军机处录副，档案号：03-0609-032。

三十四年，两淮盐政尤拔世又谈到两淮的窝价"每引自二两至三两不等，或增或减，本无一定"①。这两条材料所谈窝价都是针对"年窝"而言，如果是"根窝"，价值还要高出许多。这是一个复杂的问题，笔者将另文讨论。

市场窝价多出成本窝价的 1.4 两至 2 两，已经占到乾隆二十八年（1763）议定的每引成本 8.278 两的 16.91% 至 24.16%（按乾隆五年的成本计算，占比更高），意味着需要获取 20% 左右或以上的利润才能够持平，否则不可能有这样的市场窝价。由这个角度也可以体会两淮商人的获利。

另外，从黑龙江省清末实行官运所得利润中，也可以有所比较参考，据呼兰分销局等 20 个局的统计，食盐的每石成本银均为 11.354 两，利润有所不同。最高者为黑河分销局，所获余利为 13.066 两，毛利润为 115.08%，除去各项开支，纯利润 9.424 两，利润率为 83%。利润最低者为呼兰分销局，所获余利为 6.502 两，毛利润为 57.27%，除去各项开支，纯利润 2.86 两，利润率为 25.19%②。依常理而论，商人运销食盐的利润应该高于官局运销食盐的利润。

第二，不同时期、不同盐区的盐商利润。

不同时期、不同盐区的盐商利润各不相同，应该是一种常识。嘉庆十二年（1807），两淮盐政额勒布曾经大致回顾两淮盐商不同时期的获利情况："两淮从前成本轻贱，产盐丰旺之时，盐无定价，计本售销。迨后定有贵、贱二价，亦系通融售卖，商人获利优厚，是以竞尚奢华，浮靡日甚。自五十三年比较当时成本，酌定限价，初时原有余息，并不亏折。阅年已久，成本日增，而限制如旧。每遇盐多价贱，不能使民遵制售买；盐少本重，不能使商计本图利。以致递形疲

---

① 档案，乾隆三十四年三月初七日尤拔世奏：《为核明提引余息银数请旨遵行事》。朱批奏折，档案号：04-01-12-0128-104。

② 《黑龙江财政沿革利弊说明书》卷下，《官业及官有财产类第七》。陈锋主编《晚清财政说明书》第 1 册，湖北人民出版社 2015 年版，第 491—492 页。

乏，业非一日。"① 道光十年（1830），两淮盐政钟灵又概称："淮鹾极盛时，总散各商数百家，有商本三四千万，故能转运裕如，今祗数十人，商本不足一千万，且多借本经营，倍形拮据。"② 这种总体性的叙述基本符合实情。

两淮、长芦、两广等盐区，成本和盐价的限制，大多发生在康熙二十七年（1688）至三十年（1691），河东盐区为乾隆十年（1745），浙江盐区基本没有成本和盐价的限制。在未限定成本和盐价之前以及在没有限定盐价的地区，"盐无定价，计本售销"，其利润高于一般商人贸易的"一二分之利"，维持在20%至30%左右当无疑问。如上节所述，在核定成本、限价之后，广东在"雍正元年、十一年暨乾隆元年各场晒价逐次加增，而各埠卖价则仍循其旧"的情况下，乾隆六年（1741）每包食盐的售价为2.8两，减去成本银2.4两，获利0.4两，利润仍能够达到16.7%。嘉庆年间以后，即使增加盐价，盐商获利仍然困难，于是，按照成本售卖，以保障盐商的应得利润。

两淮盐区从雍正元年（1723）定有贵、贱二价之后，有一段时间"通融售卖"，属于"放价"时期，更多的情况下是按照贵价销售，"商人获利优厚"，雍正至乾隆年间成为淮南商人获得厚利的黄金期，其利润率大致维持在50%左右。嘉庆以降，利润空间缩小，但也不太可能是0利润。这可以从两个角度窥察：

第一个角度是余息的加给。在嘉庆十二年（1807）加余息四钱二分之后，余息已经达到八钱二分，以嘉庆十一年两淮盐政额勒布说的余息四钱二分，"实只得四厘之息（4%）"为标准③，额外加给的余利为8%。嘉庆十三年（1818），加给一分五厘之余息，即15%，加上保留之前的三钱余息，约3%，利润实际上在18%左右。这个利润

<hr>

① 档案，嘉庆十二年六月二十一日额勒布奏：《为遵旨覆奏事》。朱批奏折，档案号：04-01-35-0488-036。

② 档案，道光十年十月初一日钟灵奏：《为查明淮鹾大概情形，据实陈奏，亟须逐一筹办事》。朱批奏折，档案号：04-01-35-0507-054。

③ 档案，嘉庆十一年十月十一日额勒布奏：《为恭恳圣恩俯准酌加余息，以裕课运事》。朱批奏折，档案号：04-01-35-0487-031。

额度一直延续到嘉庆二十三年底。由于乾隆五十三年（1788）之后，核定的成本没有新的变化，嘉庆年间执行的仍然是原来的标准，由于当时实际运盐成本的增加，导致盐政官员和地方官员所说的盐商亏折，在笔者看来，这种所谓的"亏折"，是消解了原来运盐成本中包含的利润，使盐商无利可图。但另外有资料表明，即使在这段时间，盐商也不是绝对的没有利润，嘉庆十一年（1806），"据各商供称：八年以前因教匪滋扰，八年畅销，有绌无盈。九年、十年始得以盈补绌"①。在社会安定的情势下，核定成本和限定盐价中还是有一定的利润，并且可以"以盈补绌"。嘉庆十三年（1808）至二十四年（1819）所加的18％的余利，最低限度应该是其实际利润数，否则盐商也不太可能感恩戴德，在报效三百万的基础上，再报效三百万两②。

第二个角度是盐商的实际卖价。据前揭嘉庆十一年两淮盐政额勒布的奏折，在官定成本盐价不得提高的情势下，"商人计本求利，是以私抬愈甚"。湖广总督百龄并举出了具体的事例，盐商程启大、鲍容楷、方恒茂、洪体仁、姚声五等"每包索价几至四钱"，大大高出当时核定成本价银二钱八分九厘③。据随后的进一步审理，嘉庆"九、十两年楚省共销盐一百三十三万三千七百四十二引，按每引多卖银一钱六分五厘计算，共多卖银二十二万两零"④。可见，由于私抬盐价，盐商每年的获利不在少数。

长芦盐区在乾隆中期已经开始有盐商亏折的奏报，以后的奏报连篇累牍。导致"亏折"的原因，一是由于银钱比价的变动，一是由于物价、运费的增加。据乾隆三十五年（1770）长芦盐政李质颖的

---

① 档案，嘉庆十一年正月初十日两江总督铁保奏：《为覆查楚商抬价确数，据实具奏事》。朱批奏折，档案号：04-01-35-0486-022。

② 有关盐商的报效参见陈锋《清代盐政与盐税》之《乾嘉两朝盐商报效统计》、《清代各区历朝盐商报效表》。

③ 档案，嘉庆十年九月十二日百龄奏：《为岸商抬价病民，劣绅得贿私和，审明定拟事》。朱批奏折，档案号：04-01-35-0486-003。

④ 档案，嘉庆十一年正月初十日两江总督铁保奏：《为覆查楚商抬价确数，据实具奏事》。朱批奏折，档案号：04-01-35-0486-022。

奏折可知，在乾隆二十九年（1764），"长芦商众因绳索、席片、车船、饭食等费无不加昂，而盐价仍然如旧，是以商力渐困"，当时"饬议每斤增钱一文，以敷商本"，但"不过五六年之间"，盐商"复形竭蹶"。据说，到乾隆三十五年（1770），"每盐一引，亏本七钱有余，合零成万，数且不赀，是以三四年来俱形消乏"①。于是，乾隆三十五年，每斤增制钱二文，乾隆三十六年，每斤增制钱一文，"以资行运"②。

似乎从乾隆中期以后长芦盐商一直亏折，并无利润可言，但由于清廷同时也实行增加盐价、缓征盐课、蠲免欠课以及调整银钱比价等相关措施，盐商仍然有利可图。即使从专门汇报盐商亏折的奏折中也可约略体会，如乾隆四十七年（1782）长芦盐政征瑞称"以商人昔日之余息，尽核归今日之成本"③，道光二十七年（1847）长芦盐政沈拱辰称"从前尚可设法补救"④，均意味着之前盐商尚可获利。从长芦商人转租引地和借帑还息的档案，也可以略窥盐商的运营及其利润。乾隆五十三年（1788），内务府总管永瑢的奏折，曾经谈到商人"义和泰"在乾隆三十六年（1771）承办被参革商人王至德"蓟、遵等八州县引地"的情况，按当时成本计算，"除去应完正杂课银等项，每年约得余利银三万八千两"，以此"余利"分年代还前商王至德的欠款⑤。嘉庆十年（1805），"原业商人王至德之子崇文"，因为该引地的争执，上呈文称，王崇文"祖父为内务府世仆，行办窝价自置之蓟州、遵化、丰润、玉田、宝坻、宁河等六州县引地并京引四千

---

① 档案，乾隆三十五年三月初十日李质颖奏：《为钱价平减，运本不敷，恳请酌量加增以纾商力事》。朱批奏折，档案号：04-01-35-0464-028。

② 嘉庆《长芦盐法志》卷一〇，《转运下》，科学出版社2009年点校本（刘洪生点校），第169页。参见《清盐法志》卷二一，《长芦十二·运销门》。

③ 档案，乾隆四十七年八月初九日长芦盐政征瑞奏：《为商运成本日重，酌量因时调剂，据实奏恳圣恩事》。军机处录副，档案号：03-0620-066。

④ 档案，道光二十七年十一月十三日长芦盐政沈拱辰奏：《为芦纲悬岸暂行官运以济民食事》。朱批奏折，档案号：04-01-35-0516-018。

⑤ 档案，乾隆五十三年六月二十二日永瑢奏：《为遵旨议奏事》。军机处录副，档案号：03-1103-020。

九十四道，经营六十余岁，一切帑项并无贻误"，可见康熙后期至乾隆年间经营状况良好，到王崇文之父王至德时期，经营不善，"崇文之父王至德名下有除完应交赔罚余盐等银六十六万八千余两，又有领借未完成当帑本银十六万两，并随本加利共银二十九万二千两"，各项欠款在一百万两左右（该呈文称九十六万余两，永瑢的奏折一百余万两），乾隆三十五年（1770），王至德病故，"彼时崇文等均在年幼，惟兄同文一人仔肩办理。因连年引地叠被水灾，盐斤少销，恐帑课不敷，日夜滋惧。即于三十六年课限以前，在内务府呈诉，与其临时贻误被参，于帑课毫无裨益，请将所有家产以及连年出入账目彻底清查，以便急完本年应交帑课。当蒙传讯，因请推限五年，经内务府代奏，奉旨着派金简前往，并着周元理、西宁会同一并查明，妥议具奏"。于是，乾隆三十六年议准由"吴肇元引名义和泰"承办，吴肇元"素与崇文父办事，所有引地情形，均为熟悉稔知，每年实有余利，是以情愿按照三十限代完欠项，将此八州县引地暂行代办"。至于余利额，该呈文称："以八州县引地除去一切费用，每年计得余利银三万八千两，除王至德每年应纳之节省银四千九百九十余两外，尚有余利银三万三千两，尽数交还欠项。"[1] 也就是说，三万八千两余利，还要交给内务府"节省银"近五千两，剩下的"余利"全部代还欠项，意味着在这"余利"之外，还有利润。嘉庆十七年（1812），长芦盐政祥绍又谈到义和泰的承办情况，这时的义和泰，已经过吴肇元、吴裕德、吴继祖三代，"三世承办内务府遵化、蓟州、丰润、宁河、玉田、宝坻、大兴、宛平八处官引，迄今四十余载，交项办运，从无贻误。……自乾隆三十六年接办遵化、蓟州等八处引地，至今四十余载，交过正杂课银一百余万两。代交前商王至德赔罚

---

① 档案，嘉庆十年五月十九日长芦蓟州等处引地原业商人王至德之子崇文呈：《为代商拖欠国帑，挪新补旧事》。朱批奏折，档案号：04-01-35-0485-045。按：李晓龙《从认办到租办：清代盐专卖制度下长芦盐区的引岸经营研究》（《中国经济史研究》2018年第6期）曾提及王至德，称"盐商王同文（引名王至德）"，王至德并非引名。另参见赖惠敏《乾隆皇帝的荷包》之"盐商王至德"，台湾"中央研究院"近代史研究所2014年版，第188—192页。

等银九十六万余两"。四十余载"交项办运，从无贻误"，也正说明此一时期仍有丰厚的利润。祥绍在这份奏折中同时谈到吴继祖赏借运本银的情况："赏借运本银一十万两，该商情愿加一倍利息一十万两，自嘉庆十八年起，按年交银二万两，分限十年全数交完。"① 借银十万两，以加一倍利息十万两起算，每年还息银二万两，利息（年利率）由 10% 变为 20%，意味着纯利润最少要达到 20%，才能够营运。

山东盐区和长芦盐区的情况基本类似，盐商利润的减少或无利可图，也是由于物价、运费的增加和银钱比价的变动。乾隆五十三年（1788），长芦盐政穆腾额在谈到山东并比较长芦的情况时说："近因百物昂贵，成本业已倍增，更兼钱价日贱，较之五十一年，每引亏折银五六钱。……通计长芦正引、余引共一百余万道，每年约亏折银五六十万两。东省引、票共七十余万道，每年约亏折银二十余万两。"② 嘉庆十三年（1808），长芦盐政李如枚称："山东商力素称疲乏，近年因成本增贵，盐穰绳席等项无不加昂，亏折日甚，势形竭蹶"③。道光二十七年（1847），山东巡抚崇恩奏称："各口岸贵贱不等，而其大要，一以银价为权衡。自银价叠增，历经奏准加价，而所加之数，总不抵银贵之折耗。现在市集银价，每两制钱二千文以上。全纲公私用项有款可稽者，以旧时银价计之，岁需赔折银五六十万两。其他一切绳索、席包、舟车运费，百物随银价而长，暗中赔折者尚不在此数，年甚一年。"④ 除此之外，在一些特定的时期，情景更遭。光绪二十二年（1896），山东巡抚李秉衡就奏称，因黄河泛滥，"卤池

---

① 档案，嘉庆十七年六月二十九日祥绍奏：《为承办官引商人照案请借运本事》。朱批奏折，档案号：04-01-35-0493-002。
② 档案，乾隆五十三年八月十二日穆腾额奏：《为确查商运亏折情形事》。军机处录副，档案号：03-0623-053。
③ 档案，嘉庆十三年长芦盐政李如枚呈：《长芦、山东积欠盐课清单》。军机处录副，档案号：03-1777-064。具体呈报月日不详。
④ 钞档：《清代题本》一四六，《盐课（2）·奉天、山东》。道光二十七年六月十三日崇恩奏折。中国社会科学院经济所藏。

化为淡水"，"以致产盐短绌"，场价奇贵，"从前每包需银四五钱者，今则增至三两内外"，加上水陆运费，无所不贵，"每包成本需银六七两不等，按照例定斤重、制价，以钱合银，仅卖四两上下。成本之亏，商情之累，于此可见"①。银贵钱贱以及物价、运费增加，导致商人利润减少，甚至亏折，在长芦、山东盐区是较为普遍的现象。

第三，银钱比价的变动与盐商利润、盐商盛衰的关系。

前揭徐泓论文认为，银钱比价是影响盐商成本与利润的主要因素之一，可谓切中肯綮。徐先生注意到在"淮盐的运销体系中，盐商的课额、支出多用银，而在各地的盐店卖盐则以钱文为交易单位"。这在一定程度上或许会影响到运商的利润，但运商运盐到口岸（汉口、南昌）为止，"自与水贩议价交易，听水贩运销"②，运商的成本以及与岸商的交易均是以银两进行，不存在银两与铜钱的兑换，水贩售盐贩卖才使用铜钱，银钱比价影响的主要是水贩的利润。

银钱比价的变动与盐商利润、盐商盛衰最为密切，最具典型意义的是长芦、山东、河东等盐区。

这些盐区的盐商在各地售盐，收取钱文，依据银1两兑换铜钱1000文的标准，易银办课，"银贱钱贵"或"银贵钱贱"都对盐商造成直接的影响。在乾隆三十五年（1770）长芦盐政李质颖的奏折中，已经指出："钱文价值，从前纹银一两换制钱八百文，近年纹银一两，换制钱九百八九十文至一千一二十文不等，是从前卖盐千文值银一两二钱五分，今卖盐千文止值银一两，芦商盐价系奏定钱文数目，不能因钱价之减私自加增，而帑课等项则需将钱易银交纳，一出一入，以今较昔，每盐一引亏本七钱有余。"③ 所谓"卖盐千文止值银一两"，实际上正合乎法定的兑换标准，并不亏折，"每

① 档案，光绪二十二年二月二十二日李秉衡奏：《为东纲灾重盐绌，商民交困，请减加价事》。军机处录副，档案号：03-6470-016。
② 档案，乾隆七年十月三十日两淮盐政準泰奏：《为奏明江西盐价宜因时暂缓定议，以杜商弊事》。朱批奏折：04-01-35-1388-049。
③ 档案，乾隆三十五年三月初十日李质颖奏：《为钱价平减，运本不敷，恳请酌量加增以纾商力事》。朱批奏折，档案号：04-01-35-0464-028。

盐一引亏本七钱有余",只是相对于盈利时期而言。所谓的"从前卖盐千文值银一两二钱五分",正意味着盐商仅从银钱比价的变动中就获得利润25%。

从笔者以前的研究中可知,乾隆一朝,总体上处于"银贱钱贵"时期,铜钱最贵时,600文兑换银1两,大多数时间,700文至800文兑换银1两①,长芦等盐区的盐商由此而获得的利润在20%至40%之间。乾隆五十三年(1788),长芦盐政穆腾额亦称:"商人运盐成本,输课纳帑,均赖各引地销盐价值,而行销盐价,俱系钱文,必得以钱易银,方可资办运、交纳之用。……迨乾隆五十一年间,约需制钱一千文,商众已苦赔折。"② 这里的"商众已苦赔折"依然是虚词。乾隆五十九年,直隶总督梁肯堂称:"长芦商人卖盐钱文,历系易银完课,近年钱价日贱,商本实多赔折,……现在银贵钱贱,以亏折二成核计,津商赔折实须一百余万两。……现在市集钱价较贱,每库平纹银一分二厘合制钱十四五文,二分四厘合制钱二十九文及三十文不等,……钱价长落不齐,向无定准价值,从前纹银一两仅可易钱八九百文。"乾隆在这份奏折中有两处"夹批",其中在"从前纹银一两仅可易钱八九百文"处夹批"此时商未受利乎?"③ 乾隆的夹批很有味道,可见其内心十分清楚商人之前的获利。

长芦等盐区由"银贵钱贱"的转折导致的盐商亏折,主要是在嘉庆年间以后,上述已略有涉及,从档案文献中可以知晓,嘉庆初期,"每纹银一两需制钱一千一百数十文至一千二百数十文不等,商人以钱易银,复多亏折"④。自嘉庆十五年(1810)以后,"钱价松贱过甚,

---

① 陈锋:《清代银钱比价的波动及其对策》,《中国前近代史理论国际会议论文集》,湖北人民出版社1997年版。《陈锋自选集》收录,华中理工大学出版社1999年版,第379—401页。

② 档案,乾隆五十三年八月十二日穆腾额奏:《为确查商运亏折情形事》。军机处录副,档案号:03-0623-053。

③ 档案,乾隆五十九年十一月二十七日梁肯堂奏:《为遵旨据实回奏事》。朱批奏折,档案号:04-01-35-0480-040。

④ 档案,嘉庆十七年三月二十日长芦盐政祥绍奏:《为据实陈明芦、东商人致乏缘由事》。军机处录副,档案号:03-1780-032。

纹银一两易大制钱一千二百数十文至三百数十文不等。商人销盐一引，酌中核算，得钱六千文，易银不及五两，……即殷商亦悉形疲乏"①。道光十年（1830），长芦盐政阿杨阿称："银价近益增昂，卖出钱文必须向市易银，而一州一县银铺无多，奸狡市侩明知商等应完帑课之时，银价故昂其值，若不与之交易，别无银铺可换，若将钱捆载远行，则又脚价不赀，势不得不隐忍吃亏。年年赔折，以致课运支绌。"② 这里特别强调，在银价高昂以钱易银时，银铺的刁难和盐商的隐忍吃亏。道光二十三年（1843），长芦盐政德顺又缕述了此前十余年的银钱比价沿革："道光八年，钦差大臣来津查办调剂，彼时每银一两易制钱一千三百文。道光十年，钦差大臣二次来津，彼时每银一两易制钱一千四五百文。十八年加价案内，每银一两增至一千六百数十文，核计以钱易银，较之八年，每年亏折成本九十余万两。……十八年至二十一年三月，……每银一两又增至制钱一千七八百文，商本仍复亏折。……自二十一年下半年至二十二年上半年，钱价稍微平落。……二十二年下半年，钱价又复增至一千八百数十文。按年比较，钱价逐渐加增，约计商人卖进盐价钱文，易银交课，较比八年钱价，每年赔贴亏折成本至一百万余两。商本亏折殆尽，纲局危在须臾。"③ 到道光二十二年（1842），达到1800余文易银1两，所以有"商本亏折殆尽，纲局危在须臾"的感叹。

在"银贵钱贱"、兑换银两交课导致盐商亏折的情况下，作为"调剂"之策，清廷曾有银钱兑换比例的调整。初次调整，为嘉庆十四年（1809）因"南河大工"而举行的盐斤加价，山东巡抚吉纶、长芦盐政额勒布联衔上奏："商人以钱易银，各处市价不同，据各州县卫月报，多寡牵算，应请统照制钱一千一百文核银交纳。计每引、

---

① 档案，道光四年正月二十二日长芦盐政阿尔邦阿奏：《为长芦积欠过重商累难支，恳恩赏复加价钱文事》。朱批奏折，档案号：04-01-35-0502-029。

② 档案，道光十年十一月三十日阿杨阿奏：《为备陈芦商运本支绌实在情形事》。朱批奏折，档案号：04-01-35-0508-028。

③ 档案，道光二十三年三月二十一日德顺奏：《为恩施既渥，商力仍艰，实由银价愈昂钱价愈贱事》。军机处录副，档案号：03-3189-005。

票一道交银四钱九厘一毫，……至钱价一节，奴才额勒布具奏长芦增价案内，请照市价，以制钱一千一百文易库平纹银一两，已奉恩旨允准试办。"① 长芦、山东盐区按 1100 文兑换银 1 两，要早于交纳地丁钱粮时的银钱比价调整（道光十年是 1100 文兑银 1 两，道光二十一年是 1300 文兑银 1 两，等等），而且步调也不一致②。道光十二年（1832），"河东盐务应征河工经费，每盐一斤加价一文"，将河东盐区的银钱兑换比例调整为"以制钱一千三百文易银一两交纳"③。此后，道光二十年（1840）、二十八年（1848），征收"河工经费"，均是"仍以制钱一千三百文易银一两交纳"④。长芦盐区在道光二十二年（1842），因筹措"海防经费"，每斤加制钱二文，"查照成案，按直、豫两省现实易银钱价，酌中核定，……以制钱一千六百五十文易库平银一两交纳"⑤。咸丰四年（1854），经钦差大臣奏准，征收帑利，"五成交银，五成以制钱二千文作银一两"，随后，又奉户部议覆，"五成现钱内搭二成五分钞票"⑥。可见，长芦、山东、河东等盐区银钱比例的调整，主要是限于筹措河工经费、海防经费的盐斤加价征收，以及与内务府相关的帑利银征收。从有关奏折中强调的"加价

---

① 档案，嘉庆十四年七月十九日吉纶、额勒布奏：《为遵旨核议覆奏事》。军机处录副，档案号：03－1778－018。参见中国第一历史档案馆、天津市档案馆等编《清代长芦盐务档案史料选编》，天津人民出版社 2014 年版，第 248—249 页。由于录副奏折为行草，不易辨认，该选编将"据各州县卫"的"卫"字错录为"乡"字，将"已奉恩旨"的"旨"字错录为"命"字。

② 参见陈锋《明清时代的"统计银两化"与"银钱兼权"》，《中国经济史研究》2019 年第 6 期。另参前揭《清代银钱比价的波动及其对策》。

③ 档案，道光十二年四月二十七日山西巡抚阿勒清阿奏：《为河东盐务应征河工经费银两缓征事》。朱批奏折，档案号：04－01－35－0510－004。

④ 档案，道光二十年十二月十六日山西巡抚杨国桢奏：《为河东商人应交协济河工经费银两按引征收全完事》。朱批奏折，档案号：04－01－35－0514－041。道光二十九年正月二十二日山西巡抚王兆琛奏：《为河东商人应交协济河工经费银两按引征收全完事》。朱批奏折，档案号：04－01－35－0516－030。

⑤ 档案，道光二十二年五月初八日长芦盐政德顺呈：《征收加价章程清单》。军机处录副，档案号：03－3188－020。

⑥ 档案，咸丰四年十二月十五日长芦盐政文谦奏：《为起解帑利等项银钱钞票事》。朱批奏折。档案号：04－01－35－0519－032。

银两与正、余引课原有区别"来看，这种银钱比价的调整不适用于正常的盐课征收，但对当时盐商因"银贵钱贱"带来的亏折也有一定的补苴作用。

三　结语

不同盐区的盐商运销食盐的成本构成，虽然略有不同，但大要包括产盐之地的食盐价格、正项课税、杂项税费、包索费用、储运费用、人工等其他费用，除了正项课税基本恒定外，其他诸如产盐之地的食盐价格、杂项税费、车船水脚在内的其他费用，随着时间的推移，均不断增高，成本的增加是一个必然的现象。清廷和地方官员、盐政官员关注盐商成本，一方面在于盐商的获利，使其有能力完纳课税，保障内务府以及中央和地方有关部门（官员）的经费、养廉银、规礼银，并进行应急费用的报效和筹措。另一方面，也在于民食，如果销售食盐的价格高涨，不单单是庶民百姓的食淡、食贵，也必然造成官盐的滞销和私盐的昌炽，反过来又导致"引滞课悬"，影响到商人和官方的利益。所以，尽管官方多偏袒商人，也不得不对食盐销售价格进行限定。从一定意义上说，没有对食盐销价的限定，也就没有盐商成本的核算。"核定盐价"与"核定成本"大多系接在一起。

也正由于"核定盐价"与"核定成本"捆绑，盐商成本的核算以食盐限价的方式表现出来，两淮盐区所谓的盐商"成本"自然包括了利润在内，而且由于许多费用在"成本清单"内没有显现，已经列示的成本类项中必然放宽尺度，使盐商有充足的利润空间，以保证这些费用的筹集和支取。前文所指《杂项清单》列有"额定款数"157款，由于篇幅的限制无法展开论述，仅"务本堂公费"一项，每年高达一百数十万两，"运商成本，俱视此数为增减"，需要细心体会。盐商进行垄断性食盐销售，获得高额利润是无疑的。

盐商的利润是一个复杂的问题，不是简单的统计出一个利润率就能够说明问题，需要对成本中包含的利润、不同时期不同盐区的利润，以及影响盐商利润的因素，进行综合分析，才能得出正确的认识。盐商除了正常的获利途径外，还有清廷对盐商"加斤"的补贴和银钱兑换比价的调整，盐商也通过"浮春盐斤""夹带盐斤""私自抬价""蒙混影射""借官行私"等多种手段攫取额外的利润。

交易成本与课入量：清代盐课基本原理研究（1644—1850）

黄国信

（中山大学　历史人类学研究中心）

一般认为，1850 年以前，清廷财政的基本特点是量入为出，[①] 清廷关心的是朝代的稳定和延续，而非收益最大化。[②] 这从宏观上把握了清廷财政的特点。不过，以往关于清代盐政的研究，却认为它是以垄断手段征收高额盐课的制度。[③] 这似乎暗示，清政府的盐课汲取与清代财政"量入为出"的总体趋势颇为不同，盐课汲取有追求最大化的倾向。更重要的是，既往研究强调清代盐政以垄断手段征收高额盐课，却从来没有比较盐课与其他税课的征收效率，以分析其"高额"的数量化程度，也没有研究其"高额"是否受到制约，以及在制约之下，清廷的盐政采用了哪些基本行为逻辑等问题。有鉴于此，本文将通过对盐政史料的深入研究，证实清代盐课的确异于"量入为出"的原则，有较为明显的课入最大化倾向；同时，还将对盐课的征收进行统计分析，揭示其"高额"的数量化程度，它所受到的制约，以及在这些制约因素影响之下，清廷盐政的基本行为逻辑，以揭示太

---

① 量入为出一般被认为是传统中国财政的基本原则，参见倪玉平《从国家财政到财政国家：清朝咸同年间的财政与社会》一书对此问题的最新总结，科学出版社 2017 年版。

② ［英］马德斌：《中国经济史的大分流与现代化：一种跨国比较视野》，浙江大学出版社 2020 年版，第 52 页。

③ 郭正忠主编：《中国盐业史（古代编）》，人民出版社 1997 年版，第 4 页。

平天国运动之前，清代盐课征收的基本原理，为清代盐政提供一个体系的解释。

一 高效率的盐课征收

基于食盐产地有限且可控性强、市场需求量大且稳定、流通较易控制且课税对象是商人，征税没有强大道德压力的特殊属性，清廷采用特许专商、分区行盐的宏观原则，垄断食盐的生产与流通，选择盐商独立经营的模式经营盐业，以获取高额生产税和流通税。那么，清廷这一模式经营的成效如何呢？下文的统计分析将说明，清廷的盐课经营相当成功，效率很高。

为了说明这一点，先从表1所示清代课入结构开始。

表1　　　　　　　　　**清代课入统计简表**　　　　单位：百万两

年份	土地税和人丁税	盐税	商税
顺治九年（1652）	21.26	2.12	1.00
康熙二十四年（1685）	28.23	3.88	1.85
雍正二年（1724）	30.28	3.87	1.97
乾隆十八年（1753）	29.64	7.01	5.60
乾隆三十一年（1766）	29.91	5.74	—
嘉庆十七年（1837）	28.02	5.80	5.86

资料来源：许檀、经君健：《清代前期商税问题新探》，《中国经济史研究》1990年第2期，第87、90页；此外，〔美〕费正清、赖肖尔：《中国：传统与变革》（陈仲丹译）数据与此基本一致，参见该书江苏人民出版社1992年版，第200页。

表中数据说明，清代财政收入的最大来源是田赋，其次即为盐课，然后是商税。盐课虽然占比仅10%—20%，但它是清中前期国家财政收入的仅次于田赋的第二大项收入，地位颇高。更重要的是，从征收效率的角度看，盐课较之于商税作用更为重要。

吴承明先生的经典研究，总结了鸦片战争前中国主要商品市场的流通量，如下表2：

表2　　　　　　　鸦片战争前中国市场主要商品流通量

	商品量	商品值		商品量占产量（%）
		银（万两）	比重（%）	
粮食	245.0 亿斤	16333.3	42.12	10.5
棉花	255.5 万担	1277.5	3.30	26.3
棉布	31517.7 万担	9455.5	24.39	52.8
丝	7.1 万担	1202.3	3.10	92.2
丝织品	4.9 万担	1455.3	3.75	
茶	260.5 万担	3186.1	8.22	
盐	32.2 亿斤	5852.9	15.10	
		38762.4		

资料来源：吴承明：《中国资本主义与国内市场》，中国社会科学出版社1985年版，第251页。

表2显示，鸦片战前，中国市场主要商品流通市值约为3.87亿两，其中盐的流通总值约为0.58亿两，也就是说，排除了食盐，当时国内市场主要商品流通总值约为3.19亿两。将此数据与表1数据比较，可见，价值0.58亿两的食盐流通，贡献的税收几乎等同于其他商品一共3.19亿两的税收贡献值。如果以嘉庆十六年（1811）的数据来看，根据倪玉平的研究，当年盐课收入大概在625万两上下，关税大概在500万两上下，杂税大概100万两。[①] 以

---

① 倪玉平：《试论清朝嘉道时期的财政收支》，《江汉论坛》2018年第2期，第115页。

这说明，清代盐课的征收效率不仅远高于田赋的征收效率，也远高于一般商品的征收效率。而且，在盐课正额之外，清廷还会时常向盐商收取"捐输""报效"以及"生息银两"，它们亦有重要的财政意义。表4为乾隆年间部分年份盐商捐输报效情况表，从表中可以看出，乾隆年间金川和台湾用兵之时，盐商（尤其是两淮盐商）的捐输报效数额巨大，甚至可能超过当年的盐课收入总和。在某种意义上，盐商的捐输报效，相当于清廷拥有一个随时可以支取钱款的"钱袋子"，而皇帝利用银钱"发商生息"，则是将盐商视为增殖的钱庄。捐输报效和发商生息，以及从乾隆朝内务府直接从盐政项目获取的常规收入，构成了清廷除了盐课之外重要的灵活性收入来源，这进一步强化了盐政在清廷税入中的作用和效率。

表4　　　　　　　乾隆朝部分年份盐商捐输报效数据　　　　单位：两

年代		军需报效	助赈报效	助工报效	备公报效	总计
乾隆九年	1744		100000		310000	410000
乾隆十三年	1748	1000000			200000	1200000
乾隆二十四年	1759	200000				439426
乾隆三十八年	1773	6500000	21826	217600		6500000
乾隆五十一年	1786		3920			3920
乾隆五十三年	1788	3200000	1000000			4200000

资料来源：陈锋：《清代盐政与盐税》（第二版），武汉大学出版社2013年版，第294—300页；倪玉平：《博弈与均衡：清代两淮盐政改革》，福建人民出版社2006年版，第35—36页。

二　盐课课入的最大化追求及其制约

清廷的盐课征收实现了比其他税收效率更高的征收效果。那么，这一高效率的征收，其最大可能性和限度又在哪呢？取得较之于其他税项5.95倍的课入，是否已经到达其极限？清廷征收到这一额度的盐课，是否体现了其对盐课收入的最大化追求呢？如果是，这一追求是否受到各种现实因素制约？本节将以统治者的表达和盐法改革的个案，对这一问题作出分析。

（一）康熙帝关于盐课收益追求的表达

清廷设置一套繁杂的盐政制度、配置一套琐碎的运作体系，以追求高额垄断盐课收入。显然，从逻辑上，清廷如此操作是希望得到最大可能的盐课收入的，借用现代经济学的表达，就是有追求盐课课入最大化的倾向。

事实上，清廷上上下下对盐政均极为重视，"盐课为国计攸关"一类表达经常出现。康熙帝甚至直接明确谕称："盐课关系紧要，必得廉干之员差遣，乃能严缉私贩，惠恤商民，疏通引法，以裕国课"①，这短短三十余字里，高度概括了清代盐政的目标和核心，包含了清廷盐政制度安排的三个重要观念：第一，盐政制度的设置，以及一系列复杂的制度安排和人事运用，目标是获取盐课；第二，为了顺利征收盐课，需要用人得当，要重视缉私、恤商、疏引三个核心环节；第三，对于本研究来说，最重要的一点是，康熙认为，为了征收"关系紧要"的盐课，清廷利用复杂的制度和合理的人事安排，处理各个方面的复杂运作实践，最终目标是"裕国课"。"裕"，即增加、提高和上升。这充分说明，清代盐政制度安排的方方面面，目的在于获取盐课，通过征收盐课，充裕、提高、增加国家的财政收入。

在传统时期以儒家理论作为治国意识形态的背景下，清廷的最高统治者，尤其是以"仁"而著称的康熙帝，基本不可能直接说出"追求盐课最大化"之类的表达，而且他的经济理论水平，也决定了他没有能力使用"盐课收入最大化"这一概念。但是他明确表达出，设官分职、用人得当，理顺盐政缉私、恤商、疏引三个环节，核心目的就在于"裕国课"，即提升国课收入。这已经说明，在清廷盐政最高决策者的心目中，不断提高盐课课入量，是清廷盐政的根本目的。②而不断提高盐课课入量，实质上就是追求盐课收入最大化。康熙表达到这一程度，已经很能说明问题了。

现代经济学将所有自然人和法人都假定为理性经济人，与现实生活的经验逻辑发生冲突，常被历史学家诟病。对于传统中国的经验事实，以理性经济人的观念来分析，显然是存在问题的。但是，必须指出，一方面，以理性经济人分析经验事实时，其前提是假定自然人和法人的其他理性逻辑不变（并非不存在），再构建理性经

---

① 《清圣祖实录》卷二五，康熙七年三月辛酉，《清实录》第4册，中华书局1985年影印本，第352页。

② 关于康熙这三十余字是否表达了盐课的最大化追求，仍然有相当大的争辩空间。进一步的讨论，请参见黄国信《清代盐政基本原理（1644—1850）》，生活·读书·新知三联书店，待出。

济人在经济理性引导下所展开的经济活动中因变量与自变量的函数关系；另一方面，在经验事实层面，也必须区分清统治者与明太祖朱元璋一类帝王之间的经济理性的巨大差异。众所周知，朱元璋的治国理念，经济理性并不重要，但清朝统治者与朱元璋在此问题上，完全不可同日而语。后金在东北崛起时，其军费并非由兵民合一制度直接解决，而是大量取自其商业经营收入，狄宇宙曾指出，1606—1610 年间，满族的年人参潜在贸易量，可能接近当时整个中国从美洲输入银元总量的 12.5%，大概有 8 千千克之多；[1] 刘巳齐进一步指出，建州女真人除了能征善战，还善于经商，八旗体系下兵民合一，每旗都有一支官营的商队，可视为一个官营商业公司；远在明中后期，建州女真人就已加入了由葡萄牙人和西班牙人主导的，以白银为主要媒介的全球贸易圈，并且在东北亚的区域贸易中，扮演了重要角色；建州女真与周边部族以及明王朝的紧张关系，很多均起因于朝贡贸易的敕令数量以及明王朝是否可以满足其贸易需求。这些因素促成了清政权的商业性；[2] 万志英则指出清朝的商业政策倾向于市场自由主义，清朝统治者对商业采取自由放任政策，并促进了市场扩张，乾隆皇帝甚至在财政思想上转向经济自由主义。[3]这些经验研究表明，尽管没有理由也不能将清统治者视作没有其他理性逻辑的理性经济人，[4] 但是，在以征收盐课为目标的盐政问题上，他们的言论和行为，表现出经济理性，有追求盐课收入最大化的倾向，绝非天方夜谭。

---

[1] 狄宇宙（Nicola Di Cosmo），The Manchu Conquest in World-Historical Perspective：A Note on Trade and Silver，*Journal of Central Eurasian Studies*，*Volume* 1，December 2009：54。

[2] 刘巳齐：《明清易代之际的皮岛贸易与东北亚》，《海洋史研究》第十四辑，社会科学文献出版社 2020 年版，第 101—116 页。

[3] ［美］万志英（Richard von Glahn）：《剑桥中国经济史：古代到 19 世纪》，中国人民大学出版社 2018 年版，第 269、274 页。

[4] 张泰苏认为在非农业税问题上，清朝的行为可以以"理性主义"来解释，但农业税则需要求诸"政治文化、意识形态和思想史"。参见张泰苏《对清代财政的理性主义解释：论其适用与局限》，《中国经济史研究》2021 年第 1 期，第 52—53 页。

（二）盐政实践中的盐课最大化追求倾向

清朝统治者的言论，表现出对盐课的最大化追求倾向，乾隆年间河东课归地丁、道光年间两淮票盐法改革和乾隆末两广改埠归纲改革的史料，则证明了盐政实践中清廷的盐课课入最大化追求。河东盐区以解州（今运城）盐池为盐产地，其盐销山西、陕西、河南诸省区。其盐课征收从顺治到乾隆年间，不断上升。详见下表5。

表5 **课归地丁前河东盐课征收额** 单位：万两

	明末	顺治元年	顺治十三年	雍正元年	雍正三年	乾隆五十六年
盐课	19.31	13.12	16.32	17.87	38.75	51.62
指数	147	100	124	131	295	393

资料来源：陈永升：《从纳粮开中到课归地丁——明初至清中叶河东的盐政与盐商》，中山大学博士学位论文，2002年，第114页。

陈永升的研究指出，河东盐课收入从顺治到雍正初年均无多大变化，直到西北用兵，年羹尧直接管理河东盐政，迅速提高盐课，三年内加课一倍多。后来年羹尧虽然倒台，却并未阻挡河东盐课的增长步伐，历时60多年，到乾隆五十六年（1791），额定盐课已经达到雍正元年的几近三倍。[①]

此时河东盐区的人口也在增长，但目前尚欠缺成序列的准确数据，无法计算出其人口增长率。[②] 但从河东盐商的表现来看，人口增长率可能没有达到盐课增长的速度，盐课的涨幅已经超出了当时

---

① 陈永升：《从纳粮开中到课归地丁——明初至清中叶河东的盐政与盐商》，中山大学博士学位论文，2002年，第112—113页；陈锋：《清代盐政与盐税》（第二版），第311—312页。

② 乾隆四十一年以前的官方人丁数是纳税单位，故顺治十八年的接近413万和康熙五十五年的423万余，均非人口数据，即使在乾隆四十八年河东盐区人口数为2181万余的记载，亦无法计算出其人口增长率。

盐商的纳课能力，盐课与盐商的负担之间形成了巨大张力，以至于盐商经营盐业无利可图。这足以说明清廷在河东的盐课课入已经达到最大化，盐业陷入"运商无力告退，革之则招抚无人"的境地。[1] 因此，乾隆皇帝不得不答应河东盐商提高盐价的要求，"着照所请，将续增二厘盐价，加恩准作定额，……以纾商力"[2]，企图以此来维持盐课的课入量以及整个盐政的常规运行。即便如此，仍然无法改变无人愿意充商的局面。于是，清廷不得不"佥富充商"，即在当地搜寻富裕人家，强令其充任盐商，但是盐政仍无起色。无奈之下，山西巡抚书麟建议对河东食盐管理制度"通盘酌核"，做出全面改变，[3] 从而拉开了河东盐法课归地丁改革的序幕。由此可见，盐课课入的最大化追求，最终迫使清廷实施此次盐法改革。[4]

道光年间陶澍在淮北推行的票盐法改革，与河东课归地丁的逻辑颇为一致。道光十年（1830）十二月，钦差大臣王鼎与两江总督陶澍在全面调查两淮盐务后，联名上奏称："两淮盐务凋敝败坏，至今日已成决裂之势。……通纲情形全属涣散，已等于停运停销，当此山穷水尽不可收拾，实非补偏救弊所能转机。"[5] 为了拯救"山穷水尽"几乎"停运停销"的两淮盐务，陶澍最终在淮北试行了票盐法，放宽盐商准入机制，以保证盐政运转和盐课征收。

为何道光十年前后，两淮盐政崩坏如此呢？陶澍的分析结论指

① 西宁：《奏为据实密陈河东商众情形仰祈睿鉴事》，乾隆十五年十二月初五日，04-454，中国第一历史档案馆·宫中朱批奏折·财政类盐务项，转引自陈永升《从纳粮开中到课归地丁——明初至清中叶河东的盐政与盐商》，第115页。
② 《清高宗实录》卷一二四四，乾隆五十年十二月己丑，《清实录》第24册，中华书局1986年影印本，第729页。
③ 陈永升：《从纳粮开中到课归地丁——明初至清中叶河东的盐政与盐商》，博士学位论文，中山大学，2002年，第137页。
④ 关于河东盐法课归地丁改革的原因，杨久谊从引窝问题出发，强调了坐商"锭名"提高运商经营成本这一因素，参见杨久谊《清代盐专卖制之特点——一个制度面的剖析》，第34页，不过，显而易见，这并不与盐课课入增加造成盐商经营困难相矛盾。
⑤ 陶澍：《会同钦差筹议两淮盐务大概情形折子》，《陶文毅公全集》卷一二"奏疏·盐法"，《续修四库全书》，第1502册，上海古籍出版社2002年影印本，第640—641页。

出，其根源在于"成本积渐过多"和"藉官行私过甚"①。什么是成本？"成本"在清人文字中，代表的就是盐商的食盐销售价格，主要由流通费用、课费支出和引窝及纸朱价等价三部分构成。② 一方面，从乾隆到道光，两淮正课已由 180 至 190 万两左右，提高到 220 万两，另一方面，盐商行盐"浮费"高涨，总额甚至超过正课总数。浮费主要由两个部分组成，一部分属内务府收入（含帑息），另一部分为其他衙门的规费、匣费、办公费以及上贡等费用。其中前者的比例略低于后者。③ 这说明，作为全国课入量最大、盐商实力最强的两淮盐区，不仅清廷缓慢提升其正课，而且内务府财政和各个衙门都视两淮盐商为财富之源，不断从其中获取收入。④

关于内务府财政，赖惠敏指出，从乾隆朝开始，内务府开始从两淮盐政提取收入，数额不断增加，到道光十年（1830），大概每年常规性收入已达 110 万两，加上内务府从盐务相关各衙门规费等费用中提取的收入（实际也是出自盐商）尚占各衙门该项收入的 20% 以上，内务府从盐务部门提取的收入总额已达 160 万两，接近正课总数。不过，乾隆皇帝并未独享这部分收入，他经常从内务府拨款到户部，从而赢得"赋性宽仁"的美称。⑤ 这意味着，内务府从盐务中获取的收入，在使用上与户部财政之间没有截然区分，从这一意义上，几乎可以将内务府收入视为盐课。如此计算，两淮盐课（含内务府收入）几乎上升到正课的近两倍，高达 380 两以上，再加上各衙门的索取，

① 陶澍：《再陈淮鹾积弊折子》，《陶文毅公全集》卷一一《奏疏·盐法》，《续修四库全书》第 1502 册，上海古籍出版社 2002 年影印本，第 636 页。
② 韩燕仪：《清代乾隆前期湖广部定盐价制度中的政治博弈》，《区域史研究》2020 年第 1 辑，第 118—119 页。
③ 陈锋：《清代盐政与盐税》（第二版），第 319 页；倪玉平：《博弈与均衡：清代两淮盐政改革》，福建人民出版社 2006 年版，第 55—56 页。
④ 倪玉平：《博弈与均衡：清代两淮盐政改革》，第 56 页。
⑤ 赖惠敏：《乾隆皇帝的荷包》，台北"中央研究院"近代史研究所 2014 年版，第 218、228、475 页。

终于导致两淮盐商的食盐经营无利可图，几乎停运罢课。[①] 尽管导致盐商经营无利可图的原因，包括了各个衙门的需索，但是无可否认的是，户部和内务府课入越来越高，是盐商运营负担巨大以致罢退，从而导致两淮盐法崩坏的重要原因。户部和内务府盐课的不断增加，直至迫使盐商退市，盐法失败，正是清廷盐课最大化追求的体现。因此，可以认为，清王朝在两淮，同样有盐课最大化的追求。并且正是这一追求，导致正课、内务府课入以及规费、匣费越来越高，终至两淮盐法崩坏。

另一方面，陶澍所谓"藉官行私过甚"，同样是课入过高的逻辑结果。课入过高增加了盐商的行盐成本，从而抬高了官盐价格，走私有利可图，因此商人借官引行私盐、利用低价私盐占领官盐市场，从而导致官盐市场萎缩，盐法终于崩溃。因此，可以认为，票盐法在淮北的试行，也是清王朝追求课入最大化，造成盐法失效之后的无奈之举。票盐法改革，除了放开盐商的市场准入之外，最重要的措施便是减少内务府盐课收入，并严厉打击各个衙门的浮费收入，以保证盐法的运转。

乾隆五十四年（1789）两广盐法的改埠归纲，同样是清廷盐课最大化追求导致的结果。从乾隆七年始，两广盐课课额不断提高，乾隆七年（1742）是449615两，到乾隆八年则上升到459485两，乾隆十六年（1751）为469250两，乾隆二十四年（1759）出现一次飞跃，提高到591764两，乾隆二十九年（1764）为630004两，乾隆三十九年（1774）又上升到638704两，乾隆四十八年（1783）提升到664545两，并稳定地维持到改埠归纲改革。[②] 下图1反映了其演变趋势。

---

① 黄凯凯正在进行的研究指出，当时运盐之窝单进入资本市场后，被不断炒高价格，陶澍变法时，大概可达2两/引，进一步推高了运盐成本。参见黄凯凯《清前中期扬州盐商的引窝投机与资本市场》（未刊稿）。

② 王小荷：《清代两广盐商及其特点》，《盐业史研究》第一辑，1986年，第69页。

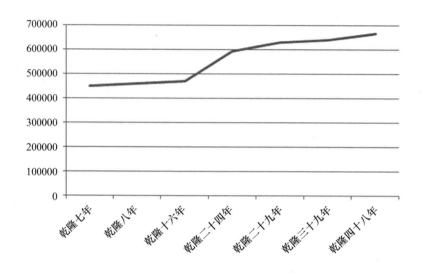

图 1　乾隆年间广东盐课额增长曲线（单位：两）

　　由于盐课课额不断增加，两广盐商负担加重，难以为继，盐课积欠不断上升，到乾隆五十一年（1786）已达 8 万余两,[①] 而更严重的问题是，两广盐商当时收有官帑 30 余万两，此时已全部亏损完毕，以至于总积欠达 126 万余两，两广总督孙士毅在调任它职时，为逃避考成责任，遂以仿两淮纲法、改埠归纲为名，强令一批富人，或充盐商或纳盐本，改变了两广盐区的既有运销制度。[②] 此事个中逻辑，与河东课归地丁、淮北票法改革一致，也是清廷对盐课最大化追求导致的结果。

（三）盐课课入的克制性

　　康熙皇帝的言论和三次盐法改革的实践，作为个案，可以说明清廷对盐课课入不无最大化追求的色彩。那么，清廷是否可以实现这一追求呢？或者说，实际课入是否可以真正实现最大化、达到理想极限呢？其实，上文的盐课改革案例，已经提示我们，追求课入最大化往

---

① 王小荷：《清代两广盐商及其特点》，《盐业史研究》第一辑，1986 年，第 69 页。
② 黄国信：《国家与市场：明清食盐贸易研究》，中华书局 2019 年版，第 276—281 页。

往导致盐法失败。而从逻辑上，课入最大化追求也难以实现，这是因为，最大化的课入，需要付出很高的行政管理成本。[①] 行政成本制约了清政府对盐课课入最大化的追求。而除了行政成本之外，清廷的课入最大化追求还受到其他众多因素的制约（下文将详细讨论）。因此，清廷对盐课课入量的最大化追求，只能演变成在诸多因素制约下的克制性的最大化。

关于这一问题的讨论，可以从清代与明代的盐课课入量的比较开始。明清两代盐课课入数据显示，盐课增长速度并不快。万历后期，户部尚书李汝华对明代盐课有过一次详细统计，他指出："国家财赋，所称盐法居半者，盖岁计所入止四百万，半属民赋，其半则取给于盐筴。两淮岁解六十八万两有奇，长芦十八万，山东八万，两浙十五万，福建二万，广东二万，云南三万八千两有奇。除河东十二万及川陕盐课，虽不解太仓，并期银数，实共该盐课银二百四十万两。"[②] 李汝华统计的全国岁入 400 万两，应该仅仅是太仓库收入，而统计的盐课，则兼及太仓之外的部分，可能包括全部盐课收入，这说明晚明的盐课收入至少已达到 240 万两。参见表 1 和表 3 数据可知，清代盐课直到康熙中期，仍然维持这一水平，到雍正年间，上升到 440 万两，乾隆中叶提高到 570 万两左右（乾隆十八年曾短暂达到过 701 万两），嘉庆十六年（1811）也只有 625 万两。也就是说，从晚明的 240 万两，增长到嘉庆年间的 625 万两，增长了 2.6 倍。那么，这一增长是否说明清王朝为了追求盐课最大化，大规模提高了生产和流通中的单位食盐税率呢？

对这一问题的考察，必须结合市场对食盐的消费量来考虑。可惜，笔者掌握的现存史料，尚无法提供详细的从顺治到嘉庆各朝的食盐总销量序列数据，因此不能直接计算清代每位帝王统治时期的单位食盐流通之税率。不过，这可以以人口数来作近似推论。虽然不少文

---

① 理论上讲，配给制可以给国家提供最高的税入，但它的行政成本也最高。清前期，朝廷没有在盐法中采用配给制。

② 李汝华：《户部题行盐法十议疏》，陈子龙等编：《明经世文编》卷四七四，中华书局 1962 年影印本，第 5203 页。

献对清代盐政作道德评判时，会举出淡食的例子，但从总体来说，人人均需吃盐，消费弹性小，即便有少部分人口淡食，人口数仍然可以作为近似推论食盐销量的依据。根据何炳棣关于人口的经典研究，以及表1、表3的相关数据，盐课与食盐人口（近似的食盐销量）增长指数曲线图2如下。

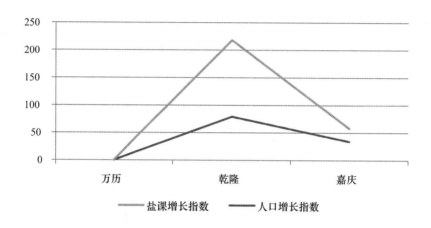

图2　明清人口与盐课增长指数曲线图

资料来源：1、表1及表3数据；2、何炳棣提供的人口数据：晚明人口大致为15000万，乾隆四十一年官方人口数为26823万，嘉庆十六年官方人口数为35861万，参见氏著《明初以降人口及相关问题》，生活·读书·新知三联书店2000年版，第329页。

需要说明的是，本图选取万历、乾隆中期和嘉庆三个时间点，主要取决于数据的可信度和匹配度，乾隆中期以前，史料中并无可以据信的人口数据，故无法按有数据的盐课年份来制图；考虑到万历至乾隆仅选择两个时间点，则乾隆以后亦选取一个时间点相对照。

上图显示，盐课相对于人口的增长，从万历到乾隆之间速度相对较快。这一阶段，人口从1亿5千万增长到近2亿7千万，增长了79%，盐课从240万增长到574万，增长了139%。① 显然，清初在实行盐课

---

　　① 如果以乾隆十八年数据来观察，则增长率高达193%。这一阶段盐课的增长，与雍正帝严查盐税有莫大关系。当时，两淮盐商想馈送一笔款项给雍正帝，换来的是雍正对盐课的严查以及将浮费划入盐课，这导致了雍正到乾隆初年的盐课大量增长。

"原额制度"的时候，实际提升了盐课的征收额度，这是因为清初战乱较多以及清王朝不断整顿盐课等原因所致。因此，这一阶段不能看成是清代盐课收入的常态。更为重要的是，这一时段，盐课增长速度虽然高于人口增长速度，但总体来说，这一速度并非无限制地高速增长。而从乾隆到嘉庆，人口增长速度大于盐课增长速度，这一阶段人口从2亿7千万，增长到3亿6千万，增长了34%，盐课则从574万，增长到625万，仅增长9%，[①] 盐课增长速度低于人口增长速度。而且何炳棣认为，嘉庆年间的官方人口数尽管可用，但至少比实际人口数低20%，[②] 可见这一时期的人口实际增长数，比笔者统计的增长率要高。按人口推算的食盐销售量增长，这一阶段明显超过盐课增长。

当然，这一统计并未计入盐商的捐输、报效以及内务府从盐政获取的收入。在朝廷用兵的年份之外，捐输、报效数值增加也相对较小，比如乾隆二十四年（1759）和五十一年（1786），尤其是五十一年，仅为3920两。根据陈锋的统计，从顺治二年（1645）到光绪三十三年（1907年），总计盐商的报效为81036337两，即八千一百零三万两余白银，[③] 如果平均分摊到每一年，则盐商每年的报效为308122两，即三十万八千余两，这相对于清代前中期每年至少240万最高625万两的盐课收入来说，则占比并不高，约为4.8%—12.5%之间。而内务府的盐政收入，乾隆三十年（1765）以后，每年在100—200万两之间，约为正额盐课的20—40%。[④] 以捐输报效30万两为年均值，以内务府收入100—200万两为依据，如果取内务府收入的最小值，则这一阶段盐课总的增长率为24%，还是低于食盐销售量增长速度，如果内务府收入取最大值，则这一阶段盐课总增长率为48.9%，略高于按人口数推算的食盐销售量。

---

① 如果以乾隆十八年数据来观察，则增长率为-11.2%，更支持本节的结论。

② ［美］何炳棣：《明初以降人口及相关问题》，生活·读书·新知三联书店2000年版，第59页。

③ 陈锋：《清代盐政与盐税》（第二版），武汉大学出版社2013年版，第301页。

④ 赖惠敏：《乾隆皇帝的荷包》，台北"中央研究院"近代史研究所2014年版，第474页。

这说明，清王朝无论在战争时期盐课增长高于人口增长的时代，还是承平时期盐课增长低于（或略高于）人口增长的时代，在盐课收入问题上，并没有完全凭借国家暴力无限制征收高盐额，[①] 而是对权力运用保持着一定的克制，努力地寻求某一合适的税率点，既保证盐课课入的高效征收，又保证盐政的正常运行。也就是说，清廷盐课收入，并没有达到理论上的最大可能性。[②] 在种种因素制约下，清王朝选择了盐课收入与征课成本之间的平衡，从而使其盐课课入最大化追求，转化成对盐课收入的具有克制性的最优化选择。

三　盐课征收的行为逻辑：交易成本与课入的平衡

清王朝追求盐课课入最大化，但盐政实际运作过程中，盐课课入

---

①　清朝士大夫常常抨击清王朝的盐税制度，却高度评价唐代刘晏理财时的盐政方案"由是国用充足，而民不困弊"，事实上，刘晏改革使得"江淮盐利"从"四十万缗"增加到"六百万缗"（顾炎武：《行盐》，载《清经世文编》卷四九"户政·盐课上"，《近代中国史料丛刊》第一辑第 731 册，第 1735 页），盐税比从前增加了 15 倍。从这一角度看，清朝盐课增长幅度是相当克制的。

②　1851 年后的事实可以作为佐证。太平天国以后，厘金制度兴起，各地在盐课正课基础上，通过盐厘，事实上获得较正课倍增的盐税，这意味着清前中期的盐课其实还有大量提升的空间。但需要说明的是，太平天国以后将盐课与盐厘作为整体来观察，出自食盐的课入大幅提高，是因为晚清盐课征收模式发生了重大变化。韩燕仪的研究指出，晚清盐厘征收期间，地方军事集团以较低行政成本对食盐集散中心与批发中心实施了严格管制，与清前期政府监控、盐商独立经营模式不同，晚清地方军事集团出于征收盐厘、盐课的目的，对食盐贸易实行管制，强力介入食盐贸易的核心环节，制定各种条款，帮助盐商销售食盐，形成政府监控并与盐商共同经营的商业模式，这一模式与清前中期的特许专商、分地行盐，政府监控下盐商独立运作的盐政模式，最大差异在于，此模式规定了比清前中期高一倍以上的盐价并落实到交易环节。这一阶段的盐课征收模式，提高了老百姓的盐课负担，保证了盐商和地方军事集团的利润。曾国藩和唐廷枢均记载，盐商在如此高额厘、课之下，仍有 40% 左右利润（参见韩燕仪《清代淮南盐的交易制度研究》，中山大学博士学位论文，2020 年，第 168—178 页）。而且，1850 年以后的盐课与盐厘征收，其交易成本主要由地方军事集团承担，清廷的盐课交易成本并未因此提高。更重要的是，当时军情紧急，八旗、绿营均缺乏战斗力，地方军事集团成为对抗太平天国的核心力量，清廷在财政力量不足的情况下，只能开放厘金供地方军事集团征收。这说明，1850 年以后的盐政模式能够成倍提升盐税收入，并不意味着 1850 年以前清廷选择的盐课征收模式，也可以达到如此高额的盐课收入，清前期政府监控下的盐商独立经营模式，已经大致达到了该模式下的盐课征收最优化选择，但它和理论上可以达到的最大盐课征收量，还有明显差距。

最大化追求，却受到各种因素的制约，不得不演变为克制性的盐课征收。那么，制约清王朝盐课收入最大化的因素主要有哪些？清廷又如何应对这些制约呢？

（一）征课交易成本及其形态：清廷盐课收入的制约因素

清王朝设置盐政制度，管理食盐的生产与运销。在生产环节，涉及盐场管理人员比如盐大使与生产者即灶户等人群，也涉及周围的可能非法采购食盐的居民；在运销环节，大量的盐政官员、地方官员、盐商、盐牙、巡役兵丁、船户等参与其中。这些人都是清王朝盐政的直接利益人。这些利益人的各种反应，直接制约了清廷盐课的征收水平。

首先，灶户和盐商的负担水平是盐课收入的第一个制约因素。灶户生产食盐、商人运销食盐，盐课出自此二者身上，理论上，如果大幅度提高盐课，他们可能会入不敷出，结果将可能脱离食盐这一产业。因此，清政府必须设定一个合适的盐课率，既保证灶户和盐商不会脱离此行业，也保证政府能尽可能最大额度地收取盐课。显然，这里存在一个平衡点：即平衡盐课收入与灶户、商人负担能力。但是，关注灶户和商人的负担能力，就必须在他们无法承受课税压力以及其他压力的时候，给予他们一定的优惠甚至救恤，这必然提高清廷征收盐课的交易成本。因此，平衡盐课收入与灶户、商人负担能力，只是形式，实质是平衡盐课岁入与征课的交易成本。

其次，官员对征课压力的承受能力是盐课收入的又一个制约因素。盐政官员和地方官员的行政活动维持着整个盐政体系的运转，盐课收入与他们工作的认真严谨程度有着密切的关系，并且在传统中国专制集权的政治体系之下，各级官员是清廷最能压榨的盐课征收工具。但是，这并不意味着，盐政官员可以无限制地接受压榨，在过分压榨的情况下，他们可能会以贪腐和以其他行政原则来对抗盐商的经营行为，从而造成盐课交易成本的提高。因此，清廷也需要在利用官员征课与保护官员利益之间寻求一个平衡点，既保证官员尽量努力工作，以提高盐课岁入，又要保证官员们的自身合理利益诉求。这些合理利益诉求，养廉银的付出、对局部贪腐的容忍等等，同样会提高清廷盐课征收的交易成本。所以需要平衡官员征课能力和保护官员利益，当然其实质还是平衡清廷盐课岁入与征课的交易成本。

第三，私盐流通量水平也是盐课收入的制约因素。清王朝设定食盐专卖和专营的制度安排，造成官盐价格与走私价格的较大差额，必须造成私盐市场的存在，虽然私盐市场的最大动力来自各盐区的盐商和盐官，但是老百姓冒险走私的情形亦屡见不鲜，甚至从来没有断绝过。私盐的流通，必然影响官盐销量，从而影响盐课收入。但是，加强对私盐的控制才能减少私盐的流通，进而提高官盐的销量，这就需要加强对食盐生产与流通环节的缉查，从而提高征收盐课的交易成本。也就是说，清廷必须在私盐流通量与缉查私盐的力度之间寻求一个平衡点，以保证盐课收入，并且保证压制力度不至于让走私食盐的老百姓铤而走险，组织武装反抗，以至于酿成事端，危及统治，即需要在盐课收入与社会失序之间寻找一个平衡。其实，这一平衡的实质仍然是平衡清廷盐课岁入与征课的交易成本。

此外，在平衡交易成本与盐课收入的本质之下，还有诸多关系，比如民众食盐需要与盐课收入需要的平衡等等。显然，理解清代盐课一方面比明朝成倍提高，但另一方面提高速度非常克制的关键，就在于：清王朝虽然期望不断提高盐课收入，但是它受到了交易成本的制约。

（二）清王朝盐课征收的基本原理：平衡多组关系以实现盐课课入最优化

清王朝的盐政制度，受到交易成本的制约，不得不在盐课收入与征课交易成本之间寻求一个平衡，以达到约束条件制约下的盐课课入最大化，即最优化。这一平衡，直到太平天国时期各地开征盐厘才被打破，并形成新的平衡。这是清廷盐课征收以及整个盐法行动过程中的基本行为逻辑。具体而言，清王朝在盐课征收中，为了平衡盐课课入量与征课交易成本之间的关系，需要在政策的制定、盐法的运行过程中，平衡一系列关系，它们包括商人及灶户负担能力与盐课课入水平的关系、利用并压迫官员征课与保护官员利益的关系、私盐总量与提高缉私力度的关系、民众食盐供应与盐课课入水平的关系等等多组关系，只有盐政制度和盐法运行能够同时平衡好这多组关系，盐课课入水平与盐课征收成本之间才能达到平衡，盐政才可能正常并持续运转，盐课课入才能在最大化追求之下获得最优化课入。这样的平衡关系，得到了经验事实的充分支持。兹分述如下：

第一，平衡商人、灶户负担能力与盐课征收量之间的关系。在这方面，清帝有诸多谕旨。康熙七年（1668）三月，玄烨有谕令称，"盐课关系紧要，必得廉干之员差遣，乃能严缉私贩、惠恤商民、疏通引法，以裕国课。"① 明确将惠恤商人和缉私、疏引，并列为"裕国课"的重要途径。雍正四年（1726）正月，胤禛谕户部曰："从前两淮盐课亏欠甚多，自噶尔泰办理以来，历年商欠、正项、赢余、俱一一完纳，恤商裕课，盐政肃清，甚属可嘉。"② 亦在强调"恤商裕课"。到了乾隆元年（1736），弘历说，"朕查两淮盐法，从前浮费繁多，商力日困"，因此，他要"彻底清查、革除浮费，……务使商民宽余，以受国家恩泽。此项公务薪水银两（即盐商每年馈赠盐政和运司的12万两白银——引者注），既在额课之外，着永行停止，以惠商民"，宽减盐商在盐课外的额外付出，保护商力，真正做到"恤商裕课"，确保正课收入，他还要求"该督该盐政，可即宣朕谕旨。俾众商等共知之"③，广为宣传其免除盐商额外负担的做法，以赢得商人的支持和盐课上的回报，表现出其爱护商力以保证国课收入之意。但是，清廷免除了盐商盐课外的"公费馈送"，盐政官员本来以这笔收入所支出的项

① 《清圣祖实录》卷二五，康熙七年三月辛酉，《清实录》第4册，中华书局1985年影印本，第352—353页。
② 《清世宗实录》卷四〇，雍正四年正月乙巳，《清实录》第7册，中华书局1985年影印本，第595页。
③ 《清高宗实录》卷二九，乾隆元年十月癸未，《清实录》第9册，中华书局1986年影印本，第607—608页。

目，只能由朝廷正式（或者非正式）支出来承担。这实际上提高了政府的盐政事务支出，在财政意义上，盐课是清廷盐政事实上的唯一目标，所以，盐政事务支出的提高，实质上就是朝廷盐课交易成本的提高。也就是说，乾隆皇帝免除盐商的浮费，形式上是恤商，实质上却提高了盐课征收的交易成本，并希望通过这一成本的提高，来保证盐课正课的收入，这就是在寻求课入与交易成本的平衡。

而盐商无法按期全额纳课的时候，清廷还经常允许他们分年纳课，称为"带征"，即分期付款缴纳盐课，希望借此保证盐商不至于短缺运营资金，从而实现清廷的盐课课征。雍正十三年（1735）十月，乾隆帝因听说湖北早禾歉收，且汉水涨发，鱼市稀少，加上湖南经理苗疆，汉口七、八百万淮盐壅滞未销，于是决定"乙卯纲未完正额提出分年带征"，同时将丙辰纲课额，"展限至乾隆二年二月奏销。……以示朕优恤商民之至意"①。乾隆二十六年（1761）"直豫二省盐包被淹"，长芦盐政金辉奏请盐课缓征，户部驳回，乾隆皇帝谕称，"今秋雨水过多，商力未免稍艰。着加恩将长芦本年未完盐课四十二万两，准其缓至明年奏销后分作五年带征，以示体恤"②。乾隆四十五年（1780），"加恩将乾隆四十五年应征（山东）引票盐课银十八万余两，自本年奏销后起限分作六年带征，以示优恤"③。乾隆五十一年（1786）准两淮盐政全德之请，"加恩"将淮南乙巳纲盐课分作五年分期付款纳课，同时铳销淮北丙午纲盐课。④ 类似展限和带征记录甚多。这种措施的实施，意味着朝廷在放弃大部分即时收入的同时，还放弃了这一即时收入转换为远期收入的利率（亦可以理解为

---

① 《清高宗实录》卷五，雍正十三年十月乙未，《清实录》第9册，中华书局1986年影印本，第253页。
② 《清高宗实录》卷六四六，乾隆二十六年十月丙寅，《清实录》第17册，中华书局1986年影印本，第227页。
③ 《清高宗实录》卷一一〇五，乾隆四十五年四月壬申，《清实录》第22册，中华书局1986年影印本，第790页。
④ 《清高宗实录》卷一二四六，乾隆五十一年正月丁未，《清实录》第24册，中华书局1986年影印本，第742页。

放弃了盐课收入的贴现收益），也就是相当于以提高交易成本的办法，来维系无贴现的远期课入。这依然是在保证盐课收入与付出稍多一些交易成本之间的一种平衡措施。

河东的课归地丁改革，更清晰地展现了清廷盐课征收的这一原则。上文已指出，课归地丁之前，西北用兵，年羹尧一举提升盐课倍余于夕，最终导致商人退市，盐法难以为继。乾隆帝尝试了诸如展限、提高商盐售价等恤商政策，甚至被迫实行"佥富户充盐商"的竭泽而渔政策，都无法改变食盐运销的困窘之境。盐课课入量与恤商之间失衡，保护商力与提高课入的平衡被打破，制度体系已经无法顺畅运作，盐法失败，盐课课入量随之下跌。

在这一背景下，乾隆皇帝下决定改变河东盐法，着手开展他心目中的食盐自由运销之实验。乾隆五十六年（1791）六月，他发布谕令，明确提出考虑将河东"盐课改归地丁"项征收。① 他说，做此改变的原因在于"商力疲乏"，即河东盐商承担的税负，已经让盐商不断流失，"竟有富户出赀求免"之事。② 乾隆皇帝还专门调用曾任河东盐运使、提出过课归地丁建议的蒋兆奎为山西布政使，配合山西巡抚冯光熊办理课归地丁改革。

冯、蒋二人在乾隆支持下，很快实施了改革，其主要措施包括：1. 盐课归入地丁税项，"计亩征收"③；2. 取消盐商，由盐池业主自行刮晒，"卖与民人肩挑步贩"④，"池盐既归民运，应听从民便，毋许地方官禁止及私收税钱"⑤；3. 裁撤盐政、运使、运同、经历、知

① 《清高宗实录》卷一三八一，乾隆五十六年六月庚申，《清实录》第 26 册，中华书局 1986 年影印本，第 527 页。
② 《清仁宗实录》卷一二八，嘉庆九年四月癸未，《清实录》第 26 册，中华书局 1986 年影印本，第 734—735 页。
③ 《清高宗实录》卷一三八一，乾隆五十六年六月庚申，《清实录》第 26 册，中华书局 1986 年影印本，第 527 页。
④ 《清高宗实录》卷一三八四，乾隆五十六年八月丙午，《清实录》第 26 册，中华书局 1986 年影印本，第 575—576 页。
⑤ 《清高宗实录》卷一三九六，乾隆五十七年二月甲辰，《清实录》第 26 册，中华书局 1986 年影印本，第 744 页。

事、库大使、以及三场大使等所有盐政官员，由盐池周围三巡检负责
稽查巡缉；4.设置官秤，维护运盐道路和盐船通行，"饬地方官实力
稽查，毋许拦阻"①。这四项措施的实行，较之于此前的食盐商专卖
制度，政府盐课收入的交易成本有升有降，以降为主，其中裁撤大量
官员减少行政支出（其中乾隆四十三年河东盐政的养廉银就达8000
两②），将盐课直接摊入地丁征收从而撤销纳课商人以减少征税费用，
同时还降低了部分成为征税成本的运销环节盐商赢利，三管齐下，有
效地降低了征收盐课的交易成本；同时，地方行政系统增加了轻微的
征收摊入地丁之盐课的交易成本。显然，这一改革，总体上大大降低
了河东盐课的交易成本，提高了课入征收效率。

尤其值得注意的是，课归地丁改革后，河东盐区民众的地丁银负
担加重，河南"每地丁一两摊银一钱三分，其山西、陕西……每地丁
一两，……摊银九分九厘"③，负担增加10%左右，这似乎容易引起
民众的对立情绪甚至反抗。不过，课归地丁对于民众的另外一个效果
是，随着盐政官员和盐商的裁撤，政府盐课交易成本的降低，盐价随
之下降。陕西"西安、同州两府属盐价，较往日每斤约减钱二文"④，
河南"比较以前原定官价，每斤减去制钱七、八文。道里较远处所，
每斤减去制钱五、六文。即距晋省最远处所，亦每斤减去制钱二、
三、四文不等"⑤，参考此前河东盐价加价情形，可见盐价普遍下降
10%以上。这样就实现了民众负担的平衡。

---

① 《清高宗实录》卷一三九六，乾隆五十七年二月甲辰，《清实录》第26册，中华书
局1986年影印本，第745页。
② 《清高宗实录》卷一〇六一，乾隆四十三年闰六月乙亥，《清实录》第22册，中华
书局1986年影印本，第180页。
③ 《清高宗实录》卷一三九四，乾隆五十七年正月己卯，《清实录》第26册，中华书
局1986年影印本，第729页。
④ 《清高宗实录》卷一三九九，乾隆五十七年三月乙未，《清实录》第26册，中华书
局1986年影印本，第789页。
⑤ 穆和兰：《奏盐课改归地丁成效》，乾隆五十七年四月二十三日，7-0625，中国第
一历史档案馆，军机处录副奏折，财政类盐务项。转引自陈永升《从纳粮开中到课归地
丁——明初至清中叶河东的盐政与盐商》，140页。

对此，乾隆帝深为满意，称"盐斤为闾阎每日必需之物。价值既减，则小民每日皆有节省。而应摊盐课，每年只纳交一次，以日日节省之数，完一年应摊之课，其赢余不可胜计"①。当然，赢余不可胜计纯属夸张，但民众实现了盐课与盐价的收支平衡，大致可信。可见，通过对全体民众征收盐课，课归地丁改革，确保了朝廷课入。改革采用的是降低民众消费之盐价，提高其地丁钱粮额的办法，但二者数量大体吻合，民众实际负担并没有提高。也就是说，课归地丁改革通过提高民众纳税负担，降低其食盐消费支出的办法，实现了盐课的稳定收入，从而实现了政府与灶户的双赢。

由此看来，河东课归地丁，实质上是乾隆皇帝在保护商力与维持课入的平衡被打破后，为了降低征课的交易成本，稳定课入而实行的一次改革。② 从逻辑上讲，清代历史上的绝大部分盐法改革，都是在交易成本与课入之间的平衡被打破时，而实施的重建平衡的努力。当然，学界有观点认为，这种改革是盐商与政府和消费者之间的博弈，也有相当道理。但是这样的理解，容易忽略清政府在与盐商和消费者之间的占绝对优势的谈判能力。所以，河东课归丁之后的事实是，盐商不是通过博弈获得比改革之前更大的利益，而是在除了取得了盐池产权的一些商人之外，其他商人直接被清廷从盐政体系中排除出去，完全失去了其作为盐商的利益可能性。

当然，从河东盐法课归地丁改革来看，似乎食盐自由运销亦可实现食盐生产与流通税入的高水平。但是，河东课归地丁改革，仅仅实行了十余年。嘉庆十一年（1806），因为邻近盐区强烈控诉河东在课归地丁降低盐价之后，大量私盐侵灌到邻近盐区，"河东现在盐贱，私行侵销出境，以致两淮官引壅积"③，而且长芦盐区也和两淮盐区

---

① 《清高宗实录》卷一三九九，乾隆五十七年三月乙未，《清实录》第 26 册，中华书局 1986 年影印本，第 789 页。

② 河东盐法改革的另一个偶然因素是盐池涌入淡水。关于此事的详细研究，请参见前揭陈永升博士学位论文。

③ 《清高宗实录》卷一四六六，乾隆五十九年十二月乙丑，《清实录》第 26 册，中华书局 1986 年影印本，第 588 页。

有同样诉求，河东课归地丁制度遂被废止，重新改归商运。这说明，在清代整体实现食盐专卖制度的前提下，局部盐区实行自由运销，并不容易成功。但是，为何不在全国推行这一交易成本相对低廉，盐课收益相对稳定的制度安排呢？这是因为清代食盐运销采用专卖与专营，既有历史渊源和路径依赖，也有现实的官商关系和利益馈送，而清代食盐专卖与专营，事实上也没有遇到全面崩溃的危机，虽然常常遇到矛盾与困难，它总能在寻求一些制度变革之后，继续生存下去。这就是症结之所在。关于这一点，笔者将另文专论。

第二，平衡利用与压迫官员征课与保护官员利益之间的关系。首先，为了盐法的实施，清廷会给官员以强大压力，尽可能迫使他们尽职尽责维持盐政系统的运转，以保证盐课的获取。顺治帝年间已开始对"畏势徇情，额课亏欠"的"巡盐官员"，"以溺职从重治罪"[1]。在此基础上，清廷发展出详细的考成制度。

陈锋的研究指出，早在康熙年间，清廷即已制定出完备的征课考成、督销考成和缉私考成规则，相关官员一旦未能完成考成任务，即会受到降职、罚俸、革职等各种处罚。[2] 史料对相关官员考成的处罚记载，也屡见不鲜。仅在笔者熟悉的湘赣边界部分地区，就有康熙元年（1662）兴国知县何询之、康熙五年（1666）兴国知县王璋、康熙十年（1671）桂阳州知州朱朝荐、康熙十五年（1676）兴国知县何之奇，相继被盐课考成参罚去职。[3] 甚至在某些时候，清廷直接处决失职或贪腐的盐政官员，以儆效尤。乾隆五十八年（1793），两淮盐运使柴桢侵挪盐课案发，"柴桢那移商人盐课二十二万两"，又"审出福崧侵用掣规、月费等银六万余两"，乾隆皇帝勃然大怒，直

① 崑冈等：《钦定大清会典事例》卷一〇二八《都察院·巡盐》，《续修四库全书》第812册，上海古籍出版社2002年影印本，第321页。
② 参见陈锋《清代盐政与盐税》（第二版），武汉大学出版社2013年版，第49—58页。
③ 参见黄国信《区与界：清代湘粤赣界邻地区食盐专卖研究》，生活·读书·新知三联书店2006年版，第101、131页。

接下令将柴桢"即于浙省处决示众"，"以肃官方而儆贪黩"①。嘉庆元年（1796），"本年系停止勾决之年"，但"史恒岱短交仓库盐课及应赔款项，至一万余两之多"，"情节甚重，俱着即行处决"②。虽然处决盐务官员的记录并非很多，但这已足够显示清廷对盐务官员整肃的力度。朝廷对盐务活动施行考成，并不断惩处犯规的官员，是不断降低盐课交易成本的最佳办法之一。在传统专制集权体制之下，驱使一心向上的官员，成本相对低廉，而施行考成，处决贪腐，可以提高官员的行政效率，同时降低官员对盐课的侵吞，最终达到提高盐课征收效率的目的。

在这样的背景下，朝廷会对官员的盐务行政活动提出诸多要求，以提升课征效率，降低盐课交易成本。比如要求官员认真缉私，乾隆五十三年（1788），"淮南纲盐积年递压"，乾隆帝认为，"如果楚省官员实力缉私，何至官盐积滞？"因此，他警告相关官员，"若再不认真实力帮同整顿，致仍有壅滞，……着该抚一体严饬所属梭织巡查，仍时加察访。如有奉行不力，仍前弊混者即据实参奏"③。

又如要求原有盐务及行政系统，对食盐产运销诸环节实行严格监控，乾隆三十七年（1772）十一月，面对云南欠课至五万七千八百余两之多的事实，乾隆帝支持云南巡抚李湖的整顿方案，提高了云南业务的精细程度，"责成提举、大使等将灶户逐日煎获盐手，即令入仓登号封记，俾家人、书役、不得串通商灶透漏分肥"，同时要求州县监控脚夫提高运输效率。④显然，通过对相关官员的指令，提高他们对盐务细节的监控，虽然会增加他们的辛劳程度，但对于政府来说，这几乎

---

① 《清高宗实录》卷一四二二，乾隆五十八年二月己巳，《清实录》第27册，中华书局1986年影印本，第27—28页。

② 《清仁宗实录》卷九，嘉庆元年九月己未，《清实录》第28册，中华书局1986年影印本，第153页。

③ 《清高宗实录》卷一三〇一，乾隆五十三年三月壬午，《清实录》第25册，中华书局1986年影印本，第497页。

④ 《清高宗实录》卷九二〇，乾隆三十七年十一月壬辰，《清实录》第20册，中华书局1986年影印本，第331—332页。

是完全不增加行政成本，却能降低盐课征收交易成本并提高盐课收入的措施。

当然，清廷对官员严格管控，并由他们来监控食盐产运销的运行，以降低盐课交易成本，并不仅仅出于提高效率的目的，也有出于对官员防范的考虑，毕竟作为个体的官员，既有自己的行政收益的需求，也有经济收益的考虑，容易发生贪腐案件，而贪腐会直接提高盐课交易成本。最典型的案例，当为大众所熟知的"两淮盐引案"，即两淮盐政和盐运使高恒、普福、卢见曾、赵之壁等人，借"两淮节年预行提引"，将"商人交纳余息银两，共有一千九十余万两之多"不奏销入库，虽然后来查明商人实缴余息银约为400余万两，且此银两并非盐政和运使全部私人花费，但相对于当时清朝一年地丁银收入3000万两左右，亦足够让乾隆震怒了。因此，乾隆将高恒、普福、卢见曾绞监候，后处决了高恒，普福和卢见曾入狱，卢死于狱中。显然，盐政官员与盐商勾结，贪污余息银，直接提高了盐课交易成本，同时妨碍了盐课的征收和入库。可见，清朝官员在盐务事项中，既可以听命朝廷，加强对盐政运行的监控，降低盐课交易成本，也可能勾结盐商，贪污腐败，造成盐课交易成本的提高。正因为如此，清王朝才会设置诸多规条来管理官员的盐务活动，也会随时通过其他人员来监控官员的行政表现。

不过，清廷对盐务相关官员也并非只有苛责的一面，他们也会在提供晋升机会之外，采用其他办法保护这些官员的利益，以换取他们努力工作，提高盐课征收效率，但同时也提高了盐课的交易成本。这体现在以下几个方面：

首先，清廷在制定盐务考成规则时，不仅有对官员们未完成任务的惩处，也有对完成以及超额完成任务的议叙。官员们只要经营绩效好，可以得到奖励，包括提前晋升等等。①

其次，朝廷也对盐务官员们的合法收入作出了规定，"雍正十二

---

① 参见陈锋《清代盐政与盐税》（第二版），武汉大学出版社2013年版，第49—58页。

年，酌定盐政养廉银一万五千两，总理盐政总督养廉银三千两，盐运使六千两"①。其他各级盐政官员俱有养廉，各有等差。虽然乾隆年间对该养廉银有所削减，但总归还保留了这个名目，且数额亦不很少。乾隆皇帝甚至还放宽了对部分钱款的追赎，乾隆元年其有谕令称，"两淮盐务内，有从前江广口岸匣费收受人员数目，及甲、乙两纲，上下两江各官收受规礼银两，历年既久，人多物故。前据督臣赵宏恩等题请免追，比经户部议令造册送部核夺。朕思此项陋规馈送，皆在昔年未定养廉之前，今事隔多年，授受之人，又多升迁事故，不但银两难追，即造册亦无确据，不足凭信，徒滋地方之纷扰。着加恩悉行宽免，并免其造册送部，该部可即行文两淮盐政衙门知之"②，虽然乾隆所言难追是实情，但免追规礼银之举，结合了对官员的利用与查处之间的微妙关系，实质上也是平衡交易成本的举措。盐政运行需要能干之员，用能干之人可以降低交易成本，哪怕他们收一点规礼事实上提高了交易成本。

第三，对盐政官员行政失误时，既严肃处理，又适当回护。乾隆五十八年（1793）五月，内务府议处全德，说他"在两淮盐政任内，率将辛亥等纲积滞引盐，奏销全完，请照溺职例革任"，乾隆则称其"本应照依革任，只以一时未得其人，而浙省盐务正当清厘整顿之际，全德平日办理盐务，尚为熟习，着再从宽免其革任。实属格外施恩，全德具有天良，似此罪重罚轻，叠邀宽宥，扪心何以自安？着自行议罪"③。批评很重，处罚极轻，其中难免有乾隆与其私人关系在起作用，但既处罚又回护的办法，必定可以维护盐政官员利益，理论上可以让其心存警惕，提高工作效率，降低盐课交易成本。虽然现有史料，无法在数理上分析出清廷利用官员征课与保护官员利益之间的平

---

① 《清高宗实录》卷六三五，乾隆二十六年四月丁亥，《清实录》第 17 册，中华书局 1986 年影印本，第 87 页。

② 《清高宗实录》卷二二，乾隆元年七月丙申，《清实录》第 9 册，中华书局 1986 年影印本，第 519 页。

③ 《清高宗实录》卷一四二八，乾隆五十八年五月辛丑，《清实录》第 27 册，中华书局 1986 年影印本，第 101 页。

衡点，但显然，上述经验事实，已经表明这一平衡点存在无疑，只是清廷在对待官员时，一样因缺乏数理统计分析，而无法恰如其分地掌握这一平衡点，以至于贪腐、怠工等现象仍经常发生，不过，这并不意味着清廷没有尝试实现这一平衡，而是恰恰相反，清廷一直在自觉不自觉地维持着这一平衡。

第三，平衡私盐流通量与官方缉查私盐力度之间的关系。官盐与私盐，显然属于矛盾的对手方。但是，在推行食盐垄断专卖与专营的清政府的策略中，二者的关系并非如此简单。食盐专卖制度的实行，必然有私盐伴随，也不可能彻底消灭私枭。这一点，制度的设计者不可能不清楚。他们要权衡的是，无非是国家食盐专卖的行政成本与财政收入的比例关系，以及私盐、私枭应该控制在何种程度，利用到何种程度，需要付出多大代价等问题。因此，国家对私盐管制程度的松与弛，私盐导致的问题的严重程度，并不可简单地理解为政府与社会之间的你强我弱的对抗关系或者是单纯的市场问题，而应该理解为朝廷在特定情境下，愿意在多大程度上容忍与管控的问题，[①] 说到底，还是巡缉私盐力度与私盐流通量之间的平衡，从而在私盐问题上，达到盐课征收量与交易成本之间的平衡的问题。

因此，在食盐专卖与专营政策的实施过程中，一方面，朝廷设置巡役兵丁，并支持盐商设置商巡，来应对公开的食盐走私，另一方面，朝廷也不断允许民众"肩挑背负四十斤以下"自由贩卖食盐，虽然清廷深知这一制度的出台，必然带来私盐贩运者组织"老幼男妇"以走私食盐。所以，这一制度的实施，充分说明了清廷对私盐流通有着一定的宽容度。但是，这又不表示清廷可以放弃对私盐的缉捕，事实上，清廷不断缉捕私盐，以保护官盐的流通和盐课的征收。《大清会典事例》甚至专门设置了两卷的篇幅来载录食盐走私的界定和处罚等则，其中最有代表性的规定是，"凡犯无引私盐者，杖一百

---

① 参见黄国信《国家与市场：明清食盐贸易研究》，中华书局 2019 年版，第 247 页。

徒三年，若带有军器者加一等，流二千里，拒捕者斩监候。盐货车船头匹并入官，引领牙人及窝藏寄顿盐货者，杖九十徒二年半。挑担驮载者，杖八十徒二年"①。法律规定不可谓不严格。

雍正帝将查缉私盐视为盐务之首要任务。他曾谕令内阁称："大约盐法之行，必以缉私为首务。"② 雍正将缉私为视为首务，是因为私盐侵占了市场，导致官盐销售量下降，进而盐课收入下降，更且私盐贩甚至还可能成为私枭，进一步导致课入下降，并形成治安风险。对此，清廷的应对措施是提高监控管理成本，即增设捕役、增加监禁能力等等，通过增加交易成本的办法来追求盐课收入的稳定。

但是，乾隆皇帝又允许民众中的"老少男妇"自由贩运食盐，他曾谕令曰："私盐之禁，所以除蠹课害民之弊。……至于失业穷黎，肩挑背负者，易米度日，不上四十斤者，本不在查禁之内。盖国家于裕商足课之中，而即以寓除奸爱民之道，德意如是其周也。……着直省督抚、严饬各府州县文武官弁，督率差捕，实拏奸商大枭，勿令疏纵，其有愚民贩私四十斤以上被获者，照例速结，不得拖累平人，至贫穷老少男妇挑负四十斤以下者，概不许禁捕。"③ 乾隆皇帝的这一政策，事实上将降低课入，一方面老少男妇贩盐不纳盐课，另一方面该政策会被私盐贩利用来走私，从而造成课入下降，所以乾隆帝在寻求一种平衡，他自己也清楚地说明了在这里存在着平衡私盐流通与缉查力度、平衡打击私盐与民众生存之道的多重平衡关系，"国家于裕商足课之中，而即以寓除奸爱民之道"，是之谓也。这一平衡，实质上是在提高交易成本、打击私盐来保证盐课收入和降低部分交易成本、允许私盐局部流通、损失部分盐课收入之间寻求平衡点，进而亦

---

① 崐冈等：《钦定大清会典事例》卷七六二"刑部·户律课程·盐法一"，《续修四库全书》第 809 册，上海古籍出版社 2002 年影印本，第 398 页。

② 《清世宗实录》卷一四七，雍正十二年九月己亥，《清实录》第 8 册，中华书局 1986 年影印本，第 832 页。

③ 《清高宗实录》卷一一，乾隆元年正月乙卯，《清实录》第 9 册，中华书局 1986 年影印本，第 350—351 页。

可推论出在打击走私力量、保证社会有序运转与允许私盐走私、贩私集团壮大成武装力量、导致社会失序之间寻求平衡。

　　此外，清王朝还在努力寻求灶户正常生活生产与灶课收入之间、民众的食盐保障与盐课收入之间的诸多平衡，诸如灶户遇雨水灾害时减低或免除其灶课等等措施，① 以及推行恤灶措施，经常性赈济灶户，在制度上限制过分盘剥灶民，同时限制灶私，实行火伏法等办法，提高对灶户生产环节的控制，限制食盐走向，以保证灶课收入，均是这种寻求平衡的表现。又如在可能影响盐课收入的情况下限制盐商抬高盐价，② 允许贫难老妇贩运四十斤食盐等，都是平衡民食与保障盐课收入的平衡。这一平衡，实质上解决了清廷盐政不仅以盐课为目标，也寓保障民食与社会秩序之意于盐政之中的本质，乾隆"国家于裕商足课之中，而即以寓除奸爱民之道"，大致表达了这一层深意。

　　总之，清王朝盐课征收涉及清代盐法的绝大部分制度规定和实践办法，它们均在这几组平衡关系的约束下展开。由这几组关系制约的征课交易成本与课入量之间的平衡原则，就是清盐法实践过程中的基本行为逻辑。具体而言，清代盐政落实到运作过程，包括但并不限于以下环节：组织盐场生产与收买，设置盐区以及调整盐区边界，调整各盐区盐引额，组织盐引供应和盐商运输，监督灶户与盐商，组织力量抵制走私，设定与调节盐价高低，设定砝码等度量衡标准，组织奏销以及账目统计与清查，组织融销，制造与调解盐区之间矛盾，提供养廉银，救灾，让盐务官员与地方行政官员博弈，与商人在盐船失水等问题上明争暗斗，干预地方市场食盐买卖，盐场以及盐仓遇水的补救与盐课缓征，防止盐官及家人苛索商人，限制官员接受商人馈送规

---

　　① 这样的记载在史料中多有出现。如乾隆七年五月"免两淮泰州属庙湾场、淮安属板徐、中莞、临兴等场乾隆六年分水灾额征银三千六百六两有奇，并带征灶欠银四千三百四十五两有奇"（《清高宗实录》卷一六六，乾隆七年五月辛未）等，恕不枚举。
　　② 参见韩燕仪《清前期两淮盐价的形成机制——以湖广、江西口岸为中心》，中山大学硕士学位论文，2017年。

礼等等，政务繁杂，营运成本亦即获取盐课的交易成本很高。为了防止交易成本不断提高，造成其在盐课课入中占比太高，妨害到盐课征收的实际价值，清廷必须注意盐务运作中各行为主体之间的利益平衡，如果商力疲敝，则可以实行恤商政策（诸如分期征课等办法）；如果灶户遇灾，则应该免征灶课甚至给予赈济，而应对商力灶力疲惫的最终办法，则是改革盐法（如实施课归地丁和票盐法等等）；如果监控到官员贪腐、官商勾结，则应该加大惩治官员力度，并加强对其监控；如果私盐流通量过大，则必须加强缉私力量并强化官员管理。总的来说，为了控制交易成本的提高，甚至努力降低交易成本，同时还要保证盐政顺畅运作和盐课的征收效率，清廷都必须保持盐务运作中各行为主体之间的利益平衡，这些平衡包括恤商裕课与增加课入，照顾民食与保证盐课，惩罚官员与利用官员，查缉私盐与保障民食，缉捕私枭与减少动乱等等，但其核心始终是寻找交易成本与课入量之间一个合理的平衡点，交易成本既不能过高，也不必太低，方可实现事实上（而非理论上）的最大课入量（即最优化盐课收入）和最佳征课效率。显然，上述盐政制度和盐法运行过程中的诸多环节，大到河东盐法课归地丁、两淮的票盐法、两广改埠归纳等盐法改革，以及特许专商、分区行盐、盐课考成、督销考成、巡缉私盐等制度的设定及其运作，小到对盐政官员养廉银和规礼银的规定、允许民众肩挑背负四十斤食盐的制度，以及允许盐商分期纳课的制度灵活性，甚至盐商以总商制度及纲法经营，还是以散商的形式经营，官方对盐价的行政干预等等，均属此平衡原则在盐法运行中的表现，这大体囊括了清代盐务的绝大部分内容。它们无一例外受到盐课课入量与交易成本平衡关系的制约，所以可以说，盐课课入量与交易成本的平衡原则，是清廷盐课征收甚至整个盐法绝大部分制度与实践的基本行为逻辑，它构成了清代盐课征收的基本原理。

在信息不完备的社会里，清王朝如何实现这一平衡呢？从河东盐法改革、票盐法改革等等案例来看，清廷的决策者采用的办法就是凭借对相关信息的直感，加上不断试错来实现的。这两次改革的案例均显示，清廷或者不断增加盐课，或者不断增加内务府外支银和发商生息收入，日益加重盐商的负担，直到盐商无法继续经营的消息不再被隐瞒，朝廷才痛下决定改革盐法，实现盐课课入与交易成本的重新平衡。可见，由于信息不完备，加上会计技术落后，清廷只能以试错的办法来实现平衡。但是，通过试错来实现平衡，其结果必然难以保证二者的平衡可以稳定地维持在最佳平衡点上。清廷不能随时掌握盐课课入量与交易成本的事实平衡点与最佳平衡点的距离。其结果是，清廷能实现的事实上的平衡点，可能偶然落在最佳平衡点上，也可能停留在最佳平衡点的附近，还可能趋近平衡即将被打破的点，并且因为试错不断提高盐课，最终打破平衡，被迫改革盐法，实现新的平衡。因此，清代盐课，就呈现出一个特点：盐课课入量只能维持在最佳课入点附近。

四 结论

清廷继承明代纲法，沿袭特许专商、分地行盐制度，建立起完备的盐政制度体系，将征收盐课作为盐政运行的主要目标，表现出追求盐课收益最大化倾向。为此，清廷主要采用成本相对较低、由政府监控的盐商独立经营模式，在此模式之下，清廷垄断了食盐的生产与流通，并对其课以高额生产税和流通税，实现了相当于其他商品税率的595%的征收效率，大致获取了这一经营模式之下的最优课入，保证了清廷常规的盐课收入，并且还在清廷或皇帝有需要时，向盐商征收捐输报效和外支银，甚至发商生息，将皇室或政府经费当作资本，投资到盐商手中，以收到利息，从而大幅度提高了整个盐税的收入额度，达到了收取高额盐税以及满足常规财政，以及非常规的军需、灾害等紧急情况时的财政供应的目标，促进了财政供应的充足灵活性。直到晚清，才因为军需紧急，地方军事集团兴起，清廷盐政才转变为政府监控下的官盐共同经营模式，并征收到该模式允许的更高额盐课。

清代虽然取得了相当于普通商品595%的盐课征收效率，但从万历到道光的盐课增长幅度来看，它仍然抱持了相当克制的态度。这是因为，清廷的盐课征收，仍然受到多重因素的制约。这些制约因素包括盐商和灶户的负担能力、普通老百姓的食盐保障水平、官员能够承受的压力强度、私盐流通数量等等，这些方面一旦失控，课入就会大幅下降。因此，清廷必须在这些因素与盐课课入量之间寻找到合适的平衡点。这就使清代以盐课为目标、有意于盐课收入最大化、以纲法为主流的盐法，在价格等市场信息不完备的情形下，通过不断试错，最终将目标事实上演变为对盐课收入的最优化选择。

　　清廷不断试错，平衡了包括盐商及灶户负担能力与盐课征收水平、压迫及利用官员征课与盐课课入量、保障民食与盐课课入能力、私盐流通量与盐课课入量等多组关系，实现了盐课课入量与征课交易成本之间的平衡，从而实现清廷盐政的基本目标——征收高额盐课。而更重要的是，在清廷盐课这一基本原理的限制之下，清廷在平衡上述多组关系的时候，必然要不断调整继承下来的明代盐法的细节，举凡盐务机构与官员设置、考成制度、盐法改革、盐引数量调整、盐课增减、盐价调节、盐区调整、缉私政策、保障民食的规定、盐商准入机制及其变化、盐课征收规定、生产和运销环节诸如火伏法、整轮散轮、掣验、盐引截角、集散中心和批发口岸的设置、总商与散商制度，以及私盐与官盐的融合问题、食盐流通的商业性以及盐商集团问题、盐引的期货以及金融性质问题，甚至盐课、报效、捐输的实现问题、盐政官员与地方官员之间的特殊关系问题等等，以及其他更多的细部政策及其调整，均可以在这一原理之下得到解释。所以，虽然清廷未必自觉意识到，但事实上，盐课课入量与征课交易成本之间的平衡原则，构成了其盐政的基本行为逻辑。而它体现在盐政运作上，就表现为上述种种盐务细节。这些政策及其细节，尤其是如何将其置于一个体系内得到透彻且系统化的解释，一直困扰着盐史学界。现在，将盐课课入量与征课交易成本之间的平衡原则，以及由这一原则展开的多组平衡关系视为清代盐课的基本原则，就可以透彻地解决这些困扰盐史学界已久的问题。清代盐课的这一基本原则，构成了清代盐政基本原理的核心。

禁而未止：清代酒税征收与京城私酒市场

高福美

（北京市社会科学院　历史研究所）

烧酒是中国传统社会的重要商品，在民间有着广阔的消费市场，所谓"天下沃饶人聚之地，饮酒者常十人而五，与瘠土贫民相校，以最少为率，四人而饮酒者一人"①。自古以来，无论是出于政府专擅造酒，抑或因烧酒制造过程中"耗米甚多"② 等原因，以抑制烧锅造酒为主的酒禁政策是历朝统治者的既有共识，清代也不例外。但不同于前朝"与民争利"的政策出发点，目前学界较为统一的看法是，清代酒禁政策的实施主要出于"节约粮食、抑制消费"之目的。③ 不

---

① 方苞：《请定经制札子》，《方苞集》外文卷一《奏札》，上海古籍出版社 2008 年版，第 530 页。

② 《清圣祖实录》卷一八七，康熙三十七年三月戊子，中华书局 1985 年影印版，第 996 页。

③ 学界关于清代烧酒研究，主要有集中在以下领域：一是酿酒业发展，成果主要有徐建青《清代前期的酿酒业》，《清史研究》1994 年第 3 期；王兴亚《清代北方五省酿酒业的发展》，《郑州大学学报》2000 年第 1 期。二是关于清代禁酒政策研究，这一项内容成果较为丰富，主要有王纲《清代禁酒政策论》，《文史杂志》1991 年第 1 期；范金民《清代禁酒禁曲的考察》，《中国经济史研究》1992 年第 3 期；牛贯杰、王江《论清代烧锅政策的演变》，《历史档案》2002 年第 4 期，以及陈连营《浅议清代乾隆年间的禁酒政策》，《史学月刊》1996 年第 2 期；刘强：《市场、生计与制度——乾隆朝的酒禁及其争论》，硕士学位论文，暨南大学，2005 年。以上研究成果详细梳理并探讨了清代特别是乾隆酒禁政策实施过程和影响，具有非常重要的学术价值。此外，关于清代酒税制度，肖俊生《晚清酒税政策的演变论析》（《社会科学辑刊》2008 年第 3 期）认为晚清酒税的开征，不仅缓解了财政危机，且对于烧酒业的发展亦有积极作用。范金民《清代禁酒禁曲的考察》也略涉酒曲税，认为税额较少且非商业活动的营业税范畴。

过，需要进一步思考的是，无论是限制烧酒的生产还是消费，势必对中间环节的烧酒贸易产生重要影响。如此则产生了一个重要问题，即在官府抑制烧酒产业发展的背景下，以烧酒贸易为对象的酒税征收制度是否也将作相应调整？或者说，在酒禁推行后烧酒贸易必将减少这一可预知的结果之下，税关如何保证酒税能够正常足额征收？这一问题涉及酒禁制度、烧酒市场与酒税征收之间的复杂关系，值得深入探讨。本文重点关注酒禁政策推行之下，京城烧酒市场以及酒税征课的变动过程，以期对上述问题有一个较为具体且清晰的观察。

一 酒禁推行与京城烧酒贸易市场

清代京城饮食市场十分发达，街市酒馆林立，烧酒消费需求旺盛。据光绪年间李虹若所撰《朝市丛载》提及，当时京城"酒楼饭馆，张灯列烛，猜拳行令，夜夜元宵，非他处可及"①。《天咫偶闻》记载：京城酒肆有三种，"酒品亦最繁"。一种为南酒店，"所售者女贞、花雕、绍兴、竹叶青之属"；一种为京酒店，"则山左人所设，所售则雪酒、冬酒、涞酒、木瓜、干榨之属"；"又有良乡酒，出良乡县，都中亦能造，止冬月有之。入春则酸，即煮为干榨矣"。另有一种药酒店，"则为烧酒以花蒸成，其名极繁，如玫瑰露、茵陈露、苹果露、山查露、葡萄露、五加皮、莲花白之属"②。相较而言，南酒价昂，据汪启淑《水曹清眼录》记载："南来最好绍兴陈酿、杭州花露、镇江木瓜、无锡惠泉、仪征包酒、苏州女贞，然价极昂。"③而烧酒相较南方黄酒来说价较低，故销运更广。正如《清诗铎》言："黄酒价贵买论升，白酒价贱买论斗。"④

清代京城市场上的烧酒主要来自顺天府及周边直隶地区的各大小

---

① 李虹若：《朝市丛载》卷四《风俗》，北京古籍出版社1995年版，第69页。
② 震钧：《天咫偶闻》卷四《北城》，北京古籍出版社1982年版，第84页。
③ 汪启淑：《水曹清眼录》卷一六，第1页。
④ 张应昌：《清诗铎》卷二一《止足》，中华书局1960年版，第759页。

烧锅。光绪《顺天府志》载："本土造酒家为大酒缸，烧酒以干烧为最。"① 京城发达的烧酒市场带动了周边地区烧锅业的发展，据乾隆二年（1737）嵩福在京城周边访查："京南一带素系设聚烧锅之所"，直隶"各州县地方，其烧锅多者约八九十处，即最少者亦不下五六十处"②。另据直隶总督孙嘉淦奏报："直属之人向以烧锅为生，即以顺天、宣化、永平三府而言，开烧锅之家不下数万，卖烧酒之家不下数十万。"③ 当时，烧酒源源不断地从直隶地区贩运到京城，乾隆年间曾出现"京师九门，每日酒车衔尾而进"的景象。④

然而，自清代康熙年间以来推行的酒禁政策，对于直隶地区的烧锅业产生了巨大冲击。因烧酒"靡费粮食"⑤，故出于保障民食及粮食储备之需，清代自康熙年间开始实施酒禁政策。其中康熙三十年（1691）与三十二年（1693），曾先后两次下令禁止直隶顺、永、保、河四府烧锅酿酒。雍正年间酒禁政策属于时断时续的状态，到乾隆初年则宣布酒禁进入严禁阶段，"北五省烧锅一事，当永行严禁，无可疑者"⑥。不过，酒禁政策的推行，显然有悖于烧酒市场发展及本地烧锅产业基础，因而实际效果并不理想。

限烧政策之下，直隶地区大量烧锅转入私烧。康熙五十四年（1715），直隶巡抚赵弘燮奏报在查禁烧锅过程中，访闻到"通州及宝坻县境内，尚有悖旨私开之家"，且有"富户、旗庄间有自恃势力，于深房密室之中仍行私烧。邻佑无从稽诘，衙役亦难查拿，恣意蠹法，烧锅反卖重价，获利数倍"⑦。乾隆三年（1738）李卫奏报，

---

① 光绪《顺天府志》卷五〇《食货志二·物产·造酿之属》，第1830页。
② 录副奏折：乾隆二年崇福折，档案号：03-0734-021。
③ 朱批奏折：乾隆三年十一月初七日直隶总督孙嘉淦折，档案号：04-01-35-1380-027。
④ 《清高宗实录》卷一二七，乾隆五年九月丙申，中华书局1985年影印版，第860页。
⑤ 赵弘燮：《奏报访得烧锅情形并请于丰年宽禁折》，《康熙朝汉文朱批奏折汇编》第7册，档案出版社1985年版，第547页。
⑥ 《清高宗实录》卷四二，乾隆二年五月丙申，第752页。
⑦ 赵弘燮：《奏报访得烧锅情形并请于丰年宽禁折》，《康熙朝汉文朱批奏折汇编》第7册，第548—549页。

直隶地区"向有旗户、庄头房宇深邃潜匿私烧，更有劣衿武举、不法地棍，招集山西外来之人包揽烧造"①。另据孙嘉淦奏报："禁酒一月有余矣，无日不报拿酒之文，无刻不批审酒之案。查前督臣李卫任内，一年之间拿获烧锅、酒曲共三百六十四起，人犯共一千四百四十八名。臣抵任以来一月之内拿获烧锅运贩七十八起，人犯共三百五十五名，通计酒四十余万斤，曲三十余万块，车辆、骡马、器具难以悉数。"② 实际上，私设烧锅现象一直延续到清末，甚至在咸丰年间酒禁政策取消之后仍旧未能禁绝。据光绪十五年（1889）御史文郁奏报："现在京北清河一带、宛平、昌平等州县，囤粮私烧者，闻有五六家之多，较之东南为尤甚。计其地方制酒暗销，离城十有余里，窥其偷运包藏，车载夜行，百弊丛生。"③

作为京城烧酒贸易的来源地，直隶地区私设烧锅的出现，对于京城烧酒贸易亦产生了重要影响，大量私造烧酒开始被偷运至京城售卖。乾隆三年（1738）直隶总督李卫奏报，"今年该属并沿边口外收成颇稔"，私烧更甚，"更缘京中酒价高昂，居庸关、古北等口固已逐处严禁贩运，而一班无赖之徒勾引包送，从沿边墙缺、山沟深坎旁通僻径小路，为官役巡查不到人迹罕至之处，背负挑驮，昼伏夜行，百计偷越，潜运进京"④。特别是直隶地区开征牙帖税之后，烧锅需持有户部牙帖方可正常造酒出售，据乾隆十六年（1751）直隶总督方观承奏报："烧锅一项，给帖征税定例，惟于歉岁暂禁免税，历来遵照办理在案。"⑤ 因此，私烧之酒只可通过偷运方式来绕避税关的稽查以进京售卖。正如光绪年间御史文郁所言，"京酒烧锅私开日众"，且"酒既出于私造，无不早闭夜开，多集游民零运躲税"，因

---

① 朱批奏折：乾隆三年九月二十日直隶总督李卫折，档案号：04-01-35-1380-021。
② 孙嘉淦：《禁酒情形疏》，《皇朝经世文编》卷五一《户政二十六·榷酤》，道光年间刻本，第33页。
③ 录副奏片：光绪十五年御史文郁折，档案号：03-7257-050。
④ 朱批奏折：乾隆三年九月二十日直隶总督李卫折，档案号：04-01-35-1380-021。
⑤ 朱批奏折：乾隆十六年五月二十二日直隶总督方观承折，档案号：04-01-35-1382-025。

而导致京城烧酒发生了重要转变，自此"私运日多"①。

进入嘉道年间以后，成群结队贩运到京城的私酒越来越多，以致"官酒益见滞销，私酒益形充斥"②。嘉庆二十二年（1817），崇文门税关曾获送"贩卖五万斤"③。道光四年（1824）五月二十日，崇文门监督文孚奏："在于所辖境内认真密访偷漏，屡次挐获私酒人犯，当即循例责惩，发放之案已不下数十次之多。"④ 五年（1825）管理刑部事务大学士托津等人上奏："近年来各项私贩影射偷漏，弊端百出，而烧酒为尤甚。"⑤ 九年（1829）崇文门监督长龄奏："近年以来烧酒私贩，率有匪徒包庇，成群结伙，竟类私枭，断非一二人所能缉捕。"⑥

值得一提的是，道光二十四年（1844）五月二十九日，步军统领恩柱等因"私酒充斥，国课攸关，随派各营员弁一体查挐。自上年八月至今，各营挐获二百余案"。此后又经详加访查："永定、左安、右安、广渠等门内外，均有积惯包揽贩卖私酒头目，其中惟左安门之李大，即李燕滩一犯最为著名。"该伙平日贩卖私酒，"分为两班，每班各带十人，每人挑酒一百斤，轮转挑运。此外，另有随时雇觅之人，不记确数。每年七八月间添雇人夫，约有百十名，每日挑运私酒一万余斤，其余月分约有计三四千斤不等"。另外，该伙组织十分严密并各有专责，有"伙同私贩"者，从运输环节的"收存私酒""专管巡风""带人挑运""背运""受雇挑运"，到存贮发卖的"代为收藏私酒""收买私酒之铺户""看守酒铺"等。⑦ 这一私酒案件的特殊之处，除其私运数额十分庞大之外，显然已经形成了一条体系完备的私酒贩运链。一直到清末，私酒仍旧未能禁绝。到光绪十三年

① 录副奏片：光绪十五年御史文郁折，档案号：03-7257-050。
② 录副奏折：道光九年七月十四日大学士管理刑部事务托津等折，档案号：03-4036-018。
③ 录副奏折：道光九年七月十四日大学士管理刑部事务托津等折，档案号：03-4036-018。
④ 录副奏折：道光四年五月二十日崇文门监督文孚折，档案号：03-3158-036。
⑤ 录副奏折：道光五年九月二十四日管理刑部事务大学士托津、敬征折，档案号：03-4032-043。
⑥ 录副奏折：道光九年七月十四日大学士管理刑部事务托津等折，档案号：03-4036-018。
⑦ 录副奏折：道光二十四年五月二十九日步军统领恩桂折，档案号：03-3819-042。

（1887）江南道监察御史德荫专上千余字奏折，详载"私酒任意横行"之行状。①

为躲避崇文门税关的稽查，私酒商贩选择将烧酒暂存城外税局，再行分装背运进城的贩私方式。② 据官员调查，私酒的活动范围遍布京城内外多地，其中尤以京城东南半部尤甚，如"顺天府所属之通州三间房、双桥、羊房等处"③，以及附京地方如"于家卫、羊坊、马房、看丹村"等处。④ 此外，"京北之吴各庄及三旗花园，皆有烧锅为私贩之捷径"⑤。另外，在京城内亦分布着规模不一的私贩场所，如"南小街福海号山西宋姓绰号宋王，勾栏胡同姚二杨大，八大胡同炭厂李绰号庆隆李，虎坊桥隆泰泉张大浑名桥张，煤市桥松茂号潘三绰号潘三虎，眼药胡同聂林，府学胡同李十，闹市口宝瑞源郭监生四处，丁章胡同汇泉号五处，锦什坊街汇有号二处，均著名贩私漏税之所"⑥。此外，还有大量私酒背运人员盘踞在京城各城门附近。道光五年（1825），广渠门家人差役在此"擎获背运私酒人犯"⑦。二十四年（1844）五月，崇文门税关随派营员，"访得永定、左安、右安、广渠等门内外，均有积惯包揽贩卖私酒头目，其中惟左安门之李大即燕滩一犯最为著名。至东直、朝阳两门外又有楞李花、张温大等人各路贩运私酒"⑧。光绪十八年（1892）御史富通阿奏报："风闻有朝阳门外私立酒局数处，偷税贩卖，每日可销千斤。"⑨ 安定门外、德胜门外等处，也常有巡役缉获私酒商贩之事。⑩

---

① 录副奏折：光绪十三年十二月二十六日江南道监察御史德荫折，档案号：03-6561-054。
② 录副奏折：道光二十二年十月十三日崇文门监督赛尚阿折，档案号：03-3685-050。
③ 录副奏折：道光九年七月十四日大学士管理刑部事务托津等折，档案号：03-4036-018。
④ 录副奏折：道光十一年十月二十六日兵科给事中寅德折，档案号：03-4044-015。
⑤ 录副奏折：光绪十年九月初二日翰林院侍读学士良贵折，档案号：03-5678-002。
⑥ 录副奏片：咸丰元年闰八月初一日四川道监察御史吴廷溥折，档案号：03-4535-033。
⑦ 录副奏折：道光五年九月二十四日大学士管理刑部事务托津折，档案号：03-4032-043。
⑧ 录副奏折：道光五年九月二十四日大学士管理刑部事务托津折，档案号：03-4032-043。
⑨ 录副奏折：光绪十八年九月十九日富通阿折，档案号：03-7415-027。
⑩ 录副奏折：道光十一年十月初八日崇文门监督明山、特登额折，档案号：03-4044-005。

二 崇文门关酒税制度的调整与私酒稽征

崇文门税关是清代设于京城的总税关，自顺治二年（1645）开征，属户部管辖，"凡直省商货入京，均分地道，按数科税，照部颁现行条例征收"①。与其他户部税关征收流通税不同，崇文门征收商税，且仅征进城商货税，出城货物一律免税。

清代崇文门税收主要以"烟、酒、茶、布"②四项商货为主，特别是烧酒一项所缴纳税课极为可观。清代档案文献记载中常有崇文门关以"烧酒钱粮最关紧要"③、"烧酒向为大宗"④诸类记载，故崇文门在民间又有"酒门"之称。据崇文门税关统计，清代以来贩运到京城的烧酒数量极巨，最盛时"每年约八九千车"⑤；道光、咸丰年间也可达到"岁进酒车三五千辆不等"⑥；同治初年甚至出现过"酒车来京者不下万余辆"的情景。⑦作为崇文门税收大宗来源，烧酒税课颇为丰厚，咸丰之前曾有"连余耗合征银在十万两以上"的记录，⑧即使是平常年份，其税额也可基本保持在五六万两左右。⑨

清初以来，崇文门关曾多次调整酒税征课相关制度。最初，崇文门关的烧酒税率较低。康熙八年（1669）定则例征银数目，根据烧酒容器大小区分为坛、篓两个标准，其中烧酒一坛，征银二分四厘；烧酒一篓，征银六分。⑩乾隆十一年（1746）十一月，崇文门税关以

---

① 乾隆《大清会典则例》卷四七《户部·关税》，文渊阁《四库全书》，台湾商务印书馆1986年版，第621册，第475页。

② 录副奏折：道光九年七月十四日大学士管理刑部事务托津等折，档案号：03-4036-018。

③ 录副奏折：道光四年五月二十日崇文门监督文孚折，档案号：03-3158-036。

④ 录副奏折：光绪十八年十一月初六日陕西道监察御史文郁折，档案号：03-7431-038。

⑤ 录副奏片：咸丰元年闰八月初一日四川道监察御史吴廷溥折，档案号：03-4535-033。

⑥ 录副奏折：光绪十三年十二月二十六日江南道监察御史德荫折，档案号：03-6561-054。

⑦ 录副奏折：光绪十一年二月二十七日山东道监察御史庆祥折，档案号：03-6495-009。

⑧ 录副奏片：咸丰元年闰八月初一日四川道监察御史吴廷溥折，档案号：03-4535-033。

⑨ 录副奏折：光绪十三年十二月二十六日江南道监察御史德荫折，档案号：03-6561-054。

⑩ 《崇文门商税则例现行比例增减新例》康熙八年，第2页。

烟叶作为参照，发现烧酒税率远远低于茶叶税率，故第一次调整烧酒
税率："烟、酒二物均为民间日用所需，考市间时价，烧酒一斤值银
三四分，烟叶一斤值银四五分。其价不甚悬，而征税则相去甚远。
烧酒向例按篓征收，每篓约重六百斤，征银一钱二分，计每百斤止纳
银二分。烟叶则每百斤纳银四钱五分，是酒税轻于烟税几及二十倍。
酒既过轻，烟亦征重。查烧酒按篓征收，亦恐有改篓并载之弊。嗣后
应改为按斤两征收，每一篓作六百斤，每百斤增为征银一钱二分……
烧酒有小篓者，应作为三百斤，税银照大篓减半征收。"① 此后，烧
酒税率从每百斤征税二分提高到了一钱二分。同时之前烧酒征收标准
以容器为准，但防止"改篓并载之弊"，自此改为"按斤两征收"，
即改为从量征税的标准。嘉庆十九年（1814）又一次调整烧酒税率，
规定"崇文门税课，烧酒每十斤改征银一分八厘"，即百斤征银一钱
八分，较乾隆年间税率又有所提升。② 到道光二年（1822）崇文门烧
酒税率再次提升：易州、昌平州"烧酒每车作为六千斤，连平余征银
十四两四钱"③。因此，此后每百斤征银税额为二钱四分，较嘉庆年
间每百斤又增加了六分，更比最初的康熙年间税率提升了十余倍。清
初以来烧酒税率的变动状况具体请参见下表1：

表1 **清代崇文门关烧酒税率变动趋势**

时间	康熙八年 （1669）	乾隆十一年 （1746）	嘉庆十九年 （1814）	道光二年 （1822）
税率（百斤）	0.02 两	0.12 两	0.18 两	0.24 两
较前增幅	—	500%	50%	33%

资料来源：《崇文门商税则例现行比例增减新例》、《清朝续文献通考》、光绪《大清会
典事例》。

---

① 《崇文门商税则例现行比例增减新例》乾隆十七年十一月初七日，第1—3页。

② 《清朝续文献通考》卷四一《征榷十三·榷酤》，浙江古籍出版社2000年版，考
7955。

③ 光绪《大清会典事例》卷二三八《户部·关税·考核二》，光绪二十五年重修本，
第11页。

从以上崇文门烧酒调整来看，从康熙一直持续到道光，烧酒税率始终处于大幅提升过程，特别是乾隆年间的增幅更是达到了五倍之多。而崇文门岁入酒车数量极为庞大，在此基数之上，税率提升带来的酒税数额变动，前后差距可达数万两之多。从清初以来崇文门关对于酒税税率调整趋势来看，烧酒流通税收一直处于不断提升的态势。

将原本归属顺天府的烧酒钱粮税银，改为户部崇文门关管理，则是京城酒税制度调整的另一项内容。崇文门所征烧酒商税，例由酒行经纪作为中介，并由其向崇文门代缴钱粮税银，同时向酒商收取佣银。最初，酒行所缴纳钱粮归地方管辖，乾隆五年（1740）规定：“嗣后京城酒行经纪，除每两应得用银三分外，不得丝毫多取，朘削商民，违者司坊官察拏治罪。”①乾隆三十九年（1774）以后，将酒行经纪钱粮由顺天府改归崇文门办理：“查崇文门过货经纪，惟烧酒一行钱粮最多，自乾隆三十九年七月内经顺天府府尹衙门奏明，将烧酒经纪裁汰，归于崇文门办理。”自此，“除正银、船银、公费之外，悉行存贮归公，共计余银五千一百八十九两八钱四分九厘，例应同药材余银归入海淀余银折内奏报”②。自此，烧酒行税银从地方性税课划归中央财政范围。实际上，烧酒钱粮所征税额并不高，如嘉庆二十四年（1819），崇文门关所征烧酒钱粮，“除交正税外，余银三千八百六十三两二钱七分七厘”③。而烧酒钱粮税课的调整，则成为清政府对于烧酒运销税课制度管理的重要转变。

从烧酒税率的大幅度提升，到将烧酒钱粮由地方性税收改归中央财政范围的调整，表面来看或许与烧酒税率过低等因素有关。不过，从实施结果来看，实际上也显示出清政府对于清代京城烧酒税课管理的逐步重视。同时，如果结合酒禁政策的背景来看，更能清晰地观察

---

① 乾隆《大清会典则例》卷一五〇《都察院六》，文渊阁《四库全书》，第624册，第702页。

② 朱批奏折：乾隆朝福隆安、金辉奏报崇文门税款归公存贮银数事折，档案号：04-01-35-0550-044。

③ 录副奏折：嘉庆二十四年八月十一日崇文门监督和宁等折，档案号：03-1771-072。

到上述税收调整的重要目的，即明确显示出清代在烧酒贸易领域"寓禁于征"政策的实施；第二个结果便是，在酒禁政策推行之后可以预想到的贸易减少的情况下，通过税率提升以及酒税范围的扩大，可确保崇文门酒税如常足额征收。

不过，日益沉重的税课负担，加之崇文门运行过程中各方利益主体的需索弊政，最终迫使更多的酒商走向私酒运销之路。最终，在崇文门关、经征关吏、烧酒商贩，以及作为中介经纪的酒行之间，形成了复杂的关系网络，而私酒在查缉与利用的过程中走向禁而未止的特殊状态。

崇文门税则最初规定，除"顺天府属所造之酒，向由崇文门南酒行经纪报税给票"之外，其他地区的烧酒只可由崇文门关报税。不过，嘉庆二十二、二十三年间，"因拿获绕越私贩，奏定章程永远禁止，不准由外局报税，以防偷越"①。据光绪档案记载，为防止私酒绕远逃税，崇文门关对于烧酒报税程序及税口均有特定要求。如道光年间添设半壁店及穆家峪税口，将并作为酒税报征之"定例口岸"，主要为防止酒商"绕道巧避"以及差役"越境私拿，致滋流弊"②。但因税口距京窎远，使得处于京城附近的酒商如需纳税往往需要绕远，以致酒商疲累不堪而铤而走私。据载，"烧酒一项有南路、北路之分，南路自崇文门司迤南远自丰润、开平等处，近自通州、辛集、下甸、马驹桥等处。……北路系崇文门税司迤北，远自张家口、宣化府等处，近自昌平州、顺义县等处。"北路烧酒"因大有不便于商"，"偷税甚于南路"。后经查明发现，因北路烧酒"须由关沟之南口税局起票，押解赴崇文门报税，然后始能发卖各家，此北路烧酒现行报税之例也"。然而"南口税局设立多年，距京足九十里，是局之设专为口北一带烧锅运酒来京，自必路经该处照例纳税，无可绕越。至于昌平、顺义等州县距京仅四五十里路，烧锅近在咫尺，然须照例折回南口领起税票，始能来京上务纳税，是四五十里之酒转须统逾九十余

---

① 录副奏片：咸丰元年闰八月初一日四川道监察御史吴廷溥折，档案号：03-4535-033。
② 光绪《大清会典事例》卷二四〇《户部·关税·禁令二》，第157页。

里之路，商人畏脚价赔累，大半裹足"。因而，"有恒产者歇业改行，无恒产者遂将所烧之酒各于门前十斤、八斤零星售卖，贫民负袋取酒者络绎不绝，无不绕道夜行潜入京门，暗向各铺销送。是以大街小巷酒摊林立，此即偷漏贩私之明证也，国课日亏，实由于此。即南路之酒运京售卖，亦因之受敌"①。从限制外局到指定税口报税，本为崇文门加强酒税管理的举措。然而，僵化的政策制度在面对自主发展的市场之时，最终只能将双方均推向困境。

另外，崇文门税关除了正税之外，还可征收部分附加税。这部分税收可由税关自行奏报，且关系经征人员的切身利益，故成为崇文门关弊政发生的主要事由。依据崇文门关的征收规则，商货在正常缴纳正税之外，还需依照比例随征一定数额的附加税，作为税关日常支销等费用。根据崇文门征税章程"其应交库平三分者，外加平余银一分，作为加平、加色、火耗、船食之费，以及行役之等饭食之用"②。因崇文门关所辖范围甚广，日常支出亦较繁："海淀、板桥、东坝等稽查税务处所甚多，每处安设家人书役不下十数人"，其"家人书役所需饭食、房租、纸笔等费，皆为必不可少之项，向来并无官给工食银两之例"③。因而上至税关监督，下至委员巡役，为增加日常支用银两，常有向商人需索之事。道光二年（1822）十二月十六日大学士曹伯镛等人上奏：崇文门历任监督，"听官役人等从旁怂恿，或借口加平加色，或借口官役民食不敷，明增暗加，几无了局"。而作为崇文门征税最多的"烟、酒、茶、布"之一，无疑首当其冲。据档案载，烧酒一项货物，"定例每车税银十两八钱，按八折算，实收银八两六钱四分，近岁以来直加至十四两九钱"④。从实收银的 8.64 两，增加到 14.9 两，计每车多征银 6.26 两，如以光绪十年（1884）

---

① 录副奏折：光绪十八年十一月初六日掌陕西道监察御史文郁折，档案号：03-7431-038。

② 中国第一历史档案馆编：《嘉庆道光上谕档》第 27 册，广西师范大学出版社 2000 年版，第 667—670 页。

③ 中国第一历史档案馆编：《雍正朝汉文朱批奏折汇编》第 30 册，江苏古籍出版社 1991 年版，第 905—906 页。

④ 录副奏折：道光二年十二月十六日大学士曹振镛等折，档案号：03-3156-040。

大学士良贵奏所报"咸丰以前每年官酒报税常至七八千车"①，其多征税银即近有四五万两，实属可观。当然，税关运行过程中的需索弊政，势必成为酒商的正常贸易的巨大阻碍。从这个意义上来说，私酒也是崇文门关弊政之下的选择之一。

崇文门税关每年奏报私酒之泛滥状况，另有部分原因则是经征吏员为追求罚税银两而滥征所致。崇文门税则规定，经征吏员查获漏税商货所得罚银除赏赐经手吏员之外，其余可存关公用。如道光九年（1829）规定："崇文门拏获烧酒私贩，计其匿报税银多寡，分别治罪。所获之酒，照例入官，仍将追罚银两，一半存公，一半充赏，其罪至流徙，无罚项可追者，于崇文门追罚存公项下动支赏给。"② 因此，为增加公用银，崇文门税关胥役往往借稽查私酒而借机勒索酒商。档案记载，当时被索取之罚税数目，往往可"加至四五倍至二十倍"，甚至有海巡"四出滋扰至一二百里之外"的情况。③ 如咸丰元年（1850），步军统领载铨奏报宛平县属长新店酒铺被税关吏员需索一事，"忽被税务衙门巡役李六刘三等查起，伊等二十家酒铺烧酒共五万余斤，并将伊等押送崇文门审讯，声言烧酒一斤罚银三分，另外索银三分，共索银三千余两，伊等不允给银即被拏送"④。后经复查，此案为"家人藉查私酒，远至城外诈赃"，"其酒五万余斤付辑役充赏"⑤。光绪九年（1883）光禄寺卿尚贤"参崇文门委员籍名罚税，违例滥征贻累商民"，其言："向例一遇偷漏，罚款皆有限制。近来逐渐加增，比正税过于百倍，名为充赏办公，实则均入私囊。"⑥ 事实上，据崇文门历年造报罚没税课来看，仅有百余两。⑦ 其余罚没银两去向如何，不得而知。

---

① 录副奏折：光绪十年九月初二日翰林院侍读学士良贵折，档案号：03-5678-002。
② 光绪《大清会典事例》卷二四〇《户部·关税·禁令二》，第149页。
③ 录副奏片：光绪九年十一月初七日大学士宝鋆折，档案号：03-6350-015。
④ 朱批奏折：咸丰二年二月二十三日刑部尚书恒春折，档案号：04-01-08-0179-003。
⑤ 《清朝续文献通考》卷四一《征榷考十三·榷酤》，考7955。
⑥ 录副奏折：光绪九年九月二十九日光禄寺卿尚贤折，档案号：03-7429-017。
⑦ 录副奏折：光绪二十七年四月二十七日荣禄折，档案号：03-6513-027。

此外，烧酒钱粮银的存在，也是烧酒商户被借机需索之由。酒行把头作为官府与酒商之间的中介，其半官方的特殊身份，也成为勒索烧酒商户之凭借。光绪十一年（1885），据山东道监察御史庆祥奏报："崇文门之税，以酒为大宗。同治初年酒车来京者不下万余辆，近年来京者止二三千辆不等，国课因之减少。……其源维何，则在行头之把持。闻一酒车来京，其价值低昂，皆由酒店所定。更可骇者，车酒入店无论能售与否，先索银四十两，众店分肥，谓之分银。有不遵者，行头即会同众经纪赴大慈庵，或予以薄惩，或予以重罚，谓之讲庙。一酒车有何资本能受如是之剥削乎？是以酒商忍气吞声，退缩不前，反与走私者暗中勾串，无弊不生。"① 官设酒行经纪对于酒商的肆意勒索，迫使酒商畏难而只可绕避到私设酒局，再由此化整为零私运到京城中发卖。

值得注意的是，面临层层盘剥境地的酒商，往往会选择与帮办税务人员相互协作以影射偷漏。咸丰元年（1851）四川道监察御史吴廷溥奏报，崇文门酒税之所以严重缺漏，税关委员借单贩私也是重要原因之一。道光十三年（1843）及二十三年（1853），崇文门关又分别在密云县之穆家峪石匣、顺义县之半壁店添设税局。② 不过，未可预料的是，自半壁店税局设立之后，私酒偷漏现象更为严重，"闻未设半壁店外局之先，崇文门所收酒税每年约八九千车，连余耗合征银在十万两以上。自设半壁店外局以来，崇文门所收酒税递少至四千余车，征银几至减半"③。经查明，"自道光二十三年委员荣玉德给与半壁店等处谕帖，逐开借单影射之渐，历年更换至令积弊未除。马坊十八家私局，每酒一车存京钱二千文，名曰买官走私之费"④。甚至还有"崇文门巡役设立私局，包揽偷漏"等情况。⑤ 故光绪十八年

---

① 录副奏折：光绪十一年二月二十七日山东道监察御史庆祥折，档案号：03-6495-009。

② 光绪《大清会典事例》卷二四〇《户部八十九·关税·禁令二》，第157页。

③ 录副奏片：咸丰元年闰八月初一日四川道监察御史吴廷溥折，档案号：03-4535-033。

④ 录副奏片：咸丰元年闰八月初一日四川道监察御史吴廷溥折，档案号：03-4535-033。

⑤ 录副奏折：咸丰元年闰八月初三日步军统领载铨等折，档案号：03-4535-034。

（1892）陕西道监察御史文郁称："但以烧酒大宗而论，从未闻有议及整顿者，似与剔弊清源之道略而未讲。推原酒税不足之故，总由偷漏日众，海巡差役得赃包庇不肯实力严缉，一任贫民妇女身藏包裹，百计偷私。况充当海巡各差未必皆能安分，上方信其熟手彼早旧路勾通，新役派充一经秉公反受旧人之妒，安望税课日有起色乎？"当时甚至因海巡"连年把持，新任监督竟不敢自主，是以差役与各行勾串，百端偷运"，以致竟出现"前三五年，每岁所收酒税银数多至三万两有奇。近年用酒如常，而报税者计数不及其半"等后果。①

沉重的酒税负担之下，加以税关运行过程中的各项弊政，京城私酒呈现愈演愈烈的严重态势，私酒盛行导致崇文门税收严重缺漏。道光二十二年（1842）崇文门监督奏报赛尚阿奏报，本关"烧酒税额连年递减"，自其"接任以来甫及两月，与去岁比较短收税课银二万七千余两"②。咸丰二年（1852）据奏报："崇文门征收货税，向以茶、酒、烟、布为大宗。近来酒税日见亏短，总因奸商雇贫民私运私背，囤积隐卖，漏税日多，则正税日少。"③特别是光绪年间以来，关于私酒于崇文门税课之危害的奏折更是连篇累牍。光绪十年（1884）翰林院侍读学士良贵奏报："崇文门税课以烟、酒、茶、布为大宗，而走私之弊惟酒为甚。闻咸丰以前每年官酒报税常至七八千车，近因私酒盛行，每年报税不过二三千车，以每车十余金计之，为数甚巨。"④十一年（1885）山东道监察御史庆祥奏报："崇文门之税，以酒为大宗。同治初年酒车来京者不下万余辆，近年来京者止二三千辆不等，国课因之减少。"⑤十三年（1887），江南道监察御史德荫奏报："查自道光、咸丰年间，岁进酒车三五千辆不等，崇文门岁收税银不下五六万两。现近畿州县添开烧锅较前加倍，然每岁所来酒

① 录副奏折：光绪十八年十一月初六日掌陕西道监察御史文郁奏折，档案号：03－7431－038。
② 录副奏折：道光二十二年十月十三日崇文门监督赛尚阿折，档案号：03－3685－050。
③ 光绪《大清会典事例》卷二四〇《户部·关税·禁令二》，第156页。
④ 录副奏折：光绪十年九月初二日翰林院侍读学士良贵折，档案号：03－5678－002。
⑤ 录副奏折：光绪十一年二月二十七日山东道监察御史庆祥折，档案号：03－6495－009。

车只一千余辆，崇文门所收大车税银亦只一万数千两，合之半壁店十八家酒局应交牛郎山分局小车税银，统共二万上下余两。"① 十八年（1892）陕西道监察御史文郁亦称："京师税务衙门，烧酒向为大宗，前三五年每岁所收酒税银数多至三万两有奇。近年用酒如常，而报税者计数不及其半。"② 虽然奏折中的统计数据可能有夸张的成分，但亦可见私酒对于崇文门酒税征收之妨碍。

三　余论

清代酒禁政策的实施，以限制烧锅造酒为主要内容，本以节约粮食、抑制消费为出发点。不过，酒禁政策的提出伊始便饱受诟病，批评意见主要集中在，政策过于强硬，且仅限于烧酒生产领域，势必不能发挥效用。正如方望溪曾议及烧锅未能禁绝时所言："门关之税不除，烧曲之造、市肆之沽不禁，故众视为具文。禁示每下，胥吏转因缘以为奸利，不过使酒价益腾，沽者之耗财愈甚耳。"③ 而如何能够更好地从整体上限制烧酒产业的发展，晚清曾有多位经世学者提出"重酤"理念，即增加烧酒税收，实现"寓禁于征"目的，如经世思想家冯桂芬"止宜重酤以困之"之论说④。然而事实上，以京城为例，清初以来崇文门税关即对烧酒贸易税收进行了一系列调整，包括提升烧酒税率、扩大酒税征课范围以及设定酒税征课税口等一系列措施，其中已经蕴含着以酒税推行酒禁的重要尝试。当然，酒税调整的另外一层意义则在于，不仅能够确保酒禁政策推行，同时以扩大烧酒税源的做法来保障中央财税收入可以正常征缴。

不过，与市场发展相悖的酒禁制度，在实施过程中却未能按照最初预想的轨迹发展。私酒的出现与盛行，成为酒禁制度与市场发展相

---

① 录副奏折：光绪十三年十二月二十六日江南道监察御史德荫折，档案号：03-6561-054。
② 录副奏折：光绪十八年十一月初六日掌陕西道监察御史文郁折，档案号：03-7431-038。
③ 方苞：《请定经制札子》，《方苞集》外文卷一《奏札》，第531页。
④ 冯桂芬：《校邠庐抗议》，上海书店出版社2002年版，第73页。

互妥协之下的特殊现象。清代京城私酒的出现，最初源于北五省酒禁政策的推行。从禁酒政策背景来看，这不仅有悖于本地区相沿已久且颇具规模的烧锅产业基础，更与京城旺盛的烧酒市场需求相抵牾。烧锅之禁的推行，导致京城烧酒市场供求关系严重失衡，最后不仅"京中酒价高昂"，直省更是"烧锅不减，酒贩甚多"①。另外，崇文门关酒税征课调整所包含的"寓禁于征"之理念，对于正常的烧酒贸易亦构成了严重阻碍。日益沉重的税课缴纳负担，加以居中经纪之盘剥，以及税关制度缺陷及经征吏员需索之弊，均成为私酒盛行的重要推力。当然，无论是酒禁制度的推行，还是酒税征课制度的调整，实际上这也在一定程度上展示了传统时期政府决策与市场需求相悖之下，利益各方在博弈中不断自我调适的历史过程。而最终清代京城私酒的蔓延且不可禁绝，一定程度上也显示了传统时期制度约束之下市场所自主选择的另外一种表达形式，及其存在所具有的合理性。

① 朱批奏折：乾隆三年九月二十日直隶总督李卫折，档案号：04 - 01 - 35 - 1380 - 021。

晚清杂税杂捐征收总量的变化

王 燕

（宁夏自治区党委宣传部；

武汉大学 中国传统文化研究中心）

晚清杂税杂捐的不断开征以及种类的繁杂①，必然导致税收总量的增加和财政收入结构的变化。从总体上看，在晚清杂税杂捐征收的动态过程中，与晚清的"大事件"密切关联。太平天国军兴所需款项，除了新开办的厘金外，杂税杂捐也有所增长，但仅是局部的。甲午战争赔款，特别是庚子赔款的硬性摊派，导致杂税杂捐的爆发性增长。光宣之际大力开办新政，在中央"以地方之财办地方之事"的授权下，杂捐渐成筹款的主力，导致杂税杂捐的遍地开花。同时，光宣之际杂税杂捐的税收数额在官方统计上的"陡长"，也是光绪末年"清理财政"，杂税特别是杂捐，由"外销"款项变为"内销"款项——在财政统计上由"隐性"到"显性"的必然结果。本文在缕述清代前期杂税征收总量的基础上，基于晚清的"大事件"以及相关税收政策的变动，对晚清杂税杂捐的税收数额变化进行分析，并探究估算光宣之际杂税杂捐的合理总量额度。

---

① 参见王燕《晚清杂税杂捐征收名目统计与厘析》，《史学月刊》2021 年第 4 期。

412

一　清代前期杂税的征收总量

清代前期的杂税征收，笔者和陈锋教授已经有文章探讨，可以参考①。许檀、经君健也曾经就清代前期杂税在各项税收中所占比例做过统计，概如下表所示：②

表1　　　　　　　清代前期各朝杂税数额与其他岁入比较　　　　单位：万两

年　代	总额	%	地丁	%	盐课	%	关税	%	杂赋	%
顺治九年	2438	100	2126	87.2	212	8.7	100	4.1	？	？
康熙二十四年	3424	100	2823	82.4	388	11.3	122	3.6	91	2.7
雍正二年	3649	100	3028	83.0	387	10.6	135	3.7	99	2.7
乾隆十八年	4266	100	2964	69.5	701	16.4	459	10.8	142	3.3
乾隆三十一年	4254	100	2991	70.3	574	13.5	540	12.7	149	3.5
嘉庆十七年	4014	100	2802	69.8	580	14.4	481	12.0	151	3.8

正如陈锋在前揭文章中指出的："上表大体能反映清代前期的赋税沿革及岁入构成情况，其岁入的增长也与社会经济的恢复、发展基本吻合。这种统计尽管颇费心思，也未必尽如人意。"指出并论述了四个问题：第一，田赋等以银两的统计值得注意。第二，以银两为单位的货币收入是清代前期的主要财政收入，但以粮石为单位的实物收入也占有相当大的比重，不可忽视。第三，耗羡银与常例捐输银，是雍、乾年间政府新的财政收入。第四，历朝的实际岁

---

　　① 陈锋：《清代前期杂税概论》，《人文论丛》2015 年第 1 辑；王燕、陈锋：《再论清代前期的杂税与财政》，《中国经济与社会史评论》2017 年卷。

　　② 许檀、经君健：《清代前期商税问题新探》，《中国经济史研究》1990 年第 2 期。陈锋在《清代财政收入政策与收入结构的变动》中曾经引用过该统计表，并在原表中加了百分比，可以参见。见《人文论丛》2001 年卷。

入总额值得考量。这些问题都涉及清代前期的宏观财政结构，应多加关注。

清代前期，税收岁入的构成主要是田赋、盐课、关税、杂税（杂赋）四项。据上表显示，历经康、雍、乾、嘉各朝，杂税为数甚少，杂税总额浮动于 91 万两至 151 万两之间，杂税在税收岁入构成中所占比例浮动于 2.7% 至 3.8% 之间，杂税收入仅占税收岁入的 4% 以下①。从总体上看，传统杂税在岁入中所占比例并无太大变化，田赋收入一直为大宗。这种收入构成，充分显示了传统农业社会的特点以及杂税在税收岁入中的无关轻重。

鸦片战争后十年的税收岁入结构，与康、雍、乾、嘉各朝基本相同，并未因中国进入"近代社会"而发生变化，如下表 2 所示②：

表 2　　　　　　　　**鸦片战争后道光年间岁入统计表**　　　　单位：万两

年代	总额	%	地丁杂税	%	盐课	%	关税	%
道光二十一年	3859	100	2943	76.3	495	12.8	421	10.9
道光二十二年	3868	100	2957	76.4	498	12.9	413	10.7
道光二十五年	4079	100	3021	74.1	507	12.4	551	13.5
道光二十九年	4250	100	3281	77.2	499	11.7	470	11.1

表 2 是陈锋根据王庆云《石渠余纪》所列《直省岁入总数表》以及《清朝续文献通考》的有关记载所做的统计。彼时杂税与地丁合并列示为"地丁杂税"，也意味着杂税额度在税收总量中依旧无足轻重。

---

① 按：陈锋教授对杂税岁入做过修正，乾隆十八年的杂税为 164 万余两，乾隆三十一年为 155 万余两，与许檀、经君健教授的统计略有出入，但基本上没有改变杂税在税收岁入中的比例。陈锋：《清代财政收入政策与收入结构的变动》，《人文论丛》2001 年卷。
② 陈锋：《清代财政政策与货币政策研究》，武汉大学出版社 2008 年版，第 397 页。

二 咸丰初年到甲午战争前后的
杂税杂捐征收总量

清代财政收入与支出格局发生重大变化，是在道光后期及咸丰年间以后，咸丰二年（1852）上谕称：

> 国家经费有常，自道光二十年以后，即已日形短绌，近复军兴三载，糜饷已至二千九百六十三万余两，部库之款原以各省为来源，乃地丁多不足额，税课竟存虚名。……见在部库仅存正项银二十二万七千余两，七月份应发兵饷尚多不敷。若不及早筹维，岂能以有限之帑金供无穷之军饷乎？①

这正揭示了当时财政的空前危机以及财政收支格局的变化，即所谓："自咸丰、同治年来，各省出入迥非乾隆年间可比，近来岁入之项，转以厘金、洋税等为大宗；而岁出之项，又以善后、筹防等为钜款。"② 为了镇压太平天国，筹措军费"刻不容缓"，咸丰三年（1853）就曾谕令地方大员"无论何款，迅速筹备"③。除了厘金的抽收外，杂税杂捐的征收已经引人注目，咸丰帝曾经谕称："朕闻各处办捐，有指捐、借捐、炮船捐、亩捐、米捐、饷捐、堤工捐、船捐、房捐、盐捐、板捐、活捐，名目滋多，员司猥杂。其实取民者多，归公者寡。"④ 这里正揭示出，在传统的杂税征收之外，不同名目的杂捐开始出现。如果以晚清的税捐特征划分征收时段，可以说是咸丰年间肇其始，而杂税杂捐征收的普遍化，是与光绪年间的财政摊派联系

---

① 《皇朝政典类纂》卷一七三，《国用二十·会计》。
② 《清朝续文献通考》卷七〇，《国用八》，浙江古籍出版社1988年版，第8267页。
③ 《清文宗实录》卷八三，咸丰三年正月戊辰。
④ 《清朝续文献通考》卷四六，《征榷十八》，第8009页。

在一起的①。所谓"摊派",即摊征、分派之意,也有称作"摊还""摊解""指派"者,在官方文献上也经常美其名曰"奉派""分认""认解"。

财政摊派是晚清财政史上的特殊现象,是在财政特别困难的情况下,清廷为保障某项特定的财政支出,硬性摊派一定数额让地方分担的一种财政手段。摊派之所以产生,其原因有二:一是中央财政的入不敷出,户部没有多余的银两应付额外的支出;二是中央集权财政管理体制的运转失灵。

甲午战争以前,已经有财政摊派的事情发生,但摊派款额较小,其摊派款额一般在传统税收中予以安排。甲午战争以后,情势大为不同。如广东:"自光绪二十二年(1896)以来,历次奉派四国洋款、克萨镑款、汇丰镑价、新定赔款,连纹水、汇费及补关平,已多至五百八十余万两。"②光绪二十二年,户部奏称:"近时新增岁出之款,首以俄法、英德两项借款为大宗",为筹还俄法、英德两项借款,"先尽部库旧有之西征洋款改为加放俸饷一款,并新筹之盐斤加价一款,及应提之广东闱姓捐输一款,三款内凑银二百万两作抵外,下余一千万两,派令各海关分认五百万两,各省司库分认五百万两。量其物力,定以等差。……各省将军督抚,照臣部单开,分认数目,于各省所收地丁、盐课、盐库(运库)货厘、杂税及各海关所收洋税、洋药税厘项下,除常年应解京饷、东北边防费、甘肃新饷、筹备饷需、加放加复俸饷、旗兵加饷、固本京饷、备荒经费、内务府经费、税务司本关及出使经费等项,仍照常分别批解留支外,其余无论何款,俱准酌量提画,各照认数,按期解交江海关道汇总,付还俄法、英德二款本息。明知各省库储均非充裕,而款巨期促,不得不预令分

① 参见王燕《晚清财政摊派与杂税产生之研究》,《人文论丛》2015年第1辑。

② 档案,朱批奏折。光绪二十九年五月二十九日岑春煊奏:《为广东民情困苦,历奉指派赔款,数巨期迫,筹措惟艰事》。档案号:04-01-35-0425-066。中国第一历史档案馆藏,下标注"档案"者,均为该馆藏。

认"①。因为户部"明知各省库储均非充裕",而且"款巨期促",此次摊派,除地丁、盐课、关税外,已经明确指明在杂税中征收摊解。

咸丰初年(1851)到甲午战争前后的杂捐收入,因为多属"外销"之款,有关典籍缺少统计,关于杂税的征收数额,有不同的记载。

刘岳云的《光绪会计表》已经将"杂赋"(杂税)单列,其所列光绪十一年至二十年(1885—1894)岁入总额、杂税岁入及杂税在岁入中的比例如下表3所示:②

表3 　　　　　　刘岳云统计光绪十一年至二十年岁入与杂税

年　　代	年度岁入（两）	杂赋岁入（两）	杂税所占岁入比例%
光绪十一年	77086461	1644581	2.1
光绪十二年	81269799	1544475	1.9
光绪十三年	84217394	1604752	1.9
光绪十四年	87792818	1642406	1.9
光绪十五年	80761949	1545118	1.9
光绪十六年	86807559	1820362	2.1
光绪十七年	89684858	1810144	2.0
光绪十八年	84364438	1809377	2.2
光绪十九年	83110001	1732318	2.1
光绪二十年	81033544	1440793	1.8

---

① 《清朝续文献通考》卷七〇,《国用八》,第8273页。

② 《清朝续文献通考》卷六六,《国用四》,第8227—8228页。刘岳云《光绪会计表》卷1所记岁入总数略有出入（光绪十一年总数为77086466两,十四年为88391005两,十五年为80761953两,十六年为86807562两,十七年为89684854两,十八年为84364443两,十九年为83110008两,二十年为81033544两）,杂税无误。教育世界社光绪辛丑年(1901)刊本。

据此，甲午战争前十年杂税岁入浮动于 150 万两至 182 万余两之间，杂税所占岁入比例浮动于 1.8% 至 2.2% 之间。杂税岁入与清代前期相比，略有增加，这大致与咸丰年间至甲午战争之前有些新税捐已经开办的情势吻合。而实际数额或许超过此数，这是由于咸丰以来有些税捐属于外销款项而不奏报户部关联。所占比例的减少，主要是统计类目的不同所致。刘岳云的统计类目分别为地丁、杂赋、租息、粮折、耗羡、盐课、常税、厘金、洋税、节扣、续完、捐缴等 12 项，如果剔除后列厘金、洋税等五项，依然与传统岁入相比，那么，杂税所占传统岁入比例，则浮动于 3.2% 至 5.1% 之间（光绪十一年至二十年杂税所占比例，经计算，依次为 3.9、5.1、3.8、3.8、3.6、4.2、4.2、4.2、4.0、3.2），与清代前期相比，所占比例反而增高。

对照光绪十一年至二十年（1885—1894）户部的岁出入统计，可以知道，刘岳云的统计与户部的统计基本相同，或者说《光绪会计表》的数据来源于户部。而"户部所报告者，即合各省督抚报告而成，然多脱误。外人指其不合"。于是有时任上海英领事遮密孙（哲美森）的统计，按遮密孙对甲午战前光绪十八年至光绪二十年（1892—1894）三年的"匀计之数"，杂税岁入额为 555 万两，此杂税岁入以及其他岁入，"外人信为无误"[1]。陈锋已经根据遮密孙（哲美森）的原统计数据做过岁入总额与各项岁入所占的比例，如下表 4[2]：

表4　　　　　　遮密孙统计光绪十八年至二十年岁入结构　　　　比例:%

岁入总额（千两）	地丁	漕粮	盐课盐厘	常关	洋关	百货厘	土药	杂税
89029	28.2	7.4	15.3	1.1	24.7	14.6	2.5	6.2

此后，又有人针对遮密孙（哲美森）的统计，以《中国岁入总

① 《清朝续文献通考》卷六八，《国用六》，第 8247—8248 页。
② 陈锋：《清代财政政策与货币政策研究》，武汉大学出版社 2008 年版，第 398 页。

表》为名，列示了遮密孙（哲美森）的统计和光绪二十三年（1897）的数据，如下表4所示：①

科目	英领事（哲美森）调查数 （系中日战争前三年查核）	户部报销数 （光绪二十三年二月至二十四年二月）
地租纳银	25088000	10000000
地租纳谷	6562000	
盐税及盐厘	13659000	12200000
商品厘金税	12952000	13400000
海关税	12989000（21989000）	15500000
内地常关税	1000000	21400000
本国鸦片税及厘税	2229000	
杂税	5550000	
总计	88979000（89029000）	72500000

表5　　　　　　　　　光绪二十年前后岁入表　　　　　　单位：两

表5是一个非常重要的资料，可以说明两个问题：第一，遮密孙（哲美森）所统计的甲午战前杂税为550万两，是被该表的统计者所认可的。第二，甲午战后的杂税数额，虽然没有直接给出，但从所列杂税、内地常关税、本国鸦片税及厘税（即土药税）三项合计数为2140万两，如果简单的减去哲美森所列内地常关税、本国鸦片税的数额，剩余杂税为1817.1万两。当然不能这样计算，因为是时前两项税收，特别是鸦片税及厘税也有相应的增加。但据2140万两的数

---

① 佚名：《中国财政·中国岁入总表》，《政艺通报》1902年第12期，第21页。按：表中哲美森的统计数字，是该表所列的数字（括号中的数字为笔者所加）。但此表的分类数字与总计数字都有一些问题。分类数字的主要错误是"海关税"，该表为12989000两，为刊印错误，哲美森原统计为21989000两。所以导致分类数与总计数的不合。表中的总计数88979000两，是哲美森的原统计总数。但哲美森的统计表在收入《清朝续文献通考》时，已经"覆核"为89029000两。参见《清朝续文献通考》卷六八，《国用六》，第8247—8248页。

额揆之，杂税超过 1000 万两当无疑义。甲午战后杂税数额的增长，与光绪二十年（1894）七月十四日的上谕及各地随后采取的筹款措施有关。上谕称："户部奏，饷需紧要，请饬各省就地筹款等语。现在倭氛不靖，沿海筹防、募勇、练兵，以筹饷为最要。各该督抚均有理财之责，即着各就地方近日情形，通盘筹划何费可减，何利可兴，何项可先行提存，何款可暂时挪借？务须分筹的饷，凑支海上用兵之需。一面先行奏咨立案，毋得以空言搪塞。如其军事速平，仍准该省留用，总期宽筹的款，有济时艰，是为至要。"随后各省依次上奏筹款办法。两江总督刘坤一先是遵旨提出官员倡率输捐、劝谕绅富捐资、派令典商捐息三条办法，因属于老调重弹，遭到议驳①。随后，刘坤一在与"藩司及各局员悉心议筹"后，又上奏普办房捐、官绅捐输、开办防捐三策，得到朝廷的认可（朱批："户部知道"）②。浙江巡抚廖寿丰上奏称"因筹备海防，饷需短绌"，因而开办丝捐、茶捐、海防捐。由于浙江亦有海防任务，要求将这些杂捐"一半留用，一半报部候拨"。依旧得到朝廷的认可（朱批："户部知道"）③。从这里可以体会到，甲午战后的"杂税"，已经包括了地方筹集并上报户部的杂捐在内。

上列表 5 中光绪二十三年（1897）的数据，据称是"户部报销数"，当有所本，但笔者没有能够查到户部的奏销清册，查到了候选主事、举人孔昭莱的"呈"［或称"呈本"，没有一定级别按规定是不能直接上奏折的，但光绪二十四年（1898）六月十五日上谕有云："士民有上书言事者，赴督察院呈递，毋得拘牵忌讳，稍有阻隔。"］，孔昭莱在此呈中谈到"用人、理财、兵制三大政"，其"理财"称：

---

① 档案，朱批奏折。光绪二十年八月二十八日刘坤一奏：《为饷需紧要，酌拟就地筹款三条，仰祈圣鉴事》。档案号：04 - 01 - 35 - 0700 - 031。

② 档案，朱批奏折。光绪二十年十月十五日刘坤一奏：《为饷需紧要，谨拟就地筹捐，以资接济事》。档案号：04 - 01 - 35 - 0700 - 035。

③ 档案，朱批奏折。光绪二十一年十月二十一日廖寿丰奏：《为浙江省丝茶海防捐输仍请接续抽收以济饷需事》。档案号：04 - 01 - 35 - 0701 - 010。

我朝岁入之数，乾隆以前不过三千余万两，今则增至七千余万，而入不敷出恒至二三千万金。……计户部奏报之数，各省所解地丁之数，岁约一千数百万两，杂税约一千五百余万两，而留充经费之数不与焉①。

据此，甲午战后的杂税数额已经达到 1500 万两左右。这个数额包括了各地上报户部的杂捐在内，但不包括留充各地的税捐款额。

至于甲午战后其他有关"统计"数字，如巴卡统计"甲午至庚子前二年"的岁入各款，"杂税"为 216.5 万两，"芦课"为 21.5 万两，"田房税契当税"为 11 万两，"米煤诸税"为 11 万两。赫德统计的光绪二十五年（1899）的"杂税"为 160 万两，"杂项收入"为 100 万两，与实际当有较大的出入②。

三　庚子之变后的杂税杂捐征收总量

庚子事变之后，为筹还庚子赔款，光绪二十七年（1901），户部奏称："此次赔款，共本、利银九万八千二百二十三万八千一百五十两。中国财力万不能堪。然和议既成，惟有减出款、增入款凑偿。……拟先就赔款二千二百万之数，令各省、关将应解部库西征洋款，改为加放俸饷一款，抵京饷改为加放俸饷一款，京官津贴改为加复俸饷一款，自光绪二十四年（1898）起，加边防经费一款，向未有漕省分循案解部漕折一款，以上约共银三百余万两，全数提出，留作赔款外，尚有一千八百余万，即摊派各省，按省分大小、财力多寡为断。"拟派江苏 250 万，四川 220 万，广东 200 万，浙江、江西各

① 档案，军机处录副。光绪二十四年八月初四日孔昭莱呈：《为变法自强，乞及时破除积弊以收实效事》。档案号：03－9454－029。

② 《清朝续文献通考》卷六八，《国用六》，第 8248 页。中国近代史资料丛刊编委会：《中国海关与义和团运动》，中华书局 1983 年版，第 64—65 页。

140 万，湖北 120 万，安徽 100 万，山东、山西、河南各 90 万，福建、直隶各 80 万，湖南 70 万，陕西 60 万，新疆 40 万，甘肃、广西、云南各 30 万，贵州 20 万，共计 1880 万两。"自派定后，应按臣部单开办法速筹。倘各条与该省未能相宜，自可量为变通，另行筹措。惟必须凑足分派之数，如期汇解。迟延贻误，惟该督抚是问。"①此后，财政摊派开始经常化、定额化，各省和各海关每年所摊还的庚子赔款银额在 2500 万两左右，具体情况如下表 6 所示：②

表6　　　　　　　庚子以后各省关历年摊还庚子赔款统计表　　　　单位：两

年　　代	各省摊还数	各海关摊还数	合　计
光绪二十八年	21212500	3198367	24410867
光绪二十九年	21162500	3005368	24167868
光绪三十年	21137500	3641784	24779284
光绪三十一年	21212500	3756880	24969380
光绪三十二年	21212500	4172083	25384583
光绪三十三年	21212500	4109156	25321656
光绪三十四年	21212500	3849803	25062303
宣统元年	21212500	3811276	25023776
宣统二年	21212500	3935118	25147618
总　　计	190787500	33479835	224267335

在庚子赔款之前，已有其他债负，如果将此前的负债合而计之，庚子赔款之年的外债、赔款支出已在 4700 万两以上，表 7 即是光绪

① 《清朝续文献通考》卷七一，《国用九》，第 8276—8277 页。
② 汤象龙：《民国以前的赔款是如何偿付的》，见《中国近代财政经济史论文选》，西南财经大学出版社 1987 年版，第 95 页。参见陈锋《清代财政支出政策与支出结构的变动》，《江汉论坛》2000 年第 5 期。

二十八年（1902）的外债、赔款额数以及摊派税项来源比例：①

表7　　　　　　　　　　**光绪二十八年债款摊解表**

赋税厘捐种类	摊解额（两）	百分比　%
地丁税捐	27736657	58.12
关税与洋药税厘	11160250	23.38
盐课与盐厘	8827093	18.50
合　　计	47724000	100

　　另据据彭雨新先生研究，庚子以后，各省常年摊解总额达5160.81万两，各关常年摊解总额达1560.12万两，合计摊解额达6720.93万两，如表8所示：②

表8　　　　　　　**庚子以后各省关各期摊解款额表**　　　　　　单位：万两

各期摊解额	各省摊解总额	各关摊解总额	合计	占摊解总额比例%
甲午以前摊解额	1017.00	359.00	1376.00	20.5
甲午至庚子摊解额	1761.10	738.00	2499.10	37.2
庚子赔款摊解额	2382.71	463.12	2845.83	42.3
合　　计	5160.81	1560.12	6720.93	100.0

　　以上所列各表的"摊还""摊解"，与"摊派"是同义词，数额巨大，既意味着各省和各海关负担的加重，也意味着杂税杂捐加征的必然。

---

　　①　据徐义生《中国近代外债史统计资料》表九，《各省关按年摊解八项债款本息表》编制。中华书局1962年版。参见陈锋《清代财政支出政策与支出结构的变动》，《江汉论坛》2000年第5期。
　　②　彭雨新：《辛亥革命前夕清王朝财政的崩溃》，《辛亥革命论文集》，湖北人民出版社1981年版，第161页。

关于此一时期杂税征收的数额，据《申报》所载光绪二十八年（1902）左右各省岁入报部表，可以将各省杂税数额整理列表，同时，《支那经济全书》亦"依据光绪二十九年（1903）户部报告"，列出光绪二十八年（1902）各省"杂税征收数额"，兹将两种统计数据合为一表 9 示列如下（括号内为《支那经济全书》记载的不同数据）：①

表9   光绪二十八年各省杂税岁入报部表

省　别	实应征银
直隶	银 79610 余两
奉天	银 866800 余两，制钱 128688 串
山东	银 76958 两
河南	银 294550 两（294650 两）
山西	银 75732 两
陕西	银 44870 两
甘肃	银 77177 两
安徽	银 83717 两
江苏	银 148519 两
江西	银 74273 两（74173 两）
浙江	银 53978 两
福建	银 243850 两
湖北	银 14333 两（14233 两）
湖南	银 270404 两（265707 两）

---

① 《各省岁入报部表》，《申报》，光绪三十四年八月十四日至二十六日，均为第 26 版。东亚同文会编：《支那经济全书》第 1 辑，东京，东亚同文会明治四十年（1907）版，第 529—530 页。

续表

省　别	实应征银
广东	银 346610 两
广西	银 28433 两
四川	银 219587 两
贵州	银 21831 两
云南	银 48518 两
吉林	银 145600 余两，制钱 63000 串（126000 串）
黑龙江	银 25700 余两
新疆	银 24829 两
热河	银 9507 两
合计	银 3275386 两（3270589 两），制钱 191688 串（254688 串）

据上，杂税银额为 320 余万两，随后，光绪二十九年（1903）的户部报告杂税数依然为 320 余万两（银 3275186 两，钱 191688 串）①。这个数据当然不包括杂捐在内。即使是单纯的杂税，也不合情理。之所以如此，一方面，据《各省岁入报部表·凡例》称，有些数据由于各省没有报部数据，是以原来的数据添充，有些省份的杂税混杂在地丁税内，即所谓："各省奏报先后不齐，……云南久未奏销，估举（光绪）十八年单开入表。……各省地丁奏销多有杂税在内，其可以划分者皆提出入杂税类，俾不相杂，则惟云南地丁内有鱼课、鱼钞等项，仅据单开，总数未能划分。……土药税据报到者入表，其中四川、湖南、广东、福建各省近年征收之数均未报部。"②另一方面，有些杂税税种如契税，特别是晚清在加征税率及买契、典契同时征税后的税款，没有统计在上列杂税内。如《支那经济全书》

———————

① 《中国财政调查书》，见吴兴让主编《北洋法政学报》1910 年第 137 期，第 124 页。《支那经济全书》第 1 辑，第 537—538 页。

② 《各省岁入报部表·凡例》。《申报》，光绪三十四年八月十三日至十四日，第 25 至 26 版。

另外列示的"契税"一目，河南省的契税为 202577 两，湖南为 260000 两，四川为 186421 两①，均接近上表各该省的杂税总额。另据湖南巡抚赵尔巽在光绪三十年（1904）的奏报："湘省契税一项，从前各州县征解甚少。自二十七年，改归厘金局办理以后，无论买契、典契，一律三分收税，以一分留作州县办公，二分批解省局，凑解新案偿款。截至二十九年十二月二十五日止，共收银四十二万九千余两，均已扫数凑解偿款。"②仅此光绪二十九年（1903）湖南凑解庚子赔款的"二分批解省局"的数额，已经达到 42 万余两（另外还有"一分留作州县办公"的数额），已经远远超过上表所列湖南的杂税总额。四川的契税，据光绪二十六年（1900）四川总督奎俊的奏报，光绪二十二年（1896）已经达到 18 万 6000 余两③，光绪二十七年（1901）更突破 48 万两④，同样远超上表所列四川的杂税总额。另外，光绪三十年黑龙江开始征收契税，据光绪三十三年（1907）东三省总督徐世昌奏报，"各属先后具报，计绥化府、呼兰府、黑水厅、巴彦州、木兰县五属，自光绪三十年（1904）十月陆续起，截至三十二年（1906）十二月底止，所有五属各户买卖田房共原价市平银六百零四万六千一百七十六两九钱七分七厘六毫，按照定章征收正税三分，副税三分，共银三十六万二千七百七十两六钱一分八厘六毫五丝六忽"⑤。契税亦达到 36 万余两。

从各省因赔款摊派开办的税收名目上来看，主要是杂捐，因而这一时期杂捐的开征与加征表现得非常突出。吴兴让是最早较全面关注庚子赔款与杂税杂捐征收关系的学者，据其所列示的"庚子赔款各省

① 《支那经济全书》第 1 辑，第 525—526 页。
② 钞档：《清代题本》163，《杂课（5）·田房契税、牲畜税》。光绪三十年二月二十四日赵尔巽奏折。中国社会科学院经济研究所藏。
③ 档案，朱批奏折。光绪二十六年正月十二日奎俊奏：《为部议筹款六条，谨将川省情形分别办理事》。档案号：04－01－35－1052－002。
④ 《四川全省财政说明书·契税说明书》。陈锋主编《晚清财政说明书》第 4 册，第 799 页。
⑤ 档案，朱批奏折。光绪三十三年十月初二日徐世昌奏：《为江省试办田房税契事》。档案号：04－01－35－0585－045。

负担表及税收指项和办法",涉及杂税杂捐者,直隶摊派的赔款主要是土药加捐、酒捐、丁地提银、丁地提银(亩捐),山东主要是酒税、煤税、房捐、铺捐、当捐,河南主要是契税、加征税契(买契附加税、当契附加税)、酒捐,江苏主要是契税、当税、房捐、盐场捐(盐捐),浙江主要是粮捐、房捐、酒捐、膏捐,安徽主要是膏捐、房捐、铺捐、当捐、酒捐、肉捐,江西主要是粮捐、膏捐,湖北主要是抽烟酒糖税、房捐、铺捐、酒捐、膏捐、彩票捐,福建主要是随粮捐、铺屋捐、贾捐、土药捐(膏捐)、水仙花捐、猪捐、煤捐等等①。

慕庄所撰《庚子赔款与我国苛捐杂税》,列有庚子赔款与各省新增杂税(杂捐)表(包括地丁、厘金、盐斤加价等),也可以展示庚子赔款所增加的税捐税目及部分款额,概如表10所示:②

表10   慕庄统计各省因庚子赔款而增税捐表

省别	税 目	税 率	第年收入概数	备 考
江苏	苏省地丁	每两二千二百文,提二百文	300000 两	
	宁省地丁	丁银每两增征一百文	70000 两	
	宁省米粮	米每石加提二百文	未详	
	盐厘	每引加征盐课三钱盐厘钱	300000 两	
	盐斤加价	鄂岸湘岸每引加价二文	700000 两	
	盐场捐	坞商每引捐银一钱五分,宁岸每引二钱,淮北票贩每引一钱二厘,池商每引二分	未详	
	房捐	照房租抽百分之十五	100000 两	
	契税	每价银一两抽六十文	未详	
	土药捐	未详	未详	
	当捐	未详	未详	

---

① 吴兴让编译:《中国财政调查书》,详见《北洋政学旬刊》1911 年第 36 期,第 315—320 页;第 37 期,321—328 页;第 38 期,329—332 页。

② 慕庄:《庚子赔款与我国苛捐杂税》,《人民评论》1933 年第 1 卷第 7 期。

续表

省别	税　目	税　　　　率	第年收入概数	备　考
四川	按亩输捐	未详	未详	
	新加田房	每斤三文	未详	
	盐斤加价	未详	未详	
	税契	未详	未详	
	茶糖烟酒捐	未详	未详	
	加厘	未详	未详	
	肉厘	未详	未详	
广东	随粮捐输	银一两带征三钱，米一石三升	未详	
	沙田捐	未详	未详	
	房捐	未详	未详	
	土药捐	照旧例加征十分之三	未详	
	酒捐	月征银二两	未详	
	烟茶糖加厘	未详	未详	
	湖商免厘报效	未详	未详	
	停给世职卫俸	未详	未详	
	二成裁兵截旷	未详	未详	
	盐斤加价	粤省鱼销之盐，每斤加价二文	未详	
	羡盐	未详	70000 两	
浙江	随粮捐输	每银一两，加征二百文	未详	
	盐斤加价	每斤加四文	未详	
	盐行加课	每行加银四钱	未详	
	房捐	照租金加十分之一，主客分担	未详	
	膏捐	每两征钱二十文	未详	
	火油加捐	未详	未详	
	酒捐	每十五缸纳税十元	未详	

省别	税目	税率	第年收入概数	备考
江西	随粮捐输	地丁每两加二百文，米每石三百文	200000 两	
	盐斤加价	每斤二文	未详	
	土药税厘	未详	未详	
	膏捐	未详	未详	
	整顿厘金	未详	未详	
湖北	规复丁漕	丁每两百文，米每石百四十文	未详	
	加按平余	每钱庄丁一两加解七钱，漕一石加解一钱	未详	
	税契加捐	于定章外征三分	未详	内一分为经费，其余以半额拨补盐厘，半额专供赔款之用
	盐斤加价	每斤四文	未详	
	房捐	每年抽征一月租金	未详	租金每月不满银二两钱三千者免征
	彩票	每月大县三千元，中二千元，小一千元	未详	后因国难，多加入粮券，其额略与正供相等
	膏捐	每两征牌照税一百文	未详	
	酒捐	旧例加斤八文，加倍征收	未详	
	铺捐	分三等，四千通减至二百文	未详	
	烟酒糖税	于二厘入租项下加倍征收	未详	

续表

省别	税 目	税 率	第年收入概数	备 考
安徽	丁漕	每两每石照旧增一百文外，更各加征二百文	未详	
	盐斤加价	每斤四文	120000 两	
	膏捐	每盏灯日捐十文	46000 两	
	房捐	每年征收一月租价	85000 两	
	铺捐	分六等，最上月捐四千，最小五百文	85000 两	内有票号者，每月十六两，钱铺分三等，大者月十二两，中八两，小四两
	当捐	原征四厘，利率大者加征二厘	103000 两	后经奏参，利息二分者，改提二厘，二分五厘者，提三厘
	酒捐	分三等，上者年三十两，中二十两，下十两	20000 两	
	肉捐	生猪一头征钱二百文	35000 两	
	牙行捐	未详	40000 两	
山东	地丁	每银一两即征京钱四千八百文	500000 两	
	土厘	未详	300000 两	
	盐课	未详		
	煤税	未详	未详	
	房捐	未详	100000 两	
	铺捐	未详		
	当捐	未详		
	酒捐	未详	未详	
	烟灯捐	未详	未详	

续表

省别	税 目	税 率	第年收入概数	备 考
山西	税契加捐	未详	未详	
	盐捐	未详	未详	本省运销陕豫者，每斤加四文，其收入与运销之省平分
	契税加捐	未详	未详	
	驿站	未详	未详	截留十分之三
	炭捐	未详	未详	
河南	规复清簿	每丁一律照旧征三百文	80000 两	前按奏减十二万八千两，前规复惟汝光地方减额三百文以上，至五百文者一律规复三百文，原案减少至三百文以下者，照旧规复
	盐斤加价	每斤四文	240000 两	
	加税契及土货	税契照买价每两加征三分	240000 两	
	厘金	未详	未详	
	停解协饷武右军	未详	90000 两	
	酒捐	仿山东办法	未详	
	裁河工费	未详	100000 两	
	煤厘	未详	未详	
直隶	盐斤加价	每斤四文	440000 两	
	土药加捐	照旧率加十分之三	未详	
	茶糖加厘	未详	未详	
	酒捐	每斤抽十六文分，四季交纳	未详	

续表

省别	税目	税率	第年收入概数	备考
福建	随粮捐输	丁每两加征四十文，米每斗四十一文	未详	
	州租捐	分三等，上等年纳四角，中二角，下一角	未详	
	盐厘	未详	未详	
	厘金	未详	未详	
	药厘	由闽税务司按月缴银二万两	未详	
	铺屋捐	按租价十分之一	未详	租价不满千文者免税
	坐卖捐	按所得抽百分之三	未详	
	木捐	未详	未详	
	水仙花捐	未详	未详	
	猪捐	未详	200000 两	
	师节捐	未详	未详	
	土药捐	未详	未详	
湖南	厘顿税契	无论卖契皆纳三分	未详	
	盐斤加价	湘岸淮盐每斤加征四文，口捐四文	未详	更衡永宝三府设官运，司收运粤
	盐土药加捐	未详	未详	
陕西	加复徭役	正银一两加征四钱	400000 两	
新疆	扣拨各省协饷	未详	220000 两	设节省岁支军饷法
	捐拨封储银	未详	18000 两	
甘肃	盐斤加价	未详	未详	
	烟叶牲畜捐	未详	未详	
	百货厘捐	减十分之三核发	51000 两	

省别	税 目	税 率	第年收入概数	备 考
广西	信隆赌捐	未详	200000 两	
	官捐	未详	32000 两	
	浮税改章	未详	未详	
	粮油酒贴	每张每年纳银二十元	未详	
	厘顿税契	照买卖价,每两征银四分五厘	未详	限四个月内,旧契一律补税
	增厘改税	未详	未详	
云南	土药加税	每担加厘四两八钱	未详	
	扣留土药厘	未详	未详	
	津贴金票息	于每担十三两二钱中划留十分之七	未详	
贵州	盐斤加价	本省运销川粤之盐,每斤加二文	未详	
	土药加税	未详	50000 两	
	练军裁旷银	未详	未详	

附注：各省每年概收数，不能详列确数者，因当时督接报告，未曾具列，今则时过境迁，亦无从调查也。

从现在的研究角度观之，上表的税目、分类与解释多有错误之处，而且加征办法和款额大多不详。由于是较早研究庚子赔款与杂税杂捐加征，而且列表进行分析者，所以转引，以供参考。

王树槐所著《庚子赔款》一书，是对庚子赔款研究的集大成者，由于数据的欠缺，也难以将赔款的各项来源分别厘清，他对各省筹还赔款的各项有一个"各类估计收入总数"，兹示列如下①：

---

① 王树槐：《庚子赔款》，台北"中研院"近代史研究所专刊（31），1974 年版，第 163—164 页。

表 11　　　　　　　　　王树槐对摊还庚子赔款各类收入的估计

项目	银额（两）	百分比
盐捐	5542000	27.41
货物税	4469000	22.10
田赋附捐	4150000	20.53
搏节	2785000	13.78
营业税	1758000	8.70
契税	1162000	5.75
其他税捐	350000	1.73
合计	20216000	100.00

从表 11 看，收入最多者为"盐捐"，但王树槐所说的盐捐，除"口捐"外，所谓的盐商报效和盐斤加价不属于杂捐的范畴①。所说的"货物税"，包括土药加成及膏捐、烟酒税捐、米捐、杂粮捐、丝绸捐、茶糖税捐、百货厘金、肉厘等，除百货厘金、肉厘等外，主要是新开征和加征的杂税杂捐。所说的"田赋附捐"，主要是亩捐、粮捐之类，均属于杂捐的范畴。而且详细列示了加征数额，福建每地丁银一两加征制钱 400 文，山东加征 360 文，安徽、浙江加征 300 文，江西加征 200 文，江苏、湖北加征 100 文等②。即使除去盐捐，也可以认为筹措赔款的方式，以杂捐为主。

需要注意的是，清季地方政府所承受的财政压力是双重的，一是对于庚子赔款进行的摊派，二是开办新政所需的筹款。吴兴让曾言："各省督抚一方面筹办革新之费，固不鲜，又一方面须负荷此莫大之责任，故其筹款之法，恒与民情相龃龉，而督抚之所最痛心，即莫如

---

① 关于盐商报效和盐斤加价的讨论，参见陈锋《清代盐政与盐税》，武汉大学出版社 2013 年第 2 版，第 192—198、284—305 页。

② 王树槐：《庚子赔款》，第 167 页。按：这种"田赋附捐"在实际征收中，与原来的田赋正额银相比，加征严重，据"晚清各省田赋附加比例表"及"晚清四川田赋附加比例表"所列举的事例来看，加征率为 50% 至 1330%。参见陈锋《清代财政政策与货币政策研究》，武汉大学出版社 2008 年版，第 385 页。

此事。"① 而从杂税杂捐的征收数额或财政统计而言，因筹措赔款所征收的杂税杂捐需要报解中央，大多还是有数可稽的，举办新政开征或加征的名目繁多的杂捐，由地方自行加征、自行运用，属于"外销"款项，其数额不但无数可稽，也是一笔糊涂账，即如《甘肃清理财政说明书·总序》所言："自军兴后，库帑不敷，各省自筹自用，因有外销名目，是为财政紊乱之始。此后课税、厘捐日益增加，新筹之款数倍于前，不复入拨造报。间或奏咨立案，而不实、不尽，莫可究诘。"②

光绪二十五年（1899），上谕已经要求清理外销款项："各省近年以来添设局所至为繁多，又有所谓外销之款，虽部臣亦不能过问。……各督抚着各就地方情形，切实考核，责成司道、监督及局员等，将现在收数无论为公为私，凡取诸商民者，一并和盘托出，彻底查清。"③ 但外销款项一直漫无头绪，只有到光绪末年清理财政之时，各项税收数据才渐次浮出水面。

四 光宣之际杂税杂捐的征收总量统计与估算

光绪三十四年（1908），据各省的报告，财政岁入由原来的 1 亿两突增至 2 亿余两，即是清理财政的结果，宣统二年（1910）度支部办理财政预算，税收岁入接近 2 亿 7000 万两，财政岁入为 3 亿两左右。在这个预算案中，"正杂各税"也达到 2600 余万两，占税收岁入的 9.7%，如表 12 所示④：

---

① 吴兴让编译：《中国财政调查书》，《北洋政学旬刊》1911 年第 36 期，第 314 页。

② 陈锋主编：《晚清财政说明书》第 4 册，湖北人民出版社 2005 年版，第 378 页。

③ 档案，朱批奏折。光绪二十五年九月初四日直隶总督裕禄奏：《为遵旨筹提关税厘金并裁节外销等款以备要需事》。档案号：04-01-01-1035-082。

④ 参见陈锋《清代财政政策与货币政策研究》，武汉大学出版社 2008 年版，第 400—402 页。按：表中所列为税收岁入。另外，还有捐输岁入 5652 千余两，公债岁入 3560 千两。加上捐输、公债和临时岁入，总计预算岁入为 296962719 两。后来又经资政院复核，预算岁入之数有所增加，达到 301910294 两，以便与岁出持平。陈锋的统计主要是根据《清史稿》卷 125《食货六》，参见《清朝续文献通考》卷六八，《国用六》，第 8245 页。

表 12   宣统年间预算岁入统计

税　　目	岁入额（千两）	占总额百分比	备　　注
田　　赋	46165	17.1	临时岁入 1937 千两
盐茶课税	46312	17.2	
洋关税	35140	13.0	
常关税	6991	2.6	临时岁入 8 千两
正杂各税	26164	9.7	
厘　捐	43188	16.0	
官业收入	46601	17.3	
杂收入	19194	7.1	临时岁入 16051 千两
合　计	269755	100	

实际上，晚清的各项岁入，由于不同的记载以及不同的统计，数目各不相同，再根据王业键的研究，列出光绪二十八年至宣统三年（1902—1911 年）不同岁入统计方法得出的岁入数额，作为参考：①

表 13   1902—1911 年中国赋税收入的上报与估计   单位：千两

上报与估计	田赋	盐税	厘金	海关税	内地关税	杂税	总计
1902 年上报数	35360	13000	18200	31500	3900	3500	105460
1911 年预算	49670	47622	44177	42139	—	26164	209772
莫尔斯估计 1904—1905 年	127763	81000	42537	35111	3699	10839	300949
威廉姆斯估计 1910—1911 年	69000	57000	43000	36000	6100	38000	249100
王业键估计 1908 年	102400	45000	40000	32900	6700	65000	292000

---

①　王业键：《清代田赋刍论》，高风等译，高王凌、黄莹珏审校，人民出版社 2008 年版，第 96—97 页。按：该书最初由哈佛大学出版社 1973 年出版。业师陈锋教授告知，他在台北和何汉威先生一起，见过王业键先生，并有交流，王先生的语言能力很强，引文中语言的不顺，当是翻译所致。

上表 13 可以看出，1911 年的预算（宣统二年预算宣统三年），王业键的数据有出入（其中海关税 42139 千两，是洋关税、常关税及临时岁入的叠加），对照表 12 即可以明了。但王先生的分析颇有见地："1903 年的数字太低，这是因为各省所征的税中有很大一部分是归入外销款类的，没有上报中央政府。1911 年的预算是在全国财政调查之后立即制定的。无疑的，以此来衡量全国税收，其准确性要比 1903 年的报告要好一些。但应指出，1911 年的预算是由新成立的度支部匆匆制定出来的，无暇对调查中得到的资料核实和整理（在预算完成之前，有些资料甚至没有送到京城）。虽然，中央及各省特殊机构控制之下的那些税收基本上都上报度支部，但度支部不可避免地大大低估那些作为地方政府唯一财政来源所征收的税收。"至于莫尔斯、威廉姆斯的估计数，王业键认为"莫尔斯的估计不过是推测的结果……威廉姆斯的估计是一个拼凑的结果"，不足征信。王先生估计清末的杂税达到 6500 万两，值得注意。

通过上述，要言之，晚清杂税杂捐的增长脉络是十分清晰的，由咸丰年间的不足二百万两增加至数千万两，由无关轻重成长为主要的税收来源之一。其具体岁入额可以做如下归纳：咸丰年间至甲午战前，杂税岁入在 200 万两以内，典籍中的有关统计数据没有包括咸丰以来已经开征的杂捐在内。哲美森统计（估计）的"杂税"岁入 555 万两应该包括了杂捐在内，较为接近实情。甲午战后至庚子事变以前，"杂税"岁入已经达到 1500 万两，也包括了杂捐在内，但由于当时财政的外销已渐次凸显，一部分留充地方经费的杂捐仍然不在统计数字之内。庚子赔款的摊派以及随后各省陆续举办新政，杂税特别是杂捐大量加征与开征，杂税杂捐数额相应有较大幅度的增长，但由于这些加征与开征的税捐大多归地方所用而没有向户部（度支部）造报，外销成为普遍的问题，其数额难以知晓。光绪后期由下而上的清理财政之后，有关财政收入数额逐步清晰，宣统年间的预算额大致可以认为是较为贴近实情的数据。但有两个方面的问题值得注意，一方面，预算"正杂各税"2600 余万两，不是单纯的杂税数额，包括了

杂捐在内，但又不是杂捐的全部。预算案中的"厘捐"4300 余万两，
"厘捐"二字，是需要琢磨的，其不是单纯的"厘金"，应该包括部
分"杂捐"在内。"盐茶课税"等类项中也应该包括了部分杂税杂捐
在内。另一方面，已如王业键所言，当时的清理财政以及各省向度支
部的奏报十分仓促，其数额有商酌的余地。这一问题，时人已经有所
认识，最极端的说法是"本年（宣统二年 1910）所交预算各案所列
表册，业已煞费经营，而核其内容，大半意（臆）造，并非真相"①。
所谓"大半意（臆）造"，当属言过其实。据当时各省清理财政局的
上奏表册、各省财政说明的编撰、造报，以及财政预算来看，各省的
清理财政局在时间急迫的情势下，还是做了大量的调查和稽核②。宣
统年间的预算所提供的杂税数额可以看成是一个基本的数据，只能在
这个基础上加以统计、分析和估算。

受资料的限制，目前还不能全部就各个省的具体情况加以统计，
但税捐数额超过预算所说之额是毫无疑问的。特别是宣统年间的预
算，"田赋"收入为4600 余万两，如以上有关统计，清代的田赋收入
都没有超过 3000 万两，乾隆十八年、三十一年（1753、1766），均
为 2900 余万两，这基本上是一个额定的数字③，光绪二十五年
（1899）为 2500 余万两，是由于田赋的欠征导致。预算中的田赋
4600 余万两，应该是包括了"粮捐"在内，也就是说，4600 万两，
最少有1600 万两应该统计在杂捐之内。如是，"正杂各税"2600 余
万两加上1600 万两，为4200 万两。笔者认为，4200 余万两，是一个
正杂各税最低的数据。另外，还可以举出个别省份的数据，如《奉天

---

① 档案，军机处录副。宣统二年龙建章奏折附片。档案号：03 - 7449 - 143。按：龙
建章的具体职衔不详，具体上奏时间亦不详。但奏折中有"本年十月初三日钦奉上
谕，……至宪法一端，最为要者，臣随会察各国宪政时，亦尝精心考究"之句，时在宣统
二年十月之后。又，宣统二年十二月初五日，邮传部候补参议龙建章上奏折《为厘定官制，
敬陈管见事》。从两份奏折的内容来看，龙建章的奏折附片当是宣统二年十二月初五日所上
奏折的附片。见档案，军机处录副。档案号：03 - 7448 - 045

② 参见陈锋《晚清财政预算的酝酿与实施》，《江汉论坛》2009 年第 1 期；《晚清财
政说明书的编纂与史料价值》，《人文论丛》2013 年卷。

③ 参见陈锋《清代财政收入政策与收入结构的变动》，《人文论丛》2001 年卷。

财政沿革利弊说明书·正杂各税说明·总论》称，奉天的杂税在光宣之际"按年收数四百二十二万余两，与田赋、盐厘同为国家收入之巨宗"。《奉天财政沿革利弊说明书·正杂各捐说明·总论》称，杂捐征收最多的"为车捐、亩捐两种，每年所收，共计二百七十余万两，较之盐、粮、统税三项收数，足以相埒，诚为地方财政收入之一巨宗"。其他杂捐"错杂纷纭，更仆难数"①。奉天一省的杂税达到420余万两，杂捐仅车捐、亩捐两种就达到270余万两，其他杂捐还没有统计在内。也就是说奉天的杂税杂捐至少在700万两左右。又如广东，光宣之际粮捐、房捐、屠捐、膏捐、酒捐、赌捐、妓捐"七大捐"的征收情况。可以分列如下表14②：

表14　　　　　　　　广东光宣之际各州县粮捐收数额

州　县	实收数（两）		州　县	实收数（两）	
	光绪三十四年	宣统元年		光绪三十四年	宣统元年
南海县	15571.159	13381.440	翁源县	3099.872	3019.372
番禺县	11233.800	10865.234	英德县	6268.129	5478.116
顺德县	11670.430	10858.050	始兴县	2392.330	2394.824
从化县	2139.101	1530.852	阳山县	1445.974	1444.193
新会县	9142.832	7122.110	归善县	4520.898	5535.997
三水县	4175.224	6058.898	博罗县	7171.303	6179.864
新宁县	2424.849	2481.052	海丰县	1528.030	1637.923
增城县	8041.484	7421.908	陆丰县	1200.856	1168.721
新安县	2053.099	1965.725	永安县	1525.447	1522.944

---

① 陈锋主编：《晚清财政说明书》第1册，第99、129页。

② 《广东财政说明书》卷二，《田赋上》，陈锋主编：《晚清财政说明书》第7册，第74—76页。个别数据有校正。《广东财政说明书》卷七，《正杂各捐》，陈锋主编：《晚清财政说明书》第7册，第228—250页。

续表

州 县	实收数（两）		州 县	实收数（两）	
	光绪三十四年	宣统元年		光绪三十四年	宣统元年
清远县	4632.284	4806.940	龙川县	2210.224	2204
花 县	2732.834	2715.791	河源县	2460.588	5221.338
东安县	3039.711	3403.285	海阳县	6517.154	6599.522
西宁县	2601.386	2763.484	潮阳县	6526.669	6579.067
高要县	7389.462	8982.184	饶平县	5283.583	5184.863
四会县	2816.118	3302.081	惠来县	2848.457	2891.214
鹤山县	2816.738	2842.464	澄海县	2741.701	2781.280
新兴县	4298.003	4470	普宁县	3207.463	3526.988
高明县	2799.529	3039.539	长乐县	2265.585	2274.744
广宁县	2200.677	2142.807	兴宁县	2190.807	2861.460
开平县	2432.444	2732.152	茂名县	5652.369	5567.792
封川县	1337.655	1290.673	电白县	4420.214	4514.236
开建县	925.608	944.478	化 州	3724.860	3752.320
曲江县	5457.650	5433.230	石城县	2850.708	2951.886
乐昌县	2914.029	2569.017	吴川县	2282.055	2292.588
仁化县	1624.283	1722.365	信宜县	3108.700	3559.134
徐闻县	1680.975	1709.211	遂溪县	2101.319	2035.782
海康县	3126.811	3126.820	阳春县	3096.147	2970.813
恩平县	2143.393	2180.662	合浦县	2946.321	2824.030
灵山县	2509.221	2556.557	佛冈同知	904.603	919.006
赤溪同知	205.655	208.449	嘉应州	3125.113	2956.411
阳江州	3713.105	3815.186	南雄州	6820.035	6987.848
连 州	3231.067	3411.332	罗定州	3517.532	3473.093

各州县合计：光绪三十四年243032.662两，宣统元年244616.345两

表15 广东光宣之际房捐等款目及征收数额

署局及州县	款 目	实收数（两）	
		光绪三十四年	宣统元年
藩 库	巡警道移解房捐	95784.613	136038.134
警务公所	房铺警费	135066.874	153964.866
省河水巡警局	陆段铺屋警费	707.767	481.347
满洲八旗巡警局	房捐警费	17189.320	18781.882
汉军八旗巡警局	房捐警费	26566.656	29585.572
罗定直隶州	房 捐	760.564	无
连州直隶州	房 捐	574.773	595.831
南雄直隶州	房 捐	659.792	928.092
嘉应直隶州	房 捐	1201.198	1117.202
阳江直隶州	房 捐	8033.610	2542.614
崖州直隶州	房 捐	420	224
东莞县	房 捐	1615	1436
顺德县	房 捐	5910.787	4416.853
香山县	房 捐	3960	4323.513
新会县	房 捐	3727.810	4084.136
增城县	房 捐	576.326	563.480
三水县	房 捐	1757.992	1192.645
清远县	房 捐	1090.209	1076.307
	街铺捐警费	1280	146.050
龙门县	房 捐	88.502	88.502
新安县	房 捐	1284.924	1284.924
	街铺捐警费	2264.124	611.021
	房捐盈余警费	83.153	无
	房捐二成警费	19.500	无

续表

署局及州县	款　目	实收数（两）	
		光绪三十四年	宣统元年
新宁县	房　捐	1744.612	1258.603
花　县	房　捐	309.546	317.097
高要县	房　捐	1092.797	705.575
四会县	房　捐	893.309	952.854
	铺户捐差役勇粮经费	496.363	537.738
	新户照费	无	478.800
鹤山县	房　捐	562.150	409.221
新兴县	房　捐	702.288	680
	街铺捐学费警费	540	702
高明县	房　捐	430.582	173.274
	房捐盈余	29.480	无
	铺　捐	688.806	745.622
广宁县	房　捐	300.024	484.911
	新立户口照费	78.400	222.840
开平县	房　捐	621.669	564.356
	铺捐警费	无	128.176
封川县	铺捐警费	无	441.333
德庆州	房　捐	142.480	161.748
	房铺商捐警费	1114	864
东安县	房　捐	672.386	548.397
西宁县	房　捐	576	576
	街铺捐警费	1602.720	1868.052
归善县	房　捐	936	1720.400
博罗县	铺　捐	633.375	575.795
	铺户捐警费	无	163.636

署局及州县	款 目	实收数（两）	
		光绪三十四年	宣统元年
海丰县	房 捐	1234.107	962.061
陆丰县	房 捐	849.436	797.107
	墟铺捐警费	1933.400	无
龙川县	铺地租	617.900	587.710
	房 捐	617.899	359.218
海阳县	铺捐警费	3111.458	无
	房 捐	3848.174	3054.680
丰顺县	铺捐警费	无	97.060
潮阳县	房 捐	5697.350	5348.020
	铺捐警费	4864.650	无
揭阳县	房 捐	7000	6542.538
	铺捐警费	无	1979.070
	房 捐	302	无
饶平县	铺商报效警费	259.220	301.674
澄海县	房 捐	5501.617	5711.148
普宁县	铺捐警费	523.160	597.541
	房 捐	840	840
长乐县	铺捐警费	144	180
	房 捐	811.440	926.640
兴宁县	房 捐	997.112	982.944
	铺捐警费学费	无	1742.934
镇平县	房 捐	119.553	119.553
始兴县	房 捐	342	341
曲江县	房 捐	788.120	821.307
乐昌县	房 捐	478.279	372.576

署局及州县	款 目	实收数（两）	
		光绪三十四年	宣统元年
仁化县	房 捐	128.550	132.080
乳源县	铺捐警费	172.800	187.200
翁源县	铺捐警费	85.200	无
英德县	房 捐	587.301	713.543
	铺捐警费	1124.861	1124.861
阳山县	房 捐	185.358	163.528
	铺捐警费	无	399.120
茂名县	房 捐	1260.573	1178.020
电白县	铺 捐	474.440	72
	房 捐	178.594	178.594
信宜县	房 捐	555.952	373.201
吴川县	房 捐	579.979	500.072
化 州	房 捐	1728	1278.457
石城县	房 捐	670.150	670.150
海康县	房 捐	733.090	733.090
徐闻县	铺捐警费	623	429.566
阳春县	房 捐	560.787	590.470
恩平县	房 捐	202.084	203.163
琼山县	房 捐	1118.597	1211.253
	铺 捐	1961.068	1759.676
定安县	铺户捐	124.134	124.134
	铺捐警费	82.759	82.759
文昌县	房 捐	165.674	120.489
会同县	铺 捐	571	558
合 计		379545.307	424211.606

表 16 广东光宣之际屠捐及猪牛各捐款目及征收数额

局所及州县	款 目	收 数（两）	
		光绪三十四年	宣统元年
善后局	屠 捐	182704.729	271793.804
	各属屠捐商人按饷	无	59784.618
警务公所	牛屠警费	870	11310
高州府	屠捐报效	4356.720	5063.787
	皮捐报效	5398.252	7171.192
琼州府	屠捐报效学费	1400	1142.047
连 州	屠捐认缴习艺公所经费	140	589.458
钦 州	屠捐报效学费	700	596.250
	牛只捐习艺所经费	无	1300
番禺县	屠捐学费	315.640	无
新会县	屠捐习艺所经费	86.400	93.600
新安县	猪牛捐警费	186.192	无
	牛捐警费	259.200	85.680
三水县	屠捐学费	350	无
花 县	屠牛捐警费	无	108
新宁县	屠捐公费	无	155.520
新安县	猪墟中钱警费	无	765.650
四会县	猪牛捐学费	379.920	223.200
	屠捐报效学费	167.976	121.760
新兴县	猪牛捐学费警费	1726.520	719.476
	屠捐报效学费	226.400	327.400
	水草牛单警费	358.258	无
	屠牛捐学费	无	43.200
鹤山县	牛栏捐学费	777.600	无
	屠商缴送戒烟局用	252	无
	屠捐戒烟局经费	68.280	无
开平县	牛捐警费	216	无

续表

局所及州县	款　目	收　数（两）	
		光绪三十四年	宣统元年
开建县	牛市税学费	无	8.496
四会县	屠户捐勇粮经费	无	175.500
东安县	屠捐报效学费	无	85.384
西宁县	生牛捐学费警费	759.358	无
	猪捐屠捐学费	144.150	121.712
	牛捐警费	无	715.226
长宁县	屠捐报效学费	158.400	212.727
连平州	屠捐报效学费	350	29.166
	屠捐报效经费	350	134.113
和平县	屠捐报效学费	2.376	53.844
	牛捐警费	77.760	84.240
陆丰县	屠捐报效警费	84	无
海阳县	牛屠捐警费	1122.940	无
揭阳县	猪牙墟捐警费	无	224
镇平县	屠牛捐学警习艺所用	1250 元	328.194
	生牛捐学费及习艺所用	300 元	144.168
	牛皮捐警费	200 元	22.306
	屠捐警费	无	12.832
乐昌县	屠商报效警费学费	无	288
	屠捐巡警习艺所经费	无	86.400
龙川县	屠捐学费	无	7.074
饶平县	猪捐警费	60.480	66.513
普宁县	牛捐警费	351.565	351.565
长乐县	猪桌捐学费	无	21.242
	牛捐警费	无	432
兴宁县	猪桌捐学费	无	535.497
	屠桌捐学费	无	52.811
电白县	牛皮捐	275.774	无

446

续表

局所及州县	款 目	收 数（两）	
		光绪三十四年	宣统元年
琼山县	猪 厘	1085.008	1366.590
	牛皮捐警费学费	681.818	10340.910
	牛皮捐按饷	1575.648	无
澄迈县	牛皮捐	1374.345	2618.180
	牛皮捐公费	无	302.400
	猪 捐	299.544	324.505
	牛 捐	362.519	392.727
定安县	屠牛捐	14.897	14.897
	猪捐学费	41.380	41.380
	生猪捐	19.862	19.862
	牛课捐	10.886	9.794
	牛皮捐	2900 元	1565.956
会同县	苗猪油捐学费	316.887	316
临高县	牛皮捐	2162.767	322.950
	猪牛捐	550.003	851.498
	牛单书识办公	107.640	268.708
	猪牛捐办公津贴	143.161	无
	牛皮捐办公费	301.392	118.948
	屠捐解费	4.828	无
昌化县	牛皮捐警费	无	90
琼山县	牛皮捐报效学费警费	无	1400
	屠捐报效	无	576
新宁县	屠牛捐警费	无	1047.272
徐闻县	牛捐警费	236	383.821
龙门县	屠捐报效	518.400	518.400
博罗县	牛捐学费	无	49.091
兴宁县	牛岗捐学费	无	76.248
长乐县	猪捐警费	504	662.400
合计（有少量的银元，不再折算，按两计入）		219637.875	389266.189

表 17　　　　　　　　广东光宣之际膏捐等款目及征收数额

局及州县	款　目	收　数（两）	
		光绪三十四年	宣统元年
善后局	烟膏牌费	173000.053	174995.611
	各属商人按饷	无	6475.050
罗定州	膏牌办公费	156	17.120
钦　州	熟膏费禁烟经费	无	1545.266
崖　州	膏　捐	373.800	373.800
	办公费	86.400	28.800
佛冈厅	膏　厘	208.741	182.649
	膏厘公费	52.187	无
增城县	膏牌办公费	546.480	735.939
新宁县	办公费	无	155.520
从化县	办公费	无	580.071
新兴县	膏牌费充警费	43.200	56.160
	膏牌办公费	70	无
仁化县	膏牌办公费	45.164	21.301
乐昌县	办公费	无	38.368
乳源县	办公费	无	60.326
始兴县	膏牌办公费	113.800	60.480
兴宁县	查封烟馆拨警费	144	无
信宜县	膏牌办公费	42.048	无
吴川县	办公费	无	381.744
文昌县	膏牌办公费	128.096	无
临高县	膏牌办公费	182.760	144.987
会同县	膏捐报效	无	33
儋　州	办公费	无	72
遂溪县	膏捐报效警费	190.099	190.099
合　计		165382.828	186148.291

表 18 　　　　　　　　　广东光宣之际酒捐等款目及征收数额

局及州县	款　目	收　数（两）	
		光绪三十四年	宣统元年
善后局	酒甄牌费	92041.763	105963.970
	酒甄商人按饷	无	3741.760
高州府	酒捐报效	1083.282	1960.346
新会县	酒甄商人缴充习艺所经费	60	65
	甄捐办公费	231.840	61.200
龙门县	酒甄报效	302.400	302.400
四会县	酒甄捐学费警费	180	180
新兴县	酒甄捐学费警费	344.976	39.320
	酒捐警费学费	147.192	143.660
高明县	酒捐报效工艺厂经费	无	126
	酒捐办公费	无	84
广宁县	酒捐办公费	59.080	82.400
开平县	酒捐学费	无	18
封川县	酒捐办公费	无	46
西宁县	甄商捐学费	72	72
海丰县	酒捐办公费	119.408	无
陆丰县	酒捐办公费	611.030	无
龙川县	酒捐办公费	无	84
河源县	酒捐办公费	4.320	4.320
连平州	酒捐办公费	无	20.700
兴宁县	酒捐办公费	56.880	28.440
普宁县	酒捐报效警费	无	48
始兴县	酒捐办公费	无	3.510
仁化县	酒捐办公费	182.862	无

续表

局及州县	款目	收数（两）	
		光绪三十四年	宣统元年
翁源县	酒捐办公费	84.400	122.880
阳山县	酒捐办公费	144	95.402
信宜县	酒捐学费	无	105.
遂溪县	甑捐报效	636.363	636.363
徐闻县	酒捐办公费	142.086	107.858
合　计		96503.882	113875.529

表19　　　　广东光宣之际赌捐等款目及征收数额

局所及州县	款目	实收数（两）	
		光绪三十四年	宣统元年
善后局	缉捕经费	2952419.989	3194289.895
	基铺山票饷	1119999.996	98755.463
	彩票饷项	30776.900	32735.430
	三成元水	20668.539	15766.306
	二六大平	10890.095	10460.021
	缉捕经费按饷	10773.108	54962.669
	缉捕经费商人报效	7920	无
	各属筹抵赌饷	6640.396	1909.099
警务公所	赌商缴警费	9521.502	10967.818
劝业公所	绍荣公司报效	7333.333	20666.668
新市局	绍荣公司报效	140000	42000
琼崖道	缉捕经费二成办公津贴	1050	574.493
惠州府	缉捕商人报效习艺所经费	345.600	57.600
博罗县	赌捐学费警费习艺所经费	无	223.700

局所及州县	款　目	实收数（两）	
		光绪三十四年	宣统元年
龙川县	赌捐学费警费习艺所经费	无	14.400
河源县	赌捐学费警费习艺所经费	240.100	240
高州府	赌商报效	1142.560	13316.945
茂名县	赌捐学费警费习艺所经费	无	24.370
吴川县	赌捐学费警费习艺所经费	无	5.437
石城县	赌捐学费警费习艺所经费	无	139.440
琼州府	二成缉捕故员家属帮项、山票报效学费	800	3135.110
琼山县	赌捐学费	3953.252	5121.811
澄迈县	赌捐学费警费习艺所经费	无	246.929
临高县	赌捐学费警费习艺所经费	无	396.557
万　县	赌捐学费警费习艺所经费	无	86.360
文昌县	赌捐学费警费习艺所经费	无	83.380
儋　州	赌捐学费警费习艺所经费	无	25.920
陆丰县	缉捕经费报效	992	80
连　州	摊规习艺所经费	600 元	无
	缉捕商人报效习艺所经费	432	356
黄冈同知	缉捕经费	199.836	216.489
赤溪厅	海防经费	无	145.050
海阳县	赌商报效学费警费清道经费	5971.633	1279.816
饶平县	赌捐学费警费习艺所经费	103.680	256.398
惠来县	赌捐学费警费习艺所经费	无	168.420
潮阳县	赌捐学费警费习艺所经费	无	261.540
揭阳县	赌捐学费警费习艺所经费	无	571.675

续表

局所及州县	款　目	实收数（两）	
		光绪三十四年	宣统元年
普宁县	赌捐学费警费习艺所经费	无	120
番禺县	赌商报效学费	561.600	561.600
增城县	赌捐学费	324	324
新会县	缉捕商人报效习艺所经费	720	841.534
清远县	赌捐警费	1078	1052.302
新安县	番摊报效警费	622.451	50.190
东莞县	赌捐学费警费习艺所经费	无	3490
从化县	赌捐学费警费习艺所经费	无	368.400
新宁县	赌捐学费警费习艺所经费	无	664.560
龙门县	赌捐学费警费习艺所经费	无	319.719
花　县	赌捐学费警费习艺所经费	648	648
香山县	赌捐学费警费习艺所经费	无	144
南海县	赌捐学费警费习艺所经费	无	513.193
高要县	赌商报效警费	576	551.518
四会县	赌商报效学堂巡警经费	5626.845	6070.900
新兴县	各项赌捐学费警费习艺所经费	733.716	1232.640
广宁县	缉捕商人报效警费	720 元	1559.442
德庆州	赌捐学费	936	720
开平县	海防经费警费	288	206.400
鹤山县	海防经费月规警费	336	28
高明县	赌捐学费警费习艺所经费	782.685	925.549
开建县	赌捐学费警费习艺所经费	无	381.800
封川县	赌捐学费警费习艺所经费	无	117.480

续表

局所及州县	款目	实收数（两）	
		光绪三十四年	宣统元年
西宁县	赌捐警费学费	2093.083	1295.002
东安县	赌捐学费警费习艺所经费	无	260.162
阳山县	铺票彩银学费	1254.672	417.341
翁源县	缉捕经费夜台费警费	324	无
乳源县	摊规警费学费	570.040	554.620
始兴县	缉捕经费公用	235	196
丰顺县	缉捕经费	168	222.575
澄海县	番摊办公用费	1188.623	596.200
大埔县	缉捕经费新政用费	172.800	172.800
镇平县	缉捕经费办公用费	691.200	760.324
兴宁县	赌捐学费警费习艺所经费	无	1119.739
	赌桌捐学费警费习艺所经费	无	114.870
平远县	赌捐学费警费习艺所经费	无	98.192
定安县	赌捐警费	382.286	383.502
乐会县	二成缉捕办公费	114.912	115.047
会同县	二成办公用费	561.600	581.960
黄冈巡警局	赌捐	177.549	无
南雄州	缉捕经费	无	95.500
嘉应州	二成公费	无	724
阳春县	赌捐学费警费习艺所经费	无	162.500
恩平县	赌捐学费警费习艺所经费	无	54.852
英德县	摊捐警费	886.673	886.673
合计（有少量的银元，不再折算，按两计入）		4355548.254	3539244.296

表20		广东光宣之际妓捐等款目征收数额	
局所及州县	款　　目	实收数（两）	
		光绪三十四年	宣统元年
警务公所	保良公司妓捐	215345.880	237994.170
	艳芳楼警费	589.680	606.384
	花楼警费	3276	2520
	保益公司妓捐	1303.996	960
	南词班警费牌费	6199.200	无
	保良公司报效	无	359.280
省河水巡警局	花楼房捐警费	26352	24298.384
	酒楼警费	13775.472	15599.376
	花酒艇警费	6082.560	无
	宴花筵艇警费	2450	无
南海县	花楼房捐	1296	108
新会县	花捐商报效	720	780
三水县	花捐商报效	630	无
高要县	花捐报效警费学费	4037.738	4903.716
清远县	花捐警费	210	120.200
开平县	花　捐	无	180
四会县	花捐报效警费学费	1229.018	1249.091
高州府	花捐报效	2413.345	2397.473
电白县	花　捐	162	无
龙川县	花捐警费	无	74.240
西宁县	花捐报效学费警费	1307.392	1422.163
琼山县	妓　捐	1260.403	2194.300
琼山县	妓捐按饷	3366.640	163.278
钦　州	花捐警费	150.267	1313.161
新宁县	花筵捐警费	无	785.454
英德县	花捐警费	3960.646	3960.646
合　计		296118.237	302034.316

据以上广东粮捐、房捐、屠捐、膏捐、酒捐、赌捐、妓捐"七大捐"的统计，光绪三十四年（1908）的征收额为570余万两，如果再加上杂税中的契税、商税征收数额①，杂税杂捐每年的征收总额，则达到700余万两。仅奉天、广东两省的杂税杂捐每年的征收数额即达到1400余万两。考虑到各种因素，笔者估算，庚子之后的杂税杂捐岁入额当在5000万两以上，光宣之际当在6000万两左右，这些数字高于其他人的估算，低于王业键的估算。

---

① 参见《广东财政说明书》卷五，《正杂各税》。陈锋主编《晚清财政说明书》第7册，第175—196页。

清末民初县官俸禄演变述略

岁有生
（商丘师范学院　经济管理学院）

　　清末公费改革之时，两江总督张人骏陈奏："州县为亲民之官，民生休戚，疆域安危，胥于是乎赖。州县不得其人，纵有良法美意，无由施及地方，故慎选牧令为治平天下最要关键。然必有以赡其身家，乃能责以尽职。我国承平之世，物力丰盈，州县廉俸既无扣减，复有平余等项进款，故得俯仰宽然，尽心民事。其时循良辈出，海宇奠安，非偶然也。近来物贵币轻，生计日蹙，又复屡核盈余，而银价骤增，征不敷解，各省州县非但昕夕忧贫，儳焉不能终日。窃明知势必赔累，将有身家性命之忧，救死唯恐不赡，尚复何心政务哉。其贤者去之唯恐不速，往往委署地方，力辞不往；其不肖者则因穷斯滥不堪，究问受其害者仍在吾民。"① 其大意是，州县官员履职尽责的程度与其收入的厚薄密不可分：在国家物力充裕、官员俸禄有保障之时，官员大都尽心民事；在俸禄日减、生计困难之时，官员大多无暇自顾，更遑论治国理政。清末民初，国家为解决县官薪俸不足之问题，先后进行改革，不断提高俸禄标准，但并未达到预期效果。民初县官的贪渎程度与清代相比，更是有过之而无不及。

---

　　① 《两江总督张人骏奏核定州县官俸章程事》，宣统三年七月二十五日。《宫中全宗》，档号：04-01-35-1098-02，中国第一历史档案馆藏。

一 清初州县官的薪俸

"历代制禄之薄，至满清而极。京官仰给于外官，督抚仰给于州县，州县剥地皮，满清官场之习惯也。"知县薪俸微薄，无以自赡。即便如此，对于上宪每逢年节犹有照例馈礼。州县点金乏术，只有抽剥民间，"其视人民土地，直以为刍牧之壤、鱼鳖之渊而已"①，由此造成官场腐败充斥。为保障地方官员的生计和肃清吏治，雍正时期实行耗羡归公制度，在正俸之外，按各地经济水平与位置的冲繁疲难，给予不同数量的公费和养廉银，暂时解决了地方官员薪俸微薄的痼疾。

顺治元年（1644）八月，按照"故明旧例"议定文武官员俸银，其中知县年支俸二十七两四钱，禄米十二石，柴薪银二十六两。② 四年（1647），各直省文官"岁给薪菜烛炭、心红纸张、案衣家具、修宅等银各有差"③。按当时的标准，知县岁支"柴薪银三十六两，心红纸张银均三十，修宅什物银均二十，迎送上司伞扇银均十两"④。九年（1652），州县修宅家具银被裁。⑤ 十年（1653 年），对俸禄标准重新调整，知县俸银由二十七两四钱增为四十五两⑥；加上柴薪银三十六两，心红纸张银三十两，迎送上司伞扇银十两，每年收入为一百二十一两。顺治十三年（1656）和康熙十四年知县的菜薪烛炭、案衣家具、遇闰加银、心红纸张银先后裁撤。⑦ 至此，知县的收入仅有额俸四十五两，知县生计变得捉襟见肘。知县"每月支俸三

---

① 民国《光山县志约稿》卷二《政务志·财政志》。
② 《清朝文献通考》卷四二《国用四》。
③ 《清朝文献通考》卷四二《国用四》。
④ 《大清会典事例》卷二五一《户部·俸饷·文武外官俸银一》。
⑤ 《清朝文献通考》卷四二《国用四》。
⑥ 《清朝文献通考》卷四二《国用四》。见黄惠贤、陈锋《中国俸禄制度史（修订版）》，武汉大学出版社 2005 年版，第 77 页。
⑦ 道光《河内县志》卷一二《田赋志》；乾隆《洛阳县志》卷四《田赋》；《清朝文献通考》卷四二《国用四》；乾隆《洛阳县志》卷四《田赋》。

两零，一家一日，粗食安饱，养喂马匹，亦得费银五六钱，一月俸不足五六日之费，尚有二十余日将忍饥不食乎？"①

低微的廉俸影响了官员正常的生活，"其不足以自赡者十居八九"。除应付日常生活之外，各级官员尚需迎来送往，打点上司，也需耗费巨资。最终是贪风日盛，"上以虚名相市，下以诡道相应。于是官吏例外苛索，视为固然"②。在当时，加征耗羡是知县弥补官俸不足的主要手段。

耗羡的征收固然可以缓解知县薪俸的不足，但其消极影响也不容小觑。首先，州县官征收的火耗，除了满足州县之需外，上司也以规礼的形式分润了一部分。上司既然收受规礼，便无法约束下级的贪墨行为，从而造成整个官场贪风日炽。其次，这种加派毫无标准，以致出现"税轻耗重"的局面，加重了百姓负担；百姓无力缴纳钱粮，又影响了国家的财政收入。③

雍正即位后，为整顿财政、澄清吏治起见，他采纳山西巡抚诺岷等的建议，于雍正元年（1724）在全国范围内实施耗羡归公政策。④耗羡归公就是"化私为公"，对先前知县私征的耗羡进行统一管理，厘定征收标准，纳入正式财政收入范畴，然后在各级衙门之间按比例分配。征收的耗羡以养廉银和公费的形式发给地方官员。公费主要用于维修城垣和桥梁、仓廒建设、水利设施等公务。养廉银主要用途有三：（一）日用薪水费，用于养赡家口及其本人用途，占养廉银的30%—40%；（二）幕友的束脩，占养廉银的25%左右；（三）公费，主要为衙门的维持费，包括衙门修缮、心红纸张、日常公务、征税、捕捉犯罪等活动；养廉银具有"公私不分"之特征，虽为地方官的职俸，但也用于公务方面。⑤由于各地的经济水平和公务繁简不同，

---

① 蒋良骐撰，鲍思陶、西原点校：《东华录》卷九，齐鲁书社2005年版，第139页。
② 民国《盐山县志》卷八，《法制·赋役篇下》。
③ 岁有生：《清代州县衙门经费研究》，大象出版社2013年版，第29页。
④ 陈锋：《论耗羡归公》，《清华大学学报》2009年第3期。
⑤ 佐伯富：《清雍正朝的养廉银研究》，台湾商务印书馆1996年版，第163—166页。

因此，养廉银的数额也有所差别（见表1）。

表1 清代知县养廉银定例

省区	养廉银（两）	省区	养廉银（两）
直隶	600—1200	湖北	600—1680
山东	1000—2000	湖南	600—1300
山西	800—1000	四川	600—1000
甘肃	600—1200	广东	600—1500
江苏	1000—1500	广西	704—2259
浙江	500—1800	云南	800—1200
贵州	400—800	河南	1000—1800

资料来源：陈锋：《论耗羡归公》，《清华大学学报》2009年第3期。

养廉银在实施一段时间后，弊端开始显现。由于支用缺乏明确的制度规定，地方官员"或挪补借支，或任意使用。前任含糊交代，后任不便深求"①。乾隆年间，对耗羡进行清理，并酌定《耗羡章程》。一是规范了耗羡的奏销；二是规定了各地耗羡支发标准、范围和类项；三是改变了耗羡基本为存留的模式，将一部分耗羡划入起运项下。②

二 清末州县公费改革

养廉银的实施，解决了知县官俸低微的问题。为了弥补中央财政困难，清廷常有裁扣官员薪俸的作法。到了晚清，国家财政状况日益恶化，裁扣行为更是层出不穷。清代裁扣官俸的方式五花八门，有罚

---

① 《清世宗实录》卷一五七，雍正十三年六月乙亥。
② 陈锋：《论耗羡归公》，《清华大学学报》2009年第3期。

俸、减成、减平、公捐养廉资助穷员、摊帮、扣荒、枢费等形式，其中最常见的有罚俸、减成、减平、扣荒四种。地方官员的薪俸和养廉本来就十分有限，经层层摊扣之外，所剩无几。即便如此，地方官员也未必能拿到所余银两。"凡州县经征钱粮留本地支给经费曰存留，而存留后复节年裁扣，尽取之以益上，其残留之额，实事求是，均不足以自赡，于是官吏视例外苛索为当然，应支之存留经费，亦概不实给。而一切杂差陋规，皆由是而起。自乾隆五十一年奉文存留经费支用银两全数起解，按季赴布政司请领，往返周折，消耗愈多，而存留益成具文。"[1] 有些省份的养廉平时不支放，于卸任时请领；甚或充饷，一文不支。[2] 州县官的廉俸对其来说形同虚设，为了解决办公经费及维持生计，州县官不得不别开筹措之途。

据西华志记载，清末县署陋规大致有如下数种：（1）卯规。房书、里书、差役、保正、乡约、牙行、产行，于新官到任之初及每年三节，例须点卯并缴卯规，少者制钱数百文（如保正、乡约），多者制钱数十串（如房书、里书、产行），每年四百串三百千文不等。（2）点规。清季凡房科经承、各里书、壮皂各班总役，每有更调，例须缴纳点规，多至一千余串，少亦数百串。（3）支官陋规。县署及典吏署等日常用品，屠行供肉称作官肉，鸡鱼行供鸡鱼称为官鸡官鱼，以及柴、煤、油、盐、蜡烛、木泥、裱糊、工匠等均须支官。（4）草豆折价。清季县署养马，城乡供给草料豆，为数甚巨。即不养马亦须照缴，日久遂成陋规，每年冬至以前为缴纳期。（5）里书帮规。全县向分二十一里，每里分八甲，每甲分上下两牌。里设里书一人或数人，视为世业。欲充任里书，除缴县署点卯外，并须向前任里书缴相当经费，其数有多至七八百元者。[3] 正所谓雁过拔毛，清代州县正是如此。

为解决上述问题，在咸丰同治年间，湖北、江西、浙江、江苏等

---

① 民国《林县志》卷五《财政》。
② 《广东财政说明书》卷一一《行政总费》。
③ 民国《西华县续志》卷六《财政志》。

省裁减各种浮收，并确定一定数额作为办公之费。① 但前期的公费制度改革最初基本上是各自为政。宣统二年（1910），宪政编查馆公布了《官俸章程条议》，其主要内容关涉知县的是：将知县分为五等，每等给予不同公费，其中一等4800元，二等4200元，三等3600元，四等3000元，五等2400元。② 但接着又指出，目前颁布官俸章程的条件尚不具备，将颁布时间延后。③

在此前后，各省也纷纷提出官俸改革方案。大体的做法是将各项规费盈余进行整理，依"缺分之繁简，定公费之多寡"。

直隶在光绪二十九年（1903），曾有袁世凯对各县调剂盈虚之举。当时，直隶各县经费苦乐不均，一些瘠缺州县，进项常不敷办公，这些知县"希图调优，时存苟且之思，不复尽心民事"，于是，袁世凯将税契项下拨银50000两，津贴34个瘠缺州县。津贴具体数额是：清苑县10000两，阜平、阜城、临榆各为2400两，庆云、成安、武强各为2000两，卢龙、巨鹿、望都各为1500两，南宫1200两，广宗、涞水、临城、灵寿、肥乡、清河、新河、唐山、赤城、高阳、安平、宁晋、独石口厅、内邱、完县、东明、博野、清丰各为1000两，龙门县800两，唐县、故城、鸡泽各为500两。④

四川将各州县分最繁要、繁要、繁缺、中缺、简缺为五等。其列入最繁要者，每缺每年公费银12000两，另给缉捕、交涉等项经费银8000两，共计六缺，需银12万两；列入繁要者每缺每年给公费银10000两，共计十四缺，需银14万两；列入繁缺者每缺每年给公费银7000两，共计43缺，需银301万两；列入中缺者每缺每年给公费银5000两，共计45缺，需银230500两；列入简缺者每缺每年给公费银4000两，共计35缺，需银140000两；统共需银920600两，于

---

① 刘伟、刘魁：《晚清州县的办公经费与公费改革》，《安徽史学》2013年第3期。

② 《官俸章程条议》，宣统二年九月十四日。《宪政编查馆全宗》，档号：09-01-03-0041-003，第一历史档案馆藏。

③ 《奏为官制专定官俸章程碍难厘订拟将颁布年限展后事》，宣统二年九月十四日。《宪政编查馆全宗》，档号：09-01-03-0041-001-1，第一历史档案馆藏。

④ 《直隶布政司详直属瘠缺州县拟请津贴文》，《北洋公牍类纂》卷六《吏治四》。

光绪三十四年（1908）正月初一由藩库支给。①

吉林先于省城设经征总局，各府厅州县均设分局，将所有契税、牲畜税全归该局征收，定于宣统二年（1910）二月初一日开办。各府厅州县分最繁缺、繁缺、中缺为三等。最繁缺每月酌给公费银800两，繁缺700两，中缺600两。②

河南将各州县摊解公费及铺垫家县、巡缉经费、盐当规等款分别裁提，作为各州县办公经费。根据各县情况，分别按最繁要、繁要、繁缺、中缺、简缺五等酌给公费。惟养廉一款，原为各官赡养所资，因此，自宣统三年（1911）正月初一实行。③

浙江比照直隶、广西等省核定银数，参互核定。各厅州县七十八缺，分属三等六级。一等一级者十三缺，各给公费银4000两；二级者八缺，各给公费银3600两。二等一级者十七缺，各给公费银3400两；二级十五缺，各给公费银3000两。三等一级者九缺，各给公费银3400两；二级十六缺，各给公费银2800两。总计全省府厅州县常年经费银322400两，遇闰应加银26000余两。④

东三省仿照直隶成案，将各府州县按地方繁简分为五等：一等八属，每属年支公费银6000两，经费银11572两；二等二十三属，每属年支公费银5400两，经费银9020两；三等十一属，每属年支公费银4800两，经费银7897两；四等七属，每属年支公费银4200两，经费银7139两；五等五属，每属年支公费银3600两，经费银5307两，加以纸张、邮电、函报、马夫、勘验、招解、囚粮及本官下乡夫

---

① 四川总督赵尔巽：《奏报筹定州县公费查核平余税契等项银数事》，光绪三十四年八月十八日。《宫中全宗》，档号：04-01-35-1082-055，第一历史档案馆藏。

② 《吉林巡抚陈昭常奏报吉省设立经征局匀定各缺公费事》，宣统二年二月十一日。《宫中全宗》，档号：04-01-35-1387-045，第一历史档案馆藏。

③ 《河南巡抚宝棻奏报酌定豫省文职各官公费情形事》，宣统二年六月二十日。《宫中全宗》，档号：04-01-35-1096-03，第一历史档案馆藏。

④ 《浙江巡抚增韫奏为遵章酌定府厅州县公费并拟定办法事》，宣统二年八月二十一日。《军机处全宗》，档号：03-7514-074，第一历史档案馆藏。

马禀交涉费等项外，按规定共需银142423两。①

陕西厅州县共八十七缺，拟定9000两者五缺，7400两者四缺，6900两者四缺，5900两者十一缺，5400两者二缺，4900两者二十缺，4400两者七缺，4000两者十五缺，3500两者十一缺，3000两者八缺，计需银499600两，拟于宣统四年正月一日实行。②

山西按照缺分繁简分等，计通省散州六缺，知县八十五缺，分为四等：一等年给银公费银2700两，经费银2500两，内阳、曲首邑另加经费银1000两；二等年给银公费银2200两，经费银2000两；三等年给银公费银2000两，经费银1500两；四等年给银公费银1700两，经费银1000两。计划于宣统四年实行。③

贵州各府厅州县及杂职各员亦每等分为三等九级：州县三等一级岁支银4600两，二级岁支银3800两，三级岁支银3000两；二等一级岁支银3400两，二级岁支银3000两，三级岁支银2600两；三等一级岁支银800，二级岁支银400，三级岁支银20两。④

山东一等县十三缺，每缺每月700两，内分本缺公费400两，行政费300两，全年共支银109200两；二等县十八缺，每缺每月630两，内分本缺公费360两，行政费370两，全年共支银136080两；三等县四十缺，每缺每月490两，内分本缺公费280两，行政费210两，全年共支银235200两；四等县三十六缺，每缺每月420两，内分本缺公费240两，行政费180两，全年共支银181440两。⑤

---

① 锡良：《东三省总督奏为酌定奉省两巡道及各府厅州县公费经费事》，宣统二年八月二十五日。《军机处全宗》，档号：03－7514－063，第一历史档案馆藏。

② 《陕西巡抚恩寿奏为酌拟府厅州县公费数目并发给办法事》。《军机处全宗》，档号：03－7514－009，第一历史档案馆藏。

③ 《山西巡抚丁宝铨奏为酌定府厅州县各官公费等项事》，宣统三年二月二十八日。《军机处全宗》，档号：03－7516－024，第一历史档案馆藏。

④ 贵州巡抚沈瑜庆：《奏为汇报通省各官起支经费并属办公经费日期及考取主计科员大致情形事》，宣统三年五月二十日。《军机处全宗》，档号：03－7518－001，第一历史档案馆藏。

⑤ 《山东巡抚孙宝琦呈拟定州县等级数目清单》，宣统三年六月二十九日。《军机处全宗》，档号：03－7518－016，第一历史档案馆藏。

　　根据各省的奏报，大致有三种情况，一种是已经实施，如直隶、四川、河南等①。一种是有实施方案，但未来得及实行，如陕西、山西计划于宣统四年实行。一种是尚无明确的方案。如福建省"酌定督抚司道公费，至府厅州县正佐各缺应定公费，应俟调查每缺每年入款及陋规名目，逐一厘定，再行奏明办理"②；江苏官俸"已据清理财政局等拟略列入本届预算，俟复加审定即当另案奏明办理"③；江西省各州县已于丁漕项下每石提解银五分充办公经费，但由于省库帑奇绌，常年不敷之数甚巨，尚乏支给公费的款，暂不普定公费。④

　　由于公费含义模糊，各省督抚认知亦有差异，因此在改革中呈现出不同面相。一种是化私为公，将官员的个人用度也包含在公费之中。一种是分别公费与经费。⑤ 前者如湖北、河南、福建等省。署理湖广总督瑞澄称"凡有私人悉数归公，以后凡属于本官火食应酬一切杂支皆核载于公费之内，不得另行开支"⑥。闽浙总督松寿亦主张"公费为行政所必需"⑦。东三省仿照直隶成案，将官俸分为公费、经费两项。公费为官员服食、车马、仆从、个人酬应之需，经费是各衙门自科长以下员司、弁勇、夫役及一切杂支预备费等项。公费开支由本官自便，无须造销。经费开支应按月册报清理财政司查核，不得逾

---

　　① 据项城县志记载，项城县知县俸银原额银四十五两，遇闰加额银三两七钱五分，除荒实征银十二两二钱四分八厘一毫，雍正三年加养廉银一千二百两外，公费银二百两。宣统间改为公费，每月俸银六百两。据此可以判断河南也实行了公费改革。见宣统《项城县志》卷八《田赋志》。
　　② 《闽浙总督松寿奏报酌定闽省司道各官公费事》，宣统二年七月十二日。《宫中全宗》，档号：04-01-35-1096-047，第一历史档案馆藏。
　　③ 江苏巡抚程德全：《奏报酌定苏属司道各官公费并拟限制行政经费办法事》，宣统二年七月二十六日。《宫中全宗》，档号：04-01-35-1096-059，第一历史档案馆藏。
　　④ 江西巡抚冯汝骙：《奏报酌拟州县公费数目事》，宣统二年十月初七日。《宫中全宗》，档号：04-01-35-1097-046，第一历史档案馆藏。
　　⑤ 刘伟、刘魁：《晚清州县的办公经费与公费改革》，《安徽史学》2013年第3期。
　　⑥ 《署理湖广总督瑞澄奏拟定湖北各司道公费折》，上海商务印书馆编纂：《大清新法令》（点校本）第8卷，商务印书馆2010年版，第364页。
　　⑦ 《闽浙总督松寿奏酌定司道各官公费折》，上海商务印书馆编纂：《大清新法令》（点校本）第9卷，第289页。

于额定之数，仍于每年度按照决算法一律办理。① 虽然改革目标不同，但从各省督抚的陈奏不难看出，仅有公费名目的应该是官俸与办公经费合二为一，也就是说，公费除支应官俸以外，其余部分用于办公经费；有公费与经费之别的，则公费纯为官员的个人用度。但有一点需要指出，作为知县的官俸或公费，也包含仆从人员幕友和家丁的支出。无论如何，清末各省所确定的公费标准，与雍正时期的平均1000 两左右的养廉银相比，其标准大大提高。

三　北京政府时期县知事的薪俸

辛亥革命爆发后不久，江西省于十月公布《江西暂行地方官俸给及公费章程》，规定了府县知事的薪俸及办公经费标准。章程内容共计 15 条，其中主要的有以下几条："第一条府县知事俸给：府知事月俸 150 元，县知事月俸 100 元。第二条科长月俸 24 元，科员月俸 16元，司法科长月俸 30 元，司法科员月俸 20 元。第三条府县知事自辟文牍、庶务，会计、收发等员，月薪俸照科员一律。第四条府县内部各科分科录事，每人月薪 6 元或 4 元。第五条府县知事自用护兵，每名月薪 4 元。第六条府县因公费用及纸笔墨邮政电报等费，得由公费开支，按月核实报销。第七条所有一切官俸及公费均由本地丁漕及各项杂税开支，按季开单报销。第八条府县知事及司法员赴任川资，按每百里给洋 10 元计算。第九条府县知事及佐治员等，不得私收民间贿赂。第十条府县所用文牍、庶务、会计、收发各员与录事护兵等，不得遇事需索规费。第十一条府县知事下乡办理公事，不得需索车马费。第十二条司法科检察官、检查吏下乡相验费，由府县会同地方绅士订定之。"②

江西省所定的府县官员薪俸，与清末的官俸相比，在原则上有了

① 锡良：《东三省总督奏为酌定奉省两巡道及各府厅州县公费经费事》，宣统二年八月二十五日。《军机处全宗》，档号：03 - 7514 - 063，第一历史档案馆藏。
② 蔡鸿源主编：《民国法规集成》第 2 册，黄山书社 1999 年版，第 319 页。

很大的改变：（一）以月为周期支付俸禄。在清代，官俸是按年支付。在清末的公费改革中，除吉林、山东等少数省份外，大多仍保持按年支付的习惯。（二）公私分开。官员个人俸禄和办公费用截然分开，以防止清代官俸公私不分而出现的官员侵占办公经费的弊病。（三）地方官的僚属工食不再由官员个人承担。在清代，官员的幕宾、家丁的养缮之资由知县自掏腰包，为解决此一问题，知县往往以法外之收入予以弥补。江西的俸薪章程则规定府县知事自辟文牍，庶务，会计、收发等员，月薪俸照科员标准由府县署发放，不再由官员个人承担。（四）各官下乡办事，不得额外需索，防止各类官员借办事之机侵渔百姓。府县知事下乡办理公事，不得需索车马费。司法科检察官、检查吏下乡相验费，由府县会同地方绅士订定收费标准。从这些规则可见，民国初年的薪俸制度力图扫清前清之弊。这些原则，在各省乃至北洋政府厘定的官制改革中都有体现。

辛亥革命胜利之后，1912 年 1 月，作为首义之区的武汉也颁行了《各府县暂时行政规则》，统一了县级名称及内部组织，规定了县署职员的薪俸标准。其主要内容有：各府厅县名称，除武昌首府外，一律更名为县。府及各县各设知事一员，县知事之下设书记官一员，承启一员。府县知事薪津，在官俸未定以前，每月在 300 串以下，150串以上，由议事会议开支；县知事伙食及私用仆役、马夫杂费一概在内，不得另行开支。县知事所属各职员，其薪津等差，由该知事酌定数目，交议事会议决，在行政费内支领，并呈部核。[①]

此后不久，浙江也公布了县知事及其属员的官俸标准。浙江将各县分为三等：一等县知事月俸 240 元，参事（设一人）月俸 100 元，科长（设三人）月俸 50 元，科员（设六人）月俸 36 元，书记（设三人）月俸 20 元，掾史（设二人）月俸 20 元，司书生（设八人）月俸 10 元，公役（设十二人）月俸 6 元，另有纸张、笔墨、灯油、邮电各费、监犯口粮及其他临时零星用款等每月活支 300 元；二等县

---

① 蔡鸿源主编：《民国法规集成》第 3 册，黄山书社 1999 年版，第 12 页。

知事月俸 200 元，参事（设一人）月俸 80 元，科长（设三人）月俸 50 元，科员（设四人）月俸 36 元，书记（设三人）月俸 20 元，掾史（设二人）月俸 20 元，司书生（设六人）月俸 10 元，公役（设九人）月俸 6 元，另每月活支 250 元；三等县知事月俸 160 元，参事（设一人）月俸 66 元，科长（设三人）月俸 50 元，科员（设三人）月俸 36 元，书记（设三人）月俸 20 元，掾史（设二人）月俸 20 元，司书生（设四人）月俸 10 元，公役（设六人）月俸 6 元，另每月活支 200 元。①

民国元年（1912）九月，山东省颁布《州县分科治事章程》，在山东各州县通行。

章程规定：州县各设长官一人，仍沿用直隶州知州知县之名称。县署下设佐治员，共分总务、民政、财政、司法四科。在颁行分科治事章程的同时，也规定各州县的俸给及行政经费标准。当时山东各县分为三等，其官俸及行政经费按月发放，额数大致如下：一等州县州县官月俸 300 元，二等州县 250 元，三等州县 200 元；总务科科员分为二等：一等科员无论是一等、二等或三等州县皆为 30 元，二等科员薪金一等县 20 元；财政科与民政科科员不分县等，科员月俸皆为 30 元；司法科科员分为二等，一二三等州县的一等科员薪金为 50 元，二等科员薪金 30 元；录事长薪金一二三等州县皆为 48 元，录事薪金三等州县皆为 160 元；民政费一二三等州县分别为 40 元、30 元、30 元，司法费一二三等州县分别为 60 元、50 元、50 元；杂支费一二三等州县分别为 100 元、80 元、60 元；杂役费一二三等州县分别为 120 元、100 元、80 元。②

各省制定的官俸标准大都因地制宜，县署职员设置及官俸标准各有等差。但有几点是共同的：第一，考虑到各县事务繁简，在确定标准时能够做到因地制宜，按等支发；第二，支发薪俸都以月为计算周

① 《浙江军政府公报》，1912 年第 53 期。
② 民国《续修巨野县志》卷二《食货志》。

期；第三，除县署各员个人俸禄之外，另有活支若干，实际上相当于衙署人员办公经费。

北京政府考虑到"各省都督、民政长以次各署现支经费多寡不齐，殊非划一办法"。遂于1913年公布了各省公署官俸及办公经费办法，统一了县署机构设置及俸禄支放标准。县知事署职员俸给数目分为三等：一等知事一员300元，科员四员技士一员每员50元，月共支550元，年计6600元。二等知事一员260元，科员三员技士一员每员50元，月共支460元，年计5520元。三等知事一员240，科员二员技士一员每员50元，月共支390元，年计4680元。县公署办公经费分为三等：一等月共450元，年计5600元。二等月共360元，年计4320元。三等月共210元，年计2520元。至各县署办公经费，每等数目如何支配，应由各县自行酌定，以不出此总数范围为断。[①]自此以后，地方县署官制和经费开始有了统一的标准，改变了各省自行其是的状态。

北洋政府时期一等县知事月俸300元，二等月俸260元，三等月俸240元，核计年俸分别为3600元、3120元、2880元。如折为银两，分别为2412两、2090两、1930两。[②] 这个标准低于清末各县厘定的公费银数额，但清末各县的公费内在地包含着官员的服食、车马、仆从、个人酬应等，一些省份也包含办公经费在内。如剔除以上因素，仅就俸银一项而言，这个标准亦应不低。所以，基本能够得出结论，民国时期的县知事薪俸，是高于清代知县的薪俸标准的。

清代州县官员官俸之薄常为世人所诟病，也成为时人替官员不尽心履职甚至是贪渎解脱的重要说辞。国家也意识到官俸低微对吏治带来的负面影响，在清末民初的官制改革中，将俸禄制度改革作为一个重要环节来对待，并且在事实上也提高基层官员的薪俸待遇。按照常理而言，影响吏治的障碍已除，此时政治上应该清明，地方官员也应

---

① 《财政部通布公决各省公署官俸及办公经费》，《东方杂志》1913年第10卷第5期。

② 根据1917年10月17日河南禹州生银及银元本日行市，每元合市平六钱七分。中国第二历史档案馆编：《北洋政府档案》（67册），中国档案出版社2010年版，第138页。

该尽心民瘼，协助国家实现社会的改革目标。但事实却不然，与清代的大部分时间相比，清末民初的吏风更加窳败。在民初，县知事群体整体不佳，贪残苛虐，庸劣无能，任意妄为，纵役扰民，无所不用其极。各种报章对知事之丑态，也极尽讽刺之能事。"求缺时，东奔西走低头下眉如乞儿；挂牌时，摇头摆耳手舞足蹈如狂夫；上任时，得意洋洋威风凛凛如戴假面具之猴狲；坐堂时，擅作威福滥用私刑如活阎落王；索贿时，多多益善贪得无厌如贪食狗；被参时，五内焦灼上下运动如热石头上之蚂蚁；褫职时羞怒并作，坐立不安如无头苍蝇；被捕时前拥后护如大盗；提审时言语支离如小贼；枪毙时，呼冤哀鸣如临灾之畜牲。"① 因此，县官能否尽心任事原因比较复杂，绝非待遇优厚与否一言以蔽之。

---

① 抱朴子：《县知事之十时十如》，《余兴》1915 年第 6 期。

统治心态、制度导向与清代吏治困局

——财政视阈下"因循疲玩"政风成因浅析[*]

洪　均

（武汉大学　中国传统文化研究中心）

官场盛行"因循疲玩"的恶劣政治风气，是乾嘉之际清王朝由盛转衰的显著表象。所谓"因循疲玩"，意指官员无心理政，居常颟顸萎靡，处变避责推诿。因循疲玩由来已久，乾隆十八年（1753）十二月，乾隆帝即怒斥河臣"因循怠玩，牢不可破"[①]，然此风却在乾隆朝愈演愈烈[②]。至嘉庆朝，普遍性的庸政、惰政已引起统治者的高度关切：嘉庆九年（1804）六月，白莲教起义甫经平定，嘉庆帝即训诫群臣："奈诸臣全身保位者多，为国除弊者少，苟且塞责者多，直言陈事者少。……诸臣皆我皇考所用之人，似此萎靡不振，自暴自弃，诸臣自为计则可矣。"[③] 嘉庆十八年（1813）九月，京城官场在天理教起义中的表现令人触目惊心：数十名缺乏军事训练的天理教徒轻而易举的攻入皇宫大内，众多护军、侍卫竟然手无寸铁，一触即溃："九重皋应，何等尊严，八旗守卫，何等雄壮。岂有数十逆贼哄然直进，官兵空手遮拦，立被杀害。皆由经年累月不修军器，弓无

---

　　* 本文为国家社会科学基金重大招标项目"清代财政转型与国家财政治理能力研究"（项目编号：15ZDB037）阶段性成果。
　　① 《清高宗实录》卷四五二，《清实录》第 14 册，中华书局 1986 年版，第 898 页。
　　② 当时朝臣多认为政风吏治每况愈下，与乾隆帝任用和珅秉政直接相关："自和相秉权后，政以贿成，人无远志，以疲软为仁慈，以玩愒为风雅，徒博宽大之名，以行狗庇之实，故时风为之一变。"昭梿：《啸亭杂录》卷四，中华书局 1980 年版，第 109 页。
　　③ 《清仁宗实录》卷一三〇，《清实录》第 29 册，第 757 页。

弦，矢无镞，刀枪钝敝，火药潮湿，日前击贼，皆用瓦砾，言之可羞"①；起义的谋划并非周密，举事前行藏已多次暴露，但上至亲王贵胄，下至州县官员，却对即将发生的"谋逆"大案熟视无睹，甚至极力掩盖②。震惊之余，嘉庆帝下诏罪己，将本朝与发生梃击案的明季衰世相提并论，不啻自承清王朝已由盛转衰，"奈诸臣未能领会，悠忽为政，以致酿成汉唐宋明未有之事，较之明季梃击一案，何啻倍蓰"。嘉庆帝认为天理教起义的直接原因在于朝臣"因循疲玩"③，三年后亲撰《因循疲玩论》，试图警醒各级官员，然而吏治积重难返，国家机器的生机与活力仍被不断侵蚀，曾经强盛的王朝日趋老态龙钟。

对于因循疲玩政风的形成及影响，中外学界已从政治制度、统治者个人素质、基层社会治理、思想文化转型等角度进行了研究④。古往今来，财政皆为立国之基、庶政之首，财政运作牵动着从国家政权到基层社会的各个层面。因之，由财政制度运行的角度进行考察，或有助于全面检视因循疲玩的成因。

一　部吏索费：大一统财政体制运行的高昂成本

清承明制，户部总揽天下财权，各省收支皆须遵从部命。为保障

---

① 《清仁宗实录》卷二七六，《清实录》第 31 册，第 758 页。

② 《清仁宗实录》卷二八八，《清实录》第 31 册，第 935 页。

③ "然变起一时，祸积有日。当今大弊，在因循息玩四字。"《清仁宗实录》卷二七四，《清实录》第 31 册，第 722 页。

④ 张国骥：《清嘉庆、道光时期政治危机研究》，博士学位论文，湖南大学，2011 年；卜键：《因循疲玩论》，《中国文化报》2013 年 4 月 22 日；张瑞龙：《天理教事件与清中叶的政治、学术与社会》，中华书局 2014 年版；李尚英：《"紫禁城之变"与嘉道两朝政治》，《明清论丛》2016 年第 1 期。国外学者对此问题亦有论及，孔飞力对乾隆朝"叫魂"事件所折射出的地方官场消极状况进行分析，认为："在一个受规则束缚的环境里，最好的官员就是最少惹事的官员——也就是那些能规避麻烦，将消极应付视为美德的人"，［美］孔飞力著：《叫魂——1768 年中国妖术大恐慌》，陈兼等译，上海三联书店 2014 年版，第 243 页；佩雷菲特则对马嘎尔尼使团到访时各地官僚颓唐、国家机器运转失灵的现象进行了深入剖析。［法］佩雷菲特著：《停滞的帝国：两个世界的撞击》，王国卿等译，生活·读书·新知三联书店 2013 年版。

集权体制的运转，清廷设立了以奏销为中心环节的财政审查制度。奏销制度主要包括钱粮奏销、军需奏销、工程奏销等三类，钱粮奏销与军需奏销主要属户部职权范围，工程奏销主要属工部职权范围。钱粮奏销按年度核算，军需奏销与工程奏销皆随事而销。奏销过程中若查出钱粮虚糜浮冒等情弊，则视情节轻重，对相关责任者处予独赔、分赔、代赔等不同承赔方式。情节特别恶劣者，则会遭受降职乃至撤职查办的严厉处分。官员升转前，吏部须查明其承赔是否完结。本质而言，奏销既是各级政府开支的财政决算，又是对承担军政事务的责任人的财务审计。通过奏销，清廷得以掌握各级行政衙门的实际财政状况，进而通过"冬估制""春秋拨"等颇具预算雏形的制度，在各省间酌盈剂虚，移缓就急，保持国家财政整体上的平衡。诚如财政史家彭雨新先生所言，"至于协饷制度下极为复杂的春秋拨，有如一盘棋局，任随天才棋手前后左右移动周围棋子无不得心应手，这只能是大一统国家的财政统筹"[1]。

然而，为维持这盘如臂使指的棋局，清王朝付出了极为高昂的成本，最突出问题就是部吏索费。部院书吏向奏销相关责任者勒索贿赂（被称为'部费'）的现象可谓贯穿清代：康熙年间，"部胥之权既重，则经用钱粮之官不得不行贿以求之，所谓部费也"[2]；乾隆年间，"户部之奏销钱粮，外官之解饷投批，关税之羡余私礼，工部之题报工程、核减奏销各项，种种弊窦，积习相沿，视为恒产"[3]；光绪年间，云南军需奏销暴露重大弊案，下至户部堂司官吏，上至王文韶、李鸿藻等军机大臣皆牵涉其中，引发政局剧烈震荡[4]。

部吏如此肆无忌惮，表层因素在于素养低下、品行卑污。乾隆年

---

① 彭雨新：《清代田赋起运存留制度的演进》，《中国经济史研究》1992年第4期。

② 靳辅：《苛驳宜禁疏》，贺长龄等编：《清朝经世文编》卷二六，《清朝经世文正续编》一，广陵书社2011年版，第272页。

③ 江南道监察御史欧堪善：《请严禁六部书役积弊事》，乾隆十一年七月二十九日，载《乾隆年间整饬书吏史料〈下〉》，《历史档案》2000年第3期。

④ 贾熟村：《震动晚清政局的云南报销案》，《史学月刊》2005年第11期。

间，部吏对索贿习以为常，在朝野间已恶名昭著，屡遭朝议痛斥："各部书吏原系寡廉鲜耻，巧诈百出"，"有择肥而噬之心，无守法奉公之义"①。但细检部吏索贿的运作过程，其权力来源却与"例案治国"的制度导向密切相关：

尽管入关之初清廷就确立了行政法典（即《大清会典》《六部则例》），但因国家幅员辽阔，各地状况千差万别，法规与官员施政的实情存在较大差异，且条文多年未加更替，如光绪年间的军需奏销竟沿用乾隆年间金川战役时的旧例②，物价、佣价、银钱比价等随时间涨落甚大的因素多未顾及。由于法规实施遭遇窒碍，清廷将不同时期权宜处置的事件历程确定为"成例"或"成案"，采取"打补丁"的方式附着于法规之下，作为参照办理的依据。随着时间推移，例案越积越多，如同百衲衣一般，令人眼花缭乱，无所适从，"律不足，求之例，例不足，求之案，陈陈相因，棼乱如丝"③。

至清代中叶，清王朝已造就了远超前人的文牍体系："近人诗文、制器均不如古，惟有三事远胜古人，一律例之细也，一奕艺之工也，一窑器之精也。"④ 文牍的沉积效应造成后出例案与原有法规间的矛盾，甚至偏离本意："例之大纲，尚不失治天下宗旨，至于条目，愈勘愈细，其始若离若合，其继风马牛不相及，其终则郑声谵语，不知所云，遂于宗旨大相背谬。"官员僵化执行各类奇密的例案，往往出现极为荒谬的结果：乾隆年间，文书在驿站传递过程中出现延迟、丢失的情况非常普遍，仅因原籍州县结文不到，许多结束服阕的官员亲身到吏部报到，亦不被凭信，只能在京苦候⑤。

---

① 江南道监察御史欧堪善：《请严禁六部书役积弊事》。
② 张佩纶：《报销免造细册易滋流弊折》，光绪八年九月十八日，《涧于集·奏议》卷2，民国十五年涧于草堂刻本。
③ 赵尔巽等修：《清史稿·徐继畬传》，中华书局1977年版，第12183页。
④ 陈其元：《庸闲斋笔记》，中华书局1989年版，第183页。
⑤ 刘墉丁忧服阕期满，奉命到京署缺，吏部却以刘墉原籍州县证明其服阕的结文未到为由，拒绝任命，直至乾隆帝降特旨方准行。冯桂芬：《省则例议》，《校邠庐抗议》，上海书店出版社2002年版，第14页。

政典的繁冗琐碎极大提升了部院官员治事的难度，稍有差池，即会造成中枢政务的紊乱①；在各类例案中，奏销最为烦琐，"章奏之最繁者，奏销之驳查"②。对于部院官员而言，熟悉各类例案实为安身立命之本，品行或理政能力反居其次③。嘉庆年间，清廷规定六部员缺递补须优先考虑本部官员："各衙门题缺必须在部久任之员，方能谙习部务，若别衙门能员，易地则为生手"④，可见例案繁冗已导致京官任职衙门固化的趋势。即令如此，在流官制下，官员皆有任期，无论堂官、司官，欲在短期内周悉本部院的例案势如登天，被迫倚仗长期服役、熟悉例案的书吏，"朝以习常为治，事必援例，必检成案，自开国以来二百余年，各部例案，高与屋齐，非窟其中者，未从得一纸"⑤。由是出现了堂司官员在处理政务时，对于援引何案何例，或驳或准，或奖或惩，必须听命于书吏的怪象："然部中自日行稿案，以及奉旨交议之件，堂稿出于司员，司稿出于书吏，书吏又别请稿工，引案附例，上下其手。"⑥ 另一方面，当部吏因舞弊遭遇盘

---

① 康熙初年，因奏销程序烦琐，政务即显紊乱迹象："如湖广省康熙六年兵马买用豆草等项价值共五万余两，初经部覆湖北巡抚刘兆麒、湖南巡抚周召南奏销康熙六年钱粮两疏内俱云：草价与定价相符，豆价比上年减少，均应准销。于康熙七年五月、九月各奉旨：依议。钦遵在案。乃七年九月部覆湖广总督张长庚报销康熙六年兵马钱粮一疏内又称：豆草价值已浮，难以照算，请敕下该抚覆（核）减具题等语。臣查康熙六年该督报销湖北、湖南之豆草，即湖南、北两抚所奏销之豆草，三疏本属一事，款项价值相符，何为三月之内一允一驳耶？至康熙八年二月及五月内湖南、北两抚具题，该部两疏具覆，俱称豆草等价，查已于奏销康熙六年钱粮案内准销在案，均无容查议等语。是康熙七年准销于前，康熙八年照旧准销于后，则中间七年九月内之一驳减可省也，省此一驳，而后此该抚两次具题、该部两次具覆皆可省矣。"姚文然：《请省奏销驳查疏》，康熙九年，《清朝经世文编》卷一二，《清朝经世文正续编》一，第121页。
② 姚文然：《请省奏销驳查疏》，《清朝经世文正续编》一，第121页。
③ 如道光朝"能臣"琦善，初为刑部司官时因不习例案为"老司员所侮"，遂以重金延聘部吏为师，三年方能精熟本部各类例案，从而步步高升，三十岁即跻身督抚高位。陈康祺：《郎潜纪闻四笔》卷七，中华书局1990年版，第106页。
④ 大学士管理吏部事务庆桂等：《奏为特参拘泥选官则例各官并自请议处事》，嘉庆九年十一月三十日，一档藏军机处录副，档案号：03-1493-050。
⑤ 罗惇曧：《宾退随笔·记书吏》，载沈云龙主编：《近代史料丛刊第三编》0256册，台北文海出版社1987年版，第259页。
⑥ 包世臣：《庚辰九月为秦侍读条列八事》，李星点校：《包世臣全集》三，黄山书社1997年版，第372页。

查诘问时，往往焚烧公文以销毁罪证，使部院公务陷入停顿，令堂司官员屈从徇庇，"恐其败露，故于册籍堆积之所暗藏火种，因以一炬，使营私之案莫可稽查。且半夜起火，伊已出城，更可脱免事外。……乃自雍正年间以迄于今，吏、户、兵、刑、工等部节经烧毁，大率皆书吏之弊也"①。故而官吏之间出现了权力关系的倒置，嘉庆年间，部院官员对太阿倒持的怪象不以为耻，在朝堂之上自承，"甚至问一事则推诿于局员，自言堂官不如司官，司官不如书吏，实不能除弊去害"②。

二 苛查奏销：滋生因循疲玩政风的温床

部吏掌控例案后，通过招引亲故，形成了一个极为封闭的利益集团：尽管清廷规定各部书吏应公开招考，且五年役满后必须回籍，但各部院却未严格执行，"惟是科道两衙门专司稽察，所用书吏多系缘引，并不照例出示招考选取充补"③，"臣闻有一种不肖之徒，散住于近京州县一二百里之内，非系各衙门书吏子弟亲属，即系向来作吏责革之人，往往在外逗留，招摇生事。遇有部中事件，以为有线可通，即行包揽"④。不惟如此，部吏勾结一众游走于官民之间的掮客棍痞，又将触手伸向地方政务⑤，形成了贯穿于各级行政衙门间的利益黑线。为索取部费，在部吏操纵下，部院苛查奏销呈现常态化，"若辈巧计

---

① 《江西道监察御史范弘宾为严惩营私书吏以除积弊事奏折》，乾隆十年十月初二，载《乾隆年间整饬书吏史料（下）》。

② 《清仁宗实录》卷一三〇，《清实录》第29册，第757页。

③ 《云南道监察御史范宜宾为请严禁书吏缘引充补事奏折》，乾隆三十九年六月二十二日，载《乾隆年间整饬书吏史料（下）》。

④ 《户部尚书陈德华为稽察不肖书吏等事奏折》，乾隆五年三月十四日，载《乾隆年间整饬书吏史料（下）》。

⑤ "臣闻得京师尤有一种游手之人，本身假有捐纳职衔以为护符，毫无事事，望风捕影，专务招摇，遇开捐即包揽捐纳，遇兴工即包揽工程，鬼蜮居心，趋利如鹜。与书吏密相往来，衙门之事彼无一不知，衙门之人彼无一不识。"《户部尚书陈德华为稽察不肖书吏等事奏折》。

千般，营私自利，舞弄刀笔，吹索瘢毛，假经承之权，外以胁官弁，张衙门之势"①，"或信部胥之唆使，任意吹求，苛驳无已"②。至清代中叶，各省官场已将送交部费视为惯常，由督抚藩臬的统筹，形成了一整套主动与部吏议定价码，层层向下摊派提收部费的严密体系："外省每遇奏销地丁，则向州县提取奏销部费，报销钱粮则提取报销部费，并有由首府首县行用印文催提者，……有打点、照应、招呼、斡旋各名目。"③

苛查奏销直接助长了官吏贪腐，部吏向外官索取部费，外官势必将部费转嫁于民，不肖者从中加收取利，康熙年间治河名臣靳辅指出："此项部费，官无神输之术，势必问之于民。若清廉之官费一敛一，民犹不至大困。一遇贪劣不肖之官，借此居奇，或费一敛二，或费一敛三，甚至敛四敛五敛十，均不可定，而民困滋甚矣。国家滋厚敛之名，而部胥得娄贿之实。"④ 在部吏索费的示范下，各省督抚藩臬衙门胥吏亦步亦趋，操弄本省例案，以苛驳勒索州县，大肆舞弊，"其胥役人等狐假虎威，无恶不作，而督抚衙门尤甚。其名有内外班之分，内班总管案件，外班传递消息，朋比作奸，种种吓诈，饱其贪壑则改重为轻，拂其所欲则批驳不已"⑤，衍生出各种名义的陋规，变本加厉的摊派到百姓头上，造成严重的官民对立。

更恶劣的影响在于，苛查奏销成为滋生因循疲玩政风的温床：

清代前期，在高度集权的财政体系下，钱粮的存留（地方经费）与起运（国家经费）比例之低远超前朝⑥。尽管雍正帝推行耗羡归公、养廉银等一系列改革措施，极大缓解了地方财政压力，但随着乾

---

① 江南道监察御史欧堪善：《请严禁六部书役积弊事》。

② 靳辅：《苛驳宜禁疏》，《清朝经世文编》卷二六，《清朝经世文正续编》一，第272页。

③ 《清宣宗实录》卷四二，《清实录》第33册，第758页。

④ 靳辅：《苛驳宜禁疏》，《清朝经世文编》卷二六，《清朝经世文正续编》一，第272页。

⑤ 《清世宗实录》卷九二，《清实录》第8册，第230页。

⑥ 康熙七年，各省存留比例竟降至6.4%的空前低位。陈锋：《清代财政政策与货币政策研究》（第二版），武汉大学出版社2013年版，第532页。

隆朝后期军费开支激增，清廷再度加强对地方经费的压榨，不少省份的存留比例又回复到雍正帝改革前的水准①。对于各级外官而言，不但行政经费捉襟见肘，苛刻的例案更如枷锁缠身，因公动拨钱粮皆须顾忌奏销，一旦出入数字些微不符②，即会遭到严厉的承追处分，"各省亏空之案，有承追十余年至二十、三十余年，年年参处，并不完结者"③。

在动辄得咎的环境中，清廉且勇于任事的官员极易陷入赔累的泥沼，不仅前途黯淡，甚至累及家室。此种情弊不但屡见于官书，由反映世道民情的笔记小说亦可觅其端绪。作为清代讽刺小说的杰出代表，《儒林外史》以"颇涉大江南北风俗事故，又所记大抵日用常情，无虚无缥缈之谈；所指之人，盖都可得之"④的现实主义创作手法著称，作者吴敬梓生动创作了萧云仙功高难封的故事，对雍乾之际的奏销弊政进行了深刻的批判⑤。由于身处文字狱最盛的

---

① 嘉庆二十五年，湖北存留比例降至9.6%。陈锋：《清代财政政策与货币政策研究》（第二版），第532页。

② "钱粮之难于核算者，以尾数太繁也。查银自一分以上，方可称其重轻；米自一升以上，方可量其多寡。若银止于厘则难称，米止于合则难量矣。又或银至丝毫，更至于忽，则不过微末之间；米至于勺抄，更至于撮，则不过颗粒之间。……不惟无益，而适足以滋奸胥之驳窦。"靳辅：《苛驳宜禁疏》，《清朝经世文编》卷二六，《清朝经世文正续编》一，第272页。

③ 王奂曾：《请简承追章奏疏》，《清朝经世文编》卷一二，《清朝经世文正续编》一，第121页。

④ 朱一玄、刘毓忱编：《儒林外史资料汇编》，南开大学出版社2003年版，第442页。

⑤ 因川西边地青枫城被"生番"侵占，侠客萧云仙投军从戎，屡建奇功，收复了青枫城。战事结束后，萧云仙奉命办理善后事宜。三、四年里，萧云仙完成了"周围十里，六座城门，城里又盖了五个衙署"的城建工程；另一方面，招集流民，兴修水利，奖励耕织，兴学助教，展现了文武双全的儒将之风，残破的边城出现了"沟间有洫，洫间有遂，开得高高低低，仿佛江南光景"的繁荣祥和景象。正当萧云仙冀望得到重用时，却接到工部青枫城奏销案的批文："萧采承办青枫城城工一案，该抚题销本内：砖、灰、工匠共开销银一万九千三百六十两一钱二分一厘五毫。查该地水草附近，烧造砖灰甚便，新集流民充当工役者甚多，不便听其任意浮开。应请核减银七千五百二十五两有零，在于该员名下着追。查该员系四川成都府人，应行文该地方官勒限严比可也。"萧云仙被迫变卖所有家产，勉强完结追赔。赴兵部引见时，却被告以"办理城工一案，无例题补"，最终经由上司平治斡旋，方得在押运漕粮的江淮卫守备的闲职上终老一生。吴敬梓：《儒林外史》第四十回《萧云仙广武山赏雪，沈琼枝利涉桥卖文》，黄山书社1986年版，第369—373页。

雍乾时期，吴敬梓并未明言萧云仙因何命运多舛，而是以萧云仙的
"数奇"比拟汉代名将李广，令读者联想李广不堪忍受刀笔吏凌辱
而自杀的史实。晚清著名文学评论家张文虎于《儒林外史》中工
部、兵部对萧云仙处分下分别批注："送他些使费，就没话了"、
"给你几十两银子，就有例了"①，意即萧云仙"数奇"的原因在于
未送部费，"他"与"你"皆指部吏。张文虎曾供职于曾国藩等疆
臣幕府，亲历各类政务，并非单纯文士，对苛查奏销摧抑人才之恶
感同身受。无独有偶，嘉道时期誉满天下的名臣陶澍去世后，其婿
胡林翼立即嘱咐岳母撙节用度，以防赔累："岳父一生辛苦，并无
余钱，且作官既久，江南事体又多，万一有赔累之事，则家中光景
势必更难。……自来做了大官的人家，子孙不免摊赔之累。"② 作为
"中兴名臣"，胡林翼在贵州任官时愤然将道咸之际吏治败坏、人才
凋敝归因于苛查例案："此不过专为书吏生财耳，于实政无丝毫之
益。然疆臣殚竭血诚以办地方之事，而部吏得以持其短长，岂不令
英雄气短乎！"③

　　另一方面，众多官僚漠视百姓福祉，上下勾结，或以侵蚀挪
用、伪造簿册、捏荒报灾等手段欺罔清廷④；或百计避责，逢修造、
缉捕、赈抚等分内事务时，即敷衍以对，希图少耗钱粮，以符例
案，因循疲玩的习气由此蔓延。康熙年间已有端倪，"是以各官救
过不暇，徒务虚文以为弥缝旦夕之计，不能为地方尽心爱民"⑤；乾

---

　　① 朱一玄、刘毓忱编：《儒林外史资料汇编》，第407—408页。
　　② 胡林翼：《呈岳母及岳父陶澍之妾》，十二月二十日，《胡林翼集》二，岳麓书社
2008年版，第1033页。
　　③ 胡林翼：《致左宗棠》，咸丰三年正月初二日，《胡林翼集》二，第74页。
　　④ 乾隆年间，直隶官员组织百姓充任差役，为避免赔累，被迫挪用钱粮。"盖银之给
于上者，经易数四而后至于州县，则恐侵克之弊未尽绝也。小民之应上差役者，必征召于
月余之前，聚集守候，而后效用于一旦，官但案其听到之日给其廪直，则恐赔垫之苦未尽
免也。当其任者希苟免于目前而弥缝于日后，窃恐州县帑藏所储未能皆无借动也。"卢文
弨：《朝考时政疏》，《抱经堂文集》卷一《对策朝考卷》，乾隆六十年刻本。
　　⑤ 李之芳：《请除无益条例疏》，《清朝经世文编》卷一五，《清朝经世文正续编》
一，第157页。

隆年间，直隶部分州县因差役繁忙易致经费超支，候任官员不敢赴任，主官缺额乏人填补，被迫以教职暂代，时人卢文弨归因于奏销制度："夫厚其资给、优其升擢以效力于公家，亦谁不乐就者。而臣窃闻道路之言，颇以为畏途者，何也？毋乃出纳之际奏销之例有未尽当其理者欤。"①

三　防范外官：清帝坚执例案治国的隐衷

胥吏窃法乱政的现象并非清代独有：唐代中晚期，地方胥吏已滥派差役、浮收钱粮，"伏腊节序，牲醪杂须，吏仅百辈，公取于民，里胥因缘，侵窃十倍，简料民费，半于公租"②。杜牧曾任黄州刺史，熟悉基层政务，他将弊政归因于地方官不亲庶务，致使账簿册籍为胥吏掌控："长吏不置簿籍一一自检，即奸胥贪冒求取，此最为甚。"③宋代胥吏揽权愈演愈烈，出现了"吏强官弱"的怪象，王安石曾推行重禄法与仓法，试图奖惩并举，通过提高胥吏待遇与加大惩处力度，规正胥吏乱政扰民之弊，最终却人亡政息④。明代胥吏问题并无好转，明人谢肇淛将"天下吏治不振"归结于文牍繁冗，导致胥吏之权益重，官场上下务虚文而无实政，"从来仕宦法网之密，无如本朝者。上自宰辅，下至驿递仓巡，莫不以虚文相酬应。而京官犹可，外吏则愈甚矣。大抵官不留意政事，一切付之胥曹，而胥曹之所奉行者，不过已往之旧牍，历年之成规，不敢分毫踰越"⑤。

可见胥吏舞弊具有集权体系下文牍主义与流官制度弊端的历史惯性，导致清代部吏索费的因由，如文士出身的官员困于文牍簿册、胥

---

① 卢文弨：《朝考时政疏》。
② 杜牧：《第二文》，吴在庆校注：《杜牧集系年校注》，中华书局2013年版，第493页。
③ 杜牧：《与汴州从事书》，《杜牧集系年校注》，第486页。
④ 赵忠祥：《试析宋代的吏强官弱》，《西北师大学报（社科版）》2000年第2期。
⑤ 顾炎武：《日知录集释（全校本）》卷八"吏胥"条，上海古籍出版社2013年版，第487页。

吏待遇低下①皆与前代具有共性。但清代胥吏问题亦有特殊性，与前代主要受朝臣文士关注不同，历代清帝对苛查奏销之弊极为重视，屡发诏旨禁止，其措辞之严厉、次数之频密都是空前的：

康熙帝曾严谕："近见支用修造等项奏销钱粮时，该部不准驳回者甚多。此等奏销屡行驳回，官员未必捐橐补给，亦止派取民间耳，如此则百姓愈苦。向因需用孔亟，故奏销者未即准行，今公帑并非匮乏之时，奏销案件不必驳回，即应完结。此等事不行驳回，在官员既可省案牍，而于百姓尤大有裨益也。"②

雍正元年（1723）正月，作为清帝中首屈一指的理财家，继位伊始的雍正帝颁发上谕，痛斥奏销弊端："各省奏销钱粮，除地方正项及军需外，其余奏销项内积弊甚大。若无部费，虽册档分明亦以本内数字互异，或因银数几两不符，往来驳诘；一有部费，即糜费钱粮百万亦准奏销"，并着手组建了新机构——会考府，专司稽核奏销运行，"钱粮关系甚重，应另立衙门，设满汉郎中、员外郎各二员，主事各三员，笔帖式十员，俱遴选贤能补用。至钱粮除地方正项外，其军需各省动用之项具题到日，应准应驳，臣等会同该部查核议覆，设立署名，恭候钦定。得旨：署名着为会考府，余依议。"③雍正二年十月，雍正帝颁谕严禁收受部费："若督抚提镇及布按两司仍称部费，差人来京料理，各部院仍前纵放恶棍、缺主、书办人等，任意生事欺诳。

---

① 清代各部院经制书吏额设极少，户部仅八十余人，须大量雇用编外书吏，达到数百人之多。这些书吏收入微薄，每届京察之类大政，部内下拨经费不敷办公，时虞赔累："至于六部，全部公费及官吏廉俸薪工，姑以吏部言之，每季二万三千余两，以数百人分之，其余小九卿十数衙门，十不及一二焉。……缘每届京察大典用费何等浩繁，部领只三百两，则书吏赔垫不堪。"（何刚德：《客座偶谈》卷一，上海古籍出版社 1983 年影印版，第 2 页）另一方面，清代书吏升转极为艰难，难以在仕途上寻求发展，"至于书吏五年役满，原有考职铨选之例。但一经考授职衔，有候至二三十年不得一缺者"。（《云南布政使陈弘谋为书吏工食及考职事奏折》，乾隆二年正月二十二日，载《乾隆年间整饬书吏史料（上）》，《历史档案》2000 年第 2 期）
② 《清圣祖实录》卷一三一，《清实录》第 5 册，第 417 页。
③ 《清世宗实录》卷三，《清实录》第 7 册，第 83 页。

经朕查出，与受一体治罪。"①

然而，这些严厉的诏谕却未着成效，虽处置了一批贪婪的部吏，结果仍是"杀一虎狼，复养一虎狼，其噬人自若"②。会考府设立共三年，在达到将主要对手——廉亲王允禩扳倒的目的后，雍正帝即顺势收篷，以"但恐设立日久，多一衙门即多一事端"为由，撤销了会考府③。

作为中国历史上权力最大的王朝君主，亲力施为之下，历代清帝却无法革除蕞尔小吏的索费之弊，岂非悖论？究根穷源，苛刻的例案是部吏得以索费的土壤，只有改变例案治国的制度导向，方能有效遏制部吏乱政。晚清时期，冯桂芬建议简化行政程序，清理各类例案，制定简明易行的法规，便于官员熟习，从而消除部吏挟例乱政的空间，"吏之病根安在？在例案太繁而已。……宜简谙习吏事大小员数人，绅绎《会典》、《则例》等书，揽存其要，名之曰《简明则例》。每部不得逾二十万言，旧册存之，旧例旧案无论远近，一切毁之。以新例颁发大小官员，惟遍戒自今非新例不得援引，小事两可者，卿贰督抚以理断之"④。

冯桂芬并非坐谈空论，而是确有所本：同治二年（1863）年底，金陵被清军重重围困，镇压太平天国的胜利已可计日而待，随即军费奏销问题进入清廷的视野。这场战争首尾十四年，波及十余省，人力、物力消耗之重都是空前的。户、工、兵等部院胥吏不禁食指大动，急遣亲信奔赴用兵各省，与地方官吏相互勾结，议定了部费章程："潜与各该省佐杂微员中狙诈狡黠向与部吏串通，又能为莞库大吏关说者商议报销部费，某省每百几厘几毫，粗有成约；一面遣派工写算之清者，

<hr>

① 《雍正上谕内阁》，雍正二年十月，第一历史档案馆编：《雍正朝汉文谕旨汇编》第六册，广西师范大学出版社1999年版，第161页。
② 冯桂芬：《易吏胥议》，《校邠庐抗议》，第17页。
③ 其时允禩掌管工部事务，会考府设立后驳查的奏销案以工部居多，针对允禩的意味明显。雍正帝对此亦不讳言："又查会考府所驳九十六件之中，户部、兵部只十数件，惟工部则多至五十八件，似此则廉亲王之居心又可知矣。……且如廉亲王之狡诈，每预留余地以待会考府之驳，正使宽大之名归之于己，刻薄之名归之于会考府，伊生平用心之巧大率类此。"《雍正上谕内阁》，雍正三年八月，《雍正朝汉文谕旨汇编》第六册，第234页。
④ 冯桂芬：《省则例议》，《校邠庐抗议》，第15页。部分标点为笔者改动。

携带册式，就地坐办"，前后花费高达数万两，皆由部吏垫付。太平天
国战争与此前历次战争有极大差异：首先是军队性质的改变，清军主
力由定编定制的八旗与绿营兵，转化为临时招募的勇营兵；其次是军
费来源的改变，清王朝的税收结构由田赋等定额税为主，转化为以厘
金、关税等弹性税为主。时移世易，若依旧式例案进行军费奏销，钱
粮出入程序绝难符合，徒增部吏索费的空间。此时王文韶等较为明智
的户部官员认为，若听任部吏肆意操弄，必将对清王朝的善后造成隐
患：一方面，巨额部费将影响已千疮百孔的战区各省的经济恢复、人
心安定；另一方面，若严格执行奏销，自曾国藩、李鸿章以下的各路
统兵大员必因赔累而人人自危，统治集团内部将出现严重裂隙。同治
三年（1864）七月十二日，户部尚书倭仁上奏，请求将战争期间各省
军需"开具简明清单，奏明存案"，替代过往繁冗的奏销程序，获得两
宫太后允准。七月十三日，清廷颁发上谕，除奏销改章外，明确警告
部吏"如有在各处招摇撞骗、朦混包揽者，并着严行拿办，以惩奸
蠹"。在最高统治者坚定态度前，部吏无从施展伎俩，只得自认赔累，
京城政风为之一变，"诏书既降，都人士欢声如雷，各部书吏闻而大
骇，有相向泣者，其各省办事私人垫用巨款遂成虚耗，然口噤不敢告
人也"①。可见转变例案治国的导向非不能为，关键在于最高统治者的
意志。

　　但是，历代清帝却体现出不近情理的偏执：康熙帝曾言，"人有言
部中定例不一，不知应遵何例，此皆不谙事务之论。国家诸务，恃有成
例。苟无成例，何所遵行"②；乾隆十一年（1746），礼部尚书王安国力
谏乾隆帝，提议简化奏销程序，各部驳回奏销案时宜谨慎，使外官得以
究心于政务，"官司之精神血脉不至为贪胥猾吏所驱使，上下衙门明白
相承，尽化其疑阻留难之迹，而专心于国计民生"③，仍未被采纳。

---

　　① 李桓：《宝韦斋类稿》卷九六《宾退纪谈三》，光绪辛卯长沙芋园续刊版，第一页。
　　② 《清圣祖实录》卷二〇八，《清实录》第6册，第118页。
　　③ 王安国：《请省簿书以课农桑疏》，乾隆十一年，《清经世文编》卷一五，《清朝
经世文正续编》一，第157页。

　　向以英明著称的康、乾二帝如此昧于大势，其隐衷何在？一方面，作为由少数民族建立的王朝，出于对统治根基薄弱的忧虑，历代清帝顺沿宋明以来集权的趋向，极力将军政大权执于己手；另一方面，"以一人治天下"的政治格局难以持久，需适度向下分权以保障国家机器平稳运行，故自元代行省制度确立以来，明清省级行政架构不断完善，清代总督与巡抚常任化，手握一省或数省军政大权，对集权体制隐然又构成了威胁。因而历代清帝对于外官，特别是各省督抚，始终抱持高度的警惕，汲汲于防范。《大清会典》等政典煌煌数百万言，对于外官各类施政的奖惩皆有缜密的规定，但于外官职权范围的划分仅有寥寥数语，特别是同层官员权力界限模糊不清：就督抚而言，总督品级在巡抚之上，但两者皆有统辖地方军务与民政的职权。政典中虽规定总督以军务为主，兼辖民政，却未明晰何项民政是总督应管；总督辖区通常广至二三省，何省应多干预政务，何省应少干预，政典中亦未明晰，故督抚间互相掣肘势所难免。有清一代，因同城督抚矛盾而贻误政事的状况屡见不鲜①，薛福成指出其中关窍在于制度设定的导向："厥初总督不常设，值其时其地用兵者设之，军事既平遂不复罢，亦俾与巡抚互相稽察，所以示维制防恣横也。"正是为钳制督抚，历代清帝刻意从制度设定上促成督抚掣肘的局面，付出了省区施政紊乱的高昂代价。

　　与督抚掣肘类似，设立各类严苛的例案，固然造成了部吏勒索部费的空间，但令上至督抚，下至州县的外官们处于动辄得咎、敛

---

　　① "然一城之中，主大政者两人。志不齐，权不一，其势不得不出于争。如督抚两人皆不肖，则互相容隐以便图利，仍难收牵制之益，如乾隆间伍拉纳、浦霖之事可睹矣。若一贤一不肖，则以小人慧君子力常有余，以君子抗小人势常不足。即久而是非自明，赏罚不爽，而国计民生之受病已深，如康熙间噶礼、张伯行之事可睹矣。又有君子与小人共事不免稍事瞻徇者，如乾隆间孙嘉淦、许容之事可睹矣。若督抚皆贤，则本无所用其制，然或意见不同，性情不同，因而不相安者，虽贤者不免。曾文正公与沈文肃公葆桢，本不同城，且有推荐之谊，尚难始终浃洽，其他可知矣。"载徐一士《一士谭荟》，中华书局2007年版，第6页。

声屏息的状态①，从而以上驭下、以内驭外，自然能达到防范外官（特别是各地督抚）专擅的效用。此即帝王之"治术"，历代清帝皆心照不宣，虽一面痛斥奏销弊端，一面仍坚执例案治国，只有在部吏过于贪婪时才予以惩治。及至清末，文网稍宽，已有官员直指此种帝王心术，"显以防督抚之不职，隐以纵书吏之作奸，以致书吏之权愈重"②。

四　统治心态僵化：政风难肃的根由

建中四年（783），名臣陆贽因"奉天之难"劝谏唐德宗，对君臣之间"两情不通"导致的朝局混乱作了深入剖析：

> 所谓九弊者，上有其六而下有其三：好胜人，耻闻过，骋辩给，眩聪明，厉威严，恣强愎，此六者，君上之弊也；谄谀，顾望，畏懦，此三者，臣下之弊也。上好胜必甘于佞辞，上耻过必忌于直谏，如是则下之谄谀者顺指而忠实之语不闻矣。上骋辩必剿说而折人以言，上眩明必臆度而虞人以诈，如是则下之顾望者自便而切磨之辞不尽矣。上厉威必不能降情以接物，上恣愎必不能引咎以受规，如是则下之畏懦者避辜而情理之说不申矣。……上情不通于下则人惑，下情不通于上则君疑；疑则不纳其诚，惑则不从其令；诚而不见纳则应之以悖，令而不见从则加之以刑；下悖上刑，不败何待！是使乱多理少，从古以然。③

---

① 清代执行各类处分则例时，对外官处分的严厉程度远超京官，康熙年间"又如内官造报各项文册遗漏舛错，止罚俸一个月，同是干系钱粮，同是遗漏舛错，而外官之处分乃十倍于京官不止。由此观之，则外官罚俸之多可类推矣"。李之芳：《参罚繁密太甚》，载平汉英编《国朝名世宏文》卷三《吏集》，康熙年间刻本。

② 掌京畿道监察御史梁俊：《奏为军需报销招致物议请饬开具清单免造细册事》，光绪八年九月初八日，一档藏军机处录副，档案号：03–6017–035。

③ 司马光等修撰：《资治通鉴》卷二二九，建中四年十一月条，中华书局1956年版，第7384页。

这番论说鞭辟入里，点到了传统王朝"治道"的本质：君主的统治心态对政风吏治的趋向具有决定性的影响，若君主一味"眩聪明、厉威严，恣强愎"，对臣下百般猜忌，官场势必发生逆淘汰：正直有为者被摧抑压制，朝中徒留空言逢迎的诌谀者、行事观风从众的顾望者以及缺乏责任担当的畏懦者，恶劣政风自然会滋生蔓延。只有君主端正统治心态，开诚布公，不眩聪察，驭下以正，方为长治久安之道。方之以清代，正是历代清帝胸怀防范外官的私计，导致因循疲玩的政风难于得到扭转：

设立会考府本为遏制部吏索费的有力举措，雍正帝曾指明会考府应重点关注部院的苛查苛驳，"向来地方官奏销钱粮，不给部费则屡次驳回，恣行勒索。朕欲革除此弊，特设会考府衙门，前降谕旨甚明。近见各处奏销之事并不送会考府，各部有擅行驳回者，则勒索之弊尚未革除。嗣后有应驳之事，定须送会考府查看，如果应改驳，会考府王大臣官员列名驳回"①。但是，会考府前后运行三年，核办奏销案五百五十件，驳回改正者共九十六件，大多属户、工二部准案不当，户、工二部驳案不当为数极少②。雍正帝于奏章的处置皆事必躬亲③，会考府对待准案与驳案截然相反的态度，恰是雍正帝心迹的真实写照。雍正帝的隐衷迅即为部吏窥破，于是希旨承颜，装扮出执法严明的姿态，刻意加大对各地奏章的驳查力度，将违例官员从重议

---

① 《清世宗实录》卷四，《清实录》第 7 册，第 110 页。
② 现存会考府档案中，被驳回的部院不当驳案仅一件，即雍正二年十二月初十日《为驳工部不准浙江题销雍正元年塘工用银事说堂稿》，"会考府呈：准工部咨送原任浙江巡抚黄叔琳题销雍正元年岁修宁邑海塘用过钱粮一案。工部以海宁一带塘工，本年七月十八、十九两日潮水漫溢，致有冲坍，其冲坍若干丈、未经冲坍若干丈之处，未经声明，不便遽准。行令该署抚查明，到日再议。等因前来。查浙江宁邑海塘，康熙六十一年共享岁修银二万二千八百九十六两零，经本府驳查后，请销银一万一百十九两零。今雍正元年岁修止请销银八千六百一两零，较之康熙六十一年止用三分之一，自应准销。何得以本年潮水漫溢，而查其有无冲坍之处。况所用工料银两，系康熙元年岁修之工，今即有冲坍之处，亦不得因本年冲坍，并雍正元年所用工料银亦不准销"。《雍正朝会考府汉文档案全编（下）》，《历史档案》2003 年第 2 期。
③ 况各省大臣题奏事件，俱朕亲览，交部定议，及议覆时，朕详览独断。《清世宗实录》卷二五，《清实录》第 7 册，第 394 页。

处，达到对外官变相勒索的目的。雍正七年（1729）前后①，礼部右侍郎蔡世远上奏，揭露了当时部院官吏的恶习：

> 数年以来，堂官永杜贿嘱，司官畏法谨守，即书办中容有招引勾通之徒，亦已颇知畏戢矣。但六部之积习犹有未尽除者，盖缘书办常有希冀打点讲究之意，即司官亦或暗藏此心者。故于拟稿之时，凡事在于可行可驳之间者，则必搜其故而驳之，在于可轻可重之间者，则必就其重而议之。即有明察司官为持平之议，彼则以为议行议轻迹涉有私，不如议驳议重可以自明其无私。争之者亦遂恐涉于有私之嫌，不敢坚执者有之，总缘欲预为日后打点讲究之地。故借无私之说以自文，实挟有私之意以希冀，此等积习尚未能除。夫受贿行私固为坏法之尤，若不酌清理之宜，只以无私为远嫌，其心甚不可问，况又为打点之地乎。伏乞皇上颁发谕旨，将此积弊明白指出，庶守正持平者有所借以自壮，而彼自托无私者知所退缩，而书办亦不得牵引以为打点讲究之资矣。②

面对蔡世远切中时弊的奏议，向以批阅奏章为乐事，动辄朱谕千言的雍正帝却不置一词，始终抱持缄默，亦无除弊举措③，与其雷厉风行的性格大相径庭。蔡世远素以忠正廉勤著称于朝野，深受雍正帝

---

① 原档缺日期，《清实录》载蔡世远任礼部右侍郎为雍正六年七月至雍正八年七月间，笔者据此推断为雍正七年前后所奏。《清世宗实录》卷七一，《清实录》第7册，第1060页；《清世宗实录》卷九六，《清实录》第8册，第286页。

② 经筵讲官、礼部右侍郎蔡世远：《奏陈请颁旨以除六部之积习折》，台北"故宫博物院"藏宫中档奏折，档案号：402004967。

③ 据《清实录》载，蔡世远上奏前后，雍正八年三月，雍正帝曾就陕西兴汉镇绿营存在"每年兵丁公凑银三百两，同奏销银两一并交送部科"的部费现象发出上谕，"着通行各省营伍，若有似此陋规，即严行禁革。如部科书吏人等仍前需索，或于文移册籍中故意搜求，该管大臣等具折参奏"。雍正帝的上谕并未涉及惩治部吏刻意查之习气，而是笼统的对索取部费的现象申饬。可见雍正帝并不认同蔡世远奏章之旨趣。《清世宗实录》卷九二，《清实录》第8册，第237页。

信赖，长期教授皇子弘历的古文。耐人寻味的是，蔡世远的命运在上奏后发生了变化，雍正八年（1730）八月，因长子蔡长汉"违例"私给船照，蔡世远为福建总督高其倬所劾，尽管查明持照者非其直系亲属，仍予降二级调用处分，其后郁病而终①。实质上，苛查苛驳迎合了雍正帝防范外官的心意，部吏施展以严苛为无私的政治妆术，即可大行其道；蔡世远之类"守正持平者"犯颜直谏反遭冷遇摧抑。雍正帝对苛查奏销名禁实纵，使继位后整顿部吏乱政的各种举措归于无着，助长了因循疲玩政风的酝酿发酵②。

与雍正帝类似，天理教起义后，嘉庆帝大力整肃政风，激励朝臣直陈致弊之源，"祸变之来，必有由致，不究其本，患将未已，诸王大臣及各言官如能洞见致患之原，官常吏治有亟须整饬修明者，各据所知，剀切直陈，朕必衷而行之"③。广开言路之下，嘉庆帝迅速厘清了根源：首先是各级官员畏惧处分而塞责渎职，"遇一公务，彼此推诿，各顾处分，上下回护，所办无实政，所议皆游辞。……丛脞疲玩，怠惰因循，吏治之坏，至今极矣"④；其次是州县存留经费过低，官员顾忌奏销，无心于地方治理，陷于"悠忽度日"的疲沓状态，"百姓困穷为致变之源，而其本又在州县亦多困穷，无暇抚字也。……今之时势，官民交困，悠忽度日，难言操守"⑤。嘉庆帝切中了因循疲玩的根源，但随即却将除弊的责任推给了各省督抚："督抚大吏诚能培养州县，使无匮乏，然后责以治理，奖善惩贪，至公无

① 蔡世远背负的处分一直未被注销，直至其去世前不久，雍正帝方以恩赐的姿态撤销了处分。李桓编：《国朝耆献类征》卷六九《卿贰二十九》，《三十三种清代人物传记资料汇编》第十二册，齐鲁书社2009年版，第63页。

② 雍正帝去世前夕，署湖北巡抚吴应棻奏报了湖北官场严重的疲玩状况："湖北吏治废弛已极，无论钦部大小案件，俱经年累月拖延不结，……而地方官吏如此疲玩，习为固然。……现今奏销在即，一应文册严催不应，至州县沈搁之案更不可胜计。"署理湖北巡抚印务、兵部右侍郎吴应棻：《奏报湖北省吏治废弛之因》，雍正十三年闰四月十七日，台北"故宫博物院"藏宫中档奏折，档案号：402008723。

③ 《清仁宗实录》卷二七四，《清实录》第31册，第722页。

④ 《清仁宗实录》卷二七五，《清实录》第31册，第758页。

⑤ 《清仁宗实录》卷二八一，《清实录》第31册，第840页。

私"①。无论例案繁简抑或存留多寡，权柄皆操于清帝，督抚无权定制，责成督抚"培养州县"，使之无处分之惧、经费之虞，无异缘木求鱼。这番举措表明，若对捉襟见肘的地方经费与苛密的例案实力整顿，即有扩张外官权力之虞，无疑触及了嘉庆帝防范外官的心理底线，于是口惠而实不至，将责任一推了之。

其后数年间，嘉庆帝逐渐转换话术，将致弊之由聚焦于到官员的个人品性，如《因循疲玩论》所言："君臣交接以诚，辩论以诚，莅政以诚，何患不治乎。若奏对以伪，谈论以伪，治理以伪，终归于乱矣。"② 嘉庆帝力倡"交接以诚"，实指因循疲玩源于群臣"不诚"，将政风转变冀望于群臣对己输诚，并无规正自身统治心态的意味，整顿政风的着力点亦转为鉴别官员品性正邪③及推行礼乐教化④。一面苛察猜忌，将本应促进国家财政廉洁高效运转的奏销制度，转化为钳制臣下的刑具；一面却施以空洞的文辞教化，希图官吏输诚担责、实心任事。恰如法国学者佩雷菲特对清朝官场的讥讽："处于等级制度低层的官员的主动性被高层扼杀，高层官员反过来又像失去冷静的高雅人士那样激烈地指责低层官员无所事事"⑤，如此倒果为因，避实蹈虚，欲使吏治澄清，其可得乎？长此以往，只能是上下之情阻塞，不肖官吏欺上压下，陷入"君愈察，吏愈诈"的恶性循环，最终导致官场风纪败坏与国家治理能力全面弱化。

在因循疲玩政风的长期熏染下，道光年间的官场已整体塌陷，无

---

① 《清仁宗实录》卷二八一，《清实录》第 31 册，第 840 页。

② 故宫博物院编：《清仁宗御制文》第一册，海南出版社 2000 年版，第 287 页。

③ 如嘉庆十八年十二月所颁《御制原教谕》中称："在任者不肯实心，去任者不知畏惧，以伪乱真，悠忽度日，此实朕德之不修。教之不正。君不正臣亦多偏，无怪乎邪教接踵而起，皆朕不正群臣之咎，而内外臣工亦各有不能正己之处，焉能去邪黜伪，修己以治百姓。我君臣各思奋勉，或可挽回污俗，稍盖前愆于万一耳。"《清仁宗实录》卷二八一，《清实录》第 31 册，第 841 页。

④ 张瑞龙：《天理教事件与清中叶的政治、学术与社会》，中华书局 2014 年版，第 84—93 页。

⑤ ［法］佩雷菲特著：《停滞的帝国：两个世界的撞击》，王国卿等译，生活·读书·新知三联书店 2013 年版，第 147 页。

论操守贪廉，官员多处于颓废低能的状态，无力应对"例外之事"的挑战，如当时"能臣"周天爵所言："今则清谨者但拘文法循资格，中下者更惰废苟且，是贪与廉皆不能办事也。"① 这些成日究心于制造种种暗盘潜规以图符合例案，集庸惰贪酷于一身的官僚们，在鸦片战争后如暴风骤雨般降临的内忧外患前，张皇失措，缘饰欺瞒，一任地方糜烂，令清王朝的统治摇摇欲坠。

因太平天国起义的巨大冲击，咸丰帝毅然决断，对疆臣及统兵大员"贷其处分，宽其定例"②，将部分军政权力下移地方。此种权宜之举固然使清王朝度过了重重危机，但以胡林翼为代表的有为督抚们往往先行后奏③，产生了外重内轻的趋向。此时清廷理当变革例案治国的制度导向，沿着同治三年（1864）军需奏销案变通的理路，擘画新规，理顺央地权力关系。但是，以西太后为首的清廷统治者们因狭窄的眼界及低下的国家治理能力，仍然昧于大势，希图苟安于一时，刻意强调"规复祖制"④，致使朝局政风沉浸在"因循

---

① 李滨：《中兴别纪》卷九，载太平天国历史博物馆编《太平天国资料汇编》第二册上，中华书局1979年版，第154页。

② 中国第一历史档案馆编：《清政府镇压太平天国档案史料》第6册，社会科学文献出版社1992年版，第362页。

③ 如咸丰十年二月，胡林翼指示湖北盐道顾文彬："户部近二年谬处甚多，少奏少咨为是，如铸钱之案，尊处可详来，弟必批驳，不准咨复。异日有事，弟执其咎也。"《致顾子山》，咸丰十年二月二十一日，《胡林翼集》（二），第458页。

④ 早在同治三年变通军需奏销案时，两宫太后即已言明，此系特例，将来不得援引参照："其自本年七月起，一应军需凡有例可循者，务当遵例支发，力求撙节，其例所不及有应酌量变通者，亦须先行奏咨备案，事竣之日，一体造册报销。不得以此次特恩妄生希冀。"（李桓：《宝韦斋类稿》卷九六《宾退纪谈三》，光绪辛卯长沙芋园续刊版，第二页）其后各部院仍僵化执行旧奏销例案，部吏遂从中取利，以致官场积弊日重，"惟历年既久，用款甚繁，军需正项及善后事宜名目尤多，若必造具细册与例吻合，往往再三驳查，稽延时日，甚至迁就挪移，串通嘱托，百弊丛生，并有应行造报之案积久未办，转不足以昭核实"，终于引发了云南奏销的重大弊案。在此局面下，光绪八年九月，西太后被迫因应御史梁俊的所奏，参照同治三年变通之例，将各省光绪八年八月前军需开销开具清单，免予造册报销。但仍声明下不为例，"至嗣后军需善后应行造销之款，仍着查照定例，随时赶紧报销，不准稍有延搁"。可见在所谓"同光中兴"时期，西太后的施政理念不过是希图苟安于一时而已，绝无主动除弊变革之意。（第一历史档案馆编：《光宣两朝上谕档》第八册，广西师范大学出版社1996年版，第248页）

疲玩"中，无力自拔①。直至戊戌变法前后，清廷方对例案治国的
陈腐悖谬有所醒觉，试图变革②。清末新政期间，清廷终于抛弃例案
治国的旧法，引入西方近代的财政体制，推行了改革官制以限制督
抚财权，设立预算以划分央地财政，裁革书吏以清除部费弊端等诸
多举措。但缓不应急，改革尚未见成效，清王朝已在辛亥革命的炮
火中轰然坍塌。

---

① 张之洞曾就云南奏销案上奏，揭示了官风日益糜烂状况："迨至有意作难，外省无
从措手，不予费则巨款难销，欲予费则自干宪典，将令外省何所适从。且即欲予费，而不
浮不冒，钱将安出，莞度支者不亦难乎。以臣所闻，从前历办军需，凡有报销，即有部费，
特早年为数较少，且风气谨朴，职官自爱，惟部吏有之，司官以上则未闻焉。咸丰季年，
始有司员招物议者。同治中年，始有局外之京官选入居间分润者。至近三五年，而肆滥极
矣。以多年大利之源，一旦欲尽绝之，令职官从此不扦法网可也，谓部吏从此不敢需索，
特部臣亦未之敢信也。"张之洞：《请明定报销饭银折》，光绪九年十一月十七日，赵德馨、
吴剑杰等主编：《张之洞全集》一，武汉出版社 2008 年版，第 210 页。
② 光绪帝要求各部院删改旧则例，制定简明新则例："着各部院堂官督饬司员，各将
该衙门旧例细心绁绎，其有语涉两歧、易滋弊混，或貌似详明，揆之情理，实多窒碍者，
概行删去。另定简明则例，奏准施行。"户部尚书敬信：《奏为遵旨删定则例将办理情形具
奏事》，光绪二十四年七月十六日，一档藏军机处录副，档案号：03 - 9449 - 003。

16—19 世纪中日货币流通制度演进路径的分流[*]

仲伟民　邱永志

（清华大学　历史系；云南大学　历史与档案学院）

自"加州学派"学者提出中西道路大分流以来，"大分流"问题不断引起学界的讨论，近年来重要表现之一就是关于中日近代化道路分流问题的再探。19 世纪中下叶，处于相似背景下的中日两国几乎同时迈向近代化，但两者所呈现出的过程、路径与结局却截然不同。朱荫贵详细比较了中日两国国情的异同，讨论了中日分流的前提、基础和关键性因素，强调两者分流的深层次因素虽可溯源至两国文化传统的差异，但最关键的差别在于两国决策集团的思维意识、目标指向以及两国发展模式与干预能力的不同。[①] 贾根良指出，中日两国在近代化阶段是否接触并运用李斯特经济学的发展逻辑，强力主导干预本国经济，才是决定两国分流的根本原因。[②] 朱荫贵强调的国家干预方式、能力和贾根良强调的李斯特经济学的政策运用存在学理相通性，为理解该问题提供了基础。

---

[*] 本文为国家社会科学基金重大招标项目"世界货币制度史的比较研究"（项目编号：18ZDA089）。

[①] 朱荫贵：《中国早期现代化：与日本的比较》，《中国社会科学》2016 年第 9 期；《政府干预导致中日早期现代化"大分流"》，《中国社会科学报》2015 年 5 月 29 日，第 6 版。

[②] 贾根良：《李斯特经济学的历史地位、性质与重大现实意义》，《学习与探索》2015 年第 1 期；《甲午战争败于晚清领导集团的发展战略观——贾根良教授访谈录》，《管理学刊》2015 年第 2 期。

具体到本文讨论的货币金融层面，两位学者都认为中日分流的另一关键因素在于政府是否有能力在不利的国际环境中，因势利导地建立起国家主导的近代金融制度。贾根良认为，日本逐步建立起对其主权信贷具有决定性作用的国家银行体系，掌控着本国金融市场和对外贸易的融资、产品定价权，为工业化融资和国家财政提供强有力的资金保障。国家银行制度的核心是中央政府拥有唯一的货币发行权，货币发行权不仅可以通过银行体系，特别是纸币发行为工业化融资提供成倍的信贷创造，而且还可以通过铸币税为国家财政提供巨额资金；晚清时期的中国与其形成了鲜明对比，汇丰银行等外国银行通过买办控制和支配了晚清政府的货币金融主权及金融市场，从而控制了晚清的经济命脉，导致中国工业化缺乏资金、财政主权丧失、国内市场四分五裂和外资拥有经济支配权等问题。[①]

与此密切相关的另一重要问题也亟待回答：何以近代日本能够较为顺利地建立起近代货币金融制度，而中国的货币制度却陷入更加混乱不堪的局面？基于比较的视角，部分学者将视域延伸至更长时段来观察。

宫本又郎、鹿野嘉昭基于东亚国际视角，分析了近世中日货币制度的差异，认为中国铜钱铸造量的急速下降、私铸泛滥导致的价值紊乱，使得中国铜钱丧失了在东亚地区的基准货币角色，欧人东来、明清易代进一步促使日本走向建立独立货币制度的道路。德川幕府时代，日本逐步建立起统一的金银铜三货制度，金银铜矿被严格管控。德川幕府积极干预对外贸易，不断调整贵金属的进出口政策，通过货币改铸调整货币量与经济发展的关系，使得金属货币脱离内在实体而更加名目化。为了在金属增量日益受限的前提下通过变更名义价值量调控流通市场，德川幕府后期进一步建立了金本位的金银一体化标准，货币的定价权牢牢控制在政府手里。尽管存在多元货币与货币地

---

① 贾根良：《甲午战争败于晚清领导集团的发展战略观——贾根良教授访谈录》，《管理学刊》2015 年第 2 期。

域不统一的情形，但德川幕府时代货币制度的建立标志着日本逐步摆脱中国的影响与欧洲殖民者主导的全球经贸体系，走向构建独特货币制度的道路。相反，中国却被动卷入这个体系。[①] 黑田明伸结合地域个案、基于市场流通角度，认为近世中国的基层市场主要以自律性的本地货币创造（外部货币）来组织地域流动性，自由程度较高，但壁垒门槛较低，信用融通度也较差；日本多以村团体组织为基础，在地方法权共同体制约下主要通过信用融通方式（内部货币）组织地域流动性。这种差异构成了中日货币信用制度产生分流的源头。[②] 张光等运用帕特里克（Hugh T. Patrick）关于现代货币需要"经济性"和"效率"的观点，错位对比了明治维新时期与明清时期货币金融体制构建的差异，认为日本通过政府主导的一系列公共财政建设和金融改革完成了金融革命，建立了兼具经济性和效率的现代货币制度，中国与之对比差距达半个世纪以上。[③] 李红梅通过对比清代和德川幕府时代的货币政策，认为日本更强有力地控制了货币的铸造和发行权，通过货币改铸更加有效地实现了货币数量的宏观调控，在向近代化转型的过程中更多依靠内部改革实现金本位制，中国与之对比差异明显。[④] 许晨结合矿产资源禀赋条件认为，日本的货币分层制度具有内生性，通过货币改铸与白银铸币化实现了货币供给的扩大、主辅币的关联，为单一本位制提供基础；中国的货币分层制度极具外生性，无法通过内部制度改革扩大货币供给、建立本位制。[⑤]

　　尽管已有一些相关研究，不过正如荷尼夫（Niv Horesh）指出的那样，学界在探寻"大分流"问题时很少触及货币金融层面，甚至

　　① ［日］宫本又郎、鹿野嘉昭：《德川幣制の成立と東アジア国際関系》，《国民経済雜誌》第 179 卷第 3 号，1999 年，第 1—20 页。
　　② ［日］黑田明伸：《货币制度的世界史——解读非"对称性"》，何平译，中国人民大学出版社 2007 年版，第 157—164 页。
　　③ 张光、汤金旭：《纸币与白银——明治维新后日本与明清中国货币体制之比较》，参见莽景石编《南开日本研究》，世界知识出版社 2011 年版。
　　④ 李红梅：《清代和江户时代货币政策比较试论》，《河北师范大学学报》2015 年第 6 期。
　　⑤ 许晨：《矿权与铸币化：近世日本分层货币制度的演进——兼论与中国的比较》，《南开学报》2019 年第 5 期。

认为货币金融制度不是分流的要素之一，[①] 实有缺憾。荷氏从近代早期欧洲金本位制的内在转向、全球贵金属流动的主导地位、铸币技术的赶超等方面勾勒了中西欧货币制度分流的基本图景，并指出谁能铸造更好的货币，实则是分流的直接体现。[②]

通过以上梳理可知，学者虽日益明晰近代前后中日货币制度存在重要差异，但尚无学者从长时段角度对称比较研究两国货币流通制度演进路径的分流问题，尤其是在中国为何于 16 世纪失去货币主导权、日本又为何能建立起货币主导权、历史传统基础对近代金融体制构建的作用等问题上缺乏深入分析。

一　货币主导权的下移与上移

（一）中国：制度管理的下移

宋元时期至明朝初年，中国的货币制度出现了从铜钱为主转向纸钞为主，以及纸钞背后价值基准由铁钱、铜钱转向白银的变化，但政府对于货币铸造和发行权的掌控较为稳固。明朝中叶，政府的货币主导权出现明显下移，突出表现为政府货币发行权动摇的自下而上的货币称量银化，以及政府弱化了对核心货币的管理干预能力。阿谢德（S. A. M. Adshead）指出，宋元明时期，中国货币制度由纸币转向白银，标志着国家主义的衰退，这在中国以及世界货币发展史上都是一个重大事件。[③] 万志英认为，宋元明货币流通制度演进的路径反映了专制政府向市场屈服的过程，最终"自由型"货币制度逐步盛行。[④]

---

① ［美］王国斌、罗森塔尔：《大分流之外：中国和欧洲经济变迁的政治》，周琳译，江苏人民出版社 2018 年版，第 138 页。

② Niv Horesh, *Chinese Money in Global Context: Historic Junctures Between 600 BCE and 2012*, Stanford: Stanford University Press, 2014, pp. 83 - 117.

③ ［英］艾兹赫德著：《世界历史中的中国》，姜智芹译，上海人民出版社 2009 年版，第 5 页。

④ Richard von Glahn, *Fountain of Fortune: Money and Monetary Policy in China, 1000 - 1700*, Berkeley and Los Angeles: Unversity of California Press, 1996.

杜恂诚赞同"自由型"货币制度的说法，认为明清政府对于货币体系的总控制薄弱，货币的外生性明显，货币市场发育较为初级。① 货币主导权的下移实际是明初货币制度缺失与明中叶货币制度变革的直接产物。

对于明代货币白银化，学界多是从市场化的视角肯定其积极意义，很少从制度安排的逻辑机理来看待来自民间的称量银替代官方主导的纸钞、铜钱成为主币，以及由此带来的货币主导权下移问题。最新研究表明，明代货币白银化的历史前提虽有宋金元时期白银货币化不断发展的因素，但由于银矿贫乏、不利财政集权等因素，白银作为称量形态的货币，很难被专制集权政府倚重。宋代政府多将其作为官方铜钱的替代品纳入财政领域；金元两朝也只是将其作为国家信用纸钞的价值基准而行用。② 明代货币白银化最终蔚然成势有着极为特殊的制度契机和现实原因，可归结为以下三点：

其一，明初政府承继并改造了蒙元时期不少社会经济制度，塑造了全新的国家组织方式和市场发展态势，重构了政府与市场的关系。其表现为具有游牧国家或中古国家特性的职业户计制和全民服役制、计丁征派的赋税劳役制、贵族分封与驱奴私属制、官营手工业制、籍没官田制、军卫屯田制等制度大多被明朝吸纳，加之里甲、直接专卖、海禁等制度的推出，最终形成了一套抑制商业市场、摒弃货币运作的经济理念和制度实践。在此背景下，明初货币制度逐渐失去良性发育条件，货币制度出现重大转型势难避免。

其二，明初建立的实物劳役型财政制度与单一而完全名目空心化的国家纸钞制度，及其对社会经济"画地为牢"式的严格管控，使得货币制度不仅失去良性发育土壤，而且呈现出制度性的内在缺失。大明宝钞完全以法令强制实行、不兑现流通，具有无准备发行、无兑

① 杜恂诚、李晋：《白银进出口与明清货币制度演变》，《中国经济史研究》2017 年第 3 期。
② 邱永志、张国坤：《基准转移、结构嵌入与信用离散——近世货币变迁中的白银问题》，《中国经济史研究》2020 年第 1 期。

换安排、无数量控制、无制度配套的"四无"特点，几乎只执行财政支付功能。同时，政府先后禁止民间金银、铜钱流通，强制推行官定折兑价，使得货币制度在制度设计顶层出现严重的失范和失序，严重冲击着长久以来政府主导型货币铜钱、纸钞的制度基础和信用内核，结果导致社会经济自下而上内生出以称量银为核心的货币流通制度。

其三，明代称量银自下而上崛起，可以说是政府与市场经过曲折选择的产物。政府最初着力挽救宝钞，但因宝钞的受领性极低、贬值迅速等因素，而归于失败。财政不少项目初期虽多有折纳金银、布绢、钱钞等情形。不过，宣德时期，政府底层官员由于切身利益的损失而悄然进行皂隶折银改革，后来在更大范围内，中上层官员如周忱等认识到赋役变通折银的做法不仅更为有效，且更容易处理因政府不断敛派所致的明初弹性征调体制（即非定额和不明确的实物劳役型财政体制）所造成的诸种问题。白银以其价值稳定的特点在财政体制中的作用日益突出。政府财政领域的折银改革过程繁杂、漫长。伴随着明中叶的财政改革，政府对于白银作为定额计量、折纳手段的依赖也日益强化。

基层市场的选择颇为曲折。在纸钞贬值遭弃后，两京—大运河一线沿岸以及东南沿海地区的商贸市场先是在禁用铜钱的法令中广泛恢复行用铜钱，迫使政府放开钱禁。但明朝政府自洪武二十七年（1394）之后，近半个世纪里禁止铜钱交易，在其后近半个世纪的时间里没有铸造铜钱供应国内市场。这使得主要依赖唐宋旧钱的基层市场很快出现通货短缺的问题。民间只能通过析分好钱、私铸来弥补货币的不足，导致私铸之风盛行，最后私铸泛滥成灾，无法收拾。私钱在明弘治后期至嘉靖前期全面占据国内市场，且私钱的价值不断下跌至6000文值银1两的水准。良劣币竞择的结果是当劣币驱逐良币（私钱驱逐好钱）达到一定的临界点时，便开始出现另一种良币驱逐劣币（白银替代私钱）的现象，称量银不断替代私钱渐成基层市场的主要交易媒介。①

可见，货币白银化并非明朝政府强制性变迁的结果，而是在市场力量崛起的背景下货币制度缺失、贡赋体制吸纳、良劣币竞择的动态演进产物。而海外白银大量流入中国，使得货币白银化的态势难以逆转。

随着白银逐渐成为主导货币、货币经济不断发展之际，由于明初诸种社会经济制度的设计理念主要是着眼于建立简单而又实物特色浓厚的小农社会，使其在面临商业复苏时呈现出僵化特质。明中后期国家在货币财政领域虽有诸种自下而上与自上而下的货币化改革，但始终无法因势利导建立起有效的货币金融制度。这在嘉靖、万历时期表现得尤为明显。② 其中，白银以原始称量形态而非国家铸币形态流通，③ 以及由此带来的货币发行权的动摇应是最重要的原因。货币主导权的下移趋势自 16 世纪开始鲜明呈现，历 18 世纪虽有曲折，④ 但终成为历史定局。

在制度层面，以称量银为核心的货币流通制度并非银本位制。明清政府也无强制约束力的管理制度，大多只能通过投放铸钱调节银钱比价、调整税收领域的搭配方式和比例等措施，间接对白银进行软调适。明清政府只对铸造伪银的行为进行打击，为保证赋税银成色，嘉靖八年（1529）及雍正年间，政府先后制定并重申银匠刻铭制度，但这与

---

① 邱永志：《"白银时代"的落地：明代货币白银化与银钱并行格局的形成》，社会科学文献出版社 2018 年版，第 77—80、133—283 页；《祖宗成例："洪武货币秩序"的形成》，《史林》2020 年第 2 期。

② 邱永志：《"白银时代"的落地：明代货币白银化与银钱并行格局的形成》，第 164—276 页；《明代隆万时期的货币扩张与地方反应》，《厦门大学学报》2019 年第 2 期。

③ 学界对此问题探讨很少，赵轶峰（《明代经济的结构性变化》，《求是学刊》2016 年第 2 期）推测原因有三：其一，明代以前没有贵金属作为铸币的成功经验可资借鉴；其二，官方铸币技术无法与私铸拉开差距；其三，国家内部没有认真就贵金属铸币与称量货币间的差异以及铸币的可行性提出系统论证。笔者认为，除此之外，还有明代白银自下而上崛起的演化路径、金银矿贫乏、内敛型的国家经济制度设计、过分重视铜钱等原因。

④ 邱永志：《"白银时代"的落地：明代货币白银化与银钱并行格局的形成》，第 187—223 页；张宁：《15—19 世纪中国货币流通变革研究》，中国社会科学出版社 2018 年版，第 151—164 页。

货币制度建设并不相干。① 在明清国家典章制度中只有"钱法""钞法"而无"银法",白银的熔铸、发行及管理权利多归属民间势力,供应来源又主要是海外的日本、美洲等地,体现了国家对于核心货币管理的缺失。学者指出,明初指令型经济体制崩溃的同时,也终结了政府有效干预民间经济的时代,使得16世纪以降货币经济的繁荣对于政府财税增加而言没有多少意义。② 清朝虽然整顿了明末货币财政体制的不少弊病,但在货币财政制度框架上较大程度继承了明后期的改革遗产。清政府一方面将晚明的一条鞭法及其伴随的折银改革推向深入,一方面在货币财政领域强调重银轻钱的理念与白银的本位与基准作用。③ 同时,清朝的施政尽量减少对民间经济社会的干预,包括对土地要素管理的放任,对商业活动管理的宽松,对海外贸易的自由放任(除海禁时期外),地方治理依赖地方势力和士绅阶层,以及确立以土地税为主且较为固定的税制框架、坚持藏富于民的思想等都体现这一点。对国家货币经济的放任和不干涉立场,使清后期国家逐渐丧失了经济持续发展的机会。④ 明清时期,中国对于白银的自由放任、"小政府"的形成及其对民间经济多不干预的模式互为表里。⑤

相较称量白银,明清政府对于小额制钱的管理更为积极。自官方纸币淡出舞台后,制钱成为明清政府唯一掌握并铸行的货币。就制度管理的绩效而言,铜钱体制的起伏并没有阻止中国货币主导权下移的趋势。

---

① 戴建兵:《中国近代银两史》,中国社会科学出版社2007年版,第30、42页。

② William Guanglin Liu, *The Chinese Market Economy*, *1000 – 1500*, Albany: State University of New York Press, 2015, p. 64.

③ 贺长龄辑:《清经世文编》卷五三《申铜禁酌鼓铸疏》,中华书局1992年版,第1318页;张廷玉等撰:《清朝文献通考》卷一六《钱币考四》,上海商务印书馆1936年版,第5002页。

④ 〔美〕万志英著:《剑桥中国经济史》,崔传刚译,中国人民大学出版社2018年版,第269—274页。

⑤ 不过,张瑞威指出,18世纪中国区际自由市场的出现不是政府放任而是政府积极干预的结果,表明即使是政府出台干预政策也多是为了维持市场的自由运行。Sui-wai Cheung, *The price of rice*: *market integration in eighteenth-century China*, Bellingham: Western Washington University Press, 2008。

钱法在明清时期经历了式微—重整—式微的起伏过程，18 世纪显然是制钱制度的重整期和铜钱流通的繁荣期。15 世纪中叶以降，随着明代禁钱流通政策的解除，旧钱、制钱都被允许流通。在通货紧缩与政府铸钱稀少的背景下，铜钱私铸行为屡禁难止，铜钱的制度管理大打折扣。16 世纪中后期，明朝全面重整钱法却不断遭遇挫败，制钱多被排挤出税收领域，行钱地带狭小、铜钱种类繁杂、私铸问题突出，政府在货币市场上不断向市场力量妥协、屈服。[1] 明代中后期的铜钱体制处于式微状态，白银替代铜钱支配了流通领域。[2] 18 世纪是制钱制度的复兴期，这既得益于清政府对于铸钱制度不遗余力地坚持，也与日本铜、云南铜（贵州铅）在特殊契机下的大开发直接有关，更与货币白银化拓宽市场范围所造成的货币需求有关。为此，清政府在制钱铸造的各个环节建立了严密的管理制度：从币材的采购到铸币过程的管理再到制钱的投放供应，制钱在不少地区取代白银成为新的本位币，体现了钱法的恢复性重整取得很大成效。[3] 清政府对制钱铸造管理采取中央两局为主、各省为辅的分散铸币方式。不过就整个环节而言，维持制钱体制运转的代价高昂，堪称"脆弱的金融平衡"[4]。原因有三：第一，铸行的制钱属于小额货币，清政府获得的铸利很小，一旦遭遇矿源枯竭、铜价上升，各级政府铸钱的动力将大打折扣。尤其是在制钱标准确定的前提下，更是如此；第二，清政府维持铜钱币材供应的代价高昂，尤其是滇铜黔铅京运、外运的运输成

---

[1] Richard von Glahn, *Fountain of Fortune*: *Money and Monetary Policy in China*, *1000 – 1700*, pp. 166 – 172.

[2] 邱永志：《"白银时代"的落地：明代货币白银化与银钱并行格局的形成》，第 278—283 页。

[3] 关于这方面的研究不少，最新如和文凯：《乾隆朝铜钱管理的政策讨论及实践——兼与 18 世纪英国小额货币管理的比较》，《中国经济史研究》2016 年第 1 期；李强：《金融视角下的"康乾盛世"——以制钱体系为核心》，黄山书社 2007 年版；王德泰：《清代前期钱币制度形态研究》，中国社会科学出版社 2013 年版；马琦：《国家资源：清代滇铜黔铅开发研究》，人民出版社 2013 年版。

[4] 币材的获得、滇铜黔铅的运输、其他金属的开采、铸造的高昂成本等俱说明此点，参见李强《金融视角下的"康乾盛世"——以制钱体系为核心》，第 225—266 页。

本损耗巨大，这种状况断难持久。第三，被允许流通的货币种类很
多，历代旧钱、前朝制钱，加之私销、私铸难以禁绝以及称量银的广
泛存在，使得货币体系变动无定，故清政府坚持的银钱法定比价并未
有效实行。况且铜钱在各个领域所占比重虽历时有所变化，但与白银
的占比而言相差较大。① 与白银相似，铜钱本身还存在新旧、地域、
数量及质量的差别，"银钱二币服务的领域不同，而且它们之间长期
波动的兑换率显示它们之间存在一个复杂的机制"②。这显示出清政
府对于铜钱的制度管理面临较大困境。18 世纪后期以降，随着币材
供给的短缺，钱法再度式微。③

（二）日本：制度管理的上移

从仿制中国铜钱到输入中国铜钱（主要是宋明钱）满足国内流通
的需要，古代日本的货币制度深受中国影响，但货币制度管理远逊于
中国。到了战国时代（1467—1573），日本的货币经济有所发展，货
币需求不断增加，铜钱购买力较高。为此，日本通过各种方式从中国
输入铜钱，致使中国的宋明钱在日本广泛流通。④ 然而，随着中国本
土铜钱铸造数量减少、私铸猖獗以及中日关系的变化，日本的货币市
场也陷入与中国相似的危机之中。铜钱挑拣、私铸现象严重，实物货
币米谷盛行，货币流通制度亟待转型。⑤ 虽然日本原有的货币制度管
理水平与货币流通基础落后于中国，但日本凭借特殊契机稳步建立起
具有货币主导权上移特征的货币制度。

与同时期中国的统一局面不同，战国后期日本处于秩序混乱、诸

① 杨端六：《清代货币金融史稿》，武汉大学出版社 2007 年版，第 57—58 页；陈锋：
《明清时代的"统计银两化"与"银钱兼权"》，《中国经济史研究》2019 年第 6 期。
② Richard von Glahn, *Fountain of Fortune: Money and Monetary Policy in China, 1000 - 1700*, p. 8.
③ 林满红：《银线：19 世纪的世界与中国》，江苏人民出版社 2011 年版，第 25—26 页。
④ 周爱萍：《日本德川时代货币制度研究》，中国社会科学出版社 2010 年版，第 51、52 页。
⑤ ［日］速水融等编：《经济社会的成立：17—18 世纪》，厉以平等译，生活·读书·新知三联书店 1997 年版，第 116 页。

国竞争的时代。因为战争需要，政权实体必须在短时间内集中人力、物力和财力，因此更趋向于塑造集约化的新型国家体制。① 在此背景下，织丰政权至德川幕府体制建立后，政府主导型的货币制度稳步建立。日本德川时代货币制度的建立与以下四个因素密切相关：其一，由于新技术的引进与国际市场的需求，16 世纪中叶，日本出现了金银矿业大开发的局面，矿藏数量足以改变世界贵金属分配格局。② 数量充足且又可控的金银被大量开采，为日本摆脱中国铜钱体系、建立以贵金属为核心的货币制度提供了坚实条件；其二，诸国竞争的环境导致各大名（尤其是西部大名）竞相采取"重商主义"式的经济政策。他们争夺、控制矿山并铸行金银货币。③ 幕府统一日本后，通过参觐交替、直辖矿山资源等方式加强幕府集权，逐步仿效地方做法铸行金银币；其三，随着商品经济的发展，货币流通的制度性框架逐步搭建，市场对于货币的需求机制形成；④ 其四，东亚局势的变化促成了日本新型货币制度的形成，即随着明清鼎革、中国货币制度的缺失等因素，日本快速摆脱中国货币体系的影响，建立起自己的货币制度。⑤

　　1569 年 3 月，初掌霸权的尾张国大名织田信长为统一全国钱币流通市场，颁布《撰钱令》，明确公布了铜钱和金、银流通规则，其中详细规定了劣质铜钱使用、各种货币的兑换比率。⑥ 其后，丰臣秀吉

---

　　① ［美］查尔斯·蒂利：《强制、资本和欧洲国家》，魏洪钟译，上海人民出版社 2007 年版，第 33、82、84 页。

　　② ［日］小叶田淳：《鉱山の歴史》，東京：至文堂，1956 年；《貨幣と鉱山》，京都：思文閣 1999 年版。

　　③ 如甲州金货的铸造，甲州金采用两、分、朱、丝等计量单位体系，彼此间的递进关系为 4 进制，即 1 两 = 4 分 = 16 朱。该货币制度对德川货币制度的构建有直接影响。周爱萍：《日本德川时代货币制度研究》，第 56—63 页。

　　④ 包括市场的扩大、经济激励的产生、度量衡的统一、货币流通层次的形成等。［日］速水融等：《经济社会的成立：17—18 世纪》，第 116—122 页。

　　⑤ 周爱萍：《日本德川时代货币制度研究》，第 110—116 页；［日］宫本又郎、鹿野嘉昭：《德川幣制の成立と東アジア国際関係》，第 1—20 页。

　　⑥ 这些规定见《四天王寺文书》，转引自周爱萍《日本德川时代货币制度研究》，第 65—66 页。

进一步实施统一货币的措施：严格控制国内金银矿山资源，设立金座机构管理金银货，并铸造天正大判等金、银货币。丰臣秀吉的货币政策使战国时代混乱的货币流通市场得到初步整理，为金银铜三货制度的成型奠定了基础。德川家康开幕之后，延续织丰时期的货币政策。① 1601年，德川幕府开始统一币制，并铸行庆长金、银币。18世纪中后叶幕府又铸造计数银币，并通过种种措施取代称量银（详见下文）。在制定庆长金银币制后，德川幕府开始着手整顿铜钱市场，并筹划驱逐永乐钱，铸造日本铜钱。1604年，德川幕府颁行《撰钱令》，规定永乐钱（精钱）与劣质恶钱（私铸钱）比价为1∶4（关东等地区比价为1∶5），希望通过高估恶钱的价值限制并驱逐永乐钱的流通。1606年，德川幕府开始铸造庆长通宝。② 为促使庆长通宝等恶钱与金、银两货并行流通，1608年，德川幕府再次颁布《撰钱令》，明令禁止使用永乐钱，以金、银、恶钱为交易媒介。在随后的20多年，幕府先后4次颁布《撰钱令》，强力禁止永乐钱流通，并稳步实现了恶钱在日本的广泛流通。宽永年间，日本恶钱以高于内在价值的名义价值流通开来。德川幕府在货币事务上开始逐步掌握信用主导权。

至此，日本以恶钱为基础初步统一了钱货市场，以德川幕府铸行的金、银、铜三货为全国正式通货的庆长币制亦告确立。庆长诸钱的铸行及《撰钱令》的颁布，进一步整理了钱货流通市场。但由于恶钱的种类复杂、品质极为低下，此外，庆长通宝及元和通宝（1617年铸造，分银钱和铜钱两种）的铸行量较少，无法满足市场需求，货币市场依然混乱，撰钱现象屡禁不止。

为彻底整顿钱币市场，稳定、完善庆长年间创立的货币制度，整合全国货币流通，1636年，德川幕府分别在江户和近江坂本两地设立钱座，首次公铸通行全国的法定钱币——宽永通宝。宽永通宝的铸

① ［日］田谷博吉：《近世銀座の研究》，東京：吉川弘文館1963年版。
② 庆长通宝分大、小钱两种，大钱为新铸优质钱，铸造量极少，小钱为劣质模铸恶钱，以永乐钱为钱模。

造及庆长金、银货币的通行，标志着金银铜三货制度正式建立。三货制度的建立虽没有完全统一国内货币市场，区域性货币市场与地方货币依然存在，但德川幕府推行的三种货币显然已成为流通市场的主体。① 从三货制度的建立过程可以看到，在适应商业经济成长对货币需求增加的前提下，幕府通过对金银铜矿的严格掌控，设立专门机构铸行货币，逐步将货币的铸造发行权收归幕府，形成了货币主导权上移的特征。

二 流通干预能力的差异

（一）中国货币干预能力趋弱

由明至清，中国的市场经济呈现出由国家贡赋体制驱动到市场力量驱动的转变过程。② 在此过程中，国家财政对于白银流通的影响力日趋减弱，其着力维持的法定银钱比价也没有取得预期成效。③ 同时，多种类型的银、钱结合而成的货币结构在多层次市场条件下维持着动态均衡。这种结构所具有的抗压弹性值得注意，尤其是在遭遇外部冲击时，银钱以各自独特的流通方式自发调整并形成新的均衡状态。④ 但在此过程中，政府对于货币流通干预能力持续弱化。从外部视角看，自称量银成为主币后，中国国内市场受国际市场的影响增大，货币市场在长时段面临的不稳定性状况加剧，⑤ 政府多无法

---

① 日本的货币存在地域分割特征，如关东江户以金币为价值基准，关西大阪以银币为价值标准；大额贸易多用金银币，小额交易主要用铜钱。但从法律层面看，幕府三货的流通不受上述流通圈的限制，也没有主辅币的区别。［日］三上隆三：《日元的诞生：近代货币制度的形成》，汪丽影等译，南京大学出版社 2017 年版，第 21 页。

② 吴滔、于思莹：《明末清初江南的棉布交易机制与银钱使用——以松江府为中心》，《学术研究》2016 年第 5 期。

③ 王宏斌：《清代的价值尺度》，生活·读书·新知三联书店 2017 年版。

④ ［日］黑田明伸：《中華帝國の構造と世界經濟》，名古屋大學出版會 1994 年版；彭凯翔：《从交易到市场：传统中国民间经济脉络试探》，浙江大学出版社 2015 年版。

⑤ 17 世纪下半叶"康熙萧条"、18—19 世纪温和的"价格革命"、19 世纪中叶的银贵钱贱等一定程度能说明这点。

通过调整自身的货币政策强有力地调控货币数量，只能被动接受这种局面。

进一步言之，16 世纪中后期至 17 世纪以及 18 世纪 70 年代以降，白银两次代替铜钱成为中国社会的主要流通媒介和支付手段。对于白银，政府通过财政体制对其进行一定程度的再分配，但没有有效干预流通领域的白银，这种状况一直持续到近代币制改革前。有学者指出，这一制度最大的缺陷在于缺乏调节货币供需的弹性，政府施加的影响有限，只能通过赋税影响白银流布。① 对于白银的管理干预权多操持在民间势力手中，表现在以下两个方面：其一，地方货币市场逐步形成了由行市组织、票据分散发行、商人协调参与等民间机制起主导作用的运行机制。这套虚实并行的多元货币体系，与哈耶克提倡的竞争性货币制度相似，以市场自发组织维持货币流通的稳定性。② 晚清以降，随着各地繁杂的虚银两衍生发展，其定价、结算逐步由商人组织、行业公会操持议定。③ 其二，货币"寄食"性机构主要由商人组织开办，体现在钱庄、票号、银炉、公估局等金融中介的兴起和运行。④ 政府对于这些货币金融机构的设立、运行并不干涉。

邓钢指出，白银的异质性、不均匀性是其首要的特点。白银以称量形态进行流通，导致白银的种类繁多，中国的货币市场并无统一性可言。⑤ 称量银流通过程中的平、色、兑有官民之别、地方之别、群体之别。这使得清代尤其是晚清的货币体系异常复杂。据统计，由于称量白银砝码的不同，晚清各地行用的"平"制多达千种。⑥ 货币流通呈现的区域性、多元性与自发性等特征，是中国货币主导权下移的现实写照。

---

① 王业键：《中国近代货币与银行的演进（1644—1937）》，《清代经济史论文集》，台北稻乡出版社 2003 年版。

② 彭凯翔：《从交易到市场：传统中国民间经济脉络试探》，第 205—206 页。

③ 王昉等：《晚清区域货币市场发展研究——以营口"过炉银"为中心》，《历史研究》2016 年第 3 期。

④ 戴建兵：《中国近代银两史》，第 66 页。

⑤ Kent G. Deng, "Miracle or mirage? Foreign silver, China's economy and globalization from the sixteenth to the nineteenth centuries", *Pacific Economic Review*, Vol. 13, No. 3, 2008, pp. 320–357.

⑥ 戴建兵：《中国近代银两史》，第 46、65—69 页。

货币由市场自发进行调节，各地比价不一，区域性特征较为明显。在白银流入较少的北方地区，货币供给较少，导致民间纸币和信用票据不断衍生，进一步促成了货币的多元化与复杂化。到了咸丰朝货币改革时，作为货币行用的有银两、银元、制钱、大钱、私钱、官钞、银钱票等种类。外国观察家描述道："货币在几乎任何别的国家都是由政府实施强有力的综合管理，然而在中国，它几乎完全被政府漠然视之。"[1]

政府只能凭借其对制钱的供应来对货币市场施加一定的影响，如清廷反复施行的通过增减制钱投放数量来稳定银钱比价关系。[2] 16 世纪中叶及 18 世纪中叶，明清政府曾通过强力措施一度恢复了制钱的流通范围。尤其是在 18 世纪中叶前后，随着清政府对铸钱的重视及制钱供给数量激增，不少地区出现制钱替代白银、制钱替代小钱成为新的货币本位，银钱比价也较为稳定。[3] 然而，对于清政府而言，维持小额铜钱的持续运转，殊为困难。不仅如此，制钱在流通中并不具有超过本身价值的溢价能力，堪称实物形态的货币。[4] 而且，这种以稳定银钱比价为中心的货币政策并非综合的货币管理，也无法提高政府的信用能力。18 世纪后期，中国社会再度白银化。白银不仅取代铜钱再度扩张，而且以银为核心的货币体系呈现更加鲜明的区域性和多元性等特征。多种规制的虚银两惯例逐步明确，银钱供给不足产生的地方货币危机不时出现，外国银元在东南沿海进一步排挤银锭和制钱。[5] 货币体系的多元性与区域性状态由各种商业组织和行市协调、

---

① ［美］古德诺著：《解析中国》，蔡向阳、李茂增译，国际文化出版公司 1998 年版，第 8 页。

② 清政府通过增减制钱供应来应对白银价格的变化是常用的手段。1722—1738 年清政府曾设立钱牙组织来稳定银钱比价，但被废除。林满红：《银线：19 世纪的世界与中国》，第 7—8 页。

③ 张宁：《15—19 世纪中国货币流通变革研究》，第 151—164 页。

④ 彭凯翔：《从交易到市场：传统中国民间经济脉络试探》，第 179 页。

⑤ 戴建兵：《中国近代的白银核心型货币体系（1890—1935）》，《中国社会科学》2012 年第 9 期；熊昌锟：《近代中国市场上的外国银元研究》，博士学位论文，复旦大学，2016 年。

联结，这虽然并不完全表明市场处于严重的分割状态，但就货币的本义而言，对于货币市场干预能力的萎缩，明显地体现了国家作为统一记账单位制度的提供者的缺位。

可见，明后期至晚清的大部分时间里，中国对核心货币白银的制度管理与货币市场总体处于较为放任的状态。面对市场经济的波动，明清政府无法像德川幕府那般频繁出台外贸政策、进行多次的货币改铸、力推货币的铸币化来调适货币数量与经济发展间的关系，提高货币的信用化程度与政府的金融干预能力。除了嘉万时期与康乾时期政府重整并恢复钱法，扩展了制钱的流通范围，以及咸丰时期铸行大钱、发行纸币改革对北京及周边一隅有影响外，明清政府对于货币制度大体是因循惯例，干预能力较为有限。

（二）日本货币干预能力增强

德川幕府建立的金银铜三货制度，体现了货币的层次性，适应了封建制下区域分割、阶级分层的货币需要。[①] 面对货币市场不断出现的新问题，德川幕府根据市场状态不断调整货币政策，并通过改铸降低货币成色（见图1）、维持票面价格充实财政收入，体现了其对货币流通领域的干预能力。具体而言，表现在以下三点：

其一，对于矿山和对外贸易的有效统辖和管理。大名对于金银铜矿山的争夺和控制自战国末期便已开始，其后德川幕府对重要矿山进行直辖管理：一是通过武力将主要矿山置于辖地范围内，日本最著名的矿山佐渡相川金山、但马生野银矿山及足尾铜矿山等成为幕府直接控制的资源；二是通过"运上金"（金银租税）或派官进驻的方式插足其他藩领辖地的矿山，加强控制。这些管理措施在限制金银铜矿流出流入等方面，成效明显。我们知道，金银是近世东亚市场上广泛需求的贵金属，其流出流入十分频繁，而日本"闭关锁国"的主要目的是控制金银贸易数量。1664年，为了抑制白银流出，并满足荷兰

---

① ［日］三上隆三：《日元的诞生：近代货币制度的形成》，第21页。

人的愿望，幕府解除了金货小判的输出禁令。导致银货增加，金货不足。1668 年，幕府出台白银出口禁令，进口商品的价格被压低，白银流出量随之减少。① 为了防止黄金流失，幕府采取降低小判成色、征收"间金"等方式予以限制。② 尽管法令无法取得十足效果，但是幕府面对金银紧缺局面限制其流出的行为，说明了其干预意识的加强。18 世纪下半叶，铜材的大量出口致使日本国内铜价上扬、铜钱供应不足，幕府随即宣布提高出口铜材价格以限制出口。不仅如此，幕府对影响货币市场的金融兑换商也进行了有力管理。1662 年，幕府下令天王寺屋兵卫、小桥屋净德、键屋六兵卫 3 名兑换商负责经营购买在长崎出口的小判，此后幕府进一步从众多兑换商中选择 10 人专事负责小判交易，这些举措对货币行情具有较大的影响力。③

其二，通过货币改铸来应对经济的变动。为了提供充足的铜钱，德川初期幕府不断增设钱座铸行官钱，钱座数量由最初的 2 个增加至 63 个，铸行的官钱不仅有铜钱，还有铁钱。④ 此外，最能体现日本干预能力的行为便是多次的货币改铸。自金银铜三货制度建立后到明治维新之前，幕府共计进行了 11 次货币改铸或改革。⑤ 从长期看，幕府能够灵活调整货币政策以应对货币经济出现的问题，并适时扩大封建领主型财政的规模。在此只举两三例以说明问题。

元禄改铸是德川幕府时代第一次大规模的货币改制。当时日本国内经济快速发展，对货币需求量增加，但货币供给不足，这使得日本陷入货币短缺的危机之中，尤其随着金银矿产量的减少及白银大量流出，市场上货币的缺口越来越大。面对这一情况，第五代将军德川纲吉于

---

① ［日］宫本又郎、鹿野嘉昭：《德川币制の成立と東アジア国際関係》，第 7—8 页。

② 张兰星：《17—18 世纪荷兰人从日本运出小判分析》，《四川师范大学学报》2015 年第 1 期。

③ ［日］浜野洁等：《日本经济史（1600—2000）》，第 24 页。

④ 周爱萍：《日本德川时代货币制度研究》，第 102 页。

⑤ 分别是元禄改铸（1695）、宝永改铸（1706）、正德改铸（1714）、享保改铸（1716—1735）、元文改铸（1735）、田沼改铸（1765）、宽政改革（1788）、文政改铸（1818）、天保改铸（1837）、安政改铸（1854—1859）、万延改铸（1860—1867）。

元禄八年（1695）任用荻原重秀进行货币改铸，其主要措施为：设立新的铸币机构对货币进行重铸和鉴定；降低金、银通货的品位，改铸低品位的元禄金、银货，增加货币数量；停止庆长金、银的流通。1695—1710年间，幕府通过货币改铸使得元禄金判的铸行额升至1393万两，总额是庆长金货的1.5倍；银货铸行数为40.5万贯，是庆长银货的1.25倍。[①] 幕府获得了约500万两的财政收益，这直接促成了宝永时期延续性的货币改铸。幕府此举获利不少，而且货币改铸有效增加了货币数量，适应了经济成长的需求。不仅如此，低成色的新币成功以票面价格流通，货币进一步通过名目化的方式向前发展。[②]

鉴于元禄、宝永货币改铸后，货币市场上广泛出现劣币驱逐良币的现象，货币供给逐渐过剩并出现通胀，新井白石于1714年主导的"正德复古币制"变更了这一政策。其货币改铸政策以诚信为原则提高金、银货的品位，力图恢复德川"祖制"，实行货币紧缩政策。为避免干扰市场运行，这次货币改铸允许新旧币同时流通，确定不同品位货币之间的兑换比率，并打击货币兑换商。此外，新井白石还颁令限制长崎贸易，控制金银外流。[③] 其货币改铸直接导致物价跌落，经济趋于萧条。其后的享保改铸延续了正德改铸的做法，基本保持了金银货的高品位。但增加了铜钱的供应，并允许各藩再度发行纸币藩札以缓解通货紧缩的压力。[④] 但这无助于解决通货紧缩，最终元文改铸再次降低了金银币成色（见图1），使得通货紧缩问题逐步得到解决。[⑤]

万延改铸时期，日本面临着更复杂的问题，如国内外金银比价巨大缺口造成黄金外流，幕府急需财政资金推行新改革、平衡物价并弥补不平等条约带来的经济损失等。为此，幕府试图铸造"安政二朱银"扭转美国强加给日本的"洋银1枚=银3分"的同种同量不合理

---

① 周爱萍：《日本德川时代货币制度研究》，第139页。
② ［日］浜野洁等：《日本经济史（1600—2000）》，第37—38页。
③ 周爱萍：《日本德川时代货币制度研究》，第152—153页。
④ 周爱萍：《日本德川时代货币制度研究》，第164—169页。
⑤ ［日］浜野洁等：《日本经济史（1600—2000）》，第41页。

原则，实现洋银 1 枚 = 优质银 1 分，这次改铸虽然在列强的抗议中遭遇挫折，但有效遏制了黄金流失、套利投机问题。① 其后幕府铸行劣质的万延小判金，并强行将金银比价从之前的 1∶5 调整为 1∶15.7，实现国内外比价的对称化，但也酿成物价上涨、政府对外支付压力骤升的问题。② 为此，幕府大量铸行低品位的"万延二分金"，并增铸铁钱、大钱、禁止旧金货的流通，这导致货币流通量大增，幕府获得巨额利润。二分币迅速成为市场的本位币，并意外实现了 1 美元 = 金 2 枚 = 1 两的结果，从而为日元的诞生创造了条件。③ 德川幕府通过对日本货币的多次改铸，逐步掌握了干预货币市场的主导性，为明治时期国家货币主权的确立奠定了基础。

其三，白银的铸币化也体现了幕府对于货币市场的干预能力。日本银货向以称量形态流通。1765 年，幕府铸造新计数银"五匁银"，但该种银在成色、比价方面都与市场行情相差不小，起初并没有得到市场认可，幕府随之铸造了五匁银系列新银币——"南镣"银币，企图以高纯度银为幌子行掠取差价之实。关西银币圈的商人及手工业者进行抵制，但幕府强制维持兑价，并采取经济手段保证新银币的散布，从而使其逐步取得主要流通地位。新银币的出现使得德川幕府时代的货币制度开始发生质变。其一，德川幕府的货币政策成功弹压了关西经济势力圈的挑战，保证了幕府的货币主导权在全国范围内的一致性；其二，德川幕府开始以票面价格行用计数银币，以利差手段持续保证了政府的铸币收益；其三，新银币在驱逐称量银货的同时，银币体系内部开始分化瓦解，逐渐被金币体系吸纳合并，日本在德川幕府时代后期逐步成为事实上的金本位国家。④

---

① ［日］三上隆三：《日元的诞生：近代货币制度的形成》，第 90 页。
② ［日］梅村又次、山本有造等编：《日本经济史 3：开港与维新》，李星等译，生活·读书·新知三联书店 1997 年版，第 122—123 页。
③ ［日］梅村又次、山本有造等：《日本经济史 3：开港与维新》，第 125 页。
④ ［日］三上隆三：《日元的诞生：近代货币制度的形成》，第 34—46 页。

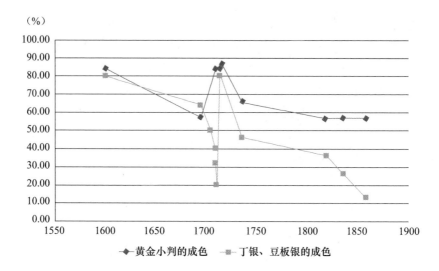

图1 德川时代金货、银货成色变化示意图①

　　天保改铸之后，日本的金本位特征明显，以金计算的金、银货铸造总量占据93%，以银计算的铸造额只占7%，② 这一巨大变化，说明德川金、银、铜三货制度逐步向金银币一体化的方向演进，为日本近代金本位制的建立提供了条件。三上隆三认为："对于明治政府而言，尽管江户时代货币制度具有法治化的外表，但新政府必须认识到江户时代后期起，逐渐形成并完善的实质上的金币本位制度以及金币价格体系是一种隐形的、具有强大约束力的货币制度。"③ 不仅如此，金、银、铜三货发展成为计数货币也表明货币制度出现了更具信用意义的进步。通过幕府时代不断的货币改铸及货币流通的发展，货币的名目观念得到发展，民众的货币观念与货币实体走向分离，"表示一定品位的贵金属分量的金币单位'两'，银币单位'匁'已成为货币面额的称呼。这样，由于元禄至元文的改铸，幕府正币一步便走向了

---

① 日本银行调查局编：《図錄日本の货币》卷4，東洋经济新報社1972年版，第270页。

② ［日］浜野洁等：《日本经济史（1600—2000）》，南京大学出版社2010年版，第48—49页；周爱萍：《日本德川时代货币制度研究》，第247页。

③ ［日］三上隆三：《日元的诞生：近代货币制度的形成》，第52页。

符号货币化之路，那就是田沼期新铸南镣二朱银所起的开道作用"①。货币符号化与计数货币的发展为政府主导的管理通货制度奠定基础，这一点也是凯恩斯强调的计算货币的本质含义所在。②

总体言之，幕府对于货币流通的干预体现在三个方面：一是国家加强对金属矿山的控制，并对金、银、铜材的出口适时采取了愈趋严格的限制政策；二是通过货币改铸降低或提升金、银通货的品位，以及增减铜铁钱的铸行数量应对货币经济的波动；三是通过计数银币的铸造和推行使得金银一体化加速，并建立起金币本位的制度传统。

三　近代化转型时期的再分流

在世界近代史上，货币与金融制度的近代化是先决条件之一，每个工业化国家都在其经济起飞阶段较好地完成了货币制度的改造与金融体系要件的建设，出现"金融革命"。正如理查德·西拉（Richard Sylla）指出，现代金融体系有六大构件：良好的公共财政和公共债务管理；稳定的货币与支付制度；良好的银行系统；一个有效的中央银行；为债务、股权和货币市场工具服务的良好的证券市场；以及良好的保险公司。③ 健全而有效率的货币制度是金融革命的起点，其核心是建立统一货币制度并确立本位制，采用具有制度约束的信用货币替代金属铸币，建立中央银行制度并有效管理商业银行等机构以提供伸缩性的货币供给和信用创造。故金本位制下的法定信用货币制度及中央银行制度成为各国普遍的选择。

16—19 世纪上半叶中日两国在货币主导权方面呈现出分明的演进差异。至 19 世纪下半叶，两国都面临来自欧美列强与资本主义政治经济体系的入侵与冲击，开始向货币金融近代化道路演进。但由于制度

---

① ［日］速水融等：《经济社会的成立：17—18 世纪》，第 79 页。
② ［英］凯恩斯：《货币论》，何瑞英译，商务印书馆 2016 年版，第 7—9 页。
③ Richard Sylla, "Financial Systems and Economic Modernization", *Journal of Economic History*, Vol. 62, No. 2, 2002, p. 280.

遗产、路径依赖等不同，两国演进的过程和结局出现更大的分流。

（一）中国：从主导权下移到货币主权沦丧

19世纪下半叶的洋务运动是中国大规模引进西方科技、兴办军事和民用工业，致力于"富国强兵"的近代化自强运动。光绪十三年（1887）洋务派官员张之洞奏请置办机械自铸银元，试图重建部分货币利权、缓解制钱紧缩危机、堵塞纹银外流等问题，[1] 虽拉开了中国自铸银元、铜元等机制铸币的序幕，但并未对晚清的货币金融制度有根本的触动。由于清政府长期坚持"自由放任"的货币政策，政府信用渗透与管理货币的激励不足，加之晚清时期国家控制能力的不断下降，致使中国近代货币金融体系走向由市场主导的诱致性变迁过程，[2] 货币主导权进一步下移。随着列强势力一步步侵入中国，其对于中国货币金融领域的侵夺和控制与日俱增，导致中国的货币主权几近沦丧。

从货币体系变迁角度看，19世纪中后期，中国货币制度经历了从银钱并行的二重结构转变为外力冲击下银元、纸币、铜元开始居主导角色，银两、制钱、官私票等多元货币一体流通的混杂局面。在这个过程中，货币制度不仅没有走向统一并确立本位制，与之相反，货币的多元化、区域化特征更加明显；货币的实体化程度很高、信用化程度很低；外国货币大行其道，货币主权遭遇严重侵蚀。

随着商品经济的发展以及港口开放所导致的经贸扩展，传统的银锭和制钱遭遇困境，由商人主导的竞争性多元货币制度稳步形成：称量银主要的变化表现为虚银两规制在各地如井喷般涌现，除几种影响较大的官平外，民间私平几近千种，银两形制、平色的地域差异进一步加大，银两多无法易地流通，只能熔铸成当地银两方能交易。到了近代，各地虚银两制虽以大商埠为中心渐呈整合趋势，但仍有数百种

---

① 《奏请广东试铸银元以备户部推广事》，档号：04 – 01 – 35 – 1372 – 041，中国第一历史档案馆馆藏。

② 张宁：《中国近代货币史论》，湖北人民出版社2007年版，第83—84页；杜恂诚：《金融制度变迁史的中外比较》，上海社会科学院出版社2004年版，第33—77页。

留存，银两的区域性特征明显。制钱及旧钱受制于价值低廉、铸量下降等因素出现"钱荒"困境，咸丰大钱的发行使得物价高涨、好钱消退，加剧了制钱危机。19 世纪 60 年代开始，清政府寄希望于利用机制制钱挽回颓势，但以失败告终，其后铜元不断替代制钱。银两制度的复杂与落后使得外国银元在晚清时期盛行于长江流域及东南沿海等地。19 世纪后期，外国银元在中国市场上的影响越来越大，流通的银元不仅有西班牙银元，还有墨西哥、荷兰、美国、日本、俄国等国银元，且银元对中国银锭多有升水的情况。19 世纪 80 年代，中国开始自铸银元，各省群起效仿，一改外国银元独大的局面，然各省所铸从成色到重量皆未能统一。中央多次试图统一银元铸造，未能成功。铜元本为各省行大钱的应时之举，不料却获较大成功，地方所获铸利甚巨，各省纷纷开铸铜元，引致价格腾涨，其结果是铜元快速替代制钱，瓦解了制钱制度，使其纳入银币价格体系，推动了近代银本位的诞生。信用货币主要有清朝户部发行的不兑现官票和钱钞、地方政府发行的官票、民间机构发行的银钱票以及外国银行发行的纸币。咸丰时期的官票、钱钞初期多在北京及附近地区流通，很快沦为废纸；光绪后期地方政府发行的官票受民间私票的影响，坚持可兑现，故信用度较佳、在地域内流通状况较好，但总量不是很大。民间发行的钱银票在晚清时期的北方较为盛行，后逐步蔓延至南方，在多元货币体系中的占比快速提高，除金融机构外，其他机构、商铺、个人均可凭借信用发行私票。外国银行在境内外发行的纸币盛行于 19 世纪 70 年代以后，前期主要以英国特许银行发行的纸币为主（如汇丰、丽如、麦加利等），其后德国、法国、日本、俄国、美国、比利时等国银行纷纷在其势力范围内大肆发行纸币，外国纸币的流通区域也不再局限于通商口岸，逐渐深入长江沿线和外国银行分支体系地区。[①]

---

① 详见戴建兵《中国货币通史》第 3 卷，第 23—137 页；张宁《中国近代货币史论》，第 83—197 页。不独货币形态、种类多元，货币流通的分割化现象也很严重，即使是一省一市之内流通的货币也是繁杂难辨。梁启超《币制条议》，《梁启超全集》第 7 卷，北京出版社 1999 年版，第 1980 页。

从市场流通占比看，据郝延平估算（见图2），外国货币的市场

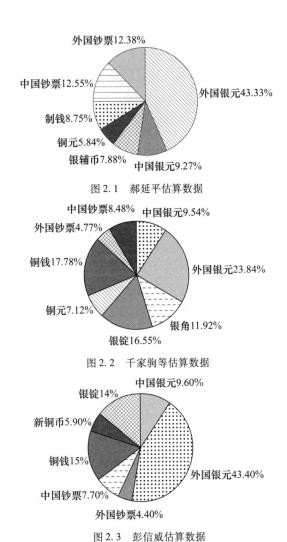

图 2.1　郝延平估算数据

图 2.2　千家驹等估算数据

图 2.3　彭信威估算数据

图 2　清末货币结构占比示意图①

---

①　郝延平：《中国近代的商业革命》，上海人民出版社 1991 年版，第 76 页；千家驹、郭彦岗：《中国货币演变史》，上海人民出版社 2005 年版，第 198 页；彭信威：《中国货币史》，上海人民出版社 2015 年版，第 660—661 页。千家驹、郭彦岗对国内货币占比数的估计偏低，主要是由于忽略了银锭的份额。

流通份额占比达 47.8%，市场流通的货币以实体化货币为主，货币的信用化程度很低，包括外国纸币在内的信用货币量占比只有 12%，实体化货币占比达 88%。千家驹等估计的外国货币占比数更高，外国银元占比 43.33%，外国纸币占比 12.38%，外国势力货币占比总计达 55.71%，中国的货币势力占比 44.29%，其中信用货币的占比为 24.93%。晚清货币体系变迁的过程某种程度上表明中国的货币体制朝着机制化、"近代化"方向演进，但距近代本位制相去甚远。货币体系紊乱，货币的信用化程度很低，清政府对于货币市场的干预能力极为有限，外国肆意侵占中国的货币主权。

金融制度的变迁也显现出相似特点，即在缺乏政府有力支持和监管、国家公共信用缺失的情况下，信用的扩张主要由中外商人主导，民间金融资本发育相对狭小，[①] 外国金融势力逐步占据主导地位。19 世纪 80 年代以前，中国金融市场主要由外国势力操控的洋行、银行以及中国传统钱庄、票号、账局、典当等金融机构构成；90 年代以后，由于中国通商银行等民族银行的兴起以及各级官方银行的创办，中国金融市场形成了外国金融机构、中国旧式金融机构与中国新式金融机构三足鼎立之势。其中，外国银行势力的不断增长，令人瞩目。19 世纪 70 年代后，外国银行不断占据中国金融市场，发展分支体系，形成庞大的金融网络。如汇丰银行在 30 多年的时间里逐步建立起北起北京、天津，南达澳门、海口、台湾，西迄汉口、九江，东至上海的庞大金融网络。[②] 各种金融势力在市场竞争中既有业务上的合作，也有激烈的竞争。19 世纪 80 年代后，外国金融势力占据中国金融市场的主导地位，除承担中国企业的内汇、基本垄断进出口业的外汇以及票据贴现、抵押放款业务外，还通过推广洋元、发行纸币、控制拆借市场、投资近代铁路与企业等方式大肆扩张。到 19 世纪末，外国金融势力进一步通过对华借贷战争赔款控制中国的财政权利，尤

① 朱荫贵：《论钱庄在近代中国资本市场上的地位和作用》，《社会科学》2011 年第 8 期；黄鉴晖：《山西票号史》，第 221—228 页。

② 汪敬虞：《外国资本在近代中国的金融活动》，人民出版社 1999 年版，第 167 页。

其是攫取中国关税和盐税的自主权实现金融控制。①

真正由清政府强制推行的货币金融近代化改革,迟至 20 世纪初才有效进行,但又面临地方势力尾大不掉、利益纷争不断等因素的阻碍。光绪二十九年(1902),晚清政府宣布设立银钱造币总厂、力图统一铸币制度。② 当年五月,清政府即在天津建立户部铸造银元总厂,并于两年后开铸银元,但各省并未停铸银元。光绪三十一年(1905)七月,户部要求各省造币厂将铸币章程送部审核,也遭到各省拖延对待。宣统二年(1910)四月,度支部尚书载泽等奏称光绪二十九年财政处奏准在天津设立造币总厂以后,各省所设银铜各厂仍错杂其间,所铸形式既异,成色参差不齐,妨碍币制划一,并勒令"亟应将各省所设银铜各厂一律裁撤,专归天津总厂铸造"③。但各省"按兵不动",清廷亦无可奈何。

光绪二十九年(1903)前后,国内外人士不断呼吁清政府厘定本位国币、建立统一货币制度。然而,清政府内部发生了迁延日久的金银本位之争、"两""元"本位单位之争,这其中掺杂了地方实权人物及其背后所代表的各省利益、不同阶层间的激烈争论,迟滞了本位制度的建立。④ 光绪三十一年(1905),清政府设立户部银行,1908年改为大清银行,并颁行《大清银行则例》,企图建立拥有货币发行特权、为公众融资、负责国库管理等功能的中央银行制度;宣统二年(1910)5 月,清政府出台《币制则例》,正式敲定建立银本位制,然而随着清朝覆亡,上述改革方案并未真正实施。

由上可见,19 世纪中后期中国货币流通制度的演化依然在因循市场主导的原有路径。在外力冲击、国门洞开的情形下,中国日益被卷入全球市场,市场的扩大、转移及其对新式货币的需求,虽促使政

---

① 汪敬虞:《外国资本在近代中国的金融活动》,第 131—223 页。

② 《光绪朝上谕档》,光绪二十九年三月二十五日第 1 条,盒号 1475,册号 1。

③ 《度支部尚书载泽等折:铸造国币应统一事权》,《中国近代货币史资料(三)》,台北文海出版社 1974 年版,第 812 页。

④ 熊昌锟:《清代币制改革的酝酿与纠葛——以厘定国币为中心》,《清华大学学报》2019 年第 3 期。

治精英在辖区范围内进行机制铸币的实验，但未能促使决策集团有效借鉴西欧近代货币制度的经验，对传统货币制度进行根本的改造。而改革时间的不断延迟、内部诸种争议的缠绕、币制改革的艰难与失败，一方面与晚清的政治、经济条件及决策者的思维意识等多种因素纠缠在一起，另一方面也说明了货币制度原有惯性的强大影响。这种状况与日本形成了鲜明的差异。

（二）日本：从主导权上移到货币金融制度的近代化

19 世纪中叶日本被迫开港后，在卷入全球资本主义秩序的过程中，相较中国，幕府政权及各藩的上流精英显得积极主动。[①] 面对国内外货币新问题，诸如幕府税收不足、黄金外流、国内外金银比价不一、洋银流入导致的本币亏损等问题，幕府再次进行货币改铸，并准备发行纸币。幕末改铸继续将金银铜三货的品位下调，并调整金银比价，这虽然解决了不少新问题，但也造成货币流通混乱。除了金银铜三货外，私人商业票据、地方藩札也广泛流通，通货膨胀较为严重。[②] 然而，与晚清中国货币市场的紊乱不同，日本以黄金计算的货币占据主要份额，幕府铸行的货币依然居市场主体地位。[③] 明治政府在承继幕府金融主导力的基础上，不断明确以殖产兴业、富国强兵为目标，以国家力量强力主导货币金融制度的改革。

明治时期的货币金融改革主要分为四个阶段，其过程并非一帆风顺，交织着试错、调适，其前期改革具有为财政政策服务的明显特征。[④]

---

① 幕府统治末期的改革主动性、各藩政治精英的忧患意识以及对建立近代国家的向往和理解等都与中国形成对比。〔日〕坂野润治：《未完的明治维新》，宋晓煜译，社会科学文献出版社 2018 年版；宋成有：《明治维新若干问题的再思考》，《日本学刊》2018 年第 3 期。

② 周爱萍：《日本德川时代货币制度研究》，第 308—309 页。

③ 据统计，1869 年幕府发行的硬币占市场流通比为 75.1%，参见《明治货政考要》，〔日〕大内兵卫、土屋乔雄编：《明治前期财政经济史料集成》第 13 卷，东京：明治文献资料刊行会 1964 年版，第 23—24 页。

④ 〔日〕梅村又次、山本有造等：《日本经济史 3：开港与维新》，第 42 页。

　　明治元年（1868）5月，明治政府颁布《银目废止令》，宣布将传统称量银货彻底废除，勒令以银为本位的商业票据必须改为现金结算。激进的改革造成一定的冲击，尤其是对关西银币圈带来沉重打击，然而明治政府通过此举较快整合了货币区域分割局面，将货币制度统一到金本位上。① 同年6月，明治政府为解决通商劝业、财政赤字、军费俸禄等资金问题，采取由利公正的建议，发行基于政府权威的债券性不兑现纸币——太政官金札，强制在各区流通，但未获得预期效果。在国内外压力下，不兑现纸币被迫与正币确定兑换比例，这使得其流通性增强、流通范围扩大，并最终具备了中央纸币的性质，② 但此时日本的货币制度并未统一。

　　明治二年至四年，政府相继实行了"版籍奉还"和"废藩置县"改革，将全国的财税、债务、军队等收归中央，完成了向中央统一政权的转化，为统一货币制度的出台提供了条件。

　　明治二年3月，日本酝酿建立银本位制，准备自铸银元以驱逐广泛流通的洋银，③ 但银本位制并未成行。明治四年5月，明治政府正式颁行《新货币条例》，宣布废除幕府金银铜三货制度，转而建立金本位制，本位币称"日元"，另铸对外贸易银币及铜币作为辅币流通。④ 由于贸易赤字所致金银外流、黄金储备不足等因素，金本位制并未建立，仍以金银复本位为主（其后实际形成了银本位制），只是在法律层面建立了统一的近代货币制度。此时，明治政府仍在发行新的纸币、铸行金银币，并不断强调和正币的兑换关系，同时强制官省纸币、藩币兑换法定纸币，以此取代金属铸币，使得各类旧纸币统一到新纸币之下。⑤ 纸币份额扩大带来了货币信用化程度的提高，明治

---

① ［日］梅村又次、山本有造等：《日本经济史3：开港与维新》，第44—47页。
② ［日］梅村又次、山本有造等：《日本经济史3：开港与维新》，第133—134页。
③ ［日］三上隆三：《日元的诞生：近代货币制度的形成》，第112—148页。
④ ［日］三上隆三：《日元的诞生：近代货币制度的形成》，第183—187页。
⑤ ［日］梅村又次、山本有造等：《日本经济史3：开港与维新》，第134—143页。

六年，硬币所占市场流通比例降至44%。①

为了进一步提升兑换效果，并为兴办产业资金输送资金。明治五年11月，明治政府仿照美国银行制度出台《国立银行条例》，要求设立者须以纸币形式将60%的资本金兑换成公债交给政府作为担保，取得同额的银行券发行权。资本金的40%须以本位币交纳，以作为银行券的准备金。但受制于传统租税商"汇兑三家"（三井组、小野组、岛田组）对国立银行的抵制，以及准备金缴纳比例过高、金贵银贱等因素，仅设立4家银行，业绩平平。②

明治四年至六年5月，租税的货币化改革、整理并削减旧藩债务、废除并替代幕府三货制度（尤其是整理藩币）、奖励兴办近代产业等，无不加大了对货币供给和政府资金的需求，然井上馨领导的财政金融改革坚持紧缩政策。明治二年的货币流通量约为3—3.5亿日元，而明治五年的货币流通量仅为2.5亿日元。③ 通货紧缩严重，物价水平大幅下降。不过，在这个过程中，持续进行的币制改革使得日本初步实现了货币制度的统一。④

其后，大隈重信奉行积极的财政货币扩张政策，反对不兑现纸币会阻碍经济增长的看法，认为不能让正币作为国内流通手段无效率地加以使用，应建立统一管理的纸币制度，把国内存有的正币集中起来作为国家的外汇储备。此时日本货币制度也稳步转向"对外以银为基准，对内流通纸币"的二重结构。于是，明治政府于明治九年8月重新修订《国立银行条例》，允许设立者将资本金的80%以4分利息以上的公债证书形式存放在政府，取得同额的银行券发行权。资本金的20%须以政府纸币形式作为准备金。新条例修订使银行券成为不兑现纸币，发行额度扩大至80%。当时，日本政府给封建士族发放了

① Hugh T. Patrick, "External Equilibrium and Internal Convertibility: Financial Policy in Meiji Japan", *Journal of Economic History*, Vol. 25, No. 2, 1965, pp. 192 –193.
② ［日］梅村又次、山本有造等：《日本经济史3：开港与维新》，第48—52、144页。
③ ［日］中村隆英：《明治维新期财政金融政策展望》，参见［日］梅村又次、中村隆英编《松方财政と殖产兴业政策》，国际连合大学1983年版，第19—20页。
④ ［日］梅村又次、山本有造等：《日本经济史3：开港与维新》，第155页。

1.74 亿的俸禄公债，并允许他们以公债作为资本开设银行，银行的资本来源更加广泛，不少士族纷纷转型成为资本家。国立银行得到飞跃发展，至明治十二年年底，全国国立银行达 153 家，实缴资本 4023.6 万日元，银行券流通量达 3393.3 万日元。① 日本的货币供给量大大增加，货币的信用化程度迅速提高。②

然而，通过不兑现纸币融资也为财政危机埋下隐患，1877 年，西南战争引起严重的通货膨胀。③ 通货膨胀加剧了财政危机，持有公债的士族阶层因货币贬值日益贫困，加之银币外流引起洋银价格上扬，社会各阶层饱受通货膨胀的冲击。但大隈继续坚持"积极劝业路线"，提出举借 5000 万日元外债的大胆设想，引发内外矛盾，最终出现"明治十四年政变"，大隈失势下台。

明治十四年 10 月，松方正义就任大藏卿，积极推行纸币整理措施，并推出一系列财政金融改革，最终建立起完整的近代货币金融体制。松方明确指出，纸币乱发是问题的根源。在抑制财政支出的前提下，松方领导的货币财政改革通过增设税收、削减开支、加强预算监督、改国立银行为普通银行，回笼并注销政府多种纸币。松方整顿纸币的重要性不仅在于将纸币注销，而且在于把财政余额的一部分作为纸币兑换的准备基金，通过横滨正金银行将准备金用于海外押汇资金，积极谋求积累金银正币。④

松方还着力加强储备金制度建设，将储备金分为"储备本部"和"减债部"两部，通过相关安排积极实现储备金正币的增加，1881 年储备金正币仅为 867 万元，纸币为 4712 万元；1885 年储备金正币增加至 4226 万元，纸币只剩下 652 万元。随着储备金正币的积累，纸

---

① 〔日〕梅村又次、山本有造等：《日本经济史 3：开港与维新》，第 160 页。

② 〔日〕梅村又次、山本有造等：《日本经济史 3：开港与维新》，第 161 页；Hugh T. Patrick, "External Equilibrium and Internal Convertibility: Financial Policy in Meiji Japan", pp. 192 - 193.

③ 明治财政史编纂会编：《明治财政史》第 11 卷，明治财政史发行所 1927 年版，第 116 页。

④ 〔日〕梅村又次、山本有造等：《日本经济史 3：开港与维新》，第 172—173 页。

币和正币的差价不断缩小，1886年差价几乎消失。[①] 1882年6月，政府接受松方建议制定《日本银行条例》，仿效英国设立中央银行；1883年10月，再次修改《国立银行条例》，将国立银行改组为普通银行并逐步收回其银行券发行特权，统一纸币发行权；1884年5月公布《兑换银行券条例》，明确规定日本银行垄断银行券的发行权和银币兑换权；1885年5月日本银行开始发行银行券，翌年公布法律：从1899年起，政府的纸币和国立银行银行券全部禁止流通，日本的货币被完全统一为中央银行发行的银行券，至此日本正式建立了中央银行制和银本位制，同时也通过财政改革和公债整理，实现了财政和金融的有效分化。

不仅如此，日本政府还设立资金运用限定在特定领域的特殊银行，这类银行有横滨正金银行、劝业银行、农工银行、北海道拓殖银行、兴业银行、台湾银行、朝鲜银行七家，各自具有法令规定的特殊职责。[②] 中央银行、普通银行以及特殊银行所构筑的信用体系使得日本可以在纸币稳定的情况下，通过调整官方利率来调节货币供给量，银行体系通过提供股份担保贷款、期票再贴现服务等手段向铁路、矿山、纺织等战略性行业和出口产业集中融资，有效支持了日本的工业化体系建设，进而又刺激了棉布业、食品等传统行业与纺织、制糖等近代企业的勃兴。[③]

1889年2月日本颁行《宪法》，建立君主立宪制，设立议会，以宪法巩固了近代的金融与财政制度。1897年日本通过甲午战争赔款再次建立并稳固金本位制，真正实现了从幕末到明治初期"与万国并驾齐驱"[④] 的梦想。

与同时期的中国相比，日本的决策集团有条不紊地推行了由国家

---

① 湛贵成：《日本资本主义制度确立时期的财政政策》，《世界历史》2008年第5期，第8—9页。

② 郭予庆：《试论日本近代金融体系的建立》，《中国社会科学院研究生院学报》1993年第6期。

③ ［日］梅村又次、山本有造等：《日本经济史3：开港与维新》，第175—176页。

④ 歴史学研究会编：《日本史史料4 近代》，岩波书店1997年版。

力量主导的货币金融体制近代化改革，并取得成功。这既得益于决策集团学习西方的果决态度及其对内部政治、经济结构的重塑，也应看到德川时期幕府所具有的金融能力与货币流通基础为其提供的前导条件。这些都构成与中国分流的基础。

结　语

在货币理论中，关于政府在货币事务上应该发挥怎样的作用，一直存有争论。[①] 在前近代社会，货币分散铸行乃至"自由"铸币制度并不鲜见，然而从全球史角度看，近代实现工业化的国家（尤其是英国）先后建立起统一的本位制度和管理货币制度，有着深刻的制度机理。虽然基于获取税利与政治权威的货币管理史有着长久的历史惯性，但随着近代经济的成长以及对资本化货币需求的增加，必然导致传统以贵金属供给为主的货币管理制度发生重大改变。全球金银矿藏的大规模开采、私人银行分散的信用创造虽能解一时之急，然而从长远看还是无法解决全球市场联结所带来的货币短缺问题。加之近代竞争性国家不断增加的货币财政需求、公共债务的风险处置、民间信用创造所带来的信用危机等原因，迫使政府在市场诱致性变迁的过程中进行强制变迁管理。利益激励、制度制衡、阻控风险等因素使得近代国家都转向建立法定的本位货币制度与中央银行制度。在不断完善的法治框架下，通过以贵金属为本位的制度结构来维持纸币的某种内在价值，以央行为中心的层级信用体系—货币发行并有效地实现货币供给的乘数，同时借助日益成熟的金融技术和资本市场等分摊风险，使得政府的财政收益与治理能力稳固增长。在这个过程中，近代早期的国家是否能因市场崛起而建立起相应的金融调控干预能力，极有可

---

　　① 哈耶克与古典经济学派提出货币非国家化或货币中性管理的设想，是假定市场体系是较完美的。在市场存在缺陷的情况下，货币的自由发展就很难成为必然，这也是凯恩斯提出管理货币的逻辑。参见［英］哈耶克《货币的非国家化》，姚中秋译，新星出版社 2007 年版；［英］凯恩斯著：《就业、利息和货币通论》，徐毓枬译，译林出版社 2011 年版。

能成为货币制度分流的一大要素。

本文基于该逻辑分析了 16—19 世纪中日两国在货币流通制度演进路径的分流问题，认为从长时段角度看，16 世纪以降中国的货币主导权呈现出下移趋势，表现为以政府货币铸行权动摇的自下而上的货币称量银化，以及对于货币流通的干预能力总体弱化。日本呈现出与之相反的特征，幕府政权逐步建立并强化金银铜三货制度，政府主导的货币制度成为货币经济的绝对主体。幕府政权因市场波动和需求而不断改铸货币，同时利用货币权威谋取铸币利差，在这个过程中，计数货币的演进、价值尺度的统一发展、脱离实体的货币名目观念发展、金本位制的内在转向，使得中日两国在货币信用发育、近代化的内在转向等方面拉开距离。

从货币流通角度看，两者虽然都存在统一性和多样性并存的局面。如清代中国的制钱推广使得不少地区出现"钱进银退""以钱为本"的现象，显现出制度统一性的一面；各地日益兴起多样化的短陌和虚实钱法、衍生出众多的虚银两惯例等，反映出地方的多样性。德川幕府时代的日本同样也存在幕府三货制度的统一性和各藩地方货币的多样性互补并存局面。这虽有地域广袤、各地习惯不一、市场分层所致的地域不统一的原因，但从中也能透视出两者的内在差异：中国逐步出现多样性胜过统一性的结构失衡问题，表现在制钱和旧钱、私钱并未出现完全的替代关系，无任何制度管理特性的称量银以原始状态在各地自由流通，各自具有差异化的解读。与之相对，幕府推行的金银铜三货制度强势成为地方货币的价值基准和跨区流通的核心媒介，统一性胜过并整合地方性。在这个过程中，明清时期中国货币制度变迁的主导力量以市场力量为主，政府的信用渗透和管理激励不足；同时期日本货币制度变迁的主导力量则是政府和市场共同发挥作用，从长期看日本币制多处于两者不断寻求动态平衡的调节过程中，政府的主体和统合作用比较明显，政府的信用渗透和管理激励日益增强，最后积淀出其特有的金融特质与金融能力。

　　两国所循的路径依赖强化了这一差异，至 19 世纪下半叶出现更大的分流：日本由于制度性遗产的继承加之货币主权意识的高涨，依托国家力量实施以政府强制性变迁为主的发展模式，顺利地向近代货币金融体制转化，从而确立本国的货币主权；以市场诱致性变迁、政府不干预为主要特征的中国币制演化模式则呈现出更加紊乱的情形，货币主权几近沦丧，货币近代化举步维艰。可见，被一国公众普遍接受的稳定的法定信用货币体系，是该国人民的公共物品，它的形成主要是国家力量形塑的结果。中日两国货币制度的分流现实，彰显了是否具有国家金融能力的内在特质对后发国家构建近代金融体制的深层次作用，也折射出历史遗产的路径依赖对于制度变迁的深层影响。

子口税与铁路货捐合征的流产

——清末山东筹议内地捐的纠葛[*]

马陵合

（安徽师范大学　学报编辑部）

晚清时期，受贸易规模扩大、贸易路线变更的影响，地方政府在既有厘金制度基础之上，以增加通过税的方式，获得更多的地方性收入。但是，这种诉求必然会受中央政府和外国势力的牵制，使得各地商税呈现出多样化和地域性特性。山东在厘金收入少、又未全面开征子口税的背景之下，一直试图开征新的税种来弥补地方财政之不足。晚清最后两三年，山东开征铁路货捐受阻，子口税又无益于地方财政，转而与德方合作，开征类似厘金的内地捐，将铁路货捐与子口税融为一体。此举虽为德方赞成，但却因分割中央财政收益而受到度支部阻挠，最终流产。对这一历程进行还原和梳理，无疑可以折射出晚清税制改革中诸多矛盾与难解之症结。

一　贸易路线变化对新税制的诱导

山东省抽厘起议于咸丰八年（1858）十一月，实行则在翌年（1859）。是年在福山县的烟台、利津县的铁门关、黄县的龙口、荣

---

　* 2016年度国家社会科学基金重大项目"近代中国工商税收研究"（项目编号：16ZDA131）阶段性成果。

城的石岛、即墨的金家口、胶州的塔埠头分设 6 厘局抽收海口厘金。
"至内地行船河道，只有四路，而所设厘卡亦仅有六处，即卫河设馆
陶一卡，南运河设安山一卡，黄河设姜家沟，泺口镇两卡，小清河设
石村，岔河两卡。"① 先设厘金总局于潍县，后将总局移设省城，以
总揽各口厘务。所收税款作为协济天津海防经费之用。当时奏定额税
1 分（1%）仍归各州县征收，另征厘税 3 分（3%）由各厘局征收。
咸丰十一年（1861），山东省设立东海关，而上述各口皆在东海关的
辖区范围之内，故又将各厘局附设于东海关所设的海关税卡附近，由
各州县督征。其征收厘金章程则改为以缴纳关税为准，即征关税 1 两
收厘 3 钱。此为山东厘金创办时首先在沿海地区抽收海口货厘的
概略。②

　　山东的厘金设置比较特殊，偏重于海厘、河厘，几乎没有陆厘。
"山东内地往来货物甚少，河路本有水卡且本地大宗土货如烟酒之类
筹款局皆有认税。此不必设陆路厘金之由。"③ 山东沿海设关征税历
史较长，但没有严格规制。18 世纪 30—90 年代，清政府曾在青岛地
区设税关征税。据《即墨县志》记载："榷税，金家口、青岛口海舶
按装载货物抽取税银，尽征尽解无定额。"④

　　与其他省份相比，因为贸易量的关系和胶澳租借地的影响，山东
厘金征收量并不高。山东厘金税率自始至终皆为值百抽二，各处抽厘
皆只收一道，在各省中可算抽厘较轻的省份。⑤ 自咸丰十年（1860）
起，至同治二年（1863）间，山东厘金收数万两，同治三年（1864）
后已逾 10 万两，但最高收数尚不出 16 万两。同治八年（1869）至十

---

① 罗玉东：《中国厘金史》，商务印书馆 2010 年版，第 374—376 页。
② 《中华民国工商税收史》编委会编：《中华民国工商税收史》，货物税卷，中国财政经济出版社 2000 年版，第 95—96 页。
③ 拟添设货捐及子口税乞酌核示复由，宣统元年十月二十一日，台北"中央研究院"近代史研究所档案，馆藏号：02－13－041－03－002。
④ 《中国海关通志》编纂委员会编：《中国海关通志》第 4 分册，方志出版社 2012 年版，第 2563 页。
⑤ 罗玉东：《中国厘金史》，商务印书馆 2010 年版，第 376 页。

三年（1874），年收 7 万余两。光绪元年（1874）后略减，至十七年（1891）止，年收 5 万余两，十八年（1890）起略增，年收 6 万余两，至二十二年（1896）又继续增加。以后 13 年，除有 3 年仅收八九万两外，其余年收数俱在 10 万两以上。光绪三十四年（1908）达到 116664 两，[①] 宣统三年（1911）激增至 377082 两。[②]

胶济铁路通车后，贸易路线发生了很大变化。一是烟台、青岛开埠后，港口与内地商品流通迅速增长，沿海城市与内地城镇之间形成了新的货运路线；1904 年胶济铁路修通以后，铁路沿线、小清河流域原属于烟台港的贸易地区，开始转向青岛港。山东的果品、花生、胡桃、豆类、豆油、烟草、毛皮、牲畜等大量运往青岛，同时，外国工业品棉纱、棉布、机器、纸张、煤油、火柴、染料、建筑材料等，也通过铁路输往内地。潍县、周村、济南是铁路沿线最初的洋货销售市场，后来小清河流域各县也很快从胶济铁路附近车站进货，成为胶济铁路的市场辐射范围。

二是胶济铁路和津浦铁路的通车，改变了传统商路的货运方式。烟潍商路受胶济铁路的影响较大，无论从运输费用还是效率方面来看，潍县到烟台的陆路运输都比不上潍县到青岛的铁路运输。小清河流域原属烟台的贸易地区，胶济铁路通车被吸纳进胶济铁路运输体系，其自身运输也受到了影响。胶济铁路通过对其他运输方式的吸纳或排挤，对山东原有的交通运输方式进行重组，形成了以它为中心的交通运输格局。[③] 这种交通格局，显然使本就不充裕的厘金收入减少，山东省财政愈加困难。因而，首先拟效仿他路对胶济铁路所运送货物进行抽捐，不过，其间波折颇多。

1907 年年底，署理直隶总督杨士骧会同署理山东巡抚吴廷斌要

---

① 郑起东：《转型期的华北农村社会》，上海书店出版社 2004 年版，第 275 页。

② 关于山东厘金的收入总额，相关资料不甚一致，但大致可以判定，每年初在 10 万两左右，后增到 20 万两左右。张玉法：《中国现代化的区域研究——山东省》，台北"中央研究院"近代史研究所编 1991 年版，第 366 页。

③ 王斌：《近代铁路技术向中国的转移——以胶济铁路为例（1898—1914）》，山东教育出版社 2012 年版，第 209 页。

求将济青道改为山东全省交涉道仍请兼兵备道衔，责成该道办理全省
洋务，兼办济南、周村、潍县三处商埠事宜。济南、周村、潍县三地
开埠后获准设关征收，提供商埠建设经费。为获取税源，首先计划在
胶济路设局征税，其理由是"如不及时设法补救，先在济南等处商埠
火车站附近地方设关卡抽收税捐，恐常年额征款项势必渐归无着，殊
于筹济饷需有碍"①。

实际上，山东开征铁路货捐的前提是具备的。一是胶济铁路章程
中允许中国方面依章征收各种厘税，铁路应提供协助。"胶济铁路章
程内并载明本省应征货物牲口各项厘税在车站左近者，该公司须妥为
料理，使应征各税容易收纳。"济南等三地开埠后，"商货转输日多
一日，惟一切工程皆由公家拨款，建置所需，常年经费，迄今犹未筹
有的款"。为增加商埠建设经费，也急需增加税关。因而，计划在济
南设关征税并于周潍两处添设分关专抽火车所运货物税捐，对于不由
火车运载货物，"勿论水运陆运仍照本省税厘向章另行征收，庶于榷
税之中，仍寓恤商之意"②。

山东地方之所以要求开征铁路货捐，主要在于征收铁路货捐已有
先例。③"查汴洛、沪宁各路均有火车货捐，胶济一路虽非我设，而
内地收捐在我固自有主权。"山东地方政府认为，根据《胶济铁路章
程》第十九款规定，"本省应征货物、牲口各项厘税，在车站左近
者，该公司须妥为料理，使应征各税容易收纳"④。同时，第二十七
款也规定："铁路在德国租界以外者，其原旧地主大权，仍操之于山
东巡抚，在租界内者，权归德抚。"⑤ 这就为山东巡抚的设关榷税提

① 置直隶总督杨士骧署山东巡抚吴廷斌奏请东省酌设办理洋务商税折，光绪三十三年
十二月十三日，《政治官报》第 86 号，光绪三十三年十二月十六日，折奏类，第 8—9 页。

② 置直隶总督杨士骧署山东巡抚吴廷斌奏请东省酌设办理洋务商税折，光绪三十三年
十二月十三日《政治官报》第 86 号，光绪三十三年十二月十六日，折奏类，第 8—9 页。

③ 马陵合：《路权与税权的博弈——清末铁路货捐制度的形成及有限变动》，《华中师
范大学学报（人文社会科学版）2018 年第 2 期。

④ 青岛市档案馆：《帝国主义与胶海关》，档案出版社 1986 年版，第 435—436 页。

⑤ 陈毅编：《轨政纪要》，沈云龙主编：《近代中国史料丛刊》（第 54 辑），第 537 册，
台北文海出版社 1970 年版，第 924、927 页。

供了法理性基础。他们主张"仍在济南设关，并于周潍两处添设分关，专抽火车所运货物税捐。应抽数额暨一切办法，均仍按照约章、税则并参酌直豫鄂三省筹办火车捐章程妥酌议办"①。

1909 年年初，在姻亲庆亲王保荐之下，孙宝琦接替升任两广总督的袁树勋任山东巡抚。孙宝琦继续试图计划对胶济铁路抽收货捐。原因是山东财政状况每况愈下，无款可筹。山东省本只设内地水路厘金各卡，1905 年以前每年尚可收银 20 万以上。1907 年以后，因青岛商务日旺，每年仅收十一二万金，"盖由轮船交通商货改道，遂有彼盈此绌之势，即使日后加征子口半税，其有土货由铁路而运青岛者，内地陆路如不设卡，固多疏漏。且将来津浦各路通连以后，往来商货实亦不足以资金稽征"②。"自青岛口开办铁路以后，山东情形与从前迥不相同，相差甚多，商务已加一倍，其三分之二系由铁路运送，山东现无土税，缺一大宗进款，新政急待兴办，用款入不敷出甚属为难，因拟仿照他省添设厘卡，又以便商起见，拟收火车货捐，已定章程十条，由山东巡抚札税务司查照。"③ 所拟的铁路货捐章程十条，大致与京汉、汴洛类似，平均税率相当于子口半税，为 2.5%。只是运煤所收税率有特殊规定，"照农工商部咨覆河南定章，凡出井税完足值百抽五、领有完税凭照运单者一律免捐，如所完之税不足此数仍应照章补完"④。

但这一方案立即遭到德方的抵制，其"声称胶济铁路货捐与德国车务暨青岛商务既属有碍"。同时，因过去缺少陆上厘卡，而胶济铁路又不与烟台相连，"若办胶济铁路货捐亦尚遗烟台。一方面盖货物输入输出全在烟台青岛两处。入海口即散漫无稽，局卡设不胜设，而

---

① 《直督奏请山东酌设洋务商税专员》，《申报》1908 年 1 月 28 日，第 4 版。

② 山东巡抚呈外务部，东省拟办子口半税及铁路货捐请商各使，宣统元年十月八日，台北"中央研究院"近代史研究所档案，馆藏号：02 - 13 - 041 - 03 - 001。

③ 胶州租界边限征税各事缮呈税司另拟办法及合同草底由，宣统二年一月十九日，台北"中央研究院"近代史研究所档案，馆藏号：02 - 13 - 041 - 03 - 011。

④ 拟添设货捐及子口税乞酌核示复由，宣统元年十月二十一日，台北"中央研究院"近代史研究所档案，馆藏号：02 - 13 - 041 - 03 - 002。

疏漏仍所难免。此不如办子口半税直截了当，费省款巨也"①。实际上，德国担心运营刚有起色的胶济铁路因征收铁路货捐受到影响，主张应该像满洲铁路一样免收铁路货捐。此时，胶济铁路生意虽似年胜一年，然较之京汉等路相去甚远，"所恃客货日渐辐辏每年得利仅在三四厘之谱，原订利过五厘应有报效德国政府之款，至今尚未能实行。而东省地方疹苦，商务本不甚发达，若再与沿途各站设卡，无论内地往来各货，或由胶州运来未领内地税单三联单各货一概抽捐，诚恐该公司或虑及节节阻窒，商货将避重就轻，舍铁路而另谋运输之策"②。

德方的这种态度当然使得征收胶济铁路货捐难以实现。不过，作为补偿，德方提出，可以在烟台、青岛等口岸开征子口税。胶海关税务司阿里文③认为若开征子口税约五六十万两，除各项开支和酌提德署之津贴，约可存四五十万。④ 外务部在与德使沟通后，也得到肯定的答复。"呈外务部先行照商德使，议设火车捐并在海关征收子口税。嗣准复到节略，以火车捐有碍路务，子口税尚可筹商。"⑤ 在阿里文

① 拟添设货捐及子口税乞酌核示复由，宣统元年十月二十一日，台北"中央研究院"近代史研究所档案，馆藏号：02-13-041-03-002。

② 拟添设货捐及子口税乞酌核示复由，宣统元年十月二十一日，台北"中央研究院"近代史研究所档案，馆藏号：02-13-041-03-002。

③ 光绪二十三年（1897）德国侵占青岛后，允许清政府在德国租界区内设立海关，但要求应拣派德国人为海关税务司。光绪二十四年（1898）六月，德国人阿里文（Emst Ohlmer）奉总税务司赫德之命，前往青岛筹办设关事宜。同年八月二十五日，胶海关税务司阿里文与东海关道台签署勘界协定，德国在青岛的租界地全部为胶海关管辖区，其区域从崂山湾东北角起，经崂山中部、白沙河、沿胶州湾至灵山卫、薛家岛向西南至整个胶州湾。胶海关设后，青岛地区诸海口原属东海关所辖租借地的塔埠头、金家口、青岛口等常关分关及红崖、灵山卫、大港口、女姑口、沧口、登窑狗塔埠、沙子口、薛家岛等常关分卡或代办先后归胶海关管辖。光绪二十七年（1901）胶海关在小港设分关，在大赵村、流亭集设陆路缉私分卡，在台东镇火车站设征税处。《中国海关通志》编纂委员会编：《中国海关通志》第4分册，方志出版社2012年版，第2563—2564页。

④ 东省拟办子口税事，宣统元年十一月二十日，台北"中央研究院"近代史研究所档案，馆藏号：02-13-041-3-005。

⑤《鲁抚奏陈筹划胶沂路款办法》，《申报》1910年12月19日，第2版。

的沟通下，"胶督亦允帮忙"①。

德国的这种态度似乎与税务司阿里文说贴有关②。阿里文认为山东相对其他省份厘卡少，厘金收入有限。"窃查山东及各省税厘情形，山东厘卡只有七处，较各省为少。"其原因在于山东"商务小，海面长，海口多，又无陆路，水陆扼要冲衢也"。设置厘卡，无法避免"货可绕越，收不敷支"。七处厘卡在黄河、运河、小清河沿线，收数有限。"因山东厘卡甚少，洋商运进口货赴内地，从无请领三联单之事，青岛、烟台两海关亦无子口税可收。"因商路改变，山东财政甚属为难。若推行铁路货捐，虽势难阻止，实施并没有障碍，但是，"如设此等捐卡，山东商务、青岛铁路、海关税务恐怕均受损"③。因而，建议另设法开办子口税。德国国家如能允在青岛征收子口税，则内地及车站各厘卡可免再设，山东与德国均受其益。"山东所缺之用款有着，商务免生阻力，此后商民均当感念不置也。"④

德国方面认为，允许开征子口税，是顾及山东地方的财政困难，"察看山东省情形，用款不敷，厘金子口税所收甚微，德国以重固邦交，辅助山东省起见，商定一法，将从前所订设关征税条约加增一款"。为维护自身商业利益，在制定子口税税则时，自然设定了一系列限制性条款。1909年11月，山东方面与海关开始拟定征收子口税的细则。"所有新订之合同为德国允准在青岛将货物收一值百抽二五之子口捐。其完纳之不地赴内地者于起运之先完纳，出口货于上船之先完纳。德国允为辅助一切。"在此基础上，拟定子口税办法四条，其中主要是三条：

① 拟添设货捐及子口税乞酌核示复由，宣统元年十月二十一日，台北"中央研究院"近代史研究所档案，馆藏号：02-13-041-03-002。
② 阿里文认为，此举优点在于"将海关监管由火车站转移至自由贸易区，从而得以保障商品和乘客出入中国腹地的通行自由，而不必受到任何形式的阻碍或监管。在此种交通便利化举措下，贸易的快速增长也是可预期的"。参见［美］杰弗逊·琼斯《1914青岛的陷落》，秦俊峰译，福建教育出版社2016年版，第141页。
③ 青岛市档案馆编：《帝国主义与胶海关》，档案出版社1986年版，第33—34页。
④ 青岛市档案馆编：《帝国主义与胶海关》，档案出版社1986年版，第34页。

1. 查一千九百零五年补订青岛征税办法合同，海关征税，在无税之区地以内，所用租界边限及左近均无关卡。现德国允在青岛由海关收一子口半税，或在无税区地以内，或在无税区地以外，进口货物送内地以前完纳，出口货物上船以前完纳。德国允辅助中国海关办理，以其捷易。因德国允为助理一切，应由中国按海关所收进口子口捐内，每年提拨若干交于青岛德官，作为青岛租地之用。此款应于每年结底照海关收数划拨。如此项合同作废，此款亦即作罢。

2. 进口货物如运外省，或由外省运来之出口货物，海关照条约发给三联单，征收子口税。此项外省来去所收之子口税应归度支部。

进口货运销山东省界以内，除烟土、吗啡、军火、炸药、盐五项外，无论保货运转赴何处均不给运单，因特允山东省界内不再征收各项税厘也。所收子口捐均留归山东省应用，于进口子口捐内照所订之数拨归青岛德官。

3. 凡有漏税、走私及违悖海关章程等弊各案，除因无领事应由青岛大宪特派委员与关员会议外，其余均照同治七年会讯章程之意酌情订办。①

这一方案是在1905年的《会订青岛设关征税修改办法》基础上进一步扩大了胶海关的权力范围。德国有胶澳租借地有着较之其他口岸更大的特权，主要包括运入胶州湾租借地并在租借地内销售的货物一律免征进口税。凡租借地内生产之物料及由海路运来之物料制成之各种制造品，运出租借地时，均不纳出口税。若用租借地外中国其他地区运入租借地之物料制成之制造品，按原料完纳税项。根据1905年的《会订青岛设关征税修改办法》规定，胶海关征收的进口税的

---

① 青岛市档案馆编：《帝国主义与胶海关》，档案出版社1986年版，第31—32页。

20%必须提交德国，作为"补助费"。胶海关则规定，所有掌握查明走私、偷漏等违章行为自归德国所设之衙署照《会讯船货入关章程》办理。① 子口税的开征，在一定程度上增加了胶海关征税权。

这一方案虽有其将内地税捐部分让渡给了外国人控制的海关，山东筹款局还是认为，相形之下，子口半税更为适宜，山东一直以水卡为主，设陆卡成本既高，且难以控制。"山东内地往来货物甚少，河路本有水卡……此不必设陆路厘金之由。盖货物输入输出全在烟台青岛两处，一入海口即散漫无稽，局卡设不胜设，而疏漏仍所难免。"② 尽管子口税征税面要宽于铁路货捐，但也只是德方对中方征收铁路货捐的一种补偿方式，山东筹款局对胶海关征收子口税的认知似存在偏差。表面而言，这一方案是青岛免税区的进一步放开，但改铁路货捐为子口税，却符合德国在胶济铁路和青岛商埠上的特殊利益。若实施这一方案，胶海关的征税权会得到进一步扩展，但对财政困难的山东地方政府却无法消除燃眉之急。

二 地方大员与德方合作的内地捐计划

子口税所抵代的只是由口岸进入内地或由内地运往口岸途中的厘捐，租界以外的口岸地区和洋货到达目的地以后、土货运出口以前的内地仍可征厘。山东因没有完整厘金征收体系，子口税的价值并不太有意义。因山东厘卡甚少，子口税是申报之税，并非强制缴纳。不可

---

① 关于违章会讯问题，日本学者高柳松一郎指出：《会讯船货入官章程》绝少实行，实际上多由海关单独处置。平常的犯规事情，由当事人直接申辩，或由领事间接申辩，海关轻课罚金了事，已成海关惯用的原则。总税务司也常令各地税务司尊重犯规者的申辩，轻轻处罚了事，回避《会讯船货入官章程》的规定。对华商的处分，不像外商那样进行公开审讯，有时送交官厅以加以体刑。民国二十二年（1933），《会讯船货入官章程》废止，此类案件改由国民政府财政部关务署的海关罚则评议会处理。（姚永超、王晓刚编著：《中国海关史十六讲》，复旦大学出版社2014年版，第77页）相关违章事项，一般主要由海关单独处置，一般相关国家领事并不介入，但在青岛，胶海关很长时间并无权处置此类问题。

② 拟添设货捐及子口税乞酌核示复由，宣统元年十月二十一日，台北"中央研究院"近代史研究所档案，馆藏号：02-13-041-03-002。

避免会影响子口税的收入。从全国范围而言，"盖各卡收厘可任便长落，不必概遵定章。若可用三联单之货，则收数必少，因减价以为招徕也，而各海关之子口税实受其影响"。1908年，进口货税共征银1168万两。除本地销用外，其运赴内地者，约可征收子口税500万两，实只能征收138万两，"所短甚巨"①。青岛既有范围不小的免税区，山东又复少厘卡，子口税的前程不容乐观。这一点，很快各方面都发现了这一问题，他们转而合作寻求征收面更广的新税种。

相对于山东筹款局而言，登莱青交道则更清楚子口税无益地方，也颇多弊端，曾禀称：

> 子口税章为流通商务便益而设，商人愿否请领子品税单，本听其便，海关无权强迫就此范围。如欲注重子口税，仅有一法，必使内地厘卡林立，重纳厘金，商人就简避繁，不能不领子口单。惟行此法冒名等弊既已难防，开销亦属不赀，诚公家所得有限，徒归中饱。且商人必致畏而裹足，与国课商情两无裨益，兼以近来商务凋顿，若再重重周折，商力实有未逮，商务愈难起色。②

对于胶澳官方而言，征收子口税，他们可以从税收抽取一定比例作为津贴，对于征税并不太反对，青岛德商则会受到影响，"德署自必乐为，然恐青岛洋商不允。系因在青岛用品恐不愿出此子口税之故也"。因为根据青岛征税修改办法规定，凡货物一出无税之区，完税后听由货主自便，关员即不过问。此外，海关若代征子口税需增添多处卡。"其由烟台赴内地，往西南、西北各要路以及威海卫边界往来各要路，亦须新关添设边卡，以便稽查子口税务。"③阿里文对征

---

① 青岛市档案馆编：《帝国主义与胶海关》，档案出版社1986年版，第33页。
② 增改子口税事，宣统二年九月十八日，台北"中央研究院"近代史研究所档案，馆藏号：02-13-041-03-21。
③ 东省拟办子口税事，宣统元年十一月二十日，台北"中央研究院"近代史研究所档案，馆藏号：02-13-041-3-005。

收子口半税也持保留态度。"查拟收子口税一节，若照定章开办局卡亦无大好处，盖因收数少走私多，经费大，既误货物又碍铁路生意之故也。"①

孙宝琦对子口税也有类似的担忧，在海关征收子口税，在车站设卡均是阻力重重。因而，在1910年年初，中德双方对开征子口税兴趣都不大，转而提出开征一种将铁路货捐与子口税合为一体的新税种，他们称之为内地捐。他认为可行之策是将关卡设在边界，"变通改为内地捐，可与正税并征而许免内地厘金"。这种内地捐既不限于一口，也不限于胶济铁路一线。"子口税系指定一口，内地捐则限于山东，亦正相同。"② 所以，"内地捐者，即为子口税之别名，内地厘卡，均移设边界，东西洋各国关税制度，所谓国境关税是也。东省拟内地捐就东海胶海两关，于洋税常税外，按照值百抽二五之数分别代收，以抵内地厘捐"③。

此项内地捐系专指运销山东内地暨山东内地运出海口之货，其有进口货物运往外省或由外省经过之出口货物，海关仍照三联单章程办理。所有此项捐款系专抵山东内地厘金数，留为山东之用。惟青岛德官助理一切，应由中国海关于所收进口货内地捐内每年约提若干交青岛德官，作为青岛租地之用。此款按结照海关收数划拨，如加税免厘条约实行，此项内地捐仍当另议。④

至少子口税对山东地方财政无所裨益，对于青岛也不利于其保持所谓免税区的优势；而征收内地捐，对于双方都有益。山东巡抚在奏请中这样概述这一税种的益处："第一，山东全省可一律办理，无此

① 拟添设货捐及子口税乞酌核示复由，宣统元年十月二十一日，台北"中央研究院"近代史研究所档案，馆藏号：02 - 13 - 041 - 03 - 002。
② 山东拟办子口半税案，宣统二年十月二十七日，台北"中央研究院"近代史研究所档案，馆藏号：02 - 13 - 041 - 03 - 023
③ 德遣议员高格等调查山东路矿请速建胶沂路并免厘金，宣统二年九月十五日，台北"中央研究院"近代史研究所档案，馆藏号：02 - 03 - 020 - 01 - 016。
④ 胶州租界边限卡征税及胶济铁路设立货捐局各事，据税务司筹拟变通办法均属可行，请照德使核复由，宣统二年一月十九日，台北"中央研究院"近代史研究所档案，馆藏号：02 - 13 - 041 - 03 - 010。

轻彼重之虞。第二，运至他省他处均可畅行无阻，第三，青岛辅助海关办理，可查照补订征税合同给一相当好处，此后山东内地即再行添设厘捐等卡，往来货物毫无阻滞，商务必见畅旺，并可为加税免厘开一先导。"德国方面出于自己的利益考虑，对此"甚乐意辅助"。"今察看山东省情形，用款不敷，厘金子口税所收甚微，德国以重固邦交，辅助山东省起见，商定一法将从前所订海关征税条约加增一款。"双方还就征税拟定合同，作为此前关税条约的增加条款。在合同中，要求清国允保三款。"一除烟土吗啡军火炸药盐五项另有专章外，其余无论何货，凡完过内地捐者，在山东省界以内不再收各项厘金以及留难阻滞情事。二允保山东各海口均须一律照完内地捐。三允在青岛所收进口内地捐内提出若干成归为青岛租地之用。"① 并拟定具体办法。

青岛出口土货内地捐上船时与出口税同收。

进品洋货内地捐办法有二：

一出无税区地与进口税同，此系商人海关最为便捷之法。惟稍有碍难之处，因青岛租界内所用之货亦加入内地捐矣。

二如青岛租界内所用之货不收内地捐，则应于出租界赴内地时征收，惟须设立捐卡在青岛铁路站房征收火车装运货物之内地捐，并在青岛分关收民船出口及骡车、小车等运赴内地货物之内地捐，装民船及车运之货均发给运单，民船运单到所运之口收回，车运运单至边界收回。

烟台洋土各货往来内地平均计算，八成由民船运送，二成自陆路运送。民船往来运送货物由常关收内地捐，烟台赴内地有陆路三条，应设捐卡三处，所有陆路运送货物之内地捐，或在烟台完纳，或在陆卡完纳，均可听商自便。

---

① 胶州租界边限征税各事缮呈税司另拟办法及合同草底由，宣统二年一月十九日，台北"中央研究院"近代史研究所档案，馆藏号：02-13-041-03-011。

威海边界以外由东海关酌设分卡两处，照洋税则收进出品货
税及内地捐。

客人携带行李不收内地捐，凡条约免税之物亦不收内地捐。①

对于这种既非子口税，又不同于铁路货捐的内地捐，山东地方认
为可以切实解决地方财政匮乏的问题，同时也针对胶济铁路所运货物
实行间接性的征税。胶海关在其年度报告中，则认为这是一种颇有革
新意义的新税种，甚至可以代表税制改革的方向：

新设厘金税局的建议遭到各方面剧烈的反对，结果以一种反建议代
替施行，即由海关对于进口货物一律在到达港口或者对于出口货物一律
在离岸时按照税则缴付正税以外，再另外缴付正税一半的附加税（百分
之二点五）。此后，一切进出口货物，无论经由铁路或者其他交通工具
运送，都可不再缴付税款，在省内自由流通。商人们亦可选择对货物缴
纳转口税，取得转口证明，以便以后货物出省时，不再缴付附加税。②

山东与德方、胶海关合作的内地捐，从税种性质而言，是一种类
似统税或统捐的附加税。③ 对于地方政府，"一切附加税收入是上缴

---

① 胶州租界边限征税各事缮呈税司另拟办法及合同草底由，宣统二年一月十九日，台
北"中央研究院"近代史研究所档案，馆藏号：02－13－041－03－011。

② 青岛市档案馆编：《帝国主义与胶海关》，档案出版社1986年版，第110—111页。

③ 清末民初，不少地方在改革厘金制度时，依铁路货捐的规则，实行税率统一、不重
复征收的统税或统捐。1911年，江苏在实行统捐改革时，则强调以铁路货捐制度为参照标
准。江苏是针对苏属地区统捐改革拟定三期改革方案。其中第一期则依照铁路货捐办法，
划一标准。"第一期专将沿途卡捐按照经过局卡，分别应完厘数，按道合计统征。凡向完产
地捐、落地捐及认捐之货，暂仍其旧，其捐数即按照铁路现订章程，水旱卡划一抽收。"
[参见拙作《路权与税权的博弈——清末铁路货捐制度的形成及有限变动》，《华中师范大
学学报（人文社会科学版）》2018年第2期]。有的铁路则直接将铁路货捐转换为统税。
1915年，为解决中原煤矿公司与福公司合并后的煤产品征税问题，两公司在议商订立福中
总公司草合同时注明，"总公司应向中国该管行政衙门权商每年报效一总款，作为厘金税及
各项杂捐之统税"。经财政部、外交部和交通部会商决定，最终同意由福中总公司"以每年
报效政府国币10万元作为（煤产品）内地经过各处厘金常关及沿途各项杂捐之总额"，并
将此款项作为道清铁路裁撤煤捐后的抵补款，经解财政部转拨河南省政府。（抄录中原公司
所拟税捐办法四及批令咨请查照，民国四年五月，台北"中央研究院"近代史研究所档案，
馆藏号：03－03－022－02－005）

省府国库的，而一切转口税收入则是上缴中央财政部的"。而且，这笔税收的 20% 为胶澳督办所有，"作为补偿在青岛进口消费的商口已经付讫附加税的损失。这笔附加税收入在烟台是交给当地社会机构作为维修防浪堤之用的"①。

尽管受到胶澳殖民政府的分润，但是，从内地捐的意义而言，有其积极价值。首先，它至少从形式上不同于厘金。胶海关认为，实行内地捐可以减少"过去征收厘金时期发生的工作困难，时间耽误和征税的不可靠性。因为沿海港口和内地之间设置了许多厘金税局，并且各地没有固定的税则和征收税率，这将使货物运输难以控制"②。这对于商人而言，减轻负担，可以在省内自由贸易。其次，对山东地方政府而言，可以大大减低征税成本。"它不需化费大量款项去建造各处厘金的房屋，也节省大批征收厘金人员的开支。"③对于阿里文建议将子口税与铁路货捐合而为一的方案，孙宝琦颇为感激，在致度支部函件，曾这样赞许阿里文：

> 胶关税务司阿里文在华四十余年，老成忠恳，宝琦上年来东巡青岛时，问以东省理财之策，伊即以东胶两关向无领子口税单者，若从此处设法，岁可增数十万之巨款。宝琦始提议及铁路设卡事，而渐引出内地捐之议。其所规划虽不尽可行，而其真挚之情诚属可嘉，在吾华官员亦所罕见，不得以非我族类而而疑之。④

从另一角度而言，内地捐又是对免征铁路货捐和内地厘金的抵补。"所有此项捐款系专抵山东内地厘金，应全数留为山东之用。"因为子口税本身也具有替代厘金之功用，"子口税原为抵收

① 青岛市档案馆编：《帝国主义与胶海关》，档案出版社 1986 年版，第 111 页。
② 青岛市档案馆编：《帝国主义与胶海关》，档案出版社 1986 年版，第 111 页。
③ 青岛市档案馆编：《帝国主义与胶海关》，档案出版社 1986 年版，第 111 页。
④ 山东拟办子口半税案，宣统二年十月二十七日，台北"中央研究院"近代史研究所档案，馆藏号：02－13－041－03－023。

内地厘金，而火车捐实即陆路厘卡，今德使既以火车捐有碍车务，且与各国在中国管理之铁路章程不符，难以照办。现该税务司筹议变通改征内地捐，虽与子口税火车捐办法不同，而征收款项则一，且可免内地稽征之烦，往来商货便利自必日见发达，更于捐税有益"①。

对于这样一种所谓两全之策，胶海关将其视作符合内地税捐改革趋势的方案。当内地捐因清廷内部意见不统一、辛亥革命爆发等而未能实施后，胶海关甚至希望新的民国政府能继续推行。"我们期望中国新政府会采纳一项已经取得各方面同意的改革措施。而这项建议对于本省、本省人民和国库收入都是一件有希望的，切实可行的事情。"②

三 度支部的驳议与内地捐的流产

因为内地捐方案毕竟是作为地方性税种出现的，其能否实施，不仅要得到德方的首肯，而且也要得到中央政府外务部、度支部等相关部门的批准。为使征税方案得以实行，孙宝琦曾将其计划设想上奏清廷，并通过私人关系向各方要人呼吁。孙宝琦在致外务部的信函中，强调山东不办子口税和铁路厘金与其特殊情形有关，"山东三面环海，与他省形势不同，内地厘卡本属无多，税司商拟将东省原有厘卡一律移设水陆各边界而于两海关代收一内地捐。筹议周密，于东省厘金并无窒碍，实属可行。……此办法合子口税火车捐而为一，于我国税务厘捐互有裨益而德人所乐从者，亦称具意"③。他称，青岛税务司阿里文到北京与总税司会晤，"总税务司尚为欣悦赞成。又驻京英使亦

---

① 胶州租界边限卡征税及胶济铁路设立货捐局各事据税务司筹拟变通办法均属可行请照德使核复由，宣统二年一月十九日，台北"中央研究院"近代史研究所档案，馆藏号：02－13－041－03－010。

② 青岛市档案馆编：《帝国主义与胶海关》，档案出版社1986年版，第110—111页。

③ 胶州租界边限征税各事缮呈税司另拟办法及合同草底由，宣统二年一月十九日，台北"中央研究院"近代史研究所档案，馆藏号：02－13－041－03－011。

甚乐从，但云须一面请示英政府，一面函询烟台英令事威海骆大臣等因。阿税司道出烟台，往见英德领事，均属乐从，亦允赞成"①。对此，外务部认为，只要德方无反对意见，山东"通融性"做法是可行的。"此项办法对于商民运货既多便利，于胶济铁路转运亦无妨碍。照此通融办法，于中德两国均有裨益。"同时要求将征税方案告之有约各国，方可施行。同时，外务部也强调，"应声明如加税免厘条约实行，此项内地捐办法即应作废，以归一律"②。

尽管外务部持肯定态度，但是度支部则不予支持，且对孙宝琦大加指责。度支部认为胶济铁路不同满州铁路，系中德合办，没有不征铁路货捐的特权。"山东对德人之言并未稍加辩难，辄迁就改变办法，以致原订章程竟归无功。所损于捐务者犹小，所失于主权者甚大。"在厘金未裁之前，其"为国家岁入大宗，非有的款抵补，万能难轻议裁撤"。实行内地捐实际则是变相地裁撤厘金，这增加了裁厘的难度，"加税免厘一事将因此永无实行之期，不待智者而知之矣"。它更担心其他国家在其他省份仿效实行，"以致收厘较多省分因此受亏，更于财政前途大有妨碍。此东省内地捐一事，本部再四筹思而不敢轻于许可者也"。它认为山东完全应该根据胶济铁路单程第十九款，"照章议办火车货捐，无任外人阻挠，庶于财政主权两有裨益"③。这是解决由贸易路线变更导致地方性税收下降的"正道"。言下之意，山东改征内地捐只是屈从于德国方面的压力，迎合铁路公司的利益诉求。

同时，他对度支部认为其对德妥协颇有微词，甚至反唇相讥：

> 到谓宝琦于德人之言未加辩难，辄迁就改变办法，是直疑

① 东省内地捐及青岛事，孙宝琦致外务部尚书信，宣统二年五月二十七日，台北"中央研究院"近代史研究所档案，馆藏号：02-13-041-03-018。
② 东省内地捐办法希先与各领提商再由部知照各使由，宣统二年四月五日，台北"中央研究院"近代史研究所档案，馆藏号：02-13-041-03-016。
③ 山东拟办子口半税案，宣统二年十月二十七日，台北"中央研究院"近代史研究所档案，馆藏号：02-13-041-03-023。

宝琦受德人之愚，宝琦忝膺疆寄，恒以尊主庇民为念，东胶两关数十年来乞未征过子口税，大部从未诘问其理由。东省厘捐收数甚微，历任巡抚亦未筹及开源之策。今宝琦苦心提议，内与外务部电牍往还，外与英德各国磋议一年有余，始稍就绪，岁可增入五六十万金，为胶沂路款之准备，以免争回自办之路再为彼族干预。……又谓胶济路章载明厘税，德人不肯承认，显系有违定章，诚属难逃大部洞鉴。但以本国法律规定之事尚难强以必行，即印花税乃大部奏明通行者也，至今无一省遵办。不闻大部设法使之进行，何况路权属于强敌。宝琦实无此才智与之争办……①

对于度支部反对山东内地捐方案，孙宝琦称度支部"拘执成见，一再驳议，不于此事一考其究竟，于火车捐子口税性质源流亦未辩明，徒执名理以相责难。必欲破坏将成之局，宝琦窃有所不解也。有知斤斤力争，迹涉负气，特以事机所迫，及今不办，即为外人所笑，又恐胶沂路款无着，必致惹起彼族交涉，贻大部之忧"②。孙宝琦寄望外务部能给予支持，"无如事权不一，内地捐屡被司农驳诘，九仞之山，将亏一篑，必须鼎力主持，内外相维，庶可达其目的"③。但是，受制于中央政府内部度支部位高权重，孙宝琦的内地捐计划并没有得积极回应，外务部的态度表现得比较圆滑，因为内地捐方案得到德方的首肯，它不愿直接反对，但又以加税免厘即将实施为由，对其可行性表示担忧。

1911 年 8 月，孙宝琦为获得中央认可，变换手法，以维护路权为幌子，提出以内地捐为抵押，发行公债（实际是向德国借款），修筑

① 山东拟办子口半税案，宣统二年十月二十七日，台北"中央研究院"近代史研究所档案，馆藏号：02-13-041-03-023。
② 东省内地捐事，宣统二年十月二十七日，台北"中央研究院"近代史研究所档案，馆藏号：02-13-041-03-023。
③ 东省建筑胶沂峄铁路拟办内地捐抵借公债并收回各矿权，宣统二年十月三十日，台北"中央研究院"近代史研究所档案，馆藏号：02-03-005-03-012。

胶沂铁路①，并强调这得到了地方咨议局的同意。孙宝琦计划是，以内
地捐为担保发行公债 800 万两，专为胶沂铁路之用。此项债票由银行代
售，分期交款，周年 5 厘计息，以 30 年为期，10 年以内仅付利不还
本，10 年期满，如东省另有款可拨即将债票全数收回，否则自 11 年起
至 30 年止逐年分还本利，"以内地捐常年收欸足可相抵，届时倘有不
敷，自须另筹补拨以昭信用"②。孙宝琦对内地捐的收入进行过估算。
每年约可收银五六十万两，青岛德租界照章提拔二成津贴，若威海添
设分关，津贴如青岛例，加上烟台建筑海坝正议抽收货捐，亦应提给
二成，预计尚可余银 40 两。若拟借公债 800 万两专为胶沂铁路之用，
勉敷由高密到沂州一段，以后或需续借债票或由邮传部拨款。但是，
大清银行只允代售债票而不允垫款，德华银行为保证债信，"惟必须内
地捐一事定议，抵款方能有着"③。因而，实施内地捐，不仅是对厘金、
子口税、铁路货捐的抵补，而且也是举债修筑胶沂铁路的信用保证。

　　孙宝琦此时抛出胶济铁路计划，旨在以收回路权相标榜，向中央
政府施压，特别希望得到邮传部的支持。

　　　　路政为邮部职司，胶沂系津浦支线，国际交涉责任属在外务
　　部诸臣，体念时艰，公忠共济，缓急利害，自有权衡。本无庸越
　　俎代谋，第念此路收回之初，磋商匪易，臣现系原议之人，渥受
　　国恩，畀以封疆重寄，深虑旷日持久，又生交涉。内地捐一事筹

①　1898 年，李鸿章与德国驻华公使海靖签订的《胶澳租界条约》规定：允许德国在
山东修筑铁路两条，一条由胶州湾经潍县、青州（今益都）、博山、淄川、邹平到达济南并
进入山东腹地（即后来的胶济铁路），一条自胶州湾经沂州（今临沂）经莱芜到达济南
（后被称之为胶沂铁路）。后德国同意中国自建胶济铁路，但必要在 1915 年 5 月修筑完工。
但是，邮传部对于此路并没有确切计划。（德声明胶沂等路各节分别允驳，宣统元年五月八
日，台北"中央研究院"近代史研究所档案，馆藏号：02 - 03 - 019 - 01 - 001）对于邮传
部态度，孙宝琦并不在意，"不论胶沂铁路是否铺设，都拟测量以便定夺"。（李少军编译：
《武昌起义前后在华日本人见闻集》，武汉大学出版社 2011 年版，第 503 页）
②　专栏，《申报》1910 年 12 月 19 日，第 10 版。
③　王彦威，王亮辑编；李育民，刘利民，李传斌，伍成泉点校整理：《清季外交史
料》（8），湖南师范大学出版社 2015 年版，第 4415 页。

划经年，幸有成议，时机尤不可失。①

孙宝琦曾调津浦铁路南段提调候选同知劳之常履勘胶沂路线。"阅时四月余，计程六百余里。"经过勘测，建议改高密为起点，可省百余万。同时也将所绘具图表说略，咨送邮传部、津浦大臣。孙宝琦始终强调修筑胶沂铁路刻不容缓。"德使既有限期之请，我若不及早兴工，德人必又来干预。当此度支奇绌，明知邮传部兼顾为难，臣忝抚此邦，不得不尽心筹划。"② 这种急于维护路权的表态，在清季最后几年自办铁路高潮中，并不乏见，但其效果未必能如其所愿。

对于以内地捐抵借筑路公债的方案，清高层的态度仍然是不支持。"内阁亦为此事电致鲁抚，嘱其妥慎筹办。大致谓创办内地捐，增设厘卡于运输关系甚巨，况密迩胶济，尤易启意外交涉，务须妥慎办理幸毋操切贻误。"邮传部与度支部借口内地捐收入难以确定，对孙宝琦的借款计划不置可否，"盛宫保因与泽公磋商，究竟大清银行能否全数担任，或认借一半，应从速定夺。泽意银行为营业性质，代销债票，按期付息原无不可。内地捐收数是否丰盈，胶沂路成商务能否畅旺实难预卜。应俟该省内地捐开办后，查看征收情形，果为畅旺，再行向银行商办耳"③。

总括而言，孙宝琦拟征内地货捐的诉求似都与路权相关，因为无力对抗德国对胶济铁路的的控制权，只得放弃铁路货捐，转而谋求将子口税与铁路货捐合而为一的内地捐。受阻后，又抬出胶沂铁路路权问题，强调自筑的必要性，以迫使清廷认可。然而，时局并没有使孙宝琦苦心设计的这一特殊地方税制得以落实。一是以地方税收抵借公债，受到民众的抵制。"以山东全省之如捐租税为抵押闻山东全省人民，得此消息，大有反抗之势。"④ 二是此时已近清廷覆亡之际，无

① 专栏，《申报》1910 年 12 月 19 日，第 10 版。
② 《鲁抚孙宝琦奏陈建筑胶沂铁路筹办内地捐抵借公债各情形折》，《申报》1911 年 8 月 5 日，第 3 版。
③ 《胶沂路借款周折》，《申报》1911 年 10 月 3 日，第 11 版。
④ 《胶沂路又有借债消息》，《申报》1911 年 9 月 24 日，第 7 版。

功而返应是当然的结果。

从税制角度而言，山东由拟征收铁路货捐转而变通为实行内地捐制，均可以划归为厘金的变种。"内地捐即厘金由海关并征，与从前洋药厘税并征之案相仿……此项内地捐专为抵代厘金之举，倘彼族议欲废除各州县原有行税课程以及近来年来就地抽捐各项，则万不能应允，将来海关仍照子口税三联单办法发给内地捐凭照。"① 铁路货捐作为一种特殊厘金，其推行受阻，使得子口税取代厘金、内地税取代子口税成为可能。其中最为重要的影响因素在于，德方不愿意因在铁路沿线设卡影响胶济铁路的运营收益，希望山东青岛、烟台海关协助征收内地捐，达到一举两得的目标，既可满足地方政府增加财政收入的诉求，也可以保证胶济铁路和胶海关的最大利益。表面看起来，度支部不允山东自设新税种，在于山东屈从于德方压力，放弃在铁路沿线征税的权力。在它看来，胶济铁路不同于满洲铁路，并非完全意义的德资铁路，中方是有控制权的，而且相关章程中也规定中方有在铁路沿线征税的权力。不过，度支部反对的真正原因，主要还是在于以裁厘为目标税制改革即将启动之际，山东地方仍然开征类似厘金的内地捐，则是"紊乱税章"之举，必然会增加将来税制调整的难度。此外，内地捐收入完全归地方所有，与财政清理、划分国地两税的政策相背离。度支部为维护自己权威，自然不愿轻易松口允准。因为存在着不同的利益主体，包括铁路货捐在内的厘捐与归中央所有的子口税，一直有着此消彼长的对立关系。同时，因为胶济铁路、胶澳租借地的特殊地位，德国方面的利益诉求直接影响到山东地方税制的变革。这些因素的交织，使得清季山东试图融合几种税为一体的努力充满各种纠葛。在既存的税收体制中，中央财政部门的话语权会更大一些，外国方面与地方势力尚无力变更基本的税收结构。这一税权格局决定山东开征内地捐很难摆脱无功而返的命运。

---

① 抄呈筹办内地捐及海关常税等章程原奏由，宣统三年六月三日，台北"中央研究院"近代史研究所档案，馆藏号：03－02－091－02－025。

雷以諴与厘金创设源流考

任智勇

（中国社会科学院　近代史研究所）

雷以諴（1794—1884.2.12）[①]，字鹤皋，湖北咸宁人。道光元年（1821）中举，道光三年（1823）会试三甲[②]，是年五月丁丑"着分

[①]　雷以諴的出生年月有多种说法，外间流传或为1794年［如《湖北人物志稿》，光明日报出版社1989年版，第1050页；罗明、徐彻编：《清代人物传稿》（下卷，第7卷），辽宁人民出版社1993年版，第54页］，或为1806年（如周轩《清宫流放人物》，紫禁城出版社1993年版，第220页）。1806年出生的说法可能主要出自《清史稿》，在《雷以諴传》称"（光绪）十年卒，年七十九"（《清史稿》，中华书局1977年版，第12192页）。此说随后被学界所引。但此说存在几个问题，首先是若如此他1824年中进士时仅18岁，与其"天资不高"的当年家乡传闻［此说见袁义富《首创厘金——雷以諴》，《咸安文史资料》（第4辑，总第18辑）2003年版，第240页］有矛盾。其次，多份官方文件，和他自己的自述资料都指向1794年出生的说法。资料之一：其在咸丰九年（1859）的奏折中自称年65（见咸丰九年十二月十三日，雷以諴：奏为补授山西按察使谢恩事，档案编号：03-4149-070），当出生于1794年。资料之二：雷氏的《重赴鹿鸣恭纪圣恩诗并序》（转引自谢兴尧《堪隐斋杂著》，山西古籍出版社1998年版，第274页）记有其诗云："兹年八十有五，适当光绪己卯，届辛巳乡举之年，例应重赴鹿鸣"，《清史稿》也在其传下记有"光绪五年，以重宴鹿鸣还原衔"，由此可认定其中举在1823年，而他应当是出生于1794年。资料之三：光绪五年正月二十日，湖广总督李瀚章称，转自湖北布政使王大经的讯息："雷以諴现年八十五岁"。（见光绪五年正月二十日，李瀚章、潘霨摺，档案编号：03-5531-013）考虑到这个信息可能是来自年前，所以也可认为是1794年生。资料之四：光绪八年，湖广总督涂宗瀛称其"现年八十九岁，湖北咸宁人。由增生中式，道光元年辛巳恩科本省乡试巨人，三年癸未正科进士"。（光绪八年九月十二日，涂宗瀛摺，档案编号：03-7185-047）其信息来源来自咸宁知县，更可能是来自雷氏的家人，其可靠性值得重视。雷以諴去世的时间当为光绪十年正月十六日（1884.2.12），见光绪十年三月十二日，卞宝第：奏报前光禄寺卿雷以諴以九十高龄在籍病故事，故宫文献馆藏，档案编号：125715。

[②]　一般的传记（包括《清史稿·列传》）均认为他是道光三年进士，自周轩《清宫流放人物》方始质疑（第220页）认为《明清进士题名碑录索引》不载。笔者查阅此书（《近代中国史料丛刊续辑》（790），台北文海出版社1981年版，第2783页），三甲第131名（倒数第6名）即为雷鸣——雷以諴的榜名。

部学习",① 入刑部，为直隶司行走，后升郎中，迁御史、给事中。② 道光二十九年（1849）迁大理寺少卿，并派为奉天学政，例兼奉天府丞。③ 咸丰二年（1852）转太常寺少卿，三年升都察院左副都御史，出京巡防黄河口岸，并违旨南下至扬州。转刑部侍郎，江北大营"帮办军务"。咸丰四年（1854），雷以諴上奏，以自己在里下河征收厘金为例，请将厘金推广至他处。十一月，胜保再次以雷以諴事为例，奏请清廷将厘捐推广至他处。厘金随即在此后的数年间扩展至全国各地，成为清政府最大的非经制税源，与洋税一起支撑了所谓的"同光中兴"。咸丰六年，因太平军一破江北大营，加之被查有冒功之嫌，④ 雷以諴被革职，遣戍新疆。九年（1859）释回，授陕西按察使，次年擢陕西布政使、光禄寺卿，兼署刑部右侍郎。

同治二年（1863），雷以諴因京察致仕⑤（一说为因"祺祥政变"中为陈孚恩辩冤而被迫致仕）。回乡后除受聘各书院外，还著有《雨香屋诗抄》、《大学圣经贯珠解》、《读经传杂记》、⑥ 另编撰有《咸宁县志·艺文志》、《咸宁县志·金石》。⑦ 光绪十年（1884）正月十六病故于湖北。⑧

---

① 陈文新主编：《〈清实录〉科举史料汇编》，武汉大学出版社 2009 年版，第 699 页。

② 道光二十五年七月十八，雷以諴还因作为"刑部视差积压文件之历任掌印司员"之一而被"降二级留任。"见《道光朝实录》，道光二十五年七月十八日（丁丑条）。

③ 《道光朝实录》，道光二十九年八月初一日（丙寅条）。

④ 关于翁同书参劾雷以諴的情况可参见谢俊美《翁同书传》，华东师范大学出版社 1998 年版，第 58—64 页。

⑤ 杨益茂：《雷以諴》，罗明、徐彻编：《清代人物传稿》（下卷，第 7 卷），第 54—59 页。笔者下文另有记述。

⑥ 袁义富：《首创厘金——雷以諴》，《咸安文史资料》（第 4 辑，总第 18 辑），第 240 页。其中，《雨香书屋诗抄》（2 卷）和《雨香书屋诗续抄》（4 卷）还被收入《清代诗文集汇编》（上海古籍出版社 2010 年版）中再版。

⑦ 陈国正辑，雷以諴撰：《咸宁县志·艺文志》，《咸宁县志·金石》，现藏国家图书馆。《同治咸宁县志》也在《中国地方志集成·湖北府县志辑》（凤凰出版社 2001 年版）中再版。

⑧ 光绪十年三月十二日，卞宝第，奏报前光禄寺卿雷以諴以九十高龄在籍病故事，故宫文献馆藏，档案编号：125715。

在晚清厘金史的研究中，雷以諴是一位重要的人物，此前多有学者注意在办理厘金的过程中他与钱江的关系，[①] 也有学者撰文阐释厘金之创设与林则徐之间的关系。[②] 笔者在阅读有关资料的过程中认为：厘金创设的时代背景中除了普遍认为的财政紧张之外，还有下诏罢商税也是厘金设置的一个重要背景；对雷以諴的个人情况尚有待进一步梳理；厘金的起源不可轻易认为与林则徐有关，应当是与当时的团练或其他商业因素有关，而其直接原因则是所部练勇的缺饷。咸丰四年（1854）闰七月后，江苏境内的各厘局其实已归江宁布政使文煜管辖，很多弊端当与雷氏无关。

一　时局：财政困境与罢商税

道光中后期，清政府长期陷于"危险的财政平衡"，正项财政收入（含地丁、杂税、盐课、榷税）仅 4000 万左右，实际支出约 4500 万，需要靠赔缴、旗租、捐纳等方式敷支放。[③] 至道光三十年（1850），户部银库库存银 844 万余两。[④] 当咸丰元年（1851）太平天国运动爆发，战费和各省防堵经费将户部银库存银迅速消耗殆尽：至

---

① 从清末开始，坊间即多传闻厘金的创设与雷以諴的幕僚钱江相关，如陈其元《钱东平创厘捐法》（《庸闲斋笔记》卷一二），施补华《钱江传》（《续碑传集》卷八三）罗尔纲在《太平天国史料辨伪集》第一辑中有《钱江考》（生活·读书·新知三联书店 1955 年版），陈胜粦也有《论钱江》（《学术研究》1964 年第 1 期）一文，杨益茂在《雷以諴》（《清代人物传稿》（下卷，第 7 卷））中有比较详细的关于雷以諴与钱江关系的考订。在《中国厘金史》一书中，罗玉东也注意到钱江在此过程中的地位。而袁成毅《钱江首创厘金制度质疑》（《浙江学刊》1993 年第 4 期）与周育民《关于清代厘金创始的考订》（《清史研究》2006 年第 3 期）二文对钱江创始厘金提出了否定性的意见。史志宏、徐毅的《晚清财政：1851—1894》（上海财经大学出版社 2008 年版，第 102—115 页）一书第二章第三节《厘金的创办、推行与征收》一节也有较为充分的关于厘金创设的论述。

② 黄鸿山、王卫平：《厘金源于林则徐"一文愿"考》，《历史研究》2014 年第 1 期。

③ 关于道光中后期的财政收支规模，可参阅任智勇《1850 年前后清政府的财政困局与应对》，《历史研究》2019 年第 2 期。

④ 参见廖文辉《咸丰时期户部银库收支问题再研究》，《近代史研究》2017 年第 1 期，第 139—156 页。

咸丰二年（1852）七月，例外军需开支达 1600 万两；① 到二年底，包括河工另案在内的例外开支总数达到 2258 万两，不得不动用内帑 200 万两；② 截至三年六月，另案开支达 2963 万两。③

到咸丰三年（1853）中期，户部已然完全无法应对各地拨款的请求，万般无奈之下，七月初三日由管理户部事务大臣祁寯藻领衔上奏：

> 今则军需迫不待时，指款悬而无薄，被兵省份即已无可催征，而素称完善之区，如江苏则已请缓征，山东则早请留用，山、陕、浙江皆办防堵，是地丁所入万难足额矣。扬州久被贼占，汉口疮痍未复，淮南全纲不可收拾，是盐课所入去其大椿矣。芜湖、九江、江宁、凤阳先后被扰，夔关、苏关（指浒墅关）商贩亦多裹足，甚至崇文门亦请尽收尽解，是关税所入仅存虚名矣。此皆常年所指为例拨者，今以尽供军需，犹虞不足。于是约征不可恃，乃借助于捐输，捐输不及待，乃乞恩于内帑。近来捐输之数，业已大减于前，内帑所藏，亦复不敢轻议。此外，补苴之术，如停养廉、开银矿、提富本、收铺租，凡臣等管见所及，与在京臣工陈奏各事宜，见之施行者，不下数十款，或只宜一试，或收效尚迟。有尽之经营，断不能供无厌之吁请。④

这份奏折指出了经过三年的战争，清政府财政的窘态：三大主要入项中，地丁收入显著下降，盐课的最重要征收地两淮大部损失；江南一带的榷关受创严重。除了这些正项收入之外，其他的杂项收入如

---

① 王庆云：《荆花馆日记》上，咸丰二年七月二十五日，商务印书馆 2015 年版，第 404 页。

② 孙瑞珍：《道光三十年及咸丰元二等年各省例外多支数目》，虞和平主编：《近代史所藏清代名人稿抄本》，第 1 辑第 50 册，大象出版社 2011 年版，第 30—31 页。

③ 《祁寯藻等奏陈度支万分窘迫请饬军营大臣迅图藏事折》，咸丰三年六月十六日，中国第一历史档案馆编：《清政府镇压太平天国档案史料》（下文简称《镇压史料》）（8），社会科学文献出版社 1993 年版，第 40—41 页。

④ 《祁寯藻等奏陈度支万分窘迫请饬军营大臣迅图藏事折》，咸丰三年六月十六日，《镇压史料》（8），社会科学文献出版社 1993 年版，第 40—42 页。

捐纳等都被用于军需。各种提出的增收办法都没有预想的效果。奏折中还提到，户部银库已经仅存 22.7 万两，不够当月京师俸饷的发放。中枢如此，到了前线，领兵大臣们催饷之折如雪片纷纷，负责粮台的官员①更是叫苦连天，多以不敷支放为词，其用词大抵为"仰恳天恩，饬催某某等处迅速拨解，以济目前急需。并请敕部再行筹拨某某万两，迅解某某粮台，俾资接济，庶免贻误"②。

中枢此前曾想出各种办法，其中影响深远，也为当时的户部官员较为重视的办法之一是征收商税。③

商税在清代官员的概念里，大抵就是"关市之征"，④ 关是分布于各地货物流通枢纽之地的榷关，市即在交易较为活跃的各城镇的落地税。在明清的国家税收结构中，榷关是重要的税源，各地的落地税则非常轻，在国家财政结构中地位较低。但商税无论是在观念里还是在实际运作的财政数额上都远比不上农业性税收，⑤ 甚至认为征收商业税即系与民争利。⑥

---

① 此时清政府的粮台仍多以各省布政使主持，如咸丰三年中期的宿迁粮台（由徐州迁来）及由江宁布政使陈启迈主持，而负责接济琦善、雷以諴的后路粮台由河南布政使郑敦谨主持，设置于河南信阳。

② 《陈启迈奏请饬催拨饷并请饬部再行筹饷折》，咸丰三年七月初三日，《镇压史料》(8)，社会科学文献出版社 1993 年版，第 329—330 页。

③ 刘增合在《太平天国运动初期清廷的军费筹济》(《历史研究》2014 年第 2 期) 一文中讨论了咸丰二年八九月间户部与载铨之间就 23 条建议来回奏、覆的内容。

④ 这一点，清代官僚士大夫阶层的观念甚至与春秋时期差别不大，只是当时的市税征收对象是在政权所设之地并有监管的贸易，明清则是在市场自然形成的贸易点征收。关于早期的商税情况，可参阅吴慧《中国商业通史》第 1 卷，中国财政经济出版社 2008 年版，第 173 页。宋代的情况比较特殊，是各朝代中商业税较为完备的时代，通过"过税""住税"对流通和销售环节都进行征收。参阅李景寿《宋代商税问题研究综述》，《中国史研究动态》1999 年第 9 期，第 10—14 页。何本方在《清代商税制度刍议》(《社会科学研究》1987 年第 1 期，第 53—62 页) 一文中认为清代的商税应系包括杂税和榷关税，并认为"杂税乃市税"，将芦课、渔课等也包含其中，笔者以为不妥。

⑤ 在道光末期各直省收入项的数年数据中，地丁杂税合计都超过了 85%，考虑到杂税数额较少，故笔者将地丁比例估算为 80% 以上。

⑥ 黄天华认为商税的萌发需要四个条件，其中一点即"统治者必须有'农商并重'的积极意识（思想）"，而这在清代是缺乏的。见黄天华《试论我国的商税起源》，《财政史研究》第二辑，中国财经出版社 2009 年版，第 91—103 页。

　　早在道光二十三年（1843），时任盛京将军的禧恩曾上折，奏请征收商税。这份奏折在清代的税收史上非常重要，笔者在此做较为详细的分析。奏折开始即提出了清代税收上的一个重要问题——不公平：

　　　理财之道，当崇本而抑末。地丁出于农民，税课取诸商贾实为制赋之常经。在昔有关市之征，今关有征而市无征。《周官》亦有"任商以阜财货"。今仅税行货而不课居货之贾。农民终岁勤动而什一之赋亘古为昭，乃富商大贾坐拥丰资，操其奇赢以擭厚利，竟无应输之课，殊不足以昭平允……

　　从此段引文可以认为，在禧恩的认知中，一个良好的社会的经济秩序仍当是"农耕为本，工商为末"。文中的"关市之征"是指关征和市征，[①] 按现代的理解大致是通过税和营业税。禧恩和西方古典经济学家们[②]一样，认识到了只有农业税而没有商业税（尤指在销售环节征税）的不公平——虽然他引经据典的对象是《周官》。他认为在清政府的税收结构中，只有针对行商的椎税，没有针对坐贾的"市税"并不公平。于是，他提出了一个自认为"经久可行"办法，并自认为效果会不错：

　　　其实有资本在一千两以上者，计其余利可得银百两，仍按什一之利，每年征课银十两，资本多者以次递加。原有行帖即不再征帖税。……其要在地方大吏择人善任，勿琐屑苛求，勿通同循隐。……果能实力奉行，统计征商之赋，每岁约可得银数百万。

---

　　① 在笔者的知识体系中，较为详尽的对关市之征进行论述的是《周礼》。

　　② 在欧洲的经济学说史上，无论是重农主义者还是重商主义者都没有考虑到将征税对象集中于农业—土地可能的不公和不良影响，但从亚当·斯密等人开始则认识到"一国国民，都须在可能范围内，按照各自能力的比例，即按照各自在国家保护下享得的收入的比例，缴纳国赋，维持政府"。[见亚当·斯密：《国民财富的性质和原因的研究》（下），商务印书馆1983年版，第384页] 关于古典经济学家对赋税的讨论，笔者得到了中国社会科学院经济研究所金城武研究员的指点，特此致谢。舛误之处，笔者之责。

既不失政体，亦未累及阎闾，而于储备大有裨益。①

禧恩的意思大致是对中等以上的商人（即"自当铺以致银号、钱局、粮栈、布庄并绸缎、百货之商"），税率等同于农业税的什一税制（即收成的十分之一），即收益/利润的十分之一，约合资本额的百分之一。他以为这样的税制算不上苛敛，而效果会比较好。需要注意的是，禧恩的出发点是道光二十三年的"银库案"，他以为这样可以弥补相当一部分损失。

摺上之后，道光帝下令户部并顺天府尹议覆。在议覆摺中，穆彰阿等人讨论的结果是否定性的——"窒碍难行"：确认商人资本需要派人核查，四出的佐杂人员会生事、扰民/商；坐贾的商品已经在榷关纳税，再行纳税就是重征；即使纳税较轻的当铺，平时也会劝捐，若行征税，缓急之时难以报效；而且还会涉及"转嫁"，累及小民。最后，奏折认定，此法"恐于税课未及充裕，事转致纷更"，决定"应请毋庸遽议施行"②。

笔者以为，从税收设计的角度，禧恩的征税思路和方法并不坏，但朝廷忸于"扰民/商"（笔者以为，可能这背后还涉及个人利益的问题，从一些资料来看，很多旗人官员都在京师投资当铺等商业机构，③他们自不愿个人利益受损）而终将此提议否决了。但历史的吊诡在于，禧恩几经转折，于咸丰元年（1851）二月任户部右侍郎，④并于咸丰二年正月成为户部尚书，⑤而清政府正面临着比道光二十三

---

① 《奏报拟请征收商税以裕国课缘由事》，道光二十三年六月初三日，中国第一历史档案馆藏朱批奏折，档案编号：04 - 01 - 35 - 0558 - 036。

② 《嘉庆道光朝上谕档》第48册，道光二十三年七月十二日，广西师范大学出版社2009年版，第331—334页。笔者以为，这份议覆折中关于"成本转嫁"的议论颇值得重视，这个时代的官僚已经注意到了商人可以将成本转嫁到消费者身上的问题。

③ 如《那桐日记》（新华出版社2006年版）中就记载了那桐多次投资于当铺等机构的记录。

④ 在此之前，禧恩曾任内务府大臣等职，正式任命为户部右侍郎的时间是咸丰元年二月十四日。见《咸丰朝实录》，咸丰元年二月辛未条。

⑤ 正式任命为户部尚书的时间是咸丰二年正月初十日。见《咸丰朝实录》，咸丰二年正月辛酉条。

年更严重的财政危机。

不知何故，① 至少从咸丰元年底开始，户部内部即已开始讨论征商的各种问题，② 其范围仍是禧恩所言的"坐贾"——铺户。鉴于可能造成的混乱，户部内部也仅限于讨论，未及提出征收商税的具体方案。清政府各官员真正开始重视商税，并大力商讨此事则是在咸丰二年（1852）底至三年年初。在咸丰二年底，户部甚至已经开始起草关于征收铺租的奏稿。③ 此事甚至惊动了咸丰帝，于召对大臣时详细询问此事的可行性。④

当户部尚未行动之时，咸丰三年正月十一日，咸丰帝突然接到伊犁参赞大臣布彦泰的奏折，"请行商税"。⑤ 朱批：交户部议覆。户部官员集体看到奏折的时间可能是在正月十五日左右。户部的官员，如侍郎王庆云见到奏折后颇为兴奋，以为"自康熙五十年丁归地粮之后，农民偏苦百有余年。今日以贸迁之有余，佐地利之不足，情理与运会合，变法之机，或在于是"⑥。总体而言，户部官员在讨论征收商税时，对布彦泰奏折中的方案是持肯定态度的："多以为可行。"⑦ 但他们对于如何施行颇多争论，直至二十九日方才入奏"试行商税一折"，朱批："会议具奏。"⑧ 二月初一日，户部官员开始与

---

① 例如户部侍郎王庆云就专门阅读了道光二十三年禧恩的商税奏折，但不以为然。见王庆云：《荆花馆日记》上，咸丰元年九月二十九日，商务印书馆2015年版，第312页。

② 王庆云在日记中记载，咸丰元年十二月十一日，"候寿阳，适陆稼堂中丞在坐，议商税事"。（寿阳即祁寯藻，原籍山西寿阳，时为管理户部大臣；陆稼堂中丞即陆应谷，时为江西巡抚，此时正回京候命，二年正月署刑部右侍郎）显然他们不是第一次讨论商税的问题。王庆云在咸丰三年正月十一日与咸丰帝奏对时说及他所知的户部内部讨论铺租的事情，可知朝野上下，从外省的督抚，到朝廷的尚书、侍郎都曾知道此事。[《荆花馆日记》（上），第463页]

③ 《荆花馆日记》（上），咸丰二年十二月二十五日，第455页。

④ 《荆花馆日记》（上），咸丰三年正月十一日，第463页。

⑤ 布彦泰何以突上此折，不得而知。其折亦未见，上奏时间见中国第一历史档案馆编：《清代军机处随手登记档》76，国家图书馆出版社2013年版，第501页。

⑥ 《荆花馆日记》（上），咸丰三年正月十五日，第466页。

⑦ 《荆花馆日记》（上），咸丰三年正月十七日，第467页。

⑧ 《荆花馆日记》（上），咸丰三年正月二十九日，第471页。

步军统领衙门、五城御史合议此事,两处衙门均表示愿意直接参与。① 二月十三日,户部定"商税章程"。在此期间,二月初六日御史黎吉云已上奏"条陈时务"折,中间筹款一条即涉商税,② 二月十二日翰林院侍读德瑛又上奏"请议增贾税"。③ 京城上下已经开始对铺租、商税事议论纷纷。时人记载到了二月十六日:"近又议商捐、铺税、钞币诸政,……商贾恐由此受累,以歇业者,日或数家,或数十家,大小行店,一月之间,已数百家矣。……铺户相顾张皇。"④ 而二月十六日这一天,持反对意见的礼部尚书奕湘、左副都御史文瑞、内阁学士孙铭恩、给事中吴廷溥、御史长秀、御史陈庆镛、编修卓槾等7人同时上奏,以"安民""靖闾阎"等名义对咸丰帝施压,⑤ 迫使他最终于当日下旨:"所有布彦泰、德瑛、黎吉云征收铺银,计户收钱等折片,及户部劝谕京师商贾捐输各条,均着毋庸置议。"⑥

至此,户部本身停止了对商税的探讨,也不再提出任何关于向商人征税的方案。但,前线官员念兹在兹的粮饷问题依然存在。只是,当无法从户部获得供给时,他们就只能自己想办法了。

二 时人:前线与无饷

从道光三年(1823)到道光二十九年(1849),雷以諴用了二十几年的时间从几乎垫底的新科进士(道光三年三甲第131名)攀升到三品的大理寺少卿。道光二十九年,雷以諴出任奉天学政兼奉天府丞,⑦ 咸丰元年

---

① 《荆花馆日记》(上),咸丰三年二月初一日,第472页。
② 中国第一历史档案馆编:《清代军机处随手登记档》76,第631页。
③ 中国第一历史档案馆编:《清代军机处随手登记档》76,第669页。
④ 《中国近代货币史资料》(上),中华书局1964年版,第347页。
⑤ 中国第一历史档案馆编:《清代军机处随手登记档》76,第667—689页。
⑥ 见《咸丰朝实录》,咸丰二年二月辛卯条。
⑦ 雷以諴系十月初九日抵达沈阳,十一日接任。见道光二十九年十月十五日,雷以諴摺,档案编号:03-2785-006。

还得了一个处分①。这样的升迁速度在当时的仕途中也不算很慢，但考虑到他29岁才考上进士，到咸丰二年八月初七日调补太常寺少卿②时雷以諴已近花甲之年（按1794年出生算，为58周岁），虽然可能说不上"筋骨松弛"，但离一般官员的致仕年龄已然不远。咸丰二年四月，身为奉天府丞的雷以諴刚刚续纂完《盛京通志》③，大致于年底方才返回京城。而在遥远的广西兴起的太平天国运动给了他登上舞台中央的机会。鉴于笔者已另文叙述雷以諴在咸丰三年的行程，④ 本文于此节仅简要叙述。

由于雷以諴在咸丰二年底至咸丰三年初于太平天国的军事多有建言，咸丰三年二月初二日与翰林院侍讲学士晋康⑤一起被派遣"前往南河，会同杨以增巡查黄河口岸"⑥。动身之前的二月初九日，雷氏还被擢升为都察院左副都御史。⑦ 其行目的是为了防范太平军对黄河北岸的渗透。

二月十五日，他们从京城出发，三月初二日前抵达邳州，并上摺报告了沿途情况，得到了咸丰帝的表扬。⑧ 三月初六日，抵达南河总

---

① 雷以諴是因为咸丰元年二月在《科试生童完竣摺》中"奏事封函漏缮衔名"（也就是没写自己的官职和差使）而遭到"去记录一次仍罚俸三个月"的处罚。见咸丰元年闰八月二十四日，柏葰等，题为察议奉天府丞兼学政雷以諴上书奏事错误处分事，第一历史档案馆藏，档案编号：02-01-03-11013-028.

② 咸丰二年九月十五日，雷以諴，奏谢新调太常寺少卿恩由，台北故宫文献馆藏，档案编号：086547

③ 《盛京通志》（咸丰二年本），国家图书馆藏，跋二。

④ 笔者另撰有《雷以諴与扬州咸丰三年之围》一文，可见《纪念邵循正先生诞辰110周年暨中国近代政治外交史论坛》（未刊），北京大学历史系，2019年11月1—3日。

⑤ 晋康，满洲镶黄旗人，道光三十年进士，其父慧成时为署四川总督。

⑥ 咸丰朝《清实录》，咸丰三年二月初二（丁丑）条。

⑦ 咸丰朝《清实录》，咸丰三年二月初九日（甲申）条。中央民族大学崔岷教授告知，团练大臣也多有"左副都御史"的加衔，加强雷氏的权威可能性较大。笔者以为雷氏的"左副都御史"为实授，与团练大臣们有一定的差别。故坚持己见，并于此向崔岷教授表示感谢。

⑧ 见咸丰三年三月初二日，雷以諴、晋康，奏为臣等自京启程目击沿途地方情形合词据实具奏，故宫文献馆藏，档案编号：406003490。雷以諴等人在奏折中指出：从咸丰二年冬季开始，直隶、山东、苏北一带，"少壮俱已逃亡，余剩老稚不能相顾，若不及早设法抚绥，势必尽转沟壑"，咸丰帝则表扬他们："无外官习气，敢直陈无隐。"他们抵达邳州的时间待考，现在所知仅为奏折拜发的时间为三月初二日。笔者判断他们大致于此日或前一日（即三月初一日）达到。

督驻地清江浦。① 但杨以增虽然明面上很尊重，并未给予他们足够的
权力，② 他们只能另寻机会。于是他们在两次弹劾漕运总督杨殿邦③
之余，还提出：沿黄河一路防守，不如沿长江防守。④

　　四月初，雷以諴与晋康决定离开无所作为的清江浦，到前线夺取
军功。晋康选择的路径是四月初七日奏请帮同带兵的其父署理四川总
督慧成"办理防剿事宜"。⑤ 雷以諴则根据三月十四日略显含糊的上
谕"至防剿事宜……并着随时据实陈奏"⑥，一边于四月十九日以六
百里加急拜发，奏请"亲赴下游各处明察暗访，借以侦查奸细并探明
贼情"⑦，一边于二十日启程巡视扬州、泰州下辖的高邮、宝应等州
县。中枢虽然在得到奏报的四月二十三日，下旨"黄河口岸颇关紧
要，该副都御史至扬州察看后，仍着迅回清江，巡查河岸"⑧。但木
已成舟，雷以諴如开弓之箭，脱离了"巡查河岸"的岗位。

----

　　① 《雷以諴等奏报到清江浦日期及面见河臣杨以增情形折》，咸丰三年三月初八日，
《清政府镇压太平天国档案史料》（以下简称《镇压史料》）（5），社会科学文献出版社
1992年版，第509页。
　　② 杨以增在雷以諴、晋康到达之前就上摺自称完成了"黄河渡口章程"，并将按察使
查文经奏留办理此事。基本排除了雷以諴等人插手的可能。见咸丰三年二月二十八日，杨
以增摺，档案编号：03－4241－028。
　　③ 第一次弹劾为三月初八日，见《雷以諴等奏报杨殿邦一筹莫展应援高邮之兵逗留不
进等情片》，咸丰三年三月初八日，《镇压史料》（5），第509—510页。第二次弹劾为三月二
十三日，见《雷以諴等奏请饬查文经管理杨殿邦所带之兵督同冯景尼防剿片》，咸丰三年三月
初二十三日，《镇压史料》（6），第138—139页。这两份折片与杨殿邦的去职关系莫大。
　　④ 《雷以諴奏陈防河不如防江管见这》，咸丰三年三月二十三日，《镇压史料》（6），
第136—138页。朱批为"另有旨"。上谕内容见于《寄谕琦善等务当合力进攻扬州之敌不
可令其乘间北窜》，《镇压史料》（6），第206—207页。
　　⑤ 《晋康奏陈愚诚请与伊父慧成同办防剿事折》，咸丰三年四月初七日，《镇压史料》
（6），第314—315页。奏上之后，于四月十二得到批准，见《谕内阁着晋康与查文经随同
慧成办理防剿事宜》，咸丰三年四月十二日，《镇压史料》（6），第358页。
　　⑥ 《寄谕雷以諴等着巡查河岸严防奸细并随时陈奏防剿事宜等情》，咸丰三年三月十
四日，《镇压史料》（5），第593—594页。
　　⑦ 《雷以諴奏报浦口股众北窜连陷滁临凤等情折》，咸丰三年四月十九日，《镇压史
料》（6），第478页。
　　⑧ 晋康于四月十九日启程，雷氏于二十日启程。二者之间是否存在某种协议或同谋尚
不得而知。笔者倾向于认为二者之间至少存在某种程度的默契，日后雷氏与慧成的合作可
能也与晋康有关。

四月二十五日，雷以諴到达扬州府属的邵伯镇，二十六日达到仙
女庙，并在此开始办理团练。① 在这六天里，雷以諴召集了一千余人
的武装力量："河标弁兵二十三员……于高（邮）宝（应）一带选
募……壮勇……一千名"，并称其经费来源是从海州通判许惇诗处
"借提课银五千两"②。此外，雷以諴还宣称所部在邵伯镇拿获了3名
太平军"侦探"，另有百余名太平军的"细作"前往黄河南北岸等地
探听情况。③ 在四月二十日的奏片中，雷以諴认为"（里）下河地方
空虚，扼守不易，就近募勇三千名，方足以资防剿"，希望能进一步
扩张自己的兵力，而且当地"欲捐银捐米之人不少"，可以为清政府
带来不少经费，为此已经着手派人去劝捐。④ 总之，雷以諴没有回应
中枢让他回到清江浦的要求，用实际行动表明了自己的态度和选择。
出于未明的原因，五月初九日，中枢终于改变了态度，"雷以諴着交
部议叙"⑤。五月十七日，雷以諴补授刑部右侍郎，并成为扬州/江北
大营的领兵大员——"帮办军务"，其职责为"与琦善、陈金绶督兵
克复扬城"⑥。雷以諴"帮办军务"的名分一直延续到咸丰六年
（1856）太平军"一破江北大营"后的八月二十二日。⑦

五月初，雷以諴得到了江苏候补同知祝凤喈捐银1万两，已革漕

---

① 《雷以諴奏报巡阅淮安高宝等地及办理防堵情形折》，咸丰三年四月二十七日，《镇
压史料》（6），第563—564页。
② 《雷以諴奏报选派祝凤喈等募勇筹饷以便查拿巡缉片》，咸丰三年四月二十七日，
《镇压史料》（6），第564—565页。
③ 《雷以諴奏报拿获扬城派出之侦探多名及审供情形片》，咸丰三年四月二十七日，
《镇压史料》（6），第566页。
④ 《奏报募勇防剿及劝捐军需饷银情形》，雷以諴片，咸丰三年四月二十七日，"故宫
文献馆"藏，档案编号：406003958。
⑤ 笔者未见此上谕，转引自为捐资纾难蒙恩交部议叙恭折叩谢，雷以諴，咸丰三年十
月十一日，"故宫文献馆"藏，档案编号：406004058。
⑥ 咸丰朝《清实录》，咸丰三年五月十七日（辛酉）条。
⑦ 雷以諴被褫职的上谕见《谕内阁着雷以諴发往黑龙江效力赎罪雷凤翥等革职》，
《镇压史料》（18），第602—603页。关于太平军"扬州守卫战"的情况可参阅《太平天国
战争全史》（2）（崔之清主编，南京大学出版社2002年版，第841—855页）。关于雷以諴
在战后被翁同爵弹劾的情况可参阅《翁同书传》（谢俊美著，华东师范大学出版社1998年
版，第58—64页）。

标千总季光斌捐制钱 2000 串。① 这对他的部队当不无小补。

五月二十六日，雷以諴向咸丰帝奏报劝捐的情况，首先是决定在泰州城"城内设立收捐总局，其高宝各州县距泰州较远，拟于宝应地方别设一局……分别派委干员总理局务"。究其原因，可能是当地愿意捐纳的人员不足，雷以諴不得已将劝捐的范围扩展到扬州以外的泰州等地。雷以諴还另文奏报了"请酌改捐输回避章程"②。

五月二十七日，雷以諴及所部配合琦善部对扬州城进行了一次最大规模，也最可能攻入扬州城的军事行动。③ 因守军抵抗激烈，攻城战受挫。此后清军与太平军守军陷入长期对峙状态。

雷以諴部虽然没有显著的战功，但军队数量却得到了扩张，到六月底，所部的数量已经增加至"三千余名"。④ 雷以諴所部的军饷，"每名日给钱三四百文不等"，也就是每名每月军饷约 10 千文。⑤ 雷氏所部军队六月后仅士兵军饷就超过了 3 万千文，加上军粮、军械、军官俸饷，每月将达到 5 万千文左右。而雷以諴筹措到的军饷，到六

---

① 《雷以諴奏报候补同知祝凤嗜捐银万两以济募勇等事片》，咸丰三年五月十一日，《镇压史料》（7），第 101—102 页。

② 笔者未见原折或录副，其摺名见于《军机处随手登记档》（第 78 册，第 540 页）

③ 《雷以諴奏请将攻城出力之总兵双来等奖励折》，咸丰三年六月初一日，《镇压史料》（7），第 426—428 页。雷以諴在奏折中只是说了总兵双来和张翊国的功劳。但后来有人认为"贼（指出太平军）始至，城守窳惰，又甚惮蒙古军，一鼓克之如拉朽"（倪在田：《扬州御寇录》，《太平天国史料汇编》15，凤凰出版社 2018 年版，第 6818 页）。作者行文间颇有偏颇，聊备一说。

④ 《雷以諴奏报募勇钱粮由陈启迈支应片》，咸丰三年六月二十九日，《镇压史料》（8），第 258 页。

⑤ 《山东道监察御史方浚颐和奏报雷以諴胞侄雷凤翯等营私索诈》，《镇压史料》（18），第 366 页。相比当时其他部队练勇的兵饷，雷以諴所部口粮也不算很高。例如胜保部的乡勇，"每名月给口粮或五六两，或四五两不等。"［见《祁寯藻等走遵旨议覆分别只给兵勇口粮摺》，咸丰四年八月十二日，《镇压史料》（15），第 414—416 页。］凤阳募勇也是日给 200、300 文，"道署向有募勇，每人日给制钱二三百文不等。"更糟糕的是，还存在大量的侵吞，"募勇九百七十余名，实则不足四百人，并有时不足三百人……"［见《袁甲三奏参知府立诚巧滑贪鄙并请革职摺》，咸丰四年四月三十日，《镇压史料》（14），社会科学文献出版社 1994 年版，第 181—184 页］。向荣部的练勇军饷更高。其自称"合计月饷 7 两有余"，更诱人指出"勇月支银九两、八两、五两、六两不等，兵勇领银外，复支米石"。（见龙盛运《向荣时期江南大营研究》，社会科学文献出版社 2011 年版，第 138 页）以一两白银折 1600 文计算，向荣部的勇营每月折钱多超过 10 千文，高于雷以諴部。

月底时，不过是："泰州地丁等款正耗银" 3300 余两，"泰州漕米"
450 石，"漕米变价" 6000 千文，加上数额不明，"报捐甚少"的捐
项，构成了五、六这两个月的所有款项。若以五月兵额一千，军需
1.5 万千文；六月三千，军需 5 万千文计算，所得款项大致不足所需
的五分之一。于是雷以诚向咸丰帝奏请由江宁布政使陈启迈管理的
"宿迁粮台"随时接济。① 但七月初四的上谕却要求他和琦善所部一
起归河南布政使郑敦谨主持的信阳粮台支放，目的是"以归画一"。②

七月二十至二十二日，雷以诚策划了对扬州城的大型炮击，一度
打破了较为薄弱的东关城墙，却因"（琦善）竟与臣及福济各分畛
域"，导致后续攻击力量兵力不足，未能有效攻击太平军守军。随即
于七月二十三日，上摺攻击琦善："不思合力攻剿，迅图克复，竟至
此疆彼界，不能声息相通……"③ 摺上之后，咸丰帝以留中处理。笔
者以为，此后江北大营已然分为琦善与陈金绶、雷以诚与福济两组势
力，二者之间的不和已经表面化。

七月二十七日，雷以诚自认为兵力不足，"不敷攻剿"，故派人于
清江、淮安一带再募勇一千余名，所部人数进一步增加，与此前的三
千余名合计兵力达四千余名。④ 摺上之后，上谕训斥了琦善，认为讷
尔经额等人已经打退了攻击怀庆的太平军，而江北大营"该大臣等顿
兵城下，日久无功，自问能无汗颜耶？"但允准了雷氏扩军的请求，
并要求琦善"如东路一带紧要，即行拨派弁兵前往接应"⑤。与此同
时，为了争夺财源，鼓励当地士绅捐输，雷以诚提出：现行各捐输章

① 《雷以诚奏报募勇钱粮由陈启迈支应片》，咸丰三年六月二十九日，《镇压史料》
(8)，第 258 页。
② 《寄谕琦善等飞催慧成等折回清江并由郑敦谨接济雷以诚粮饷》，咸丰三年七月初
四日，《镇压史料》(8)，第 337—338 页。
③ 《雷以诚奏报攻剿扬城倍行棘手并限制布置情形折》，咸丰三年七月二十三日，《镇
压史料》(8)，第 614—616 页。
④ 《雷以诚奏报监生在清淮一带续募壮勇片》，咸丰三年七月二十七日，《镇压史料》
(9)，第 36 页。
⑤ 《寄谕琦善等着迅图克复扬城并派兵接应东路勿使窜逸》，咸丰三年八月初五日，
《镇压史料》(9)，第 114—115 页。

程的不合理，要求因地、因时制宜；银钱米可并交；就近办理捐局可减二成办理；银每两合作价制钱一千六百文折算。① 其核心其实是要求减折劝捐，② 也就是可以一定的比例（八折）打折捐输。此折最后下户部议覆。因档案缺失，我们不知议覆的内容，但有户部高官持反对意见，③ 只是因咸丰帝的压力而被迫在议覆摺中表示同意。

八月，雷以諴的同事晋康与其父慧成带兵加入了扬州的围困战。④ 慧成驻扎于扬州城北的湾头一带，与雷以諴结成了同盟，继福济之后成为江北大营中反琦善势力的一部分。

到了九月，雷以諴所部的军需进一步吃紧，他在九月二十五日的奏折中抱怨泰州等地的捐输被江苏巡抚派人收走。在这份奏折中，雷以諴提及，他此前得到的粮饷包括："琦善拨银"2000 两，"提用盐课银"5000 两，"泰州地丁银"3300 余两，"漕米变价银"6000 串，"各典本息银"10000 两，以及捐输款项总数为 20 万串不到。⑤ 在同日的奏片中，雷以諴奏请照银钱比价征收捐输。此前他奏请以一两折合制钱一千六百文，但户部未能批准。⑥ 此片随即奉到上谕："着准其以制钱一千六百文作银一两收捐。"⑦

到了十月，雷以諴接连上了数份关于钱钞改革的折片，例如十月十一日的《奏为钞法及当百大钱与银并用急宜明定章程分成收放推广各省上下通行以裕军饷而实库储事》，《奏为印制官钞谨将钞式绘图

---

① 《雷以諴奏复遵议核实酌拟捐输章程各条折》，咸丰三年七月二十七日，《镇压史料》（9），社会科学文献出版社 1993 年版，第 34—36 页。

② 咸丰朝《清实录》，咸丰三年八月十七日（己丑条）。

③ 户部侍郎王庆云即称："雷侍郎请在下河设局收捐，改钱减价。国家不得已而出于捐例，即不得不慎守章程。若一处轻减，则它处必援以为例。每况愈下，其事必废。"见王庆云《荆花馆日记》上，咸丰三年六月初四日，商务印书馆 2015 年版，第 510 页。

④ 《慧成奏报暂留扬防剿并派常清带兵赴和州堵截折》，咸丰三年八月二十一日，《镇压史料》（9），第 373—374 页。

⑤ 《雷以諴奏报泰州宝应二局劝捐为难及现在办理情形折》，咸丰三年九月二十五日，《镇压史料》（10），第 288—289 页。咸丰三年十月初二日，朱批："知道了。"

⑥ 《雷以諴奏报准照河臣原议银钱比价征收输饷银片》，咸丰三年九月二十五日，《镇压史料》（10），第 290 页。

⑦ 此上谕未见载实录与上谕档，见于《军机处随手登记档》（78），第 526 页。

恭呈片》①；十月十六日的《请颁发大制钱式样等片》。② 这可能表明，雷以諴自觉无法按照常规程序获得军需而试图通过支持纸钞和大钱来解决自己当下的财政困境。十月期间，雷以諴部队的人数进一步增加，扩充至 4800 余人。③

雷以諴在十一月初八的奏折里首次说明了自己在泰州、宝应获得的捐输数额："自六月初一日起，泰州截至十月十六日止，宝应截至九月二十日止，两局共收捐钱" 2201026 串 360 文。④ 若以 1600 文折合一两，大致为 13.8 万两，只够三千人的部队 4 个月之用。易言之，截至 10 月中旬，雷以諴所部账面至少欠饷已超过达一个多月。

到了十一月下旬，雷以諴甚至还得到了进一步"增募练勇"的权力。⑤ 只是因为太平军于十一月二十六、二十七日打破包围圈，顺利接应扬州守军撤离，清军战略失败，⑥ 雷以諴受到处罚而没有实现。

太平军扬州守军的成功突围是雷以諴宦海生涯的一次重大灾难：太平军的主攻方向是他所防守的扬州东面杨子桥和施家桥，是他的练勇首先溃逃。此前与琦善之间的龃龉终于酿成了他被猛烈攻击的局面。

----

① 笔者未见原折片，其名见于《军机处随手登记档》(78)，第 524 页。

② 见于《军机处随手登记档》(78)，第 649 页。

③ 《雷以諴奏陈布置扬城攻剿及瞿腾龙不能带兵援皖折》，咸丰三年十月十六日，《镇压史料》(10)，第 550—552 页。这些部队分成三部分，驻守大营及巡查渡口为 1200 名，分驻施家桥等处 2500 名；驻守炮台和东门各处 1200 名，合计为 4900 名练勇，不知是雷氏计算错误还是其实就有这么多部队。

④ 《雷以諴奏报设局收捐已有成效并请饬部给发执照折》，咸丰三年十一月初八日，《镇压史料》(11)，社会科学文献出版社 1994 年版，第 129—130 页。

⑤ 《雷以諴等奏陈扬州兵力不足速募练勇以资防剿片》，咸丰三年十一月初八日，《镇压史料》(11)，第 259 页。十一月二十四日的朱批为："知道了。是时不得不多募，以补兵力之不足。"

⑥ 其实从太平军的战略角度，弃守扬州也是一个重大的战略失败，至此在苏北地区和北运河沿线没有了一个战略据点。也有学者指出："从天京战区看，江北沦陷不能不是太平天国的严重失利，江北大营可以对宁镇间接施加军事压力，首都的形势更加严峻。"[《太平天国战争全史》(2)，第 855 页]。而就清政府来说，原本规划的全歼扬州太平军的军事计划全盘失败，八个月的围城之战，数万兵力和近千万军饷虚糜。这就是为何战后要对统兵大员进行惩处的核心因素。

在战后总结失利的原因①时，尽管雷以諴与慧成组成一方，认为失败的原因是琦善坐观东面守军的溃败，"不肯分兵相助"②；乡勇溃散是因为欠饷。③ 但琦善抓住了战略失败的核心因素：太平军援军攻破他们防守的扬州东面包围圈；所部溃散；④ 两人毫无战心。⑤ 最后的结果是，十二月初四的上谕宣布："琦善、陈金绶、雷以諴、慧成着革职。晋康、查文经着一并革职，戴罪自效。"⑥ 这样的结果看似同归于尽，但若比较一直以来中枢对雷以諴的偏袒，雷以諴在此次的攻讦中实已落入下风：其下属冯景尼于十二月初九日"正法"；张翊国交高邮州监禁，听候起解；师长镰交宝应县监禁，应请革职、充军新疆，其余有罪人员令雷以諴等查办。⑦ 而琦善则被令"通筹全局……相机酌办"⑧。显然江北大营中原来两厢对峙的局面已变成琦善独大。雷以諴甚至在咸丰四年（1854）二月初给琦善协济了款项五千贯，⑨ 其意不外求和解而已。

雷以諴的军功之路从此断绝，再也没有独立领兵作战的权力。而咸丰帝和中枢似乎也一度丧失了对他的信任和倚重，雷以諴颇为沮丧，接连数月没有单衔上奏。直至咸丰四年三月十八日，他发出两份

---

① 江北大营各统兵大员以琦善、陈金绶为一方，雷以諴、慧成为一方（包括有上奏权的晋康和查文经），从咸丰三年十一月二十六至咸丰四年二月十七日通过奏折进行了长达近三个月之久的诿过与攻讦。其详细过程可参阅笔者《雷以諴与咸丰三年扬州之围》一文。

② 《慧成奏陈素与琦善不睦缘由并请饬琦善派兵追缴折》，咸丰三年十二月初九日，《镇压史料》（11），第484—485页。

③ 《慧成奏报扬州之敌亟欲突围北上现调兵堵御等情折》，咸丰三年十一月二十六日，《镇压史料》（11），第346—347页。

④ 《琦善等奏报扬州收复现在妥筹防剿并参失职各员折》，咸丰三年十一月二十八日，《镇压史料》（11），第375—377页。

⑤ 《琦善等奏陈扬州收复后防剿事宜并参东路带兵大员各情折》，咸丰三年十二月初六日，《镇压史料》（11），第442—444页。

⑥ 《谕内阁着将琦善等一并革职戴罪自效并责令督兵迅将仪征瓜州敌众剿除》，咸丰三年十二月初四日，《镇压史料》（11），第421页。

⑦ 《琦善奏覆遵将冯景尼正法张翊国监禁候押等情片》，咸丰三年十二月十三日，《镇压史料》（11），第529页。

⑧ 《寄谕琦善着与陈金绶妥速筹商追缴瓜洲窜敌并兼顾动力两路防守》，咸丰三年十二月十八日，《镇压史料》（11），第588页。

⑨ 《雷以諴奏陈军需竭蹶设法劝捐以助兵饷折》，咸丰四年三月十八日，《镇压史料》（13），社会科学文献出版社1994年版，第308—309页。

奏折，一为"军需竭蹶，急宜统筹全局因时变通藉助兵饷折"①，一为"军需紧急，试行商贾捐厘助饷业有成效，应推广照办，以裕军储折"（另附清单）。②此两折多被认为是厘金制度创设的缘起。③雷氏也终于在"领兵大员"之外获得"理财能吏"的标签，成为他的护身符与进身之阶。

到了六月，琦善病亡，形势又为之一变。新来的江北大营"帮办军务"翁同书似与之不合，多有影射之处；因和春的奏请还差点被调往安徽，④只因"办理捐输捐厘等事着有成效"而留在扬州。其留于军营效力的"已革扬州府知府张廷瑞、已革江都县知县陆武曾"因翁同书的奏请差点被"发遣新疆，不准逗留"。

九月十二日，可能是为奖励其劝捐抽厘有功，清政府"赏已革刑部侍郎雷以諴三品顶戴，为江苏布政使。仍留扬州军营帮办军务"⑤。

咸丰六年三月，江北大营再受重创⑥，雷以諴因与陈金绶、文煜等关系不睦，其部情形为之揭发，咸丰帝随即以雷、陈二人没有管理好部队，"致令兵勇溃散，迨收复扬城后，复敢捏称助剿，辜恩昧良，殊堪痛恨"为由，将其革职拿问，交德兴阿审讯。⑦此间恰逢山东道监察御史方潆颐于五月初三日对雷以諴提出弹劾，认为他的下属和胞

① 《雷以諴奏陈军需竭蹶设法劝捐以助兵饷折》，咸丰四年三月十八日，《镇压史料》(13)，社会科学文献出版社 1994 年版，第 308—309 页。

② 《雷以諴奏陈商贾捐厘助饷业有成效请予推广折》，咸丰四年三月十八日，《镇压案史料》(13)，第 305—306 页。

③ 罗玉东、何烈的研究均持此论，笔者以为真正导致厘捐制度推广到全国的当系胜保在半年多后的十一月十六日（1855.1.4）上奏的《奏请饬统兵大臣督抚仿照雷以諴办理抽厘济饷片》（《镇压案料》(16)，第 297—301 页）。关于此中的曲折，详见下文。

④ 《寄谕琦善著雷以諴速赴安徽和春福济军营帮办筹防堵》，咸丰四年七月十六日，《镇压史料》(15)，社会科学文献出版社 1994 年版，第 51 页。

⑤ 咸丰朝《清实录》，咸丰四年九月十二日（戊寅）条。

⑥ 1857 年 4 月，在东王杨秀清的指挥下，秦日纲兵团自瓜州北上一路横扫瓜、扬之间的清军营垒 120 座，并于 4 月 5 日占据扬州，完成征集军资任务后，7 日撤离。是为"一破江北大营"。详细情况可参阅《太平天国战争全史》(2)，第 931—936 页。

⑦ 《谕内阁着将雷以諴即行拿问交德兴阿严审》，咸丰六年四月初七日，《清政府镇压太平天国档案史料》(18)，社会科学文献出版社 1994 年版，第 318—319 页。

侄雷凤翥等人有敲诈勒索、在任职地购买田产、克扣军饷等事。① 随即下旨令新任江北大营钦差大臣德兴阿和翁同书调查此事。② 大约在八月十五日，由翁同书主稿的查办折递上，充分肯定了雷以諴的各项罪名。③ 八月二十二日，下旨，"雷以諴着发往黑龙江效力赎罪"④。九月又改为"发往新疆赎罪"⑤。他拖拖拉拉直至咸丰八年（1858）九月初七日才到达伊犁，被伊犁将军札拉芬泰"派在印房当差"。⑥ 一年后的十月二十六日，起复补授为陕西按察使。⑦ 咸丰十年（1860）正月十二日，升授陕西布政使，⑧ 未及赴任，⑨ 即于五月二十六日，补授光禄寺卿，⑩ 十二月二十七兼署刑部右侍郎。⑪ 同治元年（1862）正月，雷以諴因卷入祺祥政变，⑫ 被中枢以"声名平常"为由"着勒令休致"。⑬ 他虽几经起伏，却再也没能回任江苏。

---

① 《山东道监察御史方濬颐和奏报雷以諴胞侄雷凤翥等营私索诈》，咸丰六年五月初三日，《镇压史料》（18），第366页。

② 《寄谕德兴阿等着里下河要隘并查审雷凤翥等人营私索诈事》，咸丰六年五月初三日，《镇压史料》（18），第366页。

③ 翁同书：《奏为遵旨会同查办雷以諴一案折》，转引自《翁同书传》，第58—64页。

④ 《谕内阁着将雷以諴发往黑龙江效力赎罪雷凤翥等革职》，咸丰六年八月二十二日，《镇压史料》（18），第602—603页。

⑤ 上谕未见，转引自咸丰六年九月十一日，德兴阿片，档案编号：03-4585-024。

⑥ 咸丰八年十月二十五日，札拉芬泰片，档案编号：03-4585-065。

⑦ 咸丰九年十二月十二日，雷以諴摺，档案编号：03-4149-070。其摺系由伊犁将军札拉芬泰代奏，见咸丰十年闰三月初六日（朱批时间，上奏时间未见），札拉芬泰片，档案编号：03-4177-054。

⑧ 《咸丰同治两朝上谕档》（10），咸丰十年正月十二日条。

⑨ 咸丰十年二月，雷以諴曾上摺提出因为道路梗阻，"果子沟一带车迹不能逾"，无法尽快按时上任。（见咸丰十年二月二十八日，雷以諴：谢授陕西藩司恩由，档案编号：09-4177-053）在另一份奏摺中，雷以諴提到，他其实咸丰十年九月左右才抵达西安，也就是说，他其实从未就任陕西按察使和布政使。见咸丰十年九月初三日，雷以諴摺，档案编号：03-4155-002。

⑩ 咸丰十年八月十三日，雷以諴摺，档案编号：03-4155-002。

⑪ 《咸丰同治两朝上谕档》（10），咸丰十年十二月二十七日条。

⑫ 雷以諴曾与同治元年正月二十日上摺，语词虽未及时事，但其中"自古帝王未有不盛于慈祥而侪于乖戾者"可能被当时的慈禧、奕䜣集团认为指责他们大事杀戮、遣成大员相关。此摺见同治元年正月二十日，雷以諴：奏为敬陈固本基定民志等管见事，档案编号：03-5085-004。

⑬ 《咸丰同治两朝上谕档》（12），同治元年正月二十六日条。

综上所述，咸丰三年（1853）时，雷以諴心怀事功之心，奉旨离开京师，巡查河防。当看到在清江浦无所作为，遂又冒险赶赴扬州前线，成为江北大营的帮办军务。他虽然招募了数千的练勇，却缺乏战力。咸丰三年十一月二十六日的军事失利使得他失去了咸丰帝的信任。咸丰四年（1854）三月，既不善带兵，又缺朝中奥援①的雷以諴另辟蹊径，将自己在里下河一带所办的厘捐事向咸丰帝和盘托出，以求彰显自己在度支方面的才能。此后他官复原职，但却到咸丰六年（1856）因兵败被遣戍新疆，咸丰十年（1860）后起复。同治元年（1862）因卷入祺祥政变，被勒令休致。"苛敛"的声名却跟随了一生。

三　时政：困局与厘金的创设

在厘金史的研究中，学界多关心那份著名的咸丰四年三月十八日"军需紧急，试行商贾捐厘助饷业有成效，应推广照办，以裕军储摺"。在查阅相关档案之后，笔者以为，推广厘金并非雷以諴初始即有的、深思熟虑的结果，而是一个不断演进、不断修改的结果。

如前文所述，雷以諴咸丰三年四月有练勇一千余人，经费主要是私囊和海州的"借提盐课银五千两"②。到五月时，雷以諴准备到泰州、宝应设立收捐总局。到六月底，雷以諴部扩张到三千余人，但收入了了，大概只有万余两。③ 到七月底，兵力更是达到四

---

① 笔者孤陋，未知雷以諴在京中可为靠山者为谁？遍查《清末述闻》未见雷以諴的科举过程中的房师和坐师此时均未有任职于军机处者，而京中尚书以上者也无湖北籍。笔记中所见与雷以諴有所来往者如曾国藩、王庆云当也无能施以援手。故，笔者以为雷以諴是凭借屡次上折，得到咸丰帝的信任而得以为专阃。这也是他两次兵败都成为替罪羊的主要原因。

② 《雷以諴奏报选派祝凤喈等募勇筹饷以便查拿巡缉片》，咸丰三年四月二十七日，《镇压史料》（6），第564—565页。

③ 《雷以諴奏报募勇钱粮由陈启迈支应片》，咸丰三年六月二十九日，《镇压史料》（8），第258页。

千余人。① 其明面所得远不足以供应所需。雷以諴曾希望所部粮饷由宿迁粮台供给——也就是江宁布政使所管，经费相对充足，且距离较近。此议被否决，和琦善一起由河南布政使郑敦谨的信阳粮台负责。事后证明，这对江北大营的军需供给是个灾难。

不知何故，雷以諴虽然没有得到粮台的供应，但奏折中没有太多抱怨供给不足的话语。琦善则留有很多涉及粮台的摺片，可以让我们一窥其时江北大营一部的军需供给情况。兹选录咸丰三年（1853）十月底和咸丰四年（1854）正月、二月琦善的三份折片于下：

> 军营自七月以来，饷项未支，迄今已阅数月之久。部发各省饷银业经叠次飞催，惟浙省仅拨五万，尚未见到。其余广东、河南、江海关并无回复，兵丁缺饷已久，度日维艰。……目下兵丁无食无衣，饥寒交迫，纷纷环诉，均属实情。……今则行间之士，枵腹荷戈，万口嗷嗷，何从仰给？……而军士裋褐不完，军中百费皆无所出，实属万分焦灼。近又将户部印票发交粮台，向四乡绅富借贷，迄无应者。②

> 部拨之款皆归无着。……臣营兵饷，自上年（咸丰三年）七月以来并未散给，甫经解到之浙省盐课银三万两，又因拨兵赴皖，酌拨一月口粮。各营兵丁枵腹荷戈，饥寒交迫，非特不忍坐视，更恐渐起怨咨。③

> 臣之军营不给饷者，已及半载……此事军无见粮，士有菜

---

① 《雷以諴奏报监生在清淮一带续募壮勇片》，咸丰三年七月二十七日，《镇压史料》（9），第 36 页。

② 《琦善奏请饬提泰州等地存漕米石接济兵食片》，咸丰三年十月三十日，《清政府镇压太平天国档案史料》（11），社会科学文献出版社 1994 年版，第 56—57 页。此片得到了允准，有趣的是咸丰帝没有责怪度支部门，而是将怒火发到了琦善身上："兵饷如此支绌，而带兵大臣犹不赶紧筹划，攻克扬城，坐视贼匪他窜，该大臣等尚有何颜对朕耶？"参见《寄谕琦善着依限克复扬州并准续提泰州等处存漕接济兵粮》，咸丰三年十一月十六日，《清政府镇压太平天国档案史料》（11），社会科学文献出版社 1994 年版，第 106 页。

③ 《琦善奏陈军饷支绌紧急请饬部速拨片》，咸丰四年正月初六日，《清政府镇压太平天国档案史料》（12），社会科学文献出版社 1994 年版，第 193—194 页。

色。阵亡召补，无人应募，抚绥之术，至是已穷。自来用兵从无如此困阨者。[①]

从这些摺片透露出来的信息可知，江北大营拖欠军饷的情况非常严重，到咸丰三年（1853）七月后就已经基本断绝了供给，得以支撑的主要还是军粮能够得到保证。琦善在折片中曾抱怨所部被区别对待，"别处军营皆不缺饷"。而情况似非如此。

慧成所部到九月时尚且可得军需，但到了十一月出现了无饷无粮，勇营大规模逃散的情况："近因饷银未曾解到，一切口粮均已停发……近见饷停贼众，枵腹气馁，把守扬州东面各勇纷纷逃散，禁止不住……"[②]其时正为太平军筹备支援扬州守军的重要时刻，清军这样的后勤无疑对后来太平军的顺利突围是非常有利的。以致琦善甚至一度怀疑"前此乡勇万人一哄而散，何以不先不后，适当贼至之时，苟非先期约定，何能如此齐心？此必有所为而为之，其情节种种可疑"[③]。

更为糟糕的是，清政府的度支体系因为长期的供给不足，发生了巨大的混乱。原本对于江北大营相对可靠的一些税源在长期的挪东补西中也发生了变化，例如来自漕运衙门的粮饷。咸丰三年十二月初，因来自苏州布政使的款项迟迟未到，漕运总督福济为了安抚自己在淮安的军队，奏请将原本拨给江北大营的军需截留一半给了所部。[④]

由此，我们大致可知，江北大营各部都存在程度不一的缺饷状

---

① 《琦善奏请将出力将弁合计一年劳绩酌奖并饬户部拨饷片》，咸丰四年二月初三日，《清政府镇压太平天国档案史料》（12），社会科学文献出版社1994年版，第410—411页。

② 《慧成奏报二十四日洋子桥战斗经过及乡勇乏饷逃散等情折》，咸丰三年十一月二十五日，《清政府镇压太平天国档案史料》（11），社会科学文献出版社1994年版，第333—334页。从此折透露出来的情况看，清军的粮台和主官对于发饷是有一定的供给顺序的，也就是正兵先发，勇营后发。这也是勇营常常军需不足的一个主要原因之一。

③ 《琦善等奏报扬州收复办理善后并筹备北岸江防等情折》，咸丰三年十二月初三日，《清政府镇压太平天国档案史料》（11），社会科学文献出版社1994年版，第412—414页。

④ 《琦善等奏报扬州收复办理善后并筹备北岸江防等情折》，咸丰三年十二月初四日，《清政府镇压太平天国档案史料》（11），社会科学文献出版社1994年版，第426页。

况，而琦善、雷以諴因为粮台远在信阳且由河南布政使郑敦谨负责，情况更为严峻。

琦善所部得不到军饷，雷以諴所部也不可能好到哪里。雷以諴在九月的一份奏折里也提到，他只得到过琦善拨给的 2000 两军饷。① 而这是现存唯一一份说得到过粮台拨款的折片。雷以諴只能自己想办法解决所部的粮饷问题。

初始时，雷以諴是将解决方案放在了劝捐局，"专恃泰州总局捐项为大宗"②。尽管雷以諴在咸丰三年十一月初八的奏折里声称捐输所获颇为可观，达到了 220126 千 360 文。③ 但这是开办五个月以后的声明，而雷以諴甚至在七月擅自修改了捐输章程：银钱米可并交；就近办理捐局可减二成办理；银每两和作价一千六百文折算。④ 这个措施破坏了惯例，不仅引起户部官员的不满，而且还长期得不到户部原本应发给捐纳人作为凭证的"部照"。⑤ 若进行核算，我们会发现，即使这些收入也远不足以应付开支。而且随着时间的延长，捐项不断下降，"里下河大户、富户遍邀奖叙，捐输渐形竭蹶"⑥。更糟糕的是，各路兵马都在扬州地区劝捐，"里下河特弹丸一隅，乃河臣杨以增、前漕臣李湘棻劝捐亦于斯"⑦。从其他地方的消息来看，捐输情况也并不踊跃，更难持久。向荣在江南大营的情况可为佐证。咸丰三年十一月的奏折里，向荣声称在孝陵卫等地开捐的结果并不令人满意，"捐生本不踊跃"，从咸丰三年四月二十日开捐到九月底仅收到 38556.36 两，而委员等人

---

① 《雷以諴奏报泰州宝应二局劝捐为难及现在办理情形折》，咸丰三年九月二十五日，《镇压史料》（10），第 288—289 页。咸丰三年十月初二日，朱批："知道了。"

② 见咸丰四年十月十九日，文煜摺，档案编号：03 - 4395 - 042。

③ 《雷以諴奏报设局收捐已有成效并请饬部给发执照折》，咸丰三年十一月初八日，《清政府镇压太平天国档案史料》（11），社会科学文献出版社 1994 年版，第 129—130 页。

④ 《雷以諴奏复遵议核实酌拟捐输章程各条折》，咸丰三年七月二十七日，《清政府镇压太平天国档案史料》（9），社会科学文献出版社 1993 年版，第 34—36 页。

⑤ 《雷以諴奏报准照河臣原议银钱比价征收捐输银片》，咸丰三年九月二十五日，《清政府镇压太平天国档案史料》（10），社会科学文献出版社 1993 年版，第 290 页。

⑥ 见咸丰四年十月十九日，文煜摺，档案编号：03 - 4395 - 042。

⑦ 《雷以諴奏陈商贾捐厘助饷业有成效请予推广折》，咸丰四年三月十八日，《清政府镇压太平天国档案史料》（13），社会科学文献出版社 1994 年版，第 305—306 页。

开支颇大，于是干脆停止收捐。① 需要注意的是，雷以諴部的军需紧张是一方面，但也未必紧张到无饷无粮的境地，到十一月瞿腾龙部调往三岔河防御时，为留住他们，雷以諴还"拨钱一万串为之接济"②。

笔者以为，雷以諴正是在朝廷拨款不力，捐输数额不足的情况下开始筹划开拓新的财源。厘捐这种新财源还有一个巨大的好处：作为外销款项，不必完全按照户部的则例奏销，主事者可以灵活使用；这是新财源，不在户部管辖范围之内，甚至不必入外销。后者是雷以諴一直匿而未报的重要原因，而他得以举行厘捐的一个重要因素是麾下收拢了一批戴罪的原扬州地方官员，是这些相对了解地方情况人员成为他筹备厘局的重要人力。例如已革扬州府知府张廷瑞、江都县知县陆武增等人均在其麾下"差遣委用"。③

咸丰四年（1854）三月十八日，雷以諴发出两份奏折，一为"军需竭蹶，急宜统筹全局因时变通藉助兵饷摺"，一为"军需紧急，试行商贾捐厘助饷业有成效，应推广照办，以裕军储摺"（另附清单）。朱批时间亦同为三月二十四日。

前摺应理解为对厘金合理性的解释：首先是形势所需，"军需如此拮据，势不能不变通办理"；其次是形式所可，所部防区为扬州"东面后路"，可以"减勇而佐兵糈"，最终"专以筹饷为要务，纵不能十分足敷官兵之需，亦可借以陆续添补，而琦善亦可得专力防剿矣"④。

---

① 《向荣奏陈江南大营无人报捐请停捐局片》，咸丰三年十一月十二日，《清政府镇压太平天国档案史料》（11），社会科学文献出版社 1994 年版，第 182 页。

② 《雷以諴奏陈琦善不能和衷及里下河办理拮据情形折》，咸丰三年十二月二十四日，《清政府镇压太平天国档案史料》（12），社会科学文献出版社 1994 年版，第 19—21 页。

③ 《寄谕琦善等飞催慧成等折回清江并由郑敦谨接济雷以諴粮饷》，咸丰三年七月初四日，《镇压史料》（8），第 337—338 页。周育民在《关于厘金创始的考订》（《清史研究》2006 年第 3 期）一文中还根据有关材料认为张廷瑞也是厘金创办人之一。雷以諴对二人都颇为重视，在咸丰四年闰七月初二日还曾上题本恳请减免。见咸丰四年闰七月初二日，雷以諴摺，档案编号：03-01-30-0406-0406-006。

④ 《雷以諴奏陈军需竭蹶设法劝捐以助兵饷折》，《清政府镇压太平天国档案史料》（13），社会科学文献出版社 1994 年版，第 308—309 页。

后摺则是对厘金的急迫性、可行性的解释，首先是说明粮饷的无以维续，"自粤匪窜扰以来，地已十省，时及四年。各处添兵即各处需饷，兼之盐引停运，关税难征，地丁钱粮复间因兵荒而蠲免缓征，国家经费有常，入少出多，势必日形支绌……（劝捐）特为时既久，精力已竭，诚恐未能源源接济"。只能打破常规，对商人进行征税，认为"其无损于民，有益于饷，并可持久而便民者，则莫若各行商捐厘一法"。其实是说明其法简单易行，效果显著，"扬城附近之仙女庙、邵伯、宜陵、张纲沟各镇……（米行）每米一石捐钱五十文，计一升仅捐半文"，"计自去岁九日【月】至今，只此数镇米行，捐至二万贯，既不扰民，又不累商"，在其辖区内，已经从三月初十日起将在米行推行的厘捐推广至各行铺户——同时，为减少民间反对，"其小铺户及手艺人等概行免捐"；再次是奏请将此劝捐办法推广至大江南北，"臣捐厘之处仅止扬通两属，其余大江南北各府州县未经劝办者尚多。如果江苏督抚及河臣各就防堵地方，分委廉明公正之员，会同各该州县，于城市镇集之各大行铺户照臣所拟捐厘章程，一律劝办，以于【大】江南北军需可期大有接济"。奏折的最后，雷以諴写道："统俟军务告竣，再行停止。"①

于后世研究者而言，这份奏折透露的几个信息至为重要：1. 最晚从咸丰三年八月开始②，雷以諴在辖区范围之内的仙女庙、邵伯等处对米行征收厘捐；而从咸丰四年三月初十日开始还要将此办法推广到其他行业；2. 絮絮叨叨的谈论征收厘捐并未使得雷以諴建立关于

---

① 《雷以諴奏陈商贾捐厘助饷业有成效请予推广折》，咸丰四年三月十八日《清政府镇压太平天国档案史料》（13），社会科学文献出版社 1994 年版，第 305—306 页。经与原文核对，"九日"系出版时校对所误，原摺为"九月"。因档案目前不开放，在查核过程中得到中国第一历史档案馆保利部李静女士的帮助，谨致谢忱。

② 雷以諴在两封奏摺中提到了两个不同的厘局开设时间，或八月或九月。史志宏和徐毅在《晚清财政》一书中最早提到了二者之间的差异。笔者经过与原档核对无误（可惜两封都是《军机处录副》奏摺，不是雷以諴可能过目的朱批奏折，仍无法确定是否是《录副》抄写时的笔误，还是雷以諴本身不小心透露的玄机）。笔者倾向于认为，是在八月开办，但未掩饰时间，另说九月。

征商合法性的理论，或者是出于惧怕承担"与民争利"的污名，雷以諴在奏折末尾加了但书：战争结束即行停止征收。

后摺还附有一份清单——"里下河推广捐厘章程清单"，清单共分八条，其内容大致分为以下几点：捐厘对象为"大行铺户"，"不令住户捐厘……（典商）免去零捐"。这一点与前文所述户部的"铺税"大有区别。捐厘征收主体为行头和铺户总管，他们负责稽查，而"地方公正绅董"负责对行头等人进行稽查，经收税款并解交军营或捐输局，"书役不准经手，更不得令其稽查收取，致滋扰累"。或许是自身没有管辖地方的职权，或许是对胥吏的长期不信任，雷以諴的方案故意排除了代表官府的衙役，而是通过商人行会与士绅来进行管理征收。这样的模式显然影响到了政府的权威并对后来厘金的运作产生了巨大影响。

在此两份奏折中，我们需要注意几个问题，首先是雷以諴在含糊使用"劝捐""捐厘"等词。我们可以将之理解为清代官员常见对上级的欺混。但尚无法就此推断，此前奏折中提及的"劝捐"可能就已经包含厘捐的内容。其次是雷以諴提出了原本的税源难以维持巨额战争费用、必须开拓新税源的问题。笔者在其他的文章中提出①，清政府中枢还是坚持使用整顿财政的方式。这样一种方式多少有掩耳盗铃之嫌，因为此前户部进行过多次整顿而效果甚微，而开支却随着战争规模和范围而大幅增加，若没有大额的新税源，清政府的财政将难以继续维持。雷以諴的奏折指出了问题却难以得到户部和地方大员的认同。

关于两摺的上谕于三月二十四日发出。但上谕却有两份。兹抄录全文于下：

之一：
军机大臣字寄两江总督怡、江苏巡抚许、江南河道总督杨。咸丰四年三月二十四日奉上谕：

---

① 参见任智勇《1850 年前后清政府的财政困境与应对》，《历史研究》2019 年第 2 期。

雷以諴奏：试行捐厘助饷，业有成效，请推广照办，以裕军储，并开列章程呈览一折。粤逆窜扰以来，需饷浩繁，势不能不借资民力。历经各路统兵大臣、及各直省督抚、奏请设局捐输，均已允行。兹据雷以諴所奏捐厘章程，系于劝谕捐输之中，设法变通，以冀众擎易举。据称里下河一带，办有成效。其余各州县情形，想复不甚相远。着怡良、许乃钊、杨以增各就江南北地方情形，妥速商酌。若事属可行，即督饬所属劝谕绅董筹办。其有应行变通之处，亦须悉心斟酌。总期于事有济，亦不致滋扰累，方为妥善。雷以諴折单、均着钞给阅看。将此由六百里各谕令知之。①

之二：

军机大臣字寄钦差大臣琦，咸丰四年三月二十四日奉上谕：

雷以諴奏，设法劝捐，以助兵饷一摺。据称防守东路以来军饷各项皆取给于里下河十数州县之捐输。上年秋冬及本年二月间，曾叠次拨解琦善等营军饷。现拟将所募练勇酌量裁减，即以裁减余项接济琦善各营官兵之用。仍极力劝捐，专事筹饷。等语。所奏自系因时变通之法，尚属筹办得宜。着琦善即饬雷以諴将里下河一带商民谆切晓谕，实力劝捐。俾该商民等咸知捐输接济兵糈，即所以保卫身家，自能踊跃急公，不至迁延观望。

至仙女庙、邵伯镇等处各村集，……（涉及团练事，省略）

其另奏捐厘、助饷等语。已谕知怡良、许乃钊、杨以增各就地方情形，斟酌办理矣。该大臣务当督率水陆将弁，迅将瓜州余匪悉数扫除，毋再迁延，老师糜饷，致干重罪。将此由六百里知之。②

---

① 《寄谕怡良等著各就江南地方情形妥速商酌捐厘助饷事宜》，咸丰四年三月二十四日，《镇压史料》（13），第293页。

② 《寄谕琦善著即饬雷以諴晓谕里下河商民实力劝捐》，咸丰四年三月二十四日，《镇压史料》（13），第293页。中国第一历史档案馆在编撰这套资料时，标注这两份上谕是来自《剿捕档》。

　　这两份上谕均未收录于《咸丰同治两朝上谕档》，但前者收录于《咸丰朝实录》①。两份上谕告知的对象不同，不仅语气不同，内容也差别很大。前者是让江北大营之外有地方之责的两江总督怡良、江苏巡抚许乃钊和河道总督杨以增酌酌情形，仿照雷以諴的办法征税，其语气并非命令，而是商议；后者则是安抚琦善，让他督促雷以諴继续征税且"专事筹饷"。这一方面是将军事权交给琦善，另一方面也是断绝了琦善仿行抽厘，单独拥有军事权和财政权的可能。有意思的是，后一份上谕，似乎仍未弄清楚抽厘/厘捐和劝捐之间的区别。

　　笔者以为，此时户部仍持慎重（或者说是观望）的态度，将推广的责任交给怡良等地方大员那里。笔者未能查找到怡良、许乃钊等人推广厘捐的情况。其时，许乃钊正在上海前线，与占据上海的小刀会作战，且战事不利；怡良虽然也被筹饷之事所困，但似乎也仅把他当作一件并不是特别重要的事务，只是在五月初五的一份奏折中例行公事地说，"臣等仍旧本省应征各款及劝捐抽厘等法竭力图维"②。此话倒是与上谕的语气"该督抚仍当于江苏省地丁税课设法征提，劝谕捐输，妥为经理"比较接近。③ 就笔者所见，怡良最大的动作应该是盐斤抽厘，"令每斤抽税钞一文，作为正税，抽钞半文作为外销"④。相比之下，江南河道总督杨以增倒是略为积极一些，他在咸丰四年（1854）六月左右，于安徽盱眙县（今属江苏淮安市）"蒋坝设卡稽查米船，并遵旨赶办捐厘，挹注该处兵勇口粮。……严定章程……"⑤ 但他不过是

---

　　① 《咸丰朝实录》，咸丰四年三月二十四日（癸亥）。

　　② 《怡良等奏报续增水陆官兵饷需紧急并请敕部筹拨接济折》，咸丰四年五月初五日，《镇压史料》（14），第248—250页。

　　③ 怡良原摺未见，转引自《户部遵义抽厘助饷缮发泰州仙女庙章程疏》，咸丰四年十一月，但湘良纂：《湖南厘务汇纂》，卷一·奏案一，第1—7页。

　　④ 咸丰四年九月初八日，怡良摺，档案编号：03-4387-041。笔者不知怡良的盐斤抽厘是否与后来的盐厘之间存在直接的承继关系，尚请方家指正。怡良在闰七月的一份奏摺中倒是提及过抽厘之事，但随即没有下文。怡良的奏折未见，其情况见于《户部遵义抽厘助饷缮发泰州仙女庙章程疏》，咸丰四年十一月，但湘良纂：《湖南厘务汇纂》，卷一·奏案一，第1—7页。

　　⑤ 《杨以增奏报于蒋坝设卡稽查米船等情片》，咸丰四年七月初二日，《镇压史料》（14），第645—646页。

想将军事行动和征税结合，且并不认为此事大有可为，更没有去和雷以諴讨教如何征收。从一些侧面的情况来看，这些地方大员则将之束之高阁，反而是某些地方先行行动起来。例如镇江的民团就开始自行办理厘捐，"镇江普安、新港民勇团练聚办抽厘"。这些厘局出于各种原因有些也后来归雷以諴派人督办。①

此前的很多研究将雷以諴三月十八日的奏折视为厘金制度的起源，而实际上，这份奏折并没有对当时的财政产生足够的影响，也没有从扬州等地扩展大江苏全省，更没有在外省产生影响。而雷以諴的捐厘成果在初始的第一年里也并不令人欣喜：自咸丰三年（1853）八月至咸丰四年（1854）三月初十日，捐钱 19756 千 446 文；此后，将捐厘的范围从大营附近扩展至扬州和南通州（今南通）的各铺户，自咸丰四年三月十一日起截至七月底②江都、甘泉（今属扬州市，其时为扬州府两首县）两县共征得捐厘钱 117955 千 18 文，其余高邮等地收到 30939 千 976 文，加上三月前各处所征米厘，合计为 168651 千 430 文。在奏折最后，雷以諴认为"通年牵算，每月呆厘、活厘约可得制钱四万串内外"③。雷以諴很清楚，进行厘金的征缴，若无地方士绅的帮助（或者说若不与本地士绅分肥），事不可为。所以他明确提出："头绪纷繁，稽查不易，必须慎选妥员会同地方官并公正绅董经理其事，方可持久。"也许是出于疏漏，奏折本身也暴露出一个重大问题，从咸丰三年八月/九月到咸丰四年三月初十日仙女庙等处所征米厘仅得 19756 串 436 文，以六个月计算，每月仅征 3292 串 739 文，似仅够各处委员的车马费，更无论养兵了。这样的税额虽然与此

① 《陈金绶奏报派员前往镇江等处督办抽厘捐输事宜片》，咸丰四年八月初七日，《清政府镇压太平天国档案史料》（15），社会科学文献出版社 1994 年版，第 375 页。镇江的厘捐即因各处民团纷纷抽厘而导致争斗诉讼，这也是自行办理征税必然导致的后果。

② 厘金的征收此时并无统一的截止时间，故各地厘卡解交时间不同。雷以諴此摺也不过是约而言之。

③ 《雷以諴奏报办理厘捐所得数目片》，咸丰四年闰七月二十三日，《清政府镇压太平天国档案史料》（15），社会科学文献出版社 1994 年版，第 285—286 页。雷以諴的计算是这样的，各处合计为 148894 串 994 文，16 万余串是加上此前上年八月至三月初十。

前所称"几捐至二万贯"之说相符，但显然与"米石为捐款大宗"的说法有悖。故，笔者以为，雷以諴从一开始就瞒报了厘金的实际收入。这也成为日后厘金征收中的惯例：向中枢奏报的数额要远低于实际征收。

真正对当时的财政局面产生影响的是时隔九个月之后的十一月十六日（1855.1.4）胜保发出的奏片（另附《雷以諴劝谕捐厘助饷章程》和《泰州公局劝谕捐厘助饷章程》二单）：

> 雷以諴前在泰州仙女庙地方等处，劝谕商贩抽厘助饷，颇著成效。……查阅开载章程，褒多益寡，既非苛敛，经权达变，无病商民。行于用兵各省，可助军糈，推行于各省，更多利益。……可否请旨饬下各路统兵大臣，会同本省、邻省各督抚，都统地方官并公正绅董，仿照雷以諴及泰州公局劝谕章程，悉心筹办？……总期有益于军饷，无病于商民。事在必行，无虞窒碍，实于军务有裨。俟军务完竣，再行体察情形办理。①

胜保这份奏片的大意是，雷以諴在仙女庙等地的"抽厘助饷"办法对于解决军饷问题颇有帮助，且在民间没有引起较大的反对，可以因地制宜在全国推广。可能是出于避免麻烦的考虑，奏片中对怡良等人的推广情况避而不谈。奏片的附属清单第一份是《雷以諴劝谕抽厘助饷章程》其实就是一份"税则"，规定了各种货物的税率；第二份清单《泰州公局劝谕捐厘助饷章程》则是实施细则，规定了如何抽税。对比此前三月十八日的奏折，显然此时的章程更为细密，更有利于执行和推广。而这两份章程出台的时间可能是在咸丰四年（1854）

---

① 《胜保奏请饬统兵大臣督抚仿照雷以諴办理抽厘济饷片》，咸丰四年十一月十六日，《清政府镇压太平天国档案史料》（16），社会科学文献出版社1994年版，第297页。咸丰帝于十一月十九日朱批："户部核议速奏。单二件并发。"虽然并无直接证据，但笔者仍以为在上摺之前，胜保与雷以諴应该有过一定程度的沟通，甚至是雷以諴请胜保代为奏请。

四月二十四日。① 也就是说，雷以諴是在上了推广摺后又有进一步的修改。

想来应该是胜保的地位远高于雷以諴，他的奏请得到了咸丰帝的重视，咸丰帝十一月十九日朱批："户部核议具奏。"户部二十三日见到抄录摺，随即上奏了《户部遵议抽厘助饷缮发泰州仙女庙章程疏》。在这份议覆摺中，户部同意了胜保的意见，认为各地情况有差别，"应请旨敕下各省督抚专委道府大员督同州县拣派公正绅董，各就地方情形妥为筹度……"但否决了统兵大员的抽厘权，理由是"统兵大员于地方绅董本非联属，且身在行间，志图灭贼，自有当务之急，又非雷以諴实任藩司、帮办军务可比"。显然，户部认识到统兵大员同时拥有军事权和财政权的危害，要求"所有用兵省分酌量抽厘之处，应由各该督抚筹议具奏，毋庸会同统兵大员所收钱文悉数解充军饷，不准地方擅自挪移……"② 从此，厘捐筹饷之策在各省推广，成为重要的军事开支来源。③

也许是为时尚短，也许是办理妥善，雷以諴在江北大营其间，对他办理厘金的批评并不多（对他的负面评价多是在厘金在全国铺开之后，作为始作俑者而被不断当做批评的靶子），就其成效而言也有可取之处。

需要特别说明的是，自咸丰四年（1854）闰七月后，雷以諴管理各处厘局的权力被剥夺，由总管粮台的江宁布政使文煜接办，而"总办厘捐"者仍是已革扬州府知府张廷瑞。④ 此后发布的有关厘捐各项命令其实与雷以諴无涉。至少在咸丰四年至七年期间各处厘局已由文煜派员管理，且数额有很大的下降：原本足以支撑江北大营大部分军

① 在《泰州公局劝谕捐厘助饷章程》（《镇压史料》（16），第301页）的末尾写有"粮食油酒过坝行于四月二十五日起捐"。故，笔者推断如上。

② 《户部遵义抽厘助饷缮发泰州仙女庙章程疏》，咸丰四年十一月，但湘良纂：《湖南厘务汇纂》，卷一·奏案一，第1—7页。

③ 各省对厘捐的推广各有其考量，事情可能比较复杂，笔者拟另文论述。

④ 文煜还称张廷瑞"素为士民爱戴，人所信服，易于无事，又复愧奋，当差不辞劳瘁"。见咸丰四年十月十九日，文煜摺，档案编号：03-4395-042。

饷的仙女庙等处厘局到咸丰七年（1857）时已经"收解无多，仅能支放勇粮，不能接济兵饷"①。

四 时地：团练与商会惯例

雷以諴在文学方面虽有所造诣，② 但在晚清的士大夫中从未能以文扬名，加上各种其他因素，现存个人资料并不多。与雷以諴关系密切者也罕有详细记录。而扬州的士大夫关于这个时期的资料遗留至今者也不多，所以我们很难弄清当时扬州地区的时事，尤其是军事、财政方面。笔者现在所见的资料主要是收录于罗尔纲先生主持编撰的《太平天国史料汇编》。在其第 15 册，收录有扬州地区的时人记载，本文即以此为主体材料分析当时的扬州团练和商会问题。

扬州地区办理团练的时间比较早，至少到咸丰三年（1853）三月，已经在江南河道总督杨以增的劝谕下开始办理："该乡民等无不人人感愤，现已踊跃团练。"③ 而雷以諴在一个月之后的相同的地方再次开始办理团练宣称："拟自仙女庙办起（团练），再行逐村劝谕。务期村村团结，俾得众志成城。"④ 二者之间的抵触，或者是杨以增撒谎，或者是当地团练旋起旋灭。而这种团练的旋起旋灭，可能还是因为经费原因。

雷以諴虽然对团练的举办多有奏报，但却始终未提及团练的经费问题。笔者于档案中见到其他地区筹办团练的情况，至少在咸丰三、四年这个时期，各地的团练经费多以捐输为主，例如毛鸿宾在山东济南筹建团练时，要求"无论官绅商贾，以及本籍、寄籍诸幕友，并外方

---

① 见咸丰七年闰五月初一日，钦差大臣德兴阿等摺，档案编号：03-4285-011。
② 他著有《雨香屋诗抄》《大学圣经贯珠解》《读经传杂记》，而国家图书馆还藏有其所著《咸宁县志·艺文志》《咸宁县志·金石》。
③ 《杨殿邦奏请分拨清江防兵至邵伯以资守御并报查扬州文武下落折》，咸丰三年三月十九日，《清政府镇压太平天国档案史料》（6），社会科学文献出版社 1992 年版，第 66 页。
④ 《雷以諴奏报巡阅淮安高宝等地及办理防堵情形摺》，咸丰三年四月二十七日，《镇压史料》（6），第 563—564 页。括号部分为笔者所加。

寓居之人，……竭力输捐，共襄义举"①，但事实上，这些劝捐是难以满足庞大的团练经费需求的，如毛鸿宾即请求地方官介入劝捐的过程。②各地因经费不足而解散团练的事情比比皆是。那么扬州附近的团练是如何筹措经费的呢？笔者未见关于扬州团练经费的直接资料，但从一些间接性的材料判断，抽厘是当地团练筹措经费的一种方式。

侧面证据之一是雷以諴在咸丰四年（1854）三月十八日的《酌定里下河推广厘捐章程清单》中提及：捐输之法在扬州多用于防堵和团练经费，当下已无法继续获得捐输。③但未提及没有经费的情况下，团练是依靠哪种经费维持的？

侧面证据之二是胜保在咸丰四年十一月十六日的《泰州公局劝谕捐厘助饷章程》中提及："泰【州】城团练局已有每担抽厘十三、十八文"，所以厘捐公局减半征收。④与团练共享厘捐，或者是出于来自本地士绅的压力或者是因为团练作用巨大。这样的原因从后来推广过程来看似乎都不存在。一种解释就是，捐厘的事情此前已经发生，并且是团练在做，雷以諴不过是半途插入，无法全力获取，只能双方共享。

侧面证据之三是来自镇江团练的经验。咸丰四年八月初，有人奏报"镇江普安、新港民勇、团练局办理抽厘未臻妥善，致有争斗涉讼……"⑤其内容虽未说明当地抽厘开办的时间，但至少说明，团练局征厘金到此时已是一件民间社会普遍接受的解决经费的办法。在没有高级官员强力推行的情况下，如此轻易地为民间所接受，是否其实雷以諴在咸丰四年三月他们即已开办？

---

① 《毛鸿宾奏报回籍现办团练情形折·附件二·团练章程清单》，咸丰三年九月初九日，《清政府镇压太平天国档案史料》（10），社会科学文献出版社1993年版，第40页。

② 《毛鸿宾奏报团练办齐拟会同地方官劝捐片》，咸丰三年九月初九日，《清政府镇压太平天国档案史料》（10），社会科学文献出版社1993年版，第45页。

③ 《雷以諴奏陈商贾捐厘助饷业有成效请予推广折》，咸丰四年三月十八日，《清政府镇压太平天国档案史料》（13），社会科学文献出版社1994年版，第305—308页。

④ 《胜保奏请饬统兵大臣督抚仿照雷以諴办理抽厘济饷片》，咸丰四年十一月十六日，《清政府镇压太平天国档案史料》（16），社会科学文献出版社1994年版。

⑤ 《陈金绶奏报派员前往镇江等处督办抽厘捐输事宜片》，咸丰四年八月初七日，《清政府镇压太平天国档案史料》（15），社会科学文献出版社1994年版，第375页。

　　以上证据虽未能形成较有说服力的证据链，但笔者私以为，除捐输外，抽厘很可能也是当时团练的一种非政府的筹措经费方式，这种方式在雷以諴咸丰三年（1853）八、九月创办厘捐局之前就已存在，雷氏不过是将民间士绅控制的这种方式提升到政府层面，并报至中枢，最终推广到全国。

　　倪在田的《扬州御寇录》因为收录于中国史学会的《中国近代史资料丛刊》第五册而得到学界的广泛关注，他在此书中提及：雷以諴"故楚人也，习见其乡人会馆提厘之辙，（钱江）遂以告而立捐，故厘捐首设于扬州"①。近些年学界也发掘了更多的在 1853 年之前的关于厘金一词的记载，如湖北光化县老河口镇（今老河口市）于道光十三年（1833）所刻的县令对"各行店等抽取厘金……合镇买卖二家，每银一两各抽银一厘，每钱一千各抽钱一文"的告示；② 如聊城山陕会馆嘉庆十四年（1809）十二月的《会馆大工告竣碑记序》记有："乃首议捐输……次拨厘头而绳绳继继"③；祁隽藻写于道光三十年（1850）左右的《山陕众商会馆〈续拨厘金碑记〉序》写有"忆昔年来，屡捐厘金银若干"④；刻于道光二十九年（1849）秋的《新建豫章会馆始末碑》记有："遂向各乡劝募捐赀，厘金接济。又荷茶商连岁厘金，输将踊跃，经费于以有资。"⑤ 综上所述，到道光末年很多地方均已出现商人

---

① 倪在田：《扬州御寇录》，《太平天国史料汇编》15，凤凰出版社 2018 年版，第6819 页。原文认为钱江与雷以諴相识于"履验丰工"，显系误传。雷氏从无赴丰北漫口的经历，其活动路径见下文。
② 政协老河口市委员会文史资料委员会编：《老河口文史资料》（第 20 辑），1988年，第 36—39 页。
③ 山西省政协《晋商史料全览》编辑委员会编：《晋商史料全览·会馆卷》，山西人民出版社 2007 年版，第 226 页。
④ 祁隽藻：《山陕众商会馆〈续拨厘金碑记〉序》，《祁隽藻集》1，三晋出版社 2011年版，第 653 页。
⑤ 《新建豫章会馆始末碑》，上海博物馆图书资料室编：《上海碑刻资料选辑》，上海人民出版社 1980 年版，第 336 页。而在《豫章会馆竣工碑》（同上书，第 337 页）中记载各项收入中，合计为 17457 元，而两项厘金——"众商十一载棕、花、杂货厘金"和"众商九载茶帮厘金"分别为 2695.8 元和 13241.7 元，二者占了总数的 91.3%，也可见所谓"厘金"是一种相对成熟的集资办法——否则也无法推行如此长久、数额如此巨大。

内部抽取厘金的情况，一般而言都是贸易额的百分之一，即当时通行的利息计算概念中的"分、厘"之"厘"，而非重量单位中"钱、分、厘、毫"之"厘"——前者为百分之一，后者为千分之一。

那么在实际抽收的过程中，是否确实按照"值百抽一"来运作，向商人征税呢？我们无法统计后来的情况，但可先看一下雷以諴创设之时，扬州的粮价。由于资料的缺失，我们已经无法得到当时扬州一地的粮价，但所幸附近地区镇江、常州的相近时间的价值最高的精白米价格尚存：

表1　　　　　咸丰三年十一月至咸丰四年三月粮价表　　单位：库平两

地区	时间	高价	低价	中间价*
江苏全省平均	咸丰三年十一月	1.91	1.35	1.63
江苏全省平均	咸丰四年三月	2.02	1.47	1.75
镇江	咸丰三年十一月	1.75	1.20	1.48
镇江	咸丰四年三月	1.80	1.40	1.60
常州	咸丰三年十一月	1.75	1.25	1.50
常州	咸丰四年三月	1.75	1.25	1.50

资料出处：王业键："中央研究院"《清代粮价资料库》

＊中间价为笔者计算平均值而得。

从上表1我们大致可知，这个时期江苏全省在此期间粮价变化稍大，低至1.35两，高至2.02两。镇江和常州总体粮价比全省略低：镇江在1.2—1.8两之间浮动，常州粮价变化稍小，在1.25—1.75之间浮动。由于在这个时期，镇江、常州之间的河道畅通，运费不致过高，我们大致可以估算扬州粮价也在1.25—1.80之间。而关于银铜比价，雷以諴在咸丰三年（1853）七月曾描述过当时扬州附近的比价："前后市价有多至一千八九百文，有少至一千四五百文不等。"

他本人则一般将银钱比价定为1：1600。① 就此估算，每石最高折价大致是3420文（1.80×1900），最低则仅合1750文（1.25×1400）。而雷以諴在述说咸丰三年（1853）八、九月开始创办厘捐时即为"每米一石捐钱五十文"。② 若考虑到数月间战争形势没有太大变化（一直是清军围城，太平军未能获胜），航道也没有完全被截断的情况，米价似不会有巨大的变化。若照此折算，雷以諴实际的税率在1.5%—2.9%之间，远非值百抽一。

笔者以为，所谓的"厘"，所谓的"值百抽一"，所谓的"略仿前总督林则徐一文愿之法"，不过是一种修辞、纹饰，更可能是出于解释其合理性的方便而已。

结　语

雷以諴在早年不以早慧而闻名，登科之后也是官场蹭蹬，外放为奉天府丞后还遭过处分。③ 在同仁的记载中，雷以諴为人"爽朗"。④ 但到道光末年时，他已年近花甲，而到他奉令作为巡河钦差已然是虚岁六十。若非心怀事功，必不会自请外出，似可认定他之外出当思谋有所作为。只是，在当时的清政府官僚体系内虽不禁止汉人文官领兵，但非经制官员（如督抚与兵备道）不得管辖经制军队（无论八旗，绿营亦不得），所以雷以諴虽名为以刑部侍郎兼江北大营"军务帮办"，仍不得

---

① 《雷以諴奏复遵议核实酌拟捐输章程各条折》，咸丰三年七月二十七日，《清政府镇压太平天国档案史料》（9），社会科学文献出版社1993年版，第34—36页。他在另一份奏折中将银69920两，合制钱112080串200文，也是按照一两折合制钱1600文比例计算的。见《雷以諴奏报续收捐数造册咨部并请发给执照折》，咸丰四年正月二十二日，《清政府镇压太平天国档案史料》（12），社会科学文献出版社1994年版，第344—345页。

② 《雷以諴奏陈商贾捐厘助饷业有成效请予推广折》，咸丰四年三月十八日，《镇压史料》（13），社会科学文献出版社1994年版，第305—306页。

③ 咸丰元年吏部尚书柏葰弹劾他"上书奏事错误"。见吏部尚书柏葰题为察议奉天府丞兼学政雷以諴奏事错误处分事，档案编号：02－01－03－11013－028。

④ 王庆云：《荆花馆日记》，道光二十九年四月二十八日，第120页。"雷鹤皋过谈，爽朗如黎月樵。"

管辖经制军队，其辖下军事力量仍为战力孱弱的练勇，加上没有练兵人才（虽然他曾试图拉拢受过处分的绿营将领，如季光斌等人），属下练勇号称四千余人，军事实力仍是各势力中最弱的。咸丰四年兵败受到处罚后，他选择在后勤、度支方面有所建树，也是迫不得已的选择。

在资料的梳理中，笔者以为有几个问题需要重视，首先是需要明确度支问题与政治问题之间的密切关系。这里所言的政治既包含政治制度、时事也包括个人的政治生活。税收问题若脱离具体的历史背景，只做合理性的分析就会沦为纯理论的推断，与史实无涉。厘金作为一项制度自有始作俑者，这也是厘金的研究一开始就注意雷以諴的重要原因，但作为一个政治人物，他生活在清代的制度之网中。乱世已起，唯有军功升迁最快，他想获得军功，又不能掌握经制军队，只能自己组建练勇；银库竭蹶，粮台无力补给，只能自行开拓财源；劝捐本是历来临时筹款的重要方式，但地狭劝捐者众多，劝捐之数有限，不足以供给漫长的围城之战；新税源不在户部的奏销范围之内自可隐瞒不报；咸丰三年（1853）十一月底的大败带来了他宦海生涯的一次重击，他虽然为人豪爽，也有基于科场和同乡的人际网络却无力庇护于他，为重获咸丰帝的信重，他只好将财源和盘托出；中枢已经于咸丰三年二月十六日否决了商税，他只能将通过税和营业税与劝捐结合，改头换面称为"厘捐"；这为他带来了巨大的财源，足以支撑所部并改善了与琦善的关系，同时也引来了八旗大员们的觊觎，自咸丰四年（1854）七月后，各处厘局归了少年得志的满洲正蓝旗人氏文煜。而雷氏本人似乎也对厘金的泛滥与后果多有微词，甚至写信给曾国藩，请他"照议裁撤"厘金，认为厘金"今则视为正供矣，大拂予初意"①。但事情显然不是他个人半心半意的罢厘之请为指向，

① 雷以諴：《重赴鹿鸣恭纪圣恩诗并序》，原为手稿，转引自谢兴尧《堪隐斋杂著》，山西古籍出版社1998年版，第274页。查曾国藩书信，在同治四年正月初五日有一信回复雷以諴，赞其"追维创始之功，自不可没"，并言"不知何时始得薄海销兵，普罢征榷！"[《曾国藩全集》（28），岳麓书社2011年版，第310—311页]。大致可以推断雷氏确实在去信中提及罢免厘金之事。但曾氏又言"陈元已留鄙处，仰副雅属"，可见雷氏在信中又另有请托之事，并不单言罢厘。

厘金直至民国中期方始撤销，并且是以并入"统捐"的方式。恶名已得，众恶皆归。"朘削"之名伴其始终。①

其次，厘金的制度设计。厘金的初始之设，与咸丰三年（1853）户部的铺捐有一定的关系，初始时雷以諴明显试图针对坐贾抽厘，并且是以行会为基础；也许是因为坐贾与本地士绅关系密切反弹较大，行商开始成为征税对象，②而这时的厘金税则开始向榷关的税则靠拢，最终成为主要以行商为征税对象，以国内通过税的形式进行征税。与此同时，厘金的制度也有所创新，与榷关"严禁包揽"不同，厘金在征税的过程中引入了行会等中间机构参与到征税过程。

其次是厘金的影响。雷以諴从一开始就将征税对象设计为粮食（米石）。在经济学的论述中，粮食作物的征税是比较难以向后转嫁（也就是向生产者转嫁的），赋税最后会成为消费者（也就是普通民众）的负担。但就此时此地的粮食价格而言，我们从现有资料来看，确实没有引起较大的价格波动。③也就是说，此前所见厘金的各种批评声音中，至少影响物价部分的指责难以确定——当然，物价的无波动，可能还有其他因素。

第四，厘金之弊。在清代，除了榷税之外，对商业基本没有税收④，厘金之扳厘/板厘/呆厘为营业税（与当时的铺税相类）、活厘是通过税（与当时的榷税相类）。也就是说，厘金的出现，加重了商业的税收，定然引起商人和某些商人背后的士大夫的不满。遭到攻击自在情理之中。雷以諴在江北大营诸事多不容于官场，坊间多有訾议："雷以諴抽厘肥己，掘藏营私，纵容子弟、丁胥肆意扰害；而在

---

① 在后世的评论里，雷以諴与厘金都成为负面的典型，甚至到当世仍有人对之嘲讽不已。如陈捷延在《过客吟》（中）（中国文史出版社2012年版，第1849页）认为雷以諴"不自量力妄请缨，厘捐流毒遍九垠。江北一溃无轮返，批枷大漠叹日曛"。

② 史志宏、徐毅：《晚清财政：1851—1894》（上海财经大学出版社2008年版，第102—115页）也注意到征税对象从坐贾到行贾的变化，但未注意到随着征税对象的变化，其制度也慢慢向榷关靠拢。

③ 根据王业键先生的统计。

④ 杂税中的一部分（如牛马税、渔税）可称为商业税，落地税是税率极低的营业税。

营委员，又狐假虎威，共为荼毒。"① 笔者以为，这固然是厘金遭受攻击的核心因素，而引起这些不满扩大的也并不仅仅在于征税过程中如扰民之类的弊政，② 还有一个巨大原因是厘捐征收对象的扩大："其后有亩捐、铜捐、钱捐、米捐、柴捐、火箭捐、草捐诸名色。"③ 而他的同僚也对此颇为不满，查文经即曾向人抱怨"雷鹤皋之謇傲不惜民：所办厘捐、亩捐之外，又有所谓间捐者，计室宇间数以派勒之。以饷需之急，不得已苛敛于民，又无哀矜惕厉之意，而一以暴厉行之……"④ 笔者以为，对于厘金的批评一部分可以归结于厘金局等机构设置的缺陷，而不能就此认为是厘金本身的错误。⑤ 赋税无可逃避。按照古典经济学的理论，每一项税收都会对经济造成损失。但每一个时代的统治者都会在财政困难时加征税收。统治者合理的做法当是减少其中的中间费用并减少非经济的因素对社会的影响。

---

① 张集馨：《道咸宦海见闻录》，中华书局 1981 年版，第 172 页。

② 例如咸丰七年，自雷以诚被遣戍，江苏的厘金一度陷于混乱，"委员收税，并不遵照规条，任听差役勒索，橦橦干没。因之本地土豪藉端挟制，甚至聚众抢夺，行商视为畏途，近处商民亦复受其荼毒"。[见《寄谕何桂清等著密查扬常镇等处员弁勒索捐厘等事》，《镇压史料》（19），社会科学文献出版社 1995 年版，第 344 页]。

③ 倪在田：《扬州御寇录》，《太平天国史料汇编》（16），凤凰出版社 2018 年版，第 6820 页。

④ 《郭嵩焘日记》（第一卷咸丰时期），咸丰六年二月二十日，湖南人民出版社 1981 年版，第 42 页。此时，雷以诚尚未因江北大营之败而褫职。

⑤ 曾国藩对厘金的态度可能可以代表部分封疆大吏对厘金的态度。他在同治四年八月二十九日给湖广总督官文的信中曾言："缓裁厘金，不但有裨于各路兵饷，而且有裨于京营内库……厘项取之商贾，流转无穷。"[见《曾国藩全集》（28），岳麓书院 2011 年版，第 139 页] 信中固然有交好之意，但从其在江苏的行为看，他自己也是这么做的。

英德续借款偿付与清廷财政运筹<reference>*</reference>

陈 勇

（安徽大学　经济学院）

中日甲午之战，以中国失败割地赔款告终。战后为偿付巨额赔款，清廷出面借了三次外债，分别为俄法借款、英德借款和英德续借款。三项外债的债额总计达 3 亿库平两，规模远远超过甲午之前清廷所有外债的总和。俄法、英德两借款的偿还，主要是摊派到各海关洋税以及各省的地丁、厘金、杂税等项，每年派诸关税者 500 万两，派诸各省者 700 万两。有人称：俄法、英德借款，派之各关者，皆有的款；派之各省者，全赖自筹。<reference>①</reference> 其意在于，各海关由外籍税务司负责征税，每年收数均被准确地报到中央，关税本就是中央掌握的款项，因此谓之"的款"。而各省厘杂各款，除通过各种名目的解京专款被户部抽走外，剩余则由地方掌握，赔款摊派各省越多，地方所得此项剩余也就越少。因此，这样的摊派方案必将招致各省千方百计地推诿抵拒。

俄法、英德两次借款，仍不足以偿清对日赔款，清廷不得不再次向英、德两国银行举债，是为英德续借款。为筹措英德续借款的偿付，避免各省之间因偿款一事再扯皮推诿，户部想了个新的办法，将

　＊ 本文系国家社科基金重大项目"清代商税研究及其数据库建设（1644—1911）"（项目编号：16ZDA129）阶段性成果。

　① 吴廷燮：《清财政考略》，《清末民国财政史料辑刊》第 20 册，国家图书馆出版社2007 年版，第 377 页。

584

苏州、淞沪等七处厘金交给外籍税务司征收，代征的厘款即抵还洋债。但问题是，这七处厘金，有的省份在代征前已将其指明是偿还洋债的款源，有的省京、协各饷以及本处防饷等项都取给于兹。这些待支要款，一下没了款源，该如何弥补？户部继而作了这样的安排：在江苏、浙江等十省裁兵节饷、丁漕折钱平余及昭信股票项下，划拨银500万两，作为补足以上七处厘金抵还洋款之数。这样既可保证债款的按时赔付，又不影响有关省份的应解京、协各饷。那么，清廷为何费此周折，而不将此项偿款直接摊到十省头上？这种财政运筹又是基于什么样的考虑？本文拟对这一问题作一探讨。[①]

一

《马关条约》及其附件规定，清廷赔偿日本战费及赎辽费计库平银2.3亿两。其中战费2亿两，分八次交纳，七年内交清。第一次5000万两，在条约成立后六个月内交付；第二次5000万两，在条约成立后十二个月内交付。余款再分六次递年交纳。第一次赔款交清后，未经交完之款应按年加5%的利息。赎辽费3000万两，应于光绪二十一年九月三十日（1895年11月16日）前交付。另外，所有暂驻威海卫的日本军队需费也要由中方承担，每年库平银50万两，直至所有赔款清还撤军之日止。

光绪二十一年九月十四日（1895年10月31日），第一次应付赔费库平银5000万两，外加归还赎辽费银3000万两，折合成英镑数

---

① 关于英德续借款的研究，既有成果或侧重相关重要人物在该借款中的活动，如马忠文《张荫桓与英德续借款》（《近代史研究》2015年第3期）、张志勇《赫德与英德续借款》（《江苏社会科学》2014年第4期）；或具体展现借款交涉中各种力量的角力过程，如马陵合《晚清外债史研究》（复旦大学出版社2005年版，第102—124页）等；或主要阐述外债抵押和摊还与国家税权丧失之关系，如马金华《外债与晚清政局》（社会科学文献出版社2011年版，第254—263页）等。从借款筹还与清廷财政运筹这一角度介入的研究成果尚少。

目，由中国出使英国大臣龚照瑗与日本驻英使臣在伦敦交收。① 这次偿款是从刚借成的俄法借款下提拨支付的，考虑到若将此款再汇至中国，保险、汇费等项所费甚多，中日双方使臣约定，以在伦敦交收为宜。②

光绪二十二年（1896）三月二十六日（1896 年 5 月 8 日），又到第二次交款之期。此次交款包括赔费 5000 万两，半年息款 125 万两及日军暂据威海卫军费 50 万两，为数甚巨。俄法借款余存之款已为数无多，偿款期迫，在总税务司赫德的撮合下，总理衙门又成功订借了英德商款。第二次偿款即由俄法借款所剩余款与新借英德两国借款内拨付。同样，为省拨汇之烦，将应付日本 5175 万库平两折合成英镑，在英、德两国各交一半，由出使英国大臣龚照瑗、出使德国大臣许景澄分别与日本驻英、驻德使臣交收。③

光绪二十三年（1897）四月初七日（1897 年 5 月 8 日）是第三期交款之日。应付第三期赔费库平银 16666666.66 两，即第一次递年平分之款，第三期赔费半年利息银 416666.6 两，另加威海卫第二年军费 50 万两，合计 17583333.26 两。中国使英大臣罗丰禄知照汇丰、德华两银行，从英德借款项下将该款同样折合成英镑，转交日本驻英使臣接收。④

至此，清廷共还过日本三期偿款，两次息款，一次性赎辽款，两次威海卫军费，计尚欠赔费银 83333333 两零（包括应付利息）。至光绪二十四年（1898）闰三月十八日（1898 年 5 月 8 日）为第四次偿

---

① 《使英龚照瑗奏交收日本第一期兵费银两事竣折》（光绪二十一年十二月初三日），王彦威、王亮辑，李育民等点校整理：《清季外交史料》第 5 册，湖南师范大学出版社 2015 年版，第 2368 页。

② 《总署奏商订俄国借款并交还日本第一次偿费折》（光绪二十一年九月十三日），《清季外交史料》第 5 册，第 2342 页。

③ 《总署奏筹交日本二次赔费等项交收清楚折》（光绪二十二年四月二十五日），《清季外交史料》第 5 册，第 2393 页。

④ 《使英罗丰禄奏与日使交收第三期军费等款事竣折》（光绪二十三年六月初十日），《清季外交史料》第 5 册，第 2481 页。此处仅有偿半年息银数，还有一整年息银何时偿付，笔者未找到相关资料。

款期限，离换约正好三年。《马关条约》第四款有规定，如从条约批准互换之日起三年之内中方能将偿款全数清还，之前交付的息银连同最后一批余剩偿款息银即可全数免除。此时，清廷面临两种选择，要么分次七年内还清，但这样非特已付之息无从扣回，且须递年加付息银，每年威海卫军费50万两也要照数交付，将共多耗银2319万两；①要么第四次还款时一次付清，这样做不仅可少付巨额息银，而且尚可扣回息银10833333余两。② 这笔巨额息银，对于库空如洗、借贷艰难的清政府来说，应是一笔可观的数目。

当时清廷内部有两派意见：一派主张仍照前约办理，递年分还，张之洞力主此议。他认为日本此时并没有逼迫中国全还之意，"何以不欠无折扣、无抵押之款而别借有折有扣之款？若谓一次尽还日款乃可撤威海之兵，窃思俄借旅大，德据胶州，日虽暂驻威海，有何妨碍？"③ 因此，"日款照约分头筹还，斯为上策"。一派主张及早了结日款为好，如此不仅经济上少受损失，还可早日收回威海，以消弭日本驻兵这一肘腋之患。户部左侍郎张荫桓即主张"将三次兵费一次偿之，既省借息，且免日军驻费"④。在经济上划算、政治上安全的双重因素考量下，清廷最终选择了后者，决定一次性将余剩日款全部付清。

前已论及，俄法、英德两次所借之款，已陆续提付日本赔款及威海军费。余款又被清廷用作在英国订购炮船等项，此时仅剩下300余

① 《出使大臣张荫桓奏请订借八千万两偿日本兵费片》（光绪二十三年七月十九日），《清季外交史料》第5册，第2486页。
② 《总署奏日本偿款交清收回威海谨陈筹办情形折》（光绪二十四年闰三月二十四日），《清季外交史料》第5册，第2565页。这里息银10833333余两，为一个半年和两个整年应付息银。汤象龙统计，第一次利息为375万两，第二次为500万两，第三次为2083333两。以上数据应是按条约规定的利息率计算出来的应付数。汤象龙：《民国以前的赔款是如何偿付的》，包遵彭等：《中国近代史论丛——财政经济》第2辑第3册，正中书局1958年版，第79页。
③ 《鄂督张之洞奏沥陈借款还日债不可以盐厘作押电》（光绪二十四年二月十六日），《清季外交史料》第5册，第2549页。
④ 《翁同龢借款》，刘体仁著，张国宁点校：《异辞录》，山西古籍出版社1996年版，第142页。

万两。[1] 还有近 8000 万两的缺额必须从速筹齐，而举借外债，仍为惟一的解决途径。那么，这一次借款又将从何处借贷？向何国借？第一次偿付日款需借外债时，当时各国争相兜揽，俄国以干涉还辽有功于中国，复有法人之助，最终获得 4 亿法郎合 1 亿两白银的借款权。俄法借款的成功，引发列强内部矛盾。德国政府自认为同样在干涉还辽中为中国出过力，但并没有得以同法、俄一样的条件参与到这项贷款，遂联合英国向中国施压。总理衙门为平息英、德两国的怨气，不得不将下一次借款权给了英德两国，这就是英德借款。

光绪二十四年（1998），第三批大借款在即，各国纷纷前往总理衙门游说，愿代担保借款，但各怀有自己的政治目的。俄国志在获得中国东北及华北各地铁路之财政、建筑、管理权，以及总税务司出缺时应由俄人补任等条件；英国的目的则在于开大连湾为通商口岸及由缅甸达扬子江流域铁路修建权等。围绕对中国借款问题，英、俄两国遂发生外交斗争，且无法妥协。清廷对双方都不敢得罪，决定向英、俄两国都不借款。

清廷既搁置与列强借款的交涉，随即转向立足国内想办法，来解决借款问题。光绪二十四年二月，右春坊右中允黄思永向清廷建议筹借华款，开办昭信股票来募集对日赔款。户部采纳了这一建议，制订了昭信股票章程，设立昭信局发行股票。要求在京自王公以下，在外自将军督抚以下无论大小文武各官，均须领票缴银，以为商民之倡。户部还派员前往各省促销，鼓励商民认购，募集资金。但官民参与认购的积极性并不高，在京大小王公仅认购了数十万两，京外各省督抚司道以下各官也认购寥寥。[2] 昭信股票推行半年，前后收银只有 700

① 《总署奏续借英德商款订立合同以税厘作抵折》（光绪二十四年二月十日），《清季外交史料》第 5 册，第 2541 页。

② 至光绪二十四年初，整个湖北省在任各官仅认购了十余万两。张之洞：《筹办昭信股票情形折》（光绪二十四年闰三月十一日），苑书义等编：《张之洞全集》第 2 册，河北人民出版社 1998 年版，第 1290 页。湖南省情况也差不多。陈宝箴：《奏陈筹办昭信股票大略情形折》（光绪二十四年闰三月二十六日），汪叔子等编：《陈宝箴集》上册，中华书局 2003 年版，第 701 页。

多万两，这个数目尚不及对日赔款余额的十分之一。

由于国内筹银不多，总理衙门只好再转向外借。为避开各国政府的勒索，此次转向外商借贷，总理大臣李鸿章先后和英商呼利—詹悟生公司等多家洋行打过交道。但这些商人财力不足，筹资能力有限，一时难以成议。无奈之下，总理衙门最终仍不得不向带有官方背景的汇丰和德华两银行商借。英德续借款，名为商借，实不能改变准条约的性质，因为英国外交部在促使借款成功方面做了很多外交工作。①

英德续借款一事落实后，清廷即将对日净欠应交赔款银 7250 万两（应交之款 83333333 两零，扣去应付息银 10833333 两零），以及本年应付威海军费 50 万两，共计 7300 万两一次性付清，于光绪二十四年闰三月十八日（1898 年 5 月 8 日）由出使英国大臣罗丰禄、出使德国大臣吕海寰，与日本驻使分别交收两讫。②

清廷通过三次大借外债，在三年时间内勉力将日本赔款全部清还，先其所急，以欠还欠，采取的是拆东墙补西墙的办法。但借款终究是要还的。当时清廷财政状况是"欲开源而源不能骤开，欲节流而流不能骤节"。如此窘境将何以应之？清廷的办法是中央与各省关"分任其难"，由部库与各省及各海关"分别认还，庶几犹足集事"。

光绪二十一年（1895）所借俄法借款，债额 4 亿法郎，合 1 亿两白银，年息 4 厘，36 年还清。一年分二期付还，一期还息，约需银 189 万两；一期还本并息，约需银 320 万两，皆半年为一期。光绪二十二年（1896）所借英德借款，债额 1600 万镑，合 1 亿两白银，年息 5 厘，36 年还清。一年十二期付还，每期还本并息，需银 50 余万两，每年应还本息约银 690 万两。两项合计为 1200 万两。这一新增岁出巨款，是甲午战后清廷两次大借外债每年必须付出的代价。兹将

---

① 《1898 年 3 月 11 日北京去电新字第 699 号》，中国近代经济史资料丛刊编辑委员会主编：《中国海关与英德续借款》，中华书局 1983 年版，第 39 页。
② 《总署奏日本偿款交清收回威海谨陈筹办情形折》（光绪二十四年闰三月二十四日），《清季外交史料》第 5 册，第 2565—2566 页。

两款每年应偿本息中央与各省及各海关分认摊还情况列为一表如下。

表1　　　　　　　俄法、英德两次借款摊还情况　　　单位：库平两

	俄法借款	英德借款	合计
由盐斤加价项下指拨	长芦4万、山东1万、河南3万、四川15万、广东5万、浙江6万、淮南四岸共13万、河东3万、湖北川盐6万	长芦4万、河东3万、广东5万、山东1万、四川15万、浙江6万，淮南四岸共13万，河南3万、湖北川盐6万	112万
由西征洋款改为加放俸饷项下指拨	浙江5万、福建5万、湖北5万、广东5万	浙江5万、福建5万、湖北5万、广东5万	40万
由广东闱姓捐输项下指拨	闱姓捐输24万	闱姓捐输24万	48万
由各省地丁、盐课、盐厘、货厘、杂税等项下指拨	广东24万、江苏20万、四川20万、浙江16万、湖北16万、河南14万、直隶12万、山东12万、山西12万、安徽12万、江西10万、湖南10万、福建10万、陕西10万、广西7万	广东38万、江苏32万、四川32万、湖北22万、河南19万、浙江22万、直隶17万、山东17万、山西17万、安徽17万、江西14万、湖南14万、福建14万、陕西12万、广西8万	500万
由各海关洋税、洋药税厘项下摊派	江海关40万、粤海关36万、闽海关16万、浙海关16万、镇江关22万、九江关18万、江汉关16万、宜昌关8万、重庆关4万、蒙自关4万、瓯海关4万、津海关12万、东海关3万、山海关4万、芜湖关2万	江海关60万、粤海关52万、闽海关24万、浙海关24万、镇江关32万、九江关26万、江汉关24万、芜湖关4万、重庆关8万、宜昌关12万、津海关18万、东海关5万、山海关6万	500万
合计	510万	690万	1200万

资料来源：《户部奏常年应还俄法英德两项借款数巨期促亟应预筹办法折》，《清季外交史料》第5册，第2420—2422页。

光绪二十四年（1898）英德续借款，债额1600万镑，合1亿两

白银，年息 4.5 厘，45 年还清，按月付还。每月应还本息 69602 镑，另每 400 镑须加 1 镑付给经手人手续费用，一年约 2086 镑。共计每年应付本息及各种费用达 837310 镑，合库平银 530 余万两。

俄法、英德两项借款的偿还，除中央指拨之款外，主要是以海关洋税作抵。当时海关洋税每年税银 2100 万两左右，除应提出使经费、各关经费、船钞等项外，余银 1700 余万两；而俄法借款、英德借款以及稍前所借汇丰银款、汇丰镑款、克萨借款，岁须支付本息银 1500 余万两；沪、粤息借华商之款，岁须筹还银 30 余万两。关税所余无多，不足以再抵借巨款。若不别筹抵款，空言商借，恐怕难以获得洋商的信任。① 为急于达成协议获得借款，必须为新的借款寻找到一种可靠的担保款源，清廷不得不将目光转向内地税收，开始打厘金的主意。如总理衙门所奏：

上年十二月英、俄两国使臣迭向臣等商议借其国家之款，息扣虽较商款为轻，而所索利益互相关碍，难以允从。臣等筹思至再，只可仍借商款，以免辗转。然不先指定偿款，则借款仍归无着。查中国借款，向指关税作抵，各关关税每年约收二千一二百万两，内提出使经费、各关经费、船钞等项，并提还以前借款本息，所余无多，不敷抵借。至于盐课、地丁虽皆有着之款，然均系每岁正供，不宜作抵，且所收数目洋商无知，若令洋商照看，更碍于俄法借款一体均沾之条，益恐别生枝节。臣等通盘筹算，拟将苏州、淞沪、九江、浙东等处货厘，宜昌及鄂岸盐厘，酌照广东六厂办法，札派总税务司赫德代征，以便按期拨付本息，不致迟误。此项货厘、盐厘每年约征银五百万两，抵偿借款当可取信洋商，而他国不致有所借口。②

---

① 《出使大臣张荫桓奏请订借八千万两偿日本兵费片》（光绪二十三年七月十九日），《清季外交史料》第 5 册，第 2486 页。
② 《总署奏续借英德商款订立合同以税厘作抵折》（光绪二十四年二月十日），《清季外交史料》第 5 册，第 2541 页。

总理衙门这一奏折，向皇帝解释了再借商款的缘由，以及何以要
将厘金作为偿款担保的决策动因。英德续借款虽说是以关税收入为担
保，其不足额加以苏州货厘 80 万两，淞沪货厘 120 万两，九江货厘
20 万两，浙东货厘 100 万两，宜昌盐厘（并加价万户沱）100 万两，
鄂岸盐厘 50 万两，皖岸盐厘 30 万两，共为 500 万两作抵。[①] 其实，
英德续借款偿还担保主体为七处厘金，因为海关税项抵还以前订借各
款所余已属无多，此处只是弥补七处厘金偿还不足部分而已。

按照总理衙门的说法，英德续借款的借成，"既无误日款偿款之
期，亦免诸多要挟"。其实，与前两次的俄法、英德借款相比，英德
续借款危害程度有过之而无不及。合同规定，借款偿期为 45 年，不
得提前或一次付清；前所未有的"八三扣"太过苛刻，造成巨大的
折扣损失；作为政治条件，清政府再次保证日后中国海关总税务司一
职继续聘用英人。当然最为重要的是，七处厘金作抵为外籍税务司插
手内地税务提供了一个契机，这将严重损害中国内地税收主权的
完整。

二

英德续借款合同英文本称，抵偿借款之厘金"应即交由海关总税
务司管理"，而中文本所用之文字则为"照广东六厂办法派委总税务
司代征"[②]。那么，何为广东六厂办法？同治十年（1871），两广总督
瑞麟分别在香港周围的佛头州、长州、汲水门、九龙城和澳门周围的
马溜州、前山等处设立六个税厂，对运入内地的鸦片及来往于广东和

① 《订借英德商款合同》，《清季外交史料》第 5 册，第 2542 页。
② 据翁同龢日记载：翁审阅该文件时，觉得"管理"一词有碍中国主权，建议改为
"代征"。陈义杰整理：《翁同龢日记》第 6 册，光绪二十四年二月初八日，中华书局 1998
年版，第 3097 页。赫德也认为，此次所奉谕旨与派令管理有别，实系派委代征。代征，非
仅为派人管理，而是全面接管。海关总署《旧中国海关总税务司署令选编》编译委员会
编：《旧中国海关总税务司署通令选编》第 1 册，中国海关出版社 2003 年版，第 393、395、
399 页。

香港、澳门间的民船贸易征收税厘。光绪十三年（1887），海关总税务司赫德根据中英《烟台条约续增专条》和中葡《里斯本会议草约》，从总督手里接管了上述六个税厂，建立九龙、拱北两个海关，推行鸦片税厘并征，并代理地方税收机构对往来于内地与港澳之间的华商民船征收常关税和厘金。因此，所谓广东六厂办法，即是指外籍税务司代理中国税收机构介入内地税厘的征收。

迨至光绪二十四年（1898），广东六厂办法已运作二十余年，总税务司于此已驾轻就熟。但此处七处厘金毕竟与广东六厂有别，六厂仅限于珠江三角洲洋面，而七处厘金深入内地各处，分布范围广阔，且处在地方官府的控制之中，其税收潜力及征收现状外籍税务司未能深悉。该年三月初八日（1898年3月29日），总理衙门札行海关总税务司，要求赫德尽快仿照广东六厂代征成案，酌拟章程，以凭办理。赫德复称："自设立新关以来，各关税务司并未经手此项厘金，而总税务司于各该处之办法亦难立时熟悉，不但酌拟章程，且复代征厘金，若总税务司先未查明该七处之情形并向征厘金之办法，势必无从着手。"要求清户部提供上述七处厘金征收的相关材料，如各处总局及分卡均设在何处，有何章程，有何则例，每处各抽厘金若干。且威胁称：英德银行等恐有待总税务司代征开办方肯交款。[①] 户部旋复文称：

> 查厘金……，大约总局则设立省城、各府城，分卡则设立市、镇或水陆要区；管理人员，总局则派道府大员，分卡则派州县佐贰，其下有司事、巡丁人等；征收例章，或值百抽五，或值百抽二，或按引抽收，或按斤加价，或进口先缴四成，落地再缴六成，或上卡抽厘，下卡验票，一收一验，不再重征。光绪二十二年，七处各抽厘若干，浙江仅开总数，浙东难以划分，然就各

---

① 《总税务司申复总理衙门》（光绪二十四年二月十二日），《旧中国海关总税务司署通令选编》第1册，第389页。

处通盘合计，多寡牵算，足敷五百万之数；如有不敷，本部自应
另筹补足，如有盈余，即解还各该省备用。至七处厘局辖境，苏
州则辖苏、常、镇三府属；松沪则辖松、太两府州属；浙东则辖
宁、绍、台、温、处五府属；九江则辖本府属；宜昌万户沱则在
湖北上游，为川盐入楚要路；鄂岸则专指湖北汉口；皖岸则专指
安徽大通。惟各省向来办法，未将地图绘明，无凭贴说送阅。①

　　户部的回复，并没有给赫德提供更多的有用信息，而是要求总税
务司自行派员就近会同地方官，将各处厘金章程、局卡地段详加考
订，切实履勘，定期交接，照案代征。赫德迅速选派海关外籍帮办巴
尔、卢力飞、吴乐福、纪默理、梅尔士、孟家美等六人，分别担任宜
昌盐厘、汉口鄂岸盐厘、芜湖皖岸盐厘、九江货厘、苏州淞沪等处货
厘、浙东货厘等各局副税务司，专为经理以上七处一切厘税征收事
务。② 并亲自拟定调查要点，指令以上七处副税务司详细调查，逐条
申复。查复后即可陆续定期交代，履行代征工作。赫德估计，宜昌、
皖岸两处盐厘并九江货厘所属地方不甚辽阔，办公之处亦不甚散漫，
大约一两月内即可查复。惟鄂岸盐厘事务似较纷繁，尚须多延时日。
至苏州、淞沪、浙东三处货厘，几乎江浙两省各半之地均归所属，其
详查一切尤须多假时日，方能申复。③ 为不影响债款的如期交付，赫
德一再强调，未交代以前，所有厘局现在各员役仍应照旧办理，并须
按月遵交应还借款之银数。
　　对于接管厘金即将遇到的阻力，赫德是有思想准备的，他料到
各省当局对此事不会心甘情愿的配合，"彼等实不欲见其地方事务

① 《总税务司申复总理衙门》（光绪二十四年二月二十三日），《旧中国海关总税务司
署通令选编》第1册，第390页。
② 《总税务司申呈总理衙门》（光绪二十四年三月十六日），《旧中国海关总税务司署
通令选编》第1册，第392页。
③ 《总税务司申呈总理衙门》（光绪二十四年三月十九日），《旧中国海关总税务司署
通令选编》第1册，第393—394页。

有洋人插手，或原由其委派之职位丧失殆尽"①，此举不可避免会大招物议，交代接管必致不易。因此，赫德强调，"代征厘金为奉旨委办之事，所有官员庶民自必敬谨顺从。办事各员或归税务司属下，或归地方官属下，实系一家，应和衷共济，互相维持，以释嫌疑而顾大局"②。但是，各省大吏反应的强度还是超出了赫德的预期，其中张之洞抨击最为透彻："中国财赋之区，苏、浙为上，长江次之。西人垂涎，久思干预。今因借款用彼人管厘务，从此苏浙长江利权将全入其手，中国之精华已竭。此数处之京饷、协饷、本省饷，均出其中。一旦全归西人，扣抵借款，则我之内政何以举办？前此四国借款何以筹还？"③赫德终于见识到，接管厘金并不是一件"轻而易举的事"。

在如此情境下，厘金接管推进艰难。交代日期不能预定，原定光绪二十四年闰三月十一日为开办之首日，后又推至五月一日正式开始工作。派往接管各处的海关副税务司也在不经意间时时碰到钉子，难以有效开展工作。纪默理一到九江，即被地方官员告知，他所负责接管的九江货厘，"应以湖口厘局所辖分卡为限，不能以九江府地面所设局卡为限"。除湖口厘局、二套口厘卡、龙开河、小池口两分卡外，其他内地厘卡虽在九江府属境内，但不归湖口管辖，仍应照旧章办理。这就使其接管的范围大为缩水；派住苏州和淞沪两处的副税务司，从未自行征收过厘金；浙东货厘，税司因征收烦琐，干脆任由原局卡征收。④主管该处的副税务司孟家美甚至表示，海关马上接管厘金征收没有绝对的必要。接管之事一拖再拖，一直未能切实执行。海

---

① 《总税务司下达经理苏州及淞沪副税务司之指令》（1898 年 4 月 9 日），《旧中国海关总税务司署通令选编》第 1 册，第 397 页。

② 《总税务司申呈总理衙门》（光绪二十四年三月十九日），《旧中国海关总税务司署通令选编》第 1 册，第 393—394 页。

③ 《鄂督张之洞奏沥陈借款还日债不可以盐厘作押电》（光绪二十四年二月十六日），《清季外交史料》第 5 册，第 2549 页。

④ 《浙江全省财政说明书》上编"岁入门·协款"，陈锋编：《晚清财政说明书》第 5 册，湖北人民出版社 2015 年版，第 535 页。

关最终只能接受这样的事实，即对七处厘金的管理仅保持一种松散的监督，所有的征收工作一仍其旧，人员、章程、则例均无变更，只是由各总局定期将征收上来的厘款拨交经管的海关副税务司，再由该副税务司经手汇往上海总税务司的厘金账内。① 因此，《关税纪实》一书称："苏州、松沪、九江、浙东各处之百货厘金，实际不经总税务司征收，而因借款契约关系，每年应将一定数目，交总税务司转付债权人"，合同中虽有委派总税务司代征之语，惟以种种原因，代征之事卒未实行。

尽管赫德代征厘金计划未能按预定目标实现，代征最终变为督征，但"自英德续借款签订时起，以迄辛亥革命时止，苏州等处应交总税务司之厘金协款，均能按期照解，未尝爽失"②。虽然有的年份，少数厘局发生短收，但经税务司的交涉，地方官总是会想到办法，通过其他途径将所承担的税款补齐解足。③ 围绕偿款一事，中方与债权方从未发生过重大的迟交或欠交纠纷。

盐厘、厘金作为外债担保，本非始自英德续借款，光绪二十一年（1895）的瑞记借款、克萨镑款就已开始过此种担保。其时所担保的额度不大，地方大吏尚积极参与促成其事。英德续借款亦以厘金作抵，但因其涉及七处厘金，担保金额高达500万两，且将内地税收权拱手相让给外籍税务司，因此引起人们较大的关注，地方督抚则在其间暗自抵制。地方抵制的理由无外乎是厘金作抵，影响到本省的财政收支，使本省业已承担的京、协等饷无款可拨。两江总督刘坤一称：七处厘金改归税司代征后，江苏"水陆各军饷源顿竭"，宁苏防练军

---

① 戴一峰：《晚清中央与地方财政关系：以近代海关为中心》，《中国经济史研究》2000年第4期。

② 孔祥熙：《关税纪实》全1册，海关总税务司公署统计科1936年印，第224、109页。

③ 如宜昌盐厘每年摊还款100万两。光绪二十四年因川盐滞销，实解仅63万两。最后即将上年多收银数留抵补齐。张之洞：《湖北认定抵款实数请敕部详核通筹折》（光绪二十五年十二月二十九日），《张之洞全集》第2册，第1354页；淞沪厘金光绪二十四、二十五、二十六三年也发生不敷抵交之事，但最后海关"力任万难，设法筹足，始不致贻人口实。"《江苏巡抚陈夔龙奏为淞沪厘金不敷抵交洋款请拨的款折》（光绪三十三年五月二十八日），中国第一历史档案馆藏：《军机处全宗》，档号03－6703－138。

饷、筹防经费、长江兵饷、认还瑞记及四国各洋款一下短少银 193 万
两之多，除已截留浙西代征丝茧捐及本省牙帖捐、绵茧捐共银 12.3
万两外，仍短少银 180 余万两。江南饷力之绌，未有如今日之甚。要
求再将宁苏两藩库裁节兵饷、支应局裁节勇饷及司关道局原认京、协
各饷内，分别指款截留。① 湖广总督张之洞后来也诉苦：宜昌盐厘每
年所收不及百万，而派还洋款就达百万之多，是鄂省本无之款。鄂省
罗掘俱穷，更无由于盐务外别谋筹补之方，缺额部分无从解足，请户
部另筹办法。②

但户部不同意各省自行截留京、协各饷，担心截留于全局有碍，
最终同意在江苏、江西、安徽、浙江、福建、湖南、湖北、四川、广
东、河南十省裁兵节饷、丁漕折钱平余及现办昭信股票项下划拨银
500 万两，作为自税司代征后补足七处厘金抵还洋款之数。户部称：

> 惟前项厘金业已指明抵还洋款，各省京、协各饷以及本处防
> 饷等项向取给于厘金者，势必骤形短绌，亟应另筹的款，如数拨
> 补，以免贻误。查各省裁兵节饷、丁漕折钱平余及现办昭信股
> 票，原议俟积有成数听候拨还洋款，不准挪作别用。今续借洋
> 款，既由厘金项下归还，则各处厘金即由裁兵节饷各款内如数筹
> 补，于原议办法尚无不符。……各该省各按单开数目分别解交，
> 不得短少迟延，亦不准挪移别用。至协解省分何日起程，受协省
> 分何日收到，均随时奏咨报部，以备查核。③

现将光绪二十四年（1898）分七处厘金筹补情况列为一表如下：

---

① 刘坤一：《部拨难恃仍指款留抵折》（光绪二十四年六月二十二日），陈代湘等校：
《刘坤一奏疏》第 2 册，岳麓书社 2013 年版，第 1130 页。
② 张之洞：《湖北认定抵款实数请敕部详核通筹折》（光绪二十五年十二月二十九
日），《张之洞全集》第 2 册，第 1356 页。
③ 户部：《为抄录拨补各省厘金抵借洋款一折录旨》（光绪二十四年五月十四日），中
国第一历史档案馆藏：《军机处全宗》，档号 03-6510-051。

表2　　　　　　　　　　　光绪二十四年分七处厘金筹补情况表　　　　　单位：库平两

款目	款额	拨补款源			
		已准截留	裁兵节饷项下	丁漕折钱平余项下	昭信股票项下
苏州货厘	80万	浙西代征丝茧捐及本省牙帖捐、绵茧捐12.3万	江苏裁兵节饷银10万	江苏丁漕折钱平余银10万，江宁丁漕折钱平余银4万	江苏昭信股票43.7万
松沪货厘	120万	江海关洋药税厘银14.9万	江苏裁兵节饷银17.1万，河南裁兵节饷银14万	河南丁漕折钱平余银2万	江苏昭信股票72万
九江货厘	20万				江西昭信股票20万
浙东货厘	100万		浙江裁减兵勇节饷银10万，广东裁勇节饷48万		浙江昭信股票32万，福建昭信股票10万
宜昌盐厘	100万	湖北暂停采办米价运费拨补银7万两，三成养廉拨补银3万两	湖北裁兵节饷银11万，湖南裁兵节饷银8万，四川裁兵节饷银10万	湖北丁漕钱价平余银5万，湖南丁漕钱价平余银3万	湖北昭信股票银10万，湖南昭信股票7万，四川昭信股票36万
鄂岸盐厘	50万	淮盐加价拨补银5.8万	江苏裁兵节饷银16.2万，广东裁兵节饷银28万		
皖岸盐厘	30万		安徽裁兵勇节饷银7万，江苏裁兵节饷银5万，江西裁兵节饷银6万	安徽丁漕折钱平余5万	安徽昭信股票银7万
合计	500万	43万	190.3万	29万	237.7万

资料来源户部：《为抄录拨补各省厘金抵借洋款一折录旨》（光绪二十四年五月十四日），中国第一历史档案馆藏：《军机处全宗》，档号03-6510-051。

上表所列示的只是个暂时方案，户部强调，"经此次拨补之后，本年应解京、协各饷务当依限扫数报解"，至于明年应由何项拨补，要等税司代征后比较收数，再行酌度。光绪二十四年（1898）分七处厘金的拨补，主要依靠各省的裁兵节饷、丁漕折钱平余以及昭信股票三大项，其中"昭信股票"为大宗，约占拨补额的一半。宜昌盐厘指拨湖北省裁兵节饷、丁漕平余两项 16 万两，但二十四年分两项实存仅 7.5 万两。所幸该年湖北省昭信股票款尚算充裕，不足部分即从该项股票项下凑足。① 但多数省份，由于昭信股票发行不畅，所募集到的资金有限，难以拨抵厘金之数。在江苏，昭信股票指抵数额多达 115.7 万两。至二十四年六月，宁局收银 18 万余两，苏局 1 万余两，两淮运司 3 万余两，共计仅 22 万余两，与拨抵数额相差甚多。其余认购之数官借尚未缴齐，商借也远未缴清。② 缺额部分只能由地方再觅他款弥补。湖南省昭信股票项下协解宜昌盐厘抵补款 7 万两，至二十四年七月仅解到 5 万两，其余 2 万两到该年十二月才由湖南各员绅如数缴齐，汇解至湖北省藩库兑收。③

随着昭信股票已成弩末，户部的拨补方案也要相应调整。光绪二十五年分，由于昭信股票停止发行，连同裁兵节饷、丁漕平余两项在内，湖北省拨补无着之款一下增至 23 万两。只能与户部电商，于其他各款腾挪牵补。④ 至二十八年（1902）分，各省抵补款项中已基本没有昭信股票一款了，取而代之的是各类零星款项（如表 3 中带有下划线的款目）。户部的指拨不再严守本省之款抵本省之厘的原则，而多采取协款的形式，以外省之"余"济本省不足。兹以光绪二十八年分七处厘金拨补款源罗列一表如下：

---

① 张之洞：《湖北认定抵款实数请敕部详核通筹折》（光绪二十五年十二月二十九日），《张之洞全集》第 2 册，第 1353 页。

② 刘坤一：《部拨难恃仍指款留抵折》（光绪二十四年六月二十二日），《刘坤一奏疏》第 2 册，第 1130 页。

③ 俞廉三：《湘省昭信股票银两拨补鄂省厘金如数截清片》（光绪二十四年十二月十三日），《陈宝箴集》上册，第 868 页。

④ 张之洞：《湖北认定抵款实数请敕部详核通筹折》（光绪二十五年十二月二十九日），《张之洞全集》第 2 册，第 1353 页。

表3 　　　　　　　　　　光绪二十八年分七处厘金筹补情况表 　　　　单位：库平两

款目	款额	拨补款源	
		拨自本省	拨自外省
苏州货厘	80万	浙西代征丝茧捐及本省牙帖捐、绵茧捐12.3万，江苏裁兵节饷银10万，江苏丁漕折钱平余银10万，江宁丁漕折钱平余银4万，苏州新关洋药税厘银5万，金陵厘局银6万，江苏漕项银6万，由江苏裁减各项用费节省银内提5.1万。计58.4万	新疆裁兵节饷抵作江苏应协甘饷银6万，直隶薪饷减平抵作江苏应协淮饷10万，贵州裁并局员节省薪费等项抵作江苏应协贵州协饷银0.6万，安徽漕项银2万，安徽减平银3万。计21.6万
松沪货厘	120万	江海关洋药税厘银14.9万，江苏裁兵节饷银17.1万，两淮盐斤加价银20万，江苏茶糖烟酒加捐银4万，江苏当税2.07万，江苏崇明、镇江备分局厘金银4.93万，江苏截留奉天俸饷银6万，江苏裁减各项用费内提银5万。计74万	河南裁兵节饷银14万，河南丁漕折钱平余银2万，河南盐斤加价银2万，河南漕折正项加复银4万，广西梧州新关洋税银8万，广东减平银10万，广东当税银6万。计46万
九江货厘	20万	九江关税银4.4万，江西当税银0.6万，江西裁勇节饷银6万，江西应协福建饷银截留5万，江西茶糖烟酒税厘4万。计20万	
浙东货厘	100万	浙江裁减兵勇节饷银10万，浙江盐斤加价银5万，两浙盐课并溢课8万，浙江漕项银6万，浙江茶糖烟酒加价银4万，浙江新章减平8万，浙江绿营公费节省银2万，浙江新增当税2万，浙江整顿厘捐盈余银8万，杭宁两关洋药税厘银20万，瓯海关洋税2万，浙江盐商报效3万。计78万	广东裁勇节饷10万，广西裁兵节饷2万，福建裁兵节饷银2万，四川减平银3万，福建减平3万，广西梧州关税银2万。计22万
宜昌盐厘	100万	湖北裁兵节饷银10万，湖北丁漕钱价平余银3.3万，湖北铁厂由商局缴还官本银10万，宜昌关洋税银6万，湖北当税1.4万，江汉关洋税银10万，湖北厘金6万，荆州满银饷项减平银4.3万，本省田房税契、土药加税、茶糖烟酒加税各款内截留15万两。计66万	湖南丁漕折钱平余银3万，湖南盐斤加价银2万，湖南漕项4万，四川裁兵节饷银6万，四川盐斤加价4万，云南裁兵节饷银4万，山西烟酒加税银4万，山西减平银1万，江苏裁减长江水师节饷4万，陕西减平银2万。计34万

续表

款目	款额	拨补款源	
		拨自本省	拨自外省
鄂岸盐厘	50万	宜昌关洋税3.1万。计3.1万	淮盐加价银4.4万,截留协解九江关常税1.4万,江苏裁兵节饷银16.2万,山西裁兵节饷银2万,四川盐课4万,河东盐课银1万,山西当税银4.2万,湖南当税0.34万,河南当税银0.41万,四川当税银0.75万,扬州关常税银3万,凤阳关常税1.2万,四川重庆关税银8万。计46.9万
皖岸盐厘	30万	安徽裁兵勇节饷银10万,安徽丁漕折钱平余5万,安徽清赋多征2万,安徽历年积存漕折银4万,安徽厘金4万。计25万	江苏裁兵节饷银5万。计5万
合计	500万	324.5万	175.5万

资料来源　中国人民银行总行参事室编:《中国清代外债史资料（1853—1911）》,中国金融出版社1991年版,第217—219页。

　　抵补款的跨省调拨,引起了一系列纠纷。苏州、松沪货厘拨补一项,光绪二十四年分奉部指提各款,以江苏昭信股票为大宗,外省款项无多,故欠解尚少。至二十五年分,指提外省款目增多,其中如河南、广东已有蒂欠,四川、山西则未解丝毫。[①] 外省蒂欠之款,多为抵补昭信股票之款。

　　裁兵节饷、丁漕折钱平余两项,占七处厘金抵补款的另一半。所谓裁兵节饷,即裁减勇营而节省下来的饷需,如湖南省光绪中期曾裁撤陆勇三营、水师一营,并将留存陆营长夫、水师船价油烛裁减五成支发,

---

① 刘坤一:《请旨饬催各省拨补抵还洋款折》（光绪二十七年正月二十七日）,《刘坤一奏疏》第2册,第1383页。

每年可节省 12 万两。① 所谓丁漕折钱平余，系指因银价减贱，州县每地丁一两随正加解钱价平余银 7 分，每漕一石加解钱价平余银 1 钱。② 以上两款原本是专款存储分批提解部库的，光绪二十三年（1897）奏准以备还洋债。这两种款项来源稳定，没有昭信股票变数大。但在有的省份，此两款业已列作他用，其余款用作抵补本省厘金已显不足，必须通过户部从别省酌济补足。辗转调拨过程中，各省间往往会发生款额蒂欠的现象。

从表 1 或表 2 均可看到，江苏一省须提裁兵节饷共银 48.3 万两，分别拨补苏州、淞沪货厘以及鄂岸、皖岸盐厘。而江苏裁节勇饷每年收银也只有 50 余万两，除奏准开支添募江胜六营饷项外，仅能余银 30 万两。苏州、江宁丁漕平余项下，有拨补苏州货厘 14 万两的任务，但该款或已奏明凑还洋款，或尚等各属陆续征解。因此必须指提外省各款以应急需。但负责拨补的省份，解款并不积极。广东省回复：奉拨裁兵节饷 28 万两，已奏明专还本省俄法、英德洋债，一款不能两用，无可拨解；安徽省回复，只有昭信股票 7 万两稍迟可解，其裁兵节饷等项恐征不足数；江西省覆称：裁兵节饷 6 万两，尚未奉文，届时再给答复；只有河南省明确表示，部拨裁兵节饷等款 16 万两可以如数筹办。③ 户部所指拨弥补的款项多为无着之款。

湖南省筹练新军，每年约需 11 余万两。光绪二十九年（1903），请将撤减勇饷 8 万两与丁漕钱价平余提款 3 万余数留为本省教练新军之用。这显然与厘金拨补原议不符，户部坚不同意。但无奈湖南巡抚软磨硬泡，屡次陈请练兵必先筹饷的重要，户部只得允许该省将每年节省勇饷银 8 万余两留用，以添练新军。丁漕钱价平余一款，原非为练兵而设，各省均未准留用，湖南不能独异，仍令将该款 3 万两解交

① 俞廉三：《提解光绪廿四年夏季节省银两折》（光绪二十四年十月二十八日），《陈宝箴集》上册，第 867 页。
② 张之洞：《会奏减征丁漕钱粮折》（光绪二十四年），《张之洞全集》第 2 册，第 1340 页。
③ 刘坤一：《部拨难恃仍指款留抵折》（光绪二十四年六月二十二日），《刘坤一奏疏》第 2 册，第 1130—1131 页。

湖北，拨补宜昌盐厘。但节省勇饷既准湖南留用，自应另筹别款照数拨补。户部最终从河南省司库中提出节省河防银 8 万两，解赴湖北兑收，作为拨足宜昌盐厘尚少银 8 万两之数。[1]

总之，拨自本省也好，拨自外省也罢，七处厘金拨补的执行效果不佳。截至二十八年（1902）年底，各省总计欠拨补江苏款共 205 余万两。[2] 浙东货厘拨补 100 万两，浙江本省与外省应筹解者均不足恃，历年收到拨补款最多年份亦不过 65 万两，宣统元年（1909）的抵款只收到 30 万两，还有 70 万两的窟窿，需要由浙省自己填补。[3] 一方面，京饷有关大局，丝毫不得有误；另一方面，偿款关系邦交大信，不能给洋人以口实。在他省指拨款任催罔应的情势下，拨补省份则只能通过本省百计挪垫，成为作抵厘金的最后兜底者。

三

清廷通过三次大借款，成功地将对日赔款转化成对外借款，而对外借款最终还是需要本国担保偿还。与前两次由各省地丁及关税分摊不同，英德续借款的清偿，则是指定七处厘金作抵摊还。这七处厘金，分别分布于江苏、安徽、浙江、湖北、江西五省，偿还任务势必将落实在了这五个省的头上。但借款乃国家之债务，非仅是这五个省的债务，自然不能使这五省独负重担，故各省量力分担，是最为公允的办法。由于各省财政盈绌不同，已经负担京、协等饷的任务又或轻或重，且有的省份，厘金早已作为偿还外债的款源了，户部经过统筹权衡，决定在江苏、浙江等十省裁兵节饷、丁漕折钱平余及昭信股票

---

[1] 户部：《遵旨议事折》（光绪二十四年七月九日），《陈宝箴集》上册，第 722—723 页。

[2] 《两江总督魏光焘奏折——请旨饬各省拨还苏州奉部拨补英德洋款项下货盐厘金》（光绪二十九年三月二十七日），中华人民共和国财政部、中国人民银行总行编：《清代外债史资料（1853—1911）》上册，内部资料 1988 年印行，第 421 页。

[3] 《浙江全省财政说明书》上编"岁入门·协款"，陈锋编：《晚清财政说明书》第 5 册，第 535 页。又见该书第 543 页统计，自光绪二十四年至宣统元年，户部拨补浙东盐厘各款历年欠数占拨数比达 57.2%。

项下，划拨银 500 万两，补足以上七处厘金抵还洋款所造成的财政亏缺。这样，对外所借洋款既能按期付还，不致失信；对内京、协各饷及本省防饷则仍有着。不过，这样的处理，就使得七处厘金的拨补，名目既极纷繁，内容亦甚复杂。

首先是各省之间交互抵补。在户部的安排下，七处厘金的空缺由十个省份的款项来抵补，抵补后十省又会产生新的财政空缺，则又由更多的省份来抵补十省。最后形成各省彼此汇解、交互协济的格局，"以广东等省款项解之江南，江南复以此解之他省。既为受协省分，而又协解于人"①。我们选取光绪二十八年分的厘金拨补情况列一示意图 1 如下。

从图 1 可以看出，浙江协济江苏，同时又接受广东、广西、福建、四川等省的协济；江苏协济安徽、湖北，同时又接受安徽、浙江、广东、广西、河南等 8 个省的协济。安徽、江西两省也是如此，既协济别省，同时也接受别省的协济。湖北省虽没有协济别省，但却接受了除本省外的 9 个省份的协济。

省际间的交互抵补，实际上是对各省财政资源配置作了一次调整。尽管户部统筹全局，自有权衡，但这样的安排对东南沿海省份财政影响最大。两江总督刘坤一称，各省共摊不及十之四，江南独任竟逾十之六，其困惫难支情形较他省为尤甚。② 从清末英德续借款各省分担情况来看，江苏一省所摊达 213.25 万（包括自协和协出），已近摊还总额 500 万两的一半。③ 刘氏所言大致不虚。在奏拨各省，如能遵照户部的安排，按数措解，则受协各省不致独负重累，财力或可稍纾。但事实上，各省彼此抵拨，转折太多，迟误难免。涉及面虽多达十七个省，但真正责任仍然落实在当初几个沿海、沿江省份。

---

① 刘坤一：《部拨难恃仍指款留抵折》（光绪二十四年六月二十二日），《刘坤一奏疏》第 2 册，第 1131 页。

② 刘坤一：《请旨饬催各省拨补抵还洋款折》（光绪二十七年正月二十七日），《刘坤一奏疏》第 2 册，第 1384 页。

③ 《各省应解洋款赔款剔除由关盐项下拨解数目应解总数表》，中国人民银行总行参事室编：《中国清代外债史资料（1853—1911）》，中国金融出版社 1991 年版，第 220 页。

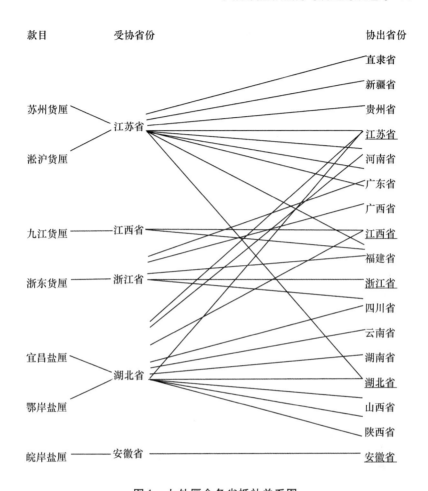

图 1　七处厘金各省抵补关系图

其次是各款之间层层抵扣。户部指拨款项来弥补七处厘金担保所造成的财政亏缺，开始只针对各省的裁兵节饷、丁漕折钱平余、昭信股票三款，且昭信股票基本上是以本省之款抵本省之厘。因此所拨款项还算简明，款项的来源、去向还较易梳理清晰。但随着光绪二十四年（1898）年底昭信股票的停止发行，户部急于寻找到别的款源来抵补昭信股票退场所造成的亏缺，已顾不上专款专用的所谓"的款"原则了，财政资金的调拨全然没有了先前井然有序的章法。兹将款项间抵扣情况选取二例分别列成示意图如下。

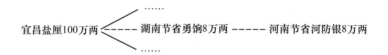

图2 宜昌盐厘部分款项抵补情况示意图

图3 苏州货厘部分款项抵补情况示意图

图3的抵扣环节较多，即江苏截留应协甘饷，而甘肃饷需由此产生的空缺则改由新疆裁兵节饷项下协出，江苏与甘肃就等于两抵。这种互抵现象，在江苏省还有多例，如直隶薪饷减平抵作江苏应协淮饷10万两、贵州裁并局员节省薪费等项抵作江苏应协贵州协饷银0.6万两等。① 江苏应协别省，别省又被指拨江苏，相抵后款项实质上仍出在江苏省。

款项的层层抵扣，形成了一个完整的资金抵补链条。户部的本意是，在协解省份，不分畛域勉筹协济，不致视如秦越；即受协省份，亦能按期报解，无或迁延。② 但因为抵补之款并不是稳定税项，建基于此的资金链条就具有极大的脆弱性。环环相扣中，只要其中一个环节出现问题，抵扣链条即会断裂，影响到其他款项的正常抵扣，最终还是会牵动到京、协各项正饷身上。

围绕七处厘金的拨补，各省之间交互协抵，各款之间又层层抵扣，导致款项的调拨"往复划扣，胶葛太多，官吏核算数目，每致昏

---

① 《户部折——筹补七处厘金折并附清单》，《中国清代外债史资料（1853—1911）》，第217页。

② 《浙江全省财政说明书》上编"岁入门·协款"，陈锋编：《晚清财政说明书》第5册，第544页。

眩淆讹"①。尽管如此，我们还是可以从纷繁杂乱中找寻到财政运作的相关脉络。大致而言，清廷主要是通过以下几种逻辑来划拨抵补七处厘金空缺的。

一，以外款抵内款。所谓外款，即经制之外的款项。清廷将田赋、地丁、关税等传统税项视为维正之供，出入有经，用度有制。而将晚清时期出现的新增款项，如洋税、厘金以及后续开征的其他杂款，视为经制外的财源，在通过京饷续拨、解部专款等形式进行指拨后，仍然有大量外款没有被纳入中央指拨范围，成为地方自主控制的款项。英德续借款是总理衙门出面商借的，系国家债务无疑，偿付外债自然也要动用国家正项，这是不言而喻的事情。但清廷在筹措外债偿还时，却千方百计从各省经制外的税源上打主意，而尽量避免影响到京、协等正饷的正常运作。清廷的意图很明显，力图将地方手里所掌握的财源作为偿付外债的主要担保款源。与中央相反，各省在筹措厘金抵补款时，则总是强调户部所指各款多归无着，最好的办法是截留本省应解京饷等正项。这样，中央与地方之间往往就会围绕是否截留京、协正饷而争论不休。如江苏省，因苏、沪等厘金改征后饷项短少，屡屡要求将原认京、协各饷分别指款截留，以本省之款供本省之用。② 当然，苏省的每次申请，无一例外招致户部的否决。

二，以零款抵整款。田赋、地丁、盐课、关税以及新增税项洋税、厘金，为晚清时期大宗税项。但除必要留支外，这些大宗税项通过京饷、续拨京饷、固本京饷、加复俸饷、加放俸饷、近畿防饷、旗营加饷、备荒经费、四成洋税、海防经费等以及各种协饷、各色专款名目，或解部库，或协边防，或已抵付外债。至英德续借款时，可以依恃的稳定税源唯有厘金了。而七处厘金旋又被划作担保款源，再要

①　张之洞：《湖北认定抵款实数请敕部详核通筹折》（光绪二十五年十二月二十九日），《张之洞全集》第 2 册，第 1353 页。

②　刘坤一：《部拨难恃仍指款留抵折》（光绪二十四年六月二十二日），《刘坤一奏疏》第 2 册，第 1132 页；《宁苏短少饷项仍请截留备抵折》（光绪二十五年正月三十日），《刘坤一奏疏》第 2 册，第 1214 页。

从别处筹款来抵补厘金空缺，户部手里已无像样的整款可以指拨，只能设法从各省零杂款项中寻找抵补款源。如浙东货厘100万两，光绪二十四年（1898）抵补款为浙江裁减兵勇节饷银10万，广东裁勇节饷48万，浙江昭信股票32万，福建昭信股票10万两款。光绪二十五年（1899）后，除本省裁减兵勇节饷银10万两不变外，另外各款分别改为广东裁勇节饷10万两，广西裁兵节饷2万两，福建裁兵节饷银2万两，浙江盐斤加价银5万两，两浙盐课并溢课8万两，浙江漕项银6万两，浙江茶糖烟酒加价银4万两，浙江新章减平8万两，浙江绿营公费节省银2万两，浙江新增当税2万两，浙江整顿厘捐盈余银8万两，杭宁两关洋药税厘银20万两，瓯海关洋税2万两，四川减平银3万两，福建减平3万两，广西梧州关税银2万两，浙江盐商报效3万两。原来指拨的只涉及3省3个款目，现在已增至5省13个款目，款项愈益零乱杂碎，不成规模。

三，以虚款抵实款。户部所指拨的厘金抵补款项，无论是外省协济，还是指拨本省，所指之款多不是收入稳定的实款。如二十五年分宜昌盐厘的拨补，外省指款40万两，有着者仅7万两。[①] 而户部在逐年作指拨计划时，凡上届无着者，依旧列拨。这就使得其拨款计划成为官样文章，徒具形式而难以切实执行。江苏省就多次向户部反映，外省指款，或允解无多，或无可拨解，屡催罔应，电牍空驰，徒有拨补之虚名并无协济之实效。建议户部，凡连年拨而未解，如四川、山西等省各款，请勿再派拨，另于近省及本省中指提有着之款，庶几受拨均归实际，借应要需。[②] 外省如此，指拨本省的款项同样难归实际。如浙东货厘所指本省款项，盐课并溢课、整顿厘捐盈余银等，每年均无定数；绿营公费节省、新章减平等，本为国家支出之款，就其原支数内裁节减少，非真正收入，每年或多或少，或有或无，并无持续性。

① 张之洞：《湖北认定抵款实数请敕部详核通筹折》（光绪二十五年十二月二十九日），《张之洞全集》第2册，第1354页。
② 刘坤一：《请旨饬催各省拨补抵还洋款折》（光绪二十七年正月二十七日），《刘坤一奏疏》第2册，第1384页。

那么，问题是清廷为何费尽周折，不惜招扰地方官员的反对，决意将七处厘金的征收权托付于外籍税务司（尽管没有完全兑现），由所收七处厘金款抵偿所借债款，再由各省派款弥补这七处厘金扣抵所造成的财政亏缺。如此处理，程序既显繁复，亦无效率可言。这里需要从三个方面来探讨其中的缘由。

其一，列强希望中国能寻找到一种稳定的税源来作为巨额借款的担保。列强借款给中国，其目的是要获得尽可能大的利益，但同时又想极力确保自己的投资万无一失，没有大的风险，他们迫使清廷必须要提供一种有政府支持的、且他们认为"良好充分"的担保品。在清廷当时的财政状况下，这一担保品，除了海关洋税，也就只有厘金了。海关洋税在外籍税务司的征管下，已经成为稳定可靠的税源，因此，如要使厘金成为可靠的担保品，也必须要由外籍税务司来管理。列强的这一意图，与总税务司赫德的愿望不谋而合。对于赫德来说，管理厘金是其"一直希望插手进去的事"，这不仅使其个人在中国海关的地位更为巩固和长久，而且通过海关权限的扩大，可为英国进一步控制中国内地税收大权提供了契机。"控制内地税收是难于办好的工作，如果交给我办，尽管我的工作很重，也不能推辞"①。"我必须特别小心，一开始就办好它。否则等到借款付过来以后，我再要他们支持由海关人员在内地切实征收厘金，就没有指望了。"② 因此，他极力怂恿英国外交部出面介入对中国的借款事务，并暗示厘金可作为清政府提供担保的合适税源。

其二，清廷希望借外籍税务司之手，加大对厘金这一新增税源的控制。与地丁、关税等正项钱粮不同，厘金属于新增税项。尽管清廷通过京饷、协饷以及其他专项经费名目对其加以指拨，但厘金的剩余控制权仍一直掌握在地方政府手里。各省厘金一年真实的税收规模中央并不是很清楚。户部曾对总税务司称："查厘金始于咸丰初年，就

---

① 《1897年4月4日北京去函Z字第748号》，《中国海关与英德续借款》，第11页。
② 《1898年4月3日北京去函Z字第789号》，《中国海关与英德续借款》，第42页。

地筹饷，因军务倥偬，随收随支，各省向不报部；嗣虽将每年数目笼统造报，而各项章程、详细条例仍未能奏咨。"① 咸同年间军务倥偬之时，洋税尚少，专赖厘金以为接济。现在各省防军虽未能遣撤而已经裁减，所有厘金出入之款正可逐加厘剔，严行查核。因此，将内地厘金"悉数化为洋税"，使常年入不敷出之帑项得藉厘金以资挹注，是户部一直想干却未曾干成的事。② 而赫德"熟悉商务，办事公平，精干正直，诚实可靠"，清廷正可倚畀。同为新增款项的海关洋税，正是由于"以税司之报告，核监督之账目"，使得其每年税收情况被户部准确侦知。总理衙门曾告诫赫德，"如果你收的厘金比现在收的多，那就证明我们不顾所有财政官员们的反对把厘金交给你管理是正确的，而且将来扩大你的管理范围也就更有理由了"③。

其三，清廷转嫁财政风险的需要。英德续借款本为国家债务，其债务风险自然由清中央政府所承担。但清廷显然不想直接承担这一巨大风险，而是千方百计试图将其转嫁出去。清廷采取了两个步骤。首先，允许外籍税务司介入内地七处厘金的征收，这也就意味着，外籍税务司应承担厘金足额交付的责任，而清廷则自然就撇开了这层关系。"总理衙门大臣说，我们要的是钱，5 月 6 日就要。银行要求由赫德代管厘金，好吧，就让他管，并且让他征收，把整个事情交给他，如果钱来不了，我们就对银行说：这不是你们自己的要求吗？"④ 尽管这段话出自赫德的转述，但是我们相信，清廷有这方面的考量，几乎是不言自喻的。其次，清廷本可以将债款直接摊派到各省，由各省通过京饷的形式解送到京，再由中央政府交付与债权方。但清廷并没有这样做，而是指拨七处厘金偿付债款，再通过协饷的形式由各省协济这七处厘金，从而形成了极其复杂的抵扣网络，而债务风险也就

---

① 《总税务司申复总理衙门》（光绪二十四年二月二十三日），《旧中国海关总税务司署通令选编》第 1 册，第 390 页。

② 《翰林院侍讲张百熙奏通商条约弊混滋多请饬详慎订议折》（光绪二十一年闰五月），《清季外交史料》第 5 册，第 2286 页。

③ 《1898 年 2 月 13 日北京去函 Z 字第 783 号》，《中国海关与英德续借款》，第 35 页。

④ 《1898 年 4 月 3 日北京去函 Z 字第 789 号》，《中国海关与英德续借款》，第 42 页。

会沿着资金抵扣链条,一级级传递,最终使更多的地方政府牵涉其中,共同承担这一债务风险,而中央政府显得有点置身事外了。作为财政总管的户部,本来是债务的直接责任者,现在变成了各省矛盾的仲裁者。

四

综上可以看出,清廷在英德续借款的筹借、摊还过程中,通过一系列财政运作,实现了三个方面的转换。首先是将战争赔款转换为外债。清廷在三年时间内,提前还清了对日战争赔款和其他一些连带款项,付出的代价是揽下了包括英德续借款在内的 3 亿库平两的债务,由此丧失了诸多国家权益。个中得失,很多学者已作了深入探讨,此处不赘。其次是将国家债务转换成地方债务。与前两项外债中央与各省合力筹措不同,英德续借款的偿还,则是委托外籍税务司代征七处厘金,所收厘款用以抵还外债。各省需与税务司精诚合作,共同负责债款的足额偿付,这事实上是将债务责任全部分散到了各省头上。但由于债款分担的不均衡和厘金抵补渠道的不稳定,各省之间债务责任始终没有形成固定分担机制,因事设款、专款专用的"的款"原则在厘金抵补环节也一直未能确立起来。由此引发的一系列纠纷仍然需要中央政府出面协调,厘金抵补方案也需要逐年进行调整,中央超然于事外的愿景没有完全实现。再次,是将应解京饷转换成协饷。英德续借款的偿还本可以通过京饷方式来解决,即各省根据自己分配到的任务解款到中央,再由清廷出面向债权方偿款。但清廷并没有按照这样的办法行事,而是采取以七处厘金作抵,其他省份再通过协饷抵补七处厘金的做法。京饷是各省直接向中央负责解款,协饷则是各省之间的酌盈剂虚。较京饷而言,协饷"皆以应酬人情之道行之,苟无人情,百求罔应",其执行力要逊于前者。因此受协省份自然希望截留应解京饷,如此即不必为别省拨补款不够而劳神费虑。但清廷却强调省际的协助义务,放手让各省就偿款责任进行内部协调，其目的是将省与中央的解款矛盾下移到各省之间，由此就产生各省间往复抵扣，既受协于人、又协解他省的情况。为完成摊款，各省极尽腾挪转换、移东补西之能事，在承担债务风险的同时，也逐渐厘清了各自的财政边界，以"省"为本位的所谓地方财政即愈益呈现出来。

"大分流"视野下清朝财政治理能力再思考

倪玉平

（清华大学　历史系）

2000 年，美国学者彭慕兰（Kenneth Pomeranz）《大分流：欧洲、中国及现代世界经济的发展》一书出版。[①] 此后近二十年，国际经济史学界围绕《大分流》展开了极为引人注目的讨论，国内经济史学界也深受其影响。本文即欲从"大分流"所引发的学术研究视角转换出发，重新审视清代的财政治理能力，并希望能给予其恰如其分的评价。不当之处，尚祈方家指正。

一

关于中国经济发展模式的独特性还是普遍性的争论，已经存在了很长的时间。从全球史的视角将中国与其他国家进行比较，尤其是和西方国家相比，长期以来都是学术界关注的热点。在这其中，彭慕兰《大分流》一书的出版，开启了中西比较经济史研究的新篇章。该书认为，至少在 18 世纪工业革命之前，中国富裕的长江地区和欧洲西北部的英国发展水平不相上下。中国和欧洲随后出现分歧的原因有两

---

① Kenneth Pomeranz, *The Great Divergence: China, Europe, and the Making of the Modern World Economy*, Princeton: Princeton University Press, 2000. 彭慕兰：《大分流：欧洲、中国及现代世界经济的发展》，史建云译，江苏人民出版社 2004 年版。以下简称《大分流》。

个：新世界的开放和英国煤矿的地理优势，这两个因素最终促成了英国工业革命的成功，由此产生了"大分流"。彭慕兰还认为，在工业化初期，西欧和中国长江南岸地区面临着人口增长和资源短缺带来的同样生态约束。因为英国的煤矿位于经济发展的核心地区，从而节省了运输成本；新美洲大陆的发展更是为英国提供了一笔"生态意外之财"，使英国获得了经济转型所必需的资源、土地密集型产品、贵金属和经济空间。① 此后，《大分流》引发的学术争论，很多集中于中西"大分流"的具体时间：1800 年左右，还是在 18 世纪中期，或者 17 世纪晚期？②

《大分流》本身的缺憾也显而易见。虽然地理、传统、文化和制度等因素对于经济的发展起着潜移默化的作用，因其难于计量，故而《大分流》只是一笔带过，除了归因于"幸运"，彭慕兰更为强调技术变革和跨大西洋全球化的影响。③ 随着制度经济学派学者的加入，这一缺憾在很大程度上得到了弥补。自道格拉斯·诺斯（Douglass North）关于交易成本和制度的突出作用的观点开始，包括现行的成文法和不成文法制度以及国家的作用，一直是经济史学界频繁使用的范式。达伦·阿塞莫格鲁（Daron Acemoglu）和詹姆斯·罗宾逊（James Robinson）在《比较发展的殖民起源》一文中指出，经济体制的质量好坏是经济增长的关键长期决定因素。在他们看来，良好的经济体制保护了财产和合同权利，并推动了私营企业和投资的发展。④

----

① 在随后的学术交流中，彭慕兰部分修正了他的观点，认为在经济发展方面，18 世纪的英国和西北欧的低国家比中国最发达的地区长江地区更先进。参见 Kenneth Pomeranz, "Ten Years After: Responses and Reconsiderations", *Historically Speaking*, Vol. 12, No. 4, 2011, pp. 20 – 25。

② Peter C. Perdue. Review of Pomeranz, Kenneth, *The Great Divergence: China, Europe, and the Making of the Modern World Economy*. H-World, H-Net Reviews. August, 2000. URL: http://www.h-net.org/reviews/showrev.php?id=4476

③ Prasannan Parthasarathi, Review of *The Great Divergence: China, Europe, and the Making of the Modern World Economy* by Kenneth Pomeranz; *Past & Present*, No. 176 (Aug., 2002), pp. 275 – 293.

④ D. Acemoglu et al, "*The Colonial Origins of Comparative Development*", *American Economic Review*, Vol. 91, No. 5 (Dec., 2001), pp. 1369 – 1401.

此后，他们进一步论证，经济体制反过来是由政治决定的。在《为什么国家会失败：权力、繁荣和贫穷的起源》一书中，他们认为，政治权力越集中，社会中的一小部分人就越试图在不投资于公共产品或更广泛的福利的情况下，为自己攫取财富。①

范赞登（Van Zanden）对历史上中西方制度的长期演化及其相对效率建立了宏大的分析框架。他从微观、中观和宏观等三个角度比较了中西方的多项制度及其长期演化趋势，并用利率、书籍价格、市场整合程度和劳动参与市场的程度等多个指标，来衡量中西方制度长期演化的相对效率。最后，他从整体上总结了中西方制度的各自优势：西方在"纵向"制度上更有效率，而中国在"横向"制度上更有效率；两者都能推动市场经济的发展和人力资本的积累，只是西方的"纵向"制度更早地和更有效率地推动西方的经济转型和快速增长。②

随着研究的深入，关于国家治理能力的研究越来越受到重视，且多集中于国家形成、税收模式、帝国建设和更广泛的经济发展。王国斌（R. Bin Wong）对清政府的管理能力有着很高的评价："中国政府发展了一种基础设施能力，能够动员和分配收入，远远超出了当时欧洲国家决策者的想象，更不用说能力了。"③几年后，罗森塔尔（Jean-Laurent Rosenthal）和王国斌对这一观点进行提升，得出了更为积极的结论："中国直到19世纪才出现经济停滞，即便如此，并非帝国的所有地区都无法发展。"④

不过与此针锋相对的是，皮尔·弗里斯（Peer Vries）在《国家、经济与大分歧：17世纪80年代到19世纪50年代的英国和中国》一

① D. Acemoglu and J. A. Robinson (2012), *Why Nations Fail: The origins of Power, Prosperity and Poverty*, Crown Publishing Group-A Division of Random House, Inc., New York.

② Jan Luiten van Zanden, *The Long Road to the Industrial Revolution: The European Economy in A Global Perspective*, 1000 – 1800, Leiden: Brill, 2009, pp. 306 – 307.

③ R. Bin Wong, *China Transformed. Historical Change and the Limits of European Experience*, Ithaca and London, 1997, p. 132.

④ Jean-Laurent Rosenthal and R. Bin Wong, *Before and Beyond Divergence: The Politics of Economic Change in China and Europe*, Harvard University Press, 2011 pp. 8 – 9.

书中，全面批驳了王国斌对清代国家能力，尤其是财政能力的过分赞美。在他看来，国家在经济史研究中的重要性没有得到足够重视，相较于英国，清代国家的行为能力很差，以效率低下和缺乏创新为主要特点，基本没有为现代经济增长提供帮助。中国既有的税收政策，加上他所说的中国传统儒家文化中所存在的"土地家长主义"政策，并没有像英国那样引发同样的发展。正是因为国家能力存在巨大差异，才导致中英两国的经济发展中出现"大分流"："重商主义和财政军事国家，或者更确切地说财政海军国家，并没有导致英国的现代经济增长，因为它们是英国经济增长的充分条件，但考虑到英国起飞的具体情况，我当然会认为这是第一个现代工业化经济体出现的必要条件。"① 不过，该书全部使用二手材料，并存在很多对于清朝经济数据的误解，极大地削弱了该书结论的可信性。

二

财政能力是国家能力最为重要的方面之一，体现于征税能力，以及税收的合理使用上，尤其是通过公共品提供、制度建设等方面保障经济成长的能力。西方学者很早就意识到中国的财政状况与国家官僚制度与地方治理有着密切关联，即政府行政能力的强弱主要表现在征集赋税、徭役的能力和效率方面，因而他们考察中国历史的一个重要视角就是朝廷的财政状况，以及与此相关的政治军事活动和社会变动。马克斯·韦伯则在《儒教与道教》一书中甚至还提及了国家权力"垄断"财政的概念②，其重要性可见一斑。

顺康、雍乾时期，为适应中央集权国家要求的财政制度，清廷进

---

① Peer Vries（2015），*State, Economy and the Great Divergence: Great Britain and China, 1680s – 1850s*, Bloomsbury Publishing. 试举几例该书的错误。如第91页作者称"太平天国起义期间，清政府每年通过捐纳即可获得400至600万两的白银收入"；第152页作者称"官员的常规收入为每年629.5万两，灰色收入则是常规收入的19倍，高达1210万两。"

② ［美］马克斯·韦伯：《儒教与道教》，王容芬译，商务印书馆1999年版，第64页。

行了一系列制度调整，尤其是将皇室财政与国家财政区分，由内务府负责皇室财政，户部负责国家财政，这是中国财政制度史上的重要进步。户部作为中央财政主管机构，制定财税征管政策，包括各种赋役税则、改革税收征管方法，加强税收征管。此外，清政府还相对清晰地划分了中央财政的"起运"和地方财政的"存留"，通过起运存留制度调剂中央与地方、地方之间的收支余缺，实行严格的解协款制度、考成制度、库藏制度、奏销制度控制着地方财政，监控地方财政收入的征收、使用，确保中央对全国财政的监督，为清朝大一统国家的稳固奠定了坚实的经济基础。

清前期的财政收入包括田赋、盐课、关税、杂赋、捐纳和报效等，支出则分为皇室经费、俸禄、兵饷、驿站、科场学校、河工塘工经费等。田赋是传统国家财政的基础。明末清初的长期战乱，版籍大多荡然无存，于是顺治年间政府即编纂《赋役全书》，并采取串票、印簿循环征收粮册等各种票据、簿记方式，以确保田赋征收。同时，还针对漕粮、盐课、关税等方面进行系列的整顿与调整。清代财政收入由入关之初的不足一千万两，发展到乾隆时期的每年四、五千万两，这与清政府不断革除明季弊政、努力提高和完善财政制度，有着密不可分的关系。

在康熙五十一年（1712）推行"滋生人丁，永不加赋"政策的基础上，雍正帝进行中国古代财税史上的第三次重大改革，实行"摊丁入亩"，将田地和人丁征收赋税的双重标准取消，极大简化征税手续，汉代以来一直沿用千年的人头税从此被彻底废除，百姓无需单独交纳丁税、服丁役，开豁为良，主仆法律平等，人身依附关系降低，人口控制放松，清代人口数量激增，为社会经济发展提供了大量的廉价劳动力。耗羡归公和养廉银制度，则将火耗收入纳入清政府的财政管理范围之内，以津贴官员的俸禄和办公经费，有助于改善官员俸禄低微和办公经费匮乏的状态，对清朝中期财政的规范、吏治的整肃起到了积极作用。

由于财政收入和数额基本是固定的，政府可以提前安排经常性支出，总收入通常大于支出。户部存银逐年增加，盈余巨大。乾隆帝虽然铺张浪费、好大喜功之事频出，但因岁入亦较前大增，导致国库盈余仍能创造新高。据统计，乾隆初年户部库银积至三千三、四百万两。三十七年（1772），则增为7800余万两。虽征大小金川，耗去军费七千余万两，乾隆四十一年（1776），仍存库银6000余万两。① 乾隆四十三年（1776），存银多达8340万两，这也是清代历朝国库存银数中最高的一年，相当于两年的财政收入。② 如果发生战争或严重自然灾害等意外事件，清廷便可自如地动用这笔贮备金，而无需向百姓额外加赋。

天下承平日久，自清中期起，中国人口急剧膨胀，道光时已经突破4亿。为养活众多人口，在大量引进南美洲高产作物同时，农业也进入精耕细作阶段，天然肥料得到大量使用，农田单位面积产量提高。政府重视农桑、大修水利、赈灾济民、普免钱粮，也发挥了重要作用。大量多余的劳动力投入手工业、商业和金融业，有力促进了这些行业的发展。应当说，清朝前期的财政治理模式是在继承中国历代王朝统治经验的基础上，进行了全新的融会、贯通、创新和发展，适应了中国独特的国情和历史发展道路，较好地解决了当时的社会问题和民生问题，从而为"康乾盛世"的出现奠定了良好的物质基础。直到19世纪之前，中国的农业、手工业、商业等经济水平，一直稳居世界前列，正是这一治理模式的重要成就。

当然，这一时期的财政治理能力也不可避免地存在问题。直到道光时期，地丁银始终是最重要而稳定的财政收入，其他各项收入虽然有一定的波动，但意义有限。道光时期，在很大程度上行使着国库职能的户部银库，收支相抵曾有过一定的缺口，弥补的办法却是通过消耗积余来堵塞，而不是开辟新的税源。吴廷燮曾在《清财政考略》中称，道光时期开支急剧增加，军费、河工等耗费之巨，"皆前此未

① 阿桂：《论增兵筹饷疏》，《清经世文编》卷26《户政一》，中华书局1992年版，第647页。
② 史志宏：《清代户部银库收支和库存统计》，福建人民出版社2008年版，第73页。

有者"。当时度支告匮,民生日困,皆注意于谋本富,保利权,于是
"增垦新疆之田,议展奉天之边,改盐法,行海运,裁节经费之令再
三下,而鸦片之禁遂以财政而启兵端,五口通商,税款稍增,而纹银
出洋亦愈巨矣"。历朝均由户部向内务府拨银,而道光时期却由内务
府广储司向户部银库拨银730万两,"求之历史盖所罕见"①。道光三
十年(1850),王庆云亦奏称,综计出入之数,"入者日少,出者日
多,习为固然"②,正是以上情况的反映。

清政府在政治上崇尚简易,辟交通、开水利、恤鳏寡、办学校等
诸事业,全仗人民自谋自行。至于社教建设及公营事业,也基本不见
政府财政支持的踪迹。对于这一时期的财政而言,更多地是承担着维
护社会稳定的职能。当时中西"大分流"已经泾渭分明,西方列强
全面迈入资本主义时代,赋税收入已经由经常性财政支出的来源,变
成满足生产性财政支出的途径,从而影响社会经济的生产结构和发展
方向;清廷却墨守成规,面对财政中的新问题,诸如支出扩大后如何
从正常的赋税调整中予以解决、币值变动情况下如何调整赋额,都提
不出妥善可行的对策。可以断言,即便没有发生后来的太平天国起
义,清代的财政体制也到了必须做调整的时候。

不过,从总体上说,道光朝的财政收支尚未走到崩溃的边缘。即
如道光晚期的银库案爆发,也只能说是一个意外。时人评论,道光二
十三年(1833)库丁盗帑事发,亏银九百余万,道光帝责管库诸王
大臣分年赔缴,又通饬内务府部院各衙门裁减浮费,"斥三苑三山珍
货,命有司变价,库亏之数,数年弥补全完",自二十三年至三十年,
户部奏每岁入数三千七八九百万不等,出数三千六七八百万不等,
"岁计略有赢余,道光三十年内库犹八百余万两"③。如果再将时段放

① 吴廷燮:《道光时之财政》,《清财政考略》,1914年校印本,中国社会科学院经济
研究所图书馆藏。

② 王庆云:《敬陈正本清源疏》,王延熙等辑:《皇清道咸同光奏议》,文海出版社
1991年版,第901页。

③ 孙鼎臣:《畚塘刍论》卷二《通论唐以来国计》,咸丰九年刊本。

宽，将道光朝的财政与咸同时期做比较，前者的优点更是一目了然。正是从此角度出发，笔者将其概括为"有量变而无质变"的过渡型财政。①

三

范赞登和布莱恩（Patrick K. O'Brien）等人认为，传统农业国家的财政收入包括对基本消费品的征税（如关税、盐税）和对财产的征税（如田赋），但从 16 世纪末开始，英国和西欧低收入国家开始发生所谓的"税收革命"，即这些国家的财政收入主体，不再是对财产税（田赋）的征收，而是更多地来自基本消费品的征收（商税）。尤其是荷兰的"税收革命"，财政收入主体不仅转移到了商税，而且更进一步从对基本消费品的征税转移到了对奢侈品的征税上。正是通过这一转变，才奠定了荷兰军事财政国家的基础。英国内战后的财政演变过程也与此类似。② 显然，19 世纪上半期的清朝，并没有发生类似的变化。

第一次鸦片战争（1839—1842）后，清朝不得不小范围地向西方敞开大门，但实质性的触动并不深入。真正的考验来自太平天国起义，从咸丰朝一直延续到同治朝，历时十余年，影响及于全国大部分省份，对清朝的政治、经济、文化造成巨大影响，对清朝的财政体制也造成毁灭性打击。据清人王闿运记载，镇压太平天国"用银二万八

---

① 参见拙著《清朝嘉道财政与社会》，商务印书馆 2013 年版，第 374 页。

② van Zanden Jan Luiten, *The Long Road to the Industrial Revolution*, Brill, 2009; Fritschy Wantje. Taxation in Britain, France and the Netherlands in the eighteenth century. In *Economic and Social History in the Netherlands*. Vol. 2, 1990; Patrick K. O'Brien, The Political Economy of British taxation, 1660 – 1815, in The Economic History Review, Vol. 41, 1988; Patrick K. O'Brien, Fiscal Exceptionalism: Great Britain and its European Rivals from Civil War to Triumph at Trafalgar and Waterloo, working paper No. 65/01, http://www.docin.com/p-724464629.html, 2001.

千余万，钞七百六十余万，钱八百十八万贯"①。刘锦藻则曰："发捻之役，耗至二万余百万。"② 不过，具体开支实数究竟是多少，恐怕已经很难搞清楚。彭泽益先生根据中国社会科学院经济研究所藏清代钞档及当时各省督抚、统兵大臣的文集、奏稿等，统计出清政府镇压太平军的军需开支总数为银 1.7 亿余两，镇压捻军的军需开支总数为银 3173 万余两，合计共银 2 亿两。彭先生亦言："上表所列四亿二千二百多万两军费支出，远不是完备的，但却是可信的，因为它是现在有案可稽的奏稍数字"，考虑到缺漏部分，"最低估计当不会少于现有军费数的一倍，约在八亿五千万两"③。这个估计当属合理。如果将此数额分摊至每一年，再加上第二次鸦片中的开销，每年的军需开支将在 4000 万两以上，已经超过道光时期的全年财政总收支。

为克服这场几乎使清廷灭亡的空前财政危机，从财力上支撑军事行动，清政府除大力缩减开支外，还不得不实行一系列的常规和非常规财政搜刮措施。尤其是各省自筹饷需的过程中，创办的许多制度和办法，别开生面，另辟蹊径，使得清王朝的财政管理体制发生极为深刻的变化，并在事实上成为延续清廷命脉的决定性因素。就奏销制度而言，咸丰以前的钱粮奏销、京饷协饷基本失效，户部无法有效地掌握全国财政大权；就租税结构而言，财政收入的主体由农业税转变为以厘金和海关为主体的工商税；就税收征收与分配主体而言，以厘金为代表的地方财政兴起，中央财政基本不能染指这一重要税收，中央与地方财政的双强并立成型；就指导思想而言，清廷在事实上抛弃了"量入为出"的理念而步入"量出为入"的阶段。④ 财政这一本为常规的、日常的行政活动，变成了清廷一切行政活动中的重中之重，尤其是厘金、洋税地位上升并最终超过地丁钱粮，和西方"税收革命"

---

① 王闿运：《湘绮楼日记》第 7 册，光绪四年十月二十四日，商务印书馆 1927 年版，第 4 页。

② 刘锦藻：《清朝续文献通考》七四《国用十二》，商务印书馆 1936 年版，考 8309。

③ 彭泽益：《清代咸同年间军需奏销统计》，《中国社会科学院经济研究所集刊》1981 年第 3 集。

④ 参见拙文《试论清代财政体系的近代转型》，《中国经济史研究》2018 年第 4 期。

的演变有异曲同工之处。19世纪上半期没能完成的财政转变，在军事重压之下全面启动。

军事困局带来财政体系的演变，同时带来武器装备革命和财政支出新动向。武器装备革命需要社会生产方式变革，生产方式变革又需要财政系统支持。第二次鸦片战争之后，清统治者为求强求富，设立总理各国事务衙门以协调和各国的关系，进行外交活动，还举办了一系列的包括军事、科技和文化各方面向西方学习的事业，如购买船炮、训练新军、兴办工业、创办学堂、派出游学等，都是清朝财政支出方面出现的新现象。

同治时期用于造船的经费开支巨大，自同治五年（1866）开办至同治十三年（1874）年底，福州船政局共支领制造经费536万余两，养护经费62万余两，两项共计600万两。① 同治末期，随着财政收支的转好，清廷在洋务运动项目上的支出数额呈不断扩大之势。平均来看，同治年间清廷在江南制造局及福州船政局，每年各约投入100万两，是各项新政开支中最大的一笔。张国辉估计1866—1895年的10家军工企业，财政支出为4447万两。② 吴承明先生估计，晚清时期清政府在军工业的投资不下于6000万元，约为5000万两。③ 这确实是一笔巨款。

军用工业规模的扩大，需要足够的原料和燃料，以及交通运输业的配套支持。洋务运动中后期，各地军工业也面临着财政困难的问题。自第二次鸦片战争之后，列强屡次提出要在中国开矿、筑路等要求，使洋务派意识到要必须建立自己的民用企业，保护利权，不可受制于人。列强对中国常年进行商品倾销所带来的大量利润，也刺激到了洋务派，"分洋商之利"，抵制列强的经济掠夺已刻不容缓，从而使得洋务派提出了"求富"的口号。清政府对民用企业的投资始于19世纪70年代，80年代以后增加。1872—1894年，共开办30家企

---

① 孙毓棠：《中国近代工业史资料》第1辑上册，科学出版社1957年版，第431页。
② 张国辉：《洋务运动与中国近代企业》，中国社会科学出版社1979年版，第68页。
③ 吴承明：《旧民主主义革命时期的中国资本主义》，人民出版社2003年版，第341页。

业，如轮船招商局、台湾基隆煤矿、湖北汉阳铁厂等。共计投资1500 万两左右。总计甲午战争之前，清政府的财政投资在 6500 万两左右，其中军用工业占四分之三以上。甲午战争之后，清政府财政危机，洋务企业兴建才陷于停顿。

清末财政结构进一步变化。除了增加利金税和关税外，现代企业税已成为另一种新型的税种，主要指铁路、船舶、邮电等业务，被称为"官营收入"。清末，为最大限度地增加税收，各种杂税迅速增加，尤其是针对烟草、酒、盐和其他普通商品的征收。在此基础上，清末财政收入继续增加。从刘锦藻的统计可知，1903 年清廷的财政收入约为 1.05 亿两，1908 年为 2.34 亿两，1909 年为 2.63 亿两，1911 年为 2.97 亿两，九年时间增长接近三倍。财政支出也相应扩大，从 1850 年以前的每年 4000 万两，增加到 1899 年的 1.01 亿两，1908 年的 2.37 亿两，1911 年的 3.38 亿两，大多用于军事、外交、债务、企业和皇室开支。① 收支相抵，仍然存在巨大缺口。

同治时期，清廷同意将造册报销改为开单报销，"惟将收支款目总数，分年分起开具简单清单，奏明存案，免其造册报销"②。清末推行财政预算方案，试办的预算案虽不完善，却堪称近代预决算制度之滥觞。光绪三十四年（1908），经宪政编查馆奏准，清廷颁布《清理财政章程》，以每年正月初一至十二月底为预算年度，先列岁入，后列岁出，出入银数以库平足银为准，小数至厘为止。宣统二年（1910），编制宣统三年总预算，是中国首次出现的采用西方模式的国家预算编制方案，标志着传统财政会计制度迈入近代轨迹，其基本做法也为民国以后的财政改革奠定了基础。

四

清前中期，国家通过分级治理的行政管理结构和中央集权的财政

① 刘锦藻：《清朝续文献通考》七四《国用十一》，商务印书馆 1936 年版，考 8304。
② 吴庆坻：《蕉廊脞录》卷二《同治三年变通军需报销》，中华书局 1990 年版，第 40 页。

管理体制，为社会经济的均衡发展提供保障，同时注意保持自身民族特性，建立起一套传承中有变革、继承中有发展的国家治理模式。不过，清朝前中期的财政治理，坚持量入为出的农业型财政管理模式，从总体上来说是极为保守的。正是由于这一保守性，导致这一时期的税收使用上，存在着巨大缺陷。这一时期的国家财政收入，除了用于军费、行政开支外，余剩的部分只能勉强维持基本的救灾、赈济和水利工程开支，对于那些可以推动经济发展的公共事业开支，少之又少。统治者也缺乏长远的打算和通盘的考虑。道光帝甚至称："譬如人家一所大房子，年深月久，不是东边倒塌，即是西边剥落，住房人随时粘补修理，自然一律整齐，若任听破坏，必至要动大工。"① 完全缺乏自我改造的勇气。

清朝财政体系的转型虽发端于鸦片战争之前的嘉道年间，但真正启运却发生于咸同时期，基本完成于光宣时期，藉此中国的政治、文化、经济诸方面，都发生了深刻而意义重大的变化。在太平天国起义的打击后，清廷被迫进行自我调整，总算走出了一条全新的财政道路。这种由农业型社会向近代化的工商业型社会转变步伐，虽然是被迫的，但却和17—19世纪世界范围内的财政转型，即由传统走向现代的轨迹是一致的。从这个意义上说，尽管前近代中国的财政体系与欧洲各国差异甚大，但清代财政体系的演进轨迹却绝非"西方中心论"者所认为的那样，偏离于世界各国近代化转型的主流道路之外。

晚清时期，财政体制仍然保持了顽强的自我调适能力。与此同时，清代财政直接推动了近代中国的走向，并发挥了极为关键的作用，从武器到交通，从军工到民用，从管理到思想，是全方位的。可以说，这种从"国家财政"到"财政国家"的近代转型，基本是内生性的，既受时局的重大影响，也是道光以来财政实践的自然结果，更多的是由于内在的自我调节能力，西方的影响反而在其次。

---

① 张集馨：《道咸宦海见闻录》，道光二十七年八月二十二日，中华书局1981年版，第89页。

另一方面，也必须看到，晚清时期财政对于推动洋务运动虽然起了重要作用，但6500万两平均分配到每年，仅占财政收支出比重为2.9%；以人均来看，每年甚至不过人均0.16两，或者每人8文钱。这样的比重，导致晚清时期政府对于公共事业的投资同样极为有限，而财政征收能力的扩张和社会发展不匹配，又限制了财政能力的充分发挥。晚清政府的腐败贪污，尤其是因一己私利而导致的产业主导思想不明确，对于中国的现代化转型更是造成了巨大拖累。

晚清时期的中国还面临着极为严峻的外部环境。自第一次鸦片以来，第二次鸦片战争、中法战争、中日甲午战争、八国联军侵华，战争压迫接续不断，割地赔款，丧权辱国，不平等条约接踵而来，战争赔款屡创新高。清廷面对军事能力与经济实力远远超越自身的、有着代际差异西方国家的残酷压迫，几乎毫无还手之力，战争失利及相关条约所规定的巨额赔款甚至高达17.9亿两白银，最终摧毁了清王朝的所有生机。

"财政国家"的出现是现代国家发展的必要条件。查尔斯·蒂莉（Charles Tilly）和理查得·邦尼（Richard Bonney）利用这一概念来强调国家创新税收和创造新税收能力的增长。他们认为，财政国家的起源和发展都发生于高度城市化的西欧，东部和南部的其他欧洲国家则基本缺乏创造力。[1] 城市能够从其公民那里（基于他们的财富和贸易）征收大量的税收，并以提供公民身份作为回报。此后，各州又开始要求增加税收，代价是公民可以换取民主体制。当然，税收不仅从经济中获取资源，而且在特定条件下，还会以公共物品的形式返还：安全、法治、产权、教育、卫生服务等。19世纪，大多数西欧国家都见证了公民参与政治进程的增加和税收的强化。[2] 查尔斯·蒂利预

---

[1] Charles Tilly, *Coercion, Capital and European States*, AD 990 – 1992, Blackwell Publishers Inc, 1990; Richard Bonney, *The Rise of the Fiscal State in Europe c. 1200 ~ 1815*, Oxford University Press, 1999; Bonney Richard and Ormrod W. Crises, *Revolutions and Self-sustained Growth: Essays in European Fiscal History*, 1130 – 1830, Stamford, 1999, p. 11.

[2] Charles Tilly, "Social Boundary Mechanisms", in *Philosophy of the Social Sciences*, Vol. 34, 2004.

测战争期间政府的税收会增加，同时民众的自我权力意识也会加强，必然会在政治上要求扩大代表性，从而标志着财政国家发展进入新的一个阶段，并最终促成现代国家的形成。[1]

反观清朝，不论是清前中期还是晚清时期，国家的名义财政负担一直保持在很低的水平，即便在太平天国起义期间，税收有所加重，但总体上来说百姓的名义负担并不高，财政收入所占 GDP 的比重也一直没有超过 5%。当然，实际的税收负担不同于名义负担，但即使在 19 世纪的变革之后，与一些欧洲国家相比，中国对其公民的征税仍然相对较轻。[2] 19 世纪后半期的清朝，较大程度地提高税收，获取了许多额外的财政收入，但却并没有增加百姓的政治代表性。这样看来，19 世纪中叶的中国和欧洲，虽然面临同样的财政压力，但暴力冲突却产生了完全不同的结果：在中国导致了专制和剥削，在欧洲却产生出了民主制或代表制。这一中西"大分流"，显然并非源自于技术差异，而只能更多地从传统、文化和制度差异中去寻找原因。

简言之，清代的历史发展脉络清晰地表明，清前中期和晚清时期的清朝财政治理能力虽然分属于不同的时代范畴，但均具有较为顽强的生命力和巨大的自我调节能力。中西双方的财政发展道路呈现出同中有异、异中有同的复杂面相。与西方国家的财政演变轨迹相比，清朝的财政治理能力也存在着积极和值得肯定的一面，不能因为"大分流"以来近代中国所遭受的屈辱和压迫，而故意忽视甚至完全抹杀其应有的历史地位。

---

[1]　Charles Tilly, *Coercion, Capital and European States, AD 990 – 1990*. Cambridge Presss, 1990.

[2]　Yi Xu, Zhihong Shi, Bas van Leeuwen, Yuping Ni, Zipeng Zhang, Ye Ma, "Chinese National Income, ca. 1661 – 1933", in *Australian Economic History Review*, Vol. 57, 3: 368 – 393 (Nove. 2017).

清末西式财税理论的中土调适[*]

马金华

（中央财经大学　中国财税史研究所）

进入 20 世纪，世界形势愈发动荡。英法日等国先后通过政体变革与工业革命，迈入富强坦途。而反观中土，风起云涌的内部动乱，前所未有的疆土危机，源源不断的外来经济渗透，中国危机四伏。经甲午战争、庚子战争等巨额的对外赔款，加之内部奏销制度的渐趋废驰，清廷国库早已入不敷出，面对江河日下的财政，清廷雄心勃勃实施的多项新政，因无款可拨不得不搁浅待议。有识之士认为，要改变国家的财政窘况，首先要改变财政管理。于是他们转变视野，引介西式财税理论，企图从西方财政管理中找寻科学财计之论。黄遵宪、郭嵩焘、严复、梁启超等开眼看世界的国人将西式的预算理论、国地两税划分理论引入中土。尽管西式财政思想在西方已为成熟理论，但是在中土，对于一种完全陌生的新生思想接纳，尚有较多疑虑。虽然中国政局已经激烈动荡，但是部分保守派要员仍有维持旧制之心，西式财政思想如想在中土获得认同，恐非易事。这就牵涉到知识分子、考察宪政大臣、海外留学生如何将传统理财思想与新式财政理论融会贯通，与中土财政进行适当交叉调适，以减少传播、施行阻力。

当前，学术界对中国近代财政理论转型研究，已经颇为丰富。不

---

* 本文系 2015 年国家社会科学基金重大招标项目"清代财政转型与国家财政治理能力研究"（项目编号：15ZDB037）；2020 年国家社科基金重点项目"近代中国政府间事权与财权划分研究"（项目编号：20AJY018）阶段性研究成果。

少学者探讨了西式财税理论的中土接引问题①，也有不少学者对中国西式财税理论的中土嫁接问题展开了分析②，多数学者认为中国近代的财政转型是直接嫁接泰西③，但通过对档案史料的梳理，西式财税理论的中土嫁接，或有本土化融合调适。虽有部分学者已经认识到引介的财税理论早在中国古代时期既已有之④，但是这种在西式"共同利益"文化下的财税理论具体是如何引介到"皇权至上"的中土并进行本土化改造的，很少有前贤对其内在理路进行探析。实际上，清末中国实施的第一份预算案等财政转型行践并未改变偃塞困穷的财政窘况，这与其调适机理及其制度土壤关联。因此，考析清末中国西式财税理论的中土调适过程，对于进一步探清近代中国财税转型的真正理论渊源，从另一新的视角重新审视清末财政转型的价值，具有一定的理论与学术贡献。

一 西式财税理论中土引介的历史镜像

清末社会剧烈动荡，政权风动雨摇，财政左右支绌。不少开眼看世界的国人将眼光投向西方各国政体与技术外，还着重考察了西方的

---

① 代表性成果有：邹进文《近代中国经济学的发展以留学生博士论文为中心的考察》，武汉大学出版社 2016 年版；马金华《西方财政理论在清末中国的传播及影响》，《人文论丛》2018 年第 1 期；夏国祥《西方财政学在近代中国的传播》，《财经研究》2011 年第 3 期；朱鸿翔《清末民初西方财政思想在中国的传播》，《财会月刊》2013 年第 8 期；邹进文《清末财政思想的近代转型：以预算和财政分权思想为中心》，《中南财经政法大学学报》2005 年第 4 期等。

② 代表性成果有：陈锋《晚清财政预算的酝酿与实施》，《江汉论坛》2009 年第 1 期；刘增合《制度嫁接：西式税制与清季国地两税划分》，《中山大学学报（社会科学版）》2008 第 3 期；赵云旗《论中国近代财政预算制度现代化》，《财政监督》2016 年第 2 期等。

③ 代表性成果有：梁发苹《清末西方预算制度在我国的传播与建立》，《中国财政》2010 年第 9 期；徐娜《清末财政立宪状况考察》，华东政法大学硕士论文，2011 年；马金华《近代中国财政预算制度的转型与国家治理》，《安徽师范大学学报（人文社会科学版）》2018 年第 3 期等。

④ 代表性成果有：刘增合《知识移植：清季预算知识体系的接引》，《社会科学研究》2009 年第 1 期；陈明光《中国财政史上何时建立"国家预算"》，《厦门大学学报（哲学社会科学版）》1995 年第 1 期等。

财政，并欲仿行。在清末立宪之前，已有地方督抚仿行西方财政制度，如张之洞在任湖广之时，就不遗余力学习西方理财之术，"鄂中自张香帅莅任以来，讲求富强，不遗余力，凡泰西理财善政，无不次第仿行"①。到清末，清初延续的赋税结构与管理制度发生"质"变，财政管理日趋混乱，财政收入渐趋不敷，此种形势下，西方财政理论从各个路径被逐步引入，这深刻影响了我国近现代的财政理论路向。

在中国传统时代，财政的收支全取决于君主意志，国家的财政收支没有规范的程序，财政收入计划很大程度上取决于君主，因此财政支出并无规划，而随着西方财政思想的不断涌入，预算思想与国地两税思想开始传入中国，并引起了中国知识分子的注意。

最早有记录介绍预算理论的应属黄遵宪。黄遵宪驻日期间遍考日本官制、食货、兵制等情，1887年他著成《日本国志》一书，在《食货国计》一章中，对日本预算有一定的描述："豫算之法，各官厅先就科目揭载额数，制豫算表，并记前年度豫算额及前二年度现计额于其傍。申牒大藏省，大藏省检核后送交会计院检查，于内阁决定。各厅欲于豫算外临时增费，则申其事由于大藏省，转呈之太政官，经太政官允许则并告检查院，每岁四月十五日开检查会议，议毕送之太政官，经审查决定后，每岁七月将豫算表布告于众。"②黄遵宪在表述内用"豫算"二词，按其意实应为"收入预算"之意。黄遵宪认为日本初始实现预算之法，几乎国人不信之，而预算"数益精核，乃不容疑"，表明预算之法的客观性，相对于传统时期的财政收支君主独断的随意性而言，其精准性要更优越。日本为了推进预算之法的实行，专门设置了会计检查院，专司其事。在其实行程序上，乃是"各官厅先就科目揭载额数，制豫算表"③，再由大藏省检核后送交会计院检查，最终于内阁决定预算。通过后的预算表于每年七月布告于众。黄遵宪还呼吁，中国也应当实行预算变革，

① 《鄂城新政》，《申报》1898年5月22日，第2版。
② 黄遵宪：《日本国志》（上卷），天津人民出版社2005年版，第443—467页。
③ 黄遵宪：《日本国志》（上卷），天津人民出版社2005年版，第443—467页。

这是较早呼吁要求变法行预算之人，呼吁"以岁终制用之日，必会计一岁之出人"[①]，使大众知晓政府收入支出，"此理财之法之最善者也"[②]。

郑观应在《盛世危言》中也提及西式预算。他的"度支清帐"一词，颇有仿行西方预算的思想。他提出中国要议定岁用度支之数，"先举其大纲，次列其条目"[③]，"凡一出一入编立清册，综核比较为赋财出入表"[④]，此谓"国内各省为通盘理财之法也"[⑤]，虽未提到预算一词，但通篇皆为预算思想。[⑥] 随后，郑观应在《盛世危言·度支》一文后附录《俄国出入度支总数考》，提出"俄君主之国也，昔时于国用不甚讲求，预算之事即算亦不印给清单颁示国中。自一千八百六十六年以来，每年正月十三预行通盘筹算，量入为出，既有成数刊印成书颁示天下，亦有非先期计核者。俟每年用毕，将当年已用各款详细考算成后，亦刷印成书，颁示天下"[⑦]。虽用词不同，但亦可窥见郑观应已认识到财政编立清册的重要性。

郭嵩焘也是西方预算制度的重要引入者。他在外考察期间所记日记多处有关于西方预算制度的记载。例如郭嵩焘在 1878 年 2 月 14 日记载"而西洋制用之经，均先核计一年出入总数，何款应从减，何款应增，预为之程，至年终视所核计者有无赢绌及意外之费，而筹所以弥增之。大率入息一款，常视以为增减"[⑧]，表明他对西方财政核计的考察。又如光绪 1878 年 3 月 2 日记载："西洋制国用，岁一校量出入各款，因其盈绌之数，以制轻重之宜，一交议（定）〔院〕诸绅通议，而后下所司行之。三代制用之经，量入以为出，西洋则量出以为

---

① 黄遵宪：《日本国志》（上卷），天津人民出版社 2005 年版，第 443—467 页。
② 黄遵宪：《日本国志》（上卷），天津人民出版社 2005 年版，第 443—467 页。
③ 郑观应：《郑观应集》（上），上海人民出版社 1982 年版，第 578—579 页。
④ 郑观应：《郑观应集》（上），上海人民出版社 1982 年版，第 578—579 页。
⑤ 郑观应：《郑观应集》（上），上海人民出版社 1982 年版，第 578—579 页。
⑥ 郑观应：《郑观应集》（上），上海人民出版社 1982 年版，第 578—579 页。
⑦ 郑观应：《郑观应集》（上），上海人民出版社 1982 年版，第 579 页。
⑧ 郭嵩焘：《郭嵩焘全集》（第 10 卷），岳麓书社 2012 年版，第 428 页。

人，而后知其君民上下，并心一力，以求制治保邦之义，所以立国数千年而日臻强盛者此也。"① 郭嵩焘认为西方预算达到了君民上下，并心一力的效果，"所以立国数千年而日臻强盛者此也"②。

19世纪末，虽然国人对西方预算多有引入，但是并未形成较为完善的预算理论，知识分子对西方预算的介绍，大多数是西方预算制度、程序的常识性介绍，媒体对预算的介绍，也仅仅局限于各国预算的具体数额，皆未深入理论层次。但这也开拓了国人对于财政度支的认知视野，尤其是媒体对各国预算情况的推介，引起了时人对西方预算的关注。但是遗憾的是，当时无论是知识分子还是朝廷要员，对西方预算整体处于一个懵懂的认知阶段。

20世纪初国人对西方预算有着更为系统的深化。这主要是由于大量留学生走出了国门，系统学习了西方的财政理论，与此同时，预算制度的改革提上了清廷的政事日程，推动着当时思想界对预算认知的进一步深化。

1906年11月6日，《论中国于实行立宪之前宜速行预算法》一文在《南方报》刊载，该文后经《东方杂志》全文转载，产生较大反响。该文对西方预算制度做了深层次的理论推介，提出，第一，"预算者，授民以监督之凭证也"③，表明作者认识到，预算实际上是政府监督财政的一种方法，反观中国传统几千历史，财政皆由皇帝自主，而税收是"取之于民"，民众无法监督政府的用度极不合理，因此提出预算可以让人民监督政府的财政收支，避免财政浪费。第二，"以有预算，得民信任"，人民对政府财政可以监督，自可以上下一心，"在上者取之有方，在下者供之有道"④，国家自可富强。第三，预算的要点有发案权与定议权，"其要点在发案权与定议权之分。发

① 郭嵩焘：《郭嵩焘全集》（第10卷），岳麓书社2012年版，第446页。
② 郭嵩焘：《郭嵩焘全集》（第10卷），岳麓书社2012年版，第446页。
③ 《论中国于实行立宪之前宜速行预算法》，《东方杂志》第3卷第13号（1906年1月19日），第256页。
④ 《论中国于实行立宪之前宜速行预算法》，《东方杂志》第3卷第13号（1906年1月19日），第106页。

案权属于政府，定议权属于议会"①，对于预算的二权分立进行了细致描述，政府只有发案权，而对于政府的预算是否合理，其最终决定权在于议会，政府时常有增加预算之意，而议会则常抱核减预算之心，如此争论，可达到最优预算额。第四，中国尚且没有议会，因此作者建议清廷应当尽快实行立宪。在议会尚且没有成立之前，人民的监督权利应不可剥，国民自可公举代表，监督政府财政。第五，国家犹如企业，企业"于一年出入款项，必预为核算，以定明年进货消货之数"，而国家规模更大于企业，更应该实行预算②。鉴于当时的财政形势，作者建议清廷应当开展财政清理，摸清各地方财政数据。

1907 年《论中国整顿财政当以何者为急务》一文又在《时报》发表，后被《东方杂志》转载，该文全面分析了清廷的财政形势，并引用了日本经济学家高野岩呼吁清廷实行财政预算，"中央财政与地方财政混杂而不分明，又无国会以决年度之预算"③。1907 年 4 月 21 日，《时报》又发表《论国民当知预算之理由及其根据》一文，该文全面分析了预算的本质，对预算的性质以及告知人民何谓预算、应当怎么推进中国的预算，做了一定分析。作者认为：第一，预算的性质，有法律学说者，财政委任说学说者，行政责任免除说学说者等持有者，但是作者结合中国的实际情况，认为国会未开，"固无所谓法律也"④。而委任者更不知中国的实情，只是一种幻想。至于行政责任学说，中国政府无所谓责任之说，更不存在行政责任的说法。第二，预算是自租税承诺权而来，"故立宪国家所以必待议会承诺者，盖恐国家流于专断"⑤，预算是防止国家专断，以强力征收租税的重

---

① 《论中国于实行立宪之前宜速行预算法》，《东方杂志》第 3 卷第 13 号（1906 年 1 月 19 日），第 259 页。

② 《论中国于实行立宪之前宜速行预算法》，《东方杂志》第 3 卷第 13 号（1906 年 1 月 19 日），第 260 页。

③ 《论中国整顿财政当以何者为急务》，《东方杂志》第 4 卷第 3 号（1907 年 5 月 7 日），第 29 页。

④ 《论国民当知预算之理由及其根据》，《时报》1907 年 4 月 21 日，第 2 版。

⑤ 《论国民当知预算之理由及其根据》，《时报》1907 年 4 月 21 日，第 2 版。

要手段。第三，各国立宪也，莫不因君民冲突或者国民要求而得之。"同是国民对于政府为正式之要求"① 预算方能有效。第四，"欲维持国家之生存发达，当先谋国民之生存发达"②，预算是来自于租税，只有人民富有，国家方可富有，"将来预算案发达之后，其孰者为助长行政之费用，自不难一览而知之"③。第五，预算的决定机关应为议会或者国会，约束机关也应为国会或者议会。"非有议会以为立法之机关，即拘束力无自而生盖彰彰矣。"④ 对于中国是否能召开国会，国人是否有资格当选为议员，作者呼吁人民应当注意。作者充分表达了预算的性质以及中国预算不可能成为委托代理或者法律规制，呼吁人民要求政府速开国会，提醒人民履行自己监督职责，规范政府财政收支⑤。以上表明，该文作者对预算认知已经达到了相当高的水平。

通过这些预算理论的分析可以窥见，时人的焦点在于，预算监督是人民之权利，预算是约束政府随意收支的手段。这些认知与 19 世纪末相比已经有较大程度的进步，不再局限于预算制度的简单介绍与泰西各国预算数额的具体介绍，而是上升到更高层次的理论水平上，这对于推动人民进一步认识预算有明显积极作用，对于呼吁速开国会等请求，一度影响了清末的政局走向。

除了预算理论外，财政分权，即西方央地两税的划分制度，也在晚清时期传入中国。中国在数千年的帝制土壤下，中央高度集权，财权亦高度集中于中央，并不存在真正意义的地方财政。地方所需大项开支，皆由中央拨付。太平天国后，中央财权始有下移之象，原先高度集中的财政管理体制被打破，央地两级财政趋于混乱，不少知识分子开始介绍西方的财政分权理论，以谋求央地财政有序管理。

---

① 《论国民当知预算之理由及其根据》，《时报》1907 年 4 月 21 日，第 2 版。
② 《论国民当知预算之理由及其根据》，《时报》1907 年 4 月 21 日，第 2 版。
③ 《论国民当知预算之理由及其根据》，《时报》1907 年 4 月 21 日，第 2 版。
④ 《论国民当知预算之理由及其根据》，《时报》1907 年 4 月 21 日，第 2 版。
⑤ 《论国民当知预算之理由及其根据》，《时报》1907 年 4 月 21 日，第 2 版。

黄遵宪较早介绍西方财政分权制度。他在《日本国志》一书中，对日本地方税制具体问题颇有描述，对日本地方税种、税率进行了较为详细概况，提出警察费，河港、道路、桥梁、堤防建筑修缮费等税种为"收之本府县地方以供地方费"①，而地方应收税目由太政官布告，地租限国税五分一以内，营业税按不同税种实行不同税率。地方对于税收具有一定程度的自主权。② 1898年，何启、胡礼垣共同署名发表了《新政始基》一文，该文提出，需要划分中央税收与地方税收。军政之费，行政之费，"其权固操之君上者也"；而整顿之财用，"则听诸庶民者也"，房屋租项及地方各饷之征也应归属地方③。

在知识分子的渲染下，媒体关于国家税与地方税的报道频见报端。例如1906年7月29日《申报》报道"地球各国收税方法，有国税为政务之用，有地方税为本地之用"④，同年11月21日，《申报》再次报道"泰西各国财政大端惟在租税，租税之制，有国家税、地方税之别，出纳有报告，酬偿有利益。是以征收虽繁，民不为病。中西立法虽异取义，则同职道，一再筹划，求因地制宜，急则治标之法，莫如以地方税先行变通，开办就筹款局，设所举行，分印刷挂册二所。……立案声明此项捐款系地方税，应专归本省练兵保卫地方之用，无论何项要需，不得移支"⑤。以上或可窥见媒体对于国家税与地方税两税之关注。1908年，《时报》发表《说国税地方税》一文："今之论中国财政者，首先当厘定国税与地方税，然我关中央政府之与地方财政，唯以吸集为能，初不问其为何税也？今度支部有厘定国税地方税之意，而各省咨议局亦渐次成立，所望吾国之士绅，注意于此点此或，整理财政之第一入手方法也。"⑥ 作者指明中国国家税与

① 黄遵宪：《日本国志》（上卷），天津人民出版社2005年版，第430—431页。
② 黄遵宪：《日本国志》（上卷），天津人民出版社2005年版，第430—431页。
③ 郑大华编：《中国启蒙思想文库新政真诠——何启 胡礼垣集》，辽宁人民出版社1994年版，第217—241页。
④ 《户部再驳苏省规复银价折要折代谕续昨稿》，《申报》1906年7月29日，第2版。
⑤ 《苏垣设立新筹款所苏州》，《申报》1906年11月21日，第3版。
⑥ 《说国税地方税》，《时报》1908年10月20日，第5版。

地方税分权的第一方法，在于各省咨议局之发声。1909 年，《论著：论地方税之性质》长文在《宪政新志》上发表，该文长达近 10 页，充分说明了地方税之特征与性质，对于如何利用财政学之原理划分国税与地方税论述详尽。① 《时报》又于 1908 年 8 月 30 日与 8 月 31 日连载《论征收地方税之计划》一文，对于西方各国税制有一定的描述，并追根溯源，对我国古代两税变化进行动态分析，指出了征收地方税的计划。②

二 "西学东源"：西式财税理论与中土传统理财思想的调适

虽然知识分子通过多种渠道引介了西式财税理论，但是对于中国保守派要员而言，这完全属于新生事物，他们是否会抵触尚属未知。早在三十多年前，他们便持"祖宗之法不可变"与洋务派进行了激烈争论，处处掣肘洋务运动开展。此次引入西式财税，为了减少保守派的反对阻力，知识分子、考察宪政大臣提出西式财税制度虽根植于西方，但起源于中土，实际与传统理财思想并无质之异样，如此调适，固守本制的朝廷保守派便不会习惯性抵触。

在西式预算理论上，知识分子提出，泰西诸国的预算制度，实乃起源于中国古代的周官九式。最早将其与中国传统理财思想进行调适的是黄遵宪，他在《日本国志·食货·国用》一文中说道：

> 余昔读《周礼》，见夫天官、地官之司财货者几于无地不赋，无物不贡，无人不征，无事不税，极至纤至悉，有后世桑弘羊、孔仅、蔡京、王黼之徒不肯为者。始疑周公大圣，不应黩货至此。既而稽六官所属五万余人，无员额者尚不在内，乃知大府颁

---

① 《论著：论地方税之性质》，《宪政新志》1909 年第 1 期，第 81—93 页。
② 《论征收地方税之计划》，《时报》1908 年 8 月 30 日第 2 版、8 月 31 日第 2 版。

贿，凡官府都鄙之吏，转移执事之人，在官受禄者如此其多。以
某赋治某事又有定式，则一一仍散之民，朝廷固未留丝毫以自私
也。窃意其时以岁终制用之日，必会计一岁之出入，书其贰行，
悬之象魏，使庶民咸知。彼小民周知其数，深信吾君吾上无聚敛
之患，凡所以取吾财者举以衣食我，安宅我，干城我，则争先恐
后以纳租税矣。君民相亲，上下和乐，成周之所以极盛也。日本
近仿泰西治国之法，每岁出入书之于表，普示于民，盖犹有古之
遗法焉。譬若一乡之中迎神报赛，敛钱为会，司事者事毕而揭之
曰某物费几何，某事费几何，乡之人咸拱手奉予钱，且感其贤劳
矣。此理财之法之最善者也。①

很明显黄遵宪对西方预算之法与中国传统理财思想进行了融合。
他认为日本的预算之法，其实在我国成周时代已经有之。他说周代
时，"以岁终制用之日，必会计一岁之出入"，且必"书其贰行，悬
之象魏，使庶民咸知"，早在几千年前古代贤明君主就颇具"预算"
思想，并公之于民，如此"小民周知其数"，必深信君主无聚敛之
患，君民相亲，上下和乐，这是成周之所以兴盛的缘由。接着，黄
遵宪又说："以本朝至公之家法，其何惮而不行祖宗知用之不足，而
安于寡取者，开创则民信未孚。"原因就在于"势不极，法不变"，
提出"不变其何待？"如果清廷不仿行祖制，学习西方"预算"，则
必然导致"上下其手，百端侵渔"，国家必然衰亡，"天下之患将日
久而日深矣"。黄遵宪颇有以"以泰西附会中土"之意，认为日本
的预算之法，实际上"盖犹有古之遗法焉"，是中国古时理财思想
的现实行践。黄遵宪调适了中国古代的理财思想与西方的预算思想，
较容易引起当局者的接纳。他以成周制法切入，并非没有依据。贾
洁蕊认为，中国自古便有预算思想，她引用《周礼》"以九赋敛财
贿""以九式均节财用"之言，认为在成周时期，不同种类的财政

---

① 黄遵宪：《日本国志》（上卷），天津人民出版社 2005 年版，第 466 页。

收入与支出就相得益彰，表明成周制法确有朴素的预算观念①。虽然成周之预算与近代西方预算具有本质差异，但在某些形式上确有相似之处，黄遵宪以如此之法而调适，自然容易被固守祖宗成制的顽固派所接受。

这种"西学东源"的调和之法，也引起了媒体的关注。据《申报》1903 年 4 月 13 日报道："各国商会银行皆财政之大端，预算决算又合制用古法，其所以能行之故。"②认为各国财政预算决算之所以能行之，原因在于与古法合制。再据《北京新闻汇报》1901 年 5 月报道："八月命户部按月刊报出入款表案，此即列国岁计表，度支清册之属。周礼司会主天下大计，汉有郡国上计簿，唐有诸州计账、元和会计录，宋有三司会计司、元祐会计录，皆同此意。"③认为按月刊报出入款表，度支清册之属，无非是上古之制的仿行。

到底中国传统成制与西式新型预算意似于何处？《周礼政诠续》给出了较为详尽的答案：

> 今届各国编纂预算，皆有计划，与周官同职内掌邦之赋入，辨其财用之物，……财入之数，以逆邦国之用注……种类相从……
>
> 预算：（甲）管理之区别；（乙）收支合计之区别；（丙）非常会计之区别。作国债地方债等，观此周官之制，以种类相从，盖亦为类预算也。
>
> 及会以逆职岁，与官府财用之出，而叙其财，以待邦之移用……今预算制度，美备之国特成立伙院，为独让官府专司议定预算，周官之内府即其职也……
>
> 职币掌式法，以收敛官府都鄙……日本东京税务监督局，设

---

① 贾洁蕊：《中国古代财政与国家治理：历史的轨迹》，《地方财政研究》2019 年第 4 期，第 107—112 页。

② 《无题》，《申报》1903 年 4 月 13 日，第 2 版。

③ 《论本朝变法得失》，《北京新闻汇报》1901 年 5 月，第 997 页。

有经理部掌征税式，伏凡征收合与否……金与税额相符，与古皆归该部稽核，与职币同……

凡法司所在地，商人年纳纳营业税八圆，兼有选举市会议员之权者，得选举判官，具此资格，守正不阿，经商五年以上者，及现尚在商者得授为判官，与周官之选任专门智识之门士同①。

以上表明，西式预算与周官之制，相似之处主要有：（1）预算种类相从；（2）预算制定单位与职币掌式之法意似；（3）预算人员的产生程序相同。故各国编纂预算，与成周之制实乃同理同源。

不仅如此，朝廷要员也表达了同等思想。黑龙江巡抚周树模认为，泰西之国的预算之法，与中国古代理财思想颇有隐通之初，"各国预算办法，稽岁入之确数以定国用之，常经隐与王制冢宰制国用于岁杪之义相合"②。庆亲王奕劻也认为，"查各国预算之法，与古者冢宰制用之意相似"③。

有鉴于此，在财政日益困难之下，引用西方财制改善晚清财政管理，有识之士、开明朝廷要员对此抱有极大希望，他们纷纷上奏枢层，请求实施西式预算。1907 年，郭曾炘曾上奏，建议朝廷按照西方税制仿行预算，"若非将财政大加整顿，预算、决算立表分明，酌盈剂虚，互为挹注，恐上下交困，政策终有所穷也"④。郭曾炘直截了当建议国家要对财政大加整顿，使得预算决算分明。御史赵炳麟奏称："臣考周礼冢宰以九式节财，岁终制用，立司会为计官长，司书二之，职内职税钩考出入，而职币复会其余财焉。司裘掌皮岁，终亦会裘事财齐，可知当时上自皇帝费行政费，下至一丝一物，皆有会

① 《周礼政诠续第五期》，《华国》1924 年第 1 卷第 7 期，第 34 页。
② 《奏报江省提前试办预算经费情形事》，宣统元年十二月二十六日，档案号 04 - 01 - 35 - 1093 - 055，中国第一历史档案馆馆藏档案。
③ 《奏为遵议度支部奏试办宣统三年预算一折请旨饬交资政院照章办理事》，宣统二年九月二十日，档案号 03 - 7514 - 106，中国第一历史档案馆馆藏档案。
④ 《奏疏便览·京师（丁未年十月）》，转引自刘增合《知识移植：清季预算知识体系的接引》，《社会科学研究》2009 年第 1 期，第 138—146 页。

计，俾上下周知其数。近泰西各国岁出岁入，年终布告国人，每岁国用，妇孺咸晓……"① 建议在周官九式基础上仿行西式预算决算。也有不少地方要员提出要仿行周官之制度编列预算，如山西巡抚奏称，"维理财之道，……精详周官……曾泰西之预算，皆讲求财政者不易之良法也。晋省……近日新政待兴，尤事事非财……谓非设一财政总汇之区，统计合并筹集，不能挈领而提纲，即无从量入以为出，现拟将筹集源两局一并裁撤，专设全省财政处以划一事权节裁缝为一体，先编定全年度支考，并编列递年预算表，行令各属知照"②。在知识分子、朝廷要员的渲染之下，1910 年，度支部初步制定了预算案，在《度支部奏遵章试办宣统三年预算并历陈财政危迫情形事》中，度支部说道：

> 臣部自宣统二年起，逐年将京外各处预算册详细覆定，奏请施行等语，本年为试办预算初期，业经奏颁册式在案。兹自五月以后，据各处将预算册陆续咨送到部，臣等伏维预算之义本周官制用之书，其精意失传已久，在东西各国相沿办法，于国家地方厘其税项岁入有区分之。③

度支部认为，"预算之义本周官制用之书"，预算的实际含义实际上是来自"周官制用"思想，这一说法与黄遵宪基本相同。1911 年 10 月 28 日，度支部再次提到预算实际上与"周官制用"含义隐通，在《度支部奏试办宣统四年全国预算缮表呈鉴并历陈办理情形折》中：

> 本年正月间，臣部拟定试办全国预算暂行章程，并主管预算

① 《奏议：赵侍御奏请制定预算决算表折》，《南洋商务报》1906 年第 9 期，第 1—2 页。
② 《晋抚恩奏裁裁彻筹饷清源两局专设财政处以一事权而资整顿折》，《四川官报》第 29 册（1906 年 10 月），第 32 页。
③ 《度支部奏遵章试办宣统三年预算并历陈财政危迫情形事》，宣统二年八月二十七日，档案号 03－7514－050，中国第一历史档案馆馆藏档案。

各衙门事项，奏请饬下京外各衙门一体遵办，奉旨允准通行在案。窃维预算为列邦宪政最重之端，实与周官制用、汉典上计隐隐相通，而我国今日则同创举，上年试办虽具规模有限，于历年习惯分署、分省究与预算成法未尽相符。①

度支部再次表达了西方预算制度实际上与中国古代的"周官制用""汉典上计"是同通之义。度支部的论述，无非是说明西方改革的预算制度，乃是来源于中国古代先贤之智，古代既有所办，自可放心举行。这似可表明，知识分子西学东源的调适之意，获得枢臣认同。

不仅知识分子认为西式预算起源于中土，他们甚至提出，西式国地两税早在中国古代既已有之。郭曾炘认为，西方各国的央地两税，无非就是我国古代的上供送使留州，他说："前代赋税尝有上供、送使、留州名目，而泰西各国纳税，亦分国家税、地方税为两事。"②1909 年，宪政编查馆奏言说："周官岁计曰会，月计曰要，日计曰成，司会考岁成，以知四国之治。……汉令郡国上计，唐令州县报最，……古今典章，未尝不合特以日久相沿。"③ 所谓的地方税制统计，完全来自汉唐时期的上计报最。度支部也说，"唐以送使诸赋并入上供，宋则留州各钱物悉皆系省"④，"即汉之上计，唐之上供留州"，但于支出时区别用途⑤，这表明当时朝廷要员，纷纷认为所谓的西式两税，无非也是起源于中国古制。

然而，即使部分朝廷要员认为西式两税财制是来源于中土，但是

---

① 《度支部奏试办宣统四年全国预算缮表呈鉴并历陈办理情形折》，《申报》1911 年 10 月 28 日，第 2 张第 2 版。

② 《奏疏便览·京师（丁末年十月）》，参见刘增合《知识移植：清季预算知识体系的接引》，《社会科学研究》2009 年第 1 期，第 138—146 页。

③ 《宣统政纪》卷八，宣统元年二月庚午。

④ 《度支部奏议覆制定预算决算表折》，《东方杂志》第 4 卷第 3 号（1907 年 5 月 7 日），第 37 页。

⑤ 《度支部奏试办全国豫算折》，《四川官报》第 11 号（1911 年 4 月 14 日），第 4 页。

也有知识分子表达了疑虑，因为毕竟中西有别，调适尚有两个关键点亟待解决。

第一个调适的关键点在于税制是否能像西方各国一样简洁有序。清末财政清理中，负责清理的官员对清廷税制之混乱颇有感触："我国税法向未厘定，征收制度率沿用习惯法……筹办各项新政……对物、对事分别酌量收捐……错杂纷纭。"① 表达了对地方税收仍像旧制不断加捐下的错杂纷纭之担忧。《申报》1909 年 12 月 3 日报道《江苏谘议局公决漕粮改折案请代奏文》："吾国政界之弊，患在所有款项，久已移作他用，而其名犹存。数十百年，仍沿袭旧文，稽核册籍，即身亲办事者，或至未悉原由，留其可以为弊之，隙弊焉得而不生。总而言之，解部者为国家税应名之曰国家地租税，外用者为地方税，应名之曰附征地方税。"② 该文指出，清廷沿用旧制，税制繁杂，"已移作他用，而其名犹存"，建议简洁有序统一税制，"解部者为国家税应名之曰国家地租税，外用者为地方税，应名之曰附征地方税"。而反观西方各国，税制只有直接税与间接税，再据《申报》1909 年 4 月 6 日报道：

> 统计惟财政为最繁，亦惟财政为最要，况当预备立宪之始，将为提起预算之阶，中西赋税之法，既有不同簿记出入之规，又有互异钩稽色目，固难概用新名区别。条文讵可尽拘，故式必使散漫者归于统一，紊乱者极于整齐，洪纤毕具删造报之，虚文本末咸赅作检查之，先导体类务求于详覆登录，务取于明举一隅而反三聚万钱，而作贯撮其大要。
>
> 自汉司农以每月旦上见钱谷簿至今，亦有按月奏报库存之例，顾只有部库，而于各省藩运粮关局库之数，不能悉具管钥之

① 奉天清理财政局编订：《奉天省财政沿革利弊说明书》正杂各捐（1911），参见江苏省中华民国工商税收史编写组，中国第二历史档案馆编：《中华民国工商税收史料选编》第 5 辑，南京大学出版社 1999 年版，第 3268 页。
② 《江苏谘议局公决漕粮改折案请代奏文》，《申报》1909 年 12 月 3 日，第 1 张第 2 版。

任。既散属于诸州金谷之供，不全输于左藏帐籍，既无概算窠
名，且不尽知非先综全国出入之大，凡讵易得通岁度支之要，倾
此统计之所宜注意者一也。

　　泰西税入至多，而名称至简，大抵不外直接税与间接税二种
而已，中国则地丁一项，即银米兼收，而且盐课、河工、分摊、
既伙徭钱、公费、附益滋多，科则则随地各殊名色，则因时各
异，至于税厘等项，尤为烦猥之丛，非求简以御繁之方，安得斠
若画一之效，此统计之所宜注意者二也。①

以上是《申报》摘录宪政馆统计表之文，该文是宪政馆发布的财
政统计应当注意之项，但从内亦可发现，"中西赋税之法，既有不同
簿记出入之规，又有互异钩稽色目"，二者赋税差别极大，中国税制
纷芜繁杂，自汉司农以每月旦上见钱谷簿至清末以来，地方诸州金谷
之供不全输于左藏帐籍者，全无概算窠名，西方各国，只有直接税与
间接税两种，税法极简，应当为财政数据统计之注意要点。从中可以
看出，以西方极简的税制，嫁接到中国沿袭数千年的繁杂之税上，是
否适宜，是时人考虑的要点之一。

　　第二个调适的关键在于央地收支的界限应当如何划定。中国传统
理财思想下，"自汉唐以来，其课税或并以户口如唐租庸调之法，以
租税田以庸税户调税口，田租以外尚有重大至税目，然，自本朝康熙
间下滋生人丁，永不加赋之论，仅课田租不租户口，于是地租益为岁
入如独一无二之巨款"②。咸同年间，厘金税制产生，"然近数十年
来，因洪杨之乱而有厘金之制因中外"③。此时朝廷税制有地税、盐
税、关税、厘金等多项税种，能否将各类租税准确划分为国家税与地
方税两种，厘清央地两税的收支界限，是嫁接西方两税制度重要的调
适点。到清末，各地方税种差异巨大，且缺乏统一的制度规制，央地

---

① 《财政统计表式举要》，《申报》1909年4月6日，第1张第4版。
② 《论著：论地方税之性质》，《宪政新志》1909年第1期，第83页。
③ 《论著：论地方税之性质》，《宪政新志》1909年第1期，第83页。

两税难以区分，乱作一团。1910年《新闻报》便有报道《度部未能遽定国家税与地方税》一文："御史王履月前奏请变通遽定国家税地方税年限，并将国家税提前规定等情，兹经度支部议覆□，谓原奏所称厘订地方税章程，当以国家税为标准，拟俟国家税，厘定以后，再行遽定，地方税各节诚不为见，惟国家税地方税名义虽分征权，则一查各国地方税，多有附加之税目。非兴国家税□时厘定，则地方税即恐无所依据以为准则，且中国附税名目既属纷歧，性质尤为复杂，将来划分此项税款，必须酌量时势所宜。"① 表明朝廷对于国地两税的收支界限准确划分也是"一知半解"。与之对应的是，西方各国对于国地两税划分十分简序，"是地球各国收税方法，有国税为政务之用，有地方税为本地之用"②，内外界限权限十分清晰，不至混淆，中国传统数千年理财思想下，并未地税之划分，而面对地方财权渐长与西式两税的传播，虽划分两税十分必要，然如何厘定、划分央地两税的收支界限，是制度移植重要的调适之处。

三 "弃本逐末"：财权纷争与清廷西式财税理论的行践

预算思想纷纷传入中土，在知识分子的渲染之下，必然带来政策上的酝酿变更。1907年，福建道监察御史赵炳麟上奏，拟请制定预算决算表整理财政。摄政王要求度支部研究，度支部后覆奏《度支部奏议覆制定预算决算表折》一折："福建道监察御史赵炳麟奏，制定预算决算表整理财政而端治本一折……考泰西列邦，所以国人咸知，国用者在有预算，以为会计之初，有决算，以为会计之终。……远符周礼，旁采列邦，用意至善。……"③ 表明度支部堂官已经认识到预

---

① 《度部未能遽定国家税与地方税》，《新闻报》1910年10月2日，第5版。
② 《户部再驳苏省规复银价折要折代谕续昨稿》，《申报》1906年7月29日，第2版。
③ 《度支部奏议覆制定预算决算表折》，《东方杂志》第4卷第3号（1907年5月7日），第33页。

算的重要性。折内进一步指出，"近世议财政者，所为亟亟于预算决算诸法也。查周礼颁财之式，以某赋待某用，此即近日某事用款由某款项下支给之意。而臣部历年所办春秋拨册，预拨来年兵饷，以及例定奏销期限，又凡兴办一事，必令光行立案，又奏销届期或因故奏明展限等案，其于预算决算法中所谓岁入概算书，岁出要求书，以及会计年度整理期间诸法，固多脗合，特名目各异耳……"① 度支部堂官甚至认为，西式预算颇有周礼"以某赋待某用"之意，即泰西预算与周礼财制，乃为名异实同。但鉴于中国传统财税奏销等早已废弛，而"各国道路交通国家银行类皆兼理地方金库，故凡一切出入款项，皆随时报告"因此度支部建议，"谕令度支部选精通计学者，制定中国预算决算表，分遣司员往各省调查各项租税，及一切行政经费，上自皇室下至地方，钩稽综核，巨细无遗……"② 表明度支部对于预算制度已初始酝酿。

按照度支部的说法，预算编制与实施，需对自皇室下至地方钩稽综核巨细无遗。由此，清廷开展了财政清理计划。该项财政清理，中央朝野基本认识集中于两点之上，一是需要改变中央与地方财权混乱的局面，二是借鉴西方的财政管理制度，对清廷原先的财政制度进行适当变革，以便于编制预算决算表。这两点认识到无疑集中到一个关键点上：即摸清地方真实的财政收支情况。具体到操作层面上，首先是设局，即分设地方清理财政局，内设编辑、审核、庶务三科统管地方财政清理事宜。其次是派官。"清理财政为预备立宪第一要政，各省监理官又为清理财政第一关键。"③ 为此，清廷拟派专门的监理官以督查地方财务。在监理官的权责上，度支部曾有大概界定："各衙门局所出入款项有造报不实而该局总办等扶同欺饰者，并该局有应行

---

① 《度支部奏议覆制定预算决算表折》，《东方杂志》第 4 卷第 3 号（1907 年 5 月 7 日），第 35 页。
② 《度支部奏议覆制定预算决算表折》，《东方杂志》第 4 卷第 3 号（1907 年 5 月 7 日），第 34 页。
③ 《监国摄政王钤章二月三十日奉》，《申报》1909 年 3 月 22 日，第 1 张第 2 版。

遵限造报事件，而该总办等任意迟延者，准监理官径禀度支部核办。度支部于各省财政，遇有特别事件，径饬监理官切实调查。"① 最终正式任命了正监理官 20 名，其中包含度支部官员 9 名，地方官员 11 名，再由度支部保荐了 24 名副监理官，一共 44 名赴全国各地开展了财政清理计划。② 根据度支部的清理财政办法，财政监理官主要职责是稽查督催"俟将调查各省财政人员选派后，首先赴各边省详细调查亏累确数，继则调查他项财政"③。摸按《清理财政章程》规定，清理财政一项重要任务就是摸清地方真实的财政情况，并编册《财政说明书》送度支部候核，为此，各省清理财政局开展了属地的岁入岁出的细致调查与《财政说明书》的编纂，并按年或按季送报告册，"调查出入确数，为全国豫算决算之豫备"④。1911 年度支部颁行《试办全国预算简明章程》《度支部酌拟试办全国预算暂行章程》，规定"自宣统三年起试办全国豫算""各省应编国家岁入预算报告册，地方岁入预算报告册，并比较表送度支部"⑤。度支部在收到各省预算报告册后，编制全国总预算。宣统三年（1911）全国经常门类岁入岁出总预算如表 1 所示。

宣统三年全国经常门类岁入岁出总预算中，民政费、教育费、司法费、交通费、实业费、工程费等已经列入清廷正式预算，这在形式上似乎颇具公共财政的雏形。另外需要指出的是，按照黄遵宪、赵炳麟等人的说法，西式预算与中国古代成周旧制颇具隐通之意在于"每岁国用，妇孺咸晓"，换言之，即清末预算，是否进行预算公开，以达到"国民知租税为己用，皆乐尽义务；官吏知国用有纠察，皆不敢

---

① 《度支部奏为酌拟臣部清理财政处各省清理财政局办事章程缮单折》，转引自刘增合《财与政：清季财政改制研究》，生活·读书·新知三联书店 2014 年版，第 124 页。

② 刘增合：《纾困与破局：清末财政监理制度研究》，《历史研究》2016 年第 4 期，第 45—62 页。

③ 《度支部派员清理财政之预备北京》，《申报》1909 年 3 月 30 日，第 1 张第 4 版。

④ 《宣统政纪》卷五，光绪三十四年十二月辛未。

⑤ 《度支部酌拟试办全国预算暂行章程》，《申报》1911 年 2 月 25 日，第 2 张第 2 版。

侵蚀"的目的。① 揆诸媒体报道，宣统三年预算案，确有公诸报刊，如《申报》通过连载方式发布了宣统三年各中央部院岁入岁出总预算案的详细数额②，《东方杂志》也发布了各地方的预算数额③，这似可表明清末预算案中，确有与成周旧制"使庶民咸知"的隐通之意。因此，梁发芾认为清末迈出了近代预算的透明与公开的第一步，是清廷落幕前的回光返照。④

表1　　　　　　宣统三年全国经常门类岁入岁出总预算

岁入经常门		岁出经常门	
项目	数额（两）	项目	数额（两）
一、田赋	46164709	一、行政费	26069666
二、盐茶课税	46312355	二、交涉费	3375130
三、洋关税	35139917	三、民政费	4416338
四、常关税	6991145	四、财政费	17903545
五、正杂各捐	26163842	五、洋关费	5748237
六、厘捐	43187907	六、常关费	1463332
七、官业收入	46600899	七、典礼费	745759
八、杂收入	19194101	八、教育费	2553416
附：1. 捐输	5652333	九、司法费	6616579
2. 公债	3560000	十、军政费	83498111

① 《光绪政要》卷三二《度支部议复御史赵秉麟奏制定预算决算表事宜》，光绪三十二年十二月。
② 《资政院会奏议决试办宣统三年岁入岁出总预算案请旨裁夺折》（续），《申报》1911年2月14日，第2张第2版；2月15日，第2张第2版，2月16日第2张第2版；2月18日，第2张第2版；2月20日，第2张第2版；2月21日，第2张第2版，2月24日，第2张第2版。
③ 《度支部试办宣统三年各省各衙门预算总说明书》，《东方杂志》第7卷第12期（1910年11月），第21—44页。
④ 梁发芾：《预算公开百年梦》，《人大建设》2010年第5期，第50页。

岁入经常门		岁出经常门	
项目	数额（两）	项目	数额（两）
		十一、实业费	1603835
		十二、交通费	47221841
		十三、工程费	2493204
		十四、官业支出	560435
		十五、边防经费	1239908
		十六、各省应解赔偿洋款	39120922
		十七、洋关应解赔偿洋款	11263547
		十八、常关应解赔偿洋款	1256490
		附：归还公债	4772613

数据来源：马金华《近代中国财政预算制度的转型与国家治理》，《安徽师范大学学报（人文社会科学版）》2018 年第 3 期，第 123—132 页。

即使清政府宣统三年预算案中，有民政教育司法诸费，并对预算案进行公开使臣民咸知，似可管见统治当局的"公共财政"雏形理念，但是，清末的预算案，在调适之中，有鲜明的"弃西留中""弃本留末"倾向。

第一个倾向在于如何维持巨额的皇室经费开支。宣统三年预算案中，皇室经费包含在行政经费中（行政费为 26069666 两）。关于皇室经费划分清末一直未能厘定。但其具体数额可从媒体报道中寻找蛛丝马迹。1910 年 3 月，《申报》报道，"内务府大臣预算皇室经费明年用款五百余万"[①]，预测 1911 年的皇室经费为 500 多万两，1911 年《申报》又报道，"年来度支部清理款项，应划归皇室经费

---

① 《电二北京》，《申报》1910 年 3 月 29 日，第 1 张第 3 版。

者，多至七百余万两"①，《宣统政记》亦有载，"近闻度支部清理出入款项。应归皇室经费者，为数七百余万"②。这似可推测清末皇室经费数额应当在600—800万两左右。又据宣统三年《奏为协议宣统四年全国预算事》，"皇室事务至为隆重……计岁入分配之数共列库平银八百三十万三千五十七两"③，以上推测与《奏为协议宣统四年全国预算事》出入不大。换言之，皇室经费占行政经费25%左右。在宣统四年预算筹划中，枢臣奏定："现在皇室经费尚未厘定，宣统四年预算自应宽为筹备，计岁入分配之数共列库平银八百三十万三千五十七两，较三年预算案实增列银五十八万两……保王室之尊严，表人民之翊戴至深也。"④ 不仅皇室经费占比较大，且有增加趋势，另外皇室经费甚至不交议院议决，而是另编造册，"皇室经费照章不交议院议决。宣统三年预算因未提出另编，资政院颇讪笑之，现度支部堂官已谕令财政处京畿科，于四年预算案内，将皇室经费各款，另编一册以符定章"⑤。关于清末皇室经费的额度及其产生程序，媒体一直颇为愤慨，"我国皇室财政，归内务府掌管……年来度支部清理款项，应划归皇室经费者，多至七百余万两，较之日本三百万元之皇室经费，则已增加两倍"。《申报》甚至刊载革命党人文："满洲政府以伪立宪之名，愚我国民，且文明宪国民主经费，亦由民政院决定，满洲宪法宪章，皇室经费，不惟由钦定而增加，亦由政府而决，毫无宣布，不由众民举议条例。"⑥ 媒体对此颇为不瞒。概而言之，清政府保皇室尊严是预算重要目标之一，尤其是清政府财政江河日下情形下，皇室经费不减反增，尤其是预算表人民对皇室翊

① 《今年筹备之宪政（继）（续初六日）》，《申报》1911年2月27日，第2张第2版。
② 《宣统政纪》卷四七，宣统二年十二月己丑。
③ 《奏为协议宣统四年全国预算事》，宣统三年八月十六日，档案号03-7521-001，中国第一历史档案馆馆藏档案。
④ 《奏为协议宣统四年全国预算事》，宣统三年八月十六日，档案号03-7521-001，中国第一历史档案馆馆藏档案。
⑤ 《京师近事》，《申报》1911年2月19日，第1张第6版。
⑥ 《广东革党黄洪昆紧要供词》，《申报》1910年3月29日，第2张第2版。

戴至深的思想，带有浓厚的皇权思想，与西方近代化预算本质相去甚远。

第二个倾向是在集中财权。预算方案制定中，度支部一再强调传统税制的"财权统一"思想，而对于预算必须之立宪等，则并未有实质性推进。在1907年，《度支部奏议覆制定预算决算表折》中，要求各地奏报款项，以凭核办，一再强调"财权统一"：

> 至近年新办各项要政，凡未经立案者，均分别奏咨立案，以凭核办，嗣后各省奏销务当确遵例限勿得迟延，该御史所称定自何年何月起作为会计年度，开始期当俟察看，各处报告情形再行妥定。一各省外销款项，宜核实奏明，以戒虚捏也。我朝雍正十三年，定耗义归公之法，盖消息盈虚，必始于财权统一，此古今中外之通理也。外销等款固为事，所必需各国赋入，亦分别国家税、地方税两种，惟既无按款稽核之文，即难免渐滋冒滥之弊……臣部亦断不至有竭泽而渔之举，现在振兴庶政，实事求是，及时核定以示大公，并乞饬下各将军督抚等通盘筹划，悉数奏明……①

度支部在奏折中，对古代传统理财的财权归于中央进行了强化，"唐以送使诸赋并入上供，宋则留州各钱物悉皆系省，我朝雍正十三年，定耗义归公之法，盖消息盈虚，必始于财权统一，此古今中外之通理也"。表明中央财政管理部门在预算思想调适中，明显有保留传统理财中央集中财权的动机。度支部指出，"无按款稽核之文，即难免渐滋冒滥之弊"，表明地方如不及时向中央奏报具体财政情况，地方难免会出现"冒滥之弊"，集权之嫌跃然纸上。

宣统三年度支部《为试办全国预算拟定暂行章程事奏稿》中，则直接表达了"统一财权之义"："全国预算当合全国一统，系各国岁

---

① 《度支部奏议覆制定预算决算表折》，《东方杂志》第4卷第3号（1907年5月7日），第37页。

出预算皆以行政各部以事为目。唐宋会计录，分析军民用意略同，现拟岁入各类均归臣部主管，以符统一财权之义。"① 此奏折鲜明表达了不仅要集财权，以符历史传统，同时要集中财权于度支部，以合财权统一之义。

预算之本在于"宪"，而清末枢层的预算思想，多有恢复传统中国财政专制之味，这明显与西式预算的"分权"格格不入，可谓弃"本"逐"末"。不仅在西式预算嫁接上如此，在国地两税划分上，由于涉及中央和地方的税收分成，央地更是围绕财政集权博弈不休。如何找寻一套既能够利用西方分税理论以纾困境，又能适应传统理财思想的新制度以立新局，是朝野上下共识。清廷遇到的最大困境在于，传统理财思想下，除地方割据有短暂地方税外，部分有识之士也认识到，西式两税与中国集权或有间隙，"我国古时未当有地方税之名也，然自五代以前军府州县皆有存币，而节度观察刺史县令得自司其出内之权，若悉搜天下之财，五□而论，诸天府使地方有司无一豪，财政权者则令自赵宋。……朝廷取各直省之财，以聚诸户部，各督抚又无取州之财以聚司库……"② 以上梳理表明，即使在传统社会时期地方虽有割据，但是一旦统一，中央立即高度集权，地方财权尽归中央，所谓的地方税，无非是割据动乱下的临时财政之态。"数千年来皆以国家为收税主体，所谓地方事业，亦由国家措办，本无地方税可言。"③ 在如此环境下，如何将西方分税理论嫁接到传统理财思想上，确实是棘手难题。加之中国传统官制不清，内外行政事项分配并无完制，这又给国地两税的分配带来困难。所以考察宪政大臣李家驹在其奏折中反问道："官制不定，则内外行政事项无从分配，国家财政与地方财政即无从清厘，以我国财政尚无中央与地方之分类，今欲就现在岁出入之款项名目区以别之，试问岁入项下何者常为国税？

---

① 《为试办全国预算拟定暂行章程事奏稿》，宣统三年五月，档案号41-0025-0001，中国第一历史档案馆藏档案。
② 《论征收地方税之计划》，《时报》1908年8月30日，第2版。
③ 《朱绍文上内务部地方行政会议意见书》，《申报》1921年3月26日，第11版。

何者当为地方税？岁出项下何者属于中央行政费？何者属于地方行政费？既无官制以为标准，又不能凭臆为断，则所谓本省预算决算者，将何从而议决之？"①

两税应如何划分，有媒体建议，地方自治经费应当归入地方税内："于国税之外，别有所谓地方税者，即以供地方自治之经费者也。当考列国财政统计以地方征收之数，较国税征收之数，则地方税历年之增加甚多且速，此何故耶？世界愈文明则人事愈繁赜，人事愈繁赜则自治之范围欲扩，而经费因之增重，此人事之无可解免者也。吾国地方自治之制方在筚路蓝缕之初，原未可与东西诸国相提并论，然试办伊始，必不能为无米之炊，侧闻某省大吏昌言，谓地方自治决不许动支官款，是则地方税之在今日，固事在必行矣。"② 以上观点认为，中国自古以来，实际并无地方自治之制，但是清末地方自治之说开始兴起，"中国立宪政体之基础，将于是创立焉地方自治之制度"③ 该观点提出可将西方税制与自治体制，嫁接到中国新生地方自治上。地方上认为，如果只按照交议地方行政经费作为划分标准是极不合理的，反对中央过度集收经费。湖南咨议局就提出："中国财政混淆已久，即如上所区划地方税中若者，为全省地方税若者，为府厅州县地方税若者，为城镇乡地方税尚待细析，则地方税之必多于国家税也，又事理之所当然已，现在府厅州县地方自治城镇乡地方自治尚未能一律成立，然开办不容稍缓，则经费尤宜。预备虽各应就地筹款，如原有公款公产及公益捐之类，然其财力究不免薄弱，其于应办事件之经费，必有须得全省机关之补助者，设令划分地方税，仅以交议地方行政经费之数为标准，则地方收入祇有此数，地方政务筹办，方新欲增加负担，则徒益小民之疾苦，地方一切应办事件，将有萎靡不振之忧。而中央集收经费之过于膨胀，蠹蚀虚糜，其流弊更有不可胜言

---

① 《考察宪政大臣李家驹奏考察立宪官制录缮成书敬陈管见折》，《吉林官报》1909年第18期，第3页。

② 《论征收地方税之计划》，《时报》1908年8月30日。第2版。

③ 《论上海倡办总工程处》，《申报》1905年8月17日，第2版。

者，此不能不长顾郄虑，而斟酌多寡损益之宜者也。"[1] 以上实际表明部分地方对于中国传统几千年的理财思想进行了反对，即对中央过度集中财权的思想提出了质疑。

社会各界与地方就两税应当如何划分争论不休，但最终如何划分决策权的还在于中央。中央的观点较为鲜明，即集中财权，这实际上是对数千年中国传统理财体制的恢复——自秦汉自明清，财出于上，这是亘古不变的理财伦理。即使西方两税思想已经引入，清廷的立足点还在于如何从数千年的集权理财观中寻找理论依据，既能够准确划分国地两税，又能适当集权于中央，同时还要考虑皇室经费是否受影响，"本年为调查国家税地方税，年限宣统三年为厘定年限，宣统四年同时颁布，庶推行无所妨碍至皇室经费。查筹备清单第八年，始行确定。惟国家税地方税划分以后，所有一切经费皆应分别支配，似皇室经费亦应同时规定，方臻完备"[2]。

在 1908 年度支部《清理财政章程讲义》中初步对国地两税进行了一知半解划分后，在 1911 年度支部在《试办全国豫算折》中又提出了模糊的解决方案：

> 暂分国家岁入，地方岁入，中国向来入款，同为民财，同归国用，历代从未区分，……近今东西各国财政，始有中央地方之分，然税源各别，学说互歧，界画既未易分明，标准亦殊确当。现既分国家地方经费收入，即不容令其混合。
>
> 业经臣部酌拟办法，通行各省列表繫说，送部核定，并于预算册内令，将国家岁入、地方岁入洋究性质暂行划分仍俟。国家税、地方税章颁布后，再行确定。一为正册外，另造附册，预算原则，必以收支适合为衡，周官九式，义主均财，盖必验其盈虚，而后可施其酌剂。中国现在库储奇绌，故经常之款，必有定

---

① 《湖南咨议局协议划分国家税地方税呈文》，《国风报》1911 年第 14 期，第 77 页。
② 《宣统二年八月中国大事记》，《东方杂志》第 7 卷第 9 号（1910 年 10 月 27 日），第 113 页。

衡，而新政一切要需，亦未容预为限制。此次所拟办法于编制总
预算案之，先将岁出与岁入酌量支配，以待内阁会议、政务处协
商，至新增特别重要事件应筹之款，则另编附册，随同正册造
送，而区分缓急覆覆，准驳仍由主管各衙门与臣部分别办理，盖
正册取量入为出主义，以保制用之均衡，附册取量出为入主义，
以图行政之敏活，此则立法之微意，用权之苦心，当为内外官民
所共谅者也。①

　　度支部的调适思想是预算造正附两册，正册依然按照传统的"量
入为出"方法拟定，但是如何划分正册中的央地两税，度支部的说法
是"国家税、地方税章颁布后，再行确定"。新增特别重要事件应筹
之款作为附册，"量出为入"，以图行政之敏活。

　　实际上度支部之方法，多有矛盾之处。度支部在该奏折中，首先
诉苦，说中国自古就没有国地两税的先制，西方税制虽然有中央地方
之分，但是学说互歧，并不统一，划分国地两税，纵向层面传统理财
思想无先智可循，横向层面西方学说"界画既未易分明，标准亦殊确
当"，划分确实难上加难。提出的方法不仅没有从实际层面解决两税
问题，甚至前后颇有矛盾之意。度支部引用了古代"周官九式"之
法，然"周官九式"理财之法在传统社会乃节用理财之道，"周官九
式，均节财用家"②，但度支部之后提到的对策又言，新增特别重要
事件应筹之款"量出为入"，以济不时之需，确有矛盾之意。对此，
度支部解释道，因国家税、地方税章尚未颁布，故采取预算合并编制
方式。按《清理财政章程》第十四条第三项，在岁出一门分国家行
政经费，地方行政经费者分别预算，岁入暂时不分国家税与地方税：
"本部此次试办各省预算，只于岁出一门分别国家行政经费，地方行
政经费者，系遵照清理财政章程第十四条第三项办理，其于岁入一

---

① 《度支部奏试办全国豫算折》，《四川官报》第 11 号（1911 年 4 月 14 日），第 4—5 页。
② 黄潜：《金华黄先生文集》卷三十续藁二十七，元钞本。

门，不分国家地方者。因国家税地方税章程未经厘定，故暂行合并编制，业经通电各省将预算全册送供参考，则一切岁入俱在其中，各省咨议局亦可署知，大概俟将来国家税地方税划分后，自应分别国家岁入与地方岁入以符体例。"①

既然度支部已经说到国地两税划分待国家税、地方税章颁布后再行确定，最后是否有拟定税章的计划？据《四川官报》报道："度支部奏定，应行筹备事宜，划分国家税与地方税，应于第三年入手筹办，第四年筹定完备，第五年颁布实行。"② 另据《大清新法令》记载，清末度支部对于财政改革的整体计划是"第一年颁布清理，第二年调查各省岁出岁入总数，第三年覆查各省岁出岁入总数，拟定地方税章程，试办各省豫算决算，第四年编订会计法，覆查全国岁出入确数，颁布地方税章程，厘定国家税章程"③。以上表明，度支部的计划是宣统四年才筹定划分计划，正式拟定地方税与国家税章程，宣统五年才颁实行布，然而风动雨摇的清廷似乎无法再苟延残喘，未等计划筹定，清廷既已覆亡，意味着清廷对西方两税理论调适与嫁接的失败。

四 制度土壤、文化冲突与清末近代西式财政转型价值再认知

不可否认，清末宣统三年预算案以及关于国地两税的划分尝试，对于推进我国近代财政转型具有一定意义。然而，结合清末的制度土壤与文化环境，擘肌分理的回顾清末的财政预算的行践，便可发现，清末移植的西式财税制度，乃为"形似神非"，即虽然初步具备了西式预算等面相雏形，但是忽略了西式财税内在的本质核心，因此从这个角度而言，我们不应过高评估清末财税转型的历史价值。

---

① 《各省预算案未能交出岁入之原因》，《国风报》1910 年第 27 期，第 111 页。
② 《京外新闻》，《四川官报》第 5 册（1911 年 4 月），页码不详。
③ 《大清新法令》第一类宪政，第 38 页。

首先，中国传统文化与西式财税理论存在本质冲突，西式预算等理论核心是限制王权，这与一个皇权至高无上的东方古国明显格格不入。早在周代，就形成"王土王臣"理论，"溥天之下，莫非王土，率土之滨，莫非王臣"，表明君主对天下一切具有掌控权力，"禹别九州，辨贡赋之等。周制五服，定征税之差"① 田地之等级，赋税之多寡，基本由君主一人专断。进入秦汉以后，中央集权体制进一步强化，西汉确定儒家思想作为正统地位后，三纲五常、天地君亲师的纲常位次赫然而立，到经过宋代程朱理学的发展，忠君思想更是根深蒂固。到了明清时期，皇权达到登峰造极地步。即使鸦片战争后，自诩为"天朝上国"的东方古国已沦为东亚病夫，但皇权的至高无上丝毫未有动摇。不少知识分子欲取经西法，寻求政治变革，清政府经过多方比较，最终选择的是仿行君主立宪政体，其主要考量的因素就是"皇位可永固"。"以今日之时势，言之立宪之利，有最重要者三端。一曰：皇位永固。立宪之国，君主神圣不可侵犯，故于行政不负责任，由大臣代之负。即偶有行政告宜或议会与之反对，或经议院弹劾，不过政府各大臣辞职，别立一新政府而已，故相位旦夕可迁，君位万世不改。"② 这表明，到清末，即使政治形势危在旦夕，枢层考量的关键问题还在于如何保持皇帝权威不受侵犯。

与中土不同的是，西方的财政体制，则是建立在共同利益基础上演化而生的。早在古希腊时期，就初具民主雏形。《罗马法》更是明确了民本理念，经过历史的不断演化，包含表决、财产、自卫、婚姻等多项维度的个人权利愈发被西方民众所重视。因此，中古时期的西方社会，已然意识到税赋的"共同利益"特质，因此，国王征税必须经过议会同意。《大宪章》更是将"未经议会许可国王不能擅自征税"的成俗习惯以宪法性文本确定下来。因此，近代西方社会的预算制度，其本质是在限制王权基础上，以"共同需要"为基础，实现共同利益诉

① 白居易：《白氏六帖事类集》卷二二，民国景宋本。
② 《补录泽公密陈大计请定立宪折》，《申报》1906 年 9 月 29 日，第 2 张第 9 版。

求的财税制度。编制岁入岁出表，只是西式预算的表征，利用议会限制王权以实现共同利益需求才是西方预算的核心本质所在。

当一种成长在"共同利益"下的新型财税理论移植到"皇权至上"的中土，水土不服的出现便成为理所当然。尽管经过千辛万苦出台了新式预算案，但是预算只是初备表皮未具内里。虽然宣统三年预算案编制了常项岁入岁出项别，但是其产生的程序，基本还是行政主导。1906年，御史左绍佐就曾上书："闻各国宪法，其精意在于豫算表，其岁出岁入之款，国人所共知……所有一切度支出入，先为条举件列，别其何者当用，何者不当用，绝不滥用也。"[1] 1909年，御史赵炳麟也上奏"夫立宪之贵有议院者，贵其以人民而协赞立法审查岁用也。法律财用必许人民参预者，尽君主行一政出一令必度民力，查民财，法出能顺，与情令行"[2]。换言之，当时部分国人已经认识到预算即是议院主导下的财政收支政策，主要目的是限制政府巨支无度。但是御史之言很明显没有受到朝廷的重视，宣统三年的试办预算方案，与西方立宪下的预算存在本质差异，更无需谈"必许人民参预"了，故梁启超评价清末预算为"从所未闻之预算"。他尖锐批评了清廷的预算案，认为预算收支极不相合，"不能谓之预算案，此可谓之岁费概算书"[3]。预算编制预算之权，不在资政院，"资政院所讨论者，乃编制预算案也，非决议也"[4]，并看清了清廷所谓的立宪骗局，"日日言立宪，而不知预算之为何物"[5]，这也是清末预算为何未能得到知识分子认同的主要原因之一。

---

① 《奏为豫算岁出岁入之数请敕下度支部核实等情事》，光绪三十二年，档案号03-6667-141，中国第一历史档案馆藏档案。
② 《为筹备立宪事》，宣统元年五月，档案号09-01-07-0077-015，中国第一历史档案馆藏档案。
③ 《亘古未闻之预算案》（1910年），载《梁启超全集》第四册，北京出版社1999年版，第2295页。
④ 《亘古未闻之预算案》（1910年），载《梁启超全集》第四册，北京出版社1999年版，第2296页。
⑤ 《亘古未闻之预算案》（1910年），载《梁启超全集》第四册，北京出版社1999年版，第2296页。

不仅预算产生的程序与西式预算大相径庭，就连编制的预算岁入岁出方案，也是相去千里。在清廷试办预算案的支出项目中，占比最高的为军政费，高达 83498111 两，占比多达 32%，其次为交通费，数额为 47221841 两，占比高达 18%，随后各省应解赔偿洋款总额高达 39120922 两，占比为 15%，行政费占 26069666 两，占比高达 10%。以上数据换言之，行政费与军政费二者占比就高达 42%，有将近一半的财政支出都耗费在了军政支出上。真正用于民的财政支出包括交通费、工程费、民政费、教育费、司法费、边防费等累计占比 6500 万两左右，占比大约只有四分之一。而在西方，"观泰西各国，……赋敛之重，莫不如是。而其国号称平治者，盖举一国之财，治一国之事，仍散之一国之民，故上无壅财，国无废政，而民亦无游手"[1]。即使新式预算从面上分析确实初具了"共同财政"雏形，但是预算支出中，依然是军政独占鳌头，与西方"共同利益"下的"散之于民"预算相比差之千里。

概而言之，清末的预算方案中，是中土"君权至上"与西式"公共财政"的文化激烈冲突，这也就意味着限制皇权的西式财税理论，是不可能真正嫁接到"皇权至尊"的中土。即使政局已经激烈动荡，中央依然想方设法收回财权，以规复一统之意，并保障皇权神圣不可侵犯。1911 年 11 月，清廷即宣誓太庙，布告臣民，"（一）大清帝国皇统万世不易（二）皇帝神圣不可侵犯（三）皇帝之权以宪法所规定者为限……（五）宪法由资政院起草议决由皇帝颁布之"[2]。申报以《资政院尚在梦吃耶》为题报道了清廷这一行为，这似可表明，主流媒体对清末的立宪与预算完全不抱期望，改变皇权至上的政体，抑或尚在梦吃。

其次，不仅是"皇权至上"与"共同利益"下的矛盾冲突难以融合，其西式财税嫁接的秉承"量入为出"与"量出为入"的原则

---

① 黄遵宪：《日本国志》（上卷），天津人民出版社 2005 年版，第 321 页。
② 《资政院尚在梦吃耶》，《申报》1911 年 11 月 10 日，第 1 张第 4 版。

亦是函矢相攻，难以调和。中土士大夫纷纷认为，西式财税理论早已在成周时期既已有之，但周礼冢宰其核心关键是"量入为出"，而近代西方很多国家，却秉承了"量出为入"这一原则，这与中国传统社会的"量入为出"原则明显矛盾。"量入为出"，体现了以均财用的原则，这与周官旧制财税思想一脉相承。中国传统社会，一直以"量入为出"作为理财基本原则。古代多数王朝，财政支出主张以"养民"为上，财政用度"用之有止"，财政支出规模应当厉行节约，只有在财政支出规模上予以节制，方可防止过度加征赋税，避免"民穷"而至"国穷"，这为典型的"量入为出"原则。而"财政之最要者，莫如预算。西哲有言，一家之预算，量入以为出，一国之预算，量出以为入"①，因此，"国家愈文明，则其岁出、岁入之费愈多"②，近代西方很多国家以"量出为入"作为预算原则，故西方社会整体税赋较重。知识分子引进西方预算理论之时，虽然一再强调以周官九式具有隐通之意，然而清廷全然不顾周官理财以均节用的"养民"理念，反而加重苛捐杂税，以丰岁入。从宣统三年的试办预算案中便可窥见，其岁入经常门额达到了 2.7 亿两，这相比较于康乾盛世之时，翻了三四倍。在各项岁入中，田赋达到 4616 万两，而在康乾时期，其均值大约只有 2700 万两。盐课茶税达到 4631 万两，而在康乾时期，这一数字大约只有 500 万两。增长更为迅速的是各项杂税苛捐，竟然高达 3100 万两，其各类输捐额就已超过顺治九年岁入总额的 2438 万两，接近康熙二十四年（1685）的 3424 万两，雍正二年（1724）的 3649 万两。在康乾盛世时期，各类输捐杂赋额均值只有 120 万两左右，到清末杂税苛捐翻了 20 多倍。清廷统治者认为，既然西式预算"量出为入"，那中国自然也要转变观念，度支部拟定财政预算方案中，"盖正册取量入为出主义，以保制用之均衡"③，这也表明在岁出愈发扩大，而财政左右支绌情形下，已然接受了西方的税

① 《论今日宜整顿财政》，《东方杂志》第 2 卷第 1 号（1905 年 2 月 28 日），第 112 页。
② 《论今日宜整顿财政》，《东方杂志》第 2 卷第 1 号（1905 年 2 月 28 日），第 112 页。
③ 《清续文献通考》卷七二国用考十，民国景十通本。

收开源主张。如，清末即欲仿行西法，开征印花新税。"度支部具奏研究印花税办法，当经允准，详细调查东西各国成法，迅速研究，渐次推广。"① 对于士大夫一再提醒财政要以均节用充耳不闻。

以上只是宣统三年预算案的中央岁入，如果再算上地方预算，其情形可能要更为糟糕。据《度支部宣统三年预算案提要》中载："正杂各税，各省之名称同，而就其所征之物品，则各省不同，此无足怪也。总额凡银二千六百十六万三千八百四十二两一钱七分七厘，除在京各衙门仅六万余两外，以省别之，奉天额最巨数，凡四百四十四万二千二百八十八两二钱八分，居总额五分之一，奉天田赋额极微，而正杂税乃居天下之冠，产物之富，此其征矣。其次则四川三百二十四万七千九百六十九两六分三厘，直隶二百四十二万三千五百二十两二钱七分七厘，吉林一百九十八万二千九百九十一两八钱四分九厘，河南一百七十四万八千九百五十八两六钱八分。广东一百四十四万三千九百九十五两七钱六分六厘，山东、黑龙江、湖北、山西、湖南、江西、热河、福建、浙江、安徽、广西、云南、新疆、江苏、库伦、甘肃、陕西、察哈尔、贵州、归化城均以次递降，土税溢收有三百八十四万一千二百六十两之多，然非经久之款矣。"② 此种情形下，《申报》发表社论说："苛捐杂税之名目，与年而增多，敲骨剥髓之手段，亦与年而加进，嗟乎！国民之脂膏几何，年年竭劳动之力以博人之，时时受压迫之力以输出之，一剥不已，至于再剥三剥，愤痛交逼，未有示走险而起事者。"③ 如此征税，民生脂膏几何？

实际上，近代西式财税秉承"量出为入"原则，是有其深刻的现实基础。历经工业革命，西方国家生产力迅速提升，"泰西各国，凡织布匹、制军械、造战舰皆用机器，故日臻富强……"④ 赋出于民

---

① 《大清光绪新法令不分卷》，清宣统上海商务印书馆刊本。
② 《度支部宣统三年预算案撮要》，《申报》1911 年 1 月 20 日，第 1 张第 2 版。
③ 《对于谘议局章议决豫算之研究》，《申报》1908 年 8 月 4 日，第 1 张第 3 版。
④ 《试办织布局折（光绪八年三月初六）》，参见顾廷龙、戴逸主编《李鸿章全集奏议十》，安徽教育出版社 2008 年版，第 63 页。

力，正是因为西方国家日臻富强，人民有力负担，乐意输捐，方能开源重税。据《申报》报道，法国税赋科则繁多，税负颇重，"西历一千八百八十九年，（法国）国债息银约三十六千兆佛郎，总统以下经费十三兆，……总共一千八百五十四兆……由此可知法国税则之重，每人一年酌中计之约出三百佛郎……①以上可见法国税赋税负较重。郭嵩焘在考察泰西各国税赋之时，甚至提出了西方国家厘税较之中国约加五倍，但无有言其苛扰者，乃为奇观："法国巴黎都城每年所收杂税以备修理街道工（街）〔程〕，几与国家正课相（勒）〔埒〕；本年开支公费已至二千五百四十万之多，按照民数均摊，每人约出一百十法兰，其地丁关税每四口之家约出八百法兰。其累可知。闻明年器具之税增加二三倍；租税每百征收十一，明年又拟加至十。杂税如此任意增加，皆地方工程之用也。泰西富饶，与其民俗之乐于输将，即此可见，……所征收即居民日用百货之杂税也；较之中国厘税约加五倍，而无有言其苛扰者，亦一奇也。"②郭嵩焘所谓的"奇"，即指英法等国税赋任意增加，而民众乐于输将，这在传统中国"轻徭薄赋"税赋原则完全背道而驰，却"无有言其苛扰者"，确为奇观。其中缘由，一方面乃在于泰西富饶，政府征收"重"税，尚在民众可承受范围之内，另一方面，则是"取之于民用之于民"的税赋政策，"杂税如此任意增加，皆地方工程之用也"，故民众乐意输将。而反观中土，一直秉承重本抑末的经济发展理念，虽然通过洋务运动等初步尝试构建近代工业体系，然而并没有使中国走上富强坦途。而清末中国面对是巨额的战争赔款、沉重的债务负担、巨额的军政开支，不得不通过通过"开源"以补缝隙。这也是清末秉承的预算原则。从"量入为出"到"量出为入"，似有其合理之处，诚然，在财政濒临破产之刻，墨守节流之举是削足适履，因此开源便成为现实选择。然而关键问题在于，在国贫民困的情况下，清廷预算是否有"量出为入"

---

① 《述泰西收税之法》，《申报》1899 年 11 月 15 日，附张第 1 版。
② 郭嵩焘：《郭嵩焘全集》（第 10 卷），岳麓书社 2018 年版，第 678 页。

的现实开源条件？工业无基，实业难兴，商旅艰难，国不富，民无财。而在"量出为入"预算指导原则下，清廷早已抛弃"周官节财"的理财原则，甚至不断加重苛捐，本已在沟壑边缘的民众，更是饿殍盈途，民困益极，这又反过来进一步制约了清廷的税收汲取能力，甚至引发民变，这也是为何清廷预算未能实现清廷富强，甚至预算实施不到一年即走入坟墓的重要缘由。

第三，从"预算公开"与"财政监督"角度而言，更可体现出经过调适嫁接的清末财政转型实践，完全是"画虎类犬"。士大夫在调适过程中，一再强调西式财税理论与中土理财的隐通之处在于"庶民咸知财政收支"，确实清廷在行践过程中，也做到了"预算公开"，主流媒体纷纷报道中央到地方的岁入岁出，使"妇孺咸知"。然而实际情况在于，西式预算，不仅做到了预算的公开，同时还有完善的预算监督程序。法国早在 1320 年就成立会计院，行使财税的监督职能，英国在1669 年颁布的《权利法案》中，也有设立审计机关的明确规定，以监督政府的财政收支。美国在近代更是形成了审计监督与公众监督的完善财税体制。日本也形成了三位一体的财政监督制度，由议院负责事前监督，司法负责事后监督。监督政府理念经过留学生以及驻外大臣的引入，在晚清也一直受到媒体关注，1907 年 1 月，申报即有报道："国民有监督政府之权利，文明各国所同，岂能任政府诸公独断独行乎？"①《东方杂志》直言提出预算应接受人民监督，"预算者，示民以信，用之契据也。国用之支出，亦以为民也。支出为民，故不得不邀民之许可，欲民许可，不得不受其监督。预算者，授民以监督之凭证也"②。《新民丛报》甚至呼吁，"监督政府之行为者，非吾辈之责，而谁责乎？"③ 在社会各界渲染之下，清廷于 1910 年成立资政院，"谕以

① 《上海基督教徒开会纪事》，《申报》1907 年 12 月 15 日，第 1 张第 4 版。
② 《论中国于实行立宪之前宜速行预算法节》，《东方杂志》第 3 卷第 13 号（1906 年 1 月 19 日），第 256 页。
③ 《日本之政党观》，《新民丛报》1906 年第 25 号，第 49 页。

代表我四万万人监督政府之机关"①。按照其章程，资政院有议定国家出入预算并有监督职能，然而在实际上，资政院议决事项是否可行，尚需请旨可否。1911 年资政院核议试办预算案时，提出要核减预算，即请旨裁决，"议决试办宣统三年岁入岁出总预算案遵章会奏缘由，谨恭折具陈伏乞皇上圣鉴。"② 这表明由资政院监督政府，实乃黄粱一梦。既然名义上的监督机关都不能行使监督职能，司法、公众及其他第三方对政府预算的监督，更似荆天棘地，困难重重。实际上，在"官本位"的中国文化土壤下，由人民或其他机构监督政府，在很多朝廷要员看来，实乃不可思议。也正是由于缺乏财政监督的制度约束，导致政府苛捐无度，岁出糜多。因此，《申报》评论说，"（中国）终有悬磬之忧，呜呼！是皆人民无财政监督之所致"③。在宣统三年试办预算案发布后，梁启超曾评价其为亘古未闻之预算案，并指出，"财政之整理，何日可期？政治之监督，何日得举耶？"④ 即使清末预算实行了预算公开颇有进步之意，然而公众却缺乏财政监督之权，对政府层次叠加的苛捐杂税无可限制，对靡费无度的财政开支更是无可奈何，因此，从此角度而言，清末的预算案并未真正完成西式近代化的转型，在本质上与传统财政并无实质性差异。

最后，财权的集权与分权矛盾也是西式财税嫁接中土出现水土不服的重要因素。划定国家税与地方税，体现出了财政的合理分权，这可以界定中央与地方的财权与事权。早在 18 世纪末，部分西方国家就按照财政收支划分了央地两税。美国 1878 年成立联邦政体后，即实行央地两税分税制，日本明治维新后，也开始逐步实现分税制。到19 世纪中期，欧洲大部分国家都先后实行了央地两税分税制，成为西方各国较为成熟的制度。西方诸国正是通过国地两税的划分，使中

---

① 《清谈：资政院今日庆开幕矣》，《申报》1910 年 10 月 3 日，第 1 张第 4 版。
② 《资政院会奏议决试办宣统三年岁入岁出总预算案请旨裁夺折》，《申报》1911 年 2 月 14 日，第 2 张第 2 版。
③ 《北京士民国会请愿书（续）》，《申报》1908 年 8 月 22 日，第 4 张第 2 版，
④ 《亘古未闻之预算案》（1910），载《梁启超全集》第四册，北京出版社 1999 年版，第 2295—2296 页。

央与地方税收泾渭分明，央地行政事宜更是井然有序。而反观中国，数千年的帝制下，中央高度集权，财权亦高度集中于中央，并不存在真正意义的地方财政。地方所需大项开支，皆由中央拨付。太平天国后，中央财权始有下移之象，原先高度集中的财政管理体制被打破，央地两级财政趋于混乱，由此士大夫呼吁要合理划分国地两税，他们调适之法，即泰西地方税制与中国古代的上供留州实为同根同源。既然合乎古制，划分国地两税自然提上日程，这也一度成为中央重要推进工作之一。但是，肇始于光宣之交的地方财政清理工作，就令地方督抚大为惊慌，中央清理财政，明显是要地方和盘托出财政家底，封疆要员担心财底外露会使财权上移，对于中央政府下派的财政监理官，视为"来者不善"，纷纷阳奉阴违，加以阻格。"据各监理官来禀，金以官场积习疲玩，阳奉阴违，办事之难几同一辙，良由各省财政紊乱已久，脂膏所在，奸蠹丛生，欲举数百年之锢弊，遽令廓清，人情本多不便。"[1] "各省藩司每与监理官有所龃龉，尤觉无谓，大抵因清理财政后于出入财政之权，大有损害，故不惜施其阻挠之计。且因监理官又属年轻位卑之流，藩司以前辈大员自居，以故尤多阻格。"[2] 地方督抚暗中授意参与清理计划的潘司多方拖延，使监理官的财政核查计划无从着手，监理官对此甚感愤愤，甚至部分监理官还惨遭横祸（如甘肃财政监理官刘次源被参劾革职）。这已然说明，地方财政已经形成，清代初期大一统的财政格局早已不复存在，解款协拨制度渐趋废弛，奏销制度也已名存实亡，财政实际上已处于央地的分权状态，这也是清末财政清理难以推进的重要因素。既然地方财政已成既定事实，划定国地两税，给地方财政正名，本应顺理成章。不少地方官员更是提出，属于地方一切事项开支，理应纳入地方税范畴，地方也应自收自支，欲分财权跃然纸上。但是度支部堂官却一再强调，自古以来岁入同为民财，岁出同归国用，财权一统方合乎古

① 《度支部奏参甘肃藩司之严厉北京》，《申报》1909 年 12 月 28 日，第 1 张第 4 版。
② 《论内外臣工无实行宪政之心》，《申报》1909 年 12 月 31 日，第 1 张第 2 版。

制，财政集权众目昭彰。在分权与集权的矛盾下，地方督抚与中央就两税划分问题一直争论不休，以至于政策迟迟不能落地，"度支部奏定，应行筹备事宜，划分国家税与地方税，应于第三年入手筹办，第四年筹定完备，第五年颁布实行"①。直到清王朝覆灭，也未能实现国地两税的合理划分。

结　语

受限于国内认知环境，不少知识分子与朝廷要员引入西方税制理论之时，提出"西学东源"理念，对西式财税进行中土化调适，即西方的预算理论实际上是中国传统的成周之制，而央地两税划分则来自于汉、唐、宋等王朝"上计留州"，如此调适虽牵强附会，但确实减少了西式财税理论的传播阻力，最终也顺利上达枢层，酝酿并试办了近代中国的第一份预算案，并初步开始了两税划分。即使知识分子引介泰西财税理论，欲求国家财政丰盈有序，然而，不同的群体对于如何嫁接却产生了分歧。

在预算嫁接上，知识分子与开明朝廷要员的调适本意，是减少顽固派对财政改革的阻力，而中央总掌财权的度支部确有总揽财权之意，二者调适之点存在差异。尽管西式预算案在清廷覆灭之前得以行践，但其与西式财税理论的"共同利益"原则截然不同，其预算支出中军政靡费无度，收入中更是苛捐无穷，处处体现了"君权至上"，与西方的"共同需要"财税理论指导思想几为天壤之别。罗玉东曾指出："近时泰西各国，每年由该国度支大臣预将来岁用款开示议政院，以为赋税准则，说者谓其量入为出，颇得周官王制遗意，而实则泰西之法量出以为入，与中国古先圣王之所谓量入为出者相似，仍属相反。中西政体不能强同，类如是也。"② 表明实际上西方的预

① 《京外新闻》，《四川官报》第5册（1911年4月），页码不详。
② 罗玉东：《光绪朝补救财政之方策》，《中国近代经济史研究集刊》1933年第1卷第2期，第230页。

算与中方的古先圣王理财之法其实截然相反。罗氏之言，不仅仅是量入为出与量出为入矛盾难以融合，更是在中国集权政体环境下，根本难以调适西式分权财政理论。在不改变政体的情形下，无论是成周制用，还是刘汉上计，都是无法根本调适西方的理财理论真谛。

在财税分权理论的嫁接上，历经数千年的中央集权财政体系与晚清财政下移现实已然相悖，合理划分两税之制呼声渐起，但是实际问题在于，西方各国探索的两税制度，其优越性远远超过中国本土的财政传统与理财观念，以致清末国地两税划分，处处为难。因为中国自古就无严格意义上的地税之说，外来的两税学理与传统理财观念如何调适，不同群体基于自身利益出发，各抒己见。不同利益诉求下，两税划分迟迟不能统一，新的制度嫁接，似乎遭遇瓶颈。实际上，不仅是利益诉求的多元性滞缓了两税改革的正式落地，延续数千年的旧观念与旧制度，对两税推进亦有重要阻滞。中国自古以来，皇权至高无上，在高度集中的财税体制下，中央随意调度地方财源乃为成制，在晚清财权逐渐下落后，当局无时无刻不思收回地方财政大权，以复财政一统之制。中央财政当局虽然对于如何划分两税一知半解，但是其调适之意却昭然若揭，那就是从传统中国财税理路中寻找依据，以抓牢自身财权。这也意味着，不仅是两税划分，还是清末其他西式财税改革，都不可避免地走向了沉沦之路。

因此，从以上角度而言，不仅清末的财政转型功用价值不应被高估，而且关于学界中国古代既有预算与地方税的观点也应重新审视[①]。实际上，前贤只关注到了中国古代理财理念与西式财税理论的形态相似之处，而忽略了其本质核心。中国传统理财以九式均财用，以所入合所出，与西式近代预算确有形似之处，但其产生程序、指导原则、制度内涵与内在理路却存在本质差异。而上计留州虽在形式上颇具地

---

① 代表性论著主要有：邢铁《我国古代专制集权体制下的财政预算和决算》，《中国经济史研究》1996 年第 4 期，第 94—102 页；韩国磐，陈明光《唐代的国家预算问题》，《文献》1990 年第 4 期，第 136—149 页；孙翊刚《中国财政问题源流考》，中国社会科学出版社 2001 年版，第 285—311 页。

方财政样态，但与真正地方的自收自支式财政分权亦相去千里。因此中国古代，并不存在近代意义上的"预算决算"与"地方财政"。

尽管清廷对西式财税理论的嫁接只仿其表皮而未触及内核，但是不可否认的是，从知识分子对西式财税理论调适努力中，似可窥见中国的"文化包容力"，即近代中国学习西方财税理论，立足于本土实际，做了中土的文化改造。虽其融适牵强附会，但对近代中国的财税转型产生了深远影响。后世知识分子前仆后继，继续引介西方财税理论，并立足于中国的实际，不断尝试进行预算与国地两税制度划分，经过不断努力，到南京国民政府时期，终于形成了近代较为完善的预算方案与央地财政划分体制。

国家治理视角下传统中国货币与财政关系的几个问题

何 平

（中国人民大学 财政金融学院）

14—15 世纪世界历史近代转型和全球化时代对应的中国明清时代，即 1368 年明朝建立到辛亥革命帝制时期结束的 1911 年，可定义为传统中国转型期。财政货币问题是了解传统中国近代转型的重要指标，这一时期的货币和财政活动及其相互关系的历史和思想文献是理解传统中国近代转型的重要途径和重建货币与财政理论的思想资源。

一 两个框架和两个视角

研究传统中国转型期的财政与货币关系，主要基于两个分析框架。一是中西方"大分流"的分析框架。在 1800 年中西分流已经完成，所以，考察 1840 年之前传统中国货币—财政关系的框架，放到中西方大分流的整体框架中，以英国为代表的西欧国家为参照，可以更加清晰地透视传统中国货币、财政活动和制度及其相互关系的特征。传统中国特有的货币与财政特征刻画得越是清晰，越是能够明了中西分流在货币与财政上的不同表现及其体现出来的国家治理能力和国家制度塑造的状态。以大航海时代新大陆的发现为起点，以英国为代表的西欧在 16、17 世纪以后与中国逐渐"分流"，西方国家逐步进入资本主义社会阶段，而中国仍然停止在集权专制的传统社会。中西方社会发展差异逐步扩大，突出地表现在货币与财政活动及其制度建构的分流上，所以，货币与财政问题及其相互关系是分析传统中国转型期所处困境、应对策略及其前途的绝佳观察对象。二是"财政国家"建构的分析框架。1840 年鸦片战争之后近代中国所处的时期，中西方"大分流"已经完型，西方列强用武力打开中国大门，中国被动全面开放。西方先进国家已经进入财政国家建构的实质阶段，以近代"财政国家"建构的框架来考察近代中国货币—财政关系，能以近代财政国家所具有的国家信用支撑信用货币制度的特质，清晰地映照出近代中国货币、财政制度的缺失以及两者关系的扭曲，进而揭示货币—财政制度建设上体现出来的国家治理能力的状态和国家制度建构的困境。

在分析考察期货币—财政的关系方面，分别以货币部门和财政部门作为出发点，形成两个分析视角。一是从货币视角考察货币—财政关系，二是从财政视角考察财政—货币关系。货币视角的货币—财政关系，重在从国家与市场的关系通过国家对市场的处理及市场主体的参政制度塑造，考察国家治理问题及治理能力的良莠。财政视角的财政—货币关系，重在从国家—民众的关系通过国家与民众关系调适以及宪法民主制度的建立，考察国家治理及其相关问题。

二　货币视角的货币—财政关系

这主要体现在两个方面，一是货币制度变革的财政动因，二是货币的选择与使用对财政活动和财力形成的影响，进而对国家制度塑造与治理能力的影响。

我们讨论中国"白银时代"白银的使用及其财政影响。从梁方仲先生的明清货币使用的"两个世界"（白银＋铜钱）和近年刘志伟教授提出的"贡赋体制"下的货币与市场出发，探讨白银的主导货币地位及"白银＋铜钱＋私票"多元并存互补流通的复合货币结构与财政活动的关联。具体地，从贡赋体制下市场的特征和白银使用的原理、官方与民间不同的用银动机（"白银陷阱"的形成机制）、货币流通的两个世界、货币供给侧上官方货币主导权的丧失、多元复合的货币结构等主题，讨论货币的选择和使用对财政的影响及其意义。官方将白银当成贵重资产和跨期财富占有的工具（偏重货币的价值尺度和储藏手段职能），破坏了民间市场白银需求的满足（偏重货币的价值尺度和流通手段职能）。在白银供给主导权来自海外和民间的情形下，国家及其官僚队伍与民间市场主体形成白银争夺的对立关系。而多元复合货币的使用，在官方赋税纳银的情形下，不同货币的转换成为官员税收征管中加征攫取的机会，导致民众负担加重。

在货币制度及其变革的财政动因方面，我们将进行典型案例的考察，分别在"大分流"框架下讨论明代的"大明宝钞"，在"财政国家"建构框架下讨论清代咸丰年间的纸币发行。

作为无准备、无数量控制和无兑换安排"三无货币"的大明宝钞，在洪武"实物型财政"体制下仅在支出端使用，形成"跛行财政支持"的格局。而紧缩纸币利用"户口食盐钞"等新设税种来实现，形成独特的"通胀税"。

咸丰年间的纸币发行，王茂荫初始提出的改革方案可以称为以国家税收4000万两白银的四分之一为限额（1000万两）的一种特种票据发行，他特别强调民间当铺和钱庄的参与，借助民间的信用机制来维持这种特种票据的信用。清廷实际推行的票钞发行，不讲求准备，成为一种仅仅依靠皇帝谕旨的国家纸币发行。

"大明宝钞"和咸丰纸币对应的是西方信用货币制度和本位制度建立的时期，在"大明宝钞"条件下，缺乏民间市场主体与其议会代表合力建构的西方信用货币制度的制度塑造，在咸丰纸币条件下，缺乏西方财政国家建构下国家信用支撑的信用货币和央行主导下的本位制度的建立。"白银时代"的中国形成"有货币，无制度"的局面，在国家制度和国家治理上进而形成"君主—臣民"关系下的国家与市场、国家与民众之间的对立和社会失序。

三　财政视角的财政—货币关系

在上述考察的基础上，反过来，我们从财政视角出发，讨论明清时期的财政—货币关系。首先以"税收驱动货币"的概念考察了白银货币从民间社区—区域货币，在"一条鞭法"赋役征银的条件下成为全国统一主导货币的过程。在考察这个过程时，我们不妨粗略地介绍一下时下热议的所谓现代货币理论（MMT），探明税收驱动货币的经济和制度条件。

在作为国际货币的白银在中西贸易往来推动下，通过赋税纳银的过程内化为明代主导货币的逻辑理路下，必须明确"白银货币化"的区域货币定位和"货币白银化"的全国统一货币的内涵，就作为统一的全国性货币而言，"白银货币化"和"货币白银化"是同一过程的两个方面，语言表达不同，但无实质差别。

第二，我们通过明代"一条鞭法"和清代"摊丁入地"财政赋税制度改革，在考察了白银货币的使用促使税收标准化、规范化和定额化的基础上，将透彻地分析了定额化赋税引致"不完全财政"的过程及其影响。我们将看到，"不完全财政"不仅体现为官员薪俸、地方经费和军费上存在制度性的支出缺口，更重要地还体现为"没有地方的中央"，地方机构和基层政府管理人员的虚悬（部分学者误读为"小政府"与"自治"）。

第三，我们应当重点讨论事实上存在的"地方财政"复原问题，货币使用和选择中货币所发挥的调节赋税轻重负担、积累地方经费、形成赋税货币征额的货币职能之外的特殊功能和机制。只有通过反映地方财政实践活动的民间文献复原客观存在的"地方财政"，才能全面了解考察期财政活动和国家治理的真实图景。

第四，在"财政国家"建构的框架下对近代中国财政的表现和性质进行重新考察。首先讨论直接税制度建设的缺失。在近代"国家—公民"关系的建构中，直接税最能体现权力与义务对称的宪法民主制度特征，比如所得税在战时可以充分地发挥富人—穷人社会责任合理分担的功能。其次，讨论"不完全财政"的近代变种。近代财政内容与形式的模仿西方（关税、厘金之类）、财政程序的形式模仿（预算实验），都说明近代财政在本质上仍没有摆脱"不完全财政"的制度框架。地方财力扩大的非法律约束，实属对"不完全财政"的便宜行事和自行补救，与分权无涉。地方首脑的财政自决和"预算实验"，从"一姓独断"到"多头割据"，实际是原有体制的地方复制。及至 1911 年清朝覆亡，其财政体制都在旧有的范畴内打转，关键在于集权专制的制度环境依然未变。

四 结语

我们考察 1368—1911 年传统中国货币问题、财政问题以及货币与财政关系，旨在为今天货币理论和财政理论的重建提供历史和思想资源。

从财政视角来看，专制制度下的王朝周期问题（自律的修复机制）和不完全财政下"中饱私囊"的制度基础今天已经不存在，但是可能从其制度实践中，对今天工资设定的合理化及其基准—高薪养廉提供借鉴。在财政收支的合理化方面，对"贡赋体制"下的财政运作和"君主—臣民"关系越是透视得清晰，越能明了"现代财政国家"的制度建设目标，在于建立宪法和民主制度下新型的权利—义务对称的"国家—公民"关系。这种目标的实现程度，直接关乎国家治理能力的强弱。

从货币视角来看，明清货币历史及其与财政关系的考察，对于认识"货币主权国家治理的历史与逻辑"（市场层次的不统一引致的"多元复合货币"结构与国家治理）、银行体系下信用货币的缺失何以成为近代转型的根本障碍、本位制度隐含着完备的信用货币制度的建立、"一国一通货"的历史性均具有重要的意义。这里仅仅以几个点和两条线索概略地讨论了传统中国转型期的货币—财政关系及其意义。希望今后以更加深入的研究，通过对考察期货币与财政关系的梳理和探讨，利用中国货币与财政的历史与思想资源为重建现代货币与财政理论做出贡献。

新行业与新税源：近代交易所税及
交易税的兴设[*]

魏文享

（华中师范大学　中国近代史研究所）

晚清民初，中国传统的以农业税为主体的税收结构逐步向工商税收体系转型，其产业基础在于大量新兴行业、新兴职业的萌生发展。一新行业如成规模，政府或扩展旧税，或移植西法，或创设新目，必将之纳入增量税源之中，纾解政府财政困局。而税收的征管，本身就具有极强的行业管理属性。为规范行业秩序，防范逃税漏税，政府的税收权力需渗透进入行业经营及企业管理的进程中，解决其信息不对称问题。但如何评估行业税负结构，规范税收权力的边界及达到政府的征稽目标，在一定的政治及法律制度空间内，则主要视政府与行业商人的立场及交涉情况而定。

近代中国的交易所高度聚集于上海。经过晚清民初工商界的推动及投机风潮的助力，在 1921 年前后初具规模。该年 3 月，《证券交易所课税条例》颁行，纳税主体为交易所，此为交易所行业征税之始。此后，政府又出台多个关于交易所税、交易税的法令及修正法案，试图增设交易税，建立以两税为主体的行业税负结构。政府以抑制投机为由开征新税，交易所由以行业新立、商业弊端为由加以抵制。围绕

* 本文系江汉大学武汉研究院开放课题"汉口租界海外资料收集整理研究"（项目编号：IWHS20201009）阶段成果；国家社会科学基金重大项目"近代中国工商税收研究"（项目编号：16ZDA131）阶段成果。

交易所税、交易税的立法及征管问题，上海交易所联合会与上海商会、经纪人公会及各相关的大宗商品行业公会如华商纱厂联合会、机器面粉公会、杂粮公会、金业公会、棉业公会等展开集体抗议。最终，交易所税较早成功开征，交易税却一再延滞。

从税法制度及交涉议题来看，征纳双方在税收合法性、行业税负结构及财务监管等方面存在较大歧异。财政部门为达至税收目标，希望将税收权力向行业及企业经营过程延伸，而交易所及相关行业则多对此持排拒态度。二者的博弈，在相当程度上影响到交易所的经营形态及税收征管绩效。目前学界已较为关注工商税收征管中的征纳互动关系，但对税收权力如何嵌入行业经营过程的问题，还需要更多的行业及企业案例分析。① 在行业及税类研究方面，交易所业的行业税收问题也还缺少讨论。② 本文拟以新兴的交易所行业为例，来讨论其行业税负结构的形成及税收权力的行业嵌入问题。

一 晚清民初交易所的兴起与税制规设

政府尝试对交易所行业加征的税收有两大税目：交易所税、交易税。两大税目的法案屡经修订，但其核心主旨未变。简而言之，交易所税是针对物品或证券交易所的营收收益征收的税收，其税额标的是

① 关于民国时期工商税收史的研究情况请参见魏文享《民国工商税收史研究之现状与展望》，《中国社会经济史研究》2019年第2期。

② 民国时期对交易所的研究参见杨荫溥《中国交易所》，上海商务印书馆1930年版。当代关于近代交易所及证券业的行业发展、交易制度及投机风潮等问题的讨论较为丰富，参见洪葭管、张继凤《近代上海金融市场》，上海人民出版社1989年版；刘志英《近代华商证券市场研究》，学林出版社2004年版；吴景平《近代中国的金融风潮》，东方出版中心2019年版；陈正书《近代上海华商证券交易所的起源和影响》，《上海社科院学术季刊》1982年第4期；丁晓钟《"信交风潮"之交易所补考》，《档案与建设》2002年第1期；林榕杰《中国近代的证券交易所》，《中国社会经济史研究》2011年第1期；林榕杰《1945—1946年的华北有价证券交易所》，《中国社会经济史研究》2012年第3期；孙建华《民国时期物券交易所的变迁》，《中国金融》2016年第16期；朱海城《移植与变异：民国证券交易所法的演进（1912—1937）》，《社会科学（上海）》2017年第9期；鹿璐《近代中国证券交易的发展与首家证券交易所——北京证券交易所》，《北京档案》2019年第12期。

交易所的盈利，纳税主体是交易所。交易税是针对在交易所中进行的交易行为所征收的税收，其税额标的是买卖双方的交易额度，纳税主体是买卖双方。在实际征收之中，交易所税由交易所本身缴纳，而交易税由经纪人代扣。不论是交易所税或交易税，均以交易所本身的营业与发展为基础，而经纪人亦是依托交易所而执业。因此，交易所税的利害相关方是交易所和经纪人；交易税的利害相关方则有所扩大，包括了买卖双方、交易所和经纪人，故而易遭遇更大阻力。

新税开征须以产业发展为前提，交易所税及交易税是在交易所行业得到一定程度发展之后方才设立的。晚清时期最早在华设立交易所的是外国洋行。上海在开埠之后，就出现了洋商股票交易所，在19世纪70年代报纸上也开始刊载股票行情表。[①] 1891年，上海洋商股票捐客公会（Shanghai Share Brokers Assacition）就开始买卖各国股票。到1905年，洋商成立了上海证券交易所（Shanghai Stock Exchange），后合并改组为上海众业公所。公所内除交易各国股票外，还买卖外商在华公司股票。众业公所按会员制管理，交易分现货、期货两种，实权掌握在洋商手中。到1918年上半年，日本设立的上海取引所股份有限公司后来居上，取引所总行位于大阪，分行设于上海租界，经营证券、纱花之期货或现货买卖。[②] 洋商设立交易所，既便于投资投机获利，也以此来筹募扩大在华资本。洋商交易所均设于租界，初设之时也未向租界管理当局缴纳税款。在中国兴设交易所税后，亦拒绝向中国政府缴税。

华商交易所以证券为先。一般认为，华商设立股票交易所始于光绪八年（1882）九月十三日开幕的上海平准股票公司。公司资本为规银十万元，经营的股票，初始主要是以轮船招商局、开平煤矿、上海机器织布局等官督商办，后也向商股扩展。凡股票买卖，均由公司发予证纸。三个月后，凭证到公司扣还回佣十分之二。未几，即因金

① 刘志英：《近代华商证券市场研究》，学林出版社2004年版，第2—3页。
② 上海档案馆编：《旧上海的证券交易所》，上海古籍出版社1992年版，第393页。

融风潮冲击倒闭。甲午之后，民间出现投资设厂热潮，社会招股及证券交易需求大增。光绪三十三年（1907），周舜卿、袁子壮等议仿日本取引所办法，重设交易所，议而未果。此后，王一亭、孙静山等均尝试开设证券交易公司。① 民国初立，政府和工商界均意识到建立交易所在发达资本及中外竞争中的市场价值，方进入正式立法程序。1914 年 12 月，北京政府颁布《证券交易所法》，为交易所行业的发展设定制度方向。② 次年，又颁布《证券交易所法施行细则》。③ 此时，不论是交易所法还是施行细则，均没有征税的条款。1914 年，上海华商股票掮客正式组织了上海股票商业公会，会员有十余家，后渐增至 60 余家。④ 除交易股票外，也开始兼营政府公债。刘志英认为，上海股票商业公会在 1920 年前是上海华商证券交易的活动中心，本质上具备证券交易所的雏形。⑤ 但从会员结构、股本形态及治理方式上看，此时公会更具行业组织的性质，还不是单一的注册公司法人。但不可否认的是，股份公司的发展激发了社会对产业资本交易的需求，政府公债的发行和买卖也拓展了交易所的业务范围。在 1918 年，北平证券交易所设立，交易所在全国形成多点布局，但仍以上海最为集中。

到 1920 年，受市场投机风潮的推动，本土交易所进入发展高峰期。1920 年 7 月 1 日，上海证券物品交易所正式成立，额定资本 500 万元。理事会推虞洽卿为理事长，沪上的工商名人如闻兰亭、赵士林、盛丕华、周佩箴等为常务理事。交易所的市场交易部分包括有证券部、棉花部、棉纱部、布匹部、金银部、粮油部、皮毛部，每部各

① 刘志英：《近代华商证券市场研究》，学林出版社 2004 年版，第 4 页。
② 《证券交易所法》（1914 年 12 月 29 日公布），《政府公报》1914 年第 954 期，第 30—34 页。
③ 《证券交易所法施行细则》（1915 年 5 月 25 日公布），《政府公报》1915 年第 1095 期，第 5—10 页。
④ 上海档案馆编：《旧上海的证券交易所》，上海古籍出版社 1992 年版，第 395 页。
⑤ 刘志英：《近代华商证券市场研究》，学林出版社 2004 年版，第 5 页。

有经纪人 55 人。① 1919 年，上海股票商业公会讨论按股份有限公司注册，报请农商部得到批准。1920 年 5 月，上海华商证券交易所召开创立会，额定资本 25 万元，由原上海股票商业公会会员自愿认领，经纪人 40 名，均由会员担任。交易所在 1921 年 1 月正式开业，是证券专营机构。物品交易所在 1921 年迎来集中创立期。上海华商纱布交易所在 1921 年成立，资本总额 300 万元，交易物品有棉花、棉纱、棉布三种。纱布交易所的背后是华商纱厂联合会，发起人是荣宗敬、穆藕初等。上海金业交易所在 1921 年 11 月由施善畦、徐初荪等人发起，由原金业公会改组而成，资本 150 万元，交易物品有国内矿金、各国金块和金币、标金、赤金等。中国机制面粉上海交易所由顾馨一、荣宗敬等创办的，简称上海面粉交易所，由原上海机器面粉公会贸易所改组成立，资本 50 万元，交易机制面粉和麸皮。上海杂粮交易所由陈子彝、蔡裕焜等在 1921 年 2 月发起，资本额 200 万元，除交易米谷外，也包括杂粮类的豆、麦、油饼、芝麻等。② 至 1921 年 12 月，统计交易所达到 136 家，总资本达 14855 万元，美金 1000 万元，设立于公共租界有 67 家，法租界有 31 家，其余少量设于租界之外。③ 在宁波、天津、汉口、哈尔滨等地，也设立有交易所。另据杨荫溥的统计，上海的交易所多达 140 余家之多，资本多者至一两千万，少者五六百万。有农商部注册的，也有领事注册的，工部局颁照的。④ 不仅交易所的数量和规模扩张，而且早期盈余丰厚。上海证券物品交易所半年获利竟达五十余万元，华商证券交易所也获利不菲，一个新兴产业已经蔚然兴起。

"其兴也勃焉，其亡也忽焉"，交易所的设立有利于调节供需、流通金融，但短期内如此暴涨，蕴含着极大风险。据统计，交易所与信托公司之资本总额合计达到 22955 万元，竟然超过上年度的全国银行

---

① 刘志英：《近代华商证券市场研究》，学林出版社 2004 年版，第 10—11 页。
② 杨荫溥：《中国交易所》，上海商务印书馆 1930 年版，第 30—31 页。
③ 刘志英：《近代华商证券市场研究》，学林出版社 2004 年版，第 16—19 页。
④ 杨荫溥：《中国交易所》，上海商务印书馆 1930 年版，第 27 页。

总资本。① 到 1921 年 12 月底，随着银行、钱庄收缩借贷，股票投机难以为继，"信交风潮"爆发，大批交易所、信任公司倒闭。到 1922 年年初，仍能照常营业者仅十余家。其中，经历考验而得以继续生存的交易所包括上海证券物品交易所、上海华商证券交易所、上海华商棉业交易所、上海华商纱布交易所、上海杂粮交易所、上海面粉麸皮交易所、上海金业交易所等。这些交易所均在农商部注册，也成为交易所行业最为重要的经营主体。"信交风潮"造成了严重的经济损失，但是一个新兴产业毕竟显现出了重要的市场影响力，其实际市场价值仍得到官方和工商界认同。

产业既兴，税收随之而来。正是在 1921 年，政府开始着手进行税制设计。1921 年 3 月，政府颁布了《证券交易所课税条例》，规定对交易所课征交易所税。内容如下：

　　第一条　证券交易所之课税依本条例行之。
　　第二条　证券交易所每次结账后，应就纯利中提取百分之三作为交易所税。
　　第三条　证券交易所税由实业厅征解农商部核明后，转报财政部国库列收。未设置实业厅地方得由农商部委托相当官署征解。
　　第四条　本条例自公布日施行。②

课税条例极为简单，仅规定交易所税的征收税率及征解程序。由条款可见，交易所税的纳税主体是交易所，税额标的是交易所经营之纯利。条例中没有说明交易所的盈利来源，按杨荫溥对交易所制度的研究，交易所的收入来源主要是经手费。经手费是交易所向经纪人征收的报酬，其数额依交易种类、物品类型、价格高低而存有差异。定

---

① 刘志英：《近代华商证券市场研究》，学林出版社 2004 年版，第 19 页。
② 《证券交易所课税条例》（1921 年 3 月 10 日公布），《农商公报》1921 年第 7 卷第 9 期，第 45—46 页。

期交易较现货交易为高，证券交易多以票面价格核算，物品交易多按量征收。而经纪人缴纳经手费的来源，来自委托佣金，即委托人对于经纪人的报酬。委托佣金需按经纪人公会确定标准范围内收取，通常较经手费为高，经纪人可以获得扣除经手费之手的纯收入。交易所也可以向经纪人收取"证据金"，但证据金是经纪人进行定期交易的保证金，并不能作为交易所的收入。①

按税收属性而言，交易所税与所得税有相似之处。1914 年 1 月，北京政府颁行《所得税条例》二十七条。条例规定："无论本国人或外国人，凡在民国内地发生之所得，皆应依条例规定征课所得税。"征收所得分为法人所得及法人所得之外收入。法人所得课税千分之二十，法人所得实际上是营利所得。② 很凑巧的是，条例在颁行后实施未果，直至 1921 年 1 月，政府宣布重启开征，时间节点与交易所税几乎同期。政府对所得税更为看重，设立筹备处进行征收，不过也遭遇到商民的激烈反对。"纯利"与"所得"都是自纯利润中来，扣除了必要的成本费用。所得税设置有起征点，扣除范围更大。但按税法要求，二者并未互相排斥，交易所应缴纳两种税收，这也成为此后争议重复征税问题的内容之一。

关于物品交易所的税收标准有所不同。1921 年 3 月，政府颁布《物品交易所条例》。条例第四十五条明文规定：物品交易所每次结账后，应就纯利中提取百分之五作为交易所税，由实业厅征解，农部商核明后，转报财政部国库列收。③ 物品交易所税的属性与证券交易所相同，仅税率有别。物品交易所税 5% 的税率较证券交易所的 3% 为高。

政府颁布交易所税法令，将这一新产业纳入财政税源体系之中。

---

① 杨荫溥：《中国交易所》，上海商务印书馆 1930 年版，第 55—57 页。

② 《大总统令：所得税条例》（1914 年 1 月 11 日），《全国商会联合会会报》1914 年第 1 年第 5 期，124—137 页。

③ 《物品交易所条例》（1921 年 3 月 5 日公布），《司法公报》1921 年第 136 期，第 54—60 页。

按照政府的说辞，征收交易所税是世界各国通例，目的是抑制投机，规范交易所的经营秩序。在"信交风潮"之际推出，也是精心考量了开征的时机。在法源上讲，交易所条例及交易所税均是借鉴了日本取引所的课税条例。按照赖季红在《日本财政》中的梳理，日本在明治八年（1875）规定米商会所的税率为十分之四，这是日本最初的交易所税。到明治十五年（1882）十二月颁布米商人直接性股票交易经纪人纳税规则，税制逐步完善。明治十八年（1886）十一月，颁布米商会所股票交易所收税规则，废除了交易所营业税及经纪人买卖税，只向交易所征买卖税。到明治三十六年（1903）制定交易所法，税率又有所增加。到大正三年（1914）三月，修改了交易所税法，将交易所税分为两种：一是课于交易所的交易所营业税，二是课于经纪人的交易税。交易所营业税为交易所的买卖手续费收入金的百分之十五。交易税分为三种：地方债和公司债课万分之三，有价证券课万分之五，商品课万分之五。至大正十一年（1922）修改交易所法时，对交易所税亦加修正。[①] 对比来看，日本交易所营业税是按买卖手续费收入金的 15% 课征，北京政府所定的交易所税是按纯利中提取 3% 或 5% 作为税额。从标的对象上看，二者是一致的，都是交易所的经手费营收，但一者是按总收入金，一者是按纯利。比较看来，北京政府所定税率明显要低，且以纯利为标的，与所得税有相近之处。此后商界关于重复征税问题的讨论，即与此有关。

交易所课税条例颁行后，政府即催令各地报缴，上海尤为重中之重。江苏省实业厅奉农商部令，多次令上海证券物品交易所、华商证券交易所、华商纱布交易所、华商棉布交易所、中国机制面粉交易所、上海金业交易所、上海杂粮油饼交易所等农商部核准交易所汇解税款。1922 年 2 月，农商部即要求江苏省实业厅上报征缴情况。7月，又催令将上年十一月七日以来税款送解。[②] 但屡次催令未见实效，

---

① 赖季红编著：《日本财政》，上海商务印书馆 1939 年版，第 125 页。

② 《征收交易所税情形之呈报》，《新闻报》1922 年 2 月 16 日，第 13 版；《催缴交易所税之部令》，《新闻报》1922 后 7 月 8 日，第 9 版。

交易所多拖延不交。农商部后派交易所视察员俞凤韶督办，后俞因故撤差后，又拟另派员赴沪。① 为了加强征稽，在1923年初，农商部法规委员会曾建议将交易所税项下提拨四万元，用于委员会支用。经驻沪视察员俞凤韶征收，终于解令到部。4月，农商部驻沪商务委员陈官篯请拨特别费，部令亦由交易所税项下拨付。② 从政府频繁催解的情况来看，交易所税的征收并不顺利。在交易所方面，也不断呈请减免。

究其原因，交易所经过"信交风潮"冲击，元气大伤，不愿承担新征税负是其重要因素。此时北京政府中央权威跌落，中央税收被地方截留是为常事。交易所税列为中央税收，虽派员督办，但监察能力有限。不仅交易所如此，政府在同期拟开征所得税、遗产税等新税，皆遭遇商界集体抗议，难以落地。

二　1926年增设监理官及交易税的争议

交易所行业税制的重大变革发生在1926年。政府为加强督导，同时扩充交易所行业的税收体系，公布两项重要法令。一是《交易所交易税条例》，在原有的交易所税之外，增设交易税。二是《交易所监理官条例》，改原设的视察员为监理官，派专员驻所督征税款。这两项变革的相关法规均在1926年9月9日颁发。

在交易所税之外加征交易税，同样也是借鉴了日本的成例。日本在1914的交易所法中，规定对债券、有价证券及商品交易课征万分之三至万分之五不等的交易税。在1922年的修订交易所法中，税率有所降低，现货交易不征税。③ 在1926年颁发的《交易所交易税条

---

① 《农部将派员追缴交易所税》，《新闻报》1923年12月25日，第9版。
② 李根源：《修订农商法规委员会经费由征收交易所税项下提拨四万元开支议案》，《农商公报》1923年第9卷第10期，第43页；《交易所税拨作驻沪商务委员特别费》，《新闻报》1923年4月23日，第13版。
③ 《日本交易所法》（大正十一年四月改正），《银行周报》1934年第18卷第49期，第8页。

例》中，第一条规定：对交易所买卖交易之各经纪人买卖约定金额依
左列税率征收其交易税。包括地方公债证券或公司债券之买卖交易；
有价证券之买卖交易；金银之买卖交易；商品之买卖交易。[①] 除国债
买卖交易不课交易税外，其余交易类型均须课税，税率各有不同。在
征收程序上，第三条规定：交易所经纪人须将应纳交易税之每日买卖
数量及其买卖各约定金额分类详细记载之报告书，于翌日提出交易
所。交易所接报告书后，逐日呈报监理官委派之驻所委员。第四条规
定：交易所之经纪人每做成一交易，应将其交易税与买卖经手费同时
缴纳交易所，由交易所将每月之交易税于翌月五日以前缴纳于监理官
解农商部核明后，转报财政部国库列收。交易所之经纪人买卖交易虽
已解约，仍须纳税不得免除。[②]

表1　　　　　　　　北京政府与日本交易税条款比较

法案及交易类型	日本交易所法（明治三十六年1903年）	日本交易所法（大正三年修正1914年）	日本交易所法（大正十一年修正1922年）	北京政府1926年《交易所交易税条例》（9月9日）
有价证券		地方债和公司债课万分之三 有价证券课万分之五	地方公债或公司债：七日以内交易征万分之零点六；其他万分之一 有价证券：七日内交易征万分之零点一五；其他征万分之二点五 国债：国债交易不课交易税 现货交易不课税	地方公债或公司债券：现货交易征万分之零点三；定期交易征万分之零点六 有价证券：现货买卖征万分之一；定期买卖征万分之二 国债：国债交易不课交易税

① 《交易所交易税条例》（1926年9月9日公布），《司法公报》1926年第226期，第48—52页。
② 《交易所交易税条例》（1926年9月9日公布），《司法公报》1926年第226期，第48—52页。

续表

法案及交易类型	日本交易所法（明治三十六年 1903 年）	日本交易所法（大正三年修正 1914 年）	日本交易所法（大正十一年修正 1922 年）	北京政府 1926 年《交易所交易税条例》（9 月 9 日）
金银及标金				现货买卖征万分之零点二；定期买卖征万分之零点四
棉花		商品课万分之五（未区分物品类型）	商品买卖之交易（未区分物品类型）：课万分之二点五，解约时税金不可免除 现货交易不课税	商品买卖之交易（未区分物品类型）：现货交易征收万分之一；定期及约期买卖者征万分之二
棉纱				
面粉				
杂粮				

资料来源：《交易所交易税条例》（1926 年 9 月 9 日公布），《司法公报》1926 年第 226 期，第 48—52 页；《日本交易所法》（大正十一年四月改正），《银行周报》1934 年第 18 卷第 49 期，第 8 页。

　　交易税是不同于交易所税的新税种，是按照交易成交额比例征收，由买卖双方各付其半。具体经征，由经纪人负责呈报缴纳。交易报告书需逐日呈报监理官派驻委员。比较二者的规定，北京政府的交易税课征类型与日本相同，分为地方及公司债券、有价证券、物品交易三类。但是，北京政府所定税率较重，日本现货交易不征税，北京政府依然征税。在定期及约期方面，日本按七天为单位区别税率，短期轻税，长期重税。北京政府吸取了这一条款，但未严格限定七天，定期税收稍重。为便于政府债券交易，北京政府也规定不征国债交易税。北京政府的税法条款较为复杂，从其税率设定及交易类型分析，政府是鼓励现货交易。

　　但不论是交易所税还是交易税，政府要掌握交易所的实际营收及买卖双方之交易状况极为困难。依赖交易所及经纪人的申报，逃漏的可能性很大，政府于是出台《交易所监理官条例》，在上海设立监理官公署，向各交易所派专员驻所监察。征税的程序，亦嵌入行业经营流程之中。条例内容如下：

683

第一条　农商部对于核准设立交易所之区域，每区得派交易所监理官一名，称农商部特派某处交易所监理官。

第二条　交易所监理官职权如左：关于稽核交易所买卖账目事项；关于征收交易所税收事项；关于监督交易所其他一切事项。

第三条　交易所监理官对于所辖区域内之交易所，每所得委派驻所委员一人，代表执行前条各项任务。

第四条　本条例施行后，凡证券交易所课税条例第三条及物品交易所条例第四十五条所规定属于实业厅之职务，由交易所监理官执行之。

第五条　本条例自公布日施行。①

直接派驻监理官的权限高于原来的视察员，且规定监理官可以查核交易所的买卖账目，负责税款征收及监察其他事务。首位派往上海的交易所监理官谢铭勋在 9 月 27 日就职，且可组织公所，实为监理官署。可见监理官并非只是一人，还具有机构的属性。就任之日，各界商界领袖纷纷前往道贺。据其解释："本署之性质为一特种征收之机关，本税法亦即为国中之特种税，在各国行之已久，在吾国则视为创举。其实此种机关，关于政府方面为整顿税法、增加岁入计，固应迅速举办。在商人方面，有些特种专管公署，稽查有序，向之秩序纷如者，必可使之划一整齐。"② 他对监理官的征税职责直言不讳，至于交易所经营秩序方面，则缺少具体的规定。按此规定，监理官不仅执掌征税大权，还能够稽查交易所内部交易及财务信息。

此两项法令一出，如投石激浪，交易所行业迅速展开集体抗议行动。1926 年 10 月 9 日，上海证券物品交易所理事长虞洽卿、上海华商纱布交易所理事长穆湘玥、上海华商证券交易所理事长孙铁卿、上海杂

---

① 《交易所监理官条例》（1926 年 9 月 9 日公布），《银行杂志》1926 年第 3 卷第 23 期，第 73 页。

② 《交易所监理官昨日就职》，《申报》1926 年 9 月 28 日，第 11 版。

粮交易所理事长顾履桂、上海面粉交易所理事长王震、上海金业交易所理事长徐凤辉等六大交易所理事长联合致函上海总商会，表示"考其内容之苛酷侵扰，则不仅振古未闻，且非法所许"。交易税条例及交易所监理官条例，"均不免繁重"。函中还指出华商组织交易所对民族经济有重要贡献，原本日本取引所在上海居垄断地位，自组织华商交易所后，"数年以来，成绩卓著，日本取引所因竞争之结果，现已完全陷于失败之地位，此诚国家挽留权利之快举也"。政府应辅助华商，而非税外加税，"实行后恐负担过重，束缚过严，使华商不能自由竞争，必群趋于取引所之一途，益张外商之气焰"。六大理事长一致呈请商会转呈政府，将新颁各条例及改订课税办法一律暂缓。① 政府回文称，"交易所为近世新创之特种营业，与社会经济关系甚巨。办理一有不善，则投机捣把者暗中操纵，每易酿成经济界之恐慌，故各国对于交易所均有特别法令严重取缔。"② 政府的理由是以监管及加税来控制投机，这一说法难以让各交易所信服。原因在于政府除加强账务及交易稽核外，并未采取得力措施来维护交易所的行业发展，增进行业信用。

1926 年 10 月 11 日，六大交易所理事长再次联合致电北京政府国务院及财政部、农商部，从法律及事实两个方面对法令予以批驳，要求撤废两大条例。在法律方面，呈电指出新颁两项条例为非法，其理由有四：其一是两条例仅经阁议通过即公布施行，而未经国会同意。而考"世界宪政国家之税法，无有不经国会之通过而认为法律，责令人民遵行者。即证诸我国临时约法及民十二颁布之宪法，亦有此项规定"。其二两条例变更了 1914 年颁布的证券交易所法条款，以条例而更动上位法令，违背法理。其三两条例既不能变更证券交易所法，即不能责令证券交易所、物品交易所及其经纪人遵行。其四是临时约法有人民保有财产及营业自由之规定，"此为宪政国家共有之法规，亦

---

① 《交易所近讯：上海各交易所反对农部公布交易税及监理官等条例一案》，《银行周报》1926 年第 10 卷第 45 期。
② 《交易所近讯：上海各交易所反对农部公布交易税及监理官等条例一案》，《银行周报》1926 年第 10 卷第 45 期。

为共和国人民所应享有之权利", "今该监督官条例中所规定之监理官, 既对敝所等及经纪人等遍施烦琐之检查, 复令经纪人将逐日买卖交易数及买卖各约定金额分类详细填具报告, 是何异一面侵扰商民营业之自由, 一面复分割其往来交易问题守之相当秘密"。在事实层面, 呈电指出在交易所行业面临着激烈的中外竞争, 政府应保护华商利益, "即使此项捐税外商对其政府或我国政府负有缴纳之义务者, 政府亦似不应以课诸华商, 并应设法予商人以种种便利"①。言外之意, 即使外商抵制向中国政府纳税, 政府亦不应对本国商人征税。

交易所的呈电质疑两条例的合法性, 所持理由, 反映了商人对于税收法定原则及纳税人权利的认知。经过清末预备立宪及民初的共和实践, 虽然议会政治未能真正建立, 但税法须经国会同意且政府在法律上应纳税人合法权利的原则却被商人所接受, 且在一定程度上成为公共观念, 此时则以之作为维护权利的法律工具。这一情形, 在所得税、遗产税的立法之中同样出现。② 呈电也直指交易税加重行业负担, 不利中外竞争。对于监理官驻所查核账簿及交易情况的举措尤其反对, 认为监理官权限过大, 干预营业自由。在政府方面, 考虑到要提高税收收入, 防止逃税, 派驻监理官嵌入交易所的运营过程之中就是合理之举。对于商人法理上的抗议, 政府不以为意, 核心的争议仍在于税收利益。在当时情势下, 这一矛盾难以调解。

与交易所税相比, 交易税向买卖双方征收, 牵涉商界利益更广。在交易所的背后, 相应存在的是各大宗商品的生产行业。华商纱厂联合会和银行公会等六团体联合呈函江苏省及上海市政府, 支持交易所的诉求, "夫上海各业之交易所各业商人荟萃之所也", "商人喜其便利稳固, 乃群趋于交易所成为各业之一大市场"。今政府颁发法令, "忽欲课以交易税, 并设临理官以为稽查。在政府以为取之于经纪人, 而不知实

---

① 《致国务院及财农两部请撤废交易所税条例电(十月十一日)》, 《上海总商会月报》1926年第6卷第11期。

② 魏文享: 《国家税政的民间参与——近代所得税开征中的官民交涉》, 《近代史研究》2015年第2期。

取于各业之买卖客商。夫客商之苦重税久矣，乃政府不之恤，而更藉名目以律苛扰，于公会等有切肤之痛"①。六团体强烈要求撤销两条例。与交易所呈电侧重于法理不同，呈函侧重说明市场方面的负面影响。

理由之一是监理官与交易税有害于商业秘密。六团体认为："夫商情市面，瞬息万变，客商贸迁有无，各自胸有成竹，应守相当之秘密，此为商场惯例，不独上海一隅。今监理官有权能查经纪人账簿，且其每日所做买卖种类额数，一一均须详细呈报。倘有应守秘密者，至此已尽情披露，尚何交易营利之可言。"理由之二是苛税增加易致交易所亏累。商人营业在于求利，"若如此苛税突加，多方困扰，剥削商人之收入，扰商人之安宁"，必致各交易所经纪人难以正常经营，亦可能牵动上海商业及金融。理由之三是不利于华商交易所与外商取引所竞争。在华商交易所设立后，市场影响力不断扩大，在很大程度上压制了日商取引所。如果两条例实行，"一若华商之有交易所为多事，一若华商之在华商交易所交易为不当，岂华商自有交易所以来足为外商取引所树之敌者，政府懵然一无所知乎？"理由之四是中外税负不同损害华商利益。华商本已承担重负，"今我各同业花纱面粉杂粮等货、产有税，销有税，生货有税，熟货有税，进出口有税，通过有税，乃以在交易所交易而亦有税。夫交易而有税，在外国亦非善政，而我国则自古未闻，然政府此税果有务能及取引所者，公而不偏可以言，乃以外商之故莫可如何，仅以华商为俎上之鱼肉，独肆其残虐，则视曩日之故技而尤加甚焉，商民何匄于政府而有此不平待遇也"②。两条例不仅干扰交易所正常经营，影响到交易所业的中外竞争，而且影响到商业和金融的稳定。交易税由买卖双方承担，已经不限于交易所行业范围，而是事关各行业利益。

在呈电函请、舆论宣讲之外，交易所开始动用法律方式维护行业权益。1926 年 10 月 29 日，上海六大交易所联合聘请律师张一鹏提起

① 《本会与银行公会等六团体为交易所特税》，《纺织时报》1926 年第 353 期。
② 《本会与银行公会等六团体为交易所特税》，《纺织时报》1926 年第 353 期。

行政诉状，在北京平政院呈诉农商部违法设官。此次公布之交易所监理官条例，由国务总理及农商总长署名，"违背约法及政府组织令，此违法者一也"。证券交易所法得国会同意，新颁监理官条例变更证券交易所法第二十九条，不合法统，"违法者二也"。如征收税款，"派员驻所，稽查账目各节，烦苛侵扰，必致扰乱商场，牵动市面，于原告等权利直接间接损害滋多，何能甘心承认"①。署名原告的是六大交易所理事长虞洽卿、穆藕初、孙铁卿、顾履桂、王震、徐凤辉。交易所态度坚决，势在必拒。派赴上海的首任交易所监理官谢铭勋也将交易所及实业界的反对情况向农商部内部呈报，并请求办法。监理官还请总商会代为疏通，劝谕各交易所遵令而行。但是，"令发各交易所，迄未遵办"，各交易所均未承认，"将原件退回，不允收受"，"各所对于驻所委员，亦未承认"②。显然，交易所对政府颁发的两项条例采取了集体消极抵制的办法，不承认不受令不行动。监理官虽然驻沪，但难以作为。只好请商会协助，亦无成效。政府对于交易所的集体抗议亦无有效办法。

这一轮的抗议主体除了交易所外，还有纺织业、银行业等团体的加入，无疑扩大了集体抗议的声势与压力。在交易所的集体抵制下，政府派驻上海的监理官也难以施展。无奈之下，政府只好宣布暂缓征收交易税。

三 国民政府时期交易所税的修订与交易税的再起

南京国民政府成立后，在统一财政、平衡收支的财政原则之下，系统推进税收改革。交易所业作为新兴产业，其税源价值仍受重视。财政部设立了全国特种营业税稽征总处，规定交易所税稽征暂行规则。第十五条规定：交易所每次结账后，属证券者应就纯利中提取百

① 《反对交易所监理官之行政诉愿》，《申报》1926年10月29日，第13版。
② 《交易所监理官呈报各所反对情形》，《新闻报》1926年11月15日，第11版；《交易所监理官请总商会疏藩》，《申报》1926年10月15日，第10版。

分之五，属物品者应就纯利中提取百分之七，为交易所营业税，由总处征解财政部国库核收。嗣以稽征总处裁撤，改由财政部金融监理局接管。[①] 按此规定，交易所税被纳入营业税体系，此时仍未征收交易税。

到 1928 年 3 月，财政部拟定了新的《交易所税条例》。条例将之列为中央营业税类别，税率较北京时期有所提升，征收方式改为金融监理局征解。具体内容如下：

第一条　交易所之课税以本条例行之。

第二条　交易所税于各所每期结账之赢余总额内，按左列定率征收之：一万元以内者免税；超过一万元至五万元者，课7.5%；5 至 10 万元者，课 10%；10 至 15 万元者，课 12.5%；15 至 20 万元者，课 15%；20 至 25 万元者，课 17.5%；25 至 30 万元者，课 20%；超过 30 万元者，课 25%。

第三条　前条赢余总额之计算，得扣除其营业费（一切必需费用，股息红利公积金不在扣除之列）

第四条　交易所税由金融监理局征解财政部核收。

第五条　交易所应将每月交易种类、数量及其所得，经手费金额，作成报告书，于翌月五日以前，呈报金融监理局查核。

第六条　交易所不为前条之报告，或报告中有虚伪时，处以百元以下之罚金。因而致漏税者，处以漏税额五倍以下之罚金，并征收其应纳税额。

第七条　交易所应纳税额有滞欠情事，金融监理局二次以上之催告犹不遵缴时，金融监理局得呈由财政部以命令停止其营业或解散之。

第八条　本条例自公布之日施行。[②]

---

① 财政部财政年鉴编纂处：《财政年鉴》，1935 年 9 月，第 1160 页。
② 李权时：《现行商税》，商务印书馆 1930 年版，第 95 页。

按条例所定，原来引发重大争议的监理官被废除，改由金融监理局统辖，金融管理局直属于财政部。交易所仍需报告，但由自己呈送。此时上海交易所已成立了同业组织上海交易所联合会，联合会认为税率过重，迭请减轻。后经金融监理局呈报财政部批准，在试办期内，物品交易所按九折征收，证券交易所按八折征收。兹后，各交易所仍在不断呈请减轻税率。[①] 应交易所呈请，财政部又修改税法，降低了税率。赢余满一万者，课 2.5%；满五万者，课 5%；满十万者，课 7.5%；满十五万者，课 10%；满 20 万者，12.5%；满 25 万者，征 15%；满 30 万者，课 17.5%。修正法案颁布后，上海交易所联合会仍以商业弊端，不断呈请减轻。财政部要求，暂行税率于 1929 年 3 月 20 日批准试办。[②] 因金融监理局改为钱币司，改由上海交易所联合会汇交税款，再呈解财政部核收。政府采取行业组织委托代办的方法征税，可以减缓交易所的抵触心理。

国民政府成立后，交易所税征稽取得一定实效。1928 年起，交易所税有增加趋势。到 1932 年，受上海战事影响，停市三个月。到下半年暨次年上半年，各交易所逐步恢复，但赢余仍极有限。到 1933 年下半年，税收渐有起色。具体征收情况如下表 2：

表 2　　　　　　上海六大交易所交易所税统计（1928—1933）

交易所	上海证券物品交易所	上海华商纱布交易所	上海金业交易所	上海华商证券交易所	上海面粉交易所	上海杂粮油饼交易所	合计
1928 年上半年	165.87	4799.61	9908.47	147.14	3916.19	—	18936.28
1928 年下半年	纯损无税	4848.56	19808.72	275.37	3150.29	638.10	28691.04

① 财政部财政年鉴编纂处：《财政年鉴》，1935 年 9 月，第 1160 页。
② 财政部财政年鉴编纂处：《财政年鉴》，1935 年 9 月，第 1161 页。

续表

交易所	上海证券物品交易所	上海华商纱布交易所	上海金业交易所	上海华商证券交易所	上海面粉交易所	上海杂粮油饼交易所	合计
1929 年上半年	纯损无税	9058.01	9250.135	6206.47	纯损无税	—	24514.615
1929 年下半年	纯损无税	30300.52	41237.954	26117.54	1218.33	不满万元无税	98974.344
1930 年上半年	纯损无税	4490.518	9323.687	38520.83	927.32	—	53262.355
1930 年下半年	纯损无税	11026.89	18169.775	26094.00	2354.34	不满万元无税	57645.005
1931 年上半年	纯损无税	368.08	16132.68	64487.43	2852.61	3016.21	86857.01
1931 年下半年	纯损无税	1635.39	4814.81	53752.32	10316.66	18644.17	89163.35
1932 年上半年	纯损无税	7659.64	3063.45	12479.98	571.69	—	23774.76
1932 年下半年	纯损无税	9644.77	4947.29	83426.90	3767.18	不满万元无税	101786.14
1933 年上半年	纯损无税	10840.40	2967.84	86754.81	纯损无税	—	100563.05

资料来源：财政部财政年鉴编纂处：《财政年鉴》，1935 年 9 月，第 1161—1165 页。

说明：（1）1928 年上半年税率仍系旧例计算；1928 年下半年应依交易所税条例核准征收，物品暂按九折证券按八折征收。上海物品证券交易所本届赢余不满万元，故免税。（2）1929 年及以下各届税率均照 1929 年 3 月 21 日确定税率征收。证券物品交易所及面粉交易所本年无纯益。（3）上海杂粮油饼交易所系全年一结账，故上半年无税。

从时序上观察，在 1929 年交易所税修正案颁行后，交易所税有所上升。在 1931 年上半年达到新高，次年受"一·二八"影响，税额又急剧下降。按交易所总量及平均额统计，上海华商证券交易所位居首位，其次为金业公所，再其次为纱布交易所、面粉交易所。在国民政府成立后，在税收、公债及货币改革基础上，证券交易市场又得到恢复，公司股票及政府债券成交量大增，证券交易所获得可观，客观上使税额相应提高。外地交易所有北平物品证券交易所、青岛物品证券交易所、宁波棉业交易所、宁波四明证券交易所等。宁波棉业交易所历年交易所税，为全年一结账。1928 年为 308.22 元，1929 年不满万元免税。1930 年为 594.79 元，1931 年为 622.17 元，1932 年为 1082.8 元，1933 年为 1121.9 元，合计为 3729.88 元。四明证券交易所交易所税：1933 年 9 至 12 月，为 77.91 元。[①] 交易所行业的缴纳税额以上海六大交易所最为主要。

在交易税方面，国民政府初立时曾颁《交易税条例》九条，派员充监理官，金银买卖税率略重，商品证券税率较轻，征收之标准是经手费。这仍是采用的原有办法，遭到交易所抵制。上海各交易所联合会呈国民政府财政部：交易所特税是否系专指从前所有之营业税而言，如专指营业税，于结账之期得有盈余，自勉力承担。"倘欲增加交易税，照报载条例办理，无论税率过重不能胜此担负而手续烦恼，逐日稽查各经纪人及委托人等，亦将望而却步，不惟交易税将丝毫无着，即固有之营业税亦必大致减缩。"[②] 政府所面临的仍是老问题，迫切之间难以解决，于是转而整理交易所税，是以有 1928 年交易所税条例之出台，而交易税则暂时搁置。

到 1934 年，国民政府财政部将交易税再次提上立法议程。财政部拟订交易税条例草案，呈报行政院交中央政治会议。11 月 21 日，中政会通过交易税原则。[③] 交易税原则并不复杂，仅两条：交易税基于交易所买卖成交而发生，纳税者为买卖双方当事人；交易税就交易所现有交易物之种类，查酌交易市况，分别规定，以期适合于社会经济暨金融情形。有价证券税率，按买卖约定价格计算。其他物品，按

① 财政部财政年鉴编纂处：《财政年鉴》，1935 年 9 月，第 1165 页。
② 《交易所反对交易税》，《上海总商会月报》1927 年第 7 卷第 11 期。
③ 《昨日中政会议通过交易税原则》，《中央日报》1934 年 11 月 22 日，第 2 版。

成交单位计算。立法原则颁布，意味着正式进入立法议程。12 月 1 日，国民政府令立法院审议财政部起草之草案。①

从 12 月立法院接令到 1935 年 2 月初审议通过期间，交易所、经纪人及相关物品行业再次展开持续抗议。12 月初，杂粮、纱、布、证券、金业五交易所经纪人公会呈文财政部，要求暂缓交易税。

呈文认为，近数年来，"外以世界经济恐慌之侵袭，内以水旱匪灾害之交迫"，经济活动每况愈下。"夫交易所为现代经济组织中之统帅机关，经济既如是其不振，其表示于交易所者，是为买卖之日渐衰落。"公会表示："近闻财部对于交易所中买卖欲征收相当之交易税，其税率已交立法院审议中。此种交易税之征收，在理论上言，商人等断未敢创言反对。不过就今日之事实言，为挽救沉闷之商况，交易税殊有暂缓征收之必要。不然，征收之税率，务必适合我国现状，亦应减低至于买卖可以负担之程度。"希望政府能考量行业困难，尽量暂缓征收。退而求其次，亦应降低税率。公会建议："回顾我国目前情形，其经济发达之程度既不及日本远甚，交易所基础之巩固亦不如日本，而一切经济之实况，尤不若日本。故今日我国若果而必须征交易税，则日本现行之征税法，诸多可以采取之处。"政府如出台交易税，应效法日本，降低税率，且减小征税范围。② 公会不再抗言法理，主要是从经营实况出发，希望引起政府的同情。

各交易所经纪人公会也分别上书呈请。上海华商证券经纪人公会提出："交易税与交易所税，一征之买卖者之双方，一征于交易所，表面似觉两事，然实际则均由经纪人经营而来。"③ 上海杂粮经纪人公会则呈电立法院财政、经济委员会，反驳政府关于抑制投机的观点，"经营杂粮交易者，大抵以于杂粮同业为多，绝少投机意味，营

---

① 《交易税条例原则》，《立法专刊》1935 年第 11 期。
② 《五交易所经纪人请暂缓征交易税》，《银行周报》1934 年第 18 卷第 49 期。
③ 《上海华商证券经纪人公会请求缓办呈中央暨上海市政府电》，《交易所周刊》1935 年第 1 卷第 4 期。

业范围，至为狭隘"①。面粉经纪人公会则呈书立法院，重申缓征诉求。② 经纪人公会还发表联合宣言，指称现有税率较原案有提高，且现货交易未予免税，要求暂缓征收。③

除经纪人公会外，与大宗商品交易相关的棉业、纱业等也对此表示反对。1934 年 12 月 3 日，华商纱厂联合会举行第十三次执委会，公推郭员、聂潞生、董仲生、唐星海、严庆祥、刘靖基等 5 日晚再度入京。后因郭、唐等人未行，改由荣德生、薛明剑赴京。④ 联合会同步呈文行政院、实业部、农村复兴委员会请予免征。6 日，各交易所亦派顾馨一等到京请愿，并要求列席立法院财政组审查会议，陈述意见。⑤ 13 日，穆藕初又再次晋京，反映交易所及厂家意见。20 日，顾、穆二人又联袂赴京。与此同时，中华棉业联合会暨全体棉商各同业公会亦向各部会电呈，"属会棉商以贩运棉花为业，产地收买棉籽花，已纳各税。津汉各埠购花已纳转口关税，国外购花已纳进口关税，是以棉商在上海华商纱布交易所之买，不过因产地收数之多寡及数额之适合，随时买进卖出，以资挹注耳。然实际上交割品，均为已纳上列各税之棉花，从无另纳交易捐税之事。近闻道路流言，谓有人献议财部，将征收交易所内棉花买税之说，是即一物两税，等于重征，众心惶恐，不堪重负。且直接负担者棉商，间接担负者农民，处此农村破产商业凋零之际，务祈体恤民艰，不采扰商害民之议，倘蒙晓谕，尤慰群情"⑥。棉商反映的事实是，棉商在交易所外已缴纳运销各税，在交易所内买卖又要承担新税，有重复征税之嫌。经纪人公会及纱厂联合会、棉业联合会试图在法令正式出台之前进行拦阻，避免增开新税。

---

① 《杂粮经纪人公会上立法院财政经济委员会文》，《交易所周刊》1935 年第 1 卷第 4 期。
② 《面粉经纪人公会上立法院孙院长暨诸委员等文》，《交易所周刊》1935 年第 1 卷第 4 期。
③ 《各交易所经纪人公会为请求暂缓征收交易税宣言》，《交易所周刊》1935 年第 1 卷第 4 期。
④ 《为增税事本会代表再度入京》，《纺织时报》1934 年 12 月 6 日，第 1142 期。
⑤ 《顾馨一等到京请免征》，《大公报》（天津）1934 年 12 月 7 日，第 3 版。
⑥ 《各交易所将加征交易税》，《纺织时报》1934 年 12 月 6 日，第 1142 期。

此时的论争已经涉及交易税的税收性质的判断。上海商会对交易所、经纪人及各业意见表示支持。1935年1月18日，上海商会呈文立法院、行政院及财政部。从税收属性而言，"交易税为行为税之一种，其性质与各省现持之营业税、牙税并无二致。交易所于物品买卖成交以后，既分别课以交易税，而于其他应征之营业税、牙税，又无免除明文，是物品买卖至少须课以重复之行为税三次。而事实上属于营业税范围者，批发一税零卖一税，连交易税合计决不止正税三次。似此货物转一手即抽一税，与曩年厘金未裁时，货物过一地即抽一税者，似无区别"。从税收公平而言，"吾国税权不及于外商"，向往之营业税等，皆未能对外人征税。"只征华商，不征洋商，而流弊之甚，尤当过之"，交易税也难以向外商征税，势必有害于国民经济。[①] 上海商会指出交易税与营业税、牙税有重复课税之嫌，中外税负差别也会影响到本国交易所的发展。在立法院1月24日的讨论会上，五大交易所理事长也晋京列席，并再度请愿。

那么工商界有无赞同开征的呢？据报载情况极少，但也有记者采访称有厂家赞同开征的。《益世报》有报道称，有厂家表示："若财部实行征收交易税后，对厂商甚有裨益，而免居奇操纵之寄，即谣言煽乱市面之风，亦可稍减，故各厂当局对此表示赞同云。"[②] 但这一新闻之中，并未列出具体厂家名称。

政府决心已定，立法势难停止。2月1日，财政部部长孔祥熙在对交易所、经纪人的回应中说："本部所拟交易税条例草案，交易税之征，由买卖行为当事人各缴半数，但由经纪人收取，交付于交易所汇同转解。来呈认为将由经纪人负担，实属根本误会。"经纪人呈报日本交易所税率情况，草案已有考虑，会酌情降低。[③] 2月2日，财

① 《为请缓行交易税事呈立法院行政院及财政部文》，《商业月报》1935年第15卷第2期。

② 《交易税明春开征，沪各厂家均表赞同，谓可限制投机积弊》，《益世报》1934年12月6日，第2版。

③ 《立院本日开会续议交易税，财孔函政院秘书处详述交易税之意义》，《益世报》1935年2月7日，第2版。

政部再次回应，表示关注到沪市商人的反对意见，但"该项税率本不甚重，双方当事人负担亦极微末，于交易市场亦无何等困难，各商似未能深切体会"。事实上，否决了商人的缓征呈请。不过，财政部仍将商界意见转至立法院。①

立法院对于征纳双方的意见进行了讨论。1935年2月8日上午，立法院召集四届四次会议，出席的财政、经济两委员会委员合计有71人，审查委员有陈长蘅、陈剑如、郑洪年、刘振东、马寅初等人。据马寅初陈述，立法院收到财政部、交易所及经纪人各方意见。立法委员审议中认为，交易所及经纪人所提出的意见包括交易税与交易税为两重苛税、交易税超过交易所佣金、交易税将转移于经纪人负担、交易税过重将使买卖人撇开交易所等，前三点均不能成立，第四点则有此事实。财政部认为举办交易税系取缔投机交易、增加国库收入，立法委员审议认为"理由正当，可以成立"。惟对于税率有所调整，除有价证券从价征收外，货物交易现货免税，交易期分长短期税率各有不同。标金、棉花、棉纱、麦粉四种，照原送经手费二十分之一征税。杂粮项下各类，系农工食品或肥料所需，均从轻计征。标金交易税有所加重。② 立法院最终通过交易税条例。审议修订中，立法院与财政部的立场基本一致。按照训政时期国民政府的立法体制，在中政会通过交易税原则之后，开征就已经确定。不论是国民政府还是立法院，均无权改变中政会的决议。立法院所可决定的，是如何使税法条款更为合理，在税率负担上考虑到商界诉求。法案日本取引所交易税的经验，免除现货交易的税额，也减轻各类税率。

税法刚一通过尚未正式公布，交易所联合会在2月9日即召集理事会，提请财政部再次缓征一年。11日，五交易所经纪人公会临时集议，再次电呈财政部请予缓征。

---

① 《交易税问题财部核议结果》，《大公报》（天津）1935年2月2日，第4版。

② 《立法院会议通过交易所税条例》，《交易所周刊》1935年第1卷第6期；马寅初、吴尚鹰：《财政委员会会同经济委员审查报告：交易税条例草案审查报告》，《立法院公报》1935年第67期。

　　抗议持续不断。1935 年 2 月 12 日下午，五交易所经纪人公会假纱布交易所会所，召开第九次联席会议，分别电中政会、国民政府、军事委员会、立法院、行政院、财政部、实业部等各部会首长。公会再次力陈上海金融界及各工厂之绌困情景，交易所之交易量亦因而下跌，"金融之危急既如此，商业之衰落又如彼，商人处此时艰，虽欲维持现状，尚虑难继。若同缴纳税款，何能负荷"。在此商业凋敝非常时期，"当事人负担既须增重，交易势必愈减，影响所及，何堪设想"①。呈文由华商纱布交易所经纪人公会代表边馥堂、证券交易所经纪人公会代表王正茹、金业交易所经纪人公会代表詹连生、面粉交易所经纪人公会代表张詹灵、杂粮交易所公会代表薛成章等签名上呈。经纪人公会还转请上海商会呈请政府，免征公债交易税，避免涉及苛细，"开东西各国未有之创例"②。各交易所也呈请中央缓征交易税，"以挽救目前之经济危机"③。交易所及经纪人公会如此频繁急切表达诉求，是希望在税法正式公布之前能够改变财政部的开征计划。

　　1935 年 5 月 6 日，国民政府公布《交易所交易税条例》，规定：凡在交易所买卖有价证券交易，悉依本条例之规定，征收交易税。交易税由交易所于买卖成效时，按规定税率，责成原经纪人向买卖行为当事人附带各征半数，交付于交易所，汇同转解。交易所并应将逐日成交情况报告于监理员核明，并将税款缴于国库。理监员得随时检查交易所或经纪人之账册，如有隐匿虚伪时，得处以惩罚。条例所定税率较预定有所降低，但又再次明确了理监员的监察职责。理监员的设置与原受交易所反对的监理官公署相似，可以检查交易账册，实施惩戒。除此办法之外，政府也没有办法来监察投机及交易状况。

---

① 《五交易所经纪人公会电请缓征交易税》，《银行周报》1935 年第 19 卷第 6 期。
② 《上海市商会呈请中央免征公债交易税》，《交易所周刊》1935 年第 1 卷第 10 期。
③ 《上海面粉交易所、华商纱布交易所、金业交易所、杂粮交易所呈请中央缓征交易税文》，《交易所周刊》1935 年第 1 期第 10 期。

据当时《银行周报》所载《日本交易所法》译文，第五条规定：凡交易所内之买卖交易得依往来差金授而为清算者，对其买卖各约定额，依左列税率课以交易税。地方债券或公司债券七日内交易征万分之零点六，其他为万分之一。有价证券之买卖在七日内成交为万分之一点五，其余为万分之二点五。商品买卖交易万分之二点五。现物交易不课税，交易税仅限于期买卖。[1] 不仅税率极低，且现物交易免于课税。此时交易所联合会为引起政府重视，委派顾馨一等多人晋京请愿，请予免征。再将条例与日本交易所法及北京时期的交易税条例相比较，条例吸收了现货交易免税的条款，在定期或约期交易上，引入日本关于七天交易期区分税率的规定。但是，在物品交易方面，根据上海交易所的实际情况，列出了标金、纱、棉、杂粮、面粉等大宗商品，按量计税。[2]

商会及交易所联合会、经纪人公会等团体的集体请愿终见成效。1935 年 6 月 23 日，财政部批复商界所请，同意缓征交易税。[3] 如将来一切就绪，再行开征。这也意味着，政府仍只能征收交易所税，而交易税的征收计划被迫再次延迟。

四 税收性质及交易所行业税负结构问题

从政府与交易所及相关行业的交涉来看，在北京政府时期，交易所主要从法理、程序和税负上展开抗辩。到南京国民政府时期，经过训政体制下的立法程序，法律上的理由已不复存在。关于财务秘密及经营自由的程序抗议，政府有税收的开征权，也意味着拥有核查财务、交易及纳税状况的权力。政府通过设置监理官，切入交易所行业管理进程之中，来获得税收标的核算及税款征收的信息。虽然商家阴为抵制，但政府基本忽略了干涉经营自由的指控。交易所始终抗议的

---

① 《日本交易所法》（大正十一年四月改正），《银行周报》1934 年第 18 卷第 49 期。
② 《交易所交易税条例》（1935 年 5 月 6 日公布），《国民政府公报》第 1734 期。
③ 《交易所税准予缓征》，《中央银行月报》1935 年第 4 卷第 7 期。

中心问题，仍然是行业税收负担问题。

行业税收负担问题上分两个向度展开：其一是行业发展的税收成本及中外竞争问题，重在税收的事实额度。交易所联合会及相关行业主要以行业经济凋敝，难以承受新增税负为由予以抵制，要求暂缓或降低税率。同时，基于经济民族主义的视角，交易所也向政府申诉如果税收成本过高，会抑制本土交易所之发展，日本取引所则会从中取利。在交易所税开征时，交易所虽有抗诉，但并不激烈，概此税为各国所通行，各业也均有行业税目。交易所虽为新兴行业，但不可能避离于税收体系之外。但到交易所税征收之时，交易所的抗议就明显升级，且相关各业基本全部参与其中，形成壮观的抗议声潮。政府后来也听取商家呼吁，屡次暂停交易税的征收。其二是关于重复征税问题，重点在于判断交易所的行业税负结构是否合理、税收性质是否科学的问题。按政府的税收目标，是依照日本成例，开设交易所税及交易税。在此之外，还有所得税。但商家、学界及舆论的认知显然有所不同，围绕交易所与交易税，交易税与牙税、营业税、所得税等问题，产生激烈争议，也反映其时对于交易所税、交易税的性质判断，仍存有分歧。行业税负的事实额度与结构、性质又是紧密相关的，如因性质重复，则相应需要裁减税目。

先讨论交易所税与交易税之关系。按税法所定，交易所税纳税主体是交易所，交易税纳税主体是买卖双方，二者征税标的也有不同。从直接税负上讲，二者并无重复，但因买卖双方在场内交易有税，场外交易无税，也会影响到交易所业务之发达。但是需要注意的是，交易所税是针对交易所收益征税，而交易所是一新兴的市场主体，征收交易所税是具有合理性的。这也是交易所反对交易税而未反对交易所税的重要原因。那么交易税征收究竟有无必要？西方国家为何要设立这一税目。追查其原因，需要回到交易税的征收对象上来。交易税由买卖双方承担，但计量频次，却是按交易的次数。交易愈频繁，纳税愈高。政府对此交易行为征税，的确合于抑制投机、稳定市场的政策目标。在立法院的审议之中，财经及立法两委员会的委员对交易税持支持态度，正是看重其抑制交易频次、控制投机的作用。政府在 1926 年、1935 年及 1941 年多次尝试征收交易税，原因即在于此。

商界在讨论交易所税、交易税性质时，并不是单纯从税法本身而论，而是将之放置于现有的税收结构之中，讨论其性质差异及是否存在重复征税的问题。关于性质的判断，许多是将之与营业税关联而论的。按照 1935 年 1 月 18 日上海商会致立法院、行政院及财政部的呈文中所论，交易税与营业税、牙税存在重复征税问题。再结合各相关行业公会所论，交易所税与面粉、棉、纱、杂粮等业原已承担的税负也有重征之嫌。因此，交易所税、交易税与营业税之关系应予厘清。

国民政府财政部在 1927 年曾拟订过《营业税条例草案》，草案将交易所业、牙行业、银行钱庄业、经营制造业、物品贩卖业等均纳入其内。① 次年，财政部拟订了《各省征收营业税大纲》。在1931 年正式颁布的《营业税法》中又规定：营业税为地方收入，凡在各省及直隶行政院之市内营业者，除向中央缴纳出厂税之工厂或缴纳收益税之股份有限公司组织之银行外，均应完纳营业税。具体税率在第四条有明确规定：营业税税率由各省政府或市政府按照本地营业性质及状况分别酌定之。以营业总收入额为标准者征千分之二至千分之十；以营业资本额为标准者征收其千分之四至千分之二十。以营业收益额为标准者，收益不满资本额百分之十五者征纯益额百分之二至不满百分之五；合资本额百分之十五至二十五者征百分之五至百分之七点五；合资本额百分之二十五以上者征纯益额百分之七点五至百分之十。第十条规定，原有牙税、当税、屠宰税及其他应依法取缔之营业税得暂照原有税率改为营业税。② 营业税可按三个标准征收：营业总收入、营业资本额、营业收益额。以营

---

① 《行将施行之营业税法规汇志》，《银行周报》第 13 卷第 22 期，1929 年 6 月，第25 页。

② 1931 年颁布的《营业税法》。

业收益额为标准者，不同额度税率各有不同。核算之时，又以纯益额为标准。

中央营业税法只确定方案，各地可据此详订细则。按1931年上海市政府颁布的《上海市征收营业税条例》，规定凡在本市营业除应由中央征收出厂税之工厂或征收特种税捐之公司、银行外，均应按照本条例征收营业税。① 按《营业税课税标准及税率表》规定，具体核算标准及税率分行业各有不同。物品贩卖业、转运业、交通业、营造业、堆栈业、理发业、洗染业、饭馆业等绝大多数依营业额为标准征收；金铺业、保险业、金银业、钱庄业、银号业、制造业、印刷出版文具业等，均依资本额为标准征收。② 按这一规定，交易所税属营业税之列，征收标准是按营业纯收益征收。

相对于交易所税的营业税性质认定，关于交易税性质的判断更为复杂。有言论将交易税归于营业税之列，"交易所税，系一种纯益税性质，而交易税系对市场内买卖双方之行为征税，类似营业税性质"③。也有言论认为交易税并非营业税，"最近交易税，为营业税外另一种新税"，"平衡论之，国家为遏制投机膨胀与预防交易所发生危险起见，征收交易税，亦不得谓为完全之恶税，即在日本亦行之"④。也有言论认为交易税是向交易所场内交易双方征税，征税针对买卖标的及行为，实质而言属于通过税。这几种说法其实各有侧重，有的重在交易行为，有的重在交易额度。比较全面的标准，应是两者结合，如此才能反映针对交易所内的大宗商品交易行为的征课的特殊性。同样的交易行为，在交易所之外，是不用缴纳税收的。但交易所内的优势在于，能够为大宗交易及约期交易提供更好的信用保障。因此，严格来说，交易税也是一种交易行为的信用保障成本。放

---

① 《上海市征收营业税条例》（1931年7月11日公布），《上海市政府公报》，第169页。
② 《营业税课税标准及税率表》（上海市政府咨财政部审核备案后公布施行），《上海市政府公报》第97期。
③ 《交易税与交易所税之分别》，《时代日报》1934年12月9日，第1版。
④ 子明：《交易税平议》，《银行周报》1926年第10卷第39期。

置在商品的流通环节上，就有通过税的属性。在税收的归宿上，仍会转嫁于最终消费者。基于此，交易税对证券、物品交易会产生导引作用。在交易所方面，会导致经纪人的增加，交易行为的频次变化。在大宗商品行业方面，会影响到货物的周转及价格。

因此，交易所认为交易所税、交易税存在重复，及交易税与营业税重复的观点并不被政府认可。在 1935 年的交涉中，政府坚持开征交易税，也是基于对其税收性质及归宿的判断，"前者系对于交易营业所课之税，是谓营业收益税；后者系对于交易额的所课之税，是谓交易行为税。一为对人税，一为对物税，是两者之税源，截然不同，实在不应混为一谈。所以，交易税之于流通税中，一如印花税、银行兑换券发行税、吨税、注册费与验契税。印花税等既早已存在，则交易税岂有不能开征之理。吾人仅须考察欧美各国尤为法德等国，除在交易所内力收交易税之外，复有一般交易税之课征，便可知交易税并不与营业税冲突而有二重租税之嫌"[1]。

再分析交易所税、交易税与所得税之关系。交易税不属于所得税，极易判断，但交易所税与所得税，则有近似之处。交易所税与所得税均按纯收益额纳税，但是并不是同一税种。1936 年 7 月，国民政府颁布《所得税暂行条例》，拟对薪资报酬所得、存款利息所得及营利事业所得税征税。条例规定：第一类营利事业所得凡公司、商号、行栈、工厂或个人资本在二千元以上之营利，官商合办营利之所得，属于一时所得，均应纳税。第一类所得中，所得合资本额百分之五至百分之十，课千分之三十；所得合资本额百分之十至百分之十五，课税千分之四十；所得合资本额百分之十五至百分之二十，课千分之八十；所得合资本额百分之二十五以上，一律课千分之一百。第七条规定计算所得额之方法营利所得之计算以纯益额为标准核算。[2]按此标准，交易所也应承担营利事业所得税。营利事业所得税是按照

---

[1] 包超时：《旧事重提之交易税》，《钱业月报》1935 年第 15 卷第 7 期。

[2] 《所得税暂行条例》（1936 年 7 月 1 日公布），王蓬年等编：《所得税分类法规汇编》，1937 年 5 月，第 167 页。

企业的纯所得分级设定税率征收，所得范围并不限于营业所得，而是总所得。交易所的营业收益主要是所获得的经手费收入，在此基础上扣除成本，是为交易所之纯益。但从税额标的来看，所得税与交易所税的确存在叠加重复部分。到抗战全面爆发后，政府着力建立战时税收体系，以直接税为重点，对税收结构进行整顿。交易所税税法虽存，但因上海沦陷，已难以征得税款。

交易所及商界在争论中，一再论及牙税。牙税是针对牙行征收的税目，牙行不同于现代交易所的本土买卖中介机构。牙商设立行号，处于供给与需用之间，代客买卖，以抽取费用者。牙行经纪需向官厅领取行帖，每年交纳行帖银税。在牙行交易的双方，需向政府缴纳牙税。由此分析，牙行实际上也承担两种税目：一是牙帖费用，牙行需向政府领取牙帖方才可以开张营业，牙帖费用可按期限分年缴纳。二是牙税，由官方向买卖双方征收，可派员征收，但实际运行中多由牙行代征。如与交易所相比，大体牙帖相当于交易所税，而牙税实际上相当于交易税。

按 1928 年 6 月安徽省的牙税暂行章程，凡开设牙行代人买卖及介绍货物抽收行用者，须照本章程缴纳领帖方准营业。安徽省的牙帖分长期短期两种：长期以十年为限，短期以一年为限。长期帖捐及每年应纳帖税分四等，一等六百元，年纳六十元，二等四百元，年纳四十元；三等二百元，年纳二十元；四等一百元，年纳十元。短期捐额较低，一次缴纳。第十条规定：牙行代额买卖得照向例抽取行用，但最多不得过百分之五。如客商不经牙行，私自买卖，经行商查出，得按应给用费处罚一倍。[①] 1929 年的《河北牙税暂行章程》规定：本省牙税以各县原有牙行为限，第四条规定：牙税按物价百分之三征收，由买卖双方负担，买主三分之二，卖主三分之一。粮食、棉花、土布、绳席、纸六项，按物价在百分之一征收，由买卖方分担。买主十

---

① 安徽省牙税暂行章程（安徽省政府 1928 年 6 月公布），安徽省秘书处：《安徽省现行法规》，1928 年 10 月印行，第 16 页。

分之七，卖主十分之三。牙税除由财政厅派员征收外，得由牙行承包代征。牙行应领之牙帖及牙伙应领之执照，均由财政厅制发。牙帖每张收费十元，执照每张收费一元，均按五成留县五成解财政厅。[①] 河北是按成交物品价值来进行征税，买主承担主要税额。在上海，牙税也有地方细则。1936 年 10 月修正的《上海市牙行营业规则》规定：凡经营客货以及贷客买卖收取佣金者均属牙行。凡在本市开设牙行一律遵照本规则向财政局报领牙行登录凭证并缴纳登录税、营业税。登录税领证时一次缴纳，营业税按年缴纳。登录税分短期一年及长期五年税率不同，双按繁盛与偏僻，分不同等级区分，税款由财政局稽征。[②] 交易所税和交易税的行业税收结构，其实与牙行相似。

再回归行业税负结构问题。交易所需要承担交易所税、交易税、所得税，不需要承担另外的牙税及营业税。交易所税与所得税存在部分叠加，但所得税既为总所得，是交易所收益在扣除成本及交易所税、交易税税款之后再行纳税。牙行税收结构与交易所相似，但二者并不存在交叉。交易所税具有营业税性质，按纯益征收。在 1947 年 5 月颁布的《特种营业税法》中，又规定对银行业、保险业、信托业、交易所业按照营业收益额课税，亦可见政府是将其列入营业税体系，但征收又相对独立。交易税与牙税相近，是属于行为税，纳税主体与交易所税不同，存在征收空间。商会及交易所指称大宗物品在场外运销中已经纳税，在所内交易仍需纳税的问题，从成本核算来看的确存在负担叠加的问题，但这一成本是间接的，交易买卖环节的征税与产销中的征税存在区分。交易税鼓励现货交易，抑制交易频次，对于抑制投机具有市场引导作用的。

在政府看来，交易所税、交易税与其他税类并不重叠，只是在行

---

① 《河北牙税暂行章程》，《河北省财政厅现行章则汇刊》，河北省财政厅编，1933 年 6 月版，第 108 页。

② 《上海市牙行营业规则》（1936 年 10 月修正），《上海市财政局章则汇刊》1936 年 10 月，第 1 页；《上海市财政局征收牙税细则》（1936 年 10 月修正），《上海市财政局章则汇刊》1936 年 10 月，第 1 页。

业的综合税负上存有叠加效应。有财政专家发表谈话，支持财政部开征计划。其理由即在于，"盖财产交易税与营业税、所得税税源不同"；二体恤商艰问题，目前经济衰落，商人要求缓行，理由固当，惟国库支绌，政府必开征此税，似为正当办法。三是交易税率问题，推行初期宜轻税，财部所拟有从量从价之分，似宜全改为从价税划一。尤应减低税率。四是税权歧异问题，亦有补救办法。财政专家认为，交易税为国家正当税收，无可反对，惟税率及实施办法，颇有顾及商界实况必要"①。面临商界的联合抗议，政府同意暂缓，但一直没有裁撤交易税。到全面抗战时期，政府又再次启动交易税的开征议程。1941 年 6 月 28 日，政府对 1935 年的交易税条例进行修正。规定分有价证券和物品两大类征收，有价证券现货交易不课税，七日内征万分之零点四，七日外征万分之零点七。物品按类从量征收，标金每单位征法币 0.4 元；棉花百担征 1.4 元，棉纱百包征 5.5 元，面粉千包征 1 元，杂粮分类确定。② 但在上海陷落之后，交易所业受战时冲击，业务受损，实际税额，极不理想。

到抗战胜利后，政府又修改交易税条例。1946 年 9 月 20 日，政府废止了原《交易所交易税条例》，公布《证券交易税条例》，仅对证券交易征收交易税，而物品交易税则不再课征。③ 此次开征，反而较少遇到商界抗议。开征 3 个月后，所得税款有法币 3 亿余元，月得 1 亿余元。④ 为何此时交易所抗议减少，与政府在修订时将物品交易所交易税剔除有关。由此，原来抗议最为激烈的物品交易所及相关的棉业、纱业、金业、面粉业等行业，不再表示抗议。而场内交易征税，场外交易免税的现象，也得以消除。至于证券交易所，此时交易的重点其实是以政府公债为主，依规定国债是免税的，所承税负较原来已有大幅减轻。且在抗战之后，政府强力整顿原有税收体系，对所

---

① 《某财政专家谈交易税问题》，《新闻报》1935 年 1 月 26 日，第 9 版。
② 《交易所交易税条例》（1941 年 6 月 28 日修正公布），《行政院公报》1941 年第 64 期。
③ 《证券交易税条例》（1946 年 9 月 20 日公布），《金融周报》1946 年第 15 卷第 13 期。
④ 《三个月来证券交易税忆征三亿余元》，《征信所报》1946 年第 215 期。

得税、营业税、货物税均加强征稽，统一税政，商界的抗议空间相应压缩。

结语：税收权力的行业嵌入

晚清民初本土交易所的兴起，既是效行西法、中外竞争及完善市场的结果，也受投机风潮的推动。在1921年前后，交易所密集创办，终于在上海成为一重要的新兴行业。这一行业的特殊性在于，其营业利害不限于交易所本身，还关系到证券及大宗物品的现货、预期交易，影响金融及商品市场至巨。在短期内，上海交易所行业聚集巨量资本，信交风潮搅动市场风云，在展现行业能量的同时，也予政府以征税的可乘之机。不论北京政府，还是南京国民政府，都将征收交易所税、交易税作为行业既定政策，屡败屡兴，从未放弃。

但经过晚清立宪及民初共和的洗礼，税收法定及税收民主的观念已为商界认同。政府要实现对一新兴行业征税，获得这一新增税源，不仅要解决法律上的合法性问题，还要解决结构上的合理性问题。在此基础上，获得交易所行业及商界的认可支持，方能顺利实现税收征稽。从政府与交易所及相关行业的交涉来看，政府开征交易所税的立法计划实施较为顺利，但交易税的征收计划却一再搁浅。1935年重新启动开征进程，理由仍然是抑制投机问题，也得到财经专家的支持。上海市交易所联合会及上海市商会、经纪人公会、机器面粉业公会、华商纱厂联合会、金业公所、杂粮公会等均出面抗议，要求政府暂缓开征。此次没有质疑其合法性问题，主要是提出重复征税、中外税权不平等及税率设置过高的问题。在交易所及相关行业商人的联合反对之下，政府不得不暂缓开征，商人抗议再次取得成功。政府于1941年再次启动交易税，成功开征，但因交易所行业受到战争冲击，上海沦陷，再加以战时实时物资管制的原因，实际也未能实施。至抗战之后，政府废除物品交易所的交易税，而仅对证券交易所征收交易税，反而获得微量收入。

交易所及大宗商品的相关公会、商会围绕税收性质、行业税负结构展开激烈争论。政府主要从法理上来阐释交易所税与交易税之区别，强调开征之必要性。但是交易所及商界则从实际税负角度，讨论交易所税、交易税与营业税、牙税、所得税之异同，希望政府优化税收结构，扶持行业发展。在这一问题上，政府与学界、立法委员的观点更为接近，都强调以两税来扩充财政来源，抑制市场投机。商界则认为，交易税会在事实上增加买卖双方的负担，影响到交易场所的选择及营收。在讨论中也可见到，其时各方对交易所税的性质较有共识，对交易税则存在分歧。针对交易行为、交易额度征税，应是交易税的核心标准。而在实际运行中，交易税所具有的信用保障成本性质，政府和商界都论之甚少。在商界看来，政府的征税行为仅是为了增加财政收入，而未能体恤行业发展的需要。

在推挽争议之中，政府采取措施，努力将税收征管嵌入交易所及行业的经营进程之中。其一是行业税收负担及经营成本。政府开征交易所税，由交易所承受税负。营业税在1931年开征统一征收，在裁厘之后，以营业税补地方财政之失。营业税课征法可采纯益收入征收。这一税收，被纳入特种营业税类别，依交易所纯益进行征收，未能逃逸出政府税收体系之外。交易所税与营利事业所得税也有不同，所得税是直接税，营利所得利润要扣除所有必要成本。交易税涉及的利益范围更大，包括交易所业及相关大宗商品行业，也因此激起更大规模的抗议。交易税由买卖双方承担，会影响到市场主体的交易行为及成本预期。其二是交易所财务及交易过程监管。不论是交易所税还是交易税，政府都需要掌握其实际营收及交易情况。如果按申报制，显然会存在明显的漏洞。因此，政府出台监理官制度，派出专员负责征收及督导。监理官具有财务及交易监察权力，这对交易所来说认为是不可接受的，干预到了其经营自由，也不符合商家保护其财务。商家对此表示抗议，政府并未撤销监管办法，但是监理官在实际运行过程中显然遭遇交易所的消极抵制。交易所无视监理官之命令，也不愿主动提供账簿信息，致使监理官一筹莫展。其三是税收归宿及交易行为的预期反应。交易所税的实际来源是交易所的营业行为及经手费手入，交易税的实际来源是买卖双方的交易行为及交易额。两种税收的纳税主体不同，但最终实际仍转移到消费者手中。在此过程中，政府通过税率设定、免税规定、定期周期等，来引导交易所的经营及纳税行为。既希望实现增加收入、平抑投机的政策目标，又能平衡交易所及商界的税收诉求。为达至二者利益的均衡，政府也做了诸多让步，如减轻税率、暂缓征税、缩小征税范围等。

从税收征稽效果来看，政府征收交易所税相对成功，但离预期仍有较远距离，交易税的征收明显受阻。政府派遣监理官驻所查税的方法没有收到预期效果，在交易所的抵制之下，监理官缺少市场管理权威。政府不得不妥协退让，委托交易所及交易所公会代为征收交易所税及交易税。到抗战时期，上海交易所行业受到严重打击，政府在事实上丧失这一新兴税源。关于交易税的激烈争议表明，纳税人认同这一新兴税目，并非仅从法理上加以判断，而是综合到了实际的税收结构及行业税负来评估是否存在重复纳税问题。如果税制不合理且存在重复纳税，商人抵制则是维护行业发展的正义之举。换而言之，政府税收权力的嵌入不能仅依行政强权，还需要有纳税商民的共识配合。

库政革新：国民政府国库署研究
（1940—1949）

张　超

（厦门大学　历史系）

　　国库制度是国家财政收支的保管、出纳和管理制度，具体应包含两方面的内容：一是国家财政收入的保管、出纳，这是国库制度的主要方面；二是对缴库之款的管理。在国库制度运行机制中，建立专业、健全的管理机构，负责国库资金的收纳与保管，是处理库务的首要前提。抗战时期，随着《公库法》的颁行，公库事务日益繁重。职是之故，国库署应运而生。作为国库主管机关，国库署对于公库事务实际处于领导及监督地位，"不仅需处理各项国库行政事务，并须负责作全国之努力"①。对于这一国库管理组织，以往的研究虽在论述公库制度建设时略有提及，但对于其组织机构设置、人事与经费、职权分配等鲜有论及。② 有鉴于此，本文通过爬梳南京、台北等地档案馆所藏原始档案，结合报刊等资料，对国库署的设立及在国库制度运作中所起作用进行剖析，以期透视近代国库行政制度的演化路径及在完善现代财务行政体系上所起到的作用。

---

　　① 杨承厚：《中国公库制度》，中央银行经济研究处 1944 年版，第 137 页。

　　② 万立明：《南京国民政府时期国库制度的演进》，《江苏社会科学》2006 年第 3 期；任晓兰、司宇翔：《论民国时期公库法的立法与实施》，《法律史评论》（第 9 卷），法律出版社 2017 年版；任同芹：《抗战时期国民政府财政公库网的构建与实施》，《安徽师范大学学报（人文社会科学版）》2018 年第 5 期；张超：《国民政府的公库制度建设与财政资金管理（1936—1945）》，《中国经济史研究》2020 年第 4 期。

一 国库署的成立及组织构成

清末民初以来，以按行政系统设立实物库的传统库藏逐渐向以银行信用货币为主的近代国库转型。随着库制结构的转型，专门性的国库机构开始出现。1906年，度支部下设库藏司，掌稽核国库出入款项，办理各省报解京饷，各项经费收支，盘查三库等事宜。辛亥鼎革后，临时政府财政部下设库务司，掌理国库资金的出纳及保管事项。北洋政府时期，国库机构屡经调整。1912年5月，熊希龄接任财政总长[①]，将库务司改为金库，在国库未独立以前，暂司出纳现金之事。又因金库之组织与司不同，且系暂设，故另立系统。同时，财务司亦享有部分国库职能，如国资之运用及出纳、国库之管理及出纳等。[②] 11月，周学熙继任财政总长，又对财政部官制予以改革，恢复库藏司设置。[③] 1913年9月，熊希龄兼任财政总长，修正财政部官制，取消库藏司。在财政部中设国库科，附属于会计司。[④] 1914年2月9日，周自齐继任总长，设置国库管理处，并任命周作民为处长。[⑤] 7月10日，袁世凯公布《修正财政部官制》，恢复库藏司等五司建制。[⑥] 库藏司职掌国资之运用出纳、国库之出纳计算书、监督出纳官吏等事务。[⑦] 及至袁世凯死后，政局混乱，中央权势日削，军阀割据日雄，各省报解中央之款多被地方截留，国库复

---

① 熊氏曾两度担任财政总长，第一次任期为1912年3月30日至7月14日；第二次任期为1913年9月11日至1914年2月9日。

② 《临时大总统为财政部官制草案提请议决咨》（1912年6月），《中华民国史档案资料汇编 第三辑 政治》，江苏古籍出版社1991年版，第37页。

③ 《临时大总统公布财政部官制令》（1912年11月2日），《中华民国史档案资料汇编 财政》，第3—4页。

④ 《库藏司与国库科之递嬗》，《生活日报》1913年12月18日，第7版。

⑤ 《财政部令派周作民充国库管理处处长》（1914年3月23日），《政府公报》第26册，1914年，第139页。

⑥ 项怀诚主编：《中国财政通史 大事记》，中国财政经济出版社2006年版，第143页。

⑦ 《大总统公布修正财政部官制令》（1914年7月10日），《中华民国史档案资料汇编 第三辑 财政》，第6页。

呈分裂之状态。因此，库藏司并不能实际管控国库收支，库政统一极为困难。

南京国民政府成立后，国民政府致力于整理财政，并以统一收支为要图。就收支统一言，统一库政是基础，而建立健全的国库行政体系则是处理库政的前提。有鉴于此，须先从国库行政机构入手。1927 年 8 月 1 日，财政部国库司正式成立，以财政部参事姚泳昌为司长。① 根据《财政部组织法》，国库司职掌为稽核发款命令、监督出纳官吏、监督国库之出纳、政府各种基金、储金保管等。② 当时，国库司虽成立，但其管辖范围有限。实际上，当时财政收支并不统一，"各机关收支款项有未经向财政部商洽迳行划拨者，或有事后方行咨达财政部以致无案可稽者，实于财政统系诸多紊乱"。为求整理划一，财政部拟请国民政府令各部及中央直辖各机关，"凡有一切收入款项，应悉数尽先解交财政部，分别支配，并按月列表报告，以凭查核。其一切开支实数，亦应先行呈明国民政府核准，令行照拨"③。此后，国库司又提出各署司处所属各机关解部税款统一办法。④ 1928 年 10 月，国民政府实行五院制，财政部隶属于行政院。12 月 8 日，修正之《财政部组织法》规定，国库司职掌国资之运用、出纳；发款命令之稽核；政府各种基金及储蓄保管；国库之出纳、管理及其他一切事项。至于实务层面，以1930 年为例，国库司具体职能有：制止各军队就地提款、补助各省经费，核定各省陆地测量局及陆军监狱、陆军医院等经费事

① 《新都纪闻》，《申报》1927 年 8 月 2 日，第 4 版。
② 江苏省中华民国工商税收史编写组、中国第二历史档案馆编：《中华民国工商税收史料选编·第一辑（下册）》，第 1985 页。国民政府曾于 1927 年 11 月 11 日、1928 年 5 月两度修正组织法，但国库司职掌并未变化。
③ 《财政部请令中央各部收入悉归部支配呈暨国民政府令》（1927 年 10 月），中国第二历史档案馆编：《中华民国史档案资料汇编　第五辑　第一编　财政经济（一）》，第171—172 页。
④ 《为令遵事案查本部国库司提出各署司处所属各机关解部税款统一办法》，《财政公报》1927 年第 4 期。

项。① 整饬各省财政特派员收支款报告、核定旧财政部欠款、限制清室私产不得擅自处分等事项。② 尽管国库司职掌较为明晰，但中央各部会及所属各机关多将本机关收入自行留用，并不按国库收支程序办理，致使国库账目未臻完备，而各机关经管收支责任，亦未能解除，于国库统一及审计法令，均有妨碍。职是之故，1933 年 2 月，国民政府颁布《中央各机关收支统一处理办法》，旨在"使各部会负责督促综核其主管各项之收支，并使国库统一处理，完成其全部收支记录"③。

1936 年 7 月 14 日，国民政府又公布《财政部组织法》④，国库司职掌有：国库金钱、证券之出纳、保管及移转；库收支凭证之稽核及经费请领书类之审核；代理国库银行之监督、指挥；各机关出纳之监督；各特种基金保管、运用之监督；国有财产收支之考核；国库收支状况之报告；国库其他事项；地方政府公库行政之监督。⑤以 1936 年为例，国库工作分为三项：一、收回各省国税；二、继续推设各地方分支库；三、调查国营事业收支。⑥ 另外，国库司还办理拨发建设教育经费、各省灾荒赈款、党员及先烈抚恤金。⑦ 上述表明，国库司职能愈发扩大，且分工渐趋明细。然而，此间金库制度存在诸多困境：第一，实行银行委托制，公款与银行资金截然两分；第二，金库单位分散，统一管理困难；第三，地方自行征收，保管截留经费；第四，各机关坐支及拨付程序破坏库款管理；第五，库款多制定用途，影响调度，破坏体制；第六，国库无统一

① 《财政部民国十九年一月份工作报告表》，《财政公报》1930 年第 35 期。
② 《财政部民国十九年二月份工作报告表》，《财政公报》1930 年第 36 期。
③ 财政部国库署编：《十年来之国库》，中央信托局印制处 1943 年版，第 4—5 页。
④ 在此之前，国民政府曾数次修正《财政部组织法》，但国库司职掌并未发生变化。
⑤ 中国第二历史档案馆编：《国民党政府政治制度档案史料选编 上册》，安徽教育出版社 1994 年版，第 216 页。
⑥ 《财政部 1936 年度行政计划》（1936 年 8 月 21 日），中国第二历史档案馆编：《中华民国史档案资料汇编 第五辑 第一编 财政经济（一）》，第 621 页。
⑦ 详情见行政院秘书处：《中华民国二十五年行政总报》，第 57—58 页；《财政部拟 1937 年 6 月份工作报告》（1937 年 8 月），中国第二历史档案馆编：《中华民国史档案资料汇编 第五辑 第一编 财政经济（一）》，第 642 页。

法令，各地金库呈紊乱状态。^① 总之，由于金库制度积弊已深，国库司无法发挥其预期效果。

及至抗战爆发后，中央财政紧张，统一国库愈为迫切，国民政府遂进行国库革新。1938 年 6 月 9 日，国民政府颁布《公库法》，公库建设全面展开。因事属创建，该法又为"财政上革新大计，法文规定不仅严密，牵涉范围也广，且极其复杂"，财政部不得不妥慎筹备。同时，欲期顺利推行，处理全国国库行政及监督地方公库行政事务，实有扩大国库组织机构之必要。有鉴于此，财政部呈文行政院，称"自《公库法》公布施行日期已渐迫近，为执行该法所规定之事务，异常繁杂，实有将本部原有国库司扩充改组为国库署之必要"^②。1939 年 10 月 4 日，财政部奉准将国库司改为国库署。^③ 上述足以表明国民政府对国库事务的重视。

随着由司改署，国库行政组织架构发生重大调整。1940 年 3 月 26 日，国民政府颁布《财政部国库署组织法》，下设四科一室：第一科掌理公库制度之拟订审核、解释事项以及一般秘书业务；第二科掌理国库收入之考核及报告事项；第三科掌理国库支出之考核、报告事项以及中央各机关特种基金之核拨事项；第四科掌理中央政府特种基金收入之考核事项；会计室掌理国库署经费之岁计、会计及统计事项。^④ 与战前相比，各科室职掌较为明确，且组织规模有所扩大。1941 年 6 月第三次全国财政会议后，省级财政并入中央，省库不复存在。12 月 6 日，行政院颁布《国库统一处理各省收支暂行办法》，规定各省收支悉由国库统一处理。受此影响，国库署责

---

① 详情见张超《国民政府的公库制度建设与财政资金管理（1936—1945）》，《中国经济史研究》2020 年第 4 期。

② 陈之迈：《中国政府》，上海人民出版社 2015 年版，第 226 页。

③ 《为据财政部呈报将该部国库司改组为国库署已于本年十月四日组织成立转请鉴核备案由》（1939 年 11 月 11 日），《国民政府公报（南京 1927）》，1939 年，第 18 页。

④ 《国民政府主席林森训令直辖各机关为明令公布财政部国库署组织法通饬施行令仰知照》（1940 年 3 月 26 日），台北"国史馆"藏，国民政府档案，数字典藏号：001 - 012071 - 00342 - 009。

任加重，业务增繁。1942 年 2 月 10 日，为因应需要，《国库署组织法》经修正公布。该署扩大为六科二室，增加第四科、第六科，分别经管省市支出、债款捐款等事项，原国库署会计室统计股亦扩大为统计室。①

以统计室为例，国库统计原"由会计室兼理，而于室内设置统计股，以专责成"②。1942 年 3 月 28 日，财政部任命周树嘉为统计室主任③，又颁布《财政部国库署统计室组织规程》④。统计室成立后，"乃接管会计室统计股旧有案件，继续按期为国库收入总存款收支月报表、特种基金存款收支月报表、捐献款收支月报表等之编制外，又积极从事于公库类统计方案之拟订，以为资料之搜集整理编报之划一，以及其制度化之建立"⑤。至于具体工作情形，以1942 年为例，其工作计划共四项内容：一、拟定国库署统计方案草案；二、编制 1942 年各月份国库收支统计报表；三、汇编《国库统计手册》；四、绘制国库署公务统计及行政上应用统计重要挂图。⑥ 需说明的是，为经常检查银行业务，国库署特于 2 月 26 日成立稽核室，依据规定权限，对全国各商业银行和钱庄业务，从事督导与纠查。⑦

1944 年 1 月，因公库制度推进，业务增繁，"且增加公粮代金之核计签拨、国有财产之清查整理、租借物质之核算登记等新业务"，财政部遂向行政院呈请增设三科。行政院同意"在组织法未修正前，

---

① 《为奉令抄发修正财政部国库署组织法令仰知照》（1942 年 3 月），台北"国史馆"藏，财政部档案，入藏号：018000016689A。

② 徐荣宽：《六年来的国库统计》，《财政统计通讯》第 18—19 期（1948 年），第 4 页。

③ 《兹派周树嘉代理本部国库署统计主任》，《国库署统计室组织规章》，台北"国史馆"藏，财政部档案，入藏号：018000037369A。

④ 《抄发国库署统计室组织规程令仰转饬知照》（1942 年 7 月 20 日），台北"国史馆"藏，财政部档案，入藏号：018000037369A。

⑤ 徐荣宽：《六年来的国库统计》，《财政统计通讯》第 18—19 期（1948 年），第 4 页。

⑥ 《为呈送三十一年度工作计划暨分月进度表仰祈鉴核由》（1942 年 9 月 3 日），台北"国史馆"藏，财政部档案，入藏号：018000037369A。

⑦ 刘慧宇：《中国中央银行研究　1928—1949》，第 243 页。

先行试办"。国库署即以第五科掌建设支出及租借物质转账，第八科掌公粮代金之核拨等事项，其余各科职掌，并经酌予调整。至于租借物资事项，"因第五科建设支出之处理，已甚繁剧，未遑着手办理"①。1945 年 1 月，国库署又以业务日增，员额不敷，拟扩大组织，"分设库政处、岁入处、岁出处、总务处掌理署务，其中库政处管理公库行政，岁入处管理各项公库收入事务，岁出处管理各项公库支出事务，总务处管理该署庶务"②，经由财政部拟具组织法修正草案呈奉行政院。行政院认为各机关正值厉行紧缩，所请扩大组织并不适宜。

抗战胜利后，国库署又呈文财政部，称"各项物质之稽查、考核、登记亟应由国库依法实施。此项工作颇为繁重，有专设一科管理之必要"。在人事处看来，原掌公粮代金事项之第八科，因 1946 年起公粮代金停发，"原有职掌既不存在，拟以该科原有人员办理有关物质各事项"。为应事实需要起见，在该署组织法未呈奉修正前，准予先试办。③ 1946 年 10 月，为履行政府紧缩支出政策，国库署署长杨绵仲呈请财政部，将九科裁并为七科。④ 及至 1948 年，国库署共有七科四室。第一科掌理库政，第二科掌岁入，第三科掌经费岁出，第四科掌生活费岁出，第五科掌特种基金，第六科掌债款，第七科掌总务。四室为会计室、稽核室、统计室、秘书室。⑤

---

① 《为奉交核国库署签呈拟将各项物质之登记稽考事项设科管理一案在该署组织法未呈奉修正前似可准先试办仍饬迅将组织法妥拟修正呈核签请鉴核示遵由》（1945 年 12 月 20 日），台北"国史馆"藏，财政部档案，入藏号：018000016689A。

② 有关组织法修正草案内容，详情见《财政部国库署组织法修正草案》，台北"国史馆"藏，财政部档案，入藏号：018000016689A。

③ 《为奉交核国库署签呈拟将各项物质之登记稽考事项设科管理一案在该署组织法未呈奉修正前似可准先试办仍饬迅将组织法妥拟修正呈核签请鉴核示遵由》（1945 年 12 月 20 日），台北"国史馆"藏，财政部档案，入藏号：018000016689A。

④ 《为国库署紧缩支出裁并两科主管人员拟酌调整签请核示由》（1946 年 10 月 5 日），台北"国史馆"藏，财政部档案，入藏号：1018000019691A。

⑤ 曾永钊：《公库制度之研究（下）》，《储汇服务》第 78 期（1948 年），第 7 页。

二 设置国库署办事处之提议

公库制度推行后，国库署事务日益加重。自 1942 年起各省收支改由国库统一处理，各地代库机构逐渐增多，实施公库法之机关与地区亦日臻普遍。所有国库事务若仅由国库署集中办理一切策进事务，颇有应付困难之虞。"而稽核工作之应就地督导于事前者，尤不易积极推进。故拟于各重要地区分库所在地先设国库署办事处数处，就近调度，加强督导，以增进行政效率，并为准备复员计划中推进库政、筹设分署，树立始基。"①

1943 年 1 月 25 日，财政整理委员会呈文财政部，指出公库制度实行以来，推进甚速，国库设置尤为普遍。该部拟在本年督促中央银行与中交农三行、邮政机关及各省地方银行推设国库 481 处。"所有国库网之计划，既在力求完成，而国库主管机关系属本部，司其事者，厥为国库署。凡收支、审核、监督、指挥、稽查、推进各项事宜，全由国库署负责处理，事权一致，自属合理。"但自国库增多，业务加剧之后，亦需加以调整，其理由有三："一、省级财政并入中央以后，国库收支遍及全国各地，中央补助地方款项，亦赖国库划拨。现时交通电信，均感困难，而核拨支付各种手续，悉由国库署直接处理，往返费时，时感濡滞，影响于一般行政之推进，实非浅鲜。二、我国幅员广大，国库分布亦广。一切监督指挥稽核推进等事，悉由国库署直接处理，虽云事权集中，实则国库单位过多。缘于地理形势交通状况，不特僻远地区，莫由灵活指挥，抑且百务丛集，力量不胜，监督稽核之实效，亦难发挥，各地国库或将不免散漫之虞。三、抗战接近胜利，今后入复员准备时期，一切政治措施，经济建设，必将愈趋紧张，有赖国库运用之处愈大。倘濡滞散

---

① 张庆军：《国民党政府财政部 1943—1944 年工作报告及计划文件一组》，《民国档案》1988 年第 2 期。

漫之现象，势将妨碍抗战建国大业之推进。"基于上述理由，该委员会认为"分区设置国库行政机构，俾能加强效率，实属必要。若待战后范围愈广，业务愈繁，始行着手进行，必致臃肿难移，缓不济急，今拟先行择定二、三中心之地点，设置国库署驻某地办事处，以为试办推行之张本。一俟战区收复后，藉此实验结果，立加推广，免致措手不及"。又主张"先择定兰州、屯溪、桂林作为西北、东南、西南三区中心，分别设置国库署办事处。各办事处各到指定其管辖之区域，秉承国库署之命令，处理所辖区内之国库收支考核及其他事项，推动监督，既臻敏密，收支处理尤增效能。俟试行渐着成绩，再视范围之广狭、事务之繁简，以二省至四省分别划定区域，逐渐推设，并一面训练此项人才分配任用，构成一运用自如之国库网，俾中央及省县各级机关均感便利。此在库政方面虽略增经费，而在各项行政及业务方面收效正宏"①。

大致说来，财政研究委员会因国库日多，分布益广，提出分区择定地点，"设置国库办事处，加强国库行政效率"。对于此意见，财政部长孔祥熙令秘书厅、国库署等有关单位商讨。2月4日，设置国库署办事处问题讨论会召开，议决"由国库署与会计处会拟施行步骤与办法"。此后，国库署与财政研究委员会等部门联合呈文财政部，指出公库制度推进以来，国库事务日益加重。"若仍由国库署在渝统办一切策进事务，因交通梗阻，不无应付为难之虑。再本年度库款收支更较浩繁，叠奉钧座指示对于库款收支应切实加强稽核工作，尤当遵办。虽经呈派国库署稽核赴各省实地考察，已见效果，但纠正补救于事后者多，就地督导于事前者少。为能体认实况，力谋联系，以增强行政效率及便利稽核工作，并准备复员计划中推进库政起见，似应亟就各省要区、分库所在地点，先设国库署办事处数处，将来视事实需要，随时再呈请次第推设。复员计划中

---

① 《呈以国库日多分布益广似应分区择定地点设置国库办事处加强国库行政效率由》（1943年1月23日），台北"国史馆"藏，财政部档案，入藏号：018000032060A。

推进库政，由国库署呈派干员，秉承部署长官命令，在其区域内督催税收之征解、考核事业专款与营业资金之支用实况、查察征实收纳划拨账款以及指导国库分支库库款处理等事项。国库署对于各地库务之推行，俾获辅助，但颁发命令、核定拨款等事项仍由国库署秉承部次长命令办理，以清权限。"① 至于所需经费，本年度内拟暂由国库特种事业费项下支用，一俟试行有效，再统筹计划，编列概算。此外，呈文中还拟具《财政部国库署各省区办事处组织规程》，其规程如下：

第1条　财政部国库署为便利推进库政及考核库政起见，设置各省区办事处。

第2条　国库署各省区办事处设于国库分库所在地，由国库署察酌各地情形，拟具分期设置次序，呈部核定，陆续推设。

第3条　国库署各省区办事处秉承部署长官之命令，在其区域内办理左列事务：

一、催解各项库款收入，并考核其收纳程序。

二、考核各机关经费划拨支用保管之程序。

三、考核各机关事业费及营业资金之收支处理程序。

四、考核各项征实之收纳划拨程序，并督催折价收回转账各事项。

五、考核及指导国库分支库库款处理程序。

六、其他奉令交办各事务。

第4条　国库各省区办事处设主任、副主任各一人，由国库署呈部调派，综理处务。

第5条　国库署各省区办事处设佐理员若干人，由国库署呈部调派，并得酌用雇员。

---

① 《为应亟就各省要区分库所在地点先设国库署办事处数处签请鉴核由》，台北"国史馆"藏，财政部档案，入藏号：018000032060A。

第 6 条　国库署各省区办事处对于部属机关及左列事项，国库分支库则由处行文。

一、遵照部署命令，应行转知事项。

二、遵照部署命令洽商进行事项。

三、曾经呈署核准事项。

第 7 条　国库署各省区办事处办事细则另订之。

第 8 条　本规程由部呈请行政院核定施行。

由上可见，该规程仅在理论上规定了国库署办事处的职掌及人员设置，但并未涉及具体实施层面。随后，财政部将此项提案提交行政院审核。6 月 8 日，财政研究委员会又呈文财政部，指出国库行政分机构早一日设置，"则早一日收就近监督指挥及执行稽核、签拨支票之种种便利，应否在院核以前，先行由署迅予筹设，期于下半年度起，即可实行"①。然因战事紧张，该案被搁置。

及至 1944 年 7 月，日军发动豫湘桂战役，意在打通平汉、粤汉两铁路线。若日军企图实现，则二线以东地区的财政部所属各机关之指挥监督问题势将发生困难，影响库收。有鉴于此，财政研究委员会再次提出于平汉、粤汉两线以东地区，择定地点，设立国库署办事处，其理由如下："一、平汉、粤汉以东地区，财务方面以税款之缴库与政费之核拨最关重要。平汉线及粤汉线之一段，虽为敌寇控制，而其以东地区之各种行政仍须努力推行，政费核拨关系綦大。此项税款缴库之监督，政费核拨之执行，应属国库行政事务，故设国库署办事处最为适宜。二、目前国际局势急转，我军随时准备反攻收复失土。若于陷区竟设本部分理机关，颇觉庞大，且失地收复之后，又须撤销，旋设旋废，观感不佳。倘设国库署办事处，轻而易举，失地收复即据以改为国库分署，恰得既定政策。三、设置国库署办事处规模较小，经费较省，筹设迅速，

---

① 《为加强国库行政拟具办法签请鉴核由》（1943 年 6 月 8 日），台北"国史馆"藏，财政部档案，入藏号：018000032060A。

易赴事功。"① 8 月 25 日，财政部指令财政研究委员会，指出分设国库署办事处，"牵涉颇广，非短时间所能解决，而职权上亦仅能承转接洽，不能直接调度，以之为平时督导库政，稽核库款收支，固有其相当作用。若于当前紧急措施既无多大裨益，且恐不足适应机宜，仍应俟各省区国库署办事处组织规程奉行政院核准饬遵后，再行统筹办理"②。

抗战时期，国土已蹙，西南、西北不过数省。国民政府迁都重庆，"可谓偏安一隅，已觉以上集中开发支付命令与考核库政情形以及办理其他公库事项之不便"，故有设置国库署办事处之拟议。抗战胜利后，国库署仍将分区设立办事处作为库政中心工作。在国库署看来，国库行政事宜应由该署集中管理，"对于库政指示、库务处理，以及纠正各机关违法收支等，每感指挥未臻灵敏，虽随时均有派出稽核人员分赴各地严密考查，但多属于事后纠正，对于事前就地监督指示工作，尚待积极开展。今后区域益广，此项事前督导工作，至关重要，且库款调度拨付，采用集中库制度，既如上述，则国库行政机构为配合集中库制起见，自应于边远省份筹设若干办事处，秉承部署命令，就近办理国库行政事务，以资配合"③。

1946 年 4 月，国库署在制定《推进公库法计划报告》时，明确提出拟设国库管理分机关的方案。其机关数目仅为四个，机关组织极为单纯，机构名称为国库署事务处。国库署认为，出纳机关已由中央银行之分支行处代理，或委托其他银行或邮政机关代办，虽未普及全国，然通都大邑，皆经成立。至于命令机关则宜与出纳机关相配合，依理凡出纳机关之所在，即为命令机关之所在。"盖必先有命令，然

① 《签议现在战区紧张拟于平汉粤汉两线以东提前各择适当地点设立国库署办事处以为财政上之应发请鉴核由》（1944 年 7 月 5 日），台北"国史馆"藏，财政部档案，入藏号：018000032060A。

② 《关于该会建议就平汉粤汉两线以东提前设立国库署办事处一案指复仰知照由》（1944 年 8 月 25 日），台北"国史馆"藏，财政部档案，入藏号：018000032060A。

③ 《财政部所属各部门报送拟订抗战胜利后财政政策函件》（1945 年 8—9 月），中国第二历史档案馆编：《中华民国史档案资料汇编 第五辑 第三编 财政经济（一）》，第 86 页。

后公库始能为出纳之执行也。"但命令分收支两方面，在收入方面之命令，已有财政部所设大批税收机关董理其事，税收机关之普遍，即收入机关之完整；在支出方面之命令，则完全集中于本署，并无分支机构代为办理。职司虽收入命令之机关，不必与职司支出命令之机关平衡发展，但关于管理方面，自亦不能不求其配合。此项机关有两大任务：

第一，开发支付命令。支付命令之开发皆集中于本署。以全国机关单位及政府债权人之多，支付书动以万计，填写印发，手续已繁，再经审计之会签与银行之核对，更需相当之时间，致常引起各方之责难。实际本署对于此项业务极为重视，并不断研究认为手续简化实有必要。惟欲减少支付书之张数与债权者之单位，而改为总领转发，则与公库法公库支票必须直接付给债权人之规定不合。因公库法之主要精神，即在于直接支付，而不许总领转发。是以欲求彻底解除此种困难，唯有将支付命令分区设置事务处，就近处理。

第二，考核库政情形。各地代库机关对于收支之处理是否依法，设置之地点是否适当，承委代库之银行或邮政机关是否胜任，皆须随时稽核。各地收入机关对于公款之报解，有无积压，自行收纳之核准有无必要，公有营业及公有事业之收款有无盈余，亦须随时备查。至于各地支出机关，尤其是自行保管、自行支出之机关，曾否具备法令所规定之条件。虽其支出之核销，应由当地审计机关负其专责，然国库主管机关亦不能置之不问。更有市县库之监督事项，亦应由国库主管机关督同各省财政厅切实推行。现在此等库政情况之考核工作，皆集中于国库署，实感鞭长莫及。过去曾派本署稽核人员巡回各地，严加考核，稽核名额亦曾逐年增加。如1939年为3人，1940年为8人，1941年为16人，1942年为32人，然皆疲于奔命，而耳目难周。公库法之推行，异常迟滞，而库款之被挪移中饱者，诚不知若干。故须分区设置事务处，就近执行考核。

以上两项为其主要任务，他如在管辖区域催送报表、汇登账目、调度库款以及宣传公库法令，所俾于公库行政者，必非浅鲜。更有进者，现在抗战彻底胜利，失地完全收复，东北九省及台湾亦归入版图。如此广大之局面，公库及收支各机关之敷设，皆倍从于前，是以国库行政机构之分置，愈为急切，似宜暂将全国划为东北、华北、西北、西南及东南五区。就各该区选择政治、经济之中心据点，如东北之沈阳、华北之北平、西北之西安或兰州、西南之重庆为国库事务处之驻在地。至于东南则苏、浙、皖、赣、湘、鄂、鲁、粤、闽、台等省，皆为首都之畿辅，应由国库署兼办，不另设机关。

而各区事务处之成立，亦不必同时，应视事实之需要，酌分步骤。目前复员尚在初期，各地代库机关与税务机关及支出机关，尚未完全设置。国库事务处之筹备，应以重庆为先，然后推及其余。同时事务处在成立初期，其任务似须酌加限制，如关于考核库政情形，固无妨授以全权，而开发支付命令，则须有其定限，普遍经费在额定预算范围以内者，可以办理；紧急命令之支款及建设专款之大量支出，仍应由国署迳行开发支付书。盖事务处为国库署之辅助机关，不至预算制度十分健全时，不能分别办理支出也。① 然而，该计划并未获得财政部核准。②

同时，财政学人赞成设置分支机构。如马大英认为国库主管分支机关设立之目的"在于就近监督并执行国库行政，使缴入国库之款，可以随时入库，而所有应行发放之经费，则可以及时发放。收入随时

---

① 《为拟就推行公库法之计划签请鉴核由》（1946 年 4 月 18 日），台北"国史馆"藏，财政部档案，入藏号：018000036968A。

② 《设计考核委员会秘书处检送财政部 1946 年度工作总检讨报告表函》（1946 年 12 月 31 日），中国第二历史档案馆编：《中华民国史档案资料汇编 第五辑 第三编 财政经济（一）》，第 220—224 页。

缴库，可以裕增库存，而减少借垫款之利息损失；经费及时发放，则可使中央机关之散在各地者，其业务不因经费之难以领到而受以外阻碍。虽则国库负担不免增多，实则国库损失之减少，其利益尤大"[1]。但其主张设置之形式，则不同国库署。马氏主张设置国库办事处二至四所，如东北、北平、四川各地。而在边远省份，国库行政一律委派财政厅长兼理。"至于其他各地，则一律派驻库稽核掌其事，而将其权力稍予提高，必要时，一部分数额确定之经常经费之拨发，亦可授权该区主任稽核为之。"

三　国库署的人事与经费

机构的正常和有效运转需要人来完成，因而在制度变迁中建立有效的人事管理制度是非常必要的。同时，国库事务的运作亦需要大量经费来维持。有鉴于此，下文将围绕这两方面展开论述。

（一）国库署的人事

人事机关是实行人事管理的中枢机构，是各项人事制度拟订、执行及革新的主体。国民政府初期，国库司人事较为简单。及至抗战，陆续订立相关人事管理制度，人事管理渐趋完善。公库制度实行初期，"国库署人事事务，初不甚繁，故仅指派第一科科员一人负责办理"。此后，因"颁发各机关人事管理暂行办法及各种考核表式后，又值业务新增，呈准添设科室及各级职员，因之人事进退及考核登记等事务，较前大增"。为健全人事制度，增进工作效率起见，国库署署长李傥与人事司司长高向杲于 1942 年 1 月 12 日向财政部呈请拟于该署第一科添设第五股，承办人事管理事项，以专责成。该股执掌"职员送请铨叙案件之查催及核议、职员进退迁调考核奖惩及其他人事登记、职员之训练及补习教育、职员之抚恤及公益、人事管理之建

---

[1]　马大英：《国库制度之改进》，《政衡》1947 年第 4 期，第 197 页。

议、人事之调查统计"等事项。同时，"该股主任科员一职，即以人事训练班毕业之荐任待遇科员陈荣塈充任，并由原办人事之科员左义民帮同办理"。随后，财政部令参事厅查核，以便会办。参事厅认为，"国库署组织法施行时，各机关人事职掌仅有'关于本署职员及出纳人员之监督及考核事项'一项。现在人事管理既有专颁办法，而该署人事事务又较前大增，在第一科内添设人事股，以专责成，似无不可"①。上述系对人事机关的考察，下文将着重考察国库各级人员。首先来看国库行政领导层人事更迭，详情见下表1：

表1　　　　　　　　　　国库历任司长（署长）职期表

姓名	到任年月	卸任年月	备考
姚咏白	1927 年 8 月	1927 年 10 月	财政部国库司司长
陈铁珊	1927 年 10 月	1928 年 1 月	
李　觉	1928 年 1 月	1928 年 12 月	
余梅荪	1928 年 12 月	1934 年 10 月	
何轶民	1934 年 10 月	1937 年 3 月	
李傥	1937 年 3 月	1940 年 11 月	1940 年 3 月 26 日改国库司为国库署
李傥	1940 年 11 月	1944 年 9 月	1940 年 11 月 15 日被任命为国库署署长
鲁佩璋	1944 年 9 月	1945 年 4 月	
杨绵仲	1945 年 5 月	1948 年 10 月	国库署迁往南京
谢耿民	1948 年 4 月	1949 年 3 月	
陈庆瑜	1949 年 4 月		国库署迁往广州

资料来源：https://www.nta.gov.tw/singlehtml/12。

　　上表可见，国民政府前期，人事更迭较为频繁。抗战时期，署长一

① 《为国库署请设人事股专司人事管理并指派主任科员以专责成报请鉴核由》（1942年1月12日），台北"国史馆"藏，财政部档案，入藏号：018000016689A。

职则长期由李傀担任。① 复员后，人事又进行多次更迭。其实，其背后多与政府决策层有关。就国库署言，本身掌管国库资金，与财政、税收、金融等方面密切关联，故财政部对其极为重视，其司（署）长的任命必为财政当局所信任，如李傀、鲁佩璋等就为孔祥熙之亲信。曾任国库署统计室主任的周树嘉就曾言："中央银行或国库署署长与孔关系极深。"②

再来看国库人员编制，所谓人员编制是指某单位或部门对其工作职位的人员进行人数上的控制，也是人事制度中最重要一环。人员编制是否适当，直接关系到该部门的行政效能。国库署成立后，历次组织法皆对其机构人员编制做了详细的规定，详请见下表2：

表2　　　　　　　　　　　　国库署人员编制对照表

《国库署组织法》	第一次修正	第二次修正
秘书2人	秘书2—4人	秘书4—6人
科长4人，科员40—60人，助理员28—34人	科长6人，科员80—120人，助理员48—60人	处长4人、科长12人、科员160—220人，助理员40—60人
稽核4—8人	稽核12—16人	总稽核1人、稽核32—50人
会计室主任1人、统计员1人，科员10—14人，助理员6—8人	会计室主任1人、统计室主任1人，科员26—32人，助理员16—20人	会计处长1人、统计主任1人、科长3人、专员3人、科员42—58人、助理员20—28人、专员4—6人、编译6—8人
足额130人	各级人员如任用足额（雇员未计入）可达260人	足额462人

资料来源：《国库署组织规程》，台北"国史馆"藏，财政部档案，入藏号：018000016689A。

---

① 李傀，名文生，号傀君，湘潭县易俗河人。1903年赴日本入弘文书院研习日文和普通学科。1906年，入早稻田大学政治经济系学习。1909年赴德国柏林大学法学院、哲学院学习经济学。北洋时期，兼任北洋政府国务院法制局参事10年之久，分管财经法规的起草和审查工作。1928年，任农矿部秘书，负责法令审编。1930年任实业部秘书。后任国库司（后改为署）司（署）长。1944年任财政部常务次长。

② 周树嘉：《孔祥熙二三事》，全国政协文史资料委员会编：《文史资料存稿选编　军政人物（上）》，第132页。

上表可见，伴随着业务扩充，国库机构历经整合，人员编制规模愈发庞大。同时，还出现了一些新的职务设置。以专员为例，因"主管全国公库行政事务，至为繁重"，国库署呈文财政部，请添设专员十人，以资佐理。人事处认为国库署各科室科长、主任因管辖人员过多，应接不暇，须添设高级佐理人员帮同处理，当属实情。且财政部各署处设置专员者，有缉私署、会计处、统计处等，国库署主管事务较上述各署处尤为繁重，故国库署所请增设，尚属需要。① 此外，库务人员的任用多由财政部进行招考选拔，或由高级职员推荐，进行短期培训，即加任用。至于职务名称、等级、薪酬待遇等亦有统一规制。②

总体而言，随着库务人员的扩充，国库署逐渐成为一个机构庞大、人员众多、体系完整的机构。当然，其机构人员的扩张并非无限制，更多是与政府财政政策密切关联。如抗战复员后，政府实行紧缩支出政策，压缩与调整各级部会人员编制，以期恢复行政效能。受此影响，时任署长杨绵仲呈请财政部，将该署九科裁并为七科，职员366人以逐渐减少到320人为原则。③

（二）国库署的经费

国库署的经费增减与国库职能密切关联。国库署的经费由财政部划拨。国民政府前期，国库并不统一，国库司规模较小，行政经费亦少。公库制度时期，业务繁重，国库署员额增多，国库行政事务费用大增。该经费包括经常费、修建费、生活补助费、特种事务费等项。以1944年为例，全年经临建特各费如下：

---

① 《为国库署请添设专员十人以资佐理一案签请》（1943年12月27日），台北"国史馆"藏，财政部档案，入藏号：018000019669A。
② 因受史料限制，在此不予展开论述。
③ 《为国库署紧缩支出裁并两科主管人员拟酌调整签请核示由》（1946年10月5日），台北"国史馆"藏，财政部档案，入藏号：1018000019691A。

表3

国库署1944年度全年经临建特各费

（包括公粮及米代金）实支数与预算数比较及与上年实支数比较表

门类	子目	全年度实支数	与预算比较			与上年比较		
			预算数	增减	增减原因	上年实支数	增减	增减说明
国库署经常费	俸给费	566631.12	778980.00	212348.88	因年度开始时人员未用足	522811.31	43819.81	因本署职员铨叙俸给数分配数预算为低
	办公费	2933891.13	2781941.00	150950.13	因物价日益高涨	1245726.41	1687164.72	因物价上涨
	特别费	686948.00	677100.00	9848.00	因工友伙食津贴增加	245435.96	441512.04	因特别办公费增加一倍，工友伙食津贴亦增加
	购置费	128527.41	77000.00	51527.41	因物价高涨	55119.20	73408.21	因物价高涨
修建临时费	修建费	4279797.20	4280000.00	202.80	无多大增减，余数202.80元已解库	999991.50	3279805.70	因业务繁忙，增添各项房舍建筑
临时费	战时生活补助费	8680092.84	9319320.00	639227.16	因年度开始时人员未用足额	1991426.27	6688666.57	因1944年度生活补助费调整数次故比上年增加

续表

门类	子目	全年度实支数	与预算比较			与上年比较		
			预算数	增减	增减原因	上年实支数	增减	增减说明
国库特种事务费	国家银行代库经费	4784359.70	9000000.00			1910603.22		
	地方银行代库经费	33531049.21	41310000.00			11658646.58		
	邮局代库经费	8543509.53	18050000.00					本项预算数上年系与地方银行代库经费合并
	邮局及其他金融机关税款经收处经费	4185469.40	12900000.00			282836.17		
	其他经费	12175757.42	38140000.00			1089253.99		

资料来源:《历年中全会及国民参政大会国库收支报告》,台北"国史馆"藏,财政部档案,入藏号:0180000023623A。

上表可见，相比于 1943 年，1944 年的国库署经临特各费实支数皆有增加。其中，国库署经常费增加 2 倍多；因业务繁忙，增添各项房舍建筑，修建临时费有较大增长；因生活补助费调整数次，比上年增加 6688666.57 元；国库特种事务费①则增加 4 倍多。上述费用中以国库特种事务费增幅最大，足见国民政府对公库网建设的重视。再比较 1944 年的实支数与预算数，国库署经常费无多大增减。在该费中，俸给费多出部分移作办公费、特别费、购置费不敷数。临时修建费并无多大增减。因年度开始时人员未用足额，生活补助费剩余617863.27 元。国库特种事务费则剩余 7369559.14 元。至于上述经费结存数，则统一存放于上清寺中央银行。

及至复员时期，国库署经费更加浩繁。在经常费方面，因物价日益高涨，购置费、办公费用、特别费用都有增加。在临时费方面，生活补助费不断调整。在国库事务费方面，因 7 至 12 月份电报费增加 5 倍，胜利后各收复区增设各分支库以及地方银行、邮局代收税款甚巨，手续费亦加倍，故实支数及应付数超过原预算 1 倍以上。②

四 国库署的主要职能

上文从人事与经费方面对国库署有了初步了解。在此基础上，自应对其职能作进一步考察。参照有关资料，将从清查国有财产、代收捐献款、查核国有事业及营业机关收支、拨发生活补助费等方面展开论述。③

（一）清查国有财产

1943 年 8 月 2 日，行政院公布《清查国有财产暂行办法》，规

---

① 所谓国库特种事务费，系为办理国库业务之费用，后改为国库事务费。
② 《历年中全会及国民参政大会国库收支报告》，台北"国史馆"藏，财政部档案，入藏号：018000023623A。
③ 有关公库网建设、库款稽核等职能，笔者将专文进行论述。

定"凡属国家财政系统内中央及省（市）各机关所有之不动产及动产均为国有财产"①，并授权财政部清查。至于清查方法，先择土地、土地附着物、有价证券、营业资金、特种基金五种国有财产进行清查登记，"并由财政部拟定各种调查表式，分别函令各机关依法填送该部，核明登记，并以其收益列入预算解库，同时汇集整理，将所得资料供给立法机关，以期公有财物管理法早日制定颁行，藉宏效用"②。据统计，"截至1944年11月底，填报调查表到部者，共有1200余个单位，均经分别登记"。此后又继续办理，加紧催查。至1945年8月底，陆续填报调查表到部者，复有1016单位，亦经分别整理汇核登记。③抗战胜利后，清查国有财产的内容发生变化。"接收敌伪物资财产，亦为国有财产之一部，为数甚巨，亦应积极清理，并将所得变售价格全部解库，以裕库收。至公有土地，自土地法修正后，分为国有、省有、市县有、乡镇有四权以后，财政部应予管理者，仅属国有部分。"④ 1947年9月1日，行政院训令将清查国有财产暂行办法改为清查国有财产办法，并修正第二条条文："凡属国家所有之不动产及动产均为国有财产。"⑤

同时，国库署还派稽核考察清查国有财产事项，并有如下规定：1.各省市及各机关是否依照规定填送国有财产调查表，并核对各项财产之权利证明文件。2.考查土地及其附着物时应注意下列各点：（1）土地是否尽量开发利用，不使荒废。（2）各项收

---

① 关于该法详细内容，可见杨承厚《中国公库制度》，第338—339页。

② 张庆军：《国民党政府财政部1943—1944年工作报告及计划文件一组》，《民国档案》1988年第2期。

③ 《政绩交代比较表》（1945年8月31日），《县库要汇、公库卷目、工作手册、省库手册》，台北"国史馆"藏，财政部档案，入藏号：018000025414A。

④ 《财政部修订之1947年度工作计划》（1947年3月），中国第二历史档案馆编：《中华民国史档案资料汇编 第五辑 第三编 财政经济（一）》，江苏古籍出版社1997年版，第123—125页。

⑤ 《奉院令清查国有财产暂行办法标题修正为清查国有财产办法并修正第二条条文令仰知照由》（1947年9月16日），《有关国库法规》，入藏号：018000037443A。

益应就各地时价，核对其所报收益数，如其附着物为农作物，应调查当地收成情形，以核对其所报收获数及其折价数。（3）收益之处理保管是否严密，其有关帐册及单据是否详实。（4）土地之原价及现值估计，应予详细核算。3. 各省市代管国有土地之放租放领及收入解库情形。① 据统计，1946 年年底，"填表报部者共有 3545 单位，随时审核登记，共计财产总值为137362646149.85 元，其收益款合计为 173403855.32 元，均已督催解缴国库"②。尽管"据报到部者固多，惟尚未据报者亦复不少"。因此，1947 年继续调查登记，以竟全功。至 1947 年 6 月底，各机关填报单位，共 4070 个，总值 144358958687.29 元，收益数 9644039682.28 元。7 月份，复报 54 个单位，总值74255687.27 元，收益 118618.69 元。③

（二）代收捐献款

捐款之统收，1937 年系由前救国公债劝募总会办理。不久，淞沪沦陷，移交财政部驻香港办事处赓续进行。1939 年 7 月 12 日，国民政府公布《统一缴解捐款献金办法》，规定凡国内外各项捐款献金，均缴解财政部统一经收，分户汇存拨用。并对捐款资金的管理和使用做了明确的规定。1941 年 12 月 21 日，又公布《统一捐款献金收支处理办法》。此后，各捐款人多数依法办理，于是捐款统收，乃得渐收成效。兹将截至 1941 年 10 月底经收侨胞债捐款数目列表如下：

---

① 《财政部国库署 1948 年外勤稽核工作计划》，《三十七年度分区派员稽核库款》，台北"国史馆"藏，财政部档案，入藏号：018000024005A。
② 《设计考核委员会秘书处检送财政部 1946 年度工作总检讨报告表函》（1946 年 12 月 31 日），《中华民国史档案资料汇编　第五辑　第三编　财政经济（一）》，第 220—224 页。
③ 《财政部第十六次业务检讨会议》（1947 年 9 月 30 日），《本部业务会议报告纪录》，台北"国史馆"藏，财政部国库署档案，入藏号：044000001369A。

表4　　抗战以来经收侨胞债捐款数目表（截至 1941 年 10 月底止）

债捐别	金额（国币）
救国公债	51088263.81
国防公债	18245309.66
英金公债	560442.52
美金公债	16268758.98
关金公债	281.20
二十九年军需公债	8483969.65
二十九年建设美金公债	633521.88
救国捐款	122478105.56
慈善会捐款	9051062.80
储金户捐款	321173.11
统一捐款	214439723.02
合计	441570612.19

资料来源：《函复侨胞捐款购债数目敬希查照由》（1942 年 3 月 6 日），台北"国史馆"藏，财政部国库署档案，入藏号：044000000980A。

至 1941 年 12 月太平洋战事爆发，香港卷入漩涡，该办事处撤退重庆办理结束，将捐献部分事务于 1942 年 6 月移交财政部国库署接办。1943 年，国库署对于捐献工作有如下规定：（1）推进国内外捐献。拟具推行劝募有效办法，呈核实行，并分函海外各使领馆及中央宣传部加紧宣传，激发人民爱国热忱，自动踊跃输将，藉裕库收。（2）推进统一捐款献金收支处理办法。本年度起拟依照统一捐献收支处理办法，规定国内外捐款均交国库所有办理，慈善事业机关由政府制定专责办理，需用款项另造预算，由国库主管机关核转确定后，在捐献款收入项下开支，以杜流弊。（3）编制征信录及办理各机关转拨捐款转列库账。整理以前各年度各机关转拨捐献收支账目，并补办法案转列库账，并编制第三期捐献征信录。①

　　同时，为鼓励海外侨胞踊跃捐输，吸收外汇起见，对于以外币汇回捐献款及库债款，自 1943 年 5 月起，均予加给补助汇率 50%，1944 年 1 月经调整为 100%，1945 年 7 月再调整为增加 24 倍。迨抗战胜利后，外汇沟通，遂将此项补助办法取消，改按中央银行当日牌价折合国币列收库账，依照原捐款人意旨，分别归入各特种基金存款户，由各主管机关据具法案，呈请行政院拨用。

　　自抗战以来，侨胞对于捐款购债，非常热烈，政府原颁有《非常时期捐献款项承购国债及劝募捐款国债奖励条例》，此项条例为战时法令。胜利以后，业经行政院明令废止，故对于国内外人民捐献救国案件，均经会同内政部呈请行政院颁给荣誉奖状或匾额，以资激励。1946 年 9 月以后，各捐款人姓名、金额汇月送登国民政府公报，以昭大信。

（三）查核国有事业及营业机关收支

　　抗战前，国民政府掌握的国有工矿企业数量并不多，有关的国有事业和国有资本的经营管理也未及制定相应的条规。全面抗战爆发以后，随着国有事业以及国家资本的迅速膨胀，促使国民政府对国有事业、国有资本经营制定相应的制度和办法。1941 年 12 月 10 日，国民政府颁行《公有营业机关收支处理及查核办法》。② 依照上述办法，国库署催促各国有事业及营业机关，按期填送各项表报及各年度概算、决算，审核其资产负债情形，并催解各年度事业收入暨营业纯益，考核各年度事业进度、营业情形，均应继续办理，并于必要时派员前往各机关，切实查核，以增强控制效力。③ 该办法对于公有营业

---

① 《国库署主管业务摘要报告表》（1943 年），《国库署统计资料》，台北"国史馆"藏，财政部档案，入藏号：018000034176A。

② 重庆市档案馆编：《抗战时期国民政府经济法规》（上），档案出版社 1992 年版，第 354—355 页。

③ 张庆军：《国民党政府财政部 1943—1944 年工作报告及计划文件一组》，《民国档案》1988 年第 2 期。

机关之管理，多增一番保障。同时，国民政府又于1934年10月公布《公有营业及公有事业机关审计条例》。①

抗战胜利后，通过接收大量的敌伪产业，国民政府的国有企业得到了极大的扩张，上述国有企业及国有资本的经营预算制度仍然延续了下来。1948年8月，南京国民政府实行金圆券改革后，又颁行了《整理财政及加强管制经济办法》，其中第四条就规定："各种国营事业应极力节省浪费，裁汰冗员，所有盈余应由主管部会悉数解交国库。"并对国营事业单位员工的薪资发放也作了具体规定。此外，国库署还派外勤稽核考察中国纺织建设公司、国营招商局、航空公司、中中交农银行等各类公有事业及营业机关，并有如下规定：（1）注意考查历年收入或营业盈亏实际情形，如有盈余分配，是否合法缴库，情形如何。（2）设置特种基金之机关应查核基金之来源及运用情形，有无被挪用或侵蚀情事。（3）经管二种以上基金机关是否分别立户处理，有无互相流用情事。②

（四）拨发生活补助费

抗战期间，币值滞落，物价飞涨，公务人员收入不足以维持其最低限度之生活，国民政府遂实行津贴办法，对于公务人员分别予以有差等之生活补助费，俾资维持。③ 1941年7月1日，颁布《非常时期改善公务员生活办法》，以资救济④。1942年9月18日，改订《公务员战时生活补助办法》，除食米外，另给战时生活补助费，以200元为基本数，再加25元及薪额之半为加成数，惟领有特别办公费者不再领加成数。施行以后，屡因物价不断上涨，此项生活补助费之支给标准，亦迭随同调整。兹将1944年普通岁出部分中央公务员生活补助费列下：

---

① 重庆市档案馆编：《抗战时期国民政府经济法规》（上），第319页。
② 《财政部国库署1948年外勤稽核工作计划》，《三十七年度分区派员稽核库款》，台北"国史馆"藏，财政部档案，入藏号：018000024005A。
③ 《公教人员生活费政府有保障义务》，《中央日报》1947年12月26日，第10版。
④ 《非常时期改善公务员生活办法》（1941年7月1日），《交通公报》第4卷第14期（1941年），第10—13页。

表5 1944 年度普通岁出部分中央公务员生活补助费表

单位：国币元

科目	原预算数	追加数	合计
政权行使支出	518837400	321303798	839141118
国务支出	28780494	24334470	53114964
行政支出	72649568	66608788	138958356
立法支出	8118960	5814700	13933660
司法支出	288773215	318897691	617670906
考试支出	14079020	15951500	30050520
监察支出	28581416	27656296	56237712
教育文化支出	432222203	1015123875	1447346078
经济及交通支出	97488605	88127266	185613871
卫生支出	27405102	25605684	53010786
社会及救济支出	52499630	78782994	131282624
外交支出	11302384	7253146	18555530
侨务支出	3296640	3333054	6629694
财务支出	1100832568	883842069	1984656637
总计	2684565205	2891337331	5576002536

资料来源：财政部财政年鉴编纂处编：《财政年鉴 第三编》，第126页。

当时，各地税收机关皆欠发生活补助费等费款，致有握存挪用税款情事。直接税署就曾致函国库署，指出"近年来物价激增，机关经费原极紧缩，职员待遇亦属微薄，在公家办公开支既已拮据万分，难有剩余。在私人生活所需，尤赖每月之薪津食米，藉资维持。各项经费及平价米虽经提前签开支付书及拨粮通知，无如手续辗转，邮递阻滞，到达代库或发粮机关稽迟，仍难免有欠发情事。各税局苦于无款周转，为推进工作，为同仁生活，多由自收税款项下，挪垫支应"。

为维护公库法令，免除流弊起见，直接税署提出"由库拨给周转金，作为各税局各项经费及平价米迟发暨一切临时应急之用"。

至1945年年底，最高标准已增至基本数16000元，按薪加成数为一百倍。抗战结束后，物价仍高，公务员生活仍待补助，原补助办法未能与此时情况相符合，行政院遂另订《公务员生活补助办法》，其要点系将原办法规定之米代金、医药、生育、子女教育、丧葬等补助费取消，一律并入生活补助费内统一发给，并酌将生活补助费提高，于1946年1月份起实行。至于具体签发之情形，以1947年3月份为例，其4至6月份三个月应拨是项费款均尽速填开支付书送经审计部签还，并于3月31日以前悉数发出，分别邮寄，交由各支用机关按月向指定之分支库依法支用，总共拨发1至6月份生活补助费61379997万元。[1]

五　结语

抗战时期，中央财政紧张，统一国库逾为迫切。统一国库旨在集中财权，合理划分国地收支，最终目标是强化国民政府的权力。无论是蒋介石，还是宋子文、孔祥熙等财政要员，都充分认识到统一国库的重要性。在第三次财政会议及诸多经济会议的相关提案及决议中，提出了诸多方案，亦成为后来国库革新的路线图。蒋介石就曾于1942年4月谕饬孔祥熙通令全国各机关，今后经费收支一律由代理公库之银行或邮政机关办理，不得自办出纳。[2] 随着国民政府对国库管理认识的提高，财政部内部亦在调整。作为国民政府财政部的直属机关，国库署在财政部内的地位愈发突出。如根据1940年3月颁布的《财政部组织法》，国库署仅位列第三位。但在1943年3月修正的

---

① 《财政部第七次业务检讨会议》（1947年4月12日），《本部业务会议报告纪录》，台北"国史馆"藏，财政部国库署档案，入藏号：044000001369A。
② 《事略稿本——民国三十一年四月》，《蒋中正"总统"文物》，台北"国史馆"藏，数位典藏号：002-060100-00163-014。

《财政部组织法》中，国库署位列第一位。上述表明，国民政府对于国库事务愈发重视。

随着 1938 年 6 月《公库法》的颁行，崭新之公库制度建设在全国范围内展开。公库制之重要原则为库款之保管，应力求集中；库款之运用，应力求灵活，始克表现财务管理之真实精神。[①] 为有序开展库务建设，财政部自应建立健全、专业的国库管理体制，遂将国库司改组为国库署。国库署主要职能在于：一、公库制度的规划、公库规章施行之监督；二、国库现金、票据、证券之出纳保管移转；三、国库收支之考核及报告；四、国有财产、特种基金之管理及其收支之考核；五、地方各级政府公库行政之监督；六、违反公库法令之取缔及呈诉案件之处理；七、所属国库出纳人员之监督考核。大致说来，自 1940 年国库署成立起，其在办理国库行政及监督地方公库行政中发挥效能。就实际成效言，国库署职能的发挥使得民国财政资金的保管、经营和运用更具效率。国库署认真执行国家财政政策，谋求财政收支平衡，使国库收入不断增长，国库支出合理。换言之，该署的建立对于提高库政效率，推进公库制度建设，乃至完善财务行政体系都起到了一定的作用。然而，这并不能阻止国民政府的财政体系走向崩溃。受制于军事财政的巨额赤字困境，国民政府后期的国库收支比例严重失衡。就国库收入言，税收能力不足，政府滥发公债，走向通胀依赖。就国库支出言，军费无限膨胀，尤为财政致命伤。穷于应付的紧急命令更使支出变得不可控。就国库管理言，国库资金的所有权限、审批权限、使用决策权限缺少权力制衡。三者的联动反应最终导致国库破产，财政体系濒于崩溃。

需指出的是，这一时期的国库事务管理及运作实由"财政国库"与"央行国库"分工完成。财政部国库署作为命令机关，享有国库库款支配权、章则制定权。中央银行国库局作为出纳机关，享有国库库款管理权和国库监督权。二者作为国库事务的"管家"，因国库业

---

① 财政部国库署编：《十年来之国库》，中央信托局印制处 1943 年版，第 4—5 页。

务扩展，各司其事，统一管理国库资金。质言之，此间国库体制实为"财政国库"和"央行国库"并行的双轨型结构。当然，在享有巨大国库管理权限的同时，二者也产生了权力扯皮、权责不清、职能错配、成本高昂等弊端，制约了国库职能的发挥和拓展。如1947年俞鸿钧兼任中央银行总裁，财政部用款向由中央银行垫付；但是中央银行国库局、发行局仍由孔系旧人把持，而俞在孔祥熙下台以后，已倒向宋子文，孔、宋之间还不免有派系矛盾。于是中央银行国库局屡次向财政部行文，要求和财政部把账目划分清楚，今后要求银行垫款，必须以公债或库券作抵。而蒋介石也因为财政部税收毫无办法，所得税尤其一筹莫展，屡向俞鸿钧提出责难。[1]

---

[1] 朱偰：《我所亲眼看到的通货膨胀内情形》，中国人民政治协商会议全国委员会文史资料研究委员会编：《文史资料选辑 第49辑》，第143页。

南京国民政府国营金融邮电事业人员收入与城市社会分层与流动[*]

何家伟

（华中师范大学 马克思主义学院）

社会分层与社会流动，本属于当代社会学概念与理论，但这并不意味民国时期没有社会分层及社会流动，南京国民政府国营金融邮电业人员收入与城市社会分层、社会流动有何关系，[①] 本文尝试借用社

* 本文系国家社科基金年度项目《南京国民政府国营金融邮电事业人员收入问题研究》（项目编号：14BZS107）的结项成果之一，之所以选择围绕国营金融邮电事业人员收入展开，主要是根据课题研究对象而定。

① 相关研究如：慈鸿飞《二三十年代教师、公务员工资及生活状况考》，《近代史研究》1994 年第 3 期；黄金初《经济收入是社会分层的最佳切入点》，《中南财经政法大学学报》1998 年第 5 期；张东刚《近代中外劳动者生活费调查研究概况》，《南开经济研究》1996 年第 1 期；王玉茹《中国近代物价总水平变动趋势研究》，《中国经济史研究》1996 年第 2 期；张东刚《近代中国国民消费需求总额估算》，《南开经济研究》1999 年第 2 期；张东刚《中国近代社会转型中的国民收入剩余转化》，《烟台大学学报（哲学社会科学版）》2000 年第 1 期；江海《中国近代经济统计研究的新进展——东京"中华民国期的经济统计：评价与推计"国际研讨会简介》，《中国经济史研究》2000 年第 1 期；张东刚《20 世纪上半期中国农家收入水平和消费水平的总体考察》，《中国农史》2000 年第 4 期；马敏、陆汉文《建构民国时期（1912—1949）社会发展指标体系的几点思考》，《华中师范大学学报》2001 年第 1 期；郑杭生《社会公平与社会分层》，《江苏社会科学》2001 年第 3 期；李强《中国社会分层结构的变迁》，《科学中国人》2002 年第 3 期；李强《中国社会分层结构的变迁》，《科学中国人》2002 年第 3 期；刘桂云《论转型时期中国社会分层的变化及其对社会发展的作用》，硕士学位论文，河北师范大学，2003 年；李彦荣《民国时期上海教师的薪水及其生活状况》，《民国档案》2003 年第 1 期；王坤《中间阶层的文化品格及社会功能》，《北华大学学报（社会科学版）》2004 年第 2 期；李明伟《清末民初中国城市社会阶层研究（1897—1927）》，社会科学文献出版社 2005 年版；杜恂诚《1933 年上海城市阶层

会学相关理论对民国后期城市社会流动进行解读，权为东施效颦，还请各位专家多批评。

一　社会分层与社会流动概述

分层（stratification）一词来自地质学研究，原来指地质构造的不同层面。社会学借用"分层"一词来分析和说明社会的纵向结构。[①]社会分层根源于社会分工。随着人类社会的发展，原始社会过渡到氏族社会时期，在生理等自然差别的基础上，一些经验丰富、勤劳勇敢的人开始得到大家的尊敬，获得了比一般人更多的权力和声望，上升到这个群体的上层。在社会分工的基础上，一定社会中的人被划分为不同的群体，社会分层由此形成，人类进入私有制社会以后，社会分层才开始具有经济意义，即人与人之间的各种差异逐渐转化为贫富差距。[②]由于社会分层本身直接体现了社会的不平等，这种不平等必然要对社会政治、经济、文化等方面起到一定作用。分层体系中，产生不平等的原因就在于两类匹配过程，社会角色（职位）与不同价值

收入分配的一个估算》，《中国经济史研究》2005 年第 1 期；严奇岩《民国时期教师生活待遇研究的回顾与反思》，《南通大学学报（教育科学版）》2006 年第 2 期；王玉茹、李进霞《20 世纪二三十年代中国农民的消费结构分析》，《中国经济史研究》2007 年第 3 期；张东刚《食品结构和营养结构：20 世纪二、三十年代一个中国国民社会生活的实证分析》，《中国经济史研究》2007 年第 4 期；葛福强《民国高校教师待遇的历史考察（1912—1949）》，《宁波大学学报（教育科学版）》2012 年第 6 期；田彤、赖厚盛《群体与阶级：20 世纪二三十年代武汉纱厂工人——兼论近代中国工人阶级的形成》，《学术月刊》2014 年第 10 期；杨豪《20 世纪二三十年代冀中乡村的社会向下流动》，《保定学院学报》2016 年第 1 期；高红霞、张克令《民国银行家的生活样态与人际网络——以浙江兴业银行徐新六为例》，《学术月刊》2016 年第 2 期；李刚《20 世纪二三十年代安徽中学教师群体探究》，《安庆师范学院学报（社会科学版）》2016 年第 5 期等。

①　李明伟：《清末民初中国城市社会阶层研究（1897—1927）》，社会科学文献出版社 2005 年版，第 61 页。

②　刘桂云：《论转型时期中国社会分层的变化及其对社会发展的作用》，硕士学位论文，河北师范大学，2003 年，第 5—6 页。

的报酬相匹配，社会成员与社会角色（职位）相匹配。①

社会分层最主要标准是什么，即经济收入，经济收入是社会分层的最佳切入点。因为高收入者比低收入者有更多的机会掌握生产资料，有更多的机会占有其他方面的资源。② 韦伯曾说过：一种职业是否有用，也就是能否博得上帝的青睐，主要的衡量尺度是道德标准，换句话说，必须根据它为社会所提供的财富的多寡来衡量。不过，另一条而且是最重要的标准乃是私人获利的程度。

按照著名社会学家，康奈尔大学社会学教授戴维·格伦斯基的看法，社会流动可以被理解成个人或社会对象或价值——被人类活动创造的或修改的任何变化——从一个社会位置到另一个位置的任何转变。社会流动有两种基本类型：水平流动和垂直流动。水平的社会流动或移动意指个体或社会对象从一个社会集团向另一个相同水平集团的转换。垂直的社会流动的意思是个体或社会对象从一个社会阶层向另一个社会阶层的变化。而根据变化的方向，垂直流动又可以分为向上流动和向下流动。或者称为社会上升或社会下沉。根据分层的特征，可分为经济的、政治的、职业的向上和向下流动。向上流动存在两种基本形式：个体从一个较低的社会阶层渗透进一个原有的较高阶层；由这些个体创造一个新的社会群体，并且这个群体进入一个较高的社会阶层，取代这个阶层的原有群体或者成为与这个阶层的原有群体相平行的群体。同样，向下流动也有两种基本形式：第一种是个体从较高的社会位置下降到原有较低的位置，但他们所属的较高群体并没有下降或解体；第二种体现为一个社会集团整体性的地位下降，比如作为一个社会单位与其他群体相比它的位置的降低或者解体。形象地讲，第一种情况下的"下沉"指的是个人从船上掉下来；第二种

---

① ［美］戴维·格伦斯基编：《社会分层》，马戎、李培林主编，华夏出版社 2005 年版，"导论"。

② 黄金初：《经济收入是社会分层的最佳切入点》，《中南财经政法大学学报》1998 年第 5 期。

情况指的是船本身和船上所有的人都下沉了。①

如果同类的人（也就是上层阶级）将总处于低位层级的顶端，其他人（也就是"下层阶级"）将总位于分层体系的底部，则属于地位的凝固化。② 按照社会学通论，社会流动正常，则有助于社会发展活力的增强，反之，阶层固化则容易使社会分化加剧，社会稳定受到冲击，不利于社会发展、进步。影响社会流动的重要因素之一就是各行业的收入，故收入与社会流动之间关系密切。

如果说社会分层属于静态考察，则社会流动属于动态研究。

二 南京国民政府国营金融邮电事业人员收入与城市社会分层变化概况

（一）抗战前国民政府城市社会分层概况

通货膨胀前的社会分层，囿于资料，我们暂且使用各行业的最高薪俸及最低薪俸标准，并假设这些行业理论上全薪发放，于是得到如下表格：

表1 南京国民政府通货膨胀前部分从业人员最高最低月薪比较表

群体别	最高月薪	最低月薪	备注
盐务稽核总所外籍公务员③	3605.83	650	
外籍邮务长、邮务员	1800	675	

---

① ［美］戴维·格伦斯基编：《社会分层》，马戎、李培林主编，华夏出版社2005年版，第264页。

② ［美］戴维·格伦斯基编：《社会分层》，马戎、李培林主编，华夏出版社2005年版，"导论"。

③ 《盐务稽核总所及其京内外各机关外籍人员及薪给调查》，根据盐务稽核总所报表整理而成，1928年1月—1929年6月，中国第二历史档案馆编：《中华民国史档案资料汇编》，江苏古籍出版社1991年版，第五辑第一编，外交［一］，第111—115页。

续表

群体别	最高月薪	最低月薪	备注
外籍大学教师①	1100	66	
华员邮政职员②	800	40	
公务员	800	55	
海军官佐	800	50	
中国银行③	700	30	
招商局职员④	680	20	
中央银行⑤	600	15	
陆军官佐	600	40	

① 关于大学教师,其月薪俸比较复杂,包括不同职称的教师,其收入差异较大。以1934 年为例,本国籍教员每人平均166.28 元,其专任月俸之比较教授及副教授月俸最多者833 元,最少者60 元。讲师最多300 元,最少30 元,助教最多335 元,最少30 元,其他教师等最多500 元,最少20 元。职员每人每年平均661.9 元,其专任月俸之比较校长最多900 元,最少40 元,教务长最多500 元,最少40 元,科系主任最多833 元,最少110 元,事务长最多420 元,最少50 元,秘书最多400 元,最少45 元,课长最多440 元,最少50元,课员最多280 元,最少20 元,事务员最多200 元,最少14 元,书记最多120 元,最少10 元,其他职员最多428 元,最少10 元。至于外籍教职员之月俸,大抵均比国人为高,其在国立各校者最多月支1100 元,少者500 元,在部立最多450 元,少亦320 元,省立多则825 元,少则120 元,私立多则1350 元,少则80 元,其职员平均月俸300 元,又少数66元,其在国立学习多者1000 元,少者150 元,部立学习至少350 元,私立学校多者720 元,少则80 元。(《最近全国高等教育概况》,《中央周报》第439 期,1936 年11 月2 日,中国第二历史档案馆整理,南京出版社1997 年版,第37—204、205 页)

② 《邮政职员薪率表》,1928 年10 月,见蔡鸿源主编:《民国法规集成》,第60 册,黄山书社1999 年版,第133、134 页。最高为邮务长,第一级800 元,第二级750 元,第三级700 元。最低为乙等邮务员第三十级:40 元。

③ 《本行主要业务、人事规章摘要》,上海市档案馆藏:《中国银行行员手册(上)(1945)》,馆藏档号:Q54 - 3 - 485,第18—39 页。

④ 《国营招商局职员章程》,1936 年7 月2 日,蔡鸿源主编:《民国法规集成》,第61册,黄山书社1999 年版,第248 页。

⑤ 《中央银行行员薪俸规则》,上海市档案馆藏:《有关银行章程、条例、制度、商榷书、银行法案等(1930)》,馆藏档号:Q53 - 2 - 4,第15—20 页。

续表

群体别	最高月薪	最低月薪	备注
海关外籍公务员①	600	109.06	
空军官佐	600	40	
金城银行②	600	8	
中央信托局	600	15	
大学教师（参见外籍大学教师注释）	600	20	
铁路职员	600	50	
交通银行	560	20	
中国农民银行	500	10	
浙江兴业银行③	500	5	
大陆银行④	400	20	
律师平均收入⑤	400		
上海商业储蓄银行	380	30	
电务员⑥	360	70	
报务员⑦	300	32	

① 《1933 年 11 月后海关任用外籍人员一览表之一》，1935 年 10 月 29 日，中国第二历史档案馆编：《中华民国史档案资料汇编》，江苏古籍出版社 1991 年版，第五辑第一编，外交〔一〕，第 122—131 页。

② 《金城银行薪津规则》，上海市档案馆藏：《金城银行章则汇编（1945 年）》，馆藏档号：Q264 - 1 - 187。

③ 《浙江兴业银行改定薪水规程》，上海市档案馆藏：《浙江兴业银行历年各项规程汇编（1916—1920）》，馆藏档号：Q268 - 1 - 30。

④ 《行员薪俸表》，1927 年 1 月 1 日，《大陆银行月刊》（1926 年 12 月），第四卷第 11—12 合刊，第 4—5 页。

⑤ 舒畅：《近代律师群体研究》，硕士学位论文，吉林大学，2008 年，第 30 页。

⑥ 《电务技术员章程》，1939 年 12 月 13 日，蔡鸿源主编：《民国法规集成》，第 64 册，黄山书社 1999 年版，第 269—277 页。

⑦ 《报务员章程》，1939 年 12 月 13 日，蔡鸿源主编：《民国法规集成》，第 64 册，黄山书社 1999 年版，第 279 页。

群体别	最高月薪	最低月薪	备注
中央党部职员	300	40	
医生、新闻记者平均①	300	70（平均）	
上海市中学教师②	160	70	
话务员③	160	14	
中南银行	160		
上海市小学教师	90	30	
上海地区各业工人④	41.71（船业）	8.04	

  以上表格选择了20余种不同群体月薪作为比较对象，从职业来讲，有国民党中央党部职员，政府类公务员，南京国民政府陆海空人员，学校教师。从性质来讲，有代表国营金融业的四行二局，代表民营的浙江兴业银行、大陆银行、中南银行、上海商业储蓄银行和金城银行。从国籍来讲，有外国人与中国人，外国人主要是外籍公务员。总之，除农民外，城市工薪群体尽量涉及。

  首先看最高月薪，通过比较可以知道，第一位为盐务稽核总所外籍公务员，3600多元，远高于邮政人员、海军官佐和公务员及其他所有群体。第二位为外籍邮务长，1800元，亦远超位于其后的群体。上海地区船业业工人，最高月薪41.71元，排名第一位盐务稽核总所外籍公务员是工人的85倍，折抵上海收入最高工人工作7年多的收入。排名第二位的外籍邮务长月薪亦是上海工人3年多收入。最低月薪中，排名第一位者盐务稽核总所外籍公务员，650元，排名第二位

---

  ① 胡勇：《民国时期医生之甄训与评核》，《浙江学刊》2008年第5期。

  ② 李彦荣：《民国时期上海教师的薪水及其生活状况》，《民国档案》2003年第1期。

  ③ 《话务员章程》，1939年12月13日，蔡鸿源主编：《民国法规集成》，第64册，黄山书社1999年版，第298页。

  ④ 《中华民国统计提要（1940）》，第87页，各业共计平均为国民政府主计处计算所得，最高行业为造船业，最低月薪行业为缫丝业。

者外籍邮务员，675 元，第三位海关外籍公务员，109.06 元，都远远超过其他群体最低月薪标准。①

　　根据《中华民国统计提要》估算中国户均五口人，再根据南开张东刚的民国年均食品消费估算的五口人食品消费量154.7 元标准计算，参考恩格尔系数，逆运算可知，月收入不足 40 元者为勉强度日，不足 30 元者为绝对贫困，则我们将年收入 500（月收入 40 元）元者视为一个分界线。② 根据本文估算，以上城市工薪群体，如果分为不同等次则可知：第一等次为盐务稽核所外籍公务员、外籍邮务长与外籍大学教职员，月薪俸基本超过 800 元，由于 800 元是国民政府特任官的月薪标准，故暂称之为超高工薪（超高工薪当包括大地主、大资本家和大商

----

　　① 外籍邮务长邮务员在南京国民政府时期，有不断减少的趋势，这其中与轰轰烈烈的第一次国内革命战争有关。国共合作期间，南方各省邮工驱逐帝国主义分子，收回邮权的斗争，沉重打击了铁士兰的气焰。南京国民政府交通部长王伯群上台后，需要一个对邮政内行的人作他的助手。王曾经结识贵州邮务长刘书蕃。刘乘机建议在南京另行处理一个邮政总局，自任邮政总局局长，仍派铁士兰为邮政总局总办。但遭到铁反对。1928 年 2 月 6 日，由北方总局代表顾宗林、南方总局代表刘书蕃签订了《南北邮政总局共同管理全国邮政事务条款》十七条，决定成立南北两个邮政总局，共同委派一个邮政总办，就是铁士兰。会议规定，所有重大问题，均须由南北两局共同商定。两总局所有各项文件能以中文行者均用中文行之，并须由局长、总办、会办会同签字，方为有效。另外，还决定将当时洋员125 名，实行裁汰，留用洋员不得超过 60 名；"废除华洋人员不平等待遇"；"委派华籍邮务长会同洋邮务长办公"等等。铁士兰久已独操中国邮政大权，对上述条款不甘心接受。他便通过法国驻华公使邀同其他几个国家驻华公使，分别向南北两政府提出抗议，不过抗议没有发生任何效力。1928 年 6 月，北洋政府垮台，南军政府乃下令裁撤北京邮政总局。铁士兰 6 月到南京，7 月便借口"病假"回国。于是南军政府利用英法争夺中国邮权的矛盾，乃改派英籍邮务长希乐思为"代理邮政总办"。1929 年铁士兰假满要求退休，南军政府便乘机改派挪威籍邮务长多福森接替，同时将"邮政总办"的官职依照英文 Co-Director General 的正确含义改译为"邮政会办"。自多福森以后，"邮政会办"乃改由华籍人员充任，但仍保留大批洋员为邮务长、副邮务长、会计长等职。至到全国解放，洋员完全绝迹，中国邮政大权才彻底收回。参见邮电史编辑室《中国近代邮电史》，人民邮电出版社 1984年版，第 165—166 页。

　　② 杜恂诚对1933 年上海城市社会阶层进行了排序，将 20 世纪 30 年代上海社会阶层分为五等：第一等级（上）特权官僚、上层工商业者；第二等级（中上）一般工商业者、一般政府职员、中高级专业人员；第三等级（中下）办事员、低级职员；第四等级（下）工人；第五等级（下）城市贫民。张仲礼则估算 20 世纪 30 年代，年收入 400 元为低收入档次的标准。参见杜恂诚《1933 年上海城市阶层收入分配的一个估算》，《中国经济史研究》2005 年第 1 期。

人在内的食利阶层，因此处主要探讨工薪收入群体，故其他群体未作重点）。月薪俸 400 至 800 元作为第二等次，称之为高工薪，主要包括海陆空高级军官、高级邮务职员、公务员特简任、海关外籍公务员、外籍邮务员、招商局高级职员、铁路局高级职员、大学教授、中央银行、中国银行、中央信托局高级职员、交通银行、中国农民银行、浙江兴业银行、大陆银行中高级行员、律师。月薪俸 100 至 400 元作为第三等次，称之为较高工薪，[①] 主要包括海关外籍公务员、上海商业储蓄银行、中南银行行员、中高级电务员、报务员、话务员、中央党部高级职员、医生、新闻记者、上海市中学教师。30 元至不足 100 元作为第四等次，称之为较低工薪，主要包括邮政低级职员、委任级公务员、四行二局中低级行员、陆海空低级军官、"南三行、北四行"中低级行员、招商局低级职员、低级报务话务职员、中央党部中低级职员、低职称上海市小学教师、上海造船业工人。月薪俸不满 30 元者作为第五等次，称之为低工薪，主要是各行局低级职员、练习生、各行业工人。处于城市最底层者是城市贫民和失业者。这一分类标准与曾经供职于中行的刘善长的回忆大体接近。刘氏认为，抗战前，行局一般职员月入（包括各项津贴）在百元以上（当时米价每石十元左右），百元以下就是低级职员。上层人员月薪最高达 700—1000 元。[②] 由于津贴不易计算，本处主要指各行局职员的本俸标准。

根据以上论述则南京国民政府通货膨胀前城市各工薪阶层划分可以用图 1 表示。

南京国民政府城市工薪阶层大致构成图，越往下，其薪俸越低，数量亦越多。可以认为，南京国民政府城市工薪阶层分布为金字塔型，身处塔尖者为极少数，塔基者为大多数，甚至绝大多数。

---

① 以 100 元月薪作为划分较高工薪的依据主要是前文在研究国营金融业人员收入生活状况的过程中，发现百元月薪，战前不仅可以养活五六口人，还能够请保姆，支付子侄的学费，因此，修改稿将 100 元定为较高工薪，是否有当，还请各位专家批评指正。

② 中共上海市党史资料征集委员会主编：《上海市金融业职工运动史料·上海四行二局职工运动史料》（第二辑），1987 年 11 月，第 11 页。

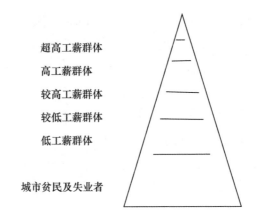

图1　通货膨胀前南京国民政府城市社会工薪阶层分布概图:①

（二）抗日战争及通货膨胀对各收入群体社会分层的影响

抗日战争爆发后，受战争及其他多种因素影响，生产下降，分配自然受到影响。首先农业产出自 1940 年开始下降，在剩余的抗战年份里，粮食产量比 1939 年平均低 9%。1941 至 1943 年的 3 年里，工业产出接近翻番，但随着基本原材料的逐渐短缺及通货膨胀导致工资加速上涨，工业产出自 1944 年开始下降。政府的军事和国防开支在总供给中的份额越来越大，而由于来自敌占区的难民流入，大众需求持续增加。结果是，人均真实收入在抗战爆发后便开始下降。②

抗日战争与通货膨胀对社会不同收入群体产生了较大影响。先以邮政为例，在华邮政事业外籍人士有离开中国者，有死于战乱者，超高工薪群体逐步瓦解：南京国民政府成立初期的 1927 年，外籍邮务长、副邮务长、邮务员共计 108 人。随后呈逐年减少趋势：1928 年 80 人，1929 年 63 人，1930 年 59 人，1931 年 55 人，1932 年 47 人，

---

① 阶层在社会学中，具有相对稳定性，而群体概念则具有变化性，超高收入群体、高收入群体及较高工薪群体等共同构成城市工薪阶层。惜因为资料不全，无法估算各群体人数比例。

② 张嘉璈：《通胀螺旋——中国货币经济全面崩溃的十年：1939—1949》，于杰译，中信出版社 2018 年版，第 68 页。

1933 年 44 人。① 到 1941 年年底，全国共有邮政事务人员邮政总局长、副局长以下 55113 人，邮务长 31 人，其中外籍邮务长 19 人，副邮务长 62 人，其中外籍副邮务长 6 人，邮务员 7634 人，外籍邮务员 2 人。② 外籍邮务长、邮务员合计有 27 人。1942 年年底，全国除邮政总局长、副局长以下邮政职工 56183 人。邮务长 30 人（外籍邮务长 19 人），副邮务长 66 人（外籍 6 人），③ 外籍邮务人员合计 25 人。1943 年年底，邮政总局局长、副局长以下全国各邮政局共有员工 41358 人。其中邮务长 30 员，外籍 17 员，副邮务长 71 员，外籍 6 员，邮务员 8383 人（甲等邮务员 1323，乙等邮务员 7059，外籍邮务员 1 人），④ 外籍邮务人员合计 24 人。至抗战胜利前夕，1944 年，外籍邮务长，已减至 9 人，计邮政总局 6 人，东川、福建、云南各一人。⑤

邮政事业外籍人士数量从战前的三位数减至抗战结束前的个位数，说明超高收入工薪群体因为战乱及通货膨胀基本所剩无几。

因为战争和通货膨胀，国民政府公教人员也从高收入、较高收入逐渐跌入低收入、甚至赤贫水平。南开经济指数分析，1937 年的 6 至 7 月为单位 1，该年全年平均数教职员真实收入总指数平均为 0.898，公务员的真实收入指数为 0.883，到了 1944 年，教职员真实收入仅相当于 1937 年的 15.1%，而公务员真实收入下降更多，仅相当于 1937 年的 8.8%。⑥ 官员们工薪的票面购买力，在 1937 年与

---

① 交通部年鉴编纂委员会：《交通年鉴（1935）·第五章·总务篇·职工事务》，国立图书馆印刷所 1935 年版，第 120 页。

② 《中华民国交通部邮政总局 1941 年度邮政事务年报》（第 37 版），交通部邮政总局驻沪供应处印刷，第 15 页。

③ 《中华民国交通部邮政总局 1942 年度邮政事务年报》（第 37 版），交通部邮政总局驻沪供应处印刷，第 14 页。

④ 《中华民国交通部邮政总局邮政事务年报（1943）》（第 38 版），交通部邮政总局驻沪供应处印刷，第 14—15 页。

⑤ 张翊：《中华邮政史》，（台北）东大图书股份有限公司 1996 年版，第 309—310 页。

⑥ 孔敏主编、彭贞媛副主编：《南开经济指数资料汇编》，中国社会科学出版社 1988 年版，第 356—358 页。

1944 年间下降了约 85%，而士兵们下降了约 94%。1944 年政府实际的现金支出已经下降到它战前支出的 1/4 以下。政府是在挨饿。政府靠压低其雇员的薪俸来节约开支。[①]

战前，待遇一事，并没有构成问题，从收入的角度看，一般政府公务员对生活还算比较满意，因此工作热情也相对较高。而到了战时，尤其是通货膨胀发生之后，薪俸阶级的实在收入，仅合战前的 10%。其情况之差，可以想见。薪水阶级的地位，一天比一天困难。其中最苦的就是公务员和教员。[②] 中层阶级的这种分解运动一天比一天加重。[③]

那么，国营金融邮电事业人员收入情况如何呢？我们可以比较通货膨胀前后不同标准月薪可购米数量对比，具体如下表 2 所示：

表 2　　　　　南京国民政府月薪俸各不同标准群体

不同时段可购米数量变化表　　　　单位：石

本俸	战前月薪俸税后可购米数量	1946 年金融业平均	1947 年		1948 年 4 月可购米数量	1949 年 1—2 月
			1 月	4 月		
30	2.7				3.57	中　行　6.16；邮汇 4.39
40	3.63					央　行　6.36；邮汇 4.80
50	4.5				3.64	
100	9				3.80	央行 11.14；中行 8.94；交行 9.03；农行 9.57；邮汇 6.95
150	13.5		相当委雇行员 13.7	7.9	3.96	

①　[美]费正清、费维恺：《剑桥中华民国史 1912—1949》（下卷），中国社会科学出版社 1994 年版，第 671—672 页。

②　伍启元：《当前的物价问题》，商务印书馆 1943 年版，第 16 页。

③　伍启元：《当前的物价问题》，商务印书馆 1943 年版，第 21 页。

续表

本俸	战前月薪俸税后可购米数量	1946年金融业平均	1947年		1948年4月可购米数量	1949年1—2月
			1月	4月		
200	17.9		相当荐任行员16.3	9.4	4.13	
300	27.8	24			4.48	
400	35.5				4.77	
500	44				5.10	
600	52.4				5.43	
700	60.6				5.75	中行 24.57；交行 22
800	68.7		相当特简行员21.8	12.6	6.04	中央 20.01；邮汇 28.31

　　以上表2显示，战前，月薪800元的行职员，大米购买力为68.7石，但经过抗日战争和通货膨胀的影响，逐步下降，1946年金融业月薪评价购买力为24石，到了1947年1月，特简任行员月薪购买力为21.8石，荐任行员购买力为16.3石，委雇行员购买力为13.7石。1947年4月，以上三等级行员月薪购买力分别为12.6、9.4、7.9石。到了1948年4月，特简任行员的大量购买力仅为6.04石。虽然1949年购买力略有回升，但已难掩下滑总体态势。月薪800元者，仅6石余的购买力，说明高收入和低收入差距已经大大缩小。超高收入群体逐渐瓦解，高收入群体下滑至低收入，低收入进入赤贫状态，这说明国民政府城市社会分层已经发生了较大变化。

（三）抗日战争结束后国民政府城市社会分层概况

　　战前我们将城市工薪阶层划分为：超高工薪、高工薪、较高工薪、较低工薪、低工薪、城市贫民及失业者，经过抗日战争及通货膨胀的影响，这几大工薪群体变化较大：超高工薪中的外籍人士逐步瓦解，国内高工薪跌落至低工薪，较高工薪、较低工薪亦跌落至低工薪，城市贫民及失业者增多，塔基增大，社会分层的金字塔越来越尖，越来越细。

故此时国民政府城市社会分层概图变化为：

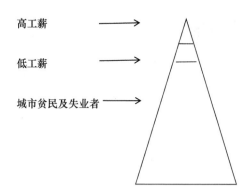

图2　通货膨胀严重时期南京国民政府城市各工薪阶层概图

从上图可以看出，通货膨胀恶化后，经济收入所决定的阶层分野趋向淡化，收入差距逐步缩小。城市工薪阶层仅剩下高工薪群体、低收入工薪群体和广大城市贫民及失业者。因为本文主要探讨城市工薪收入群体，实际上还有大资本家、大商人、大地主这些食利阶层，以及投机者，他们亦处于金字塔尖，他们基本属于高工薪群体。

三　南京国民政府国营金融邮电业人员收入与城市社会流动

（一）水平流动

水平社会流动意指个体或社会对象从一个社会集团向另一个相同水平集团的转换。南京国民政府国营金融邮电事业的水平流动，主要体现在是否允许其他社会成员通过一定方式和程序进入该职业。

如中央银行规定，大专毕业考试合格充当办事员、助理员，高中毕业的派充练习生。初中以上学校毕业，在行服务三年以上，年龄在30岁以下的雇工，平日工作有成绩、品行端正，确有才能的，由各局或分行主管保介，通过考试及格后，提升为行员。① 中国银行总管理处每年于一、七两月举行征用大学毕业生考试两次，招收优秀大学毕业生入行。② 中国银行在用人改革方面对经验和学历并重。为了做好改革工作，中国银行聘请一批中外专家到行工作，如德国的罗德瓦尔德、英国的尼克尔和格雷、瑞士白恩大学毕业的张肖梅、美国克拉克大学毕业的张禹九、清华大学教授刘攻芸，都学有专长。同时选录国内外大学的优秀毕业生，担任高级行员，成为中国银行改革中的中坚力量。③ 罗德瓦尔德是德国达姆斯特银行外汇部副部长，张嘉璈访问德国期间，特邀相助。其主要任务就是协助内部改革，成立国外汇兑部门，指导国际汇兑实施工作。④ 据张嘉璈回忆，在其担任中国银行副总裁期间，征录了国内外优秀大学毕业生20余人，入行充当中上级职员，训练为基本干部，每年都补充新人。⑤ 如张出国前，曾在国内录用留学英美毕业之刘驷业与陈长桐（庸孙）等入行分任会计与营业职务。⑥ 央行和中行的这种流动方式其实就是水平流动。

邮政人员的流动主要途径是考试，分入局考试与升等考试。入局考试可视为水平流动，升等考试则可作为垂直流动。邮政特种考试即属于入局考试，特种考试在抗战以前，以邮政人员考试较多，高级邮

① 中国人民银行总行金融研究所金融历史研究室编：《近代中国金融业管理》，人民出版社1990年版，第320页。

② 《中国银行雇佣夫役、征用员生规则等》，上海市档案馆藏：《中国银行总管理处通函（人字号函）（专字号函）（1928—1940）》，馆藏档号：Q54-3-490。

③ 中国银行行史编辑委员会编著：《中国银行行史（1912—1949）》，中国金融出版社1995年版，第181页。

④ 中国银行总行、中国第二历史档案馆合编：《中国银行行史资料汇编》（上编·1912—1949年），档案出版社1991年版，第2520页。

⑤ 中国银行总行、中国第二历史档案馆合编：《中国银行行史资料汇编》（上编·1912—1949年），档案出版社1991年版，第2525页。

⑥ 中国银行总行、中国第二历史档案馆合编：《中国银行行史资料汇编》（上编·1912—1949年），档案出版社1991年版，第2528页。

务员及邮务佐考试，总计达 30 余次，及格人员 1601 名。各项特种考试，通计举行 47 次，及格人员 1914 名。抗战以来，截至 1942 年 9 月底止，所举行之特种考试，计有 40 余种，通计初再试 230 余次，及格人数，已据报者，凡 14834 名。连前共计为 18349 名。析其类别，有邮政、电政、路政、财务、税务、会计、统计、工程以及司法人员，地方行政、农林推广、土地测报、教育视导、各种事务技术人员。[①] 电政人员 1936 年为 21119 人，到了 1945 年 47964 人，增加了 26845 人，增加比例为 103%，其中大量电政职员基本经过考试而加入。

综合考察，经过抗日战争，中国社会结构变动较大，人员水平流动、垂直流动性都有所增强。邮政储金汇业局较战前增加人员约 90%，交通银行增加超过 80%，中央银行、中国银行各约增加 40%，中国农民银行亦有增无减。[②] 邮电事业人员亦大量增加，已如前述。

（二）垂直流动

1. 向上流动

垂直流动包括向上流动与向下流动，先考察向上流动。向上流动的第一种形式是从较低社会阶层渗透到较高社会阶层。对于国营金融邮电事业来讲，即低级行职员是否具有上升空间。

中央银行行员的向上流动主要体现在职务升调上，1940 年 2 月 24 日，中央银行公布《行员职务升调及薪俸改叙审核原则》，规定行员职务升调应分别递升不得跃等。

中央银行由低至高划定了七组升调具体职务名称、等次及升调期限。第七组练习员，练习期间定位三年，期满无过失者升为助员，其成绩优良者虽未满练习期间，由主管者列举事实呈请总裁、副总裁核

---

① 《国民政府年鉴》第一章《考选》，《民国丛书续编（第一编）·中国年鉴》，上海书店出版社 2012 年版，第 680—685 页。

② 《汉口交通银行关于告知人事方面应请注意事项》，湖北省档案馆藏，档号：LS28 - 1 - 16，1947 年 6 月 21 日。

准特予提升，但服务期间至少亦应在一年半以上。第六组为助员，至少须服务一年以上方能升充第五组各职，但不得升充二等分行各组主任。第五组包括二等分行各组主任、三等分行各系系长、办事处各系系长、办事员，以上各员至少须服务二年方能升任第四组各职，又或至少须服务三年以上方能升任第三组（乙）各职，但升任三等分行经理或临时办事处主任各职因事权较大责任较重，至少须服务五年以上。第四组包括各局处各科处副主任、发行分局各课主任、一等分行各课主任，以上各员至少须服务二年以上方能升任第三组（甲）各职，又至少须服务一年以上方能调任第三组（乙）各职，但在第五组服务六年以上升任第四组各职者不论服务年限可调任第三组（乙）各职。例如任办事员六年已升充各局处各科副主任时则调任三等分行经理等职自无年限问题。第三组（甲）包括一等分行副理、二等分行经理、二等业务专员、发行分局副局长、各局处各科处主任，各员生至少服务二年以上方能升任第二组各职，第三组（乙）包括经济研究处协理、发行专员、三等分行经理、二等分行副理、临时办事处主任，各员至少须服务一年以上方能升任第二组各职。第二组包括理事会秘书、监事会稽核秘书、稽核处稽核、经济研究处专门委员、一等业务专员、一等分行经理、发行分局局长、人事处视察专员、各局襄理，各员至少须服务二年以上方能升任第一组各职。第一组包括各处副处长、各处副局长。①

以上规定，说明中央银行行员具有向上流动的可能性，如行员具备一定条件，满足一定要求，具有上升空间。

中国银行则规定，技术人员服务一年以上且考核合格者可调充行员。技术人员初到行时，先行试用，如成绩优良，再以雇员任用。技术人员服务一年以上，确有成绩者，按行员待遇。② 练习生在中国银

---

① 《行员职务升调及薪俸改叙审核原则（1940）》，上海市档案管藏：《中央银行人事处通函、电汇编（第一编）（1939.09—1941.06）》，馆藏档号：Q53－2－32，第46—50页。
② 《本行主要业务、人事规章摘要》，上海市档案馆藏：《中国银行行员手册（上）（1945）》，馆藏档号：Q54－3－485，第18—39页。

行中，较技术员更低，需要服务满二年方可升为助员。练习生服务期
以满二年为限，服务期满，升为助员，成绩优异者，虽未期满，亦得
特予提升，但至少须在行练习期满一年半，方得提升。检券生服务期
满，可以升为雇员。① 雇员服务三年以上确有成绩且其能力知识可以
改充行员者，经审查并举行考试评定合格方可改充行员。② 中国银行
人事室录取的大学毕业生，进行实习，称试用员，6 个月实习期满，
成绩优良的转为正式行员。录取的练习生，经训练培养二三年后，成
绩优良者升为助员，为初级行员。③ 这也说明中国银行行员具有向上
流动的空间。

在中国银行，由中高级行员担任其导师，一般由所在股系主任负
责指导，边工作，边学习。人数较多的行则举办培训班、讲座、灌输
新知识，每周还组织精神修养讨论会，使学时、经验、品德和素质都
能提高。也可参加行外夜校进修英语、打字等课，由银行支付学费。
中国银行青年学习风气之盛，直至抗战也不稍衰，这批人迅速成为业
务骨干。④

中国农民银行规定，练习生在二年练习期间无过失者升为三等雇
员，但成绩优异虽未届满练习期间，可由主管者陈请总经理核准特予
提升。⑤ 中央信托局《临时职员及雇员甄拔暂行办法》规定临时职员
及雇员服务期满半年者可申请考试，经甄拔及格可升充局员。及格人
员超过规定甄拔名额者可予以存记。⑥ 邮政事业规定服务满 15 年以上

① 《本行主要业务、人事规章摘要》，上海市档案馆藏：《中国银行行员手册（上）
(1945)》，馆藏档号：Q54 - 3 - 485，第 18—39 页。
② 《中国银行雇佣夫役、征用员生规则等》，上海市档案馆藏：《中国银行总管理处通
函（人字号函）（专字号函）(1928—1940)》，馆藏档号：Q54 - 3 - 490。
③ 中国银行行史编辑委员会编著：《中国银行行史 (1912—1949)》，中国金融出版社
1995 年版，第 181 页。
④ 中国银行行史编辑委员会编著：《中国银行行史 (1912—1949)》，中国金融出版社
1995 年版，第 184 页。
⑤ 《中国农民银行雇员待遇及管理规则》，《中国农民银行月刊》第 2 卷第 3 期，1937
年 3 月，第 26—29 页。
⑥ 《中央信托局临时职员及雇员甄拔暂行办法》，上海市档案馆藏：《中央信托局规章
选辑 (1948.6)》，馆藏档号：Q429 - 2 - 19。

之信差或听差，经简便考试可以升为邮务佐。此外还有升等汇考。1940 年交通部电政司举行技术服务人员升等汇考及临时报务员与派值报机业务员、话务员、雇员、递报生、技工等考核正式报务员考试。当年计升等汇考成绩及格者 114 人，考升正式报务员及格者66 人。①

向上流动的第二种形式就是创造一个新群体，并进入一个较高阶层。第二种形式的上升流动主要表现为近代银行家群体的产生及银行家带动培养的一大批金融白领。

关于银行家群体，首推被称为现代银行之父的张嘉璈。1913 年张嘉璈进入中国银行上海分行，张入中行伊始，对自己长于理论，短于经验的缺点，凡事谦虚谨慎，不耻下问。他不仅经常向所属各部主管人员请教有关任职经验，且"于份内职务处理完毕之后，辄检阅前清大清银行所存旧档"，并将所获内容加以整理归纳，同自己所学到的有关金融、银行理论进行比较研究，力图从中找到既吸收两方先进经验，又注意保存和发扬中国金融优良传统的经营之道。一方面，对于公私分明，负责守时，崇尚节约，慎重开支，今日事今日毕等中行传统职业道德无不身体力行；另一方面，他不断革新，除加强人事管理，努力提高行员业务技能和水平外，还将"顾客是上帝"等服务信条作为行规。②

后来张担任副经理。在其任上，发生了一件大事情，为了应对中央财政紧张的状况，中交两行都增加了货币发行量。这就引起了公众对银行信用的担忧，一些地方出现了挤兑现象。公众纷纷涌向银行提取自己的存款。为了稳定国内的金融秩序，北洋政府命令中交两家银行暂时停止兑付储户存款，强行制止挤兑风潮。命令下达后，交通银行各地停止兑现，而中国银行上海分行在宋汉章、张嘉

① 中国第二历史档案馆编：《中华民国档案资料汇编》第五辑第二编，财政经济[十]，江苏古籍出版社 1991 年版，"1940 年电政司工作报告"，第 880 页。
② 朱榕、黄坚：《张嘉璈》，徐矛、顾关林、姜天鹰主编：《中国十银行家》，上海人民出版社 1997 年版，第 49—50 页。

璈的领导下，公然抗命不遵，继续兑付。事后，中国银行在上海的信誉大增。而张嘉璈也获得了有胆有识的美誉。[①] 张嘉璈还开创性提出"团体精神"，提出银行要形成团体思想及行动，这样才能紧密团结得像海水一样。[②]

张嘉璈不仅有能力，还有品行。国民政府立法会上，曾经有人建议向孔祥熙、宋子文和张嘉璈征借 10 亿美金缓解财政困难，张嘉璈会后即致信行政院长何应钦，请他派人彻查其本人财产，如有超过中国银行退职金之数量，他甘愿献给国家。到了国外，因为无钱买房，还卖书凑钱。后来陈光甫、李铭等人每人拿出 1000 美金，方给张嘉璈凑齐买房钱。[③]

宋汉章、张嘉璈的言行举行，对中国银行行风影响较大，也正是因为张嘉璈、宋汉章这样既有能力又有个人魅力、品行者，才能够带领中国银行在民国金融丛林中，傲然挺立，并吸引大批人才加入中行，形成包括一些民营银行家的金融白领群体。

上海商业储蓄银行陈光甫，亦是近代银行家群体中的翘楚。上海银行成立初期，资本仅 7 万元，这家银行开张时员工屈指可数，七八个人五六条枪，陈光甫任总经理，兼营业、拉存款、跑工厂、搞放款，晚上回到银行还要为青年行员开班培训。因此，上海商业储蓄银行甫一亮相，就被坊间称为"小小银行"。一元开户、零存整取、整存零取、存本付息、礼券储金、教育储金、通知存款、旅行支票、代收水电费……现在看来，这些金融服务项目也许太普通不过，但是陈光甫积极倡导的"服务社会及顾客"的经营理念，以及处心积虑推出一连串的服务举措，在当时的中国金融业极富创新精神。正因为这种创新和服务精神，到 1926 年，上海银行资本增为 250 万元，资产总额超过 4700 万元；最高峰时分支机构达 111 个，职工 2700 余人，成为 20 世纪 30 年代中国最大的私营银行，

---

① 李子旸：《民国金融巨头张嘉璈的沉浮史》，《金融经济》2019 年第 9 期。
② 马学斌：《近代金融家张嘉璈的企业文化管窥》，《国际金融》2019 年第 4 期。
③ 余世存：《张嘉璈：民国银行之父》，《英才》2014 年第 1 期。

"南三行"的龙头，其地位举足轻重。①

中南银行创始人黄奕住，剃头匠出身，但他在南洋打拼多年，积累了大量资本，回国后拜访《申报》主编史量才、银行家胡笔江等人，于1921年7月于上海成立当时规模最大的民营银行——中南银行。顾名思义，南洋华侨并未忘记祖国大陆，故取名中南。第一次缴足资本500万元，预定资本2000万。中南银行成立后，积极扶持民族工商业发展。②

除了银行家群体外，还有银行家所培养的大批中高级行员，都通过上升流动，步入白领阶层。不论是"南三行"的上海、浙兴、浙实，"北四行"的金城、大陆，1928—1935年的中国银行和交通银行，在对行员的挑选、培养、教育、使用上均以"育才"为其核心，这是比任何别的行业更具有现代经营意识、体现现代部门特征的。"育才"的结果是不少人才脱颖而出。交通银行的金国宝，浙江实业银行的章乃器，浙江兴业银行的吴承禧、王宗培，上海商业储蓄银行的资耀华，中国银行的姚崧龄，茂华银行的朱彬元等等，都不仅是管理人才，更是民国时期的一代金融学者。他们的著作至今仍被人们所重视。金融业在引导广大行员步入较高层次的白领阶层中所采取的手法，一般是分四步。第一步是严格挑选，招收新行员采取考试制度；第二步是提高工资福利待遇，关心行员生活；第三步教育、培训和深造；第四步是建立行员储金制度，鼓励行员购买本行股份或赠送股份。③

2. 向下流动

垂直流动还有向下流动。向下流动的第一种情况下就是"下沉"，指的是个人从船上掉下来；第二种情况指的是船本身和船上所有的人都下沉了。

---

① 黄沂海：《办银行，好感比金钱更重要——陈光甫打造"小小银行"揽客生意经》，《金融博览》2019年第8期。

② 赖晨：《从南洋小剃头匠到民国大银行家》，《文史春秋》2012年第8期。

③ 洪葭管：《20世纪的上海金融》，上海人民出版社2004年版，第44—47页。

　　经过通货膨胀，先估算一下多少群体从船上掉下来了。根据前文所提及南开经济指数，1937 年的 6 至 7 月为单位 1，该年教职员真实收入总指数平均为 0.898，公务员真实收入指数为 0.883，到 1944 年 1 月，教职员下降了 0.747，公务员下降了 0.795。即教职员 1944 年真实收入，仅相当于 1937 年的 16%，而公务员收入 1944 年为 1937 年的 10%。[1] 可以认为，经过通货膨胀，战前收入稳定的公教人员按照社会流动理论分析，该两大群体都从船上"掉下来"了。

　　那么当时的公务员和教职员有多少人呢？《铨政月刊》是国民政府铨叙机构所主办，其统计数字较可靠。据《铨政月刊》批评道：中央政府机关自 1944 年起，至 1947 年止，每年都有增加，总计应由国库负担薪给的员役官兵，应在 500 万人以上。[2] 这个 500 万包括了官兵。根据李里峰的研究，1932 年国民政府公务员数量为 46266 人。[3] 截至 1946 年 12 月底，南京国民政府中央机关公务人员 203239 人，各省市政府公务人员 146255 人，法院与监所 4489 人，驻外使领馆人员 331 人，[4] 合计 354314 人。35 万余公务员从船上掉下来了。那么掉下来的教职员有多少呢？

表 3　　　　　1937—1946 国民政府各级学校及教职员增加表

年度	国民教育		中等教育		专科以上学校教育		增加比例
	学校数	教职员数	学校数	教职员数	学校数	教职员数	
1937—1938	229911	482160	1896	33497	91	8623	
1938—1939	217394	432630	1814	38340	97	9301	

---

　　① 孔敏主编，彭贞媛副主编：《南开经济指数资料汇编》，中国社会科学出版社 1988 年版，第 356—358 页。

　　② 《社论：调整待遇声中一个值得考虑的严重问题》，《铨政月刊》第 1 卷第 2 期，1947 年 12 月 15 日，第 2 页，藏于中国第二历史档案馆，全宗号：二七，案卷号：688。

　　③ 李里峰：《民国文官考试制度的运作成效》，《历史档案》2004 年第 1 期。

　　④ 国民政府主计处统计局编：《中华民国统计提要（1947 年）》，学海出版社 1971 年版，第 124—125 页。

年度	国民教育		中等教育		专科以上学校教育		增加比例
	学校数	教职员数	学校数	教职员数	学校数	教职员数	
1939—1940	218758	427454	2276	40114	101	10684	
1940—1941	220213	490093	2606	52700	113	12828	
1941—1942	224707	547737	2812	59541	129	15169	
1942—1943	252283	669616	3187	75393	132	16613	
1943—1944	273443	696757	3455	84850	133	17600	
1944—1945	254377	655611	3745	90635	145	18615	
1945—1946	269937	785224	4530	111504	141	18440	
1946—1947					185	27345	
增加数量	40026	303064	2634	78007	94	18722	
增加比例	17%	67%	139%	233%	103%	217%	
战前学校合计	231898	战后学校合计	274608				18%
战前教职员合计	524280	战后教职员合计	915168				75%

表格来源：国民政府主计处统计局编印：《中华民国统计提要（1947 年）》，第 96、97 页。

根据以上表格可知，与战前相比较，到了 1946 年度，无论是国民教育，中等教育还是专科以上高等教育的教职员数量，都有所增加。国民教育教职员增加 67%，中等教育学校教职员增加 233%，专科以上学校教职员增加 217%。战前各级各类学校合计 231898 所，1946 年增加到 274608 所，增加 18%，战前各级各类教职员数为 524280 人，战后数量为 915168 人，是战前的 1.75 倍，增加比例为 75%。与战前相比较，教职员增加了 390888 人，即近 40 万人从其他社会阶层加入教职员包括教师行业。40 余万加入教师行列连前总共 52 万余教职员，到了 1944 年，其真实收入却仅相当于 1937 年的 16%。这说明，50 多万教职员亦从船上掉下来了。

国营金融事业人员变化，前文已进行介绍。[①] 通货膨胀严重时期，该群体中的高工薪已经跌落至战前的低工薪，缩水百分之七八十，虽还未完全掉下船，但也"岌岌乎殆哉"。金融事业的低工薪收入群体，典当衣物、卖儿卖女者有之。至于国营邮电，邮政经济早已亏损，极端困难，连裁员费都无法凑齐。电信员工，在抗战期间就因为工作环境危险，待遇低廉，出现人才大逃亡的现象，抗战后通货膨胀严重时，电信工作报告认为电信已"濒临绝境"。这些都说明，国营金融邮电人员也已掉下船。

抗日战争期间，中国的总所得及分配因为战争、物价等因素影响，主要呈现总所得减少及所得重新分配的特点。[②] 在通货膨胀过程中，特定群体所取得的任何实际收益，一定是其他人群的真实收入损失。[③] 那么，哪些人没有从小船上掉下来收入反而有所提高呢，我们看看以下表格：

表4　　　　　　　　重庆各行业人均实际收入变化：（1938 = 100）

年份	农业	制造业	零售业	投机领域	美国证券
1937	—	59	105	29	不详
1938	100	100	100	100	100
1939	61	106	111	397	180

---

① 1930 年电信职员合计为 11104 人［《中国经济年鉴（1934 年）》（第 1 章　经济行政），国家图书馆出版社 2011 年版，A45—46 页］。1933 年，除江苏、新疆两地未统计外，全国邮政职工 23438 人，其中邮务员 4065 人，邮务佐 3785 人，邮差 15588 人［交通部年鉴编纂委员会：《交通年鉴（1935）·第五章·总务篇·职工事务》，国立图书馆印刷所 1935 年版，第 100 页］。到 1947 年，邮政职员合计达 40323 人，电信职员合计达 47043 人［《国民所得估计方案及其说明（1947 年）》，中国第二历史档案馆藏，全宗号：六，案卷号：4639］。根据 1937 年统计，当时所有银行职员数量为 28878 人［中国银行经济研究室：《全国银行年鉴（1937 年）》，第 A10 页］。到了 1946 年，全国金融职员数量为 178032（中国第二历史档案馆藏：国民政府主计处统计局编：国民所得估计方案及其说明 1946，全宗号：六，案卷号：4639，表 34，第 17 页）。十年间增加 149154 人，增加了 5.2 倍。

② 吴大业：《物价继涨的经济学》，商务印书馆 1946 年版，第 27 页。

③ 张嘉璈：《通胀螺旋——中国货币经济全面崩溃的十年：1939—1949》，于杰译，中信出版社 2018 年版，第 68 页。

年份	农业	制造业	零售业	投机领域	美国证券
1940	92	85	112	808	512
1941	109	71	119	550	1373
1942	132	76	120	720	3951
1943	124	69	124	263	10260

表格来源：张嘉璈：《通胀螺旋——中国货币经济全面崩溃的十年》，于杰译，中信出版社 2018 年版，第 69 页。

从表格可看出，经历通货膨胀后，没有掉下船的主要是投机行业和投资美国证券者，投机实际收入自 1937 年的指数为 29 猛增至 1943 年的 263，几乎增加了 200 倍。投资美国证券业者，收入增加最多，增加 10000 多倍。农民的收入，一直属于底层，些许增加意义不大，制造业亏损最严重，零售业变化亦不大。我们知道，流动的社会分层为社会发展带来活力，让最适当的人处在最适当的地位上是公平的。[①]如果我们把收入由高到低简单划分为高、中、低收入三个层次。那么，高收入者和低收入者是少数，而中等收入者为多数。由于中等收入层对社会的认同感较强，这个社会就是稳定的。由于低收入者，特别是其中的贫困阶层，对社会认同感不强，甚至没有什么认同感，他们有许多不满要发泄，甚至以社会为报复对象，那么，这个社会就很难稳定。尤其当社会中高收入者太多，占去了底层人的收入，也占有了中间阶层的收入，这样就把中间阶层也推向下层，从而导致社会的更加不稳定。[②] 中间阶层以其特殊的文化品格在整个社会中起着缓解社会矛盾、平息思想冲突、引导社会消费等作用，既是社会稳定的基础，也是定型现代化社会结构和利益格局的中坚力量。[③]

---

① 李强：《中国社会分层结构的变迁》，《科学中国人》2002 年第 3 期。

② 郑杭生：《社会公平与社会分层》，《江苏社会科学》2001 年第 3 期。

③ 王坤：《中间阶层的文化品格及社会功能》，《北华大学学报（社会科学版）》2004 年第 2 期。

抗日战争结束后，中国的社会阶层发生了较大的结构性变化，无论是公务员群体，教职员群体，医师群体以及学生群体，都有所增加，有些甚至大量增加，比如公务员增加了近6倍。十年间参加南京国民政府举行的各种考试及格人数累计多达160多万，[1] 说明民国后期社会流动较大，这其中既有水平流动，亦有垂直流动，垂直流动中，既存在向上流动，亦存在向下流动。变化数据说明，国民政府时期的工薪阶层逐步壮大，职业人口结构发生变化，公务员、教职员、医师、大学生群体（潜在的工薪阶层）进一步扩大；但另一方面社会各阶层向下流动却在加剧，生活状况日益恶化。照常理，工薪阶层扩大，意味着社会中产阶级数量增加，中产阶级对社会认可度要高于其他阶层，因此社会稳定性亦相应增强才符合逻辑，但国民政府后期社会结构变动却出现反常现象，社会愈来愈不稳定。这说明，南京国民政府统治后期，职业人口数量虽然呈向上流动趋势，但其经济地位却呈向下流动趋势，该群体的收入却日益低廉，导致国民政府城市工薪阶层收入的金字塔塔基扩大，金字塔越来越尖、越来越细，社会更加不稳定。因为丰厚的劳动报酬既是国民财富增加的必然结果，又是其自然征兆。反之，贫穷劳动者生活维持费不足是社会停滞不前的表征，而劳动者处于饥饿状态则是社会急速倒退的表征。[2]

可以肯定的是，通货膨胀损害了城市薪金中间阶层对政府的支

---

[1] 根据《中华民国统计提要（1947）》可知，南京国民政府历年考试及格人数1937年为5245人，到1946年累计为1609878人，增加1604633人，增加了306倍［《中华民国统计提要（1947）》，第139页］。1934年，经登记的医师人数111412人［巫宝三：《中国国民所得（1933）》，商务印书馆2011年版，第172页］。到了1946年，根据国民政府主计处统计的数据，全国公共医院诊所职员及自由职业中的医师及中医师，总人数为236876人。1946年与1934年相比，增加了125464人，增加113%。12年期间，医师职业人数增加了一倍多（中国第二历史档案馆藏：国民政府主计处统计局编：国民所得估计方案及其说明1946，全宗号：六，案卷号：4639，表55，第24、25页）。1937年度，中国毕业专科以上大学生5137人，1946学年度，毕业20185人，10年间增加大学毕业生15048人，增加293%。10年间大学毕业生总计数量为97885人，他们属于潜在的中间阶层［《中华民国统计提要（1947）》，第93页］。

[2] ［英］亚当·斯密（Adam Smith）：《国富论》，孙善春、李春长译，上海三联书店2011年版，第901—902页。

持。组成中等收入阶层的少数人，其主要群体是知识分子、大学教授、中学教师、作家和记者，以及政府雇员，尽管以通货膨胀来解释他们对国民党及其所领导的政府的日益不满是过于简单，但飞涨的物价和贬值的货币确实成了这些人的主要负担。[①] 中等收入的群体，"不包括贪官污吏之流"，都已看到他们的收入受到了通货膨胀的侵蚀。[②] 国民政府政权的支持层原是城市市民，包括公教人员、知识分子、工商界人士。现在这一批人，对南京政权没有好感。国民党的霸道行为作风使自由思想分子深恶痛绝；抗战结束以来对公教人员刻薄待遇，使他们对现政权赤诚全失；政府官员沉溺于贪污作弊，他们进行种种刁难，使工商界人士怨气冲天；因财政金融失策以及内战不停而造成的物价暴涨，使城市市民怨声载道。[③]

> 物价问题，还包含有社会解组的问题。在社会解组的过程中，人心士气必日渐衰落，道德水准必日渐降低。这种道德人心的败坏，对国家社会的祸害，有时会比敌人的侵略还要严重。中间阶级的这种分解运动现在已开始，如不加以补救，则这种运动会一天比一天加重。[④]

最终到了 1949 年 10 月中华人民共和国成立时，国民政府这艘风雨飘摇之中的小船，彻底倾覆。留在大陆的社会各界人员，从此告别了过去，成为新中国的一员，开始了新的社会流动。

---

① ［美］费正清、费维恺：《剑桥中华民国史（1912—1949）》（下卷），中国社会科学出版社 1994 年版，第 849—850 页。

② ［美］费正清、费维恺：《剑桥中华民国史（1912—1949）》（下卷），中国社会科学出版社 1994 年版，第 854 页。

③ ［美］费正清、费维恺：《剑桥中华民国史（1912—1949）》（下卷），中国社会科学出版社 1994 年版，第 842 页。

④ 伍启元：《当前的物价问题》，商务印书馆 1943 年版，第 13—14 页。

后　记

　　《传统中国的财政体制与国家治理》是第四届财税史论坛会议论文集。财税史论坛是由武汉大学陈锋教授主持的"清代财政转型与国家财政治理能力"、清华大学倪玉平教授主持的"清代商税研究及其数据库建设"、华中师范大学魏文享教授主持的"近代中国工商税收研究"三个国家社科基金重大项目组于2017年联合发起的学术论坛。2017年11月,我申请立项了国家社科基金重大项目"中国古代财政体制变革与地方治理模式演变研究",加盟了论坛。该论坛的组织形式及宗旨在第一届论坛论文集《近三百年财税变革与财政治理》和第二届论坛论文集《传统社会的税收与财政》的前言和后记中已经做了阐述,此不赘述。

　　我于2020年11月6—8日在华东师范大学承办了论坛第四次会议。五十多位学者参与了论坛,提交论文37篇,因个别学者论文修改未及时完成外,有30篇收入本论文集。论文集从多个方面讨论了中古至民国财政与国家治理的关系,涉及赋税、货币、盐政等诸多财政史领域,在学术议题和研究方法上比较集中地体现了近年来中国财政史研究的动向。

　　会议得到了华东师范大学历史学系的支持,会议组织和论文集编辑过程中我作为合作导师的博士后范帅、金城,指导的博士生陈佳仪、朱宇超,硕士生袁鑫等承担了相应工作,论文集出版得到中国社会科学出版社宋燕鹏先生的支持,在此一并致谢。同时,再次感谢与会学者本次论坛的大力支持并贡献研究成果。

黄纯艳

2023年4月26日